Introduction to Digital Audio Coding and Standards

Introduction to Digital Audio Coding and Standards

Encode

Decode

디지털 오디오 코딩과 표준 소개

저자 | Marina Bosi
Richard E. Goldberg

역자 | 박규식

홍릉과학출판사

Translation form the English language edition :

Introduction to Digital Audio Coding and Standards/by Marina Bosi, Richard E. Goldberg.

머리말

디지털 오디오의 비상(THE RISE OF DIGITAL AUDIO)

Leonardo Chiariglione – Telecom Italia Lab, Italy

전기신호 형태의 아날로그 음성은 초기 전화기 발명보다 약 125년 정도 앞선 역사를 가진다. 한편, 디지털 음성은 전기통신 사업자들이 디지털 전화 네트워크 구축을 위한 범 프로젝트를 가동하기 시작했던 약 40년 전부터 주목을 받기 시작했다. 이러한 통신 기반시설 프로젝트를 수행하면서 음성 신호의 비트율을 감소시켜 전송 용량을 늘릴 수 있는 기술이 검토되었고, 이로 인해 음성 압축기술이 주목을 받기 시작했다. 1980년대 후반 ITU-R은 약 3,000배 가까이 비디오를 압축할 수 있는 영상전화 기술을 표준화하였고, 당시 이 고압축 비디오에 부응할 수 있는 오디오 포맷은 표준 전화음질인 64 kb/s PCM이 유일하였다. 이 당시의 전송 용량은 무선전화 접속과 마찬가지로 부족한 자원이었기 때문에 음성 압축은 매우 유용한 기술로 활용될 수 있었다.

전기신호 형태의 아날로그 사운드는 음반 산업계에 축음기와 그라마폰이 나오기 시작하던 때와 같이 등장해 약 100년 조금 넘는 역사를 가진다. 연세가 있는 분들은 예전 추억의 LP음반을 기억할 수 있을 것이다. LP는 나중에 아날로그 오디오 업계의 주 매체로 사용되었던 카세트테이프로 대체되었다. 디지털 오디오는 약 20년 전 가전 산업계가 압축되지 않은 스테레오 오디오를 약 70분간 저장할 수 있는 새로운 저장매체인 직경 12cm의 CD(Compact Disk)를 시장에 내놓으면서 지대한 관심을 받게 되었다. 그 당시 가전 산업계는 기존의 LP음반을 대체하는 것에만 관심을 뒀을 뿐, 오디오 압축에 대한 것은 거의 고려하지 않고 있었다.

디지털 오디오 압축은 1980년대 후반 몇몇 회사와 컨소시엄으로 구성된 MPEG-1에 의해 처음으로 대중들의 시선을 끌게 되었다. MPEG-1은 다양한 응용 목적에 활용될 수 있는 단일 표준안을 개발한다는 야심 찬 목표로 출발했다. 예를 들어, 기존 카세트테이프의 디지털 버전, 디지털 오디오 방송, 쌍방향 응용 분야에서 디지털 비디오에 대응할 수 있는 오디오, 디지털 TV나 다른 전문 응용 분야에서의 오디오 등이 이에 해당한다.

그러나 이 당시 MPEG-1 표준화 작업은 상당한 난항을 겪을 수밖에 없었는데, 그 이유는 위에 언급한 각 응용 분야들이 특정 사업 분야를 겨냥하고 있어 이 기술을 실제 제품화할 때의 요구사항이 모두 다를 수밖에 없기 때문이었다. 예를 들어, 기존 카세트테이프의 디지털 버전은 일정한 디지털 오디오 음질과 매우 저렴한 재생 장치를 요구하는 응용 분야이다. 반면, 디지털 오디오 방송에서는 오디오 음질이 가장 중요한 요소이며, 재생 장치는 어느 정도 적정 수준의 가격이면 큰 문제가 되질 않는다. 쌍방향 오디오-비주얼 응용 분야에서의 요구사항은 오디오와 비디오 디코더가 단일 반도체로 통합될 것으로 예상되는 시점에서의 시장 상황에 의존할 수밖에 없었다. 디지털 TV도 이와 유사한 제약 조건을 가지고 있다. 이외에도, 많은 응용 분야들이 가능한 한 낮은 비트율에서 높은 음질을 요구하고 있었다.

이렇게 각 사업 분야에서의 다양한 상호 모순적인 요구들을 모두 수용한다는 것은 매우 어렵고 끈기를 요하는 일임에 틀림이 없으며 실제로도 MPEG-1 표준화 작업은 그렇게 진행되었다. 하지만, MPEG 오디오 그룹은 높은 경쟁력을 가지고 있었을 뿐만 아니라 매우 창의적인 연구팀이었다. 이들이 이렇게 불릴만한 충분한 자격이 있는 이유는 MPEG 오디오 그룹이 이들의 요구사항을 수용하고자 현재는 "프로파일(profile)"이라는 이름으로 알려진 "계층(layer)"이라는 개념을 처음으로 정의하였기 때문이다. 이러한 개념은 매우 훌륭해서 계층 I 비트열을 해당 디코더뿐만이 아니라 계층 II와 III 디코더로도 디코딩할 수 있으며, 계층 II 또한 자체 디코더뿐만 아니라 계층 III 디코더로 디코딩할 수 있었다.

이후 MPEG 위원회는 멀티채널 오디오를 위한 MPEG-2 오디오 프로젝트를 시작하였지만 곧 많은 어려움에 직면하게 되었다. 그 이유는 MPEG 위원회가 MPEG-2 오디오에 후방 호환성(BC, Backward Compatibility)을 부여해 특정 계층의 MPEG-1 오디오 디코더가 MPEG-2 오디오 비트열을 디코딩할 수 있도록 했기 때문으로, 이는 그 당시 256 kb/s MPEG-1 오디오 계층 II와 192 kb/s 계층 III가 투명한 코딩(거의 원음과 유사한 음질)을 제공할 수 있을 정도로 훌륭한 성능을 가지고 있었기 때문이다.

그러나 후방 호환성을 갖는 MPEG-2 오디오는 아무런 제한이 없는 코더에 비해 음질이 떨어질 수밖에 없었다. 이로 인해 멀티채널 오디오의 표준화 작업은 MPEG-2 BC(후방 호환성)와 비-후방 호환(NBC, Non- Backward Compatibility)을 갖는 MPEG-2 part 7(AAC, Advanced Audio Coding) 등 2가지로 나누어지게 되었다.

MPEG 오디오 그룹은 MPEG-1 오디오 계층 III를 표준으로 승인한지 불과 5년이 지나지 않아, 128 kb/s 의 낮은 비트율에서 투명한 스테레오 코딩을 제공할 수 있는 MPEG AAC 표준을 만들어 냈고, 최근의 오디오 코딩에는 이 표준이 주로 사용되고 있다.

이 책은 MPEG-2 AAC 개발을 주도한 핵심 인물에 의해 쓰여졌다. 이 책은 디지털 오디오 코딩에 대한 이론과 MPEG-1, MPEG-2, MPEG-4 등 3가지 주요 오디오 코딩의 동작 원리와 실체에 대한 깊이 있는 정보를 함께 다루고 있어 이 둘 사이의 핵심 이론을 잘 연결해 설명하고 있다. 디지털 오디오 코딩은 인류가 매체와 새로운 관계를 형성하는 데 지대한 공헌을 한 기술로 지적 호기심이나 전문적인 지식을 필요로 하는 모든 사람들에게 이 책의 일독을 권하는 바이다.

서 문

이 책은 지난 6년간 Standford 대학 CCRMA(Computer Center for Research in Music and Acoustics) 연구소에서의 대학원 강의와 연구 프로젝트들의 결과물이다. 오디오 코딩은 인터넷을 통해 다운로드 받을 수 있는 MP3 파일이나, DVD 오디오, 디지털 라디오 방송, 케이블과 위성 사업자의 디지털 TV 방송 등에서 핵심 기술을 이해하고자 하는 학생들에게 매우 중요한 학문분야가 되고 있다. 올해로 7년째인 이 강좌는 음악을 전공하는 학생들이나 공학도, 전기통신, 하드웨어 설계, 소프트웨어 개발 등에 근무하는 산업계 전문가들 등 다양한 분야의 참여자들로부터 많은 주목을 받아오고 있다.

이렇게 다양한 계층의 사람들을 대상으로 강좌를 운영할 때는 특정 오디오 코더의 세부사양이 공통으로 이해될 수 있도록 공통된 전문용어와 코더 구성요소에 대한 기본 지식을 선행 학습하는 것이 무엇보다 중요하다. 이 강좌에서는 먼저 오디오 코더의 기본 구성요소에 대한 이론과 구현 방법을 제시한 후 이러한 구성요소들을 결합해 어떻게 전체 코더를 구현할 수 있는지를 설명하며, 또한 이들 코더의 성능을 어떻게 평가할 수 있는지를 논의한다. 다음으로는 현재 상업용으로 사용되고 있는 최신 오디오 코더에 대해 그 특징과 기능, 성능들을 논의하는 것으로 강좌를 마치게 된다.

이 책의 궁극적인 목적이 된 이 강좌의 목표는 학생들과 독자들이 지각 오디오 코더(perceptual audio coder)의 이론과 구현에 대한 확고한 이해를 바탕으로 그들 자신만의 간단한 오디오 코더를 설계할 수 있는 능력을 갖추게 하는 것이다.

이 강좌의 강사 중 한 사람인 MB는 항상 학생들의 연구 결과를 직접 듣고 볼 수 있다는 것을 매우 기쁘게 생각해왔다. 이 강좌의 마지막 프로젝트를 통해 학생들은 개발된 지 몇 년 되지도 않은 최신 오디오 코더와 유사한 지각 오디오 코더를 설계하고 구현할 수 있었다. 이 책의 저자 또한 독자들이 이와 유사한 목표를 이룰 수 있기를 바란다.

이 책은 크게 2개 Part로 나누어 진다. 1장부터 10장으로 구성된 Part I은 지각 오디오 코더의 동작을 이해하는 데 필수적인 주요 구성요소를 설명하였다. 11장부터 15장으로 구성된 Part II는 최근에 가장 많이 사용되고 있는 지각 오디오 코더의 주요 특징들을 설명하였다. 일반적으로 학생들은 Part I이 끝나고 Part II를 시작할 즈음에 최종 프로젝트(그들 자신만의 오디오 코더를 설계하는 것)를 시작하게 된다. 이렇게 함으로써 학생들은 최신의 상업용 오디오 코더의 이해를 통해 프로젝트에서 직면하게 되는 여러 문제점을 해결할 수 있다. 각 장의 구체적인 내용은 다음과 같다.

1장은 오디오 코더의 목적과 일반적인 구조를 소개한다.

2장은 오디오 신호를 한정된 비트 수로 표현한 다음 저장/전송하기 위해 샘플링된 데이터를 어떻게 양자화할 수 있는지 설명한다. 이 장에서는 양자화 과정 중에 발생할 수 있는 에러를 중심으로 설명하였고, 균일 양자화와 부동-소수 양자화 기법을 비교하였다. 또한, 데이터를 양자화할 때 비트 수를 절약할 수 있는 무잡음 코딩과 허프만 코딩의 개념을 소개하였다.

3장은 시간-영역에서의 샘플링 과정과 샘플링된 이산시간 신호로부터 어떻게 원래의 연속시간 입력신호를 복원할 수 있는지를 설명하였다. 또한, 푸리에 변환을 이용해 오디오 신호를 주파수-영역으로 표현하는 방법에 대해서도 논의하였다.

4장과 5장은 오디오 신호의 시간-주파수 변환에 사용되는 주요 필터뱅크를 소개한다. 이들 장에서는 QMF 필터와 PQMF, DFT TDAC 기반의 변환 모두를 분석하였으며, 이외에도 MDCT 필터뱅크의 설계 방법에 대하여도 설명하였다.

6장은 심리음향과 사람의 청각원리를 소개한다. 반면, 7장에서는 오디오 코딩에서 마스킹 곡선을 유도할 때 사용되는 주파수 마스킹과 순시 마스킹의 다양한 현상을 설명하였다.

8장은 주어진 비트율에서 오디오 음질을 최대화할 수 있는 비트 할당 전략을 소개한다. 이 장은 7장에서 소개한 마스킹 곡선을 이용해 어떻게 오디오 코딩 비트율을 줄일 수 있는지 설명한다.

9장은 이전 장들에서 소개한 핵심 코딩 기술들을 결합해 실제 동작하는 지각 오디오 코더의 구현 방법을 설명하며, 오디오 코더에 대한 표준화 과정 또한 논의하였다.

10장은 오디오 코더의 음질평가 방법을 주제로 논의 하였다.

11장은 MPEG-1 오디오에 대한 전반적인 개관을 제공한다. MPEG-1의 3개 계층에 대해 각 구현 방법과 성능을 비교 설명하였다. 이미 잘 알려진 MP3 파일은 MPEG-1 오디오 계층 III로 코딩된 파일 포맷이다.

12장과 13장은 기존의 MPEG-1을 각각 멀티채널 코딩과 낮은 샘플링 주파수, 더 높은 멀티채널 음질로 확장한 MPEG-2 BC와 MPEG-2 LSF, MPEG-2 AAC 등 MPEG 오디오의 두 번째 표준을 소개한다. 멀티채널과 스테레오 코딩의 기본 개념 또한 이 장들에서 다루었다.

14장은 디지털 TV와 DVD 표준에 사용되고 있는 오디오 코더인 Dolby AC-3를 다루었다.

15장은 MPEG 오디오 코딩 표준 중 가장 최신의 코더로 매우 낮은 비트율의 오디오 코딩과 다양한 첨단 기능을 제공하는 MPEG-4를 소개한다. MPEG-4는 향후 무선과 유선 네트워크 응용 분야에서 사용될 수 있는 차세대 오디오 코딩이 될 것이다.

역자 서문

오늘날 인터넷 패러다임은 거대한 음악 산업에 획기적인 구조 변화를 가져오고 있으며, 인터넷 사용자들은 보다 쉬운 방법과 적은 비용으로 디지털 오디오를 다운로드 받고 공유할 수 있게 되었다. 이와 더불어 최근에는 다양한 모바일 기기에서도 음악을 감상할 수 있는 MP3 오디오 코덱이 필수적으로 포함되어 상품화되고 있다. 이에 따라 전 세계적으로 디지털 오디오 코딩에 대한 관심이 점차 높아지고 있지만, 현재까지 국 · 내외적으로 디지털 오디오에 대한 명쾌한 이론과 표준에 대한 전문지식을 자세히 소개한 책은 이 책을 제외하고는 거의 전무한 실정이라 할 수 있다.

현재 MPEG, Dolby AC-3 등의 대부분의 오디오 코덱에 관한 표준 문서는 웹을 통해 공개되고 있다. MPEG-1 같은 오디오 코더는 웹을 통해 일부 소스코드를 구할 수 있는 반면, 다른 오디오 디코더들은 코더 개발 회사로부터 라이센스를 습득해야만 소스코드와 함께 개발 지침서 또한 구할 수 있다. 하지만, 표준 문서나 소스코드, 개발 지침서 등은 오디오 코더가 어떻게 동작하는지만을 알려줄 수 있을 뿐, 학생들이나 개발자들 또는 학자들이 실제 코더 내부가 어떠한 논리적인 알고리즘을 통해 동작하는지를 이해한다는 것은 매우 어려운 일이다. 역자 또한 1994년 국내 대기업에서 MPEG, Dolby AC-3 오디오 코더를 처음 접한 이후, 대학에서의 연구와 학부나 대학원 학생들, 관련 오디오 산업계 연구원 등을 대상으로 한 세미나 교육을 해오면서 이와 똑같은 이유로 많은 어려움을 겪어왔던 것도 사실이다.

이 책은 MPEG-2 AAC 오디오 코더 개발에 주도적인 역할을 했던 Marina Bosi에 의해 쓰인 것으로 디지털 오디오 코딩 관련분야를 연구하는 학부 3, 4학년 학생들과 대학원 학생들, 소프트웨어나 하드웨어 개발자들, 그리고 관련 연구원들이나 학자들을 대상으로 하고 있다. 이 책의 전반부 Part I에는 지각 오디오 코더의 동작을 이해하는 데 필수적인 양자화, 필터뱅크, 심리음향 이론과 모델, 비트 할당 등의 주요 이론들과 오디오 코더의 성능평가 방법에 대한 내용이 설명되어 있으며, 후반부 Part II는 최근에 가장 많이 사용되고 있는 MPEG-1, MPEG-2, MPEG-2 AAC, Dolby AC-3, MPEG-4 등의 표준 오디오 코더에 대해 이들의 주요 특징과 사양, 성능들을 상세히 비교 설명하고 있다. 저자의 서문에서 밝혔듯이 이 책의 목적은 독자들이 디지털 오디오 코더에 대한 이론과 구현에 대한 확고한 이해를 바탕으로 여러분 자신만의 오디오 코더 설계 능력을 갖추게 하는 것이다.

이 책을 번역하는 동안 저자의 해박한 지식과 논리적인 이론 전개, 치밀한 구성에 역자 자신도 많은 배움의 기회를 얻을 수 있었다. 그러나 번역 작업이 가지는 어려움 또한 많았던 것도 사실이다. 아직도 명확하게 통일되지 않은 전문 용어들과 우리말로 표현할 때의 어색한 문장이나 용어 등은 역자의 부족함 때문이라 하겠다. 가급적 모든 문장과 용어들을 우리말로 번역하려 노력했으나 우리말 번역이 어색한 용어나 많이 사용되고 있어 이미 익숙해진 용어들은 원 의미를 살리고자 영문 그대로를 발음되는 우리말로 표현하였다. 또한, 원 책에는 없지만 독자들의 이해를 돕고자 이 책의 후반부에 용어집을 추가해 디지털 오디오 코딩에 대한 주요 이론과 용어들을 간략하게 정리하였다.

이 자리를 빌려 이처럼 번역의 기회를 주신 홍릉과학출판사 여러 관계자 분들께 진심으로 감사의 말씀을 드리며 이 책이 출판되기까지 많은 도움을 준 단국대학교 멀티미디어 DSP Lab의 모든 대학원생들에게도 감사의 마음을 전하는 바이다. 아무쪼록 많은 독자가 이 책을 통해 디지털 오디오 코딩에 대한 보다 깊이 있는 이해를 갖기 바라며, 미래의 국내 오디오 기술 발전에 한 축을 담당할 수 있기를 바란다.

2008년 1월 역자

차 례

| Part 1 오디오 코딩 방법 |

Chapter 1 서론

Chapter 2 양자화

Chapter 3 오디오 신호의 표현

Chapter 4 시간– 주파수 변환 Part I: PQMF

Chapter 5 시간- 주파수 변환 Part II : MDCT

Chapter 6 심리음향 개론

Chapter 7 오디오 코딩을 위한 심리음향

Chapter 8 비트 할당 전략

Chapter 9 지각 오디오 코더 구현

Chapter 10 지각 오디오 코더의 음질측정

| Part2 오디오 코딩 표준 |

Chapter 11 MPEG-1 오디오

Chapter 12 MPEG-2 오디오

Chapter 13 MPEG-2 ACC

Chapter 14 DOLBY AC-3

Chapter 15 MPEG-4 오디오

| 부록 |

오디오 코딩 방법

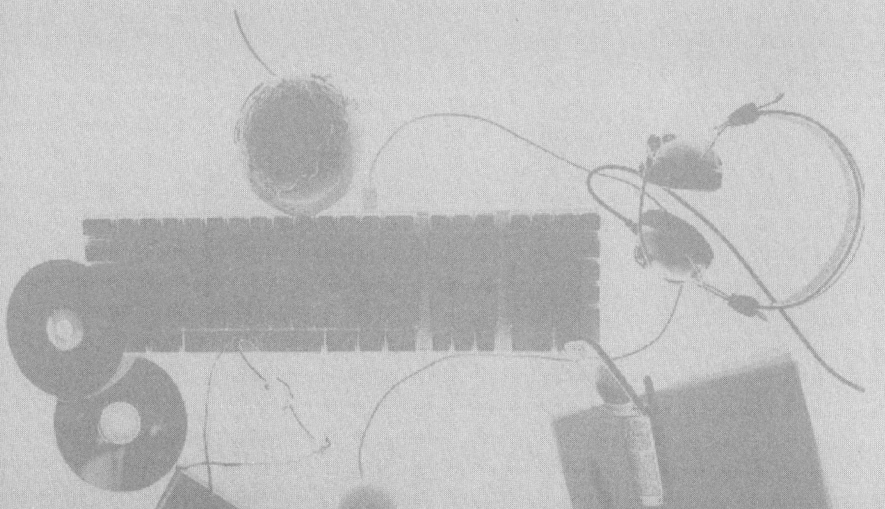

introduction to digital audio coding and standard

chapter 01

서론

1 오디오 신호의 표현

우리는 사운드(sound)를 들을 수 있다. 만약 나중에 이 사운드를 다시 듣고 싶다면, 과연 사운드의 어떤 특성 정보를 저장하고 있어야 할까? 물리학자들은 사운드가 대기 중의 압력파(pressure wave)나 진동으로서 특정 기계 장치를 이용해 이 압력파를 측정할 수 있으며, 나중에 다시 이 압력파를 재생할 수 있다고 말한다. Thomas Edison은 바로 이 원리를 이용해 축음기를 발명했고, 이후 다른 제조회사들에 의해 그라마폰(Gramophone, 역자주: 축음기의 실린더 음반 대신에 5인치 디스크 음반을 턴테이블에 얹어 사운드를 재생하는 기계)이 개발되었다. 축음기나 그라마폰은 회전하는 원통이나 디스크 표면의 진동 궤도를 바늘로 긁어 소리 진동을 기록하는 큰 나팔형 원뿔 형태를 하고 있다. 이들은 손으로 돌리는 모터나 다른 형태의 모터를 이용해 실린더 원통이나 디스크를 회전시켜 사전에 기록된 진동 궤도를 따라 움직이는 축음기 바늘에 의해 나팔형 원뿔에서 압력파를 재생한다. 이후 전자 기술의 출현으로 이러한 압력파를 측정 가능한 전압으로 변환할 수 있게 되었다. 예를 들면, 압력파를 카세트테이프의 자성 정도를 조절하는 전압으로 변환함으로써 다양한 저장 매체에 저장할 수 있게 되었다.

아날로그 기술의 기본 개념 또한 사운드를 시간에 따른 진동의 크기로 표현하는 방식을 취하고 있다. 이러한 방식으로 사운드는 시간 t 의 함수로 표현될 수 있으며 그림 1과 같이 $x(t)$ 로 표기한다.

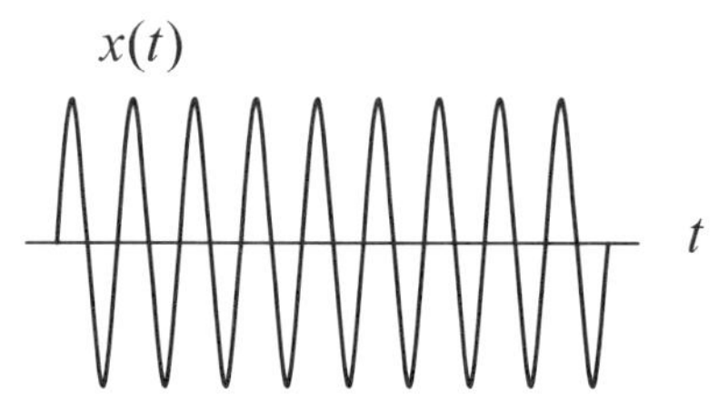

그림 1 사운드의 시간-영역 표현

우리가 사운드를 들을 때는 그 사운드의 특성을 말하는 톤(tone) 성분으로 뚜렷하게 구분해서 들을 수 있다. 문이 삐걱거리는 높은 피치(pitch)의 소리나 큰 북같이 낮은 피치를 갖는 사운드를 예로 들 수 있다. 사운드의 톤 성분은 그 사운드가 가진 주파수로 대표된다. 우리는 이러한 톤 성분에 의해 사운드를 지각하기 때문에 대부분의 경우 오디오 신호가 얼마만한 주파수(frequency) 성분 f 를 포함하는지 보여줄 수 있는 함수 $X(f)$ 로 사운드를 표현하는 것이 바람직하다(그림 2 참조).

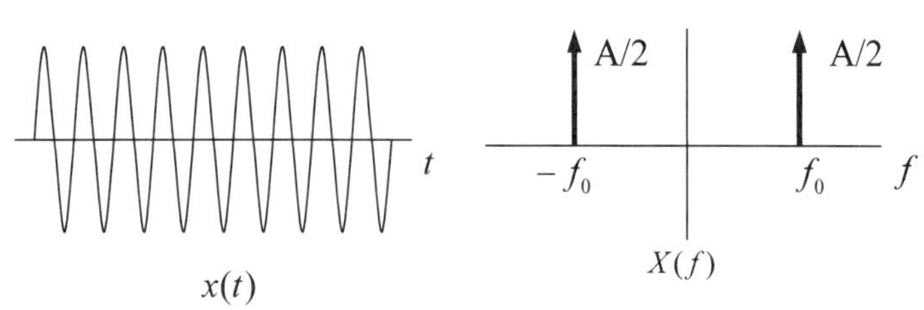

그림 2 주파수 f_0 에서 진폭 A 를 갖는 사운드 톤의 시간-영역과 주파수-영역 표현 비교

이 책의 주 주제인 오디오 코딩(audio coding)은 사운드의 청각적 특성을 그대로 유지하면서도 사운드를 매우 간결하게 표현할 수 있는 방법을 제공한다.

2 디지털 오디오 코더란?

디지털 오디오 코더(digital audio coder)란 정확히 어떤 것일까? 자연의 모든 사운드는 아날로그 특성을 가지고 있다. 그러나 우리는 컴퓨터 시대에 살고 있기 때문에 아날로그 사운드를 디지털 형태로 변환해 이를 처리하고, 전송하며, 보관할 수 있기를 바란다. 일반적으로 디지털 오디오 코더 또는 코덱(CODEC, ENcoder-DEcoder 전체를 일컬음)은 아날로그 오디오 신호를 디지털 형태로 변환하거나 그 역으로 변환할 수 있는 장치를 말한다.

이러한 변환 과정은 오디오 코더의 인코더(encoder) 단에서 이루어진다. 이 변환을 통해 일련의 숫자로 표현된 디지털 신호를 갖게 되면, 이것을 저장할 수 있고, 처리할 수 있으며, 전송할 수도 있게 된다. 또한, 우리는 이 사운드를 나중에 다시 재생해서 들을 수도 있다. 이를 위해서는 사람의 귀로 들을 수 있도록 디지털 신호를 다시 아날로그 신호로 변환할 수 있어야 한다. 디지털 신호에서 아날로그 신호로의 역변환은 코더의 디코더(decoder) 단에서 이루어진다.

일반적으로 오디오 코더는 입력된 오디오 신호와 동등하거나 또는 거의 그와 가까운 음질로 출력 신호를 얻을 수 있다. 그림 3은 전형적인 디지털 오디오 코딩 과정을 보이고 있다. 여기서 디지털 오디오 코딩의 제일 처음 단계가 사운드 음원이며, 제일 마지막 단계가 사람의 귀라는 것에 주목할 필요가 있다. 그 이유는 오디오 코더를 설계할 때 이 두 가지가 가장 중요한 역할을 하기 때문이다.

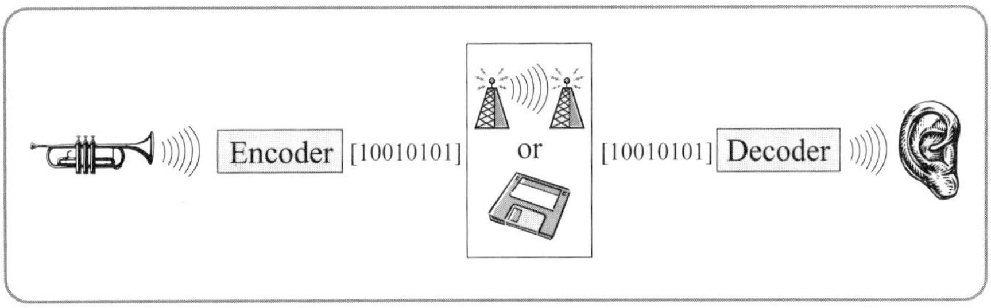

그림 3 디지털 오디오 코딩 과정

만약 우리가 사운드 음원에 대해 좀 더 깊은 이해를 가질 수 있다면, 오디오 신호의 표현 방법을 최적화하여 더욱 간결하게 묘사할 수 있을 것이다. 또한, 오디오 코딩의 마지막 단계가 사람의 귀라는 것을 감안해 사람의 귀를 수학적으로 모델링한 다음 청각 자극을 처리할 수 있다면, 오디오 신호에서 우리의 청각 인식과 관련이 없는 정보만큼을 줄일 수도 있다.

3 오디오 코딩의 목적

아날로그 오디오 신호를 디지털로 변환할 때는 몇 가지 장단점을 고려해야 한다. 일반적으로 우리는 지각되는 음질을 최대화하는 동시에 이 신호를 표현하는 정보의 양을 최소화하고 싶어한다. 오디오 코딩 시스템의 설계 목표는 가능한 한 저가의 시스템을 유지하면서 어떻게 이러한 2개의 모순점을 조화롭게 달성할 수 있느냐 하는 것이다.

오디오 코더를 설계하거나 평가할 때 고려해야 하는 가장 중요한 요소들은 다음과 같다.

- 재생음 충실도(Fidelity)
- 데이터율(Data rate)
- 복잡도(Complexity)
- 코딩 지연(Coding delay)

이러한 요소들간의 조화는 오디오 코딩 기술이 적용되는 응용 분야에 따라 달라진다.

재생음 충실도는 코덱의 출력신호가 입력신호와 얼마나 지각적으로 동등한가를 말한다. 코딩 시스템에 있어 가장 중요한 요인은 전체 시스템의 음질이다. 보통, 음질은 응용 분야에 따라 허용 가능한 음질에 대한 요구조건이 서로 다르다. 예를 들면 "전화 음질(Telephony quality)"이라고 불리는 것은 사람에 의하여 발성된 단어를 구별할 수 있을 정도의 요구조건만 충족하면 되지만, "CD 음질(CD-quality)"을 요구하는 음악의 전자 유통 분야에는 적합하지 않다. 불행히도 높은 재생음 충실도를 얻으려면 더욱 높은 데이터율, 더 많은 복잡도 그리고 더 높은 지연을 필요로 한다.

오디오 코딩 시스템에서 데이터율은 전체 시스템의 데이터 처리량과 필요한 저장 공간 그리고 대역폭 수용량 등에 관련이 있다. 일반적으로 우리는 고려하고 있는 오디오 신호의 저장, 전송, 재생 등을 위한 매체 제한점을 알고 있는 경우가 많다. 이러한 제한점들과 각 응용 분야의 목표 음질은 시스템의 데이터율을 결정하는 주요 요인이 된다. 일반적으로 데이터율이 높으면 높을수록 디지털 오디오 신호를 전송하고 저장하는데 드는 비용도 증가한다.

시스템의 인코딩/디코딩 과정을 처리하는데 필요한 복잡도는 인코더와 디코더를 구현하는 하드웨어와 소프트웨어 비용으로 환산된다. 이 또한 목표 응용 분야에 따라, 어떠한 절충안들이 가능한지를 가늠할 수 있다. 예를 들어, "일 대 다(point-to-multipoint)" 방송 응용 분야에서는 보통 저렴하고 광범위하게 배포될 수 있는 디코더가 바람직하다. 이러한 경우에는 가능한 한 인코더의 데이터 처리 복잡도를 낮추어 디코더 가격을 낮출 필요가 있다. 또한 적절히 인코더/디코더 시스템을 설계함으로써 시장에 이미 배포되어 있는 디코더를 바꾸지 않고도 코딩 과정을 향상시킬 수 있어야 한다. 한편 오디오 신호를 실시간으로 인코딩/디코딩 할 필요가 있다면, 인코더와 디코더 모두의 복잡도를 낮추는 것이 무엇보다 중요하다. 최근에는 메모리 가격이 점점 내려가고 있고, 컴퓨터 처리 속도 또한 지속적으로 빨라지고 있어 불과 몇 년 전 시스템 복잡도로 인해 불가능했던 것들이 가능해지고 있다. 어떤 사람들은 이제 더 이상 시스템 복잡도는 고려 대상이 아니라고까지 말한다. 하지만 시스템 구현 비용은 여전히 코더 설계에 있어서 중요한 요인이다.

오디오 코더 설계에 있어 또 다른 주요한 요소들로는 코딩 지연(coding delay)(예를 들어, 전화나 원격회의)과 스케일러빌러티(scalability)(예를 들어, 인터넷 방송에서 사용자의 다양한 연결 속도) 그리고 데이터 오류에 대한 강인성(error robustness)(예를 들어, 무선 전송에서) 등이 있다.

일반적으로 모든 오디오 코딩 시스템의 설계 목표는 시스템 복잡도를 가능한 한 낮추면서 낮은 데이터율에서 높은 재생음 충실도를 제공하는 것이다.

4 가장 간단한 코더 – PCM

PCM(Pulse Code Modulation)은 가장 간단하면서도 비교적 잘 정립된 이론으로 학계에 널리 알려진 코더이다. 그림 4는 PCM 인코더와 디코더 블록도를 보이고 있다. PCM 인코더는 아날로그 오디오 신호를 일정한 시간 간격으로 샘플링(sampling)하고 각 샘플(sample)의 신호 진폭을 한정된 디지털 코드로 양자화한다. 이때 디지털 코드는 신호 진폭의 범위를 나타낸다. 보통 샘플링(sampling) 과정에서 샘플을 충분히 자주 취하면 어떠한 정보도 잃지 않지만, 양자화(quantization) 과정은 본질적으로 손실 처리 과정이기 때문에 회복 불가능한 정보 손실을 초래할 수도 있다.

PCM 디코더는 양자화된 코드를 다시 디코딩하고 이산시간 샘플들을 보간

(interpolation)해서 아날로그 신호를 출력하게 된다. 이때 PCM 인코더의 양자화 과정에 사용된 이산 값의 개수가 많으면 많을수록 출력신호는 더욱 더 입력신호에 가까워진다.

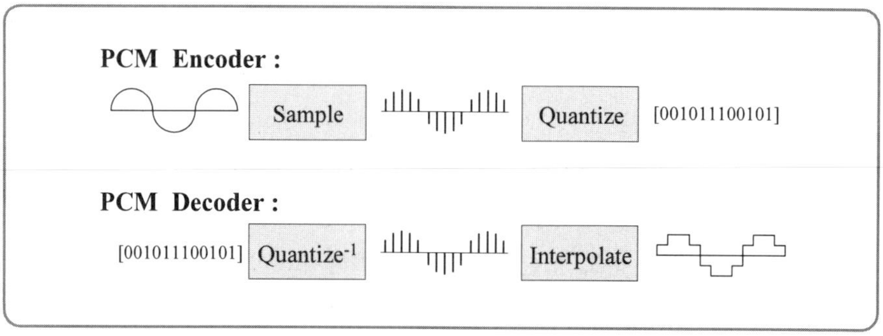

그림 4 PCM 코더

5 컴팩트 디스크

오디오 PCM 기법이 가장 많이 적용되는 분야 중 하나는 CD(Compact Disk) 포맷이다. 1980년대 Sony와 Phillips에 의해 소개된 CD는 여러 해에 걸쳐 연구된 기억장치 기술, 광학판독 기술, 에러정정 기술들의 연구 산물이다. CD는 최근 몇 년 동안 그 인기가 급격히 상승해 지금은 가정용 오락 시스템, 자동차, 대형 휴대용 카세트 라디오, 그리고 컴퓨터 시스템 등에 이르기까지 무수한 응용 사례를 발견할 수 있다. 오늘날 CD는 오디오 시장에서 다른 오디오 코딩 시스템과 달리 이미 소비자 표준으로 자리 잡았다.

CD 포맷에서 오디오 신호는 0.023ms 시간 간격으로 샘플링된 스테레오 신호(2채널 오디오 신호)이며, 이웃한 샘플 간의 시간 간격은 샘플링 주파수(sampling frequency)의 역과 같기 때문에 오디오 신호를 다음과 같은 샘플링 주파수 F_s로 샘플링된 디지털 스테레오 신호와 같은 의미로 해석할 수 있다.

$$F_{sCD} = 44.1\text{kHz}$$

CD의 샘플링 주파수는 44.1kHz로서 22.05kHz까지의 오디오 주파수 성분을 재생할 수 있다. 심리음향(psychoacoustic) 측면에서 보면 사람의 가청 주파수 한계가 약 20kHz [Zwicker and Fastl 90]이므로 CD의 샘플링 주파수가 비교적 잘 선택된 것임을 알 수 있다. 또한, CD는 기존에 사용되던 아날로그 시스템보다 더욱 넓은 범위의 주파수 성분을 재생할 수 있음을 주목해야 한다. 예를 들어, 아날로그 LP는 보통 10kHz 이하의 주파수 성분만을 재생할 수 있을 뿐이다.

여러분은 아마도 CD의 샘플링 주파수가 40kHz 나 48kHz 같이 정수가 아니고 왜 44.1kHz 같은 소수점 숫자인지 궁금하게 여길 것이다. 44.1kHz 는 단지 초기 CD 개발 기술이 오디오 데이터를 저장하기 위한 VCR 기술로부터 파생되었기 때문이다[Watkinson 89].

오디오 샘플의 정밀도(precision)는 각 샘플을 표현하는 비트(bit) 수인 R 에 의존한다. CD 포맷의 비트 수 R 은 다음과 같다.

$$R_{CD} = \text{샘플당 16비트}$$

이 정밀도는 오디오 신호 진폭을 $2^{16} = 65{,}536$ 개의 이산 레벨로 표현할 수 있으며, 약 90dB 정도의 동적 범위(dynamic range)를 가질 수 있다. 이것은 약 50dB 이하의 동적 범위를 갖는 아날로그 LP를 훨씬 뛰어넘는 수치이다.

CD 같은 디지털 시스템에서 음질을 측정할 때는 dB 단위의 신호대 잡음비(SNR, Signal to Noise Ratio)를 사용한다. 전형적인 CD의 SNR은 약 90dB 정도이다. 일반적으로 이 정도의 SNR로도 충분히 좋은 음질을 재생할 수 있지만, 심리음향 연구 결과에 따르면 이 SNR로는 약 2 ~ 5kHz 의 중음 주파수 대역(mid-range frequency)에서 모든 청취자들을 만족시킬 수 없다고 한다. 사람의 귀는 이 주파수 대역에서 매우 민감하기 때문에 사운드를 원음과 가깝게 재생하려면 더욱 많은 샘플당 비트 수가 필요하다. 이상적으로는 샘플당 18 ~ 20 비트 정도가 이 주파수 대역의 오디오 샘플을 표현하는 데 필요하다.

시스템의 1개 채널에 대한 데이터율(data rate) 또는 비트율(bit rate) I 는 초당 처리해야 할 비트 수로서 보통 bits per second(b/s, kb/s, Mb/s) 등으로 표현하며 샘플링 주파수와 오디오 샘플 정밀도의 곱으로 구할 수 있다. CD의 경우는 다음과 같다.

$$\text{1채널당 } I_{CD} = F_{sCD} * R_{CD} = 705.6\text{kb/s}$$

또는

$$\text{스테레오(2채널)당} \quad I_{CDTotal} = 705.6 \ * \ 2 = 1.4112\text{Mb/s}$$

CD는 최대 약 75분 정도의 음악을 저장할 수 있으며, 총 저장 용량은 800 MByte에 약간 못 미친다. 최대 CD 저장 용량 또한 초기 CD 개발 환경으로부터 유래 되었으며 CD의 일부 저장 공간은 에러정정과 데이터 제어를 위해 사용된다[Immink 98].

6 잠재적 코딩 에러

가장 간단한 형태인 PCM 코딩을 포함해 모든 코딩 과정은 신호에 몇 가지 형태의 에러를 초래한다. 이러한 에러는 부적절한 샘플링이나, 저급하게 설계된 양자화기, 데이터 전송이나 저장상의 손실 등에 의해 발생한다. 다음은 오디오 코더에서 발생할 수 있는 주요 코딩 에러(coding error) 유형들이다.

- **샘플링 에러(sampling error)** – 만약 오디오 신호를 너무 넓은 시간 간격으로 샘플링한다면 어떤 일이 일어날까? 이 경우에는 신호의 주파수 성분 중 일부를 그 자신이 속하지 않는 곳으로 이동시켜 회복 불가능하게 만들 수 있다. 즉, 샘플링 주파수의 절반보다 높은 신호의 주파수 성분이 저주파 대역으로 중첩되어 "에일리어싱(aliasing)"이라는 현저한 왜곡을 가져오게 된다. 이 경우 샘플링 주파수를 적절하게 높이거나 입력신호에 저역통과 필터(LPF, Low-Pass Filter)를 적용해 에일리어싱된 주파수 성분을 제거할 수 있다(비록 저역통과 필터가 신호의 청각특성 일부를 변화시키더라도 에일리어싱 에러보다는 영향을 적게 미침).
- **양자화 에러(quantization error)** – 양자화 에러에는 과부하 에러(overload error)와 라운드-오프 에러(round-off error) 등 2가지 형태의 에러가 존재한다. 과부하 에러는 입력신호가 양자화기의 최대 허용 범위를 넘어갈 때 발생하며, 이러한 형태의 에러는 귀에 매우 거슬리게 들리기 때문에 주의 깊게 다루어야 한다. 반면에 라운드-오프 에러는 양자화 과정에 항상 존재하는 에러로서 오디오 코딩의 목표 중 하나는 이러한 에러를 사람의 귀에 들리지 않도록 일정 레벨 이하로 줄이는 것이다. 이 책은 이러한 라운드-오프 에러의 영향을 최소화할 수 있는 오디오 코더 설계 방법에 대해 상당 부분을 할애 하고 있다.

- **저장 및 전송 에러**(storage and transmission error) – 저장 장치나 전송 채널 또한 신호에 에러를 초래할 수 있다. 이 경우 저장될 신호나 전송되는 신호에 추가적인 비트를 삽입해 제한된 수의 에러를 검출할 수 있으며 이 에러를 정정할 수도 있다. 에러검출(error detection)과 에러정정(error correction)은 오디오 코딩 시스템을 개발하는 데 매우 중요한 역할을 차지하지만, 이 책에서는 이상적인 전송 채널이나 저장 환경을 가정하여 다루지 않기로 한다.

7 더 복잡한 코더

CD 포맷을 설명하는 동안 높은 데이터율에서도 사운드의 중음 주파수 대역에 라운드-오프 에러가 나타날 수 있다고 이야기했던 점을 기억하자. 만약 사용 목적이 CD 데이터율이나 그보다 낮은 데이터율에서 원음과 가깝게 사운드를 재생하는 것이라면 조금 더 사려 깊은 코딩 기법이 필요하다.

이제 좀 더 현명한 코딩 방법으로 시간-영역(time-domain)의 PCM 데이터를 주파수-영역(frequency-domain)으로 변환한 다음, 신호의 주파수 성분에 동적으로 비트를 할당할 수 있는 인코더를 생각해보자. 이 경우, 코더는 동적 범위가 낮은 주파수 대역으로부터 비트를 가져와 사람의 귀에 민감한 중음 주파수 대역에 더 많은 비트를 할당할 수 있을 것이다. 반면, 디코더는 역-비트 할당과 역-변환을 통해 주파수-영역 신호를 다시 시간-영역으로 변환할 수 있다. 그림 5는 이러한 변환 코더의 블록도를 보이고 있다.

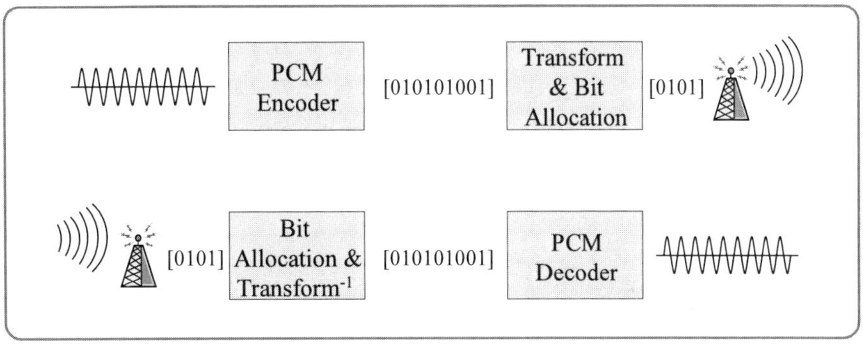

그림 5 PCM보다 복잡한 코더 예

어떤 사람은 "이렇게 복잡한 코더가 정말 필요할까?"라고 질문할 수도 있다.

CD 오디오 신호를 자세히 살펴보면 신호를 표현할 때 매우 많은 정보가 반복적으로 저장되어 있음을 알 수 있다. 즉, 이는 코딩된 신호로부터 원 신호를 정확하게 복원할 때 필요하지도 않은 정보들이 포함되어 있을 수 있다는 것을 의미한다. 예를 들면, 사인파(sine wave) 신호의 PCM 데이터는 시간-영역에서 샘플링된 값들이 연속적으로 길게 나열된 것이다. 주파수-영역에서 이러한 사인파를 표현한다면 이 신호의 주파수와 진폭, 위상만을 저장하여 이 신호를 완전하게 정의할 수 있다(그림 2 참조). 이렇게 함으로써 어떠한 신호 정보도 잃어버리지 않으면서, 신호를 표현하는 데 필요한 데이터 양을 상당부분 절약할 수 있다.

사운드에서는 사인파와 같은 순수 결정적(pure deterministic) 신호는 드물게 나타나며 일반적인 오디오 신호는 준-주기(quasi-periodic, 역자주: 완벽한 주기 신호는 아니지만 주기 신호와 유사한 형태를 가진 신호를 말함)적 특성을 가지고 있다. 이것은 사운드의 PCM 데이터가 반복적인 성분을 많이 가지고 있다는 것을 말한다. 이 경우 신호에 주파수 변환을 적용해 스펙트럼이 밀집된 구간에 비트를 할당함으로써 신호의 중복성(redundancy)을 줄일 수 있다. 신호의 중복성을 줄일 수 있는 또 다른 방법들로는 심볼의 통계적 발생 확률을 이용한 예측(prediction) 기법과 엔트로피 코딩(entropy coding)(예를 들어, 허프만 코딩(Huffman coding))이 있다.

신호의 PCM 표현은 또한 우리의 청각과 무관한 신호 성분들을 많이 포함하고 있다. 예를 들어, 저주파 대역에서 아주 약하게 들리는 음이나 정상적으로는 들을 수 있는 음이지만 큰 음에 의해 마스킹(masking)되는 음들이 여기에 해당한다. 따라서, 이러한 정보들은 코딩되는 신호에 포함될 필요가 없다. 지각 오디오 코더(perceptual audio coder)는 오디오 신호에서 이러한 중복성(redundancy)과 무관성(irrelevancy)을 제거해 신호의 비트율을 줄일 수 있는 코딩 기법이다.

이 책은 다음 몇 개 장들에 걸쳐 최신 오디오 코더에서 데이터율을 줄이기 위해 사용되는 기본 코딩 원리와 구현 방법들을 중심으로 자세히 살펴볼 것이다.

8 참고 문헌

[Immink 98]: K.Immink, "The Compact Disc Story," JAES vol. 46, number 5, pp.458-462, May 1998.

[Watkinson 89]: J. Watkinson, *The Art of Digital Audio*, Focal Press, London, 1989.

[Zwicker and Fastl 90]: E. Zwicker and H. Fastl, *Psychoacoustics: Facts and Models*, Springer-Verlag, Berlin Heidelberg 1990.

9 예제 문제

a) 데이터율:

다음 오디오 신호의 데이터율을 계산하라.

1. 샘플당 8비트, 8kHz 로 샘플링된 모노 신호(1채널 신호)
2. 샘플당 16비트, 16kHz 로 샘플링된 스테레오 신호(2채널 신호)
3. 샘플당 16비트, 44.1kHz 로 샘플링된 5-채널(L, C, R, LS, RS) 오디오
4. 샘플당 24비트, 96kHz 로 샘플링된 5-채널 (L, C, R, LS, RS) 오디오

b) 데이터 압축의 필요성:

최근 오디오 시장에서는 좀 더 높은 샘플 정밀도와 샘플링 비율의 오디오가 필요하다고 이야기 한다. 특히, 샘플당 24비트, 96kHz 의 샘플링 주파수 포맷이 주로 논의되고 있다. 5-채널 오디오에 이러한 포맷을 적용하는 경우를 생각해보자.

1. 이 오디오 신호를 2시간 녹음하는 데 필요한 저장 공간을 계산하라.
2. 만약 오디오 CD 포맷 용량이 1.411Mb/s 라면, 이 오디오 신호를 CD에 저장하려면 얼마만 한 압축 비율이 필요한가?
3. 만약 DVD 비디오 포맷 용량이 6.144Mb/s 라면, 이 오디오 신호를 DVD 비디오에 저장하려면 얼마만 한 압축 비율이 필요한가?

양자화

chapter 02

1 서론

1장에서 살펴보았듯이 사운드는 진폭이 시간에 대해 연속적으로 변하는 함수로 표현된다. 따라서 오디오 신호를 디지털 포맷으로 표현하려면 연속적인 신호의 진폭 값을 컴퓨터가 저장할 수 있는 이산 값으로 변환해야 하지만 이러한 변환 과정에는 어느 정도의 정보 손실이 발생한다. 그럼에도 불구하고 이 변환이 필요한 이유는 컴퓨터가 한정된 비트 수로 표현된 숫자만을 저장할 수 있기 때문이며, 이에 따라 진폭 값도 한정된 정밀도로 저장되어야 하기 때문이다. 이 장에서는 연속 신호 진폭을 이산 진폭으로 양자화(quantization)하는 과정을 살펴보고, 이 양자화 과정으로 인해 발생하는 왜곡 정도를 측정할 것이다. 양자화 잡음(quantization noise)은 오디오 신호 코딩 과정에서 발생하는 전형적인 왜곡 요인이다. 이 장의 후반부에서는 이러한 신호 왜곡에 의해 사람이 어떠한 청각적 영향을 받게 되는지 살펴볼 것이며, 신호 왜곡과 오디오 코더 데이터율 간의 상충관계에 대해서도 알아볼 것이다. 그러나 이 장에서는 양자화기의 기본 동작 원리를 설명하는 데 대부분을 할애할 것이다.

우리는 먼저 다음 절에서 2진(binary) 숫자 표현에 대해 학습할 것이다. 컴퓨터가 정보를 2진 숫자(binary digit = "비트(bit)")로 저장하기 때문에 양자화 과정을 이해하려면 2진 숫자 체계를 이해하는 것이 필수적이다. 우리는 또한 2진 숫자의 각 비트를 조작할 수 있는 여러 방법을 살펴볼 것이며 연속 신호의 진폭 값을 이산 값으로 양자화하여 고정된 비트 수로 저장할 수 있는 여러 방법을 설명할 것이다. 특히 균일 양자화(uniform quantization) 방법과 부동-소수 양자화(floating-point quantization) 방법을 중심으로 자세히 살펴볼 예정이다. 그 다음으로는 오디오 신호를 각 양자화 기법에 따라 양자화할 때 신호에 나타날 수 있는 왜곡 정도를 측정하는 방법을 소개하며, 마지막으로는 엔트로피 코딩(entropy coding) 기법을 이용해 양자화된 신호 진폭 값을 저장할 때 요구되는 비트 수를 어떻게 줄일 수 있는지 살펴볼 것이다.

2 2진 숫자

우리는 보통 "10진수(decimal)"라 불리는 숫자를 주로 사용한다. 10진법은 (0, 1,…,9)의 10개 심볼을 이용해 숫자를 표현하며 우리는 이미 각 9개의 심볼이 자릿수에 따라 어떻게 10의 멱승으로 표현되는지 알고 있다. 10진법에서 숫자의 가장 오른쪽 자릿수는 이 숫자가 포함하고 있는 $1(10^0)$의 개수를 말하며, 그 다음 왼쪽 자릿수는 $10(10^1)$의 개수, 그 다음 자릿수는 $100(10^2)$의 개수를 말하는 식으로 표현된다. 예를 들어, 숫자 1,776은 다음과 같이 표현될 수 있다.

$$1*10^3+7*10^2+7*10^1+6*10^0=1000+700+70+6=1776$$

컴퓨터나 다른 디지털 기기들은 숫자를 저장할 때 10진법보다는 2진법을 사용한다. 2진법을 사용하는 이유는 특정 위치에서 신호의 "흔적(mark)(예를 들어, 전압, 자기장, 레이저 빛 반사 등)"이 있는지 또는 없는지 등의 존재 여부를 저장하기 위한 실제적인 절차를 반영하기 위한 것이다. 이러한 저장 절차는 신호의 존재 여부만을 따지기 때문에 오직 2개의 저장 상태만을 가지게 된다.

"2진수(binary)"는 10진수와 유사하게 정의되나 오직 2개의 심볼 (0, 1)만을 이용한다는 점이 다르고 각 심볼이 자릿수에 따라 어떻게 2의 멱승으로 표현될 수 있는지 다음과 같이 설명할 수 있다. 2진법에서 숫자의 가장 오른쪽 자릿수는 이 숫자가 포함하고 있는 $1(2^0)$의 개수를 나타내고, 그 다음 왼쪽 자릿수는 $2(2^1)$의 개수, 그 다음 자릿수는 $4(2^2)$의 개수를 표현한다. 예를 들어, 다음의 2진 숫자는

[0110 0100]

다음과 같이 표현될 수 있다.

$$0*2^7+1*2^6+1*2^5+0*2^4+0*2^3+1*2^2+0*2^1+0*2^0 = 64+32+4=100$$

이 책에서는 주어진 숫자가 2진법으로 쓰였는지 혹은 10진법으로 쓰였는지를 구별하기 위해 이진 숫자를 괄호([])로 표현할 것이다. 따라서 숫자 101은 일반적인 10진수를 말하고 [101]은 10진수 5에 해당하는 2진수를 나타낸다.

만약 10진수를 사용해야 하는데 오직 2자리 수만을 저장할 수 있다면 0 ~ 99의 수만을 표현할 수 있을 뿐이다. 만약 3자리 수를 저장할 수 있다면 999까지를 표현할 수 있다. 즉, 허용되는 자릿수는 얼마만큼 큰 숫자를 표현하고 저장할 수 있는지를 말한다. 이와 유사하게 2진법에서 2진 자릿수 또한 셀 수 있는 수의 범위를 제한한다. 예를 들어, 표 1은 0의 값인 [0000]부터 15인 [1111]까지 4비트로 저장될 수 있는 모든 2진수를 나타내고 있다. 각 수는 이전보다 하나 크고 어떤 자릿수에서도 2에 이르게 되면 일반 10진법과 똑같이 다음 왼쪽 자릿수를 하나 증가시켜야 한다. 일반적으로 R 비트를 가지고 있다면 0부터 2^R-1까지의 숫자를 저장할 수 있다. 예를 들어, 표 1과 같이 4비트를 가지고 있다면 0 ~ $2^4-1=15$까지의 수를 저장할 수 있다. 만약 여러분이 2진법을 처음으로 접한다면 다음 절을 학습하기 전에 표 1을 좀 더 연습해 볼 필요가 있다.

표 1 4-비트 2진수로 표현된 0부터 15까지의 10진수

Decimal	Binary (4-bits)
0	[0000]
1	[0001]
2	[0010]
3	[0011]
4	[0100]
5	[0101]
6	[0110]
7	[0111]
8	[1000]
9	[1001]
10	[1010]
11	[1011]
12	[1100]
13	[1101]
14	[1110]
15	[1111]

2.1 부호 있는 2진 숫자

우리는 종종 2진법에서 양수와 음수를 표현할 필요가 있고, 음수를 표현하려면 숫자 정의를 좀 더 확장할 필요가 있다. 10진법에서는 단지 – 부호 심볼만을 덧붙여서 음수를 표현하고 있음을 기억하자. 그러나 2진법에서 사용할 수 있는 심볼은 0과 1 두 개밖에 없다. 2진법에서 음수를 표현할 때 가장 많이 사용하는 방법은 다음과 같이 2가지가 있다.

① "폴디드 2진(folded binary)"법 또는 "부호+절대치(sign plus magnitude)" 법
② "2의 보수(two's complement)" 법

두 가지 방법 모두 부호를 표현하기 위해 1비트를 사용하고 있기 때문에 가장 큰 양수의 절반 크기까지만을 저장할 수 있다.

폴디드 2진법에서는 가장 차수가 높은 비트(가장 왼쪽의 비트)를 이용해서 부호를 표현한다. 이 비트가 1이면 음수, 0이면 양수라는 점에서 이 비트를 10진법의 – 부호와 동등하다고 생각할 수 있다. 예를 들어, 4비트가 주어져 있을 때 첫 번째 비트를 부호 비트로 사용하고 나머지 3비트를 이용해 0 ~ 7 사이의 절대값을 저장할 수 있다. 따라서 이 기수법에서 [1011]은 11이 아니라 –3을 의미한다.

2의 보수법에서 양수는 폴디드 2진법과 똑같은 방법으로 저장되지만 0을 기준으로 대칭적인 구조를 가지고 있어(부호 비트는 제외) 가장 높은 양수 다음으로 가장 낮은 음수가 연이어 오게 되며 이후 세어 나가는 수는 모든 비트가 1일 때인 –1로 끝나게 된다. 예를 들어, 4비트가 주어져 있다면 [0000]부터 [0111]까지의 2진 숫자를 보통의 경우와 마찬가지로 0부터 7까지 세어 나갈 수 있으나, 다음의 [1000]는 +8 대신에 –8로 해석되며 최종적으로 [1111]까지 세어 나가면 –1이 된다. 즉, 우리는 4비트 2의 보수법을 이용해 –8부터 +7까지의 수를 표현할 수 있게 된다. 이와 달리 폴디드 2진법은 –7부터 +7까지의 수만을 표현할 수 있으며 –0이라는 사용되지 않는 여분의 수를 가지게 된다.

실제 컴퓨터 시스템은 2의 보수법을 사용하고 있으나 폴디드 2진법이 훨씬 알아보기 쉬운 장점이 있기 때문에, 이 책에서는 음수를 표현할 때 폴디드 2진법을 사용할 것이다.

2.2 산술 연산과 비트 조작

2진수는 10진 산술과 같이 일반적인 산술 연산에 사용될 수 있으며, 10 대신에 2를 사용하는 것만을 기억하면 된다. 몇 가지 예를 들면 다음과 같다.

$$3+4 = [11] + [100] = [111] = 7$$
$$5+1 = [101] + [1] = [110] = 6$$

위의 두 번째 수식 표현에서 2를 자리 올림한 것을 주목하자. 2진 곱셈은 다음과 같이 할 수 있다.

$$3*4 = [11] * [100] = (2^1 + 2^0) * 2^2 = (2^3 + 2^2) = [1100] = 12$$

이 외에도 대부분의 컴퓨터 프로그래밍 언어는 2진수를 비트 단위로 조작할 수 있는 특별한 2진 연산을 지원한다. 이러한 연산들로는 NOT, AND, OR, XOR 등이 있다. NOT 연산은 2진수 내의 각 비트를 반전시키는 것으로 모든 1이 0으로 그리고 0은 1이 된다. 예를 들면 다음과 같다.

$$\text{NOT}[1100] = [0011]$$

AND 연산은 두 개의 2진수를 입력으로 받아 같은 자릿수에 있는 두 개 비트가 모두 1이면 그 자릿수의 연산 결과를 1로, 다르면 0으로 반환한다. 예를 들면 다음과 같다.

$$[1100] \text{ AND } [1010] = [1000]$$

위 수식에서 두 개 입력 숫자의 가장 왼쪽 비트(가장 차수가 높은 자릿수)만이 1임을 주목하자.

OR 연산은 두 개의 2진수를 입력으로 받아 같은 자릿수에 있는 비트 둘 중 하나가 1이면 연산 결과가 1이 되는 연산이다. 예를 들면 다음과 같다.

$$[1100] \text{ OR } [1010] = [1110]$$

위 수식에서 두 개 입력 숫자의 가장 오른쪽 비트(가장 차수가 낮은 자릿수)만이 1이 아님을 주목하자.

마지막으로 XOR(Exclusive OR) 함수는 같은 자릿수의 비트가 모두 1이 아

니고 하나의 자릿수만이 1일 때 연산 결과가 1이 된다는 점이 OR 함수와 다르다. 예를 들면,

$$[1100]\ \text{XOR}\ [1010] = [0110]$$

여기서 가장 차수가 높은 비트가 0임을 주목하자.

이상과 같이 2진 숫자를 정의하고 나면 이제는 이들을 조작할 수 있어야 한다. 기본 조작 원리는 컴퓨터 프로그램 내에 2진수를 변수로 정의하는 것으로, 2진수를 정수나 다른 유형의 데이터 배열로 정의한 후 이 변수에 비트를 쓰거나 이 변수로부터 비트를 읽어들이는 것이다. 이때 우리는 표준 프로그래밍 (2진) 읽기/쓰기 루틴(routine)을 이용해 이들을 데이터 파일이나 다른 출력 미디어에 저장할 수 있고 반대로 읽어낼 수도 있다. 이 경우 2진 비트들 자체는 오디오 코더에서 전송하거나 저장하기 위한 데이터의 일부분으로 해석할 수 있다.

이제 읽거나 쓰고자 하는 비트들이 있다고 가정하자. 예를 들어, 컴퓨터 프로그램을 작성해 2바이트(byte) 정수 변수로 16비트를 읽어들여 저장할 수 있다고 가정해 보자. 여기서 1바이트는 8비트로 2바이트 정수 변수는 16비트를 표현한다. 이 변수로부터 비트를 읽거나 쓰려면 각 비트에 접근해서 조작하는 방법을 알아야 한다. 이러한 비트 조작은 이미 알고 있는 2진법을 이용해 처리할 수 있으며, 비트 마스크(bit mask), AND, XOR 연산을 이용해 비트에 접근하고 조작할 수 있다. 이러한 비트 조작의 몇 가지 예를 살펴보자.

비트 마스크(bit mask)는 일련의 비트열을 이용해 특정 비트를 원하는 비트로 조작하는 방법이다. 2진법으로부터 숫자 2^n은 가장 오른쪽 비트로부터 왼쪽으로 n 번째 비트를 1로 하고 나머지 비트를 0으로 표현하면 된다는 것을 알고 있다. 예를 들면, 다음과 같다.

$$2^3 = [1000],\ 2^2 = [0100],\ 2^1 = [0010],\ \text{and}\ 2^0 = [0001]$$

그러므로 프로그래밍 언어를 이용해 원하는 비트를 1로 만들어 쉽게 2의 멱승이 되는 정수 변수를 만들어 낼 수 있다. 이러한 변수를 "비트 마스크"라 부르고 보통 비트를 테스트하고 조작하는 데 사용한다.

AND 연산은 비트 마스크를 이용해 이진 숫자에서 한 비트만을 읽어올 때 사용할 수 있다. AND 연산은 같은 자릿수에 있는 비트가 모두 1일 때만 1을 반환하고 그 외에는 0을 반환함을 기억하자. 만약 어떤 숫자와 비트 마스크를 AND 연산하게 되면 그 결과는 비트 마스크와 정확히 일치하게 된다. 만약 비

트 마스크의 특정 비트가 0이면 그 자릿수의 연산 결과도 0이 된다. 예를 들어, 다음 AND 연산의 결과는

$$[0100] \text{ AND } [abcd]$$

$b=1$ 일 때

$$[0100]$$

$b=0$ 일 때 다음과 같다.

$$[0000]$$

XOR 연산은 비트 마스크를 이용해 일련의 비트열을 지정된 저장 위치로 쓸 수 있다. 특정 숫자와 비트 마스크를 XOR하면 마스크되는 비트 값은 1이 0으로 0은 1로 반전된다. 예를 들어, 다음의 XOR 연산 결과는

$$[0100] \text{ XOR } [abcd]$$

$b=1$ 일 때

$$[a0cd]$$

$b=0$ 일 때 다음과 같다.

$$[a1cd]$$

이 말은 몇 개의 지정된 비트 위치에서 0인 숫자에 XOR 연산을 하면 특정 비트를 1로 반전시킬 수 있다는 것을 의미한다.

만약 특정 위치의 비트 값이 0인지 1인지 확신할 수 없다면, 그 비트 위치에 새로운 값을 쓰기 전에 그 위치의 비트 값을 초기화할 수 있다. 초기화 과정의 첫 단계는 모든 비트 자릿수가 1인 숫자를 만드는 것이다. 이는 무-부호 변수(unsigned variable)에서 2^R-1 값을, 부호 있는 변수(signed variable)에서는 –1 값을 나타낸다(컴퓨터는 2의 보수법을 사용하고 있음을 기억하자!). 이때 0으로 초기화하고 싶은 비트 범위에 XOR와 비트 마스크를 적용해 그 범위 내의 모든 비트를 반전시킬 수 있다. 예를 들어, 4비트 [abcd]에서 가장 오른쪽의

2비트를 지우고 싶다면 먼저 [1111]을 만든 후 마지막 2비트를 반전시켜 [1100]를 만들고, 이 숫자와 비트 저장 위치에 있는 수를 AND 연산해서 [abcd] AND [1100]=[ab00]를 얻을 수 있다. 이 말은 XOR를 이용해 원하는 비트들을 1로 만들어 그 비트 위치에 쓸 수 있다는 의미가 된다.

이 외에도 자주 사용되는 유용한 연산 중 하나는 시프트 연산(shift operation)이다. 시프트 연산은 모든 비트 값들을 오른쪽이나 왼쪽으로 지정된 자릿수만큼 이동시킬 수 있다. 대부분의 컴퓨터 프로그램은 왼쪽으로 n 만큼 이동하는 $<<n$ 연산과 오른쪽으로 이동하는 $>>n$ 비트 이동 연산을 직접적으로 지원하지만 이러한 시프트 연산은 정수 곱셈과 나눗셈을 이용해서도 똑같은 효과를 얻을 수 있다. 기본적으로 2의 배수 곱셈은 $n=1$ 만큼 왼쪽으로 이동하는 것과 같다. 따라서 2^n 의 배수 곱셈은 n 만큼 왼쪽으로 이동하는 것과 같다. 비트들을 왼쪽으로 이동시키면 오른쪽에 비워지는 비트들에는 0이 채워짐을 기억하자. 예를 들어, 다음의 $n=1$ 시프트 연산은

$$3 * 2 = [0011] << 1 = [0110] = 6$$

이고 $n=2$ 시프트 연산은 다음과 같다.

$$3 * 2^2 = [0011] << 2 = [1100] = 12$$

이와 유사하게 2의 배수 나눗셈은 오른쪽으로 1비트 이동하는 것과 같다. 따라서 2^n 나눗셈은 오른쪽으로 n 비트만큼 이동하는 것과 같다. 비트들이 오른쪽으로 이동되면 왼쪽의 비워지는 공간은 0으로 채워짐을 기억하자. 예를 들면 다음과 같다.

$$12 \div 2 = [1100] >> 1 = [0110] = 6 \text{ and } 12 \div 2^2 = [1100] >> 2 = [0011] = 3$$

만약 8개의 4비트 숫자를 32비트 저장 공간에 쓴다고 가정할 때, 시프트 연산을 이용해 8개의 4비트 숫자 모두를 원하는 위치에 쓸 수 있다. 즉, 첫 번째(가장 왼쪽의) 숫자를 32비트 저장 공간의 처음 4비트로 쓰고 난 후 저장 위치를 왼쪽으로 4만큼 이동시키고, 다음 숫자를 쓴 후 또 4만큼 이동하는 방법으로 모두를 쓸 수 있다. 이와 마찬가지로 우리는 첫 번째 4비트를 읽어낼 수 있고 이를 4비트 오른쪽으로 이동시켜 저장된 4비트 숫자를 추출할 수도 있다.

컴퓨터는 한정된 워드 길이의 데이터만을 저장할 수 있기 때문에 이 경우 시

프트 연산자를 이용해 데이터의 가장자리 비트만을 소거할 수도 있다. 문자 변수는 전형적으로 8비트이며 short 정수가 16비트인 반면 long 정수는 보통 32비트이다. 주어진 데이터를 *n* 비트만큼 왼쪽으로 이동시킨 후 다시 *n* 만큼 오른쪽으로 이동시켜 데이터 왼쪽 가장자리의 *n* 비트를 소거할 수 있다. 이러한 비트 시프트 연산에서는 이동된 만큼 왼쪽, 오른쪽에 0이 채워지기 때문에 원래의 숫자를 복원하는 것은 불가능하다. 예를 들면 다음과 같다.

([1111 1111] << 2) >> 2 = [1111 1100] >> 2 = [0011 1111]

위의 연산이 4를 곱한 후 다시 4로 나누면 원래의 숫자를 얻을 수 있는 일반 연산과는 완전히 다르다는 것에 주목할 필요가 있다. 오른쪽의 *n* 비트를 소거하려면 *n* 만큼 오른쪽으로 이동시키고 다시 *n* 만큼 왼쪽으로 이동시키면 된다. 예를 들어,

([1111 1111] >> 2) << 2 = [0011 1111] << 2 = [1111 1100]

지금까지 2진수와 비트가 어떻게 동작하는지 학습하였다. 다음 절에서는 소위 양자화라고 불리는 과정을 통해 오디오 신호를 일련의 2진 숫자 열로 변환하는 방법에 대하여 자세히 살펴보자.

3 양자화

양자화(quantization)는 연속 진폭 값을 한정된 비트 수의 코드로 변환하는 과정을 말한다. 이 절에서는 기본적인 양자화 기법으로, 특별히 진폭 값 변환 과정이 이전이나 다음의 진폭 값에 영향을 받지 않는 순시 양자화(instantaneous quantization)나 스칼라 양자화(scalar quantization)에 대하여 주로 살펴볼 것이다. 반면 이와 대비되는 양자화 기법으로는 소위 "벡터 양자화(vector quantization)"가 있다. 벡터 양자화는 연속적인 진폭 값들을 그룹핑해서 이 그룹 단위를 단일 코드로 양자화한다. 이 장에서 허프만 코딩을 설명할 때 보겠지만 이러한 벡터 양자화는 연속적인 진폭 값들 사이에 강한 시간-상관성(temporal correlation)이 존재할 때 코딩이득을 얻을 수 있다. 예를 들어, 음성 코딩에서는 특정 음소가 다른 특정한 음소 뒤에 올 확률이 높은 편이라는 사실

을 이용해 음성 코딩에 벡터 양자화를 적용할 수 있다. 벡터 양자화를 이용한 음성 코딩은 [Gray 84, Gersho and Gray 92]에 자세하게 설명되어 있다. 일반적으로 벡터 양자화는 매우 낮은 데이터율에서 높은 효율성을 가지고 있어 오디오 신호를 샘플당 1비트보다 훨씬 작은 비트 수로 코딩할 수 있지만, 양자화 과정에서 발생하는 왜곡을 제어하기 어렵다는 단점도 있다. 오디오 코딩에서 벡터 양자화는 매우 낮은 데이터율에서 중간 정도의 음질을 코딩할 때 주로 사용된다(MPEG-4 오디오[ISO/IEC 14496-3] 참조).

이전 절에서 보았듯이 R 비트가 주어져 있다면 샘플당 최대 2^R 개의 코드를 만들어 낼 수 있으며, 이때 각 코드는 서로 다른 신호 진폭 값을 표현한다. 역-양자화(de-quantization)는 이러한 이산 R 비트 코드를 다시 신호 진폭으로 변환하는 과정이다. 연속 신호 진폭을 양자화한 후 다시 역-양자화하여 출력 신호 진폭을 얻는 변환은 사용된 양자화기의 특성에 의존한다.

신호 진폭은 양수와 음수 값 모두를 가질 수 있기 때문에 양수와 음수 진폭을 표현할 수 있는 코드를 정의해야 할 필요가 있다. 일반적으로 같은 개수의 양수와 음수를 표현할 수 있는, 대칭적 레벨(코드) 구조를 가진 양자화기를 많이 사용한다. 이러한 양자화기에는 크게 "midrise(출력 레벨 0이 없음)"와 "midtread(출력 레벨 0이 있음)" 두 종류가 있다. 그림 1은 두 양자화기의 특성 차이를 보이고 있다. Midrise 양자화기는 출력 레벨 0이 없고 입력신호를 짝수개의 출력 스텝으로 양자화한다. 반면에 midtread 양자화기는 출력 레벨 0을 가질 수 있고 양수 부분과 음수 부분의 대칭적 구조로 인해 홀수개의 출력 스텝을 가짐을 주목하자. R 비트가 주어져 있을 때 midrise 양자화기는 2^R 개 그리고 midtread 양자화기는 2^R-1 개의 서로 다른 코드를 가질 수 있다. 비록 midtread 양자화기가 1개 더 적은 개수의 코드만을 허용하지만 일반적으로 오디오 신호 진폭에 대한 분포가 알려져 있을 때 midtread 양자화기가 더 좋은 성능을 내는 것으로 알려졌다.

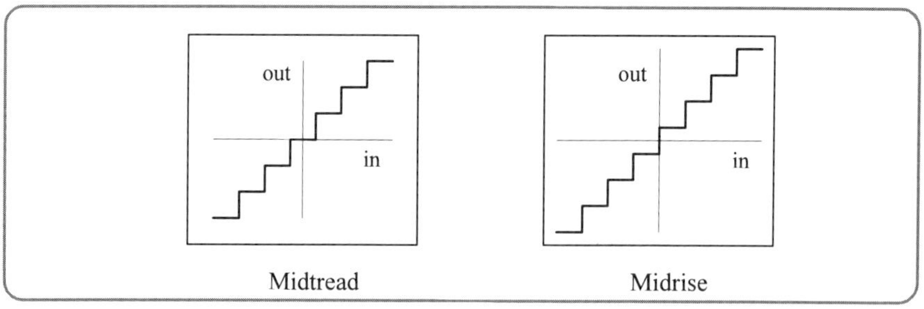

그림 1 Midtread와 midrise 양자화기

3.1 균일 양자화

먼저 가장 간단한 형태의 양자화기인 균일 양자화(uniform quantization)에 대해 살펴보자. 균일 양자화는 입력 진폭을 동등한 크기의 양자화 스텝(quantization step)으로 나누어 이를 코드로 변환한다. 균일 양자화기에서 양자화 스텝은 2진수로 표현되고 각 입력신호에 대한 코드는 이 입력신호가 속하는 양자화 스텝의 2진수가 된다. 양자화 스텝과 양자화기를 정의하기 위해서는 다음과 같은 3가지 정보가 있어야 한다.

① 주어진 양자화기가 midtread 형인지 혹은 midrise 형인지의 여부
② 과부하(overload)가 걸리지 않는 최대 입력 값 x_{max} (즉, 양자화기가 처리할 수 있는 입력 범위)
③ 코드당 양자화 스텝크기(quantization step size) Δ (x_{max} 가 결정되면 양자화 스텝의 개수 $N = (2 * x_{max}) / \Delta$ 을 계산할 수 있음)

3번째의 Δ (양자화 스텝크기)는 코드를 표현하는 데 필요한 비트 수를 정의하며 전 절에서 학습한 바와 같이 R 비트는 2^R 개의 서로 다른 코드를 표현할 수 있다.

Midrise 양자화기에서 R 비트가 주어져 있을 때 양자화 스텝크기는 다음과 같다.

$$\Delta = 2 * x_{max} / 2^R$$

반면에 midtread 양자화기는 홀수개의 양자화 구간을 필요로 하기 때문에 R 비트는 $2^R - 1$ 개의 코드를 표현할 수 있으며, 따라서 R 비트 midtread 양자화기는 다음과 같이 약간 더 큰 양자화 스텝크기를 갖는다.

$$\Delta = 2 * x_{max} / (2^R - 1)$$

모든 양자화 스텝을 다 연결하면 양자화기가 $-x_{max}$ 에서 x_{max} 까지 범위의 입력신호를 양자화할 수 있으나 만약 입력신호 진폭이 이 범위를 넘어갈 때는 문제가 발생하기 시작한다. 이 문제는 양자화기의 최대 허용 값(x_{max})보다 큰 모든 입력신호 진폭을 x_{max} 로 변환하고 양자화기의 최소 허용 값($-x_{max}$)보다 낮은 모든 입력신호 진폭을 $-x_{max}$ 로 변환함으로써 해결할 수 있다. 이러한 변

환 과정을 "클리핑(clipping)" 혹은 "과부하(overload)" 현상이라 부르고 일반적으로 이들은 사람 귀에 매우 거슬리는 인공잡음(artifact)의 일종이다. 이 책에서는 학계에서 관례로 사용되어 온 것과 같이 양자화기의 최대 진폭 x_{max} 를 1로 설정하여 사용할 것이다. 즉, 이제부터는 –1과 1 사이의 입력 진폭에 대해 양자화기가 어떻게 코드를 할당하는지 구체적으로 살펴보자.

3.2 Midrise 양자화기

그림 2는 2-비트 균일 midrise 양자화기를 보이고 있다. 이 양자화기는 그림 왼쪽의 –1부터 1 사이의 입력신호 진폭을 4개의 양자화 구간으로 분할한다. Midrise 양자화기는 균일 양자화이기 때문에 4개의 구간(양자화 스텝)은 같은 크기를 갖는다. 각 구간은 "폴디드 2진수"(이전 절과 마찬가지로 첫 번째 비트가 부호 비트로 사용됨)로 표현되고 그림의 중간은 각 구간에 해당하는 코드를 나타낸다. 각 코드는 아래로부터 –1, –0, +0, +1 값을 갖는 2진수 [11], [10], [00], [01]으로 표기된다.

이제 입력신호를 2-비트 코드로 양자화한 후 이 코드를 어떻게 출력신호 진폭으로 재변환하는지 알아보자. 이 변환은 평균에러(average error)를 최소화하는 방향으로 수행된다. 예를 들어, [00] 코드에 해당하는 구간은 0.0에서 0.5까지의 입력 진폭을 처리한다. 만일 이 구간 내의 진폭 값이 균일하게 분포되어 있다고 가정한다면 이때 평균에러를 최소화하는 출력 레벨은 이 구간의 중심 값이 되어 0.25가 된다. 이와 유사하게 다른 구간에서의 출력 레벨도 해당 구간의 중심 값이 되어 양자화기의 코드 [11], [10], [00], [01]을 각각 –0.75, –0.25, 0.25, 0.75의 출력 레벨로 변환한다.

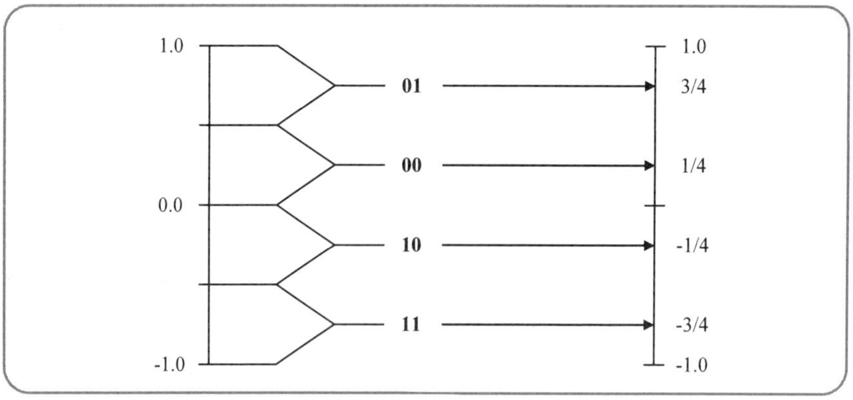

그림 2 2-비트 균일 midrise 양자화기

2-비트 이상의 균일 midrise 양자화기 역시 같은 방법으로 설명될 수 있다. 그림 3은 입력신호를 R-비트 균일 midrise 양자화 코드로 변환하고 다시 이 코드를 신호 진폭으로 역-양자화하는 일반적인 절차를 설명하고 있다. 보다 쉽게 이 절차를 이해하기 위해 이 절차에 2-비트 양자화기를 적용해보자.

만약 입력 진폭 값이 0.6이라면 그림 2와 같이 코드 [01]로 변환되고 출력 진폭 0.75로 역-양자화된다. 그림 3의 절차에 따라 이 코드의 첫 번째 비트는 입력 진폭의 부호를 나타내므로 0이 된다. 두 번째 비트는 다음과 같고

$$\text{INT}(2 * 0.6) = \text{INT}(1.2) = 1$$

입력 0.6에 해당하는 코드 [01]을 갖게 되며 여기서 $INT(x)$는 숫자 x에서 정수 부분만을 반환하는 연산자이다.

그림 3의 절차에 따라 코드 [01]을 역-양자화하면 첫 번째 비트는 양수를 의미하고 두 번째 비트는 다음과 같은 절대값을 말한다.

$$(1 + 0.5) / 2 = 1.5 / 2 = 0.75$$

이 절대값에 부호를 붙이면 입력 값 0.6에 대해 0.75라는 정확한 출력 값을 구할 수 있다.

양자화와 역-양자화에 대한 보다 깊은 이해를 갖기 위해서는 몇 개의 입력 값에 대해 그림 3의 양자화/역-양자화 절차를 연습해보는 것이 바람직하다.

Quantize :

code(number; R) = [s][|code|]

where

$$s = \begin{cases} 0 & number \geq 0 \\ 1 & number < 0 \end{cases}$$

$$|code| = \begin{cases} 2^{R-1} - 1 & when\ |number| \geq 1 \\ \text{INT}(2^{R-1}\,|number|) & elsewhere \end{cases}$$

Dequantize :

number(code; R) = sign*|number|

where

$$sign = \begin{cases} 1 & if \quad s = 0 \\ -1 & if \quad s = 1 \end{cases}$$

$$|number| = (|code| + 0.5) / 2^{R-1}$$

그림 3 R-비트 균일 midrise 양자화기의 양자화/역-양자화 절차

3.3 Midtread 양자화기

그림 4는 2-비트 midtread 균일 양자화기를 보이고 있다. 2-비트를 이용해 어떻게 3개의 입력 진폭 구간을 표현하는지 주목하자. 즉, –1과 1 사이의 전체 입력 범위를 4개가 아닌 3개로 나누어 midrise 양자화기보다 더 큰 양자화 스텝을 갖게 된다. 각 구간은 차례대로 –1, 0, 1 값을 갖는 2진수 [11], [00], [01]로 표기되고 코드 [10]는 사용하지 않는다. 역-양자화된 값은 여전히 각 구간의 중심 값이 되어 각각 –2/3, 0, 2/3가 된다. 출력 레벨 값에 0이 존재함을 주목하자. 오디오 신호는 신호가 존재하지 않는 부분을 많이 포함하고 있기 때문에, 진폭 값이 0인 신호를 표현할 수 있는 양자화기가 더 좋은 음질을 내는 경향이 있다. 이러한 이유로 오디오 코딩에서는 midrise 양자화기에 비해 코딩할 수 있는 코드가 하나 부족하더라도 midtread 양자화기를 주로 사용한다.

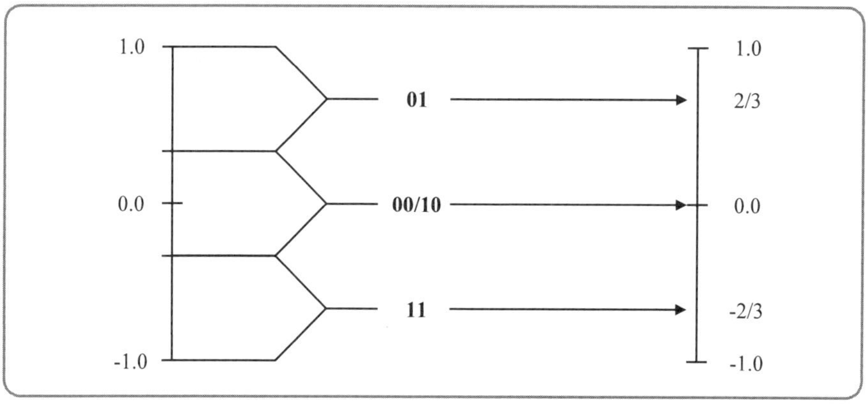

그림 4 2-비트 균일 midtread 양자화기

그림 5는 R-비트 균일 midtread 양자화기를 구현하는 절차를 설명하고 있다. 이전과 같이 입력 값 0.6을 양자화한다고 가정하자. 이전 절과 마찬가지로 첫 번째 비트는 부호 비트이기 때문에 이 경우 0이 된다. 두 번째 비트는 다음과 같으며

$$\mathrm{INT}((3*0.6+1)/2) = \mathrm{INT}(2.8/2) = \mathrm{INT}(1.4) = 1$$

코드 [01]을 얻게 된다. 역-양자화 과정에서 첫 번째 비트는 양수 진폭을 의미하고 두 번째 비트를 이용해 2*1/3=2/3의 절대값을 계산할 수 있다. 즉, 이 절차는 그림 4의 결과와 일치하며 입력 값 0.6은 출력 진폭 +2/3로 변환된다.

다음 절을 학습하기 전에 몇 개의 입력 진폭 값에 그림 4의 양자화/역-양자화 절차를 연습해보기 바란다.

Quantize :

code(number; R) = [s][|code|]

where

$$s = \begin{cases} 0 & \text{number} \ge 0 \\ 1 & \text{number} < 0 \end{cases}$$

$$|\,\text{code}\,| = \begin{cases} 2^{R-1} - 1 & \text{when } |\,\text{number}\,| \ge 1 \\ \text{INT}(((2^R - 1)\,|\,\text{number}\,| + 1)/2) & \text{elsewhere} \end{cases}$$

Dequantize :

number(code; R) = sign*|number|

where

$$\text{sign} = \begin{cases} 1 & \text{if} \quad s = 0 \\ -1 & \text{if} \quad s = 1 \end{cases}$$

$$|\,\text{number}\,| = 2.\,|\,\text{code}\,|\,/(2^R - 1)$$

그림 5 R –비트 균일 midtread 양자화기의 양자화/역–양자화 절차

입력 레벨에 과부하가 없을 때 균일 양자화기는 양자화 스텝크기의 절반에 해당하는 라운드-오프 에러(round-off error)를 갖게 된다. 그러나 이 에러 레벨은 아주 작은 진폭 신호에 비해 상대적으로 큰 편에 속한다. 사람이 라운드-오프 왜곡을 지각할 때는 이 에러의 절대크기보다는 입력 진폭에 대한 상대적인 에러에 의존하기 때문에 균일 양자화기는 파워(power)가 높은 신호보다는 파워가 낮은 입력신호에 대해 심각하게 성능이 떨어지는 단점이 있다. 이러한 문제를 해결하기 위해 비-균일 양자화기를 사용하게 되며 이를 다음 절에 설명한다.

3.4 비–균일 양자화

일반적으로 양자화기에서 균일한 크기의 양자화 스텝만을 사용해야 한다는 제한점은 없다. 입력 진폭에 따라 양자화 스텝크기가 변할 수 있는 양자화기를 "비-균일 양자화기(non-uniform quantizer)"라 부른다. 비-균일 양자화기는 양자화 스텝크기에 대한 룩업표(lookup table)를 이용해서 구현될 수 있지만, 다음에 설명하는 "압신(companding)"이라는 기법으로 구현되는 경우가 더 많다.

압신 기법에서 입력 x 는 균일 양자화되기 이전에 다음과 같은 단조 증가함수(monotonically increasing function)를 통과한다.

$$y = c(x)$$

이후 균일 양자화된 코드를 y' 값으로 역-양자화하고 이 값에 다음과 같은 역함수를 적용한다.

$$x' = c^{-1}(y')$$

여기서 함수 $c(x)$ 는 보통 $x = 0$ 에 대해 반대칭(anti-symmetric) 구조로 되어 있기 때문에 음수 x 값을 음수 값으로 변환한다. 이 말은 $c(|x|)$ 를 구할 수 있다면 $c(x)$ 를 완전하게 정의할 수 있다는 것을 의미한다. 만약 입력신호와 균일 양자화기가 정규화되어 -1 ~ 1에서 동작한다면 압신함수 $c(|x|)$ 는 0부터 1.0 사이의 입력신호를 0부터 1.0으로 변환할 수 있어야 한다. 또한 $c(x)$ 가 단조 증가함수가 되어야 하는 이유는 보다 쉽게 함수 $c(x)$ 의 역함수를 구할 수 있기 때문이다.

압신이 어떻게 양자화에 영향을 미치는지 알아보기 위해 입력 레벨 x 에 따라 양자화기의 양자화 스텝크기가 어떻게 변하는지 살펴보자. y 값은 균일하게 양자화된 것이기 때문에 레벨 y 에 해당하는 양자화 스텝이 균일한 크기를 가져야 한다는 것을 이미 알고 있다. 많은 비트로 양자화를 한다면 양자화 스텝크기가 작아질 것이고, 이 스텝크기 내에서 $y = c(x)$ 변환을 선형적으로 근사할 수 있으며 이는 각 양자화 스텝 구간에서 특정 고정 값 x_0 에 대해 다음과 같이 표현될 수 있다.

$$y(x) \approx c(x_0) + \frac{dc}{dx}(x - x_0)$$

이 수식은 입력 x 에 해당하는 양자화기 스텝 폭이 dc/dx 만큼 증감된다는 것을 의미한다(그림 6 참조). 예를 들어, 작은 값의 x 에 대해 기울기가 큰 함수 $y = c(x)$ 를 사용한다면 그 영역에서의 양자화 잡음은 균일 양자화에 비해 더 작을 것이다. 한편, 함수 $c(|x|)$ 가 0부터 1.0까지의 범위에서 단조 증가함수이므로 작은 값의 x 에 대한 기울기가 크다는 것은 큰 값의 x 에 대한 기울기가 작다는 것을 의미하며, 이는 큰 값의 x 에 대해 더 많은 양자화 잡음이 존

재한다는 것을 말한다. 따라서 압신함수를 이용해 양자화 잡음을 낮은 입력 진폭에서 높은 입력 진폭 쪽으로 이동시킬 수 있다. 비-균일 양자화는 신호 진폭이 낮아질 때 비록 양자화기의 신호피크치대 잡음비(PSNR, Peak Signal to Noise Ratio)는 낮아지지만, 신호대 잡음비(SNR, Signal to Noise Ratio)가 급격히 떨어지는 현상을 완화할 수 있다는 장점이 있다.

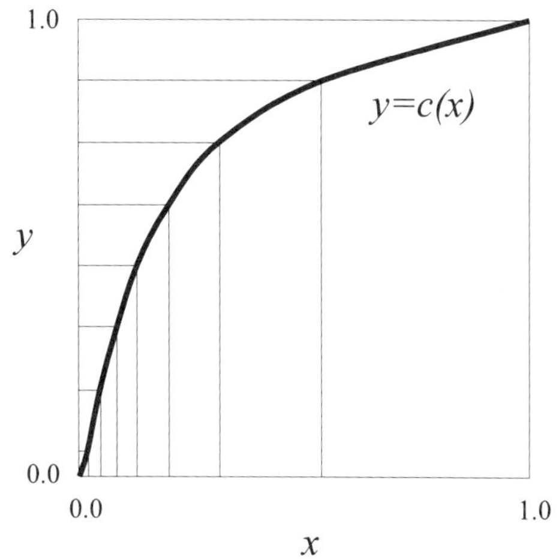

그림 6 4-비트 midtread 양자화기에서 양자화기 스텝에 대한 압신 영향

3.4.1 파워-법칙 압신

압신에 사용되는 전형적인 함수는 파워-법칙 압신과 로그 압신 2가지 형태가 있다. 파워-법칙 압신(power-law companding)은 다음과 같은 형태의 함수를 이용한다.

$$c_{power}(|x|) = |x|^p$$

여기서 변수 p 는 작은 값의 x 에 대해 함수 $c(x)$ 의 기울기가 높아질 수 있도록 0과 1.0 사이의 값으로 선택된다. 이 책의 11장과 13장의 MPEG 계층 Ⅲ와 MPEG AAC에 사용되는 파워-법칙 압신은 $p = 0.75$ 를 사용한다.

3.4.2 로그 압신

로그 압신(logarithmic companding)의 압신함수는 $\log(x)$ 의 형태를 갖는다. 그

러나 $\log(0)$ 이 $-\infty$ 값을 가지므로 이 함수를 적용하려면 약간의 조정이 필요하다. 로그 압신 중 하나는 소위 "μ-법칙 압신(μ-law companding)"으로 다음과 같은 형태의 함수를 이용한다.

$$c_\mu(|x|) = \frac{\log_b(1+\mu|x|)}{\log_b(1+\mu)}$$

여기서 로그함수의 기저 b 는 함수에 영향을 미치지 않으며(기저를 바꾸더라도 고정된 값을 분모나 분자에 공통으로 곱하는 것이 되기 때문) 변수 μ는 $x=0$ 근처에서의 기울기 dc/dx 를 의미한다. $x=0$ 근처에서 $c(x)$ 의 기울기는 $\mu/\ln(1+\mu)$ 와 같고 일반적으로 μ 는 $\mu >> 1$ 인 값을 사용한다. 위 로그 압신은 $x=0$ 일 때 로그함수 안의 1로 인해 $-\infty$ 값의 문제점을 해결하고 있음을 주목하자.

또 다른 형태의 로그 압신은 소위 "A-법칙 압신(A-law companding)"으로 다음과 같은 형태의 함수를 사용한다.

$$c_A(|x|) = \begin{cases} \dfrac{1+\ln(A|x|)}{1+\ln(A)} & for\ |x| > 1/A \\ \dfrac{A}{1+\ln(A)}|x| & for\ |x| \le 1/A \end{cases}$$

x 값이 작을 때 나타나는 문제를 해결하기 위해 $1/A$ 보다 작은 $|x|$ 에 대해 함수를 선형으로 근사한 것을 주목하자. $x=0$ 근처에서 큰 기울기 값을 갖는다는 것은 $A>>1$ 을 의미한다.

"μ-법칙 압신"과 "A-법칙 압신"은 CCITT(Consultative Committee on International Telephone and Telegraph, 현재는 ITU-T, International Telecommunication Union–Telecommunications)에 의해 표준화되어 전기통신 산업 응용 분야에서 중요하게 사용되고 있다. 표준에서 특별히 사용되는 값은 $\mu=255$ 와 $A=87.56$ 으로 8비트 균일 양자화기를 사용할 때, 마치 더 많은 비트 수의 균일 양자화기를 사용한 것과 같은 좋은 양자화 특성을 얻을 수 있다. 사실상 다음 절에 소개되는 부동-소수 양자화 기법은 일종의 A-법칙 압신의 변형 형태이다. 이들의 주요 차이는 $A=87.56$-법칙 압신이 midtread 양자화기가 아닌 midrise 양자화기와 같이 사용된다는 점이다. 최근에는 대부분의 로그 압신 기법이 다양한 부동-소수 양자화기를 통해 적용되고 있다. 비-균일 양자화 기법에 대한 더 자세한 사항은 [Jayant and Noll 84]를 참고하기 바란다.

3.5 부동-소수 양자화

부동-소수 양자화(floating-point quantization)의 기본 원리는 양자화 스텝크기를 입력신호의 크기에 맞추어 조절하는 것으로 작은 입력신호에 대해서는 매우 작은 양자화기 스텝을 사용하고 높은 입력신호에 대해서는 이보다 큰 양자화 스텝을 사용하는 것이다. 코더에서 이러한 방법을 구현하려면 신호를 역-양자화할 때 얼마만 한 양자화 스텝크기가 사용되었는지를 알아야만 하며 이를 위해 양자화 스텝크기를 설명하는 비트를 전송해야 한다. 즉, 이 말은 2종류의 코딩 비트를 갖게 됨을 의미한다. 한 종류의 비트는 양자화 스텝크기를 표현하는 데 사용되며 이러한 비트들은 진폭 값의 "스케일팩터(scale factor)" 혹은 "지수(exponent)" 부분을 나타낸다. 나머지 비트들은 주어진 양자화 스텝크기로 신호를 균일하게 양자화할 때 사용되며, 이 비트들은 진폭 값의 "가수(mantissa)" 부분을 나타낸다. 부동-소수 양자화는 높은 레벨의 신호에 대해서는 정확도가 떨어지는 반면 낮은 레벨 신호에 대해서는 정확도가 높아진다. 낮은 레벨 신호에 대해 정확도가 높아지는 이유는 양자화 스텝크기를 표현하는 스케일팩터 비트를 전송해 스텝크기를 코더에 알려주어 스텝크기가 그 신호에 최적화될 수 있기 때문이다. 일반적으로 SNR은 가수 비트 수에 의존하고 전체 입력신호의 파워범위 내에서 일정하게 유지되는 편이다. 이러한 현상은 신호의 파워(클리핑을 피할 정도로 큰)가 커질수록 SNR이 높아지고 신호의 파워가 낮아지면 SNR이 낮아지는 균일 양자화기와 대비되는 현상이다. 다음 절에 이와 관련한 몇 가지 예를 살펴볼 것이며 이는 나중에 학습하게 될 그림 10에 잘 나타나 있다.

여기서는 [Jayant and Noll 84]에 기초해 CCITT에서 규정된 선형 A-법칙 압신과 유사하게 동작하는 부동-소수 양자화를 구현하는 방법에 대하여 살펴보기로 한다. 이 양자화기의 성능은 스케일팩터 비트 수 R_s와 가수 비트 수 R_m에 의존한다. 이제 샘플당 전체 비트 수 R이 다음과 같다고 하자.

$$R = R_s + R_m$$

높은 레벨의 입력신호에 대해 이 양자화기는 다음과 같은 비트 수를 갖는 균일 양자화기와 거의 동일한 성능을 갖는다.

$$R = R_m + 1$$

반면에 신호 파워가 낮아지더라도 스케일팩터 비트인 R_s 에 의해 결정되는 레벨 수준에 도달하기 전까지는 양자화기의 성능이 저하되지는 않는다. 만약 이 레벨 수준을 밑돌게 되면 양자화기의 성능이 저하되기 시작하며 다음과 같은 비트 수의 균일 양자화기와 거의 동등한 성능을 갖게 된다.

$$R = (2^{R_s} - 1) + R_m$$

예를 들어, 8비트를 3개의 스케일팩터 비트와 5개의 가수 비트로 나누어 사용할 때, 이 양자화기의 성능은 중간 레벨에서 높은 레벨까지의 신호에 대해 약 6-비트 균일 양자화기와 동등한 성능을 갖게 되며 작은 레벨의 신호에 대해서는 12-비트 균일 양자화기와 동등한 성능을 갖게 된다.

그림 7은 부동-소수 양자화와 역-양자화 절차를 설명하고 있다. 기본 동작원리는 먼저 부동-소수 양자화기와 거의 동등한 성능을 갖도록 가장 많은 개수의 비트를 이용해 입력신호를 균일 양자화한다. 그 다음 스케일팩터 비트를 이용해서 균일 양자화된 코드의 선두 0의 개수를 파악해 나중에 이 코드에서 이들을 제거할 수 있도록 한다. 마지막으로는 파악된 개수만큼의 선두 0 다음으로 1이 나오기 때문에 가수 비트를 사용하여 나머지 코드의 가장 높은 차수의 비트들을 저장한다. 역-양자화는 이 절차를 역으로 수행하면 된다. 스케일팩터는 순수 코드부분(1로 시작되는)의 앞에 몇 개의 0이 와야 하는지를 알려주는 반면 가수 비트는 나머지 코드를 정확하게 복원할 수 있게 해준다. 마지막 가수 비트 이후의 나머지 코드 비트를 구하기 위해서는 마지막 가수 비트 이후 미지 범위의 중간 값을 선택해 1과 0들을 순서대로 배치한다. 예를 들어, 뒷부분의 미지 3개의 비트가 [000]=0에서 [111]=7 사이의 범위를 갖는다고 하면, 이때 이 범위의 중간값인 [100]=4를 선택할 수 있다. 마지막으로 출력 진폭을 얻기 위해서는 이 코드를 역-양자화해야 한다.

숫자를 R_s 스케일팩터 비트, R_m 가수 비트를 갖는 스케일-가수 부동-소수로 변환하는 방법:

Ⅰ. 숫자를 $R = 2^{R_s} - 1 + R_m$ 비트로 양자화한다.

Ⅱ. 양자화된 |코드|에서 선두 0의 개수를 센다. 만약 선두 0의 개수가 $2^{R_s} - 1$ 보다 작으면 스케일팩터를 $2^{R_s} - 1$ 에서 선두 0의 개수를 뺀 것으로 설정한다; 그렇지 않다면 스케일팩터를 0으로 설정한다.

Ⅲ. 만약 스케일팩터가 0이라면 첫 번째 가수 비트를 s (부호 비트)로 놓고 나머지 $R_m - 1$ 비트를 |코드|내의 $2^{R_s} - 1$ 개의 선두 0 바로 뒤의 비트와 같게 한다. 스케일팩터가 0이 아니라면 첫 번째 가수 비트를 s 로 놓고 나머지 $R_m - 1$ 비트를 몇 개의 선두 0 바로 뒤에서 1을 제외한 나머지 비트와 같게 한다.

R_s 스케일팩터 비트, R_m 가수 비트를 갖는 스케일-가수 부동-소수를 숫자로 변환하는 방법:

Ⅰ. 가수와 스케일팩터로부터 $R = 2^{R_s} - 1 + R_m$ 비트 코드를 만든다. 여기서 s 는 첫 번째 가수 비트 그리고 |코드|는

A. ($2^{R_s} - 1$ −스케일팩터) 개수의 선두 0의 값을 갖는다.

B. 만약 스케일팩터가 0이라면 이 후 $R_m - 1$ 개의 가수 비트가 오고, 그렇지 않다면 1과 나머지 가수 비트가 온다.

C. 만약 스케일팩터가 1보다 크면 B에 이어 1이 오고 코드 크기에 맞도록 0의 값을 채워 넣는다.

Ⅱ. R 비트 코드를 숫자로 역-양자화한다.

그림 7 부동-소수 양자화기의 양자화/역-양자화 과정

그림 8은 스케일팩터 비트가 $R_s = 3$ 이고 가수 비트가 $R_m = 5$ 인 경우에 대한 부동-소수 양자화 과정을 보이고 있다. 8-비트 부동-소수 양자화기는 낮은 입력신호 레벨에 대해 12-비트 균일 양자화기와 동등한 성능을 가지므로 먼저 입력신호를 12비트 균일 양자화기로 양자화한다. 5개 가수 비트 중에 1비트를 이용해 부호 비트를 저장하고 나머지 4개 가수 비트와 3개 스케일팩터 비트를 이용해 코드를 저장한다. 3개의 스케일팩터 비트를 이용해 선두의 0을 7개까지 셀 수 있음을 주목하자. 따라서 낮은 입력신호 레벨에서 12-비트 정확도를 갖게 되고 이때 1개의 가수 비트는 부호를, 3개의 스케일팩터 비트는 다음 7개의 비트가 0인 것을 알려주며 나머지 4개의 가수 비트는 코드(12=1+7+4 비트)의 나머지 부분에서 가장 높은 차수의 비트들을 나타낸다. 규칙에 따라 스케일팩

터는 선두 0의 개수가 최대 허용할 수 있는 7개 이상일 때 0이 되고 선두의 0 값이 사라질 때까지 7을 거꾸로 세어 나간다. 스케일팩터는 가수 비트로 표현되는 코드의 선두 0비트들을 없애 1이 선두에 나올 수 있도록 하는 왼쪽-시프트(left-shift) 동작과 같다. 이 시프트 동작은 코더 정확도에 아무런 영향을 주지 않으며 스케일팩터가 선두 0의 개수와 같을 때 좀 더 쉽게 자리 이동을 할 수 있게 한다. 이러한 스케일팩터 표현은 12-비트 양자화에서 선두 0의 개수가 7보다 작아지는 신호 파워에 도달할 때까지 계속 사용된다. 이 경우 선두 0들의 값 바로 뒤의 첫 번째 비트는 1이고 이를 저장할 필요가 없기 때문에 4개의 가수 비트를 이용해 1이후의 4비트를 저장한다. 이러한 관점에서 양자화기는 과부하 레벨까지 부호 비트와 선두 1 그리고 4개의 가수 비트로 구성된 6-비트 균일 양자화기처럼 동작한다. 그림 8 예제의 마지막 문장에서 보듯이 12-비트 코드를 만들 때 저장된 가수 비트 이외의 나머지 차수의 비트들에는 마지막 가수 비트 이후, 미지 범위의 중간값(여기서는 미지 6개의 비트이므로 중간값은 [100000]=32가 됨)을 선택하여 1과 0들을 순서대로 채워 넣는다. 12-비트 코드가 만들어지고 나면 전 절의 균일 양자화기에서 설명한 것처럼 이를 역-양자화하여 출력신호를 얻는다.

[s0000000abcd]	→	scale=[000] mant=[sabcd]	→	[s0000000abcd]
[s0000001abcd]	→	scale=[001] mant=[sabcd]	→	[s0000001abcd]
[s000001abcde]	→	scale=[010] mant=[sabcd]	→	[s000001abcd1]
		…		
[s1abcdefghij]	→	scale=[111] mant=[sabcd]	→	[s1abcd100000]

그림 8 스케일팩터 비트가 $R_s = 3$ 이고 가수 비트가 $R_m = 5$ 인 경우의 부동 소수 양자화/역-양자화 예

3.5.1 블록 부동-소수 양자화

우리는 종종 코더를 구현할 때 부동-소수 양자화를 변형한 소위 "블록 부동-소수

양자화(block floating-point quantization)" 혹은 "블록 압신(block companding)"을 사용한다. 블록 부동-소수는 하나의 스케일팩터 비트를 여러 개의 가수 값에 걸쳐 공유한다. 즉, 몇 개의 부동-소수 숫자가 같은 스케일팩터값을 이용해 코딩된다. 이러한 방법으로 하나의 숫자당 필요한 스케일팩터 비트 수를 절약할 수 있으나, 만약 숫자가 서로 다른 크기를 가지고 있다면 양자화되는 신호의 양자화 스텝크기를 조정할 수 있는 부동-소수 양자화 기능이 제한될 수밖에 없다. 이 경우 블록의 지수부를 표현하는 데 사용된 것보다 작은 값에 대해서는 신호의 SNR이 감소한다. 일반적으로 블록 부동-소수 양자화기를 구현할 때 몇 개의 숫자 그룹에 대한 스케일팩터는 가장 큰 절대값을 가진 숫자의 스케일팩터로 선정된다. 어떠한 가수부에도 선두 1이 있다고 가정하지 않은 상태에서 이 스케일팩터를 이용해 그룹 내 모든 숫자를 부동-소수 양자화기로 양자화하고 역-양자화한다. 가수부에 선두 1을 가정할 수 없는 이유는 역-양자화를 할 때 스케일팩터 설정에 사용된 숫자가 어떤 것인지를 알 수 없기 때문이다. 예를 들어, 스케일팩터를 설정하는 숫자의 크기보다 2배 큰 크기를 갖는 숫자는 가수부 선두에 0을 갖게 된다.

이제까지의 내용을 정리하면 다음과 같다. 양자화는 신호의 디지털화와 오디오 코더 설계에 있어 매우 중요한 과정이다. 우리는 midtread와 midrise 양자화기 둘 중의 하나를 선택하여 사용할 수 있으며, midrise 양자화기가 더 작은 라운드-오프 에러를 가지고 있지만, midtread 양자화기는 신호의 0값을 정확히 양자화할 수 있는 장점이 있다. 일반적으로 오디오 코더에는 midtread 양자화기가 사용된다. 부동-소수 양자화기는 양자화되는 신호의 크기에 맞도록 양자화 스텝크기를 조절해 비트를 할당할 수 있다. 부동-소수 양자화는 높은 파워를 갖는 신호에 대해서는 정확도가 떨어지지만, 낮은 파워를 갖는 신호에 대해서는 훨씬 높아진 정확도를 가질 수 있으며 전체 입력신호의 파워 범위 내에서 더욱 안정된 성능을 갖는다. 블록 부동-소수 양자화는 여러 개의 신호 값에 걸쳐 스케일팩터를 공유함으로써 숫자당 스케일팩터를 저장하기 위한 비트 수를 절약할 수 있다.

4 양자화 에러

이전 절에서는 양자화기를 구현하는 방법과 양자화기의 질적인 성능에 대하여 알아보았다. 이 절에서는 양자화 에러(quantization error)를 설명하는 데 필요한 정량적인 측정 방법을 소개한다. 양자화 에러는 오디오 코딩 과정에서 발생하는 주요 왜곡 요인으로 매우 중요하게 취급된다. 양자화기에 더 많은 비트를 할당하면 비트율이 증가하는 단점이 있는 반면, 양자화 에러를 감소시킬 수 있기 때문에 오디오 코더 설계에 있어 코더의 비트율과 디코딩된 신호 음질 간의 상충관계를 이해할 필요가 있다. 일반적으로 오디오 코더는 특정 형태의 비트 할당 알고리즘을 이용하여 양자화기의 에러 레벨을 제어한다. 이 책의 나머지 장에서는 이러한 상충관계를 어떻게 최적화할 수 있는지를 설명할 것이며, 이 절에서는 주어진 비트 수에서 양자화 에러를 측정하는 방법에 대하여만 설명한다.

양자화 에러의 특성을 기술하는 방법 중 하나는 입력신호 $x_{in}(t)$ 를 출력신호 $x_{out}(t)$ 와 비교하여 다음과 같은 양자화 에러 신호 $q(t)$ 의 파워를 측정하는 것이다.

$$q(t) = x_{out}(t) - x_{in}(t)$$

그러나 이보다 더 좋은 방법으로는 사람의 청각특성을 일부 고려하여 양자화 에러 신호와 입력신호의 상대적인 파워 비율을 구하는 것이다. 이 절에서는 이 방법을 이용할 것이며 양자화 에러 정도를 dB 단위의 SNR(Signal to Noise Ratio)로 표현할 것이다. SNR은 다음과 같이 정의된다.

$$\mathrm{SNR} = 10 \log_{10} (< {x_{in}}^2 > / < q^2 >)$$

여기서 낮은 양자화 에러가 높은 SNR을 갖는 점을 주목하자.

물론 SNR은 사람의 청각특성을 완벽하게 감안한 음질측정 방법은 아니다. 사실상 많은 사람들은 SNR이 신호의 마스킹, 다양한 주파수에서의 잡음 민감도 등을 포함한 다양한 청각적 요소들을 감안하지 않은 나쁜 측정 방법이라고 이야기 한다. 그러나 SNR은 여전히 가장 널리 사용되고 있는 일반적인 음질측정 방법이다. 그 이유는 SNR이 객관적인 측정방법을 제공할 수 있을 뿐만 아니라 또한 쉽게 이해될 수 있기 때문이다. 객관적 음질평가(perceptual objective measurement) 같은 음질측정 방법은 사람의 청각 시스템을 모델링한 파라메트릭 모델(parametric model)을 이용하는 것으로 최근에 들어와서야 오디오 음질평가에 성공적으로 적용되기 시작했다(10장 참조). 이 절에서는 SNR을 사용할 것이며 사람의 청각과 오디오 코더의 음질평가에 관련된 문제는 향후 이 책의 중반부에서 다룰 것이다.

4.1 라운드-오프 에러

양자화 에러에는 라운드-오프 에러(round-off error)와 과부하 에러(overload error)(또는 클리핑 에러(clipping error)) 등 2가지 형태가 있으며 이들은 실제 음을 들었을 때 매우 거슬리게 들린다.

라운드-오프 에러는 입력신호 진폭을 단일 코드로 변환하는 과정 중에 발생하는 것으로(따라서 출력 레벨에도 영향을 미침), 입력 진폭 범위가 더 넓어질수록 에러가 더욱 심하게 나타난다. 만약 신호 진폭이 각 양자화 스텝 구간에 랜덤(random)하게 할당된다고 가정하면 균일 양자화기에서 라운드-오프 에러와 비트 수 간의 상관관계를 추정할 수 있다.

이 가정에 따라 라운드-오프 에러는 $-\Delta/2$ 에서 $\Delta/2$ 사이에 동일한 발생 확률(equally likely)로 존재한다고 생각할 수 있다. 즉, 어느 시간에서도 에러 신호 $q(t)$ 의 확률 밀도(probability density)는 $-\Delta/2$ 에서 $\Delta/2$ 사이에서 $1/\Delta$ 로 근사할 수 있고 이외에는 0이 된다. 이러한 가정은 양자화기가 많은 수의 양자화 레벨을 가지고 있을 때만 적용 가능하며 만약 델타 변조기(delta modulator) 같이 양자화기가 적은 수의 레벨을 가지고 있다면 사용할 수 없다.

에러 확률 분포(error probability distribution)가 주어지면 양자화기의 에러파워 기대값(expected error power)을 다음과 같이 계산할 수 있다.

$$< q^2 >= \int_{-\infty}^{\infty} q^2 p(q) dq = \int_{-\Delta/2}^{\Delta/2} q^2 \frac{1}{\Delta} dq = \frac{\Delta^2}{12}$$

따라서 R -비트 균일 양자화기의 경우 $\Delta \approx (2 * x_{\max})/2^R$ 이 되고 에러파워 기대값은 다음과 같다.

$$< q^2 > \approx \frac{x_{\max}{}^2}{3 * 2^{2R}}$$

만약 양자화기의 입력신호 파워를 $< x_{in}{}^2 >$로 가정한다면 이때 양자화기의 SNR(dB 단위)은 다음과 같이 계산될 수 있다.

$$
\begin{aligned}
\mathrm{SNR} &= 10\log_{10}\left(<x_{in}^{\ 2}> / <q^2>\right) \\
&\approx 10\log_{10}\left(<x_{in}^{\ 2}>\frac{3*2^{2R}}{x_{\max}^{\ 2}}\right) \\
&\approx 10\log_{10}\left(\frac{<x_{in}^{\ 2}>}{x_{\max}^{\ 2}}\right) + 20*R*\log_{10}(2) + 10*\log_{10}(3) \\
&\approx 10\log_{10}\left(\frac{<x_{in}^{\ 2}>}{x_{\max}^{\ 2}}\right) + 6.021*R + 4.771
\end{aligned}
$$

이 수식으로부터 SNR이 신호가 과부하 되기 바로 전 순간까지 신호 파워가 커질수록 증가하는 것을 볼 수 있고, 1비트가 증가할 때마다 6dB 가 높아짐을 알 수 있다. 이 수식의 첫째 항은 양자화기의 $x_{\max}$ 에 대해 상대적으로 측정된 dB 단위의 입력신호 파워를 나타낸다. 이 값은 균일 양자화기에서 입력신호 파워의 상대적인 추정 값이며 이러한 이유로 양자화기의 $x_{\max}$ 를 1로 설정하여도 아무런 문제가 되질 않는다. 그림 9는 $x_{\max}$ 보다 작은 진폭 A 를 갖는 사인파 입력신호가 균일 양자화기를 통과하였을 때 발생하는 양자화 영향들을 보이고 있다. 이 경우 입력신호의 파워 기대값은 $<x_{in}^{\ 2}> = A^2/2$ 이 된다. 16비트에 해당하는 직선이 약 50dB SNR로 8비트 양자화기보다 큰 것을 볼 수 있고 이는 6-비트 규칙($8*6 \approx 50$)과도 일치함을 알 수 있다. 또한, 신호 파워가 커질수록 SNR이 증가함을 주목하자.

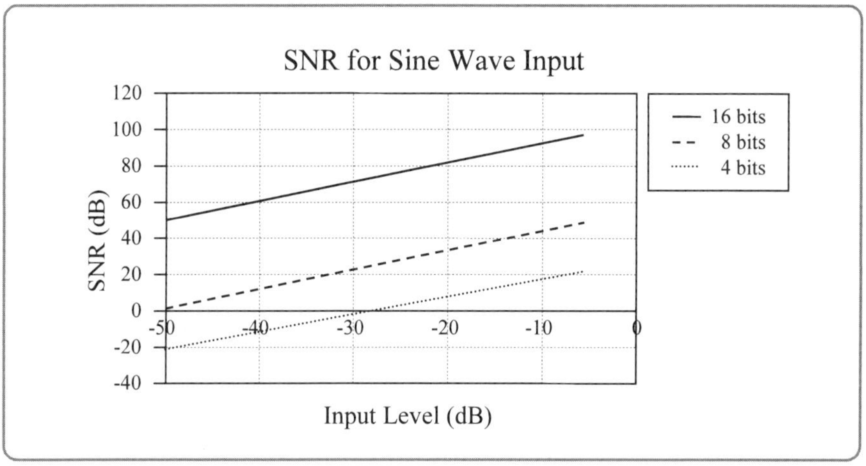

그림 9 다양한 입력 레벨의 사인파와 비트 수에 의존하는 SNR

4.2 과부하 에러

과부하 에러(overload error)는 입력신호 진폭 값이 양자화기가 처리할 수 있는 신호 범위를 벗어날 때 발생한다. 이전 절에서 설명한 바와 같이 이러한 신호 진폭은 양자화기가 허용할 수 있는 가장 큰 레벨과 가장 낮은 레벨로 클리핑된다. 만약 입력신호가 적절하게 잘 샘플링된 신호라면 이때 과부하 에러는 사람의 귀에 비교적 잘 들리게 된다. 이 에러는 양자화기의 최대 진폭 $x_{\max}$ (이 책에서는 1로 정의)보다 큰 입력 진폭 $|x_{in}(t)|$ 로부터 발생한다. 만약 입력신호 진폭의 확률 분포(probability distribution)를 알고 있다면 주어진 양자화기 $x_{\max}$ 에 대한 과부하 에러 양을 측정할 수 있다. 물론 우리는 양자화기의 $x_{\max}$ 가 충분히 커서 클리핑이 발생하지 않기를 바라지만, 이 경우 높은 $x_{\max}$ 는 더욱 광범위한 양자화기 레벨을 의미하며 이로 인해 더 큰 라운드-오프 에러를 초래할 수도 있다. 일반적으로 양자화기를 설계할 때는 라운드-오프 에러와 과부하 에러를 얼마나 조화롭게 줄일 수 있는지가 관건이다.

4.3 양자화 에러 영향

그림 10은 0과 A 사이의 진폭 범위에서 랜덤하고 균일하게 분포된 진폭을 가진 입력신호에 대한 라운드-오프 에러와 과부하-에러 등의 양자화 에러 영향을 보이고 있다. 이 경우 최대 진폭 A를 갖는 입력신호에 대한 파워 기대값(expected power)은 다음과 같다.

$$\left\langle x_{in}^2 \right\rangle = \int_0^A x_{in}^2 \frac{1}{A} dx_{in} = \frac{A^2}{3}$$

이 그림은 다양한 비트 해상도에서 midtread 균일 양자화기의 SNR과 3비트 스케일팩터와 5비트 가수를 갖는 부동-소수 양자화기의 SNR을 비교하고 있다. 이 그림에서는 입력신호 레벨이 0dB 가 아닌 –4.771dB 일 때 양자화기에 과부하를 주기 시작한다. 그 이유는 입력신호 레벨이 0dB 일 때 평균적으로 신호 파워가 $x_{\max}{}^2$ 과 같아짐을 의미하지만 이 시점부터 신호의 최대 진폭이 $x_{\max}$ 보다 훨씬 더 클 수도 있기 때문이다. 균일하게 분포된 진폭의 경우에는 입력 레벨이 –4.771dB($= 10 * \log_{10}(1/3)$)일 때 최대 진폭이 $x_{\max}$ 와 같아진다. 그림의 균일 양자화기에서는 신호 파워가 커질수록 SNR이 증가함을 볼 수 있고 1비트가 증가할수록 약 6dB가 커짐을 알 수 있다. 이 그림에서 3비트 스케일팩터와 5비트 가수를 갖는 부동-소수 양자화기가 높은 신호 파워에서 6-비트 균일 양자화기와 대등한 성능을 가지며 신호 파워가 낮아짐에도 불구하고 높은 SNR을 계속 유지하는 점, 그리고 매우 낮은 신호 레벨에서 12-비트 균일 양자화기와 거의 대등한 성능을 갖는 점등 이들 특성을 주목할 필요가 있다.

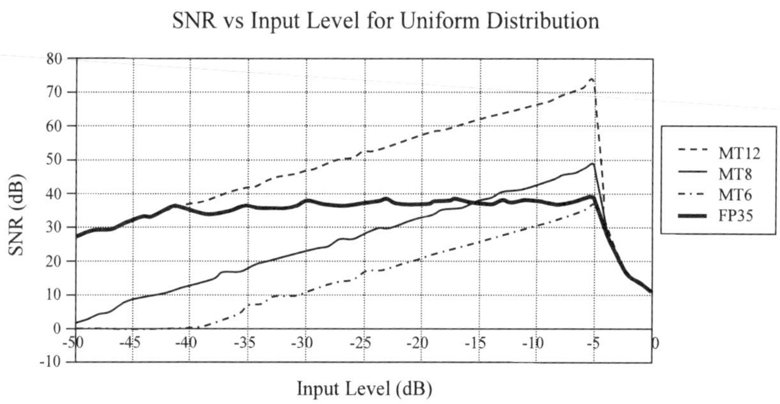

그림 10 랜덤하고 균일하게 분포된 진폭을 갖는 입력신호에 대해 R = 12, 8, 6비트의 midtread 양자화기와 3-비트 스케일팩터, 5-비트 가수 부동-소수 양자화기의 SNR

5 엔트로피 코딩

지금까지는 아날로그 오디오 신호의 진폭을 양자화하여 이산 코드로 변환하는 방법에 대하여 학습하였다. 지금까지 다루었던 코드는 신호 진폭 값이 모두 같은 비트 수로 양자화되는 스칼라 양자화기에 대한 것이었다. 우리는 종종 이 코드들을 코드당 가변 비트 수를 사용하는 다른 심볼 표현으로 변환해서 더 낮은 데이터율을 달성할 수도 있다. 이 변환의 기본 동작 원리는 자주 발생하는 심볼에 더 짧은 코드를 할당해서 평균 비트율을 낮추는 것이다. 이 개념을 적용하기 위해서는 어떤 코드가 더 자주 발생하는지 각 가능한 코드의 확률을 추정할 필요가 있다. 이러한 확률 추정은 신호에 대한 분석 작업을 필요로 한다. 각 코드에 대한 확률을 구하게 되면 "엔트로피 코딩(entropy coding)" 또는 "무잡음 코딩(noiseless coding)" 기법을 이용해 가변 비트 길이를 갖는 코드를 설계함으로써 코딩된 신호를 전송하는 데 필요한 전체 비트 수를 줄일 수 있다.

예를 들어, 2-비트 양자화된 신호의 코드가 [00], [01], [10], [11]이고 각 코드의 빈도(혹은 확률)가 70%, 15%, 10%, 5%라고 가정하자. 그리고 [00]→[0], [01] →[10], [10] →[110], [11] →[111]으로의 코드 변환을 생각해보자. 이러한 코딩 방식을 "코마 코딩(comma coding)"이라 부르며, 0심볼은 이 코드가 3비트 이하로 끝난다는 것을 디코더에 알려준다. 이 코드 변환은 코드당 평균 비트 수를 2비트에서 다음과 같이 1.45비트로 낮출 수 있기 때문에 신호 전체에 대해 평균적으로 더 낮은 비트율을 갖게 된다.

$$< R > = 70\% * 1 + 15\% * 2 + 15\% * 3 = 1.45 bits / code$$

우리는 신호를 저장하거나 전송하기 전에 신호에 새로운 변환을 적용할 수 있고 신호를 디코딩할 때 이를 다시 재-변환할 수도 있다. 비교적 길이가 긴 신호에 대해서는 원 코딩 방식에서 필요한 비트 수의 약 3/4 이하로 신호를 저장하거나 전송할 수 있다. 이 예를 통해 알 수 있는 것은 코드의 확률 값을 이용해 정보의 손실 없이 신호의 비트 수를 줄일 수 있다는 점이다. 물론 이러한 비트 절감을 위해서는 신호를 어떻게 디코딩하는지도 알아야 하므로 인코딩과 관련된 사이드 정보(side information)를 전송해야만 한다. 인코딩과 관련된 사이드 정보를 전송한다는 것은 절감된 비트 일부분을 다시 사용해야 한다는 것을 의미하기 때문에 시스템의 데이터율을 평가할 때 반드시 이를 고려하여야 한다.

그렇다면, 어떻게 코드 확률을 구할 수 있을까? 첫째로 특정 유형의 오디오 신호에서는 특정 코드가 다른 코드보다 더 자주 나타나는 경향이 있다. 만약 이러한 유형에 속하는 신호를 코딩한다면 각 코드에 대한 일부 확률 정보를 가질 수 있다. 둘째로 인코딩하고자 하는 신호를 분석해서 코드 확률 값을 구할 수도 있다. 일괄처리 모드(batch mode)에서는 신호를 인코딩하기 이전에 전체 신호를 분석할 수 있고, 스트리밍 모드(streaming mode)에서는 가장 최근에 전송된 신호의 확률 통계를 이용할 수도 있다. 물론 이러한 형태의 분석은 코더에 복잡도(complexity)와 시간 지연(time delay)을 더하게 된다. 어떤 경우에는 이러한 비트 절감 혜택이 증가된 복잡도 비용에 비해 가치가 없을 때도 있다. 마지막으로 우리는 다음 코드 심볼을 예측하기 위한 특정 유형의 예측 루틴을 이용할 수 있으며 이때 예측 값과 실제 값 간의 차이를 코딩할 수 있다. 이러한 시스템에서는 작은 값이 큰 값보다 더 자주 나타나게 되고 이 차분 코드

(difference code)에 대한 확률 값을 추정할 수 있는 방법을 찾을 수 있다.

코드 확률을 구한 다음에는 엔트로피 코딩을 적용해서 얻은 비트 절감이 코딩 알고리즘을 구현하는 데 드는 노력과 시간만큼 가치가 있는지를 확인해야 한다. "엔트로피(entropy)" 는 이러한 질문에 답할 수 있는 측정 방법이다. 엔트로피는 다음에 나올 심볼이 n 번째 코드일 확률 p_n 의 함수로 다음과 같이 정의된다.

$$Entropy \equiv \sum_{n}^{codes} p_n \log_2(1/p_n)$$

어떤 코드가 다음에 나올지 확신할 수 있다면 이때의 엔트로피는 아주 낮을 것이며 다음에 나올 코드를 잘 알 수 없다면 이때의 엔트로피는 높아질 것이다. Shannon[Shannon 48]은 위 수식에서 정의된 엔트로피가 신호를 코딩할 때 필요한 샘플당 최소 비트 수와 같다는 것을 증명하였다.

엔트로피를 더 쉽게 이해하기 위해 2-코드 심볼에 대하여 생각해보자. 만약 첫 번째 심볼의 확률이 p 라면 다른 심볼의 확률은 $1-p$ 가 되고 이때 엔트로피는 다음과 같게 된다.

$$Entropy = p\log_2(1/p) + (1-p)\log_2(1/(1-p))$$

그림 11은 2-코드 심볼에 대한 엔트로피를 p 의 함수로 그린 것이다. $p=0$ 이거나 $p=1$일 때는 다음에 나올 코드가 무엇인지 알 수 있고 이 경우 엔트로피는 0이 된다. 이 경우 다음에 나올 심볼이 무엇인지 알고 있기 때문에 어떠한 비트도 전송할 필요가 없다. 다음에 나올 심볼에 대한 확신이 가장 없을 때는 $p=0.5$일 때이다. 이 경우 엔트로피는 1이 되고 두 개의 결과를 구별하기 위해 1비트가 필요함을 알 수 있다. 보다 흥미로운 경우는 p 가 0이 아닌 $p \ll 0.5$ 일 때이다(혹은 1이 아닌 $p \gg 0.5$ 일 때). 이때 Shannon의 이론은 평균적으로 심볼당 1비트보다 적은 비트 수로 인코딩할 수 있는 코딩 방식이 존재한다는 것을 말한다.

임의의 코드에 대한 일반적인 엔트로피 수식은 다음과 같다.

$$Entropy \equiv \sum_{n}^{codes} p_n \log_2(1/p_n)$$

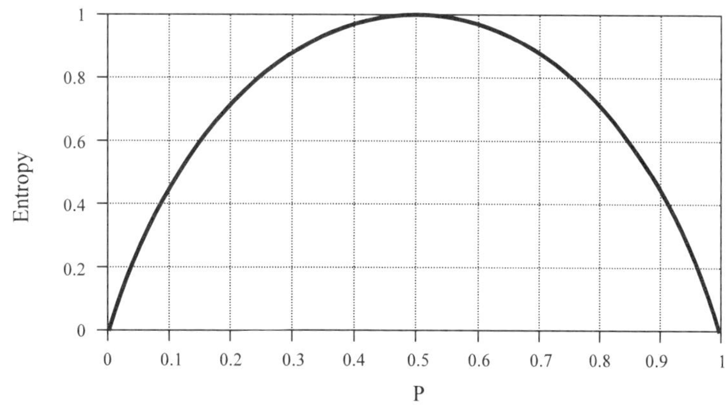

그림 11 2-코드 심볼에서 코드 확률 p 의 함수로서의 엔트로피

확률이 0인 심볼은 엔트로피에 아무런 기여도 하지 않는 것을 볼 수 있다(만약 발생하지 않는 심볼이라면 이 심볼에 비트를 할당할 필요가 없다는 의미임). 이와 마찬가지로 특정 심볼의 확률이 1이고 다른 모든 심볼들의 확률이 0이라면 전체 엔트로피는 0이 된다. 이 경우 우리는 어떤 심볼이 나올지를 이미 알고 있기 때문에 어떠한 정보도 전송할 필요가 없다.

엔트로피의 최대값은 모든 코드 심볼이 같은 확률을 가질 때 나타난다. 이 경우에는 엔트로피 코딩을 이용해도 비트를 절약할 수 없다. 예를 들어, 2^R 개의 같은 확률을 가진 경우에 대한 엔트로피를 생각해보자. 이들 코드 모두 같은 확률을 갖고 있기 때문에 각 심볼의 확률은 $1/2^R$ 이며 엔트로피는 다음과 같다.

$$Entropy = 2^R * (1/2^R * \log_2(2^R)) = R\ bits$$

즉, 2^R 개의 동등 확률을 갖는 코드에는 각 코드에 똑같이 R 비트를 할당하는 것이 최선이라는 것을 말한다. 다시 말해 거의 같은 확률 값을 갖는 심볼들에 대한 최적 코더는 각 심볼들을 구분하기 위해 오직 서로 다른 값의 비트들만을 할당하면 된다는 것을 알게 된다.

5.1 허프만 코딩

허프만 코딩(Huffman coding)은 각 심볼의 발생 확률에 기초해 코드 심볼을 만들어내는 방법이다. 허프만 코딩은 심볼들이 서로 다른 길이의 코드를 갖는 가변 길이 코드이며 더 자주 발생하는 심볼에 짧은 길이의 코드를 그리고 드물게 발생하는 심볼에는 긴 코드를 할당한다. Shannon은 허프만 코딩에서 샘플당 평균 비트 수 $<R>_{Huffman}$ 가 다음과 같은 조건을 만족한다는 것을 증명하였다.

$$Entropy \le <R>_{Huffman} \le Entropy + 1$$

허프만 코딩은 심볼이 확률적으로 비-균일하게 분포되어 있을 때 고정-길이 비트 코딩에 비해 비트 수를 절약할 수 있다.

허프만 코딩은 허프만 코드를 만들어내기 전 연속적인 심볼들을 몇 개 심볼 그룹단위로 그룹핑해야 하기 때문에, 이에 따른 시간 지연과 복잡도가 증가하는 단점이 있는 반면 추가적인 코딩이득을 달성할 수 있는 장점이 있다. 이러한 코딩이득은 다음과 같은 2가지 이유로 벡터 양자화를 이용해 얻을 수 있다. 1) 코드를 만들어 낼 때 허프만 코드를 사용해 연속적인 심볼 간의 상관성을 이용할 수 있다. 2) 심볼당 1비트의 최적화된 코딩만으로 여러 심볼 간의 최대 차이를 허용할 수 있다. 벡터 허프만 코딩을 이용하는 예는 MPEG-1 오디오 계층 Ⅲ(11장 참조)와 MPEG AAC(13장 참조)에서 볼 수 있다.

허프만 코드는 각 심볼의 확률에 의존한다. 모든 코드가 다 고려될 때까지 가장 낮은 확률을 갖는 2개 심볼을 구별하기 위해 비트를 재귀적으로 할당하는 방식으로 허프만 코드가 만들어진다. 허프만 코드를 디코딩하기 위해서는 어떤 방식으로 비트가 할당되었는지를 알아야만 한다. 디코더는 확률이 주어진 상태에서 비트 할당을 다시 하거나 인코더의 비트 할당 정보를 전송 및 수신하는 방식으로 디코딩할 수 있다. 허프만 인코딩 알고리즘은 다음과 같이 동작한다. 먼저 가장 확률이 낮은 2개의 심볼을 찾고 이 둘을 구별하기 위해 비트를 할당한다. 이들 심볼의 확률 값을 더하여 복합 확률 값을 구하고, 이들을 하나의 심볼 쌍으로 간주해 모든 심볼들이 구별될 수 있을 때까지 이전 과정을 반복한다.

그림 12는 심볼 간 확률 차가 큰 4개 심볼에 대한 허프만 코딩 과정을 보이고 있다. 이 예제는 이전 절에서 살펴보았던 것과 같은 예제이다. 가장 낮은 확률을 가진 심볼이 [10]와 [11]이기 때문에 이들에 비트를 할당하고 이들을 15% 확률 값을 갖는 하나의 심볼로 간주한다. 이제 확률이 가장 낮은 심볼은 [01]과 복합 심볼 [10]/[11]이며 이 둘을 구별하기 위해서는 또 다른 비트를 할

당해야 한다. 마지막으로 심볼 [00]와 복합 심볼 [01]/[10]/[11]을 구별하기 위해 1비트를 할당한다. 최종 허프만 코딩 결과는 코드 [00], [01], [10], [11] 대신에 [0], [10], [110], [111]를 갖게 된다. 이전 예와 같이 허프만 코딩은 평균 비트율을 2비트에서 1.45비트로 낮출 수 있다.

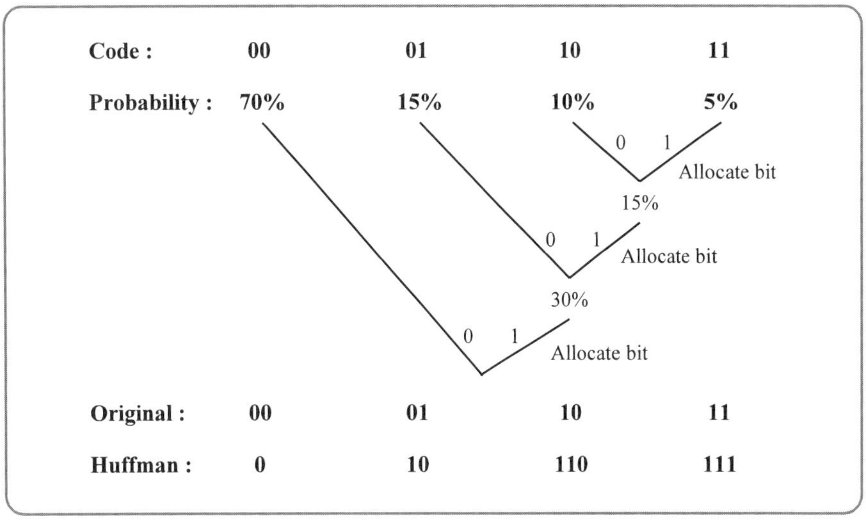

그림 12 심볼 간 확률 차가 큰 4개 심볼에 대한 허프만 코딩

그림 13은 같은 확률 값을 갖는 4개 심볼에 대한 허프만 코딩 과정을 보이고 있다. 모든 4개 심볼이 같은 확률 값을 갖기 때문에 임의로 마지막 2개 심볼을 선택해 비트를 할당하고 이 둘을 복합한다. 이제 처음 2개 심볼이 가장 낮은 확률을 갖는 심볼 쌍이 되고 비트를 할당하여 이 둘을 복합한다. 마지막으로 복합 코드인 [00]/[01]과 [10]/[11]을 구별하기 위해 한 비트가 필요하다. 이 결과 허프만 코딩은 아무런 이득 없이 원 코딩방식과 똑같은 코드를 만들어 낼 뿐이다. 다시 한 번 강조하지만 허프만 코딩은 심볼 간 확률 차이가 큰 심볼들을 코딩할 때만 추가적인 코딩이득을 얻을 수 있다.

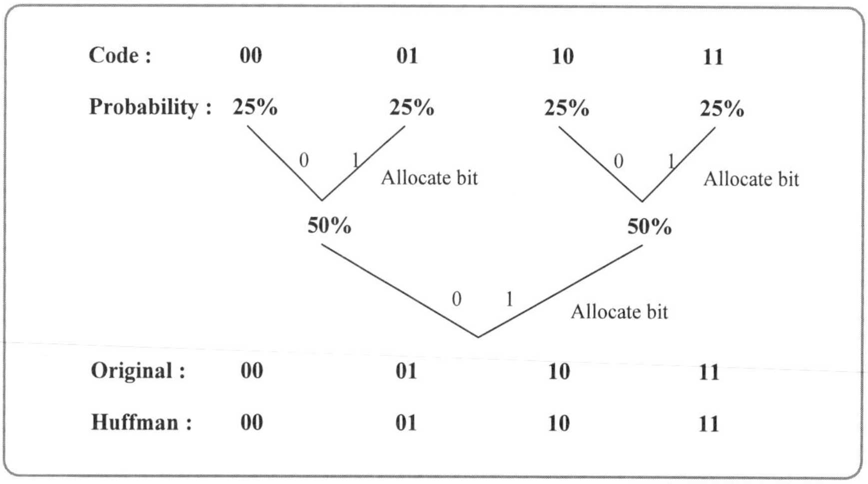

그림 13 같은 확률값을 갖는 4개 심볼에 대한 허프만 코딩

지금까지의 내용을 요약하면 다음과 같다. 엔트로피는 주어진 신호를 표현하는 데 필요한 최소 비트 수를 측정하는 방법이다. 엔트로피 코딩은 같은 정보를 더 적은 비트 수로 표현하기 위해 신호 표현상의 중복성을 이용한다. 이러한 중복성은 코드의 심볼 확률 값에 기반해 파악될 수 있고, 또한 이를 줄일 수도 있다. 만약 특정 심볼들이 다른 심볼들보다 훨씬 큰 확률 값을 갖게 되면 이들을 표현할 때 훨씬 적은 비트가 소요된다. 엔트로피 개념을 이용하고 있는 허프만 코딩은 최근에 가장 많이 사용되고 있는 코딩 방법 중 하나이다.

6 요 약

이 장의 내용을 요약하면 다음과 같다. 양자화는 연속 진폭을 이산 코드로 변환하는 방법이다. 양자화는 양자화 에러를 발생시키고 사용되는 양자화기 종류에 따라 다양한 유형의 에러가 나타날 수 있다는 것을 살펴보았다. 이러한 양자화 에러는 대부분의 지각 오디오 코더에서 코딩 에러의 주요 원인이 된다. 우리는 또한 균일 양자화기와 부동-소수 양자화기에서 비트 수에 따라 SNR이 어떻게 변하는지 살펴보았다. 마지막으로 우리는 엔트로피 코딩 기술을 이용해서 양자화된 데이터를 전송하거나 저장하는 데 필요한 비트 수를 줄일 수 있는 방법에 대하여 논의하였다. 다음 장에서는 오디오 신호의 주파수 표현에 대하여 학습할 것이고 어떠한 유형의 에러가 사람의 귀에 들리는지를 파악해 음질과 비트율 간의 상충관계를 자세히 살펴볼 것이다.

7 참고 문헌

[Gersho and Gray 92]: A. Gersho and R. M. Gray, *Vector Quantization and Signal Compression*, Kluwer Academic Press, 1992.

[Gray 84]: R. M. Gray, "Vector Quantization", IEEE ASSP Magazine, pp.4-29, April 1984.

[Jayant and Noll 84]: N. Jayant, P. Noll, *Digital Coding of Waveforms: Principles and Applications to Speech and Video*, Prentice-Hall, Englewood Cliffs, 1984.

[Shannon 48]: C. E. Shannon, "A Mathematical Theory of Communications", Bell Sys. Tech. J., Vol. 27, pp. 379-423, July 1948.

[ISO/IEC 14496-3]: ISO/IEC 14496-3, Information Technology, "Coding of audio-visual objects, Part 3: Audio", 1999-2001.

8 예제 문제

a) 비트에 익숙해 지기:

텍스트는 보통 8-비트 ASCII 코드(가장 낮은 7개 비트만이 기본 문자를 저장하는 데 사용됨)로 저장된다. 여러분은 이 예제에서 한 문자당 5비트만을 이용해 텍스트를 저장하는 손실 텍스트 코덱(lossy text codec)을 만들 것이다. 여러분은 이 예제를 통해 2진수로 코딩된 파일을 읽고/쓰는 방법을 익히게 될 것이다.

1. 무-부호 정수로부터 M 개 하위 비트를 받아들이는 함수를 작성하고 BYTES (무-부호 문자 변수) 배열의 N 번째 비트 위치에서 이 비트가 시작될 수 있도록 작성하라.

2. 기본 ASCII 문자 세트를 5-비트로 변환하는 함수를 정의하라(여러 ASCII 문

자를 같은 5-비트 코드로 변환하는 데는 약간의 시간이 걸릴 것이다. 예를 들어, 대문자와 소문자는 모두 같은 코드로 변환됨).

3. ASCII 텍스트 파일(Notepad의 .txt 파일)을 읽어들일 수 있는 텍스트 인코더/디코더를 작성하고 텍스트를 5-비트 코드로 변환하라. 코딩된 텍스트를 BYTES 배열로 읽어들인 후 이 배열을 파일에 써라. 이 파일을 읽어 ASCII 코드로 다시 변환한 후 변환된 텍스트 파일을 출력하라.

4. 여러 샘플 텍스트 파일을 테스트해서 여러분이 작성한 5-비트 텍스트 코덱을 검증하라. 파일 크기를 비교해서 얼마만 한 압축 효과를 갖는지 확인하라. 디코딩된 파일은 얼마나 읽기 쉽게 되어 있는가?

5. 여러분의 코드 중 2개를 제어 문자로 변환하라. 하나의 코드는 다음 문자가 대문자인 것을 알린다. 다른 코드는 다음에 오는 문자가 5-비트 코드 상의 다른 변환 세트로부터 나온다는 것을 알려준다(즉, 기본 변환에 포함되지 않은 중요 문자를 포함). 이 변환이 얼마만큼 압축률에 영향을 미치는가? 이 변환을 거쳐 디코딩된 파일은 얼마나 읽기 쉽게 되어 있는가?

b) 양자화와 양자화 잡음:

이 예제에서 여러분은 예제 c)의 오디오 코더를 만들 때 필요한 양자화 루틴을 작성할 것이다.

1. 부동-소수 숫자를 -1.0에서 1.0사이로 양자화하는 R -비트 midtread 균일 양자화기; R -비트 midtread 균일 양자화기; R_s 스케일팩터 비트, R_m 가수 비트의 midtread 부동-소수 양자화기 루틴을 작성하라.

2. 8kHz 로 샘플링된 1.1kHz 사인파 입력을 이용해 그림 10을 만들어라.

c) 첫 번째 오디오 코더:

여러분은 이 예제에서 다양한 양자화 영향을 테스트해볼 수 있는 간단한 오디오 코더를 만들 것이다. 또한, 오디오 파일을 읽고, 쓸 수 있는 기본 루틴을 만들 것이며 이 루틴은 3장의 예제 문제에서도 사용될 것이다.

1. 다음을 만족하는 16-비트 PCM 오디오 파일 포맷을 구하라.
   1) 잘 알려져 있고
   2) 컴퓨터에서 재생할 수 있어야 하며
   3) 여러분이 쉽게 파악할 수 있는 사운드 포맷을 가지고 있어야 한다.

(예를 들어, WAV 파일 포맷에 대한 정보는 인터넷에서 쉽게 찾을 수 있으며 윈도우의 사운드 녹음기를 이용해 PCM wave 파일을 쉽게 녹음하고 재생할 수 있음) 여러분의 파일 포맷을 기술하라. 테스트 코덱을 위해 좋은 음질의 사운드 샘플을 준비하라. 그리고 이 사운드 샘플을 재생할 수 있는지 확인하라.

2. 16-비트 PCM 오디오 파일로 읽을 수 있는 오디오 인코더/디코더를 작성하고 오디오 샘플을 -1.0과 1.0사의 부동-소수 값으로 역-양자화하라. 이전 예제에서 만든 양자화 함수를 이용해 이 샘플들을 다시 양자화하고, 양자화된 샘플을 BYTES 배열로 읽어들여 이 배열을 여러분이 정의한 파일 포맷에 쓴다. 이 파일로부터 데이터를 다시 읽어들여 16-비트 PCM 코드로 변환하고 이 데이터를 재생할 수 있는 오디오 파일로 읽어들인다. 16-비트 midtread 균일 양자화로 코딩된 파일을 디코딩할 때 음질 저하 여부를 확인하는 방법으로 여러분의 코더에 에러가 없음을 확인해라.

3. 다음의 양자화기를 이용해 몇 개의 사운드 샘플을 여러분이 작성한 오디오 코더로 테스트 하라.

   1) 4-비트 midtread 균일 양자화
   2) 4-비트 midrise 균일 양자화
   3) 8-비트 midtread 균일 양자화
   4) 3개 스케일팩터 비트, 5개 가수 비트를 가진 midtread 부동-소수 양자화

   각 양자화기를 통해 얼마만 한 압축률을 달성할 수 있었는가? 여러분 귀에 들리는 양자화 잡음에 대하여 설명하라.

4. 이전 예제의 사운드 샘플을 이용해 4-비트 midtread 균일 양자화에서 사용되는 15개 코드의 각 심볼 확률을 구하라. 이 확률을 이용해 4-비트 양자화 코드를 위한 허프만 코드를 정의하라. 4-비트 midtread 균일 양자화를 이용해 인코딩할 때 이 허프만 코드를 이용해서 코딩된 파일 포맷을 읽고, 쓸 수 있도록 여러분의 코덱을 수정하라. 허프만 코드가 얼마만큼 사운드 샘플 압축률을 향상시켰는가?

introduction to digital audio coding and standard

오디오 신호의 표현

chapter 03

1 서론

대부분 오디오 신호는 시간보다 주파수에 대한 함수로 설명하는 것이 더 바람직하다. 그 이유는 우리가 사운드를 지각할 때 주로 사운드의 톤(tone) 성분에 의존하기 때문이며 시간보다는 주파수 상에서 사운드를 훨씬 더 간결하게 표현할 수 있기 때문이다. 푸리에 변환(FT, Fourier Transform)은 시간에 대한 함수인 $x(t)$ 를 주파수에 대한 함수 $X(f)$ 로 변환할 수 있는 기본적인 도구이다. 이 장에서는 먼저 수식 유도에 많이 사용되고 있는 몇 가지 기초적인 수학 기호와 "디락 델타 함수(Dirac delta function)"를 학습할 것이다. 그리고 푸리에 변환과 역-변환을 이용해 어떻게 신호를 주파수-영역(frequency-domain)과 시간-영역(time-domain) 표현 간에 상호 변환할 수 있는지 살펴볼 것이다. 우리는 또한 신호의 요약특성(summary characteristic)들에 대해 자세히 살펴보고 이들이 어떻게 시간-영역이나 주파수-영역 정보로부터 계산될 수 있는지 알아볼 것이다. 푸리에 급수(FS, Fourier Series)는 푸리에 변환의 일종으로 주기신호(periodic signal)에 적용될 수 있는 기법으로 이에 대해서도 자세히 살펴볼 것이다. 특히 푸리에 급수가 정보 손실을 가져오지 않으면서도 어떻게 푸리에 변환보다 더 세밀하게 시간-제한(time-limited)된 신호를 표현할 수 있는지 논의할 것이다. 또한, 푸리에 급수를 이용해 대역-제한(band-limited)된 신호를 이산시간 샘플로 완전하게 표현할 수 있다는 것을 말하는 샘플링 이론(Sampling Theory)을 주파수-영역에서 증명해 보일 것이다. 샘플링 이론에 따라 샘플링 비율(sampling rate)이 충분히 높다면 어떠한 정보 손실 없이도 연속시간 신호

(continuous-time signal) $x(t)$ 를 이산시간 신호(discrctc-time signal) $x[n]$ 으로 변환할 수 있다. 마지막으로는 오디오 신호의 시간-샘플들을 PCM보다 더 간결하게 표현할 수 있게 해주는 예측(prediction) 기술의 기본 원리를 소개할 것이다.

2 수학 기호

푸리에 변환 수식을 학습하기 전에 수식 유도에 많이 사용되는 몇 가지 기초적인 수학 기호와 "디락 델타 함수(Dirac delta function)"를 복습할 필요가 있다. 이 책에서 다음의 수학 기호 심볼들은

$$x, y, t, f, \theta, \varphi \quad \in \Re$$

허용된 범위(예를 들어, 실수) 내에서 연속적으로 변하는 변수를 나타낸다. 반면에 다음 심볼들은

$$i, k, l, m, n, M, N \quad \in \Im$$

허용된 범위(예를 들어, 정수) 내의 이산 변수를 나타낸다.

푸리에 변환은 복소수(complex number)를 포함하며 심볼 j 로 복소수, 즉 -1의 제곱근을 표기한다. 복소수는 다음과 같이 표현할 수 있다.

$$z = x + jy$$

여기서 x 는 복소수 z 의 "실수부(real part)" 그리고 y 는 "허수부(imaginary part)"[1]라 부른다. 일반적으로 오디오 신호는 실수 데이터이지만 어떤 경우에는 복소 신호(complex-value signal)를 고려하는 것이 더 편할 때도 있다.

만약 $z(t)$ 가 복소 신호이고 $x(t)$ 와 $y(t)$ 가 각각 $z(t)$ 의 실수부와 허수부를 나타내는 실수 신호라면 $x(t)$ 와 $y(t)$ 를 다음과 같이 쓸 수 있다.

---

[1] 어떤 경우에는 복소수의 허수부를 가리키는 심볼로 j 대신 i 를 쓸 때도 있다. 이 책에서는 "공학 표기법(engineering notation)"에 따라 j 를 사용할 것이다.

$$x(t) = \mathrm{Re}\{\, z(t)\,\} \ \ and \ \ y(t) = \mathrm{Im}\{\, z(t)\,\}$$

z 의 "켤레 복소수(complex conjugate)"는 z^* 로 표기하고 다음과 같이 쓸 수 있다.

$$z^* = x - jy$$

z 의 "크기(magnitude)(놈(norm) 또는 절대값(modulus))"는 $|z|$ 로 표기하고 다음과 같이 쓸 수 있다.

$$|z| = (x^2 + y^2)^{1/2}$$

z 의 크기는 또한 다음과 같이 표현될 수 있다.

$$|z| = (z^* z)^{1/2} = (z z^*)^{1/2}$$

우리는 종종 정현파 신호(sinusoidal signal, **역자주:** 보통 사인(sine)과 코사인(cosine) 신호를 모두 통칭)를 다루는 경우가 많고 코사인과 사인의 복소합으로 표현되어 인수가 순허수(pure imaginary)인 지수함수를 정의하고 있는 "오일러 항등식(Euler Identity)"을 자주 사용하게 된다.

$$e^{j\theta} = \cos(\theta) + j\sin(\theta)$$

위의 수식들을 이용하면 인수가 순허수인 지수함수의 크기가 1이 되는 것을 확인할 수 있다. 이러한 복소 지수함수를 "순위상(pure phase)"이라 부르는데 그 이유는 이 함수가 위상각(phase angle) θ 를 포함하고 있고 그 크기가 1이 되기 때문이다. 복소수의 "인수(argument)(또는 위상각)"는 복소수를 그 크기로 나눈 지수로 정의되며 인수는 수식 $e^{j\theta}$ 에서 각도 θ 로 정의된다.

오일러 항등식은 사인과 코사인을 복소 지수의 합으로 변환할 때도 사용할 수 있다.

$$\cos(\theta) = \frac{1}{2}(e^{j\theta} + e^{-j\theta})$$

$$\sin(\theta) = \frac{1}{2j}(e^{j\theta} - e^{-j\theta})$$

오일러 항등식이 중요한 이유는 일반적인 수식 계산 절차에서 지수함수가 사인과 코사인보다 훨씬 더 쉽게 처리될 수 있기 때문이다.

3 디락 델타

디락 델타 함수(Dirac delta function) $\delta(t)$는 한순간에서만 무한한 값을 갖고 나머지 순간에서는 0인 일종의 일반화된 함수로, 실제로는 함수 값의 "분포(distribution)"를 나타낸다.

$$\delta(t) \equiv \begin{cases} \infty & t = 0 \\ 0 & elsewhere \end{cases}$$

만약 다음과 같이 이 함수의 적분이 1이라는 특성이 없었다면 이 함수는 전혀 쓸모없는 함수였을 것이다.

$$\int_{-\infty}^{\infty} \delta(t)\, dt = 1$$

$\delta(t)$는 $t = 0$을 제외한 모든 순간에서 0이므로 델타 함수의 적분은 $t = 0$에서의 가중치만을 갖게 되고, 이때 다음과 같은 함수 값을 갖게 된다.

$$\int_{-\infty}^{\infty} f(t)\,\delta(t - t_0)\, dt = f(t_0)$$

디락 델타 함수를 유도하는 방법의 하나는 다음과 같이 직각함수(rectangular function)에 극한을 취하는 것이다.

$$\delta(t) = \lim_{A \to 0} f_A(t) \qquad where \quad f_A(t) \equiv \begin{cases} \dfrac{1}{|A|} & -\dfrac{|A|}{2} \le t \le \dfrac{|A|}{2} \\ 0 & elsewhere \end{cases}$$

이 수식을 통해 델타 함수가 어떻게 동작하는지를 쉽게 이해할 수 있다. 예를 들어, 이 정의를 이용해 다음과 같이 디락 델타 함수의 인수 크기를 조정할 수 있다.

$$\delta(\alpha\ t) = \lim_{A\to 0} f_A(\alpha\ t) = \lim_{A\to 0}\frac{1}{|\alpha|} f_{A/\alpha}(t) = \frac{1}{|\alpha|}\lim_{B=A/\alpha\to 0} f_B(t) = \frac{1}{|\alpha|}\delta(t)$$

직각함수의 극한값만이 디락 델타 함수를 유도할 수 있는 것은 아니다. 또 다른 방법으로는 다음과 같이 디락 델타 함수를 싱크함수(sinc function)의 극한값으로 유도하는 것이다.

$$\delta(t) = \lim_{A\to\infty}\{A\ \mathrm{sinc}(\mathrm{At})\} = \lim_{A\to\infty}\frac{\sin(\pi\ At)}{\pi t}$$

여기서 싱크함수는 다음과 같이 정의된다.

$$\mathrm{sinc(x)} \equiv \sin(\pi \mathrm{x})\ /\ \pi x$$

우리는 디락 델타 함수의 두 번째 정의를 이용해 역-푸리에 변환(inverse Fourier Transform)을 구할 때 중요하게 사용되는 다음 관계식을 얻을 수 있다.

$$\int_{-\infty}^{\infty} e^{\pm j2\pi ft}\,df = \lim_{F\to\infty}\left\{\int_{-F/2}^{F/2} e^{\pm j2\pi ft}\,df\right\} = \lim_{F\to\infty}\left\{\frac{\sin(\pi Ft)}{\pi t}\right\} = \delta(t)$$

마지막으로 디락 델타 함수의 유용한 특성 중 하나는 포아송 합규칙(Poisson sum rule)으로 다음과 같이 델타 함수의 무한 합을 이산 정현파의 합으로 구할 수 있다는 것을 말한다.

$$\sum_{n=-\infty}^{\infty}\delta(\alpha - n) = \sum_{m=-\infty}^{\infty} e^{j2\pi m\alpha}$$

만약 오른쪽 수식의 α 가 정수이고 이 수식이 비-정수 값 m 에 대해 평균적으로 0을 갖는다면 오른쪽 항이 무한 값(이 경우 각 덧셈 항이 1이 되기 때문)을 갖게 됨을 알 수 있다. 이 결과는 수식 왼쪽의 디락 델타 함수의 합으로부터도 확인할 수 있다. 이러한 관계식은 다음 절과 같이 주기신호나 시간-제한된 신호의 푸리에 변환을 설명할 때 유용하게 사용될 수 있다.

4 푸리에 변환

푸리에 변환(FT, Fourier Transform)은 시간-영역의 신호 $x(t)$를 주파수-영역 신호 $X(f)$로 변환할 수 있는 유용한 도구이다. 푸리에 변환은 다음과 같이 정의되고

$$X(f) \equiv \int_{-\infty}^{\infty} x(t)\, e^{-j2\pi ft}\, dt$$

$X(f)$로부터 $x(t)$를 구할 수 있는 역-푸리에 변환(inverse Fourier Transform)은 다음과 같다.

$$x(t) = \int_{-\infty}^{\infty} X(f)\, e^{j2\pi ft}\, df$$

$X(f)$에 역-푸리에 변환을 적용하면 원 신호 $x(t)$를 복원할 수 있다는 것을 다음과 같이 확인할 수 있다.

$$\begin{aligned}
\int_{-\infty}^{\infty} X(f)e^{j2\pi ft}\, df &= \int_{-\infty}^{\infty}\left[\int_{-\infty}^{\infty} x(s)\, e^{-j2\pi fs}\, ds\right] e^{j2\pi ft}\, df \\
&= \int_{-\infty}^{\infty}\left[\int_{-\infty}^{\infty} e^{-j2\pi f(s-t)}\, df\right] x(s) ds \\
&= \int_{-\infty}^{\infty} \delta(s-t)\, x(s) ds \\
&= x(t)
\end{aligned}$$

역-푸리에 변환은 $X(f)$가 주어져 있을 때 원 신호 $x(t)$를 주파수 f를 갖는 복소 정현파의 합으로 구할 수 있다는 것을 보여준다. 이 장의 후반부에서 Parseval의 정리(Parseval's theorem)를 다룰 때 $X(f)$가 주파수 f에서의 신호 강도를 나타낸다는 것을 알게 될 것이다. 따라서 푸리에 변환을 신호 $x(t)$의 특정 주파수에서 신호 강도 값을 구하는 것으로 해석할 수 있으며 이를 이용해 시간 신호 $x(t)$를 주파수 성분 $X(f)$로 분석할 수 있다. 여기서 한 가지

주목해야 할 것은 비록 대부분의 오디오 신호가 실수 값을 가지고 있더라도 푸리에 변환은 복소지수를 이용해서 계산되기 때문에 그 결과는 복소값이 된다는 점이다. 사실상 실수 신호에 대해서는 다음과 같은 관계가 성립되며

$$X(f)^* = X(-f)$$

이는 $X(f)$ 의 실수부를 $X(f)$ 와 $X(-f)$ 의 평균값으로 구할 수 있고, $X(f)$ 의 허수부를 $X(f)$ 와 $X(-f)$ 의 차이를 $2j$ 로 나누어 구할 수 있다는 것을 의미한다. 오일러 항등식으로부터 $\sin(2\pi ft)$ 가 양(positive)과 음(negative)의 주파수에서 서로 부호만 다른 허수 계수 값을 갖는다는 것을 알 수 있으며 $\cos(2\pi ft)$ 가 양과 음의 주파수에서 같은 실수 계수 값을 갖는다는 것을 알 수 있다. 이와 유사하게 순수 코사인 함수와 위상만 다른 정현파 신호에 푸리에 변환을 적용하면 그 결과는 오직 허수부만을 갖게 될 것이다. 푸리에 변환을 다룰 때는 항상 복소수를 이용해야 한다는 사실을 기억하자.

정현파 신호에 대해 푸리에 변환이 구해지는 과정을 살펴보면 푸리에 변환이 어떻게 동작하는지를 좀 더 쉽게 이해할 수 있다. 다음과 같은 신호에 대한 푸리에 변환을 생각해보자.

$$x(t) = A\cos(2\pi f_0 t + \phi)$$

이 신호는 주파수 f_0 를 가지는 정현파 신호이며 위상이 $\phi = 0$ 일 때 코사인과 같으며 위상이 $\phi = -\pi/2$ 일 때 사인과 같다.

이 함수의 푸리에 변환은 다음과 같이 구할 수 있다.

$$\begin{aligned}
X(f) &= \int_{-\infty}^{\infty} x(t)e^{-j2\pi ft}dt \\
&= \int_{-\infty}^{\infty} A\cos\left(2\pi f_0 t + \phi\right)e^{-j2\pi ft}dt \\
&= \int_{-\infty}^{\infty} A\frac{1}{2}\left(e^{j2\pi f_0 t + j\phi} + e^{-j2\pi f_0 t - j\phi}\right)e^{-j2\pi ft}dt \\
&= \frac{A}{2}e^{j\phi}\int_{-\infty}^{\infty} e^{-j2\pi(f-f_0)t}dt + \frac{A}{2}e^{-j\phi}\int_{-\infty}^{\infty} e^{-j2\pi(f+f_0)t}dt \\
&= \frac{A}{2}e^{j\phi}\delta(f-f_0) + \frac{A}{2}e^{-j\phi}\delta(f+f_0)
\end{aligned}$$

위 수식에서 푸리에 변환이 오직 양과 음의 주파수 f_0 에서만 존재함을 주목하자. 이 신호의 주기는 $T_0 = 1/f_0$ 이며 오직 $1/T_0$ 의 정수배(integer multiple)에 해당하는 주파수에서만 주파수 성분을 갖는 것을 알 수 있다. 위 수식은 정현파 신호의 위상으로부터 발생하는 위상 $e^{\pm j\phi}$ 를 가지고 있기 때문에 푸리에 변환이 복소값을 가짐을 알 수 있다. 또한, 위 수식을 검토해 보면 실수 신호 $x(t)$ 에 대해 $X(f)^* = X(-f)$ 가 만족됨을 알 수 있다. 마지막으로 신호 $x(t)$ 를 저장할 때 매 순간마다 신호 값을 저장하는 대신 이 신호를 A, f_0, ϕ 3가지 파라메터만으로 표현한다면 상당한 양의 데이터를 절감할 수 있음을 주목하자. 사실상 대부분의 오디오 신호는 강한 톤(tone) 성분들로 이루어져 있어 푸리에 변환은 아주 중요한 도구로 사용된다. 푸리에 변환과 그 특성에 대한 더 자세한 것은 [Brigham 74]를 참조하기 바란다.

5 오디오 신호의 요약특성

오디오 코더를 설계할 때는 유사한 특성을 가진 오디오 입력신호들을 더 잘 처리할 수 있도록 유사 오디오 신호의 일반적인 특성들을 미리 정리해 놓는 것이 바람직하다. 오디오 신호에서 가장 중요한 요약특성(summary characteristic)들로는 바이어스(bias) $<x>$, 에너지(energy) E, 평균파워(average power) P, 그리고 표준편차(standard deviation) σ 등이 있다. 이러한 특성들은 특정 T 에 대해 시간 구간 $-T/2$ 와 $T/2$ 사이에서만 신호가 존재하는 유한-범위 신호(finite-extent signal)에 대해 정의된다. 여러분은 종종 극한 $T \to \infty$ 표현을 포함한 수식 정의를 본 적이 있을 것이나 실제 계산은 한정된 시간 구간 $-T/2$ 와 $T/2$ 사이에서만 이루어진다.

신호의 평균(mean) 또는 바이어스는 평균 신호 진폭을 측정한 것으로 오디오 신호는 보통 0값을 갖는다.

$$< x > \equiv \frac{1}{T} \int_{-T/2}^{T/2} x(t) dt$$

신호의 평균파워는 사운드의 에너지 비율을 측정한 것으로 다음과 같이 정의된다.

$$P \equiv \frac{1}{T} \int_{-T/2}^{T/2} x(t)^2 \, dt$$

위 수식에서 평균파워가 신호 존재구간에서 순시파워(instantaneous power) $P(t) = x(t)^2$ 의 평균으로 정의된 것을 주목하자. 만약 $x(t)$가 전압이라면 위 수식의 평균파워는 전기신호에 대한 파워 정의인 Voltage^2/Resistance 가 될 것이다.

신호 에너지는 순시파워를 시간에 대해 적분한 것으로 다음과 같다.

$$E \equiv \int_{-T/2}^{T/2} x(t)^2 \, dt = P\,T$$

표준편차 σ 는 신호에서 평균값을 제하고 측정한 평균파워이며 다음과 같이 정의된다.

$$\sigma^2 \equiv \frac{1}{T} \int_{-T/2}^{T/2} (x(t) - \langle x \rangle)^2 \, dt = P - \langle x \rangle^2$$

위 수식에서 바이어스가 없다면(즉, 평균값이 0이라면) 파워와 표준편차의 제곱은 같아지게 되며 대부분의 오디오 신호는 이러한 특성을 가지고 있다.

이러한 신호 특성들을 보다 쉽게 이해하기 위해 진폭 A 와 주파수 f_0 를 갖는 순수 정현파 신호에 대해 이들 요약특성을 계산해보자. 신호 정의 구간인 T 가 정현파 신호의 주기 T_0 보다 훨씬 크다고 가정하자. 몇 개의 주기에 걸쳐 정현파 신호를 적분한 평균은 0이기 때문에 이 함수의 평균 또는 바이어스는 대략 0과 같다.

$$\langle x \rangle \approx 0$$

또한, 코사인 신호를 제곱한 다음 몇 개의 주기에 걸쳐 적분한 평균은 $1/2$ 이 되고 이때 평균파워는 다음과 같이 구해진다.

$$P \approx \frac{1}{2} A^2$$

이 경우 신호 바이어스(혹은 평균)가 0이므로 표준편차는 다음과 같이 구해질 수 있다.

$$\sigma \approx \sqrt{P} = \frac{\sqrt{2}}{2} A$$

마지막으로 에너지와 평균파워는 다음과 같은 관계식을 가짐을 알 수 있다.

$$E = PT$$

극한 $T \to \infty$ 에서 무한대로 발산하는 신호 에너지를 제외하고는 모든 신호 특성 값들이 극한 $T \to \infty$ 에서도 잘 정의되고 있음을 주목하자. 이에 반해 유한 신호에 대한 바이어스, 파워, 그리고 표준편차 모두는 극한 $T \to \infty$ 에서 0이 되는데, 이는 시간 평균(time average)을 계산할 때 평균값이 신호 존재 구간 밖의 0 값에 대부분 의존하기 때문이다. 그러나 이미 앞에서도 말했듯이 이러한 신호 특성들은 실제 유한-범위 신호에 대해서만 계산되며 극한 $T \to \infty$ 를 취할 필요는 없다.

우리는 또한 위의 신호 특성들로부터 푸리에 변환을 계산할 수 있다. 예를 들어, 바이어스는 다음과 같이 주파수가 0일 때의 푸리에 변환과 같다.

$$< x > = \frac{1}{T} X(0)$$

만약 신호가 시간-제한되어 있지 않다면 푸리에 변환을 취하기 전 신호 특성의 정의에 맞게 신호를 시간 구간 $-T/2$ 와 $T/2$ 사이로 제한하여야 한다. 즉, 푸리에 변환을 실제 신호 $x(t)$ 대신 다음과 같이 시간-제한된 신호에 적용해야 한다.

$$x(t)' = \begin{cases} x(t) & -T/2 < t \le T/2 \\ 0 & elsewhere \end{cases}$$

대부분 오디오 신호의 바이어스 값이 0에 가깝기 때문에 주파수 0에서의 푸리에 변환은 아주 작은 값을 갖게 된다.

또 다른 예로 신호 에너지는 Parseval의 정리를 이용해 $X(f)$ 에 제곱을 취한 다음 이를 적분해서 구할 수 있다.

$$E = \int_{-\infty}^{\infty} | X(f) |^2 \, df$$

위 수식은 $X(f)$ 를 이용해 주파수-영역에서 신호 에너지 분포를 측정할 수 있다는 것을 의미한다. 위 수식에서 $|X(f)|^2$ 는 "파워 스펙트럼 밀도(PSD, Power Spectral Density)"로 불린다.

Parseval의 정리는 다음과 같이 증명될 수 있다.

$$\begin{aligned} E &= \int_{-\infty}^{\infty} x(t)^2 \, dt \\ &= \int_{-\infty}^{\infty} \left(\int_{-\infty}^{\infty} X(f) e^{j2\pi ft} df \right) x(t) dt \\ &= \int_{-\infty}^{\infty} X(f) \left(\int_{-\infty}^{\infty} x(t) e^{j2\pi f} dt \right) df \\ &= \int_{-\infty}^{\infty} X(f) X(f)^* df \\ &= \int_{-\infty}^{\infty} | X(f) |^2 \, df \end{aligned}$$

신호의 에너지와 바이어스가 주어지면 다른 신호 특성들을 쉽게 계산할 수 있다.

이제 순수 정현파 신호에 대한 신호 특성값들을 시간-영역 정보가 아닌 푸리에 변환으로 구해진 주파수-영역 정보를 이용해 계산해보자. 시간-제한된 코사인 신호에 푸리에 변환을 취하면 그 결과는 다음과 된다(그림 1 참조).

$$X(f) = \int_{-\infty}^{\infty} x(t) e^{-j2\pi ft} dt$$

$$= \int_{-T/2}^{T/2} A\cos(2\pi f_0 t + \phi) e^{-j2\pi ft} dt$$

$$= \int_{-T/2}^{T/2} A\frac{1}{2}(e^{j2\pi f_0 t + j\phi} + e^{-j2\pi f_0 t - j\phi}) e^{-j2\pi ft} dt$$

$$= \frac{A}{2} e^{j\phi} \int_{-T/2}^{T/2} e^{-j2\pi(f-f_0)t} dt + \frac{A}{2} e^{-j\phi} \int_{-T/2}^{T/2} e^{-j2\pi(f+f_0)t} dt$$

$$= \frac{A}{2} e^{j\phi} \delta_T(f - f_0) + \frac{A}{2} e^{-j\phi} \delta_T(f + f_0)$$

여기서

$$\delta_T(f) = \frac{\sin(\pi Tf)}{\pi f}$$

이전 함수 정의로부터 T 가 커질수록 위 수식이 디락 델타 함수가 되는 것을 알 수 있다. 위의 시간-제한된 코사인 신호의 푸리에 변환은 디락 델타 함수가 유한한 주파수 폭을 갖는 유사 함수로 대체된 것만 제외하고는 무한 길이의 코사인 신호에 대한 푸리에 변환과 아주 흡사한 모양을 가지고 있음을 알 수 있다.

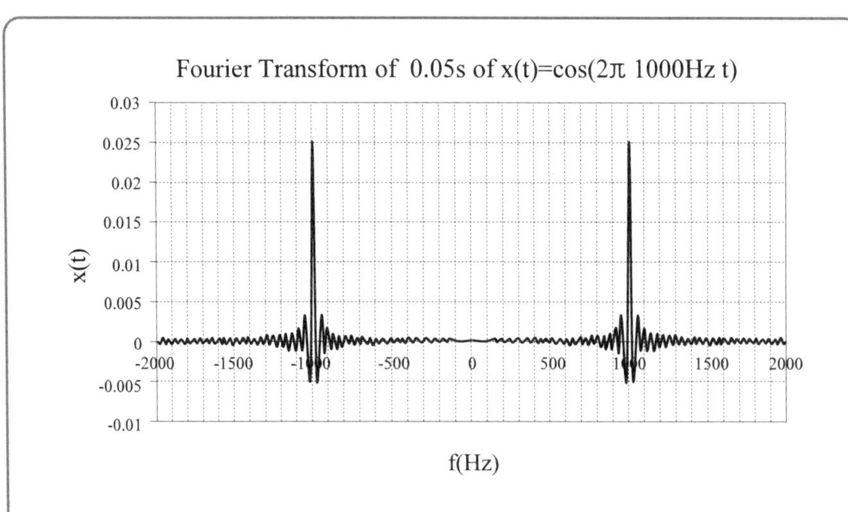

그림 1 시간-제한된 코사인 신호의 푸리에 변환

위의 코사인 신호에 대한 푸리에 변환 수식에서 2개 푸리에 성분이 각각 주파수 $f = f_0$ 와 $f = -f_0$ 에 위치하고 만약 $T >> T_0$ 라면 주파수 $f = 0$ 에는 아무런 주파수 성분이 없기 때문에 바이어스는 다음과 같이 0이 된다.

$$< x > = F(0)/T \approx 0$$

만약 $\delta_T(f \pm f_0)$ 함수가 아주 좁은 폭을 가지고 있어 중복되지 않는다면 이때 신호 에너지는 다음과 같이 근사해서 구할 수 있다.

$$\begin{aligned} E &= \int_{-\infty}^{\infty} |X(f)|^2 \, df \approx \frac{A^2}{4} \int_{-\infty}^{\infty} \delta_T(f - f_0)^2 df + \frac{A^2}{4} \int_{-\infty}^{\infty} \delta_T(f + f_0)^2 df \\ &\approx \frac{A^2}{4} T + \frac{A^2}{4} T \approx \frac{A^2}{2} T \end{aligned}$$

여기서 $\delta_T(f \pm f_0)$ 함수를 제곱해 적분을 취한 값이 T 가 됨을 주목하자. 이 수식을 이용하면 시간-영역에서 계산한 결과와 일치하는 평균파워와 표준편차 또한 구할 수 있다. 다시 말하면 신호의 특성들을 구할 때 푸리에 변환을 사용할 수 있다는 의미이다.

푸리에 변환을 이용해 시간 구간 $-T/2$ 와 $T/2$ 사이에서 신호 특성을 계산할 때는 신호를 시간-제한해야 한다. 신호를 시간-제한하는 방법 중 하나는 원 신호 $x(t)$ 에 시간 구간 $-T/2$ 와 $T/2$ 사이에서 1의 값을 갖고 나머지 구간에서 0값을 갖는 윈도우 함수(window function) $w_T(t)$ 를 곱하는 것이다.

$$w_T(t) = \begin{cases} 1 & -T/2 < t \le T/2 \\ 0 & elsewhere \end{cases}$$

주파수-영역에서 윈도우된 신호를 살펴보면 디락 델타 함수가 약간 더 넓게 퍼져 있다는 점만을 제외하고는 원 신호의 푸리에 변환과 아주 흡사한 모양을 가지고 있음을 알 수 있다. 사실상 이 결과는 푸리에 변환의 특정 예 중 하나인 콘볼루션 정리(convolution theorem)에 해당한다.

콘볼루션 정리는 시간-영역에서의 함수 곱셈(즉, 윈도우를 씌우는 것을 말함)이 주파수-영역에서 이 두 함수의 콘볼루션에 해당한다는 것을 말한다. 그 밖에도 이 정리는 시간-영역에서의 콘볼루션이 주파수-영역에서의 곱셈에 해당한다는 사실 또한 설명하고 있다. 두 개 함수 $x_1(t)$ 와 $x_2(t)$ 의 콘볼루션은 다음과 같이 정의된다.

$$y(t) = \int_{-\infty}^{\infty} x_1(\tau)x_2(t-\tau)d\tau = x_1(t) \circ x_2(t)$$

이때 콘볼루션 정리는 다음과 같이 증명될 수 있다.

$$\begin{aligned} x(t)w_T(t) &= \left(\int_{-\infty}^{\infty} X(f)e^{j2\pi ft}df\right)\left(\int_{-\infty}^{\infty} W_T(g)e^{j2\pi gt}dg\right) = \int_{-\infty}^{\infty} X(f)e^{j2\pi ft}\left(\int_{-\infty}^{\infty} W_T(g)e^{j2\pi gt}dg\right)df \\ &= \int_{-\infty}^{\infty} X(f)e^{j2\pi ft}\left(\int_{-\infty}^{\infty} W_T(g-f)e^{j2\pi(g-f)t}dg\right)df = \int_{-\infty}^{\infty} X(f)\left(\int_{-\infty}^{\infty} W_T(g-f)e^{j2\pi gt}dg\right)df \\ &= \int_{-\infty}^{\infty}\left(\int_{-\infty}^{\infty} X(f)W_T(g-f)df\right)e^{j2\pi gt}dg = \int_{-\infty}^{\infty}\big(X(g)\circ W_T(g)\big)e^{j2\pi gt}dg \end{aligned}$$

여기서 수식의 마지막 줄은 $X(f)$ 와 $W_T(f)$ 의 콘볼루션에 역-푸리에 변환을 취한 것과 같다. 위 수식에서 2개 함수 곱셈에 대한 푸리에 변환이 어떻게 각 함수의 푸리에 변환을 콘볼루션 한 결과와 같아질 수 있는지 주목하자. 위 수식의 역 과정도 다음과 같이 증명될 수 있다.

$$\begin{aligned} \int_{-\infty}^{\infty} x(t-s)h(s)ds &= \int_{-\infty}^{\infty}\left(\int_{-\infty}^{\infty} X(f)e^{j2\pi f(t-s)}df\right)h(s)ds = \int_{-\infty}^{\infty} X(f)\left(\int_{-\infty}^{\infty} h(s)e^{-j2\pi fs}ds\right)e^{j2\pi ft}df \\ &= \int_{-\infty}^{\infty} X(f)H(f)e^{j2\pi ft}df \end{aligned}$$

여기서 $x(t)$ 는 임펄스 응답(impulse response) $h(t)$ 와 콘볼루션 되는 오디오 신호를 나타내고 있다. 위 수식으로부터 신호 필터링(filtering) 과정을 신호의 주파수 성분과 필터의 주파수 성분을 곱하는 과정으로 해석할 수 있음을 주목하자. 이 책의 4장과 5장에서 필터뱅크(filter bank)를 설명할 때 이산시간 함수에 대한 위 수식 결과를 자주 사용하게 될 것이다.

6 푸리에 급수

이제 시간 구간 $-T/2$와 $T/2$ 사이에서 유한한 시간 길이 T를 갖는 신호만을 고려해보자. 이전 절에서 보았듯이 신호의 요약특성들은 시간 구간 T의 신호나 시간 길이 T로 윈도우된 신호의 푸리에 변환으로부터 구할 수 있다. 윈도우된 신호의 푸리에 변환은 다음과 같이 계산할 수 있다.

$$X(f) = \int_{-\infty}^{\infty} x(t) w_T(t) e^{-j2\pi ft}\, dt = \int_{-T/2}^{T/2} x(t) e^{-j2\pi ft}\, dt$$

이 푸리에 변환은 시간 구간 T에 해당하는 신호를 완벽하게 복원해 낼 수 있는 충분한 정보를 가지고 있다고 가정할 수 있는데, 이 뜻은 위 변환 결과에 역-푸리에 변환을 취하면 윈도우된 신호를 다시 복원해 낼 수 있다는 것을 의미한다.

이 절에서 보겠지만 주어진 시간 구간의 신호를 복원할 때 모든 푸리에 변환 데이터를 이용하는 대신 이산 주파수 $f = k/T$ (여기서 k는 정수)에서의 $X(f)$ 값만을 이용해 시간-제한된 신호를 완전하게 복원할 수 있다. 이산 주파수 $X(f)$ 값을 역-변환한 결과는 시간 구간 $-T/2$와 $T/2$ 사이에서 원 윈도우된 신호와 같고 나머지 구간에서 이 패턴이 주기적으로 반복되는 주기 신호가 된다. 따라서 이 주기 신호로부터 한 주기에 해당하는 $-T/2$와 $T/2$ 사이의 신호 값을 추출함으로써 원 신호를 완벽하게 복원할 수 있다.

이제 주기(period)가 T이고 모든 t와 정수 n에 대해 $x(t+nT) = x(t)$를 만족하는 주기신호(periodic signal)의 푸리에 변환을 계산해보자. 이 경우 다음과 같은 푸리에 변환 결과를 얻는다.

$$\begin{aligned}
X(f) &= \int_{-\infty}^{\infty} x(t) e^{-j2\pi ft}\, dt = \sum_{n=-\infty}^{\infty} \int_{-T/2}^{T/2} x(t+nT) e^{-j2\pi f(t+nT)}\, dt \\
&= \sum_{n=-\infty}^{\infty} \int_{-T/2}^{T/2} x(t) e^{-j2\pi f(t+nT)}\, dt = \int_{-T/2}^{T/2} x(t) e^{-j2\pi ft} \left(\sum_{n=-\infty}^{\infty} e^{-j2\pi nfT} \right) dt \\
&= \int_{-T/2}^{T/2} x(t) e^{-j2\pi ft} \left(\frac{1}{T} \sum_{k=-\infty}^{\infty} \delta(f - k/T) \right) dt
\end{aligned}$$

$$= \frac{1}{T}\sum_{k=-\infty}^{\infty}\delta(f-k/T)\int_{-T/2}^{T/2}x(t)e^{-j2\pi kt/T}dt$$
$$= \frac{1}{T}\sum_{k=-\infty}^{\infty}\delta(f-k/T)X[k]$$

위 수식에서는 디락 델타 함수의 무한 합과 복소 지수의 무한 합 관계를 정의하고 있는 포아송 합규칙과 다음과 같이 정의된 $X[k]$를 사용하였다.

$$X[k] \equiv \int_{-T/2}^{T/2}x(t)e^{-j2\pi kt/T}dt$$

주기신호 $x(t)$ 에 대한 푸리에 변환이 이산 주파수 점 $f = k/T$ 에서만 0이 아닌 값을 가짐을 주목하자. 이 주기신호의 역-푸리에 변환은 다음과 같다.

$$x(t) = \int_{-\infty}^{\infty}X(f)e^{j2\pi ft}df = \frac{1}{T}\sum_{k=-\infty}^{\infty}X[k]e^{j2\pi kt/T}$$

여기서 $X[k]$는 시간-제한된 신호의 푸리에 변환이고 이산 주파수 $f = k/T$ (정수 k)에서의 푸리에 변환 값만으로도 시간-제한된 신호의 주기적 확장 신호를 정확하게 구할 수 있다는 것을 주목하자. 주기신호 $x(t)$ 를 이산 주파수 값 $X[k]$ 로 변환하는 절차를 "푸리에 급수(FS, Fourier Series)"라 하며 이미 이 푸리에 급수를 푸리에 변환의 특별한 유형 중 하나로 본 적이 있다.

푸리에 급수를 비-주기 신호(non-periodic signal)에 적용하면 한정된 시간 구간에 대한 신호 값만을 구할 수 있다. 이 경우 관심 있는 시간 구간에만 해당 윈도우를 취함으로써 이산 주파수에서의 주파수 성분 값들로 이 구간의 신호를 완벽히 복원해낼 수 있다. 그러나 콘볼루션 정리에서 보았듯이 윈도우된 신호는 원 신호보다 약간 무뎌진 주파수 스펙트럼을 갖게 된다. 더군다나 윈도우된 신호가 시간 구간 경계에서 날카로운 불연속성을 갖는 경우 이 신호를 정확히 복원해내려면 많은 개수의 주파수 성분이 있어야 한다. 이러한 이유로 푸리에 변환을 하기 전 신호의 시간 구간 경계에서 0값으로 부드럽게 전이되는 매끄러운 윈도우(smooth window)를 적용하는 것이 일반적이다. 이 책 5장에서는 이러한 주파수 해상도 저하를 최소화하면서 동시에 윈도우 에지현상(edge effect, 역자주: 블록 변환에서 신호에 윈도우를 씌어 블록 단위로 처리할 때 이웃한 블록간에 윈도우 중복과 불연속성으로 인해 발생하는 에러 현상)으로 인한 고주파 왜곡을 방지할 수 있도록 윈도우의 모양과 길이를 적절히 선택할 수 있는 방법에 대해 자세히 설명할 것이다.

7 샘플링 이론

샘플링 이론(Sampling Theorem)[Shannon 48]은 신호를 충분한 비율로 샘플링할 때 연속시간 신호를 이 신호의 이산시간 샘플로 완벽하게 표현할 수 있다는 것을 말하며 신호를 샘플링할 때 정확히 얼마만 한 샘플링 비율(sampling rate)로 해야 할지를 알려준다.

예를 들어, 신호의 주파수 성분이 $-F_{\max}$ 에서 $F_{\max}$ 까지의 범위에 놓여 있다면, 이 범위 내 주파수 성분에 역-푸리에 변환을 적용해 원 신호를 완전하게 복원할 수 있다. 만약 $F_s > 2*F_{\max}$ 를 만족하는 샘플링 비율을 사용한다면 원 신호를 복원할 때 신호의 주파수 성분에 어떠한 왜곡을 주지 않으면서도 $-F_s/2$ 에서 $F_s/2$ 의 주파수 범위 밖에서 신호의 주파수 스펙트럼을 주기적으로 확장할 수 있다. 시간-영역의 주기함수가 이산 주파수 스펙트럼을 갖는 것과 마찬가지로 주파수-영역의 주기함수 또한 이산시간 신호 값을 갖게 된다.

이전에 푸리에 급수를 유도할 때와 같은 방식으로 주파수 주기 F_s 를 갖는 스펙트럼을 다음과 같이 유도할 수 있다.

$$X(f) = \frac{1}{F_s}\sum_{n=-\infty}^{\infty} x[n]e^{-j2\pi nf/F_s} \qquad where\ \ x[n] \equiv \int_{-F_s/2}^{F_s/2} X(f)e^{j2\pi nf/F_s}\,df$$

이제 이 수식으로부터 다음과 같이 몇 가지 중간 결론을 내려보자.

첫째, 만약 $T \equiv 1/F_s$ 이라면 $x[n]$ 은 정확히 $x(nT)$ 와 같아진다. 이들이 같아지는 이유는 주파수-제한된 신호의 푸리에 변환이 $-F_{\max}$ 에서 $F_{\max}$ 까지의 주파수 스펙트럼을 주기적으로 확장한 것과 같기 때문이다. 이 말은 시간 $t = nT$ 에서 실수 $X(f)$ 의 역-푸리에 변환은 $x[n]$ 과 정확히 일치한다는 의미이다. 즉, 주파수-영역에서 주기함수인 $X(f)$ 는 신호 $x(t)$ 를 샘플링 주기 T (혹은 샘플링 비율 F_s)로 샘플링한 이산 신호로 완전히 정의할 수 있다는 것이다.

둘째, 주파수-영역에서 주기함수인 $X(f)$ 가 신호 샘플로 완전히 정의될 수 있기 때문에 연속시간 신호 $x(t)$ 또한 신호 샘플 $x[n]$ 으로 완전하게 정의될 수 있어야 한다. 이러한 사실은 주기함수인 $X(f)$ 에서 $-F_s/2$ 에서 $F_s/2$ 까지 주파수 스펙트럼을 제외한 나머지 스펙트럼을 제거함으로써 신호 $x(t)$ 의 실제 푸리에 변환인 $X(f)$ 를 복원할 수 있다는 것을 말한다. 이때 $X(f)$ 에 역-푸리에 변환을 취하면 다음과 같이 신호 $x(t)$ 를 복원할 수 있다.

$$
\begin{aligned}
x(t) &= \int_{-\infty}^{\infty} X(f)e^{j2\pi ft}df = \int_{-F_s/2}^{F_s/2} X(f)e^{j2\pi ft}df \\
&= \int_{-F_s/2}^{F_s/2}\left(\frac{1}{F_s}\sum_{n=-\infty}^{\infty} x[n]e^{-j2\pi nfT}\right)e^{j2\pi ft}df \\
&= \sum_{n=-\infty}^{\infty} x[n]\left(\frac{1}{F_s}\int_{-F_s/2}^{F_s/2} e^{j2\pi ft(t-nT)}df\right) \\
&= \sum_{n=-\infty}^{\infty} x[n]\left(\frac{\sin(\pi F_s(t-nT))}{\pi F_s(t-nT)}\right) \\
&= \sum_{n=-\infty}^{\infty} x[n]\left(\frac{\sin(\pi(F_s t-n))}{\pi(F_s t-n)}\right) \\
&= \sum_{n=-\infty}^{\infty} x[n]\sin c(F_s t-n)
\end{aligned}
$$

즉, 신호 $x(t)$는 샘플 $x(nT)$에 싱크함수($\text{sinc}(x)=\sin\pi x/\pi x$) 보간(interpolation)을 적용함으로써 완전히 복원될 수 있다.

이제 신호 $x(t)$ 가 이 신호의 샘플 $x(nT)$ 로 완벽히 복원될 수 있다는 결론에 이르기까지 그 동안 사용되었던 가정을 살펴볼 필요가 있다. 가장 중요한 가정은 샘플링 주파수 F_s 가 신호의 최고 주파수 성분보다 2배 이상 커야 한다는 것이다(즉, $F_s \geq 2F_{\max}$). 이 가정이 없다면 주기함수인 $X(f)$ 로부터 원 신호 $x(t)$ 를 복원할 수 없게 된다. 이 조건은 샘플링 비율 $F_s = 1/T_s$ 이 원 신호의 주파수 스펙트럼과 관련 있다는 것을 말하고 있으며 $F_s = 2F_{\max}$ 일 때, 즉 최소 샘플링 비율을 신호의 "Nyquist 주파수"라고 부른다. 샘플링 이론은 샘플링 비율이 Nyquist 주파수보다 높기만 하면 아무런 정보 손실 없이도 모든 신호처리 작업을 이산시간 신호로 할 수 있다는 것을 말한다.

이외에도 샘플링 이론은 샘플링된 데이터의 주파수 스펙트럼이 주기가 F_s 인 주기함수라는 것을 말하고 있다. 만약 $F_s/2$ 보다 큰 주파수 성분을 가진 신호(즉, F_s 가 Nyquist 주파수보다 작은 경우의 신호)를 샘플링한다면 샘플링 이론에 의해 왜곡된 주파수 스펙트럼을 갖게 될 것이다. 이 경우 신호의 고주파 성분이 $F_s/2$ 보다 작은 주파수 성분과 섞이게 되어 이 고주파 성분을 복원할 수 없게 된다. 이러한 현상을 "에일리어싱(aliasing)"이라 부르며 원 신호를 심하게 왜곡하게 된다. 에일리어싱을 방지하기 위해서는 신호를 샘플링하기 전에 $F_s/2$ 이상의 고주파 성분을 포함하고 있는 입력신호에 저역통과 필터(LPF, Low-Pass Filter)를 적용하는 것이 일반적이다. 예를 들어, 유선전화 신호는 샘플링하기 전에 4kHz 저역통과 필터를 적용한 후 8kHz로 샘플링하는 것이 일반적이다(물론 이 때문에 전화 음성이 보통 때와는 약간 다르게 들릴 수 있다!).

다음 절에서는 시간상의 오디오 샘플들을 표현할 때 예측(prediction) 기술을 이용해 어떻게 인코딩 비트 수를 절감할 수 있는지 살펴보자.

8 예측

우리는 종종 이전 샘플 값들을 이용해 비교적 정확하게 양자화된 오디오 샘플을 예측하는 경우를 볼 수 있다. 이러한 예측 기술의 기본 개념은 다음과 같이 설명될 수 있다. 만약 양자화된 샘플과 예측된 샘플 간의 차이가 실제 샘플 값보다 훨씬 작은 크기라면 양자화 잡음을 더 이상 증가시키지 않으면서도 샘플을 양자화할 때 필요로 하는 비트 수보다 훨씬 적은 비트 수로 그 차이를 양자화할 수 있다는 것이다.

여기서 예측이란 무슨 의미로 사용되고 있을까? 예측은 입력 데이터가 가진 패턴을 인식한다는 의미를 가지고 있으며 이 패턴을 이용해서 아직 입력되지 않은 미지의 데이터 샘플을 비교적 정확히 예측할 수 있다. 예를 들어, 만약 사운드 신호를 표현하고 있는 파라메터가 천천히 변하는 특성이 있다면 이를 양자화할 때 이전의 2개 샘플에 다음과 같이 간단한 선형 외삽법(linear extrapolation)을 적용해서 다음 값을 예측할 수 있다.

$$y_{pred}[n] = y[n-1] + (y[n-1] - y[n-2]) = 2y[n-1] - y[n-2]$$

또 다른 예로 공진 공동(resonant cavity, **역자주:** 특정 주파수로 공진하는 공동)에서 공진 주파수(resonance frequency)와 감쇠 시간(decay time)이 주어져 있을 때 여기 신호(excitation signal)나 벨 소리 등의 신호 감쇠 비율을 다음과 같이 예측할 수 있다.

$$y_{pred}[n] = 2\cos(2\pi f_0 / F_s)e^{-1/(F_s\tau)}y[n-1] - e^{-2/(F_s\tau)}y[n-2]$$

여기서 f_0 는 공진 주파수, τ 는 감쇠 시간, 그리고 F_s 는 샘플링 비율이다. 위 2가지 예로부터 미지의 값을 예측할 때 다음과 같이 이전 값들의 가중 합(weighted sum)으로 계산하는 것을 주목하자.

$$Y_{pred}[n] = \sum_{k=1}^{N} a_k y[n-k]$$

여기서 N 은 예측 "차수(order)"라 부르며. 위의 2개 예는 예측 차수 $N=2$ 를 이용하기 때문에 2차 예측이라 부른다. 또한, 위 수식에서 이전 값들의 가중 합 형태는 "전극 필터(all-pole filter)"로 알려져 있으며 낮은 비트율의 음성 코딩에 가장 흔히 사용되는 예측 방법이다.

이제 어느 정도의 정확도로 샘플 값을 예측할 수 있다고 가정하고 어떻게 예측기술을 이용해 비트를 절약할 수 있을지 살펴보자. 비트를 절약할 수 있는 방법 중 하나는 신호 자체보다는 예측 에러(prediction error)를 양자화하는 것이다. 만약 예측기술이 적절히 잘 동작한다면 예측 에러신호 $e[n] = y[n] - y_{pred}[n]$ 는 작아질 것이다. 예를 들어, 그림 2는 2차 예측기(predictor)를 이용했을 때 입력신호 $y[n]$ (공진 주파수가 2kHz 이고 감쇠 시간이 10ms 인 공진 공동이 잡음과 주기적인 펄스 신호로 자극될 때의 신호)과 예측 에러신호를 비교하고 있다. 대부분의 입력신호가 간헐적으로 발생하는 스파이크(주기적인 펄스로부터 발생)를 제외하고는 –1.0부터 +1.0까지의 범위에 놓여 있는 반면 대부분의 에러신호는 –0.01에서 +0.01까지의 범위에 놓여 있음을 주목하자. 즉, 이 예를 통해 예측 에러신호의 크기가 입력신호보다 약 100배 가까이 작아진다는 것을 알 수 있다. 만약 신호에 얼마만 한 양자화 잡음이 허용되는지 아는 상태에서 예측 에러신호를 양자화할 때 입력신호의 양자화 잡음과 같은 수준의 잡음을 유지하려면 입력신호를 양자화할 때 필요한 비트 수보다 약 6비트 적은 비트 수를 사용하면 된다.

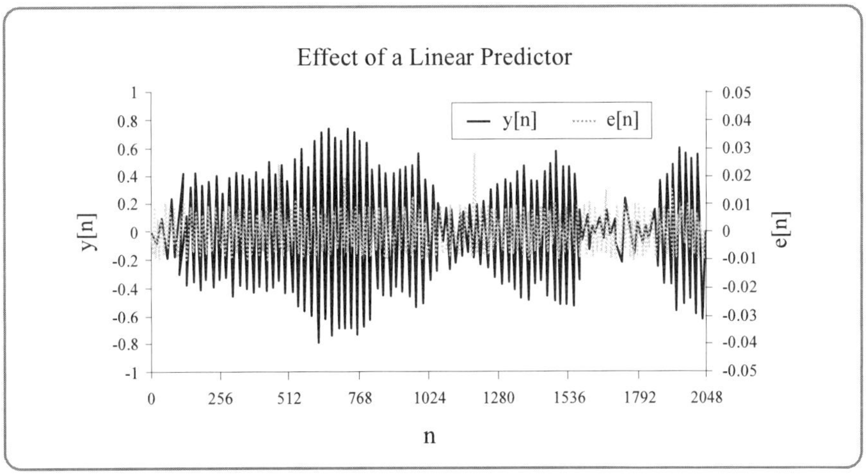

그림 2 원 입력신호보다 훨씬 작은 크기의 예측 에러신호

예측 기술을 이용해 어떻게 비트율을 절감할 수 있는지 보기 위해 예측 값의 99%가 입력신호로부터 3개의 양자화 스텝 내에 존재한다고 가정하고 다음에 오는 16비트 양자화된 샘플을 예측해보자(물론 이런 경우는 잘 일어나지 않지만 예측기에 의한 비트율 절감 과정을 쉽게 이해하고자 약간 과장된 것이다. 예측 에러의 99%가 3개 양자화 스텝 내에 있다고 가정되었기 때문에 이때 발생할 수 있는 예측 에러 값의 99%가 −3과 3 사이에 존재할 것임). 이 경우 우리는 다음 패턴에 따라 차분신호(예측 에러)를 3비트로 코딩할 수 있다.

Error	Code
−3	[111]
−2	[110]
−1	[101]
0	[000]
1	[001]
2	[010]
3	[011]
beyond	[100]

여기서 예측 에러가 3개 양자화 스텝범위를 벗어날 때 [100] 코드가 할당되는 것에 주목하자. 만약 원 샘플이 16비트로 양자화되었다면 이 예측 에러를 인코딩하는 데 샘플당 3.16비트의 평균 비트율이 필요하다(예측 에러를 코딩하

기 위한 3비트와 예측 값이 입력신호로부터 3개 양자화 스텝 범위를 벗어나는 경우가 1%이므로 이를 코딩하기 위한 16비트의 1%인 0.16비트).

만약 예측 에러가 주로 작은 값을 가지고 있다면 이때 엔트로피 코딩을 이용해 더 많은 비트율을 절감할 수 있다. 예를 들어, 만약 이전 예에서의 예측 에러가 다음과 같은 확률 분포(probability distribution)를 갖는다면

Error	Prob
-3	1%
-2	3.5%
-1	15%
0	60%
1	15%
2	3.5%
3	1%
beyond	1%

다음과 같은 허프만 코드표를 이용해 예측 에러를 인코딩할 수 있으며

Error	Prob	Code
-3	1%	[1111110]
-2	3.5%	[11110]
-1	15%	[110]
0	60%	[0]
1	15%	[10]
2	3.5%	[1110]
3	1%	[111110]
beyond	1%	[1111111]

이때 샘플당 2.04비트의 평균 비트율을 갖게 된다.

실제 코더에서 예측 기술을 구현할 때는 몇 가지 문제를 고려해야만 한다. 첫째, 예측 형식을 결정할 필요가 있다. 예측 형식은 대부분 예측되는 데이터의 속성에 의존한다. 낮은 비트율의 음성 코딩에서는 전극 필터 형태의 예측기가 사용되고 대부분 10차 예측으로 구현된다. 전극 필터는 음성 샘플을 예측할 때 많이 사용되는데 그 이유는 음성이 잡음-유형의 신호(예를 들어, 톱니바퀴 음(sibilant)에서의 쉬 소리(hiss)등)나 펄스-유형의 자극(예를 들어, 성문음(glottal voice))이 성도(vocal tract)의 공진 공동을 통과하면서 만들어지기 때문이며 물

론 이외에도 다른 음성 정보를 이용하는 또 다른 형태의 예측 기술이 사용될 수도 있다.

둘째, 예측 함수를 기술하는 파라메터가 반드시 결정되어야 한다. 예측 음성 코딩에서는 예측 에러신호의 분산을 최소화하는 방향으로 필터계수(이전 전극 필터 수식에서 a_k)가 결정된다. 필터계수 a_k 는 블록단위로 결정되며 이때 블록길이는 일반적인 음소(phoneme)의 시간 길이보다 짧게 선택된다. 계수 a_k 를 구하기 위한 행렬 수식은 블록 내 신호의 자기상관(autocorrelation)(블록 내 모든 샘플 n 과 임의의 k 와 p 에 대한 $y[n-k]*y[n-p]$ 의 평균)에 의존하며 그동안 학계에서 많은 연구를 통해 이 행렬 수식을 매우 빠르게 풀어낼 수 있는 알고리즘이 존재한다. 이와 다른 형태의 예측 수식을 풀어내려면 해당하는 파라메터에 적합한 예측 함수가 정의되어야 한다.

셋째, 예측 형태와 예측계수에 대한 정보가 디코더에 전송되어야 한다. 이들 정보를 전송하는 데는 추가적인 비트가 필요하므로 예측을 통한 비트 절감 혜택이 줄어들 수밖에 없다. 이러한 손실은 예측기의 성능을 심각하게 저하시키지 않는 범위 내에서 몇 개의 예측 계수군(set of predictor coefficients)을 이용해 최소화시킬 수 있다. 예를 들어, 낮은 비트율의 음성 코딩에서는 20 ~ 30 ms 단위의 음성 신호에 각 예측 계수 군이 적용된다.

넷째, 시간에 따라 예측 에러가 커지는 것을 제한하기 위해 예측기는 거의 항상 "후방 예측(backward prediction)" 형태로 구현되어 예측 수식에서 신호 자체 대신에 양자화된 샘플 값을 과거 입력 값으로 사용한다. 이러한 이유는 후방 예측기에서의 양자화 에러가 양자화기 자체로 인해 발생하는 데 반해 "전방 예측(forward prediction)(과거 입력 값으로 양자화된 샘플 값 대신 이전 입력 샘플을 이용함)"에서의 에러는 시간이 지나면서 계속 축적되어 훨씬 더 큰 값이 되기 때문이다.

마지막으로 예측 에러를 인코딩하는 코딩 방법이 결정되어야 한다. "DPCM (Differential Pulse Code Modulation)"은 예측 에러(혹은 차분 에러)가 원 신호보다 훨씬 작은 최대 진폭 x_{max} 를 갖고 있다는 사실을 이용해 원 신호를 양자화할 때보다 훨씬 적은 비트만을 이용해 예측 에러를 코딩하는 방법이다. "ADPCM(Adaptive Differential Pulse Code Modulation)"은 기본적으로 DPCM과 유사하게 동작하지만 시간에 따라 변하는 예측 에러의 x_{max} 에 적응할 수 있는 양자화기를 사용한다는 점이 다르다(DPCM과 ADPCM 코딩에 관련된 더 자세한 정보는 [Jayant and Noll 84]를 참조하기 바람). 낮은 비트율의 음성 코딩에서는 좀 더 다양한 방법들이 사용된다. 예를 들어, "MELP(Model

Excited Linear Prediction)" 음성코더에서는 에러신호를 잡음과 펄스열의 가중합으로 모델링한다. 이 경우 에러신호는 3개 파라메터 모델 값(펄스에 대한 잡음의 상대파워, 펄스 주파수, 전체 에러파워)으로 표현되고 에러신호 대신 이 3개 값이 인코딩된다. 또 다른 예로 "CELP(Code Excited Linear Prediction)" 음성 코더에서는 에러신호가 사전에 정의된 에러신호들 중 가장 유사한 것으로 변환되고 이 에러신호는 블록 내 에러신호의 유형을 설명하는 이득 인자(gain factor)와 코드북(codebook)으로 인코딩된다(예측 음성 코딩에 대한 더 자세한 정보는 [Shenoi 95]를 참조하기 바란다. 이외에도 이 책 15장의 MPEG-4 오디오에서 CELP와 다른 음성 코더에 사용된 예측 기술을 참조하기 바람).

9 요 약

이 장에서는 시간-영역과 주파수-영역에서 오디오 신호를 표현하는 방법을 살펴보았으며, 신호를 시간-영역에서 주파수-영역으로 또는 그 반대로 변환하기 위해 푸리에 변환과 역-푸리에 변환을 사용하였다. 만약 한정된 시간 구간의 신호 값에 대해서만 관심이 있다면 몇 개의 이산 주파수에서의 주파수 성분만을 고려하면 된다는 것 또한 알게 되었다. 우리는 또한 샘플링 비율이 충분히 높을 때 신호의 이산시간 샘플로부터 이 신호를 완벽히 복원할 수 있다는 것을 배웠다. 이러한 사실로부터 신호의 이산시간 샘플만을 가지고 원하는 작업을 할 수 있다는 것을 알았으며 과거 샘플을 이용해 현재 샘플 값을 예측할 수 있는 예측기술을 이용해 양자화된 오디오 신호를 더욱 간결하게 표현할 수 있는 방법을 배웠다.

다음 장에서는 양자화된 이산 샘플의 시간-주파수 변환을 중심으로 살펴볼 것이며 컴퓨터를 이용해 어떻게 신호 샘플로 구성된 블록을 주파수-영역 상의 동등한 정보로 변환하는지 학습할 것이다. 또한, 주파수-영역에서 입력신호의 톤(tone) 특성과 사람의 가청한계(limits of human hearing) 특성을 이용해 저장되거나 전송된 오디오 신호로부터 중복된 데이터와 사람의 청각과 무관한 데이터를 제거하는 방법을 살펴볼 것이다.

10 부록– 한 주기 신호 샘플로부터 대역– 제한된 주기신호의 완전 복원

최대 주파수 $F_{\max}$ 와 주기 T_0 를 갖는 대역-제한된 주기신호를 생각해보자. 만약 이 신호를 샘플링 비율 $F_s = 1/T \geq 2F_{\max}$ 로 샘플링한다면 다음의 복원공식을 이용해 이 샘플로부터 입력신호를 완벽히 복원해 낼 수 있다.

$$x(t) = \sum_{n=-\infty}^{n=\infty} x[n] \left(\frac{\sin\left(\pi F_s (t - \frac{n}{F_s}) \right)}{\pi F_s (t - \frac{n}{F_s})} \right)$$

신호 $x(t)$ 를 복원하는 데 있어 $t \neq n/F_s$ 일 때의 모든 샘플의 기여도는 함수 $\sin[\pi(t-t')]/\pi(t-t')$ 에 의해 시간상의 거리가 멀어짐에 따라 천천히 감소하게 된다.

특히 주기신호는 한 주기당 정수개의 샘플을, 즉 $T = 1/F_s = T_0/M \leq 1/2F_{\max}$, 선택할 수 있기 때문에 각 주기에서 샘플 값은 같다. 이 경우 $n = m + kM$ 을 정의하면 $x[n+kM] = x[n]$ 이기 때문에 다음의 수식을 갖게 된다.

$$\begin{aligned} x(t) &= \sum_{k=-\infty}^{k=\infty} \sum_{m=0}^{m=M-1} x[m] \left(\frac{\sin(\pi(tF_s - m - kM))}{\pi(tF_s - m - kM)} \right) \\ &= \sum_{k=-\infty}^{k=\infty} \sum_{m=0}^{m=M-1} (-1)^{kM} x[m] \left(\frac{\sin(\pi(tF_s - m))}{\pi(tF_s - m - kM)} \right) \\ &= \sum_{m=0}^{m=M-1} x[m] \sin(\pi(tF_s - m)) \sum_{k=-\infty}^{k=\infty} \left(\frac{(-1)^{kM}}{\pi(tF_s - m - kM)} \right) \end{aligned}$$

위 수식에서 양수와 음수 k 항을 $|k|$ 로 조합하면 다음과 같아진다.

$$x(t) = \sum_{m=0}^{m=M-1} x[m] \sin(\pi(tF_s - m)) \left\{ \frac{1}{\pi(tF_s - m)} + \sum_{k=1}^{k=\infty} \left(\frac{2(-1)^{kM}(tF_s - m)}{\pi[(tF_s - m)^2 - (kM)^2]} \right) \right\}$$

M 이 홀수일 때 $a = (tF_s - m)/M$, $x = 0$ 이고 M 이 짝수일 때 $x = \pi$ 인 다음 수식[Dwight 61]을 정의하면

$$\frac{\cos(ax)}{\sin(a\pi)} = \left\{\frac{1}{\pi a} + \sum_{k=1}^{k=\infty}\left(\frac{2\cos(kx)(-1)^{k+1}a}{\pi[k^2 - a^2]}\right)\right\}$$

다음의 결과를 얻게 된다.

$$x(t) = \sum_{m=0}^{m=M-1} x[m]\frac{\sin(\pi(tF_s - m))}{M\sin\left(\frac{\pi}{M}(tF_s - m)\right)} \qquad \text{for} \quad M \text{ odd}$$

$$x(t) = \sum_{m=0}^{m=M-1} x[m]\frac{\sin(\pi(tF_s - m))\cos\left(\frac{\pi}{M}(tF_s - m)\right)}{M\sin\left(\frac{\pi}{M}(tF_s - m)\right)} \qquad \text{for} \quad M \text{ even}$$

이 수식들로부터 주기함수의 한 주기에 해당하는 샘플만을 이용해서 전체 신호 $x(t)$ 를 복원할 수 있음을 알 수 있다. M 이 홀수일 때 샘플 값에 곱해지는 함수는 샘플링 이론을 설명할 때 유도된 싱크함수 보간 공식과 유사하게 "디지털 싱크(digital sinc)" 함수로 불린다.

11 참고 문헌

[Brigham 74]: E. O. Brigham, *The Fast Fourier Transform*, Prentice Hall Englewood Cliffs, N. J. 1974. *Psychoacoustics*

[Dwight 61]: H. B. Dwight, *Tables of Integrals and other related Mathematical Data*, MacMillan Publishing Co., Inc., New York 1961.

[Jayant and Noll 84]: N. Jayant, P. Noll, *Digital Coding of Waveforms: Principles and Applications to Speech and Video*, Prentice-Hall, Englewood Cliffs, 1984.

[Shannon 48]: C. E. Shannon, "A Mathematical Theory of Communications", Bell Sys. Tech. J., Vol. 27, pp. 379-423, July 1948.

[Shannon 49]: C. E. Shannon, "Communication in the Presence of Noise", Proc. IRE, Vol. 37, pp. 10-31, January 1949 (reproduced in Proc. of IEEE,

Vol. 86, no. 2, pp. 447-457, February 1998).

[Shenoi 95]: K. Shenoi, *Digital Signal Processing in Telecommunications*, Prentice-Hall PTR, 1995.

12 예제 문제

a) 신호 표현과 요약특성:

다음 신호를 생각해보자.

$$x(t) = \begin{cases} \sin(2000\pi t)\sin(4\pi t) & \textit{for}\ \ 0 \le t \le \dfrac{1}{4} \\ 0 & \textit{elsewhere} \end{cases}$$

이 신호는 구간이 1/4초이고 사인 윈도우가 취해진 1kHz 사인파이다. 다음 물음에 답하라.

1. 이 신호를 그려라.
2. 이 신호로부터 신호의 요약특성을 계산하라.
3. 이 신호의 푸리에 변환을 계산하고 그림을 그려라.
4. 신호의 주파수-영역 표현으로부터 신호의 요약특성을 계산하라.
5. 이 신호를 8kHz 샘플링 비율로 샘플링하라.
6. 싱크함수 보간을 이용해 이 샘플로부터 원 신호를 추정하고 원 신호와 비교하라. 만약 이들 간에 차이가 있다면 이를 설명하라.

b) 예측:

다음 신호를 생각해보자.

$$y(n) = \begin{cases} e^{-an}\cos n\omega_0 & n \ge 0 \\ 0 & n < 0 \end{cases}$$

여기서 $a = 0.05$ 이고 $w_0 = 0.3\pi$ 이다. 이 신호에 직각 윈도우를 취하면 다음과 같아진다.

$$\hat{y}_M^R(n) = \begin{cases} y(n) & -M \le n \le M \\ 0 & elsewhere \end{cases}$$

여기서 $M = 128$ (즉, $n = 0$을 중심으로 위치한 직각 윈도우의 길이는 $2M+1$)이다. 다음으로, 2차 LPC(Linear Predictive Coding) 예측기 $A(z) = a_1 z^{-1} + a_2 z^{-2}$ 를 이용해서 신호 $y[n]$ 을 $y_{pred}[n] = a_1 y[n-1] + a_2 y[n-2]$ 으로 예측하는 것을 생각해보자.

1. 여기 신호(예측 에러) $x[n]$ 을 $x[n] = y[n] - y_{pred}[n]$ 으로 정의하자. 임의 신호 $y[n]$ 에 대해 $x[n]$ 에서 $y[n]$ 으로의 전달함수(transfer function)가 $1/(1 - a_1 z^{-1} - a_2 z^{-2})$ 임을 보여라. 이 전달함수는 2개 복소 극점(pole)을 가진다. 전달함수의 분모가 z^{-1} 의 2차 함수임). 2개 복소 극점이 켤레 복소수(즉, 한 개 극점은 $c = re^{j\theta}$ 이고 다른 한 개는 $c^* = re^{-j\theta}$ 임)를 이루고 있다고 가정하고 a_1, a_2 를 r, θ 로 표현하여라.

2. 주어진 신호 $y[n]$ 에 z-변환(z-transform)(5장 참조)을 취하고 $y[n]$ 의 극점 위치를 파악하여 a, w_0 를 r, θ 로 표현하여라. r, θ 가 주어지면 a_1, a_2 를 알 수 있고(예제 1로부터) 실제 극점의 위치를 이용해 $y[n]$ 에 적용된 2차 예측기의 예측 에러 $x[n]$ 을 계산하라.

3. $y[n]$ 의 z-변환을 이용해 $y[n]$ 의 푸리에 변환을 계산하고(즉, $Y(w)$ 는 $z = e^{jw}$ 에서 구한 z-변환임) $|Y(w)|^2$ 의 그림을 그려라. 양의 주파수 극점을 자세히 살펴보고 이를 다음의 Lorentzian 함수로 근사하여라.

$$\frac{K}{A^2 + (\omega - W)^2}$$

여기서 A, W, K 는 그림을 비교하거나 분석 수식에 의해 구할 수 있다. 가장 잘 맞는 A, W, K 값은 얼마인가? 이 함수와 $|Y(w)|^2$ 그림의 피크 부분을 자세히 비교해 A, W 가 어떻게 a, w_0 와 관련 있는지 결정하라.

4. 예측 에러 에너지를 다음과 같이 정의하자.

$$E = \sum_{n=-\infty}^{\infty}(y(n) - y_{predict}(n))^2$$

위 수식에서 예측 값을 $y_{pred}[n] = a_1 y[n-1] + a_2 y[n-2]$ 로 대치하고 에너지 E 를 a_1, a_2 의 2차 함수로 표현하라. 예제 2와 같이 예측 계수를 찾는 방법 외에도 에너지 $E(a_1, a_2)$ 를 최소화하는 예측 계수 a_1, a_2 를 구할 수도 있다. 예측 에러 에너지를 최소화하는 예측 계수를 구하기 위해 다음과 같은 편미분을 0으로 놓고 a_1, a_2 를 푼다.

$$\frac{\partial E}{\partial a_1} \; and \; \frac{\partial E}{\partial a_2}$$

이 결과를 다음과 같은 행렬 수식으로 표현하라.

$$\vec{x} = \begin{pmatrix} a_1 \\ a_2 \end{pmatrix}$$

여기서 행렬 원소는 다음과 같다.

$$\phi(k,l) \equiv \sum_{n=-\infty}^{\infty} y(n-k)y(n-l)$$

5. 예제 4번에서는 무한 길이의 신호를 다루어야 하기 때문에 $\phi(k,l)$ 을 실제로 풀어내는 방법은 없다. 그러나 $\phi(k,l)$ 에 다음의 윈도우 함수를 취해 근사적으로 계산할 수 있다.

$$\hat{y}_M^R(n)$$

다음을 정의하고

$$\hat{\phi}_M^R(k,l) \equiv \sum_{n=-\infty}^{\infty} \hat{y}_M^R(n-k)\hat{y}_M^R(n-l)$$

이 수식이 한정된 개수 항의 합으로 계산될 수 있음을 보여라. 또한, 위 수식이

다음과 같은 형태로 $|k-l|$ 에 의존함을 보여라.

$$\hat{\phi}_M^R(k,l) = g_M^R(|k-l|)$$

윈도우 함수를 이용한 근사치를 이용하여 예제 4번의 행렬 수식을 다시 쓰고 x를 구하는 데 오직 3개의 값만이 필요한 것을 보여라. 즉, x 수식의 행렬 원소에 채워질 것으로 다음 3개만이 필요한 것을 보여라.

$$g_M^R(0),\ g_M^R(1),\ g_M^R(2)$$

6. $M = 128$ 을 이용해서 주어진 신호에 대해 다음을 계산하라.

$$g_M^R(0),\ g_M^R(1),\ g_M^R(2)$$

그리고 행렬 수식을 풀어 a_1, a_2 를 구하라. 예제 1, 2번의 관계를 이용해 a_1, a_2 에 해당하는 a, w_0 를 구하여라. 또한, a_1, a_2 를 이용해서 예측 에러 $x[n] = y[n] - y_{pred}[n]$ 를 계산하라. 이 예측 에러와 예제 2번에서 계산된 값의 그림을 그리고 예측 에러 에너지를 계산하라. 어느 것이 더 작은 값을 갖는가? 어떤 것이 더 좋은 예측기인가? 여러분의 답을 설명하라.

7. 직각 윈도우 대신 5장에서 설명하는 다른 윈도우(즉, 해닝(Hanning), 카이저-베셀(Kaiser-Bessel)를 사용해 예제 6을 다시 풀어라. 즉, 다음과 같은 윈도우를 이용하라.

$$\hat{y}_M^W(n) = \begin{cases} W(n)y(n) & -M \le n \le M \\ 0 & elsewhere \end{cases}$$

다음을 계산하고

$$g_M^W(0),\ g_M^W(1),\ g_M^W(2)$$

LPC예측기의 극점 위치를 구하여라. $M = 32,\ 64,\ 128,\ 256$ 에 대한 극점 위치 값을 직각 윈도우를 이용할 때의 극점 위치 값과 비교하라.

introduction to digital audio coding and standard

시간-주파수 변환 Part Ⅰ: PQMF

chapter 04

1 서론

우리는 이 장과 다음 장에서 오디오 신호를 시간-영역에서 주파수-영역으로 변환할 때 가장 많이 사용되는 몇 가지 변환 기술들을 살펴볼 것이다. 시간-주파수 변환(time to frequency mapping)의 기본 개념은 오디오 신호를 몇 개의 주파수 성분으로 세분화하고, 이들 주파수 성분에 사용 가능한 비트 풀(bit pool, 역자주: 할당 가능한 비트 집합을 말함)을 적절히 할당해 오디오 신호의 중복성(redundancy)을 줄이는 것이다. 톤(tone) 성분이 많은 신호는 주로 시간-영역에서 천천히 변하는 주파수 성분을 가지고 있으며 이러한 신호는 신호를 직접적으로 표현할 때보다 훨씬 적은 양의 데이터만을 이용해서 표현할 수 있다.

주파수-영역 코딩기술은 시간-영역 코딩기술(예를 들어, 예측 코딩(predictive coding) 기술의 하나인 ADPCM(3장과 [Jayant and Noll 84] 참조))보다 많은 장점을 가지고 있다. 주파수-영역 코딩기술은 각각의 주파수 성분을 인코딩하는 데 필요한 비트 수를 입력신호의 특성에 따라 적응적으로 할당할 수 있다. 이 기술은 각 주파수 성분에 서로 다른 개수의 비트를 할당하는 방법으로 해당 주파수 성분에서의 양자화 잡음(quantization noise) 레벨을 제어할 수 있기 때문에 매우 높은 정확도의 코딩을 달성할 수 있다.

이러한 측면에서 주파수-영역 신호 표현은 신호의 무관성(irrelevancy)을 이용할 수 있는 이상적인 연구 기반을 제공한다. 신호의 무관성을 이용하는 기술은 이 책의 6장과 7장에서 논하게 될 사람의 청각 특성과도 밀접한 관계를 가지고 있는데 이를 이용해 어떠한 주파수 성분이 우리 귀에 들리지 않는 양자화 잡음을 받아들일 수 있는지를 결정할 수 있다. 시간-주파수 변환의 기본 개념은 신호를 필터뱅크(filter bank, 역자주: 몇 개의 필터가 병렬로 연결된 구조)에 통과시켜 K 개의 주파수 대역으로 분할하는 것이다. 이때 각 주파수 대역의 신호를 한정된 비트 수로 양자화하고 양자화 잡음의 대부분을 사람 귀에 잘 들리지 않는 주파수 대역으로 위치시킨다. 이후 양자화된 신호는 디코더에 전송되고 각 대역에서 코딩된 신호를 다시 역-양자화한 다음, 모든 주파수 대역 신호를 결합해 신호의 전체 주파수 성분을 복원해낸다. 대부분의 경우 디코더에서 각 대역 신호를 결합하기 전에 각 대역 신호가 해당 대역에 적절하게 제한될 수 있도록 추가적인 필터뱅크를 이용해 디코딩된 오디오 신호를 만들어 낸다. 한가지 주목해야 할 것은 신호를 K 개의 병렬 대역으로 분할함으로써 데이터율이 K 배만큼 증가한다는 사실이다. 신호를 인코더 필터뱅크에 통과시킬 때 데이터율이 증가하는 것을 방지하기 위해 매 K 샘플마다 1개씩의 샘플만을 남겨두고 나머지는 버리게 되는 인수 K 의 "다운샘플링(down-sampling)"을 수행한다. 그림 1은 일반적으로 많이 사용되고 있는 시간-주파수 변환 과정을 보여주고 있다. 이 그림의 필터뱅크를 적절히 설계함으로써 다운샘플링된 데이터로부터 원 신호를 완전하게 복원해낼 수 있다.

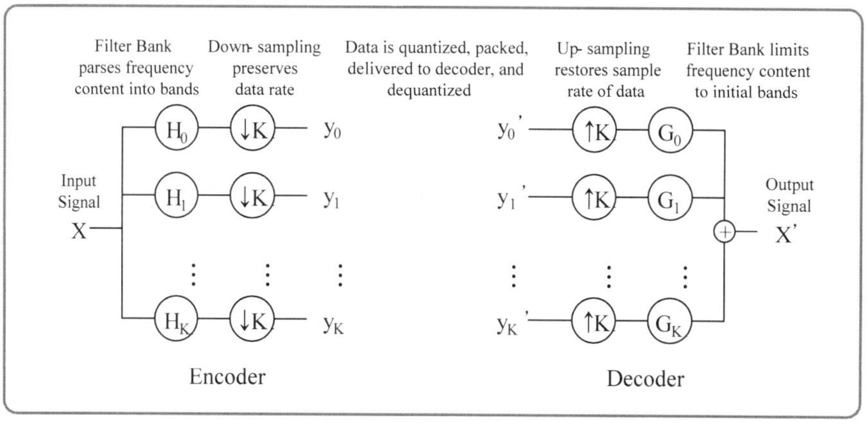

그림 1 시간-주파수 변환 과정

이 장에서는 신호를 주파수-영역으로 변환할 수 있는 필터뱅크를 설계할 때 몇 가지 제한점들을 살펴보고 오디오 코딩에서 일반적으로 많이 사용되고 있는 몇 가지 유형의 필터뱅크들을 학습할 것이다. 우리는 먼저 푸리에 변환을 이산시간에서 일반화한 z -변환(z -transform)에 대해 소개할 것이다. z -변환은 이산시간에서 필터를 설계할 때 사용할 수 있는 변환으로 기본적인 필터뱅크 코딩 이론을 쉽게 유도해 낼 수 있는 장점이 있다. 이후 2-채널 완전복원(perfect reconstruction) 필터뱅크를 소개할 것이고, 필터 설계 시 어떠한 제한점을 두어야만 다운샘플링된 주파수 대역으로부터 원 신호를 복원할 수 있는지 살펴볼 것이다. 또한, 2-채널 필터뱅크를 이보다 높은 임의의 채널 개수(예를 들어, 32-채널)를 갖는 필터뱅크로 어떻게 일반화시킬 수 있을지 알아볼 것이다. 이때 오디오 코딩에서 아주 중요하게 사용되고 있는 "PQMF(Pseudo Quadrature Mirror Filter)" 필터뱅크에 대해 자세히 살펴볼 것이며, 이 필터뱅크의 응용으로 MPEG 오디오 코더에서 사용되고 있는 32-대역 PQMF를 자세히 설명할 것이다.

2 z – 변환

우리는 3장에서 신호의 최고 주파수보다 2배 이상 높은 샘플링 비율 $F_s = 1/T_s$ 로 샘플링된 데이터로부터 대역-제한(band-limited)된 신호를 완전히 복원할 수 있다는 것을 알았다. 샘플링 이론(Sampling Theorem, 샘플링 주파수가 $F_s = 2 * F_{\max}$ 인 경우)을 유도할 때 보았듯이 $-F_s/2 \sim F_s/2$ 주파수 범위를 갖는 신호의 주파수 성분은 푸리에 급수를 이용해 다음과 같이 표현될 수 있다는 것을 알고 있다.

$$X(f) = \frac{1}{F_s} \sum_{n=-\infty}^{\infty} x(nT_s) e^{-j2\pi \frac{nf}{F_s}}$$

한편, 대역-제한된 신호의 시간-영역 표현은 다음과 같이 역-푸리에 변환을 이용해 복원할 수 있다.

$$x(t) = \int_{-F_s/2}^{F_s/2} X(f) e^{j2\pi ft} df$$

그러나 이때 신호가 $-F_s/2 \sim F_s/2$ 주파수 범위로 대역-제한되어 있는지를 주의 깊게 확인해야 하는데, 이는 샘플링으로 인해 이 주파수 범위 밖의 스펙트럼 성분이 이 주파수 범위로 섞이게 되는 "에일리어싱(aliasing)"이 발생할 수 있기 때문이다. 더군다나 이 수식은 푸리에 급수에 기반하기 때문에 $X(f)$를 구할 때 위 공식을 사용하게 되면, 이 범위 내의 주파수 성분이 주기적으로 확장된 것을 발견하게 된다. 이 말은 주기적으로 확장된 주파수 스펙트럼으로부터 신호의 실제 주파수 성분만을 추출할 수 있다면, 샘플링된 데이터의 시간-영역과 주파수-영역 관계를 이용해 원 신호를 복원해 낼 수 있다는 것을 뜻한다. 이러한 변환관계를 "이산시간 푸리에 변환(DTFT, Discrete-Time Fourier Transform)"이라 부른다.

z-변환(z-Transform)은 이산시간 푸리에 변환을 일반화시킨 것이다. 다음과 같이 주파수 f를 복소 함수로 변환하는 것을 정의해보자.

$$z(f) = e^{j2\pi f/Fs}$$

여기서 $z(f)$는 단위원(unit circle)상에 존재하는 복소 함수이며 주파수 주기 F_s를 갖는 주기함수이다. 이때 다음과 같이 이산시간 푸리에 변환을 함수 z로 다시 쓸 수 있다.

$$X(f) = \frac{1}{F_s}\sum_{n=-\infty}^{\infty} x(nT_s)z(f)^{-n}$$

z-변환은 위의 푸리에 변환을 임의의 복소 주파수, 즉 단위원상의 z 값으로 일반화시킨 것이다.

데이터 $x[n]$과 복소수 z가 주어져 있을 때, $x[n]$의 z-변환은 다음과 같이 정의된다.

$$X(z) = \sum_{n=-\infty}^{\infty} x[n]z^{-n}$$

z-변환과 이산시간 푸리에 변환이 다음과 같은 관계를 가지고 있음을 주목하자.

$$x[n] = x(nT_s),\ z = z(f) = e^{j2\pi f/Fs},\quad \textit{and defining}\quad X(f) = X(z(f))/F_s$$

이산시간 푸리에 변환과 마찬가지로 z-변환 또한 역-변환을 가지고 있으며 역-변환은 복소평면(complex plane)에서의 적분 계산을 필요로 한다([Rabiner and old 75] 참조). 이 책에서는 역 z-변환을 사용하지 않을 것이며 대부분의

z-변환은 샘플링된 데이터의 푸리에 변환 분석 수식을 좀 더 쉽게 유도하기 위해 사용될 것이다.

2.1 z-변환의 주요 특성

z-변환에서 가장 중요한 3가지 특성은 선형성(linearity), 콘볼루션 정리(convolution theorem), 지연 정리(delay theorem)이다. z-변환의 선형성(linearity)은 2개의 데이터열 $x_1[n]$과 $x_2[n]$이 주어져 있을 때 다음과 같은 선형 조합의

$$y[n] = A x_1[n] + B x_2[n]$$

z-변환 역시 다음과 같은 선형 조합으로 이루어진다는 것이다.

$$Y(z) = A X_1(z) + B X_2(z)$$

위의 선형성은 z-변환 정의로부터 다음과 같이 쉽게 증명될 수 있다.

$$\begin{aligned} Y(z) &= \sum_{n=-\infty}^{\infty} y[n] z^{-n} = \sum_{n=-\infty}^{\infty} (A x_1[n] + B x_2[n]) z^{-n} \\ &= A \sum_{n=-\infty}^{\infty} x_1[n] z^{-n} + B \sum_{n=-\infty}^{\infty} x_2[n] z^{-n} \\ &= A X_1(z) + B X_2(z) \end{aligned}$$

콘볼루션 정리는 2개 데이터열에 콘볼루션을 취하는 것이 각 데이터열의 z-변환을 곱하는 것과 동일한 의미가 있다는 것을 말한다. 즉, 만약 데이터열 $x_1[n]$과 $x_2[n]$의 콘볼루션이 다음과 같다면

$$y[n] = x_1[n] \circ x_2[n] \equiv \sum_{m=-\infty}^{\infty} x_1[n-m] x_2[m]$$

이때 다음과 같은 z-변환을 갖게 된다.

$$Y(z) = X_1(z)\, X_2(z)$$

이러한 관계는 다음과 같이 증명될 수 있다.

$$\begin{aligned} Y(z) &= \sum_{n=-\infty}^{\infty} y[n]z^{-n} = \sum_{n=-\infty}^{\infty}\sum_{m=-\infty}^{\infty} x_1[n-m]x_2[m]z^{-n} \\ &= \sum_{n=-\infty}^{\infty}\sum_{m=-\infty}^{\infty} x_1[n-m]z^{-(n-m)}x_2[m]z^{-m} = \sum_{p=-\infty}^{\infty}\sum_{m=-\infty}^{\infty} x_1[p]z^{-p}x_2[m]z^{-m} \\ &= \left(\sum_{p=-\infty}^{\infty} x_1[p]z^{-p}\right)\left(\sum_{m=-\infty}^{\infty} x_2[m]z^{-m}\right) = X_1(z)X_2(z) \end{aligned}$$

신호를 선형 시-불변(LTI, Linear Time-Invariant) 필터에 통과시킨다는 것은 이 신호와 필터의 임펄스 응답(impulse response) 함수를 콘볼루션하는 것과 동일함으로 콘볼루션 정리에 의해 필터링된 신호의 z-변환은 원 신호의 z-변환과 필터 임펄스 응답 함수의 z-변환의 곱으로 구할 수 있다.

지연 정리는 D 시간-샘플 지연된 신호의 z-변환이 신호의 z-변환에 z^D를 곱한 것과 같다는 것을 말한다. 이 정리는 $y[n]=x[n-D]$에 z-변환을 취해보면 바로 확인할 수 있다.

$$Y(z) = \sum_{n=-\infty}^{\infty} y[n]\,z^{-n} = \sum_{n=-\infty}^{\infty} x[n-D]z^{-n} = \sum_{m=-\infty}^{\infty} x[m]z^{-m+D} = X(z)z^{D}$$

이상의 3개 정리를 이용하면 몇 개의 필터 그룹을 통과한 신호에 대해 z-변환을 쉽게 구할 수 있다. 필터가 직렬로 연결되어 있는 경우에는 각 필터의 z-변환을 곱하고, 병렬로 연결되어 있는 경우에는 더하면 된다. 만약 D 시간-샘플 지연기가 있다면 z^D을 곱하면 된다.

2.2 다운샘플링

완전복원 필터뱅크에 대한 설계방법을 학습하기 전에, 신호를 z-변환할 때 다운샘플링(down-sampling)과 업샘플링(up-sampling)의 영향과 z-변환 특성을 좀 더 학습할 필요가 있다. 그림 1에서 보듯이 데이터율을 일정하게 유지하기 위해서는 필터뱅크를 거친 데이터를 다운샘플링해야 하고 각 서브밴드(sub-band) 신호를 재결합하기 전 원래의 데이터율을 복원하기 위해서는 이 데이터를 업샘플링 해야 한다. 먼저 다운샘플링으로 인한 영향을 알아보고 나서 업샘플링을 알아보자.

다운샘플링으로 인한 영향을 알아보기 전에 이것을 좀 더 쉽게 설명해줄 수 있는 몇 가지 유용한 결과들을 먼저 살펴보자. 이 결과는 1의 K 중근 성질(properties of Kth roots of 1)로 알려졌다.

1의 K 중근이 서로 다른 값을 갖는다면 이 값들은 단위원상에 대칭적으로 위치할 것이며 다음과 같이 열거된다.

$$\{x_r = e^{j2\pi r/K} \ \ for\ r = 0, \ldots, K-1\}$$

단위원상의 대칭성으로 인해 이들 근의 합은 0과 같다. 1의 근에 대한 흥미 있는 특성 중 하나는 이 근들에 멱승(power) m 을 취한 것들

$$\{x_r^m = e^{j2\pi rm/K} \ \ for\ r=0, \ldots, K-1\}$$

또한 m 이 K 가 아닐 때 또 다른 근의 집합을 이룬다는 것이다. 예를 들어, 다음과 같은 1의 3중근(그림 2 참조)을 살펴보자.

$$\{1, e^{j2\pi/3}, e^{j4\pi/3}\}$$

1의 3중근 각각에 멱승 1을 취해도 그 결과는 원래의 근과 같아진다. 멱승 2를 취하게 되면 그 결과 또한 원래의 근과 같게 되지만 다음과 같이 다른 순서를 갖게 된다.

$$\{1, e^{j4\pi/3}, e^{j8\pi/3} = e^{j2\pi/3}\}$$

하지만, 멱승 3을 취하게 되면 다음과 같이 계속 1이 반복될 뿐이다.

$$\{1, e^{j6\pi/3} = 1, e^{j12\pi/3} = 1\}$$

이러한 방식으로 1의 K 중근 성질은 다음과 같은 근의 멱승에 대한 합규칙(sum rule for powers of roots)을 만들어 낸다.

$$\frac{1}{K}\sum_{r=0}^{K-1} e^{j2\pi rm/K} = \begin{cases} 1 & if \quad m = nK \\ 0 & otherserwise \end{cases}$$

우리는 이 규칙을 이용해서 다운샘플링된 데이터의 z-변환을 유도할 수 있다.

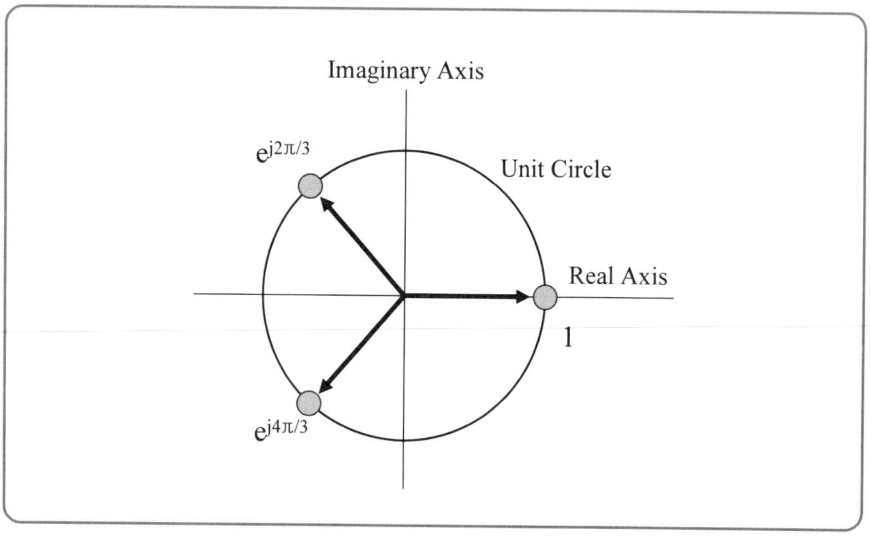

그림 2 1의 3중근

이제 다운샘플링된 데이터의 z-변환을 유도해 보자. 신호 $x[n]$ 을 인수 K 로 다운샘플링한 데이터열을 $y[n]=x[nK]$ 로 표기하자. 이때 $y[n]$ 의 z-변환은 다음과 같다.

$$\begin{aligned} Y(z) &= \sum_{n=-\infty}^{+\infty} y[n]z^{-n} = \sum_{n=-\infty}^{+\infty} x[nK]z^{-n} = \sum_{m=-\infty}^{+\infty} x[m]z^{-m/K}\delta_{m,nK \text{ for some } n} \\ &= \sum_{m=-\infty}^{+\infty} x[m](z^{1/K})^{-m}\left(\frac{1}{K}\sum_{r=0}^{K-1} e^{j2\pi rm/K}\right) = \frac{1}{K}\sum_{r=0}^{K-1}\sum_{m=-\infty}^{+\infty} x[m](z^{1/K}e^{-j2\pi r/K})^{-m} \\ &= \frac{1}{K}\sum_{r=0}^{K-1} X(z^{1/K}e^{-j2\pi r/K}) \end{aligned}$$

여기서 다운샘플링된 데이터의 z-변환이 K 개항의 합인 것을 주목하자. 이 K 개항의 합은 무엇을 의미하고 있을까?

이것을 주파수-영역에서 생각해보자. 샘플링 비율 F_s 로 샘플링된 데이터라 가정하고 이 데이터를 인수 K 로 다운샘플링하면, 이때 각 데이터 점은 시간 상에서 더 가까워지게 되고 F_s/K 의 샘플링 비율(sampling rate)이 된다. 이 말은 $-F_s/2K \sim +F_s/2K$ 의 주파수 범위 밖에 놓여 있는 신호의 주파수 성분이 에일리어싱 된다는 것을 의미한다. 다운샘플링된 신호의 z-변환에서 $K-1$ 개 항이 바로 이 에일리어싱으로 인해 발생한 스펙트럼 성분을 나타낸다. 주파수-영역에서 다운샘플링된 신호의 스펙트럼은 어떻게 나타날까? 먼저 모든 데이터열이 같은 샘플링 비율로 샘플링되었다고 가정하자. 이 말은 비록 다운샘플링된 데이터의 실제 샘플링 비율이 F_s/K 지만 시간-영역에서 이 신호를 볼 때는 마치 F_s 로 샘플링된 데이터 같이 보인다는 것이다. 즉, 우리는 샘플링 비율 F_s 에서 z -변환과 이산시간 푸리에 변환의 관계를 이용해 $x[n]$ 과 다운샘플링된 신호 $y[n]$ 의 관계식을 다음과 같이 유도할 수 있다.

$$Y(f) = \frac{1}{K}\sum_{r=0}^{K-1} X(f/K - rF_s/K)$$

이 수식으로부터 $1/K$ 만큼의 신호파워가 감소하는 것을 볼 수 있을 뿐 아니라 다음과 같은 다운샘플링 영향을 볼 수 있다.

① $r=0$ 일 때 K 배만큼 확장된 스펙트럼 대역폭
② $r \neq 0$ 일 때 $-F_s/2K \sim +F_s/2K$ 범위 밖의 주파수 성분이 에일리어싱 된다는 점.

예를 들어, $f=0$ 일 때 $Y(f)$ 는 $f=0$ 일 때의 $X(f)$ 값뿐만이 아니라 $r=1, 2, ..., K-1$, $f=rF_s/K$ 에서의 $X(f)$ 값에도 의존한다. 완전복원 필터뱅크를 설계할 때는 다운샘플링에 의해 발생하는 이러한 에일리어싱을 소거하도록 많은 노력을 기울여야 할 것이다. 그림 3은 다운샘플링에 의해 발생하는 에일리어싱 현상을 보이고 있다.

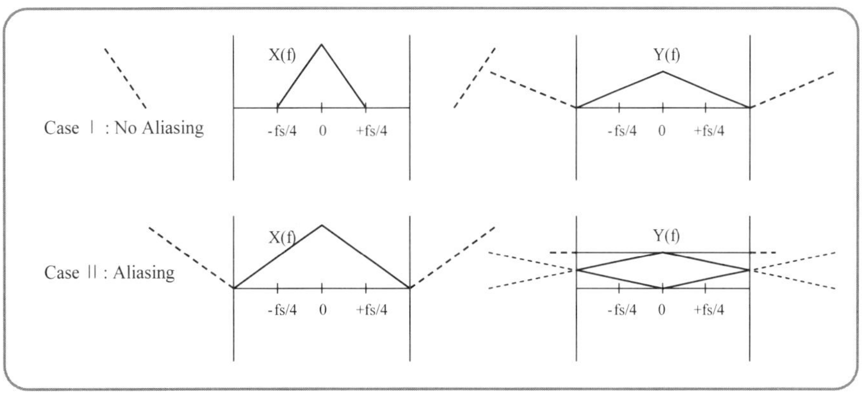

그림 3 다운샘플링 과정에서 발생하는 에일리어싱 현상

2.3 업샘플링

신호에 인수 K 만큼 업샘플링(up-sampling, 각 데이터 점 사이에 $K-1$ 개의 0 값을 삽입)하는 영향을 보기 위해서는 신호의 z-변환에서 z를 z^K 으로 대치하면 된다. 따라서 다음과 같은 관계식을 갖게 되며

$$y[n] = \begin{cases} x[m] & if \ \ n = mK \\ 0 & otherwise \end{cases}$$

z-변환에서는 다음과 같은 관계를 갖는다.

$$Y(z) = \sum_{n=-\infty}^{\infty} y[n]z^{-n} = \sum_{m=-\infty}^{\infty} x[m]z^{-mK} = \sum_{m=-\infty}^{\infty} x[m](z^K)^{-m} = X(z^K)$$

주파수-영역에서 이 수식은 $Y(f) = X(Kf)$ 의 관계를 갖게 되며, 이에 따라 업샘플링이 신호의 스펙트럼을 K 배만큼 압축시키는 것을 볼 수 있다. 그러나 $X(f)$ 가 주기 F_s 를 갖는 주기함수이므로 업샘플링에 의해 $X(f)$ 의 허상(image)들이 $Y(f)$ 스펙트럼에 나타나게 된다. 따라서 완전복원 필터뱅크를 설계할 때는 대역통과 필터(BPF, Band-Pass Filter)를 이용해 필요 없는 허상들을 제거하는 것이 중요하다. 그림 4는 업샘플링에 의해 발생하는 허상 현상(imaging effect)을 보이고 있다. 멀티레이트 시스템(multirate system)과 필터뱅크에 관한 더 자세한 이론은 [Vaidyanathan 93]을 참조하기 바란다.

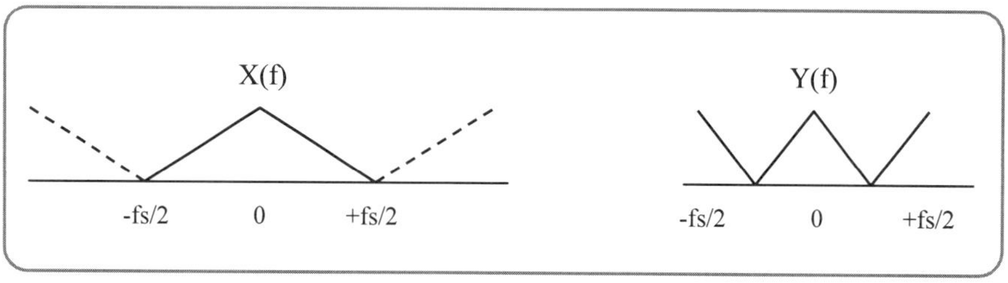

그림 4 업샘플링 과정에서 발생하는 허상 현상

3 2-채널 완전복원 필터뱅크

지금까지는 필터뱅크 설계 시에 필요한 몇 가지 기초적인 지식을 살펴보았다. 이제 2-채널 완전복원 필터뱅크를 어떻게 설계할 수 있을지 알아보고 나서 2-채널 필터뱅크를 멀티채널 완전복원 필터뱅크로 확장하는 방법을 살펴보자.

2-채널 완전복원 필터뱅크(그림 5 참조)에서 신호 $x[n]$은 임펄스 응답이 $h_0[n]$, $h_1[n]$ 인 2개의 병렬 필터를 통과한다. 이 2개의 필터는 신호의 주파수 스펙트럼을 2개로 분할해서 신호의 서로 다른 성분들을 분리해 낸다. 이렇게 하면 데이터율이 2배로 늘어나기 때문에 이 데이터를 2배로 다운샘플링하게 된다. 실제 코더에서는 이 2개의 신호를 양자화한 후 함께 패킹(packing)해서 디코더에 전송하고 디코더에서는 이를 풀어 출력신호를 얻기 전 역-양자화한다. 물론 이 과정에는 양자화 잡음이 포함된다. 이 장에서는 이러한 양자화 잡음 영향을 무시하고 디코더에서 2개의 데이터 열 $y_0[n]$, $y_1[n]$ 을 결합하여 만들어낸 신호 $x'[n]$ 이 원 신호 $x[n]$ 이 시간-지연된 것과 정확히 일치하는 경우만을 고려할 것이다. 다시 디코더 처음 단계로 돌아가면 먼저 신호 $y'_0[n]$, $y'_1[n]$ 을 업샘플링(원 신호의 샘플링 비율과 같도록 하기 위해)하고 이들을 임펄스 응답 $g_0[n]$, $g_1[n]$을 갖는 필터를 통과시킨 후 필터링된 신호들을 결합하여 최종 출력신호를 얻게 된다. 여기서 우리의 주목적은 출력단에서 입력 데이터 $x[n]$ 을 완전복원 할 수 있는 필터 $h_0[n]$, $h_1[n]$, $g_0[n]$, $g_1[n]$을 설계하는 것이다.

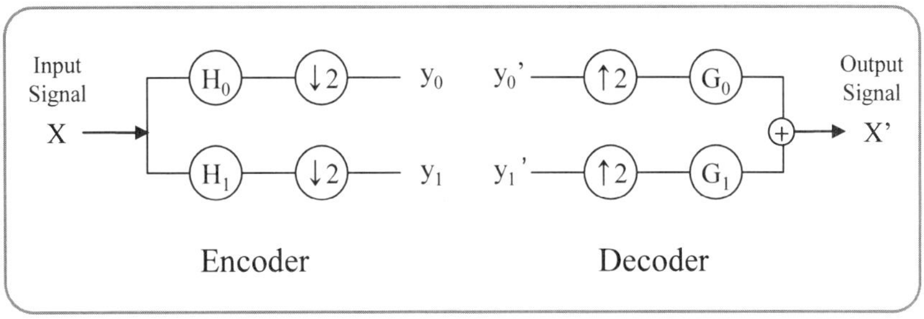

그림 5 2-채널 완전복원 필터뱅크

필터뱅크를 분석하기 위해 출력신호 $x'[n]$ 의 z-변환을 입력신호와 4개 필터 응답으로 계산해보자. 매 분석 단계마다 이전 절에서 설명한 필터링, 신호결합, 다운샘플링, 업샘플링 등의 특성을 모두 이용할 것이다. 먼저 $x'[n]$ 의 z-변환을 다음과 같이 $y_0[n]$, $y_1[n]$, $g_0[n]$, $g_1[n]$의 z-변환으로 표현한다.

$$X^{'}(z) = Y_0(z^2)G_0(z) + Y_1(z^2)G_1(z)$$

여기서 $y_0[n]$, $y_1[n]$의 z-변환을 다시 $x[n]$과 필터 $h_0[n]$, $h_1[n]$의 z-변환으로 표현하면 다음과 같다.

$$Y_i(z) = \frac{1}{2}\left(H_i(z^{1/2})X(z^{1/2}) + H_i(-z^{1/2})X(-z^{1/2})\right) \quad i = 0,1$$

마지막으로 위 결과들을 결합하면 다음과 같은 최종 결과를 얻는다.

$$X^{'}(z) = \frac{1}{2}\left(H_0(z)G_0(z) + H_1(z)G_1(z)\right)X(z) + \frac{1}{2}\left(H_0(-z)G_0(z) + H_1(-z)G_1(z)\right)X(-z)$$

위 수식에서 첫째 항이 $X(z)$에 비례하고 다른 항이 $X(-z)$에 의존하는 것을 주목하자. 주파수-영역에서 $X(-z)$는 $f - F_2/2$에서의 주파수 성분이 주파수 f로 에일리어싱된 것을 나타낸다. 따라서 필터 설계에서 가장 먼저 해야 할 일은 위 수식의 에일리어싱 항인 $X(-z)$을 어떻게 0으로 만드느냐 하는 것이다.

3.1 에일리어싱 소거

에일리어싱 소거(aliasing cancellation)를 위한 필터를 설계하는 방법 중 하나는 다음과 같은 z-변환 관계식을 만족할 수 있도록 합성필터(synthesis filter) $g_0[n]$, $g_1[n]$을 분석필터(analysis filter) $h_0[n]$, $h_1[n]$으로 표현하는 것이다.

$$G_0(z) = -H_1(-z)$$
$$G_1(z) = H_0(-z)$$

위 수식과 같이 설정하면 $X(-z)$ 항을 제거할 수 있고, 다음과 같은 관계식만이 남게 된다.

$$X'(z) = \frac{1}{2}\left(-H_0(z)H_1(-z) + H_1(z)H_0(-z)\right)X(z)$$

위의 분석과 합성필터의 z-변환 관계식은 시간-영역에서 다음과 같은 관계식을 갖게 된다.

$$g_0[n] = -(-1)^n h_1[n]$$
$$g_1[n] = (-1)^n h_0[n]$$

이 관계식은 위의 z-변환 수식에서 z의 멱승부분을 자세히 비교함으로써 쉽게 유도할 수 있다.

3.2 완전복원: QMF 필터뱅크

이전 절에서 에일리어싱을 소거할 수 있는 합성필터를 구했더라도 우리는 여전히 신호의 완전복원(perfect reconstruction) 조건을 만족하게 할 분석필터를 설계해야만 한다. 완전복원 분석필터를 설계할 수 있는 다양한 방법들이 알려져 있지만 여기서는 최근에 가장 많이 사용되고 있는 QMF(Quadrature Mirror Filter)[Croiser, Esteban and Galand 76]에 대해 살펴보도록 하자. QMF 필터뱅크는 다음과 같이 필터 $h_1[n]$을 필터 $h_0[n]$으로 정의한다.

$$H_1(z) = -H_0(-z) \qquad\qquad h_1[n] = -(-1)^n h_0[n]$$

여기서 $h_0[n]$이 저역통과 필터(LPF, Low-Pass Filter)라면 $h_1[n]$은 고역통과 필터(HPF, High-Pass Filter)가 됨을 주목하자(그림 6 참조). 이것은 이들의 주파수-영역 표현 관계를 살펴보면 쉽게 알 수 있다.

$$H_1(f) = -H_0(-F_s/2 + f)$$

만약 필터 $h_0[n]$이 저역통과 필터라면 이 필터는 $f = F_s/2$가 아닌 $f = 0$ 근처에서 주파수 성분들을 갖게 된다. 이때 위 수식의 주파수-영역 관계를 살펴보면 필터 $h_1[n]$이 $f = 0$ 근처에서 $f = F_s/2$에서의 $h_0[n]$의 주파수 응답과 같고(신호가 거의 통과되지 않음) 반대로 $f = F_s/2$ 근처에서 $f = 0$에서의 $h_0[n]$의 주파수 응답(대부분의 신호가 통과됨)과 같음을 볼 수 있다. 즉, $h_1[n]$

은 고역통과 필터가 되어 $f = F_s/2$ 와 $f = -F_s/2$ 근처에서 가장 높은 주파수 응답을 갖는다. 이제 모든 분석 및 합성필터들을 다음과 같이 필터 $h_0[n]$ 으로 표현할 수 있다.

$$H_1(z) = -H_0(-z) \qquad h_1[n] = -(-1)^n h_0[n]$$
$$G_0(z) = H_0(z) \qquad g_0[n] = h_0[n]$$
$$G_1(z) = H_0(-z) \qquad g_1[n] = (-1)^n h_0[n]$$

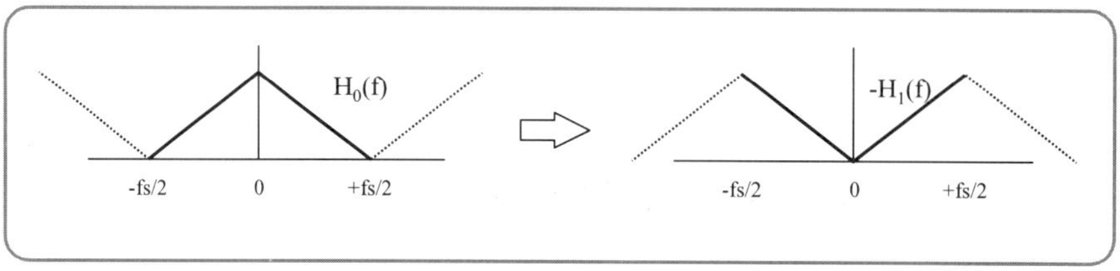

그림 6 2-채널 QMF 분석필터 $h_0[n]$, $h_1[n]$ 의 주파수-영역 관계

모든 분석 및 합성필터들을 필터 $h_0[n]$ 으로 표현하고 나면 출력신호의 z-변환을 다음과 같이 표현할 수 있다.

$$X'(z) = \frac{1}{2}\left(H_0(z)^2 - H_0(-z)^2\right)X(z)$$

위 수식에서 만약 다음과 같은 조건을 만족하는 필터 $h_0[n]$ 을 사용한다면, 이때 출력신호는 시간-지연된 입력신호를 완전복원하게 된다.

$$H_0(z)^2 - H_0(-z)^2 = 2z^{-D}$$

3.2.1 예: Haar 필터

QMF 필터뱅크를 좀 더 쉽게 이해하기 위해 필터 탭(tap, 역자주: 필터길이를 말함)이 2인 Haar 필터의 예를 들어보자. Haar 필터의 임펄스 응답 $h_0[n]$ 은 다음과 같다.

$$h_0[n] = \left\{ \frac{1}{\sqrt{2}}, \frac{1}{\sqrt{2}}, 0, 0, \ldots \right\}$$

이 필터 $h_0[n]$의 z-변환은 다음과 같이 구할 수 있다.

$$H_0(z) = \frac{1}{\sqrt{2}}(1 + z^{-1})$$

이 필터는 다음의 수식을 만족하기 때문에 완전복원 조건을 만족하며

$$H_0(z)^2 - H_0(-z)^2 = 2z^{-1}$$

따라서 위의 QMF 필터뱅크를 이용한다면 출력에서는 1샘플 지연된 입력신호를 얻게 된다.

이 결과를 구체적으로 확인해보자. 필터 $h_1[n]$, $g_0[n]$, $g_1[n]$은 필터 $h_0[n]$으로 표현될 수 있으며 Haar의 경우에는 다음과 같게 된다.

$$h_1[n] = \left\{ -\frac{1}{\sqrt{2}}, \frac{1}{\sqrt{2}}, 0, 0, \ldots \right\}$$

$$g_0[n] = \left\{ \frac{1}{\sqrt{2}}, \frac{1}{\sqrt{2}}, 0, 0, \ldots \right\}$$

$$g_1[n] = \left\{ \frac{1}{\sqrt{2}}, -\frac{1}{\sqrt{2}}, 0, 0, \ldots \right\}$$

만약 입력신호가 $x[n] = \{\ldots, 0, 0, x[0], x[1], x[2], \ldots\}$와 같다면 신호 $y_0[n]$, $y_1[n]$은 다음과 같아질 것이다.

$$y_0[n] = \left\{ \ldots, 0, \frac{1}{\sqrt{2}}(x[0] + x[1]), \frac{1}{\sqrt{2}}(x[2] + x[3]), \ldots \right\}$$

$$y_1[n] = \left\{ \ldots, 0, \frac{1}{\sqrt{2}}(x[0] - x[1]), \frac{1}{\sqrt{2}}(x[2] - x[3]), \ldots \right\}$$

이 신호를 업샘플링하고 합성필터로 필터링하면 다음과 같은 결과를 얻게 된다.

$$\left\{ \ldots, 0, 0, \tfrac{1}{2}(x[0]+x[1]), \tfrac{1}{2}(x[0]+x[1]), \tfrac{1}{2}(x[2]+x[3]), \tfrac{1}{2}(x[2]+x[3]), \ldots \right\}$$
$$\left\{ \ldots, 0, 0, \tfrac{1}{2}(x[0]-x[1]), -\tfrac{1}{2}(x[0]-x[1]), \tfrac{1}{2}(x[2]-x[3]), -\tfrac{1}{2}(x[2]-x[3]), \ldots \right\}$$

마지막으로 이들을 더해 출력신호를 구하면 예상했던 바와 같이 $x[n]=\{\ldots, 0, 0, x[0], x[1], x[2], \ldots\}$ 이 되는 것을 확인할 수 있다.

비록 Haar 필터가 2-채널 완전복원 필터뱅크에 사용될 수 있지만, Haar 필터의 길이가 너무 짧아서 주파수 해상도가 많이 떨어진다는 단점을 갖게 된다. 필터뱅크에서 긴 길이의 필터를 써야 하는 이유는 2개 분석필터의 통과대역(pass-band) 간에 가능하면 짧은 전이구간(transition region)을 갖는 것이 바람직하기 때문이다(그림 7 참조). 그러나 불행히도 QMF 완전복원 조건을 만족하는 2-탭 이상의 유한 차수를 갖는 FIR 필터는 존재하지 않는다. 하지만, 학계에서는 이를 대신해 QMF 완전복원 조건을 훌륭하게 근사해 낼 수 있는 긴 길이의 FIR 필터 설계방법이 개발되어 있다.

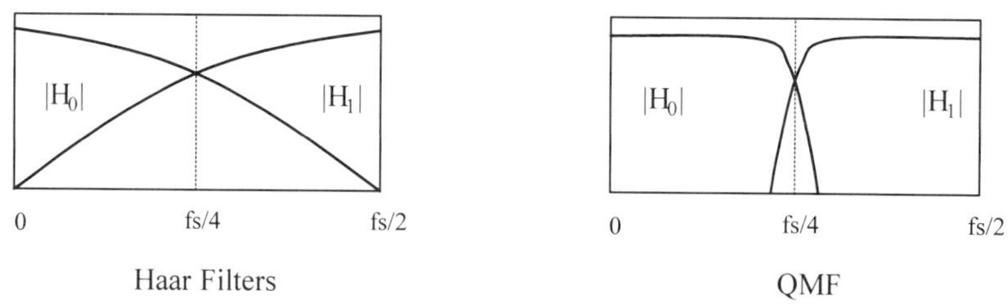

그림 7 완전복원을 만족하는 Haar QMF 필터뱅크와 QMF 완전복원을 근사할 수 있는 긴 길이 필터뱅크의 주파수 응답 비교

3.3 완전복원: CQF 필터뱅크

QMF 필터뱅크만이 2-채널 완전복원을 만족하는 것은 아니다. 또 다른 방법으로는 FIR 필터로 구현되는 CQF(Conjugate Quadrature Filter)[Smith and Barnwell 86] 필터뱅크가 있다. 이 필터뱅크에서 합성필터 $g_0[n]$, $g_1[n]$은 분석필터 $h_0[n]$, $h_1[n]$을 시간-반전(time-reverse) 시킨 것과 같다. 길이 N을 갖는 FIR 필터에 대해 합성필터는 다음과 같이 표현된다.

$$g_0[n] = h_0[N-1-n]$$
$$g_1[n] = h_1[N-1-n]$$

QMF 필터뱅크에서는 분석필터 $h_1[n]$ 이 저역통과 필터 $h_0[n]$ 에 $(-1)^n$ 을 곱하여 변조시킨 고역통과 필터이지만, CQF 필터뱅크에서는 $h_0[n]$ 자체보다 $h_0[n]$ 을 시간-반전시킨 것을 변조한다는 것이 차이점이다. 보다 구체적으로 짝수 길이 N 에 대한 2개 분석필터의 관계는 다음과 같다.

$$h_1[n] = -(-1)^n h_0[N-1-n]$$

이러한 CQF 관계를 z 영역에서 표현하면 다음과 같다.

$$G_0(z) = z^{-(N-1)} H_0(z^{-1})$$
$$G_1(z) = z^{-(N-1)} H_1(z^{-1})$$
$$H_1(z) = z^{-(N-1)} H_0(-z^{-1})$$

위 수식에 2-채널 에일리어싱 소거 조건을 적용하면 짝수 길이의 N 이 필요함을 알 수 있다. 또한, 위 수식을 2-채널 완전복원 수식에 대치하면 기저 필터(base filter) $h_0[n]$ 이 다음과 같은 조건을 만족해야 함을 알 수 있다.

$$H_0(z)H_0(z^{-1}) + H_0(-z)H_0(-z^{-1}) = 2$$

여기서 지연은 $D = N-1$ 이다. 주파수-영역에서 이 조건을 다시 살펴보면 다음과 같은 "파워 상보성(PC, Power Complementarity)" 조건을 만족해야 함을 알 수 있다.

$$|H_0(f)|^2 + |H_0(-F_s/2+f)|^2 = |H_0(f)|^2 + |H_1(f)|^2 = 2/F_s^2$$

이 조건을 만족하게 할 수 있는 몇 가지 표준화된 FIR 필터 설계 기법이 개발되어 있으며, 보다 구체적인 것은 [Vetterli and Kovacevic 95]에 요약된 다양한 설계 방법을 참조하기 바란다. CQF 필터뱅크가 중요한 이유는 2-채널 CQF 결과를 멀티채널 필터뱅크로 쉽게 확장시킬 수 있다는 점이다.

4 PSEUDO-QMF 필터뱅크, PQMF

이제까지 우리는 2-채널 필터뱅크의 분석과 합성필터를 적절히 선택함으로써 완전복원 조건을 만족할 수 있는 것을 보았다. 그러나 이러한 필터뱅크를 실제 응용분야에 적용하려면 2개보다 더 많은 채널 수가 있어야 한다. 예를 들어, 6장에서는 사람의 가청 주파수 응답이 20 ~ 30개의 "임계대역(critical bands)"으로 분할되는 것을 보게 될 것이다. 이러한 멀티채널 필터뱅크에서 어떻게 하면 완전복원 조건을 만족하게 할 수 있을까?

멀티채널 필터뱅크에 대한 초기 연구에서는 QMF 필터 쌍을 직렬 연결해 신호 스펙트럼을 여러 채널로 재분할하는 방법을 쓰고 있다. 이러한 트리 구조(tree structure)는 임펄스 응답이 너무 길다는 점과 연산 복잡도가 높다는 단점을 가지고 있다. 이보다 더욱 효율적인 방법으로는 2-채널 CQF 필터뱅크를 병렬 멀티채널로 일반화시킨 "Pseudo-QMF"[Nussbaumer 81]와 "Polyphase Quadrature"[Rothweiler 83] 필터뱅크가 있다. 이러한 필터뱅크를 보통 PQMF 필터뱅크라 부른다. PQMF 필터뱅크의 기본 개념은 좁은 대역폭의 저역통과 필터를 선택한 후 이 필터를 변조한 몇 개의 필터를 더 만들어 전체 주파수 대역을 커버하는 것이다. 이때 이 필터들은 이웃한 필터와 거의 무시할 수 있을 정도의 중복을 갖도록, 빠르게 감쇠하는 특성을 부여해서 이웃한 필터 간의 에일리어싱을 소거하고 CQF 형태의 완전복원 조건을 만족할 수 있도록 정의된다.

근접-완전복원(near-perfect reconstruction)을 갖는 PQMF 필터뱅크는 역사적으로 아주 중요하게 다루어져 왔다. MPEG-1과 MPEG-2 계층 I과 계층 II 코더는 이 필터뱅크를 이용해 시간-주파수 변환을 수행한다. PQMF 필터뱅크의 장점은 입력신호를 매우 높은 정확도로 복원할 수 있다는 점과 초기 지각 오디오 코더에 아주 효율적으로 구현될 수 있었다는 점이다.

4.1 PQMF 필터뱅크의 기본 구조

PQMF 필터뱅크는 K 개 채널로 구성되고 각 채널은 코사인 함수로 변조되는 저역통과 필터 $h[n]$ 을 갖는다. 분석과 합성필터의 정확한 수식은 다음과 같다.

$$h_k[n] = h[n]\cos\left(\pi\left(\frac{k+\frac{1}{2}}{K}\right)\left(n-\frac{(N-1)}{2}\right)+\phi_k\right) \qquad for\ k=0,....,K-1$$

$$g_k[n] = h_k[N-1-n]$$

여기서 N 은 필터 $h[n]$ 의 길이이다. 위상 ϕ_k 는 이웃한 대역 간의 에일리어싱 소거(anti-aliasing) 조건에 따라 결정되며 다음과 같은 관계를 갖는다.

$$\phi_k - \phi_{k-1} = \frac{\pi}{2}(2r+1)$$

여기서 r 은 정수이다. 합성필터가 CQF 필터뱅크에서와 같이 분석필터의 시간-반전된 형태를 갖는 점을 주목하자.

코사인 함수가 양과 음의 주파수에서 델타-함수 형태의 주파수 응답을 갖는 것을 기억하자. 시간-영역에서의 곱이 주파수-영역에서의 콘볼루션과 동일하다는 콘볼루션 정리에 따라 $h_k[n]$ 의 주파수 응답은 $H(f)$ 이 다음과 같이 양과 음의 주파수로 이동된 것과 같아진다.

$$f_k = \pm \frac{(k+\frac{1}{2})}{K} F_s / 2$$

따라서 K -채널에 대해 $2K$ 개의 $H(f)$ 가 만들어져 $-F_s/2$ 에서 $+F_s/2$ 사이의 주파수 스펙트럼을 분할하게 된다. 이 말은 저역통과 필터의 대역폭이 $F_s/2K$ 와 같다는 것이고 이 필터의 통과대역이 $|f| \sim F_s/4K$ 와 같아야 한다는 것이다.

완전복원 조건을 만족하려면 $h[n]$ 을 설계할 때 $|f| = F_s/2K$ 범위 밖의 필터 주파수 성분을 여과시킬 수 있어야 하고, 저주파 대역에서 다음과 같은 PQMF 파워 상보성을 만족해야 한다.

$$|H(f)|^2 + |H(-F_s/2K + f)|^2 = 2/F_s^2 \qquad for\ 0 \le |f| \le F_s/4K$$

위의 PQMF 필요조건이 CQF 필터뱅크의 파워 상보성 조건과 유사함을 주목하자.

4.2 MPEG PQMF

MPEG-1과 2 오디오 계층 Ⅰ, Ⅱ(또한 계층 Ⅲ의 복합필터, 11장 참조)는 32-채널 PQMF 필터뱅크를 사용하며, 이때 기저필터 $h[n]$ 의 길이는 512이다

[ISO/IEC 11172-3 and ISO/IEC 13818-3]. 이들 코더에서 사용되는 MPEG PQMF 필터뱅크는 다음과 같은 분석필터 $h_k[n]$ 과 합성필터 $g_k[n]$ 를 갖는다.

$$h_k[n] = h[n]\cos\left[\left(k+\frac{1}{2}\right)(n-16)\frac{\pi}{32}\right]$$

$$g_k[n] = 32h[n]\cos\left[\left(k+\frac{1}{2}\right)(n+16)\frac{\pi}{32}\right]$$

$$k = 0,1,\ldots,31, \qquad n = 0,1,\ldots,511$$

여기서 k 는 주파수 인덱스이고 n 은 시간 인덱스이다. 원형필터(prototype filter) $h[n]$ 의 필터계수는 표 1에 나타나 있다($n > 256$ 일 때의 필터계수는 $h[256+n] = h[256-n]$ 의 대칭관계로부터 구할 수 있음). 이 표준 계수를 근사한 공식은 [Searing 91]에서 찾을 수 있다. 필터 길이 N 은 513이며 이 중 첫 번째와 마지막 계수는 0이다(마지막 계수가 0이므로 실제 필터 길이는 512임).

표 1 MPEG-1 오디오 PQMF 원형필터 계수 $h[n]$ [ISO/IEC 11172-3]

h[0]= 0.000000000	h[32]=-0.000013828	h[64]= 0.000101566	h[96]= 0.000218868	h[128]= 0.000971317	h[160]=-0.002457142	h[192]=-0.003134727	h[224]= 0.017876148
h[1]=-0.000000477	h[33]=-0.000014782	h[65]= 0.000103951	h[97]= 0.000247478	h[129]= 0.000953674	h[161]=-0.002630711	h[193]=-0.002841473	h[225]= 0.018756866
h[2]=-0.000000477	h[34]=-0.000016689	h[66]= 0.000105858	h[98]= 0.000277042	h[130]= 0.000930786	h[162]=-0.002803326	h[194]=-0.002521515	h[226]= 0.019634247
h[3]=-0.000000477	h[35]=-0.000018120	h[67]= 0.000107288	h[99]= 0.000307560	h[131]= 0.000902653	h[163]=-0.002974033	h[195]=-0.002174854	h[227]= 0.020506859
h[4]=-0.000000477	h[36]=-0.000019550	h[68]= 0.000108242	h[100]= 0.000339031	h[132]= 0.000868797	h[164]=-0.003141880	h[196]=-0.001800537	h[228]= 0.021372318
h[5]=-0.000000477	h[37]=-0.000021458	h[69]= 0.000108719	h[101]= 0.000371456	h[133]= 0.000829220	h[165]=-0.003306866	h[197]=-0.001399517	h[229]= 0.022228718
h[6]=-0.000000477	h[38]=-0.000023365	h[70]= 0.000108719	h[102]= 0.000404358	h[134]= 0.000783920	h[166]=-0.003467083	h[198]=-0.000971317	h[230]= 0.023074150
h[7]=-0.000000954	h[39]=-0.000025272	h[71]= 0.000108242	h[103]= 0.000438213	h[135]= 0.000731945	h[167]=-0.003622532	h[199]=-0.000515938	h[231]= 0.023907185
h[8]=-0.000000954	h[40]=-0.000027657	h[72]= 0.000106812	h[104]= 0.000472546	h[136]= 0.000674248	h[168]=-0.003771782	h[200]=-0.000033379	h[232]= 0.024725437
h[9]=-0.000000954	h[41]=-0.000030041	h[73]= 0.000105381	h[105]= 0.000507355	h[137]= 0.000610352	h[169]=-0.003914356	h[201]= 0.000475883	h[233]= 0.025527000
h[10]=-0.000000954	h[42]=-0.000032425	h[74]= 0.000102520	h[106]= 0.000542164	h[138]= 0.000539303	h[170]=-0.004048824	h[202]= 0.001011848	h[234]= 0.026310921
h[11]=-0.000001431	h[43]=-0.000034809	h[75]= 0.000099182	h[107]= 0.000576973	h[139]= 0.000462532	h[171]=-0.004174709	h[203]= 0.001573563	h[235]= 0.027073860
h[12]=-0.000001431	h[44]=-0.000037670	h[76]= 0.000095367	h[108]= 0.000611782	h[140]= 0.000378609	h[172]=-0.004290581	h[204]= 0.002161503	h[236]= 0.027815342
h[13]=-0.000001907	h[45]=-0.000040531	h[77]= 0.000090122	h[109]= 0.000646591	h[141]= 0.000288486	h[173]=-0.004395962	h[205]= 0.002774239	h[237]= 0.028532982
h[14]=-0.000001907	h[46]=-0.000043392	h[78]= 0.000084400	h[110]= 0.000680923	h[142]= 0.000191689	h[174]=-0.004489899	h[206]= 0.003411293	h[238]= 0.029224873
h[15]=-0.000002384	h[47]=-0.000046253	h[79]= 0.000077724	h[111]= 0.000714302	h[143]= 0.000088215	h[175]=-0.004570484	h[207]= 0.004072189	h[239]= 0.029890060
h[16]=-0.000002384	h[48]=-0.000049591	h[80]= 0.000069618	h[112]= 0.000747204	h[144]=-0.000021458	h[176]=-0.004638195	h[208]= 0.004756451	h[240]= 0.030526638
h[17]=-0.000002861	h[49]=-0.000052929	h[81]= 0.000060558	h[113]= 0.000779152	h[145]=-0.000137329	h[177]=-0.004691124	h[209]= 0.005462170	h[241]= 0.031132698
h[18]=-0.000003338	h[50]=-0.000055790	h[82]= 0.000050545	h[114]= 0.000809669	h[146]=-0.000259876	h[178]=-0.004728317	h[210]= 0.006189346	h[242]= 0.031706810
h[19]=-0.000003338	h[51]=-0.000059605	h[83]= 0.000039577	h[115]= 0.000838757	h[147]=-0.000388145	h[179]=-0.004748821	h[211]= 0.006937027	h[243]= 0.032248020
h[20]=-0.000003815	h[52]=-0.000062943	h[84]= 0.000027180	h[116]= 0.000866413	h[148]=-0.000522137	h[180]=-0.004752159	h[212]= 0.007703304	h[244]= 0.032754898
h[21]=-0.000004292	h[53]=-0.000066280	h[85]= 0.000013828	h[117]= 0.000891685	h[149]=-0.000661850	h[181]=-0.004737377	h[213]= 0.008487225	h[245]= 0.033225536
h[22]=-0.000004768	h[54]=-0.000070095	h[86]= 0.000000954	h[118]= 0.000915051	h[150]=-0.000806808	h[182]=-0.004703045	h[214]= 0.009287834	h[246]= 0.033659935
h[23]=-0.000005245	h[55]=-0.000073433	h[87]= 0.000017166	h[119]= 0.000935555	h[151]=-0.000956535	h[183]=-0.004649162	h[215]= 0.010103703	h[247]= 0.034055710
h[24]=-0.000006199	h[56]=-0.000076771	h[88]= 0.000034332	h[120]= 0.000954151	h[152]=-0.001111031	h[184]=-0.004573822	h[216]= 0.010933399	h[248]= 0.034412861
h[25]=-0.000006676	h[57]=-0.000080585	h[89]= 0.000052929	h[121]= 0.000968933	h[153]=-0.001269817	h[185]=-0.004477024	h[217]= 0.011775017	h[249]= 0.034730434
h[26]=-0.000007629	h[58]=-0.000083923	h[90]= 0.000072956	h[122]= 0.000980854	h[154]=-0.001432419	h[186]=-0.004357815	h[218]= 0.012627602	h[250]= 0.035007000
h[27]=-0.000008106	h[59]=-0.000087261	h[91]= 0.000093937	h[123]= 0.000989437	h[155]=-0.001597881	h[187]=-0.004215240	h[219]= 0.013489246	h[251]= 0.035242081
h[28]=-0.000009060	h[60]=-0.000090599	h[92]= 0.000116348	h[124]= 0.000994205	h[156]=-0.001766682	h[188]=-0.004049301	h[220]= 0.014358521	h[252]= 0.035435200
h[29]=-0.000010014	h[61]=-0.000093460	h[93]= 0.000140190	h[125]= 0.000995159	h[157]=-0.001937389	h[189]=-0.003858566	h[221]= 0.015233517	h[253]= 0.035586357
h[30]=-0.000011444	h[62]=-0.000096321	h[94]= 0.000165462	h[126]= 0.000991821	h[158]=-0.002110004	h[190]=-0.003643036	h[222]= 0.016112804	h[254]= 0.035694122
h[31]=-0.000012398	h[63]=-0.000099182	h[95]= 0.000191212	h[127]= 0.000983715	h[159]=-0.002283096	h[191]=-0.003401756	h[223]= 0.016994476	h[255]= 0.035758972
							h[256]= 0.035780907

위의 MPEG PQMF 필터뱅크는 이전의 일반화된 형태의 PQMF 필터뱅크에서 위상 ϕ_k 를 다음과 같이 설정함으로써 구할 수 있고

$$\phi_k = \frac{\pi}{2}\left(\frac{N-1-K}{K}\right)\left(k+\frac{1}{2}\right)$$

이는 이웃한 필터 간의 에일리어싱 소거 조건을 만족하게 할 수 있으며 $N = 513$, $K = 32$ 일 때 $\phi_k - \phi_{k-1}$ 은 $\pi/2$ 의 홀수 배(odd multiple)가 된다. 이 외에도 인코더 이득은 입력 정현파 신호의 진폭을 그대로 유지할 수 있는 방향으로 설정되고, 이 이득은 심리음향(psychoacoustic) 한계 값을 구할 때도 이용된다. 그림 8에 원형 저역통과 필터 $h[n]$ 의 임펄스 응답을 $k = 0,1$ 일 때의 $h_k[n]$ 과 비교하였다. 원형필터의 주파수 응답은 그림 9에 있다.

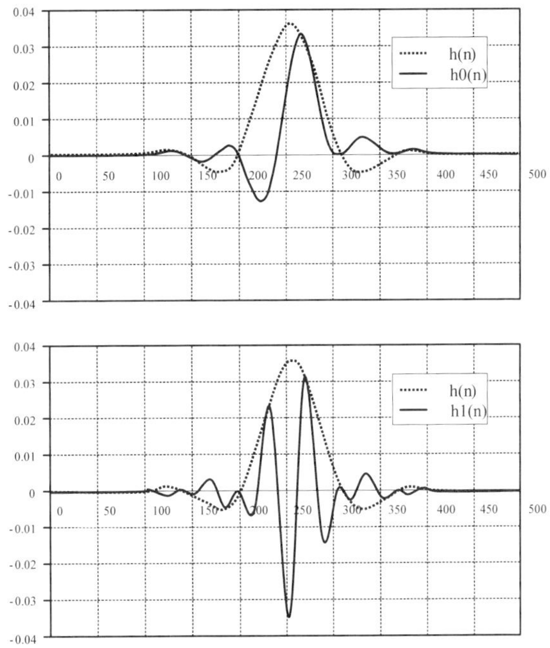

그림 8 MPEG 오디오 PQMF 원형필터의 임펄스 응답 $h[n]$ 과 $k = 0,1$ 일 때의 $h_k[n]$

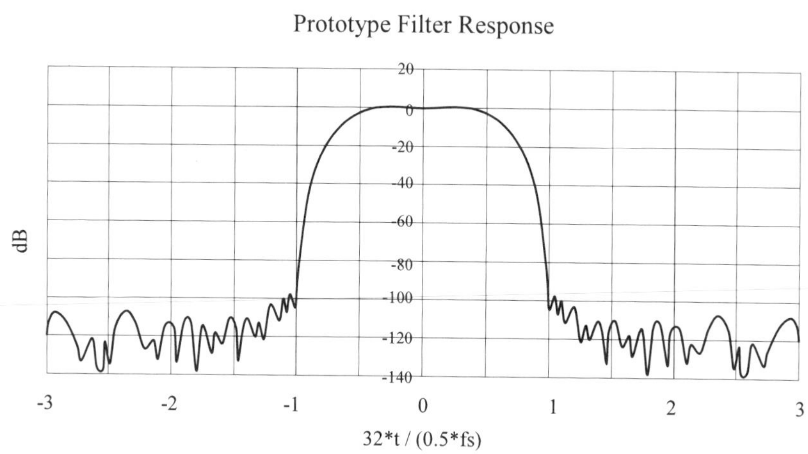

그림 9 $F_s/64$ 단위로 그린 MPEG 오디오 PQMF 원형필터의 주파수 응답

각 필터 $h_k[n]$ 은 원형필터 $h[n]$ 을 변조한 것이다. 변조 코사인함수의 양과 음의 주파수 성분으로 인해 원형필터의 주파수 응답은 다음과 같은 중심 주파수 f_k 를 갖는 양과 음의 주파수 위치에 나타나게 된다.

$$f_k = \pm\frac{F_s}{2K}\left(k+\frac{1}{2}\right)$$

여기서 $k = 0, 1, 2, ..., 31$ 이고 각 주파수 응답은 $F_s/64$ 의 대역폭을 갖는다. 그림 10은 MPEG 오디오 PQMF의 처음 4개 필터의 주파수 응답을 보이고 있다. 각 필터가 어떻게 이전 필터로부터 주파수축에서 $F_s/64$ 만큼 이동되는지를 주목하자.

그림 10에서 보듯이 원형필터의 대역폭은 $F_s/64$ 이며 날카로운 차단(cut-off) 특성을 가지지는 않는다. 이러한 전이구간으로 인해 이웃한 대역의 주파수 성분 간에 일정한 중복성을 갖게 된다(그림 10 참조). 양자화 잡음이 없을 때 위상 이동 ϕ_k 는 디코더 합성단계(synthesis stage)에서 이웃한 주파수 대역 간의 에일리어싱을 완전하게 소거할 수 있다. 비록 PQMF가 완전복원 필터뱅크는 아니지만 MPEG 원형필터는 분석 필터뱅크(analysis filter bank)와 합성 필터뱅크(synthesis filter bank)를 결합한 복합 주파수 응답에서 0.07dB 이하의 저지대역(stopband) 특성을 제공할 수 있다[Noll and Pan 97].

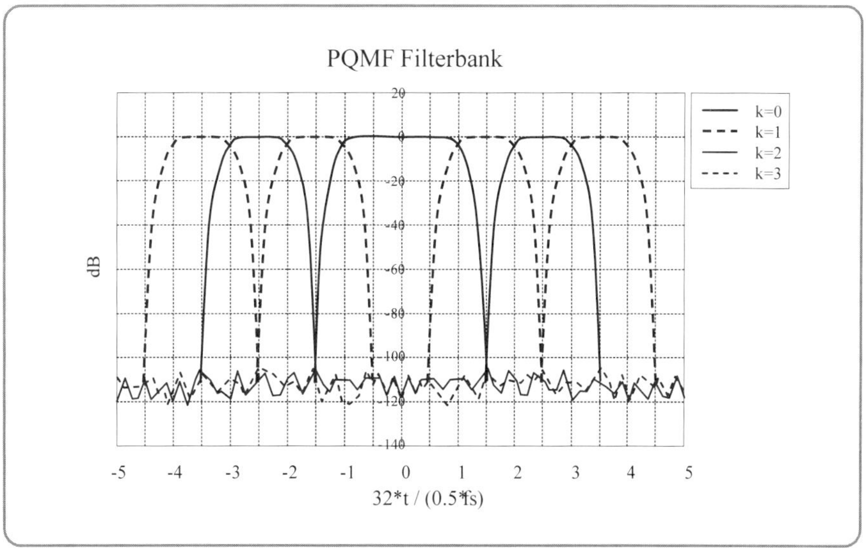

그림 10 $F_s / 64$ 단위로 그린 MPEG 오디오 PQMF의 처음 4개 필터의 주파수 응답

4.3 MPEG PQMF 구현

MPEG 오디오 표준에서 PQMF 분석단(analysis stage)을 구현할 때는 입력 버퍼가 512샘플 시간열 $x[n]$ 을 포함하게 되고, 이를 필터계수와 곱해 각 채널에서의 현재 출력을 얻게 된다. 마지막 필터계수가 0이므로 필터뱅크의 실제 필터 길이는 $N = 512$ 가 된다. PQMF 필터뱅크가 임계 샘플링(critical sampling, **역자주:** 채널 수와 다운 샘플링 인수가 같아 필터뱅크 전후의 전체 샘플링 비율이 유지됨) 시스템인 것을 감안해서 필터뱅크는 512-샘플 블록 단위의 블록 변환(block transform)으로 구현되고 매 변환마다 새로운 32개 샘플을 입력 받는다.

PQMF 필터뱅크를 직접적으로 구현할 때는 매 32개의 새로운 샘플에 대해 512*32=16,384번의 곱셈과 511*32=16,352번의 덧셈이 필요하다(또는 샘플당 512번의 곱셈과 511번의 덧셈). MPEG 오디오 표준(그림 11 참조)은 샘플당 80번의 곱셈과 덧셈의 중간-복잡도(medium complexity)로 필터뱅크를 구현하는 방법을 다음과 같이 제시하고 있다.

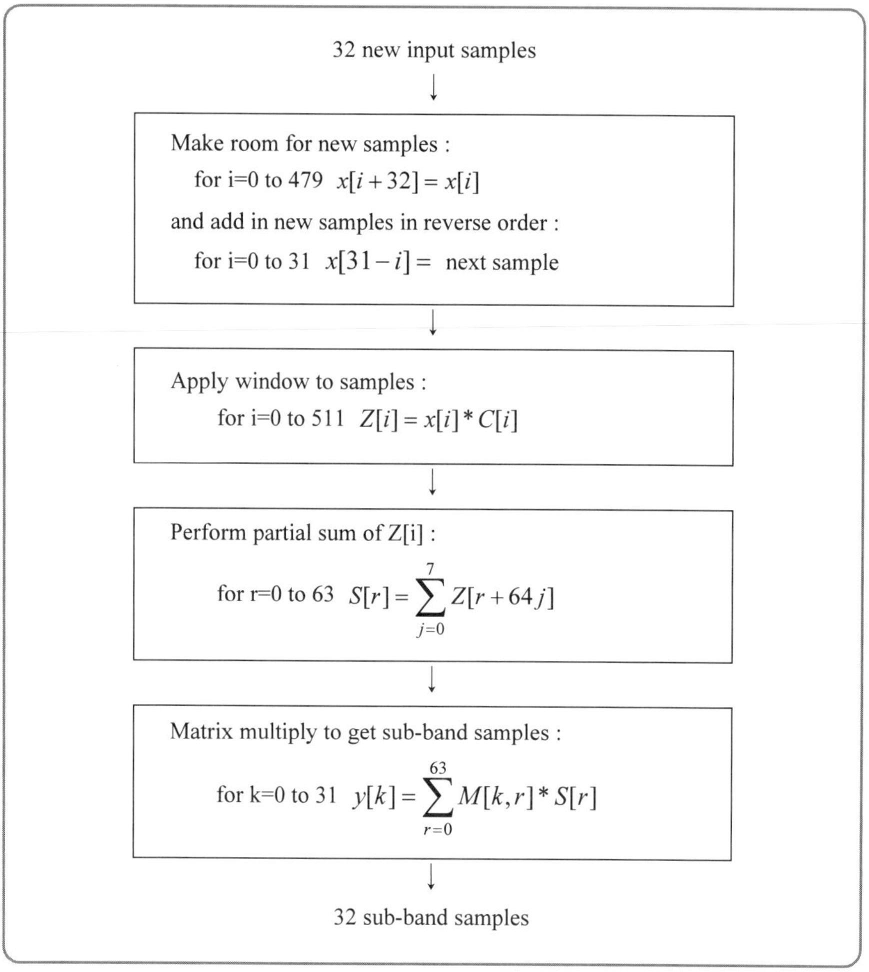

그림 11 MPEG PQMF 분석 필터뱅크의 순서도[SIO/IEC 11172-3]

$$y_m[k]=\sum_{r=0}^{63} M[k,r]*\sum_{p=0}^{7}\left[C[r+64p]*x_m[r+64p]\right] \qquad \textit{for all } m \textit{ and } k=0,\ldots,31$$

여기서

$$M[k,r]=\cos\left(\left(k+\frac{1}{2}\right)(r-16)\frac{\pi}{32}\right)$$

$$C[n]=(-1)^{\mathrm{int}(\frac{n}{64})}h[n]$$

위의 수식에서 k 는 주파수 인덱스, $y_m[k]$ 는 m 번째 32개 입력 샘플이 처리된 후 k 번째의 분석필터 출력이며 $x_m[n]$ 은 $x_m[n] = x[32*(m+1)-1-n]$ 으로 시간-반전된 512개 오디오 입력 샘플 블록을 나타낸다. 위 수식의 $C[n]$ 과 원형필터 $h[n]$ 을 그림 12에 비교하였다. 또 다른 형태의 효율적인 PQMF 알고리즘으로는 이산 코사인 변환(DCT, Discrete Cosine Transform) 연산 [Kostantinides 94]을 고속으로 구현해 MPEG 표준의 연산 복잡도보다 곱셈과 덧셈을 약 6배 줄이는 방법이 있다.

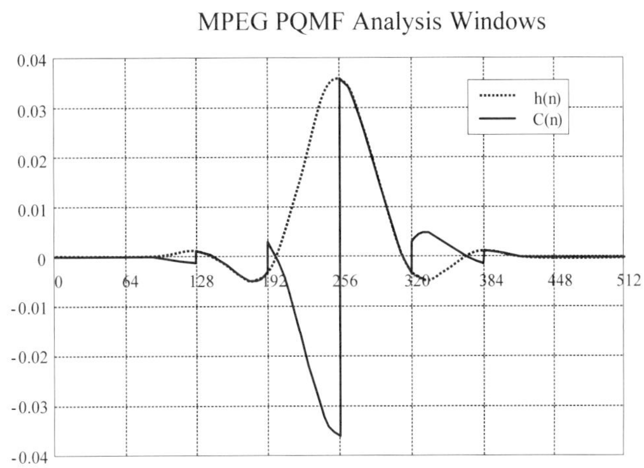

그림 12 $C[n]$ 과 원형필터 임펄스 응답 $h[n]$ 의 비교

MPEG 오디오 표준은 또한 합성 필터뱅크 구현을 위한 중간-복잡도의 효율적인 구현방법을 제시하고 있다. 그림 13에 이 방법을 나타냈다. 이 그림에서 합성 윈도우(synthesis window) $D(i)$ 는, $i = 0, 1, ..., 511$, $32*C[i]$ 와 같으며 행렬 $N[k,r]$ 은 다음과 같이 주어진다.

$$N[k,r] = \cos\left(\left(k + \frac{1}{2}\right)(r+16)\frac{\pi}{32}\right)$$

이 합성필터의 복잡도 또한 샘플당 약 80번의 곱셈과 덧셈의 연산으로 감소시켜 구현될 수 있다.

32 new sub-band samples y[k]

↓

Make room for new $z[r]$ values :

for i=0 to 991 $z[i+32]=z[i]$

and matrix multiply in new samples :

for r=0 to 63 $z[r]=\sum_{k=0}^{31} N[k,r]*y[k]$

↓

Build 512 vector $U[i]$:

for i=0 to 7

for j=0 to 31

$U[64*i+j]=z[128*i+j]$

$U[64*i+32+j]=z[128*i+96+j]$

↓

Apply window :

for i=0 to 511 $W[i]=U[i]*D[i]$

↓

Perform partial sum for output samples :

for i=0 to 31 $x[i]=\sum_{j=0}^{15} W[i+32j]$

↓

32 output samples

그림 13 MPEG PQMF 합성 필터뱅크의 순서도[SIO/IEC 11172-3]

5 요 약

이 장에서는 어떠한 손실이나 데이터율 증가 없이 신호를 고주파와 저주파 성분으로 분리할 수 있는 필터뱅크 설계 기법들을 살펴보았다. 우리는 또한 이 필터뱅크 기술을 일반화시켜 오디오 신호를 좁은 주파수 대역으로 적절히 분할할 수 있는 근접-완전복원 필터뱅크를 살펴보았다. 멀티채널에서 동작하는 PQMF 필터뱅크는 원형 저역통과 필터를 특정 주파수 대역에 위치시키는 변조기술에 의존한다. 이러한 방식으로 개발된 PQMF 필터뱅크는 오디오 코딩 역사에 아주 중요한 역할을 하고 있으나 원하는 주파수 채널이 많아지게 되면 증가된 연산량으로 인해 적절하게 동작시키기 어려운 단점이 있다. 다음 장에서는 많은 개수의 주파수 대역을 갖는 필터뱅크에 더욱 효율적으로 구현될 수 있는 변환 코딩(transform coding)에 대하여 자세히 살펴볼 것이다.

6 참고 문헌

[Croisier, Esteban and Galand 76]: A. Croisier, D. Esteban, and C. Galand, "Perfect channel splitting by use of interpolation, decimation, and tree decomposition techniques"; Proc. Intl. Conf. Inform. Sci. Syst., Patras Greece, pp. 443-446, August 1976.

[ISO/IEC 11172-3]: ISO/IEC 11172-3, Information Technology, "Coding of moving pictures and associated audio for digital storage media at up to about 1.5 Mbit/s, Part 3: Audio", 1993.

[ISO/IEC 13818-3]: ISO/IEC 13818-3, Information Technology, "Generic coding of moving pictures and associated audio, Part 3: Audio", 1994-1997.

[Jayant and Noll 84]: N. Jayant, P. Noll, *Digital Coding of Waveforms: Principles and Applications to Speech and Video*, Prentice-Hall, Englewood Cliffs, 1984.

[Kostantinides 94]: K. Kostantinides, "Fast Sub-Band Filtering in MPEG Audio Coding", IEEE Signal Processing Lett., pp. 26-28, 1994.

[Noll and Pan 97]: P. Noll and D. Pan, "ISO/MPEG Audio Coding" in N. Jayant (ed.), *Signal Compression-Coding of Speech, Audio, Text, Image and Video*, pp. 69-118, World Scientific 1997.

[Nussbaumer 81]: H. J. Nussbaumer, "Pseudo-QMF Filter Bank", IBM Tech. Disclosure Bull., vol. 24, pp. 3081-3087, November 1981.

[Rabiner and Gold 75]: L. R. Rabiner and B. Gold, *Theory and Applications of*

Digital Signal Processing, Prentice-Hall, Englewood Cliffs, 1975.

[Rothweiler 83]: J. H. Rothweiler, “Polyphase Quadrature Filters - A new Subband Coding Technique”, International Conference IEEE ASSP, Boston, pp. 1280-1283, 1983.

[Searing 91]: S. Searing, “Suggested Formulas for Audio Analysis and Synthesis Windows”, ISO/IEC JTCl/SC29/WG11 MPEG 91/328, November 1991.

[Smith and Barnwell 86]: M. J. T. Smith and T. P. Barnwell Ⅲ, “Exact reconstruction for tree-structured sub-band coders”, IEEE Transactions on Acoustics, Speech, and Signal Processing, vol. ASSP-34, no. 3, pp. 431 – 441, June 1986.

[Vaidyanathan 93]: P. P. Vaidyanathan, *Multirate Systems and Filter Banks,* Prentice Hall, Englewood Cliffs, 1993.

[Vetterli and Kovačević 95]: M. Vetterli and J. Kovačević, *Wavelets and Subband Coding*, Prentice Hall, Englewood Cliffs, 1995.

7 예제 문제

CQF 필터뱅크:

이 예제에서 여러분은 $N=4$ CQF 필터뱅크를 설계할 것이다. 2-채널 CQF 필터뱅크를 구현하려면 파워 상보성 조건 $H_0(z)H_0(z^{-1})+H_0(-z)H_0(-z^{-1}) = 2$을 만족하는 원형 저역통과 필터를 구해야만 한다는 것을 기억하자. 원형 저역통과 필터를 구할 수 있는 방법 중 하나는 음수가 아닌 푸리에 변환을 갖는 반-대역 필터(half-band filter) $p[n]$을 구한 후 $p[n]$의 z-변환인 $H_0(z)H_0(z^{-1})$를 인수분해 하는 것이다. 여기서 $p[n]$은 이상적인 반-대역 필터 $\text{sinc}[n/2]$에 $n=0$에 중심이 위치한 윈도우를 취하여 구할 수 있다.

1. $P(z) = H_0(z)H_0(z^{-1})$가 z의 멱승이 0인 항에서 상수 1을 갖는 것을 제외하고 오직 홀수 멱승만을 가질 때 파워 상보성 조건을 만족한다는 것을 증명하여라.

2. $H(z) = a + bz^{-1} + cz^{-2} + dz^{-3}$ 일 때 계수 a,b,c,d 가 다음을 만족하면 $P(z)$ 가 파워 상보성 조건을 만족함을 보여라.

$$a = -\sin(\theta)\cos(\phi) \qquad c = \cos(\theta)\sin(\phi)$$
$$b = \sin(\theta)\sin(\phi) \qquad d = \cos(\theta)\cos(\phi)$$

$P(z)$ 를 위상각 θ 와 ϕ 로 표현하여라.

3. 만약 $h_0[n]$ 이 4-탭(tap)이라면 $p[n]$ 은 7-탭이 되고 $n = -3$ 에서 $n = 3$ 사이에 존재한다. 7-탭 사인 윈도우 $w_s[n]$ 을 이용해 $p[n] = w_s[n+3] * \sin c[n/2]$ 을 구하여라. 이 반-대역 필터가 파워 상보성 조건을 만족한다는 것을 주목하자. 그러나 만약 이 $p[n]$ 의 푸리에 변환이 음수 값을 포함하고 있다면 $h_0[n]$ 을 구하기 위한 인수분해가 불가능해진다. 위상각 θ 와 ϕ 값을 조절해 파워 상보성 조건을 만족하는 $P(z)$ 와 이때의 필터계수 $h_0[n]$ 을 구하여라.

4. 나머지 CQF 조건을 이용해 $h_1[n]$, $g_0[n]$, $g_1[n]$ 을 구하라. $|H_0(f)|$ 와 $|H_1(f)|$ 을 dB 단위로 그리고 Haar 필터와 비교하라.

5. 이 CQF 필터들을 이용해 2-채널 완전복원 필터뱅크를 구현하라. 입력신호가 $x[n] = 0.3\sin[3\pi n/4] + 0.6\sin[\pi n/4]$ 일 때 이 필터뱅크의 출력이 입력신호와 정확히 일치하는지 비교하라. 2개 채널에서 각 서브밴드 출력신호와 입력신호 $x[n]$ 을 그리고 비교하라. 입력신호가 $x[n] = 0.3\sin[3\pi n/4]w_s[n] + 0.6\sin[\pi n/4]w_s[n-50]$ 이고 $w_s[n]$ 이 길이 $N = 100$ 인 사인 윈도우 일 때의 그림 또한 그려라. 2개의 서브밴드 신호가 입력신호 $x[n]$ 과 어떠한 관계가 있는지 설명하라.

시간-주파수 변환 Part Ⅱ : MDCT

chapter 05

1 서 론

4장의 근접-완전복원(near-perfect reconstruction) 조건을 만족하는 PQMF 필터뱅크는 역사적으로 매우 중요한 역할을 해왔다. 변환 코딩(transform coding) 또한 역사적으로 중요한 한 축을 차지해 온 또 다른 시간-주파수 변환(time-to-frequency mapping)이다. 변환 코딩은 시간-영역 샘플 데이터에 블록 변환(block transform)을 적용해 주파수-영역으로 변환한다. 예를 들어, 이산 푸리에 변환(DFT, Discrete Fourier Transform)은 시간-영역의 K 데이터 샘플을 주파수-영역의 K 데이터 샘플로 변환할 수 있다. 또한, DFT는 비교적 큰 크기의 블록에 변환을 수행할 때, 고속 푸리에 변환(FFT, Fast Fourier Transform)이라는 매우 빠른 연산처리 알고리즘을 이용할 수 있는 장점을 가지고 있다. 초기 블록 변환 연구에서 학자들은 이웃한 블록 간에 발생하는 에지현상(edge effect) 때문에 샘플 블록을 분석/합성하는 데 있어 많은 주의를 기울여야 한다는 것을 알았다. 이러한 발견은 결국 데이터의 주파수 성분 왜곡을 방지하기 위해 어떤 종류의 윈도우와 중복 데이터를 사용해야 하는지에 대한 다양한 연구를 촉발시켰다. 이러한 연구는 주로 오디오 코딩에서 사용되는 윈도우, 변환 기술 그리고 중첩-가산(overlap-and-add) 기술 등에 집중되어 왔다.

역사적으로 볼 때 서브밴드 코딩(sub-band coding)과 변환 코딩(transform coding)은 서로 다른 기반구조를 갖는 연구 분야로 발전하여 왔지만, 여러분이 이 장을 학습하고 나면 이 둘이 사실상 같은 개념을 갖는 코딩 기법으로 서로 다른 방법으로 표현됐을 뿐이라는 것을 알게 될 것이다. 변환 코딩에서 사용되는 윈도우는 서브밴드 코더의 저역통과 필터와 관련이 있다. 이들 코딩 기술의 주요 차이점은 신호를 분석할 때 사용하는 주파수 대역 수가 다르다는 점이다. 보통 적은 개수의 주파수 채널을 갖는 코더(예를 들어, MPEG-1 계층 Ⅰ과 Ⅱ [ISO/IEC 11172-3])는 주로 서브밴드 코더(sub-band coder)로 불리고, 반면에 많은 개수의 채널(예를 들어, AT&T/Lucent PAC[Sinha, Johnston, Dorward and Quackenbush 98], Dolby AC-2, Dolby AC-3[Fielder et al. 96], MPEG AAC[ISO/IEC 13818-7])을 갖는 코더는 변환 코더(transform coder)라 불린다. 그러나 수학적인 관점에서 볼 때 서브밴드 코딩과 변환 코딩은 아무런 차이가 없다.

이 장에서는 DFT가 데이터율을 증가시키는 단점이 있음에도 어떻게 완전복원(PR, Perfect Reconstruction) 변환 코더를 구현할 수 있는지를 학습할 것이다. 또한, 1986-1987년 Princen과 Bradley에 의해 개발된 MDCT(Modified Discrete Cosine Transform)를 학습한 후 MDCT가 MPEG AAC 같은 최신 오디오 코딩에 어떻게 적용되고 있는지 살펴볼 것이다. MDCT는 코더의 데이터율을 증가시키지 않으면서도 많은 개수의 주파수 대역을 갖는 완전복원 변환 코더에 사용될 수 있다. 이 장의 마지막 부분에서는 MDCT를 완전복원 PQMF 필터뱅크로 해석해 4장의 PQMF 필터뱅크와 이 장의 MDCT 변환 코딩 간의 상호 연결성을 설명할 것이다.

2 이산 푸리에 변환

우리는 3장에서 푸리에 변환을 살펴보았고, 이를 이용해 시간-영역 신호 $x(t)$를 주파수-영역 $X(f)$로 변환할 수 있었다. 신호의 주파수 성분이 상한 주파수 $F_{\max}$로 대역-제한(band-limited)되었을 때, 샘플링 주기 T_s가 $T_s \le 1/(2*F_{\max})$ 조건을 만족하거나 또는 이와 동등하게 샘플링 비율 $F_s \equiv 1/T_s$가 $F_s \ge 2*F_{\max}$ 조건을 만족하면, 대역-제한된 신호를 이산시간 샘플 $x[n]=x(n*T_s)$로 완벽하게 표현할 수 있다. 이외에도 한정된 시간 구간에서 0이 아닌 값을 갖는 시간-제한(time-limited)된 신호가 시간 길이 T를 가질 때, 이 신호를 이산 주파수 샘플 $X[k]=X[k/T]$로 완벽하게 표현할 수 있다는 것도 알았다. 이제 우리가 알고자 하는 것은 시간-제한뿐만이 아니라 동시에 대역-제한 특성이 있는 신호를 처리하는 방법으로, 시간-영역에서 한정된 샘플 데이터로 구성된 블록을 주파수-영역의 한정된 이산 샘플로 변환할 수 있어야 한다. 즉, 우리는 어떠한 정보 손실 없이도 유한한 개수의 샘플 데이터를 유한한 범위의 주파수 성분으로 변환할 수 있기를 원한다는 것이다. 과연 이러한 변환을 할 수 있을까? 이에 대한 해답은, 위의 성질을 만족할 수 있는 완벽한 변환은 없지만 윈도우를 적절히 잘 선택하면 비교적 높은 정확도의 변환을 얻을 수 있다는 것이다. 우리는 신호에 윈도우를 취해 대역-제한된 신호를 얻을 수 있다는 것을 알고 있다. 따라서 유한한 신호 블록을 변환하는 데 사용되는 DFT(Discrete Fourier Transform)를 이용해 시간-샘플 블록을 유한한 이산 주파수-영역 표현으로 변환할 수 있다. 더군다나 DFT 변환은 FFT를 이용해 매우 긴 길이의 신호 블록도 고속으로 처리할 수 있어 PQMF 필터뱅크보다 훨씬 높은 주파수-영역 해상도를 가질 수 있다. 그러면 이제 DFT가 어떻게 동작하는지 살펴보자.

2.1 시간-영역에서의 신호 윈도윙

먼저 저역통과 필터를 통과시켜 만들어졌을 수도 있는 대역-제한된 신호를 샘플링 비율 F_s 로 샘플링할 때를 가정해보자. 만약 신호가 $F_{\max} \le F_s / 2$ 로 대역-제한되어 있다면, 이때 우리는 어떠한 정보 손실 없이도 샘플 $x[n]$ 을 처리할 수 있다. 이제 이 신호의 끝 부분까지 기다리지 않고 신호의 유한 샘플 블록을 처리해 중간 계산을 하고 싶다고 가정해보자. 이 경우 $t = 0$ 에서 $t = T$ 까지의 신호 값만을 고려한다고 가정하자. 이렇게 시간-제한된 신호를 만드는 과정은 원 신호 $x(t)$ 에 $t = 0$ 에서 $t = T$ 까지 1의 값을 갖고 나머지에서는 0을 갖는 직각 윈도우 함수(그림 1 참조)를 곱한 것으로 해석할 수도 있다. 이제 신호처리 과정에서 시간-제한된 신호 대신 이 신호의 샘플 $x[n]$ 을 이용할 수 있을 정도로 이 신호가 대역-제한 특성을 만족하고 있는지 확인해보자.

2.1.1 직각 윈도우

신호에 윈도우를 취하게 되면 신호의 주파수 성분에는 어떠한 영향이 미칠까? 우리는 3장에서 시간-영역의 신호에 윈도우를 취하는 것이 주파수-영역의 콘볼루션과 동등하다는 것을 알았다. 직각 윈도우(rectangular window)의 푸리에 변환은 다음과 같이 쉽게 구할 수 있다.

$$w_R(t) = \begin{cases} 1 & for \quad 0 \le t \le T \\ 0 & \quad otherwise \end{cases}$$

$$W_R(f) = \int_{-\infty}^{\infty} W_R(t) e^{-j2\pi ft} dt = \int_0^T e^{-j2\pi ft} dt = e^{-j\pi fT} \frac{\sin(\pi fT)}{\pi f}$$

이 함수의 주엽(main-lobe)이 $f=0$ 에 중심하고 그 폭이 $1/T$ 에 비례하고 있는 반면 측엽(side-lobe) 진폭이 $1/|f|$ 의 비율로 감쇠되는 것을 주목하자(그림 2 참조). 일반적으로 주엽은 윈도우 종류에 상관없이 윈도우 길이 T 가 증가함에 따라 좁아지게 된다.

시간-제한된 신호의 푸리에 변환은 원 신호의 푸리에 변환에 $W_R(f)$ 함수를 콘볼루션한 것과 같다($W_R(f)$ 함수에 의해 신호 스펙트럼이 주파수상에 넓게 퍼지게 됨). 그러나 직각 윈도우의 푸리에 변환은 주파수상에서 매우 천천히 감쇠하는 특성을 가지기 때문에, 시간-제한된 신호의 푸리에 변환은 충분한 대역-제한 특성을 가질 수 없고, 따라서 신호처리 과정을 샘플 데이터 $x[n]$ 으로 대신하기가 어렵게 된다. 그럼에도 불구하고 푸리에 변환 결과로부터 샘플 데이터 $x[n]$ 을 구하게 되면, 이 결과에 에일리어싱(aliasing)이 포함될 수도 있다. 이 말은 운이 없어 데이터에 에일리어싱이 포함될 수도 있다는 것이 아니라 직각 윈도우보다 더 나은 성능의 윈도우를 선택해야 한다는 것을 의미한다!

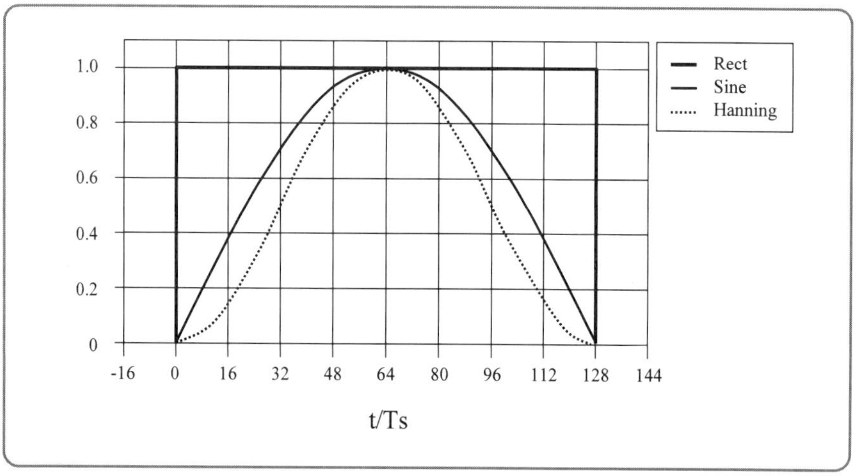

그림 1 $T=128*T_s$ 일 때 시간-영역에서 직각, 사인, 해닝 윈도우의 비교

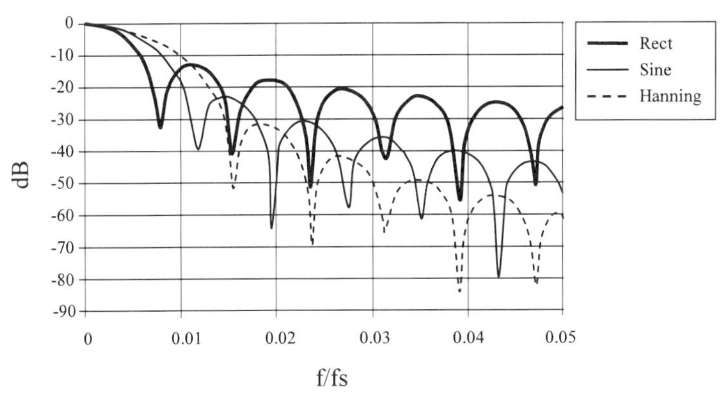

그림 2 $T = 128 * T_s$ 일 때 주파수-영역에서 직각, 사인, 해닝 윈도우의 비교
(각 윈도우의 적분 값이 1이 되도록 정규화되었음)

2.1.2 사인 윈도우

직각 윈도우의 문제점은 윈도우 경계에서 신호를 너무 급격하게 차단한다는 것이다. 이러한 급격한 변화는 푸리에 변환 결과에 여분의 고주파 성분을 만들게 된다. 시간-영역에서 이보다 나은 윈도우를 선택하는 기준은 윈도우 경계를 천천히 감쇠시켜 급격한 불연속 점(discontinuity)이 없는 윈도우를 사용하는 것이다. 예를 들어, 다음과 같은 사인 윈도우(sine window) $w_s(t)$ 를 고려해볼 수 있다.

$$w_s(t) = \sin(\pi t / T)$$

여기서 t 는 0과 T 사이의 범위를 갖고 이 범위 밖에서 윈도우 값은 0이 된다(그림 1 참조). N 샘플 이산시간 신호에 적용되는 사인 윈도우는 다음과 같은 형태를 갖는 것을 주목하자.

$$w_s[n] = \sin[\pi(n + \tfrac{1}{2}) / N] \qquad for \;\; n = 0, \ldots, N-1$$

이 윈도우의 푸리에 변환을 구하면 다음과 같다.

$$W_S(f) = \int_{-\infty}^{\infty} w_S(t) e^{-j2\pi ft} dt = \int_0^T \sin(\tfrac{\pi t}{T}) e^{-j2\pi ft} dt$$

$$= e^{-j\pi fT} \cos(\pi fT) \left(\frac{\frac{2T}{\pi}}{1 - (2fT)^2} \right)$$

그림 2로부터 사인 윈도우가 $f = 0$ 근처에서 직각 윈도우에 비해 더 넓어진 주엽을 가지고 있는 반면, 주파수-영역 진폭이 직각 윈도우보다 훨씬 더 빠르게 감쇠하는 것을 볼 수 있다. 사인 윈도우는 직각 윈도우와 다르게 에일리어싱을 초래할 정도로 주파수 스펙트럼을 확산시키지 않으면서도 샘플된 신호를 적절히 시간-제한시킬 수 있다. 사인 윈도우의 주엽 폭 또한 $1/T$ 에 비례하고 윈도우 길이가 길수록 더 좋은 주파수 해상도를 갖는 점을 기억하자.

2.1.3 해닝 윈도우

해닝 윈도우(Hanning window)는 윈도우 경계에서 사인 윈도우보다 더 부드러운 변화를 갖는 좋은 특성을 가지고 있다. 해닝 윈도우 $w_H(t)$ 는 다음과 같다.

$$w_H(t) = \tfrac{1}{2}(1 - \cos(2\pi t / T))$$

여기서 t 는 0과 T 사이의 범위를 갖고 이 범위 밖에서 윈도우 값은 0이 된다(그림 1 참조). N 샘플 이산시간 신호에 적용되는 해닝 윈도우는 다음과 같은 형태를 갖는 것을 주목하자.

$$w_H[n] = \tfrac{1}{2}(1 - \cos[2\pi(n + \tfrac{1}{2}) / N]) \qquad for\ n = 0, \ldots, N-1$$

해닝 윈도우의 푸리에 변환은 다음과 같이 계산할 수 있다.

$$W_H(f) = \int_{-\infty}^{\infty} w_H(t) e^{-j2\pi ft} dt = \int_0^T \tfrac{1}{2}\left(1 - \cos(2\pi t / T)\right) e^{-j2\pi ft} dt$$
$$= e^{-j\pi fT} \frac{\sin(\pi fT)}{\pi f} \left(\frac{1/2}{1 - (fT)^2} \right)$$

이 푸리에 변환을 사인 윈도우의 푸리에 변환과 비교해보면(그림 2 참조), 해닝 윈도우가 떠 빠르게 감쇠(에일리어싱을 방지하기에 좋음)하는 것을 볼 수 있는 반면 주엽 폭은 훨씬 더 커지게 된다(주파수 분해능이 나빠짐). 즉, 이제 우리는 윈도우 설계에 있어 낮은 측엽 에너지(저지대역(stopband)에서 주파수 성분을 억제하는 능력과 관련 있음)와 주엽 폭(통과대역(passband)에서 윈도우의 주파수 해상도와 관련 있음)의 상충관계(trade-off)에 직면하게 된 것이다.

2.1.4 카이저-베셀 윈도우

카이저-베셀 윈도우(Kaiser-Bessel Window)는 간단한 윈도우 함수 파라메터 α 를 조절해서 주엽 에너지와 측엽 에너지 간의 다양한 상충관계를 고려할 수 있는 장점을 가지고 있다. 카이저-베셀 윈도우 $w_{KB}(t)$ 는 다음과 같다.

$$w_{KB}(t) = \frac{I_0\left(\pi\alpha\sqrt{1.0-\left(\frac{t-T/2}{T/2}\right)^2}\right)}{I_0(\pi\alpha)}$$

여기서 t 는 0과 T 사이의 범위를 갖고 이 범위 밖에서 윈도우 값은 0이 된다. $I_0(x)$ 함수는 0차 변형 베셀함수(0th modified Bessel function)로 다음과 같이 정의된다.

$$I_0(x) = \sum_{k=0}^{\infty}\left(\frac{(x/2)^k}{k!}\right)^2$$

$N+1$ 샘플 이산시간 신호에 적용되는 카이저-베셀 윈도우는 다음과 같은 형태를 갖는 것을 주목하자.

$$w_{KB}[n] = \frac{I_0\left[\pi\alpha\sqrt{1.0-\left(\frac{n-N/2}{N/2}\right)^2}\right]}{I_0[\pi\alpha]} \qquad for\ n=0,\ldots,N$$

카이저-베셀 윈도우의 푸리에 변환은 정확히 떨어지는 수식표현을 가질 수 없으나 다음과 같이 근사될 수 있다[Harris 78].

$$W_{KB}(f) = \frac{T}{I_0(\pi\alpha)}\frac{\sinh\left[\sqrt{\pi^2\alpha^2-(T2\pi f/2)^2}\right]}{\sqrt{\pi^2\alpha^2-(T2\pi f/2)^2}}$$

카이저-베셀 파라메터 α 는 주엽 폭과 측엽 에너지 간의 상충관계를 제어할 수 있다. 예를 들어, $\alpha=0$ 일 때는 매우 좁은 주엽 폭과 매우 높은 측엽 에너지를 갖는 직각 윈도우가 된다. $\alpha=2$ 일 때는 해닝 윈도우와 유사해져 직각 윈도우보다 낮은 측엽 에너지와 넓은 주엽 폭을 갖게 된다. α 가 커질수록 측

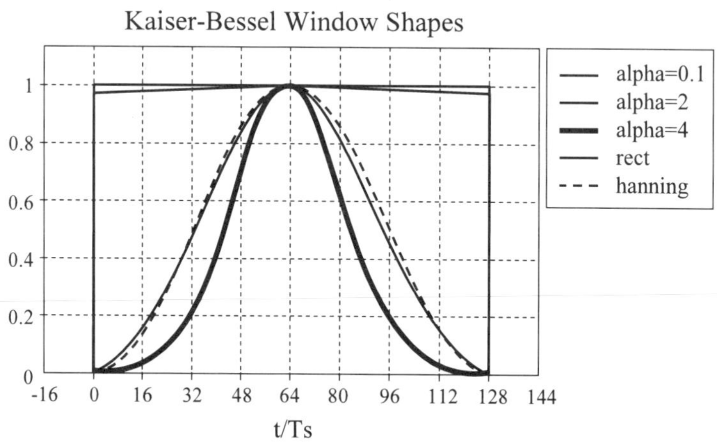

그림 3 $T = 128 * T_s$ 일 때 시간-영역에서 파라메터 α 값에 따른 카이저-베셀, 직각, 해닝 윈도우의 비교

엽 에너지는 주엽 폭이 넓어지는 만큼 줄어들게 된다. 그림 3은 $\alpha = 0.1$, $\alpha = 2$, $\alpha = 4$ 일 때, 시간-영역에서 카이저-베셀 윈도우의 모양을 비교하고 있다. 그림 4는 $\alpha = 0.1$, $\alpha = 2$, $\alpha = 4$ 일 때, 카이저-베셀 윈도우의 주파수 응답을 비교하고 있다. 이 그림으로부터 주엽 폭과 측엽 에너지 간의 상충관계를 명확하게 볼 수 있다.

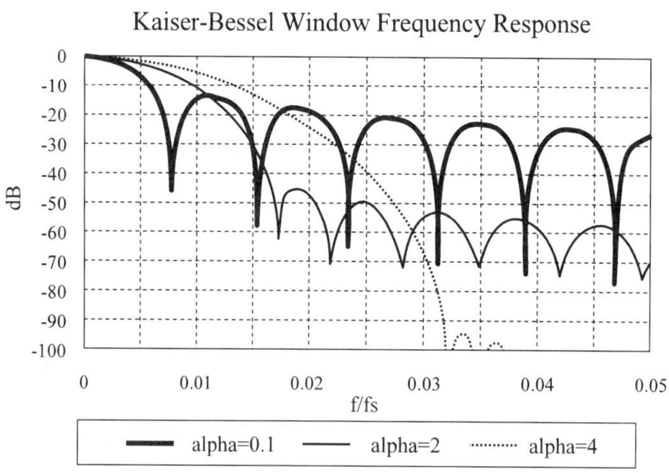

그림 4 $T = 128 * T_s$ 일 때 파라메터 α 에 따른 카이저-베셀 윈도우의 주파수 응답(각 윈도우의 적분 값이 1이 되도록 정규화되었음)

2.2 이산 푸리에 변환

신호 $x(t)$ 에 윈도우를 취해 시간-제한된 신호를 만들어내고, 이 윈도우된 신호가 적절한 대역-제한 특성을 가지고 있는 경우를 가정해보자. 또한, 샘플링 비율을 $F_s = 1/T_s$ 로 가정하여 신호 분석 구간이 $T = N * T_s$ 라고 가정하자. 이 경우 윈도우된 신호가 유한한 길이를 갖기 때문에 다음과 같은 이산 주파수 성분만으로도 윈도우된 신호 $x(t)$ 를 복원해낼 수 있다(여기서는 $-F_s/2 \sim F_s/2$ 범위의 주파수 성분 대신 0 ~ $F_s/2$ 의 주파수 범위만을 고려하고 있음을 주목하자!).

$$X[k] \equiv X(k/T) = X(k * F_s/N) \qquad for\, k = 0, \ldots, N-1$$

이제 윈도우된 신호가 적절히 대역-제한되어 있기 때문에 $n = 0, 1, \ldots, N-1$ 에서의 이산 샘플 값 $x[n] = x(n * T_s)$ 만을 고려하면 된다. 푸리에 급수(3장 참조)에 의해 $n = 0, 1, \ldots, N-1$ 에서의 이산 샘플 값은 다음과 같은 주파수 성분의 합으로 구할 수 있다.

$$x[n] \equiv x(nT_s) = \frac{1}{T}\sum_{k=0}^{N-1} X[k] e^{j2\pi(kF_s/N)(nT_s)} = \frac{1}{T}\sum_{k=0}^{N-1} X[k] e^{j2\pi kn/N}$$

이와 유사하게 $k = 0, 1, \ldots, N-1$ 에서의 이들 주파수 성분 값은 다음과 같이 시간-샘플의 푸리에 급수 합으로 쓸 수 있다.

$$X[k] \equiv X(kF_s/N) = T_s \sum_{n=0}^{N-1} x[n] e^{-j2\pi(kF_s/N)(nT_s)} = T_s \sum_{n=0}^{N-1} x[n] e^{-j2\pi kn/N}$$

이들 변환 쌍은 "이산 푸리에 변환(DFT, Discrete Fourier Transform)"으로 알려졌으며 모든 변환 코딩의 기초가 된다. 보통 위 DFT 수식의 $X[k]$ 에 F_s 항을 포함해 다음과 같이 차원을 고려하지 않고 쓰는 것이 일반적이다.

$$x[n] \equiv x(nT_s) = \frac{1}{N}\sum_{k=-0}^{N-1} X[k] e^{j2\pi kn/N} \qquad n = 0, \ldots, N-1$$

$$X[k] \equiv F_s X(kF_s/N) = \sum_{n=0}^{N-1} x[n] e^{-j2\pi kn/N} \qquad k = 0, \ldots, N-1$$

위 수식에서 F_s 항이 $X[k]$ 정의 수식에 나타남을 주목하자.

2.3 고속 푸리에 변환

DFT가 거의 모든 코딩 응용분야에서 중요하게 취급되는 이유는, DFT가 소위 "고속 푸리에 변환(FFT, Fast Fourier Transform)"이라는 고속 연산처리 알고리즘을 가지고 있기 때문이다. DFT는 N 개 샘플벡터 $x[n]$ 과 NXN 위상 행렬(DFT의 복소지수 항 표현)의 행렬 곱셈으로 간주할 수 있고, 이 행렬 곱으로 새로운 N 개 주파수 샘플 $X[k]$ 를 갖게 된다. 이와 유사하게 역-DFT(inverse DFT)는 N 개 주파수 샘플벡터 $X[k]$ 와 NXN DFT 역-위상 행렬을 곱한 행렬 곱셈으로 간주할 수 있다. 두 경우 모두 행렬 곱셈을 위해서는 N^2 복소 곱셈과 덧셈을 필요로 한다. 그러나 FFT는 이와 똑같은 계산을 $N*\log_2(N)$ 복소 곱셈/덧셈으로 처리할 수 있는 놀라운 연산능력을 갖추고 있다. 더군다나 FFT는 N 이 커질수록 DFT에 비해 훨씬 더 많은 연산량을 절감할 수 있다. 예를 들어, $1024(=2^{10})$ 샘플에 대해 DFT를 계산할 때는 약 1,000,000번의 곱셈/덧셈이 필요하지만 FFT는 약 10,000번의 곱셈/덧셈, 즉 1% 정도의 연산시간만이 필요하다.

FFT의 기본 개념은 다음과 같이 N-점 DFT(N-point DFT)를 2개의 $N/2$-점 DFT의 합으로 대치할 수 있다는 사실에서 출발한다.

$$
\begin{aligned}
X[k] &= \sum_{n=0}^{N-1} x[n]e^{-j2\pi kn/N} \\
&= \sum_{n=0}^{N/2-1} x[2n]e^{-j2\pi k2n/N} + \sum_{n=0}^{N/2-1} x[2n+1]e^{-j2\pi k(2n+1)/N} \\
&= \left(\sum_{n=0}^{N/2-1} x[2n]e^{-j2\pi kn/(N/2)}\right) + \left(\sum_{n=0}^{N/2-1} x[2n+1]e^{-j2\pi kn/(N/2)}\right)e^{-j2\pi k/N}
\end{aligned}
$$

이 수식은 k 번째 DFT 샘플이 $x[n]$ 의 짝수 샘플에 대한 $N/2$-점 DFT와 $x[n]$ 의 홀수 샘플에 대한 $N/2$-점 DFT에 복소 상수를 곱한 것을 더한 것과 같다는 것을 말한다. N 개의 k 에 대해 이 수식은 각 k 에서 1번의 덧셈과 1번의 곱셈을 필요로 한다. 이 사실을 이용해 FFT의 연산 횟수를 살펴보자. 만약 $N/2$-점 DFT 결과가 주어져 있다면, 이때 각 k 에서의 N-점 DFT는 1번의 덧셈과 1번의 곱셈으로 구할 수 있다. 그렇다면, 어떻게 $N/2$-점 DFT를 얻을 수 있을까? 우리는 위의 절차를 2-점 DFT를 계산할 수 있을 때까지 $N=2^B$ 를 만족하는 B 번의 단계만큼 재귀적으로 반복 수행할 수 있다. 각 k 에 대한 마지막 2-점 DFT는 1번의 곱셈과 1번의 덧셈으로 쉽게 구할 수 있다. 총 B 개의 수행 단계에서 각 단계는 N 개의 k 값 각각에 대해 1번의 덧셈과 곱셈을 필요로 한다. 따라서 각 단계에서 필요한 모든 연산 횟수를 다 더하면, 총 B 개의 수행 단계 중 각 단계는 N 번의 곱셈과 덧셈을 필요로 한다는 것을 알 수 있다. 따라서 전체 변환을 계산할 때 총 $N*B=N*\log_2(N)$ 의 복소 덧셈과 곱셈을 필요로 하게 된다.

일반적으로 위와 같은 재귀적 절차를 위해서는 큰 버퍼 메모리가 있어야 한다. Cooley와 Turkey[Cooley and Turkey 65]는 DFT 곱셈 행렬에서 NXN 위상 행렬의 대칭성을 이용해 바로 그 자리에서 FFT(in-place FFT)를 계산할 수 있는 매우 간편하고 효율적인 방법을 개발하였다. Cooley와 Turkey의 FFT 알고리즘에서 입력 데이터 쌍들은 직렬로 연결된 $\log_2(N)$ 개 단계마다 소위 "나비 연산(butterfly operation)"으로 병렬처리된다. 이 과정이 모두 끝나게 되면 비트-반전(bit-reversed)된 인덱스에 따라 출력 값들을 교환해 재배치하여야 한다. Cooley와 Turkey의 FFT 알고리즘은 입력 샘플 수가 2의 멱승(즉, 특정 B 에 대해 $N=2^B$)으로 주어진 경우에만 사용할 수 있다. 이 알고리즘은 "래딕스-2(radix-2)" 시간 솎음 FFT(decimation in time FFT) 알고리즘으로 알려져 있는데, 이는 n 개의 시간-샘플이 나비구조의 커널(butterfly kernel)로 분리되기 때문이다.

만약 DFT의 입력 샘플 수가 짝수이긴 하지만 2의 멱승이 아니라면, 수열을 2의 멱승개의 부분 수열들로 분리해서 각 부분수열에 대한 래딕스-2 FFT 연산을 수행한 후 이들을 병합해 최종 결과를 도출해낸다(더 자세한 것은 [Oppenheim and Schafer 75]의 예 참조). 만약 시스템 설계에서 데이터율이 주요 관건이 아니고 신호 분석만이 목적이라면 2의 멱승이 아닌 수열에 영을 삽입(zero-padding)해 수열을 2의 멱승 길이로 만든 후 래딕스-2 FFT 연산을 수행하면 된다는 점을 기억하자.

실수 함수에 대한 N-점 FFT는 $N*\log_2(N)$ 보다 적은 연산 횟수를 이용해 계산할 수 있다는 사실 또한 기억하자. 이 경우 수열의 짝수 항이 실수부가 되고 홀수 항은 허수부가 되는 $N/2$-점 복소 수열을 새로이 만들어낼 수 있다. 이때 N-점 FFT 대신 이 복소 수열에 $N/2$-점 FFT를 적용한 다음, 이 결과를 이용해 원 실수 수열에 대한 N-점 FFT를 복원해낸다(이 알고리즘에 대한 더 자세한 것은 [Brigham 74]를 참고하고 이 알고리즘의 효율적인 구현은 [Duhamel 86] 참조).

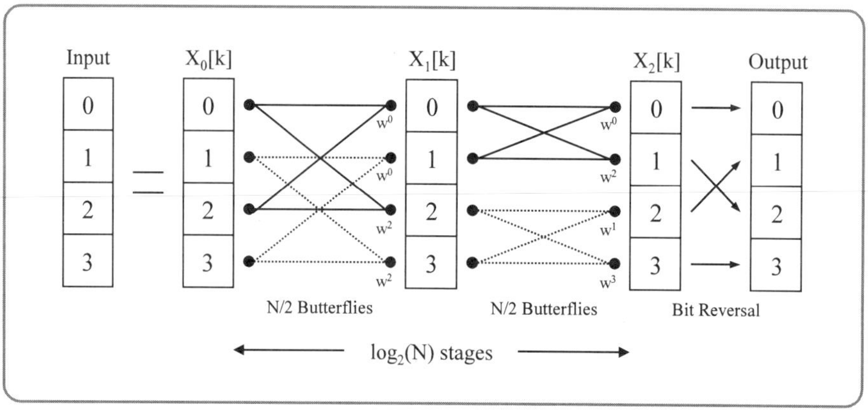

그림 5 $N = 4\ (W \equiv e^{-j2\pi/N})$일 때 Cooley-Turkey의 FFT 알고리즘 블록도

3 중첩-가산 기술

지금까지 우리는 윈도우를 이용해 대역-제한된 신호를 만들었고 이 데이터를 이산 주파수-영역 표현으로 변환할 때 DFT나 DFT의 고속 구현인 FFT를 이용할 수 있다는 것을 보았다. 그렇다면, 이러한 정보를 어떻게 오디오 코더에 활용할 수 있을까?

주파수-영역에서 신호처리를 하는 첫 번째 이유는 톤(tone) 성분을 가진 신호로부터 중복성(redundancy)을 쉽게 제거할 수 있기 때문이다. 이 말은 주파수-영역 정보가 시간-영역 데이터에 비해 상대적으로 정적인 특성을 가지고 있어 저장하거나 전송하고자 하는 신호를 더욱 간결하게 표현할 수 있다는 것을 의미한다. 둘째로 다음 장에서 보게 되는 주파수-영역 마스킹(frequency-domain masking)을 이용해서 우리의 청각과 무관한(irrelevant) 신호 성분을 제거할 수 있다는 점이다. 다시 말해 사람의 귀에 들리지 않는 주파수 성분을 완전히 제거하는 동시에 양자화 잡음(quantization noise)을 사람 귀에 들리지 않는 스펙트럼 영역에 배치될 수 있도록 사용 가능한 비트 풀(bit pool)을 할당할 수 있다는 것이다. 원 신호에 윈도우를 씌우면 심각한 에일리어싱 현상(aliasing effect)을 초래하지 않고서도 DFT를 수행할 수 있으나, 전송되거나/저장된 주파수-영역 데이터로부터 어떻게 원 신호를 복원할 수 있을지 생각해야 한다. 이 경우 주파수-영역 데이터에 역-변환을 취하면 윈도우된 입력신호에 가까운 데이터를 얻을 수 있으나, 데이터로부터 다음에 설명하는 윈도윙 현상(windowing effect)을 제거해야만 한다.

데이터로부터 윈도윙 현상을 제거할 수 있는 첫 번째 방법은 사전에 정의된 윈도우 함수로 역-DFT 출력 값을 분할하는 것이다. 이 방식의 문제점은 양자화/역-양자화 과정에서 신호에 작은 에러를 초래한다는 것이다. 이러한 에러는 사람의 귀에 들리지 않을 수도 있지만 윈도우 함수에 의해 역-DFT 출력을 분할하게 되면 데이터 블록경계 근처에서 에러를 증폭시키게 되는데, 이는 윈도우 함수 자체가 경계 근처에서 0 값으로 매끄럽게 감쇠되도록 설계되었기 때문이다. 따라서 블록경계 근처에서 역-양자화된 데이터를 작은 값의 윈도우 함수로 분할하게 되면 에러를 매우 크게 증폭시키게 된다. 그렇기 때문에 우리는 또 다른 방법이 필요하다.

이러한 문제점을 해결할 수 있는 또 다른 방법으로는 윈도우된 블록이 이웃한 블록과 중복되게 만든 다음, 원 입력신호를 정확히 복원할 수 있도록 출력신호에 중첩-가산(overlap-and-add)을 적용하는 것이다(아주 작은 양의 양자화 잡음으로 인한 차이가 있을 수 있음). 만약 양자화 잡음이 없다고 가정하면, 중첩-가산된 출력신호가 원 입력신호와 같아지도록(약간의 지연은 있을 수 있음) 윈도우 함수에 조건을 부여할 수 있다.

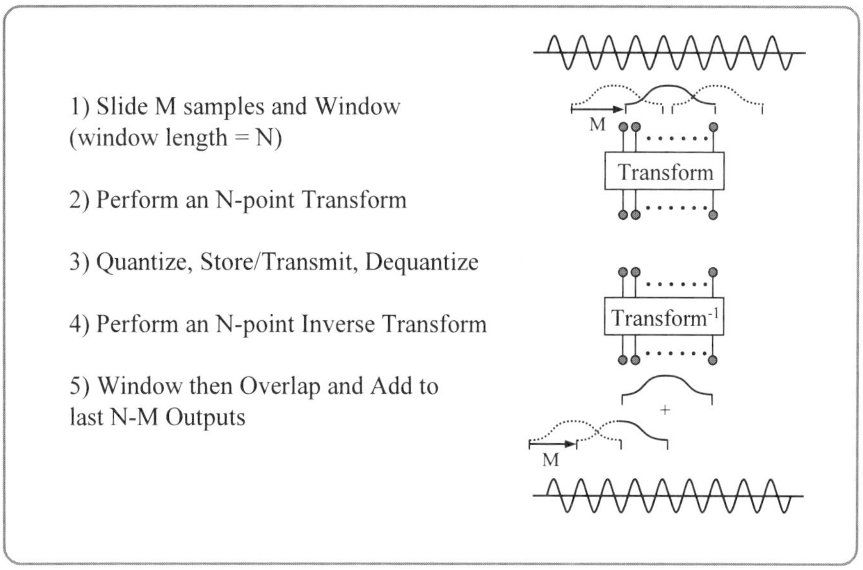

그림 6 오디오 데이터를 인코딩-디코딩하기 위한 윈도우와 중첩-가산 방법

그림 6은 중첩-가산 방법을 보이고 있다. N-점 DFT를 위해 윈도우된 데이터들의 중복 샘플 수가 $N-M$ 이라고 가정하자. 그리고 문제를 쉽게 하기 위해 $N-M$ 이 $N/2$ 보다 작다고 가정한다면, 오직 이웃한 블록 간에만 중복이 발생하게 된다(연속된 2개 이상의 블록을 확장 중복하는 방법은 [Malvar 92] 참조). $N-M$ 샘플이 중복되었다는 것은 각 연속된 블록이 이전 데이터 블록의 시작점에서 M 샘플 이후에 시작된다는 것을 말하며 M 개의 새로운 시간-샘플을 갖는다는 것을 의미한다. 인코더에서는 특정 블록의 N 개 데이터에 분석 윈도우(analysis window)를 취하고 DFT를 수행한 다음 N 개 DFT 주파수 성분을 양자화한다. 이때 각 블록의 인코딩된 주파수-영역 데이터를 디코딩하기 전까지 저장하거나 전송할 수 있다. 디코더에서는 N 개 주파수 성분으로 이루어진 각 블록을 역-양자화한 다음, 역-DFT를 계산해 N 개 시간-샘플을 얻은 후 합성 윈도우(synthesis window)를 취한다. N 개 시간-샘플 중 처음 M 개 샘플은 출력 버퍼로 보내고 나머지 $N-M$ 개 샘플은 저장 버퍼로 전송한다. 이때 저장 버퍼에 있는 이전 블록의 $N-M$ 샘플을 출력 버퍼에 있는 현재 블록의 처음 $N-M$ 샘플에 더하고 출력 버퍼의 M 개 샘플을 디코더 출력으로 내 보낸다.

디코딩 이후에 윈도우를 다시 사용하는 것은 다음과 같은 2가지 이유 때문이다. 첫째로는 주파수-영역의 양자화 잡음이 역-변환 블록의 경계 근처에서 작은 값을 갖도록 할 필요가 있기 때문이며, 둘째로는 이렇게 함으로써 분석과 합성 단계(analysis and synthesis stage)를 대칭적으로 쉽게 수행할 수 있기 때문이다([Portnoff 80]의 예 참조). 만약 합성 윈도우를 사용하지 않고 분석 윈도우만 사용하고 싶다면 다음 절에 설명하는 수식에서 합성 윈도우 값을 1로 놓고 분석 윈도우의 조건을 유도할 수 있다.

일반적으로 각 N 샘플 블록은 이전과 다음 블록의 $N-M$ 샘플과 중복한다. 양자화 잡음에 의한 차이점만 아니라면 분석과 합성 윈도우 $w_a[n]$, $w_s[n]$ 각각에 일정 조건을 부여한 다음, 중첩-가산 과정을 이용해 원 신호를 복원할 수 있다(그림 7 참조).

중복이 없는 블록 지역 $n = N-M,...,M-1$ 에서 분석과 합성 윈도우로 윈도우된 신호는 원 신호와 같아야 한다. 역-DFT 변환을 이용하면 위의 조건을 다음과 같이 윈도우 함수로 쓸 수 있다.

$$w_a^i[n] * w_s^i[n] = 1 \qquad for\ n = N-M,...,M-1$$

여기서 윈도우 함수의 윗첨자 i 는 현재 블록 인덱스를 가리킨다. 이전 블록 $i-1$ 과 중복된 영역 $n=0,\ldots\ldots,N-M-1$ 과 다음 블록 $i+1$ 과 중복된 영역 $n=M,\ldots\ldots,N-1$ 에서는 각 블록의 윈도우된 신호의 합이 원 신호에 더해져야 한다. 이 조건을 윈도우 함수로 표현하면 다음과 같다.

$$w_a^i[n] * w_s^i[n] + w_a^{i-1}[M+n] * w_s^{i-1}[M+n] = 1 \qquad for\ n=0,\ldots,N-M-1$$

이 조건이 특정 블록 윈도우의 오른쪽 부분과 다음 블록 윈도우의 왼쪽 부분의 관계를 기술하고 있는 점을 주목하자(그림 7 참조). 어떤 경우에는 이 관계를 이용해 신호처리 과정 중에 전이 윈도우(transition window)라는 것을 사용해서 윈도우 모양을 바꿀 수도 있다. 이때 전이 윈도우의 왼쪽은 이전 블록 윈도우의 모양과 같고, 오른쪽은 다음 블록 윈도우의 모양과 같아진다.

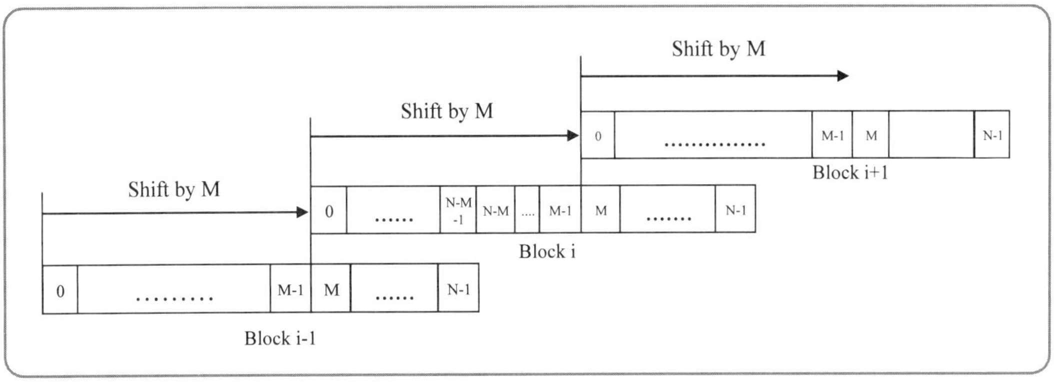

그림 7 블록 간의 중복 영역

만약 동일한 분석 및 합성 윈도우를 이용한다면 신호를 완전 복원하는 데 필요한 조건은 다음과 같다.

$$w^i[n]^2 + w^{i-1}[M+n]^2 = 1 \qquad for\ n=0,\ldots,N-M-1$$

$$w^i[n]^2 = 1 \qquad for\ n=N-M,\ldots,M-1$$

이때 중첩-가산 완전복원을 만족하는 윈도우는 다음과 같이 쉽게 구할 수 있다.

$$w[n] = \begin{cases} \sin\left[\dfrac{\pi}{2}\dfrac{n+\frac{1}{2}}{N-M}\right] & \textit{for } n = 0,\ldots,N-M-1 \\ 1 & \textit{for } n = N-M,\ldots,M-1 \\ \sin\left[\dfrac{\pi}{2}\dfrac{N-n-\frac{1}{2}}{N-M}\right] & \textit{for } n = M,\ldots,N-1 \end{cases}$$

여기서 이 윈도우가 $\sin^2(x)+\cos^2(x)=1$ 이라는 사인과 코사인의 특성을 이용해 중복 영역에서 완전복원 조건을 만족함을 주목하자.

사인 함수에 기반한 중첩-가산 윈도우는 특정 응용 분야에 맞는 주파수 해상도와 스펙트럼 누설(spectrum leakage, **역자주:** 윈도우 함수의 측엽으로 인해 발생하는 스펙트럼 손실로 인접한 주파수 간에도 영향을 미칠 수 있는 현상) 간의 상충관계를 만족시키지 못할 수도 있다. 그렇다면, 중첩-가산 완전복원을 만족하는 또 다른 윈도우가 있을까? 사실상 우리는 윈도우 함수를 정규화해서 중첩-가산 조건을 만족하도록 수정할 수 있다. 예를 들어, 초기 윈도우 커널(window kernel)을 짝수 N, M 에 대해 길이 $N-M-1$ 의 $w'[n]$ 로 설정하고 다음과 같이 길이가 N 인 중첩-가산 윈도우를 만들어낼 수 있다.

$$w[n] = \begin{cases} \sqrt{\dfrac{\sum_{p=0}^{n} w'[p]}{\sum_{p=0}^{N-M} w'[p]}} & \textit{for } n = 0,\ldots, N-M-1 \\ 1 & \textit{for } n = N-M,\ldots,M-1 \\ \sqrt{\dfrac{\sum_{p=n-M+1}^{N-M} w'[p]}{\sum_{p=0}^{N-M} w'[p]}} & \textit{for } n = M,\ldots,N-1 \end{cases}$$

여기서 이 윈도우 함수가 정규화 과정을 거쳐 어떻게 $w^2[n]+w^2[M+n]=1$ 을 만족하는지 주목하자. 만약 초기 윈도우 커널 $w'[n]$ 이 윈도우 모양을 제어할 수 있는 파라메터를 가지고 있다면 각 파라메터 값에 해당하는 정규화된 윈도우를 가질 수 있다. 이때 이 파라메터를 이용해 정규화된 윈도우를 조절함으로써 적절한 주파수 해상도와 스펙트럼 누설 특성을 가질 수 있다.

위에 설명한 윈도우 정규화 과정에서 이웃한 블록 간에 50% 중복을 갖는 커널 윈도우로 카이저-베셀 윈도우를 사용한다면 이를 소위 "유도된-카이저-베셀(KBD, Kaiser-Bessel derived) 윈도우" 또는 "KBD 윈도우"라고 부르며 이 윈도우는 Dolby AC 코더[Fielder et al. 96]와 MPEG AAC[Bosi et al. 97]에 사용되고 있다. 예를 들어, 그림 8은 $\alpha = 4$ 일 때의 KBD 윈도우를 $\alpha = 4$ KB 윈도우와 사인 윈도우에 비교한 것이다. 그림에서 보듯이 KBD 윈도우가 KB 윈도우보다 사인 윈도우에 더 가까운 모양을 가지고 있으나 KBD 윈도우가 사인 윈도우보다 더 넓은 스펙트럼 정상 모양을 가지고 있으며 더 빠르게 감쇠하고 있음을 주목하자. 그림 9는 그림 8의 3개 윈도우에 대한 주파수 응답을 비교하고 있다. $\alpha = 4$ KBD 윈도우가 $\alpha = 4$ KB 윈도우보다 사인 윈도우에 더 가까운 모양을 가짐을 다시 한번 확인할 수 있다. 매끄러운 윈도우 경계로 인해 KBD 윈도우가 사인 윈도우보다 더 빠르게 감쇠하는 측엽을 가지고 있으나 좁아진 윈도우 폭으로 인해 주파수 해상도가 조금 나빠질 수 있음을 주목하자.

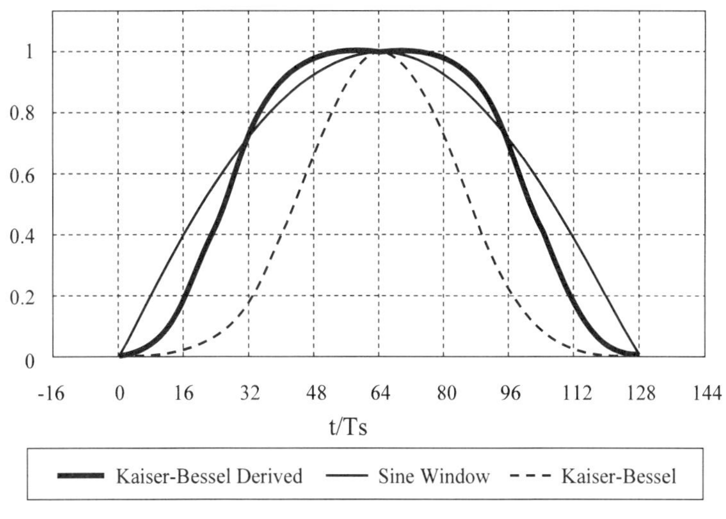

그림 8 시간-영역에서 $\alpha = 4$ KBD 윈도우와 $\alpha = 4$ KB, 사인 윈도우의 비교

3.1 윈도우 선정시 고려해야 할 사항

오디오 코더의 필터뱅크를 설계할 때 가장 중요한 요인 중 하나는 필터뱅크의 주파수 분해능(frequency selectivity)을 최대화하는 것과 사람 귀에 들리는 블

록킹 인공잡음(blocking artifacts) 영향을 최소화하는 것이다. 이전 절에서 보았듯이 이러한 현상들은 선택된 윈도우의 길이와 모양 등 2개의 윈도우 파라메터와 직접적인 연관성을 가지고 있다. 필터뱅크에 입력되는 데이터 블록 크기가 주어지면 윈도우 모양에 따라 필터뱅크의 스펙트럼 분해능이 결정된다. 예를 들어, 사인 윈도우는 $\alpha = 4$ KBD 윈도우보다 더 좋은 주파수 분해능을 가지고 있다(그림 9 참조). 즉, 사인 윈도우의 주엽 폭이 $\alpha = 4$ KBD 윈도우의 주엽 폭보다 더 작다는 것이다. 이에 반해 저지대역에서 신호 억제력을 나타내는 측엽 에너지 감쇠량은 사인 윈도우가 $\alpha = 4$ KBD 윈도우보다 더 나쁜 특성을 가지고 있다(그림 9 참조).

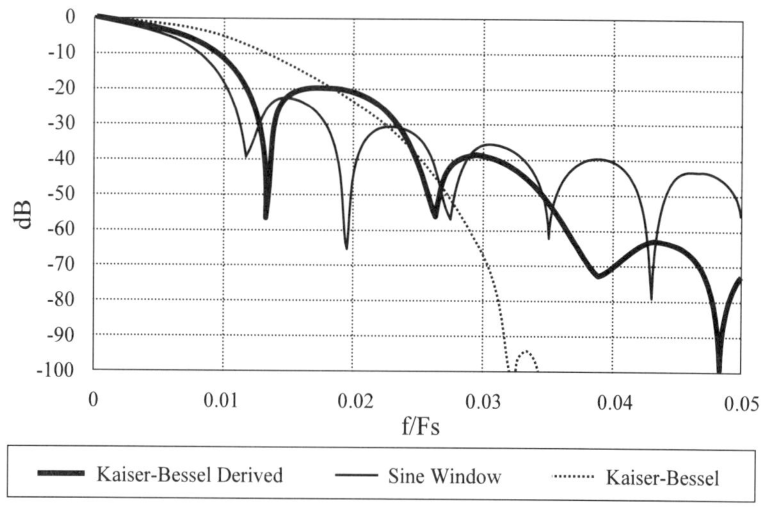

그림 9 주파수-영역에서 $\alpha = 4$ KBD 윈도우와 $\alpha = 4$ KB, 사인 윈도우 비교

입력 오디오 신호의 특성에 따라 사인이나 $\alpha = 4$ KBD 윈도우를 선택해 더 좋은 주파수 해상도를 제공할 수 있다. 만약 말뚝-울타리가 밀집된 모양의 스펙트럼 구조(예를 들어, 하프시코드(harpsichord, **역자주:** 16, 18세기의 피아노와 비슷한 악기) 음)를 가진 강한 톤(tone) 성분의 신호가 있다고 할 때, 신호의 여러 스펙트럼 성분으로 인해 발생하는 각각의 마스킹 영향(masking effect)(더 자세한 것은 6장 참조)을 다 더한 결과(최소 마스킹 한계선)가 주어져 있다면 신호의 주파수 표현에서는 억제특성보다는 주파수 분해능이 더 중요한 역할을 한다. 만약 주파수 성분들이 넓게 분리되어 있는 신호(예를 들어, 철금(glockenspiel)

음)라면 신호 마스킹을 더 잘 활용하기 위해서는 높은 억제특성이 더 바람직하다.

그림 10은 $N = 2{,}048$ 일 때 50% 중복 영역을 가지고 있고 특별히 마스킹 곡선(마스킹 곡선에 대한 더 자세한 사항은 6장 참조)을 필요로 하는 경우의 사인 윈도우와 $\alpha = 4$ KBD 윈도우의 주파수 응답을 비교한 것이다. 사용된 샘플링 주파수는 $F_s = 48\,\text{kHz}$ 이다. 만약 윈도우를 취함으로써 마스커 에너지(masker energy)가 마스킹 곡선(masking curve) 위의 다른 주파수 영역으로 확산한다면 이 주파수 영역에 놓여있는 신호는 마스킹되어 들을 수가 없게 된다. 여기서 사인 윈도우의 주파수 분해능이 $\alpha = 4$ KBD 윈도우보다 더 좋은 반면 사인 윈도우의 억제특성은 최소 마스킹 한계선(minimum masking threshold)의 요구조건(**역자주:** 윈도우 주파수 응답이 마스킹 한계선 아래에 놓여야 하는 조건)에는 못 미치는 점을 주목하자. 반면 KBD 윈도우는 이 요구조건을 잘 만족시키고 있다.

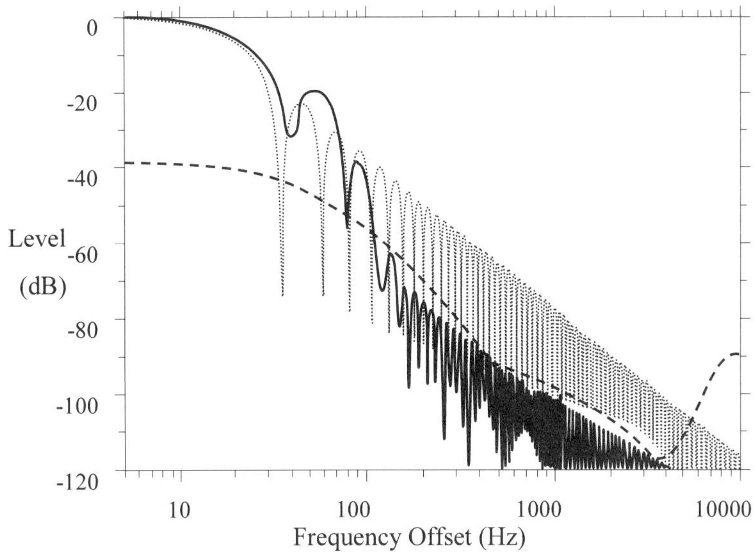

그림 10 $F_s = 48\,\text{kHz}$에서 $\alpha = 4$ KBD와 사인 윈도우의 최소 마스킹 모형 비교(실선-KBD 윈도우, 점선-사인 윈도우, 파선-최소 마스킹 곡선)[Bosi et al. 97]

이상의 내용을 정리하면 다음과 같다. 어떠한 형태의 단일 윈도우도 모든 신호에 최적으로 동작할 수는 없다. 신호 특성에 따라 윈도우의 완전복원 조건을 만족하는 윈도우를 그때마다 상황에 맞게 잘 선택해야 한다.

3.2 윈도우 스위칭

일반적으로 필터뱅크를 설계할 때 각 윈도우의 오른쪽 부분과 연속된 윈도우의 왼쪽 부분이 겹치게 되는 중복 영역에서의 중첩-가산 완전복원 조건은 필수적인 요건이다. 만약 단일 형태의 윈도우를 이용한다면 윈도우의 왼쪽과 오른쪽 부분에 동일한 중첩-가산 완전복원 조건이 부여되겠지만, 단일 윈도우를 이용해야 한다든가 또는 대칭성을 만족해야 한다든가 하는 제한 조건은 전혀 없다. 따라서 각 중첩 영역에서 중첩-가산 완전복원 조건을 만족하는 한 연속적인 KBD 윈도우를 연속적인 사인 윈도우로 바꾼다거나 긴 길이의 윈도우를 짧은 길이의 윈도우로 바꾸는 것 등이 가능하다.

이러한 윈도우 스위칭(window switching)은 한 쌍의 "전이 윈도우(transition window)"를 사용함으로써 가능한데, 전이 윈도우는 중복 영역의 한쪽 부분이 이전 윈도우의 모양과 길이와 같고 다른 부분은 다음 윈도우의 모양과 길이와 같아야 한다. 예를 들어, 이러한 비대칭 윈도우는 KBD 윈도우의 왼쪽 절반과 사인 윈도우의 오른쪽 절반을 연결하거나 또는 그 역으로 만들어낼 수 있다. 그림 11은 KBD 윈도우와 사인 윈도우가 번갈아 나타나는 순차적인 윈도우 스위칭의 한 예를 보이고 있다. 이 그림에서 이웃한 블록 간의 중복은 50%(즉,

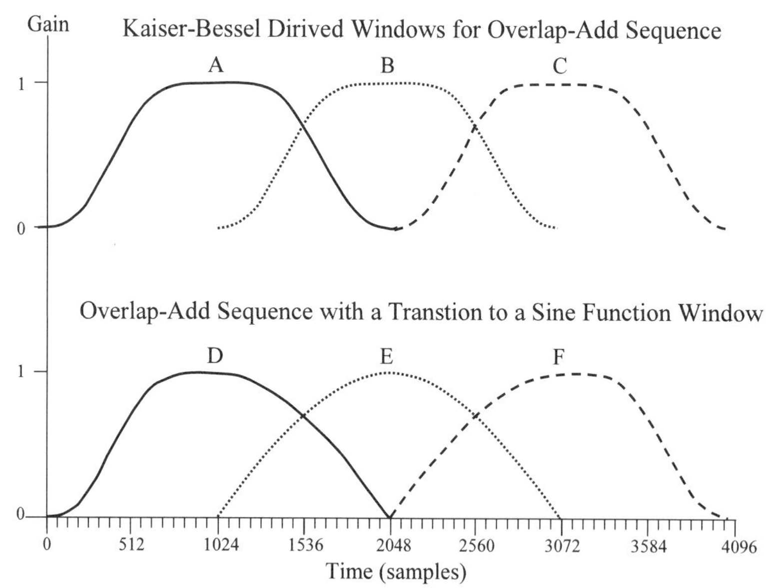

그림 11 순차적인 윈도우 스위칭 예 [Bosi et al. 97]

$M = N/2$)이다. KBD 윈도우로부터 사인 윈도우로 또는 그 역으로 전이하는 동안 완전복원 조건을 만족하게 하기 위해 어떻게 비대칭 전이 윈도우가 사용됐는지 주목하자.

3.3 블록 스위칭

신호를 코딩할 때 윈도우의 완전복원 조건을 계속 유지하면서도 윈도우 길이를 바꾸어 필터뱅크의 주파수 분해능을 제어하는 것이 가능하다. 이러한 기능은 입력신호에 과도신호(transient signal, 역자주: 신호가 천천히 변하다가 급격하게 변하는 형태의 신호를 말함)가 존재할 때 매우 유용하게 사용될 수 있다. 보통 길이가 길고 매끄러운 형태의 윈도우는 스펙트럼 누설을 감소시켜 높은 주파수 분해능을 제공할 수 있다. 하지만 시간 분해능이 나빠져 빠르게 변하는 신호가 나타나기 바로 전 부분에 양자화 잡음을 퍼지게 해 인공잡음을 만들어 낸다. 이러한 잡음은 학계에서 "프리-에코 현상(pre-echo effects)"으로 알려졌다(다음 장에서 이 잡음의 시간-영역 영향에 대한 설명 참조). 따라서 과도신호 부분을 잘 처리하려면 매우 짧은 분석 윈도우를 사용할 필요가 있다. 반면에 정상신호(stationary signal 또는 정상상태 신호(steady-state signal), 역자주: 신호의 통계적 성질이 기준 시각에 따라 변하지 않고 오직 시간차에만 의지하는 신호)에서는 긴 길이의 윈도우를 사용해 높은 주파수 해상도를 유지할 필요가 있다. 코더는 이러한 모든 조건을 만족하게 하기 위해 과도신호가 나타나기 전까지 긴 길이의 윈도우를 사용한다. 만약 코더에 과도신호가 나타나게 되면 "스타트 윈도우(start window)"를 사용해 과도신호 부분을 다 처리할 때까지 짧은 길이의 윈도우로 스위칭한 다음 "스톱 윈도우(stop window)"를 사용해 다시 보통의 긴 길이 윈도우로 되돌아간다. 과도신호가 나타나면 긴 길이의 윈도우에서 짧은 길이의 윈도우로 전이를 위해 스타트 윈도우의 왼쪽은 긴 길이의 윈도우와 중복되고 오른쪽은 짧은 길이의 윈도우와 중복된다. 반면에 스톱 윈도우는 이와 반대로 동작한다(그림 12 참조).

이 장의 서두에서 설명한 윈도우의 가장 중요한 특성 중 하나는 블록킹 현상(blocking effect)을 감소시킬 수 있는 능력이다. 블록킹 현상은 신호에 윈도우를 취하는 과정 중에 발생하는 것으로 이를 감소시키려면 윈도우의 경계 값이 가능한 한 서서히 0으로 감소하는 것이 바람직하다. 이 말은 블록킹 현상을 줄이려면 가능한 한 넓은 중복 영역을 가져야 한다는 것을 말한다. 만약 예를 들어 중복 샘플 수가 $M = N - M = N/2$ 라면 시스템의 데이터율은 어떻게 될까?

일반적으로 인코딩하려고 하는 각 N 샘플 블록은 이전 블록에서 M 샘플 후에 시작된다. 이 뜻은 코더에 입력되는 새로운 매 M 개 샘플 블록을 인코딩해서 N 샘플 변환 데이터를 전송하거나 저장해야 한다는 뜻이다. 즉, 이러한 방식 때문에 신호의 중복성과 무관성을 제거해 얻게 되는 코딩이득 전에 N/M 배만큼 데이터율이 증가하게 된다. 예를 들어, 50% 중복($M = N/2$) 이라면 데이터율은 코딩이득 이전에 2배로 증가한다. 바로 이러한 점이 코딩 방법을 결정하는 데 높은 장벽으로 등장한다. 만약 데이터율을 증가시키지 않고 데이터 블록에 이러한 변환을 할 수 있다면 얼마나 좋을까? 이러한 문제를 해결하는 방법을 다음 절에 소개한다.

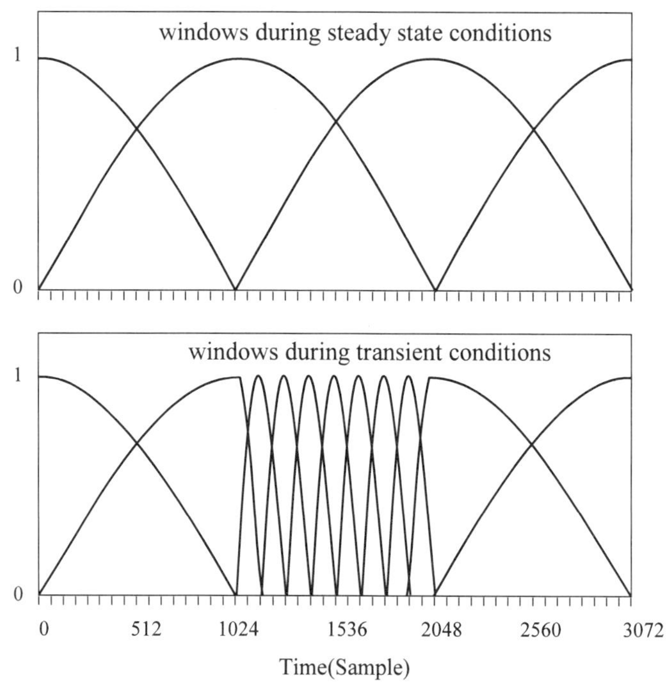

그림 12 과도신호 부분을 모델링하기 위한 윈도우 스위칭

4 변형 이산 코사인 변환

우리는 이전 절에서 시간-샘플된 데이터를 유한 길이의 블록으로 나누어 이 데

이터를 유한 길이의 이산 주파수-영역 샘플로 변환함으로써 오디오 신호의 주파수 표현을 얻을 수 있었다. 이때 주파수-영역 샘플들을 심리음향 원리(psychoacoustic principle)에 기반해 양자화한 다음, 이 데이터를 전송/저장할 수 있으며, 주파수-영역 샘플의 역-양자화된 값을 복원하게 된다. 이러한 코딩 방법을 구현할 때 고려해야 할 중요한 문제점은 코딩이득을 갖기 전에 중첩-가산 절차에 의해 주파수-영역 신호의 데이터율이 증가한다는 것이다.

코딩 관련 응용 분야에는 분석단 출력 데이터율이 입력신호의 데이터율과 같게 분석/합성 시스템을 구축하는 것이 바람직하다. 이 조건을 만족하는 시스템을 임계 샘플링(critical sampling) 시스템이라고 말한다. DFT를 이용해 신호를 변환할 때는 이웃한 블록 간에 조그마한 중복이라도 있으면 신호 스펙트럼의 데이터율을 증가시키는 반면 블록킹 잡음을 감소시키려면 최대한도의 중복을 허용해야만 하는 상호 모순적인 측면도 있다. 이웃한 블록 간의 중복이 50%라면 이때 양자화 단계 전 데이터율은 2배로 증가한다. MDCT(Modified Discrete Cosine Transform)는 최신 오디오 코더에 DFT 대신에 사용될 수 있는 또 다른 변환 기법이다. MDCT의 가장 큰 장점은 데이터율을 증가시키지 않으면서도 이웃한 블록 간에 50%의 중복을 허용할 수 있다는 점이다.

MDCT는 TDAC(Time Domain Aliasing Cancellation)[Princen and Bradley 86, Princen, Johnson and Bradley 87] 변환 부류에 해당하는 변환 기법이다. MDCT는 특별히 홀수-스택 TDAC(OTDAC, Oddly-stacked TDAC)[Princen, Johnson and Bradley 87]로 불리며, 이는 MDCT와 MDST(Modified Discrete Sine Transform)[Princen and Bradley 86]가 순차적으로 연결된 짝수-스택 TDAC(ETDAC, Evenly stacked TDAC)에 대비되는 변환이다. 이러한 변환들은 원 신호를 복원하기 위해 역-DFT와 같은 과정을 거치지 않는 대신 이전 블록과 다음 블록 신호가 중첩된 신호로부터 원 신호를 복원한다. 이러한 연속적인 블록의 중첩을 "시간-영역 에일리어싱"이라 부르며, 이것은 마치 부족표본화(under-sampling)로 인해 $-F_s/2 \sim F_s/2$ 범위 밖의 주파수 성분이 이 범위로 섞이는 것 같은 주파수-영역 에일리어싱 현상과 유사하다. 그러나 TDAC 변환은 중첩-가산 절차에 의해 시간-영역 에일리어싱을 정확하게 제거할 수 있도록 설계되어 있다. 그러므로 이들 변환은 독립적으로 역-변환에 사용될 수는 없지만, TDAC에서 입력신호를 완전 복원하는 데 유용하게 사용될 수 있다. 더군다나 실수 값의 신호에 대해서는 N-점 TDAC의 절반인 오직 $N/2$ 개의 독립된 주파수-영역 샘플만을 가지고 전체 오디오 신호를 복원할 수 있다. 이 말은 MDCT가 50% 중복(블로킹 현상을 제거하는 데 이상적임)을 가지더라도 데이터율을 증가시키지 않는 코더를 설계할 수 있다는 뜻으로 DFT 코더의 문제점을 해결할 수 있는 임계 샘플링 시스템이라는 것이다.

4.1 TDAC와 완전복원 조건을 위한 행렬 유도

TDAC 기반 변환이 데이터율을 증가시키지 않으면서도 어떻게 완전복원 조건을 만족할 수 있는지 살펴보자. 그림 13은 N 개 입력 샘플을 $N/2$ 개 주파수-영역 샘플로 변환하고 다시 N 개 시간-영역 샘플로 변환하는 행렬 구조를 보이고 있다[Vetterli and Kovacevic 95]. 그림에서 가장 오른쪽에 있는 입력 샘플은 $N/2$ 그룹 단위로 인덱스되어 있다. 현재와 이전 입력 그룹(인덱스 i 와 $i-1$)은 단일 블록으로 간주되어 길이 N 인 분석 윈도우 $W_i^A{}_R$, $W_i^A{}_L$ 를 취하게 되는데 여기서 R, L 은 각각 현재 블록 i 에 대한 분석 윈도우의 오른쪽과 왼쪽 부분을 말한다. 이때 이들은 행렬커널(matrix kernel) A_1 과 A_2 로 표현되는 $N/2$ 개 주파수 샘플로 변환되고 다시 행렬커널 B_1 과 B_2 로 표현되는 N 개의 시간-샘플로 변환된다. 마지막으로 이들은 길이가 N 인 합성 윈도우 $W_i^S{}_R$, $W_i^S{}_L$ 를 거치게 되는데, 여기서 R, L 은 각각 현재 블록 i 에 대한 합성 윈도우의 오른쪽과 왼쪽 부분을 말한다. 이 행렬 곱의 결과가 이전 블록 $i-1$ 의 결과와 더해지고 이 변환 과정은 인덱스 i 를 하나 증가시켜 똑같은 과정을 계속 반복하게 된다. 행렬을 곱하고 그 결과를 다른 입력 블록에 대한 결과에 더한 실제 결과는 그림 14와 같이 입력 데이터에 대각행렬(diagonal matrix)을 곱한 것과 같다.

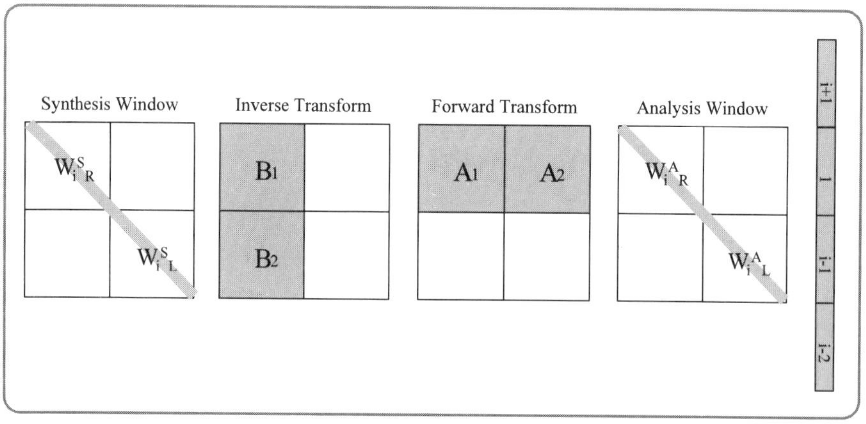

그림 13 TDAC 변환을 거치는 i 번째 행렬 구조(회색영역은 0이 아닌 값의 위치를 말함)

그림 13의 변환 과정(중첩-가산 과정) 후에 원 신호를 복원하기 위해서는 그림 14의 행렬이 단위행렬(identity matrix)이 되어야 한다. 따라서 다음과 같은 조건을 만족해야 한다.

$$W_{i\ R}^{S} B_1 A_2 W_{i\ L}^{A} = W_{i\ L}^{S} B_2 A_1 W_{i\ R}^{A} = \mathbf{0}$$

for all blocks i

$$W_{i\ L}^{S} B_2 A_2 W_{i\ L}^{A} + W_{i-1R}^{S} B_1 A_1 W_{i-1R}^{A} = \mathbf{1}$$

여기서 **1**은 $N/2XN/2$ 단위행렬이며, **0**은 $N/2XN/2$ 0행렬이다. 윈도우 함수와 변환을 선택할 때는 위의 수식을 만족해야 하며, MDCT는 이들 조건을 만족하는 변환 중 하나이다.

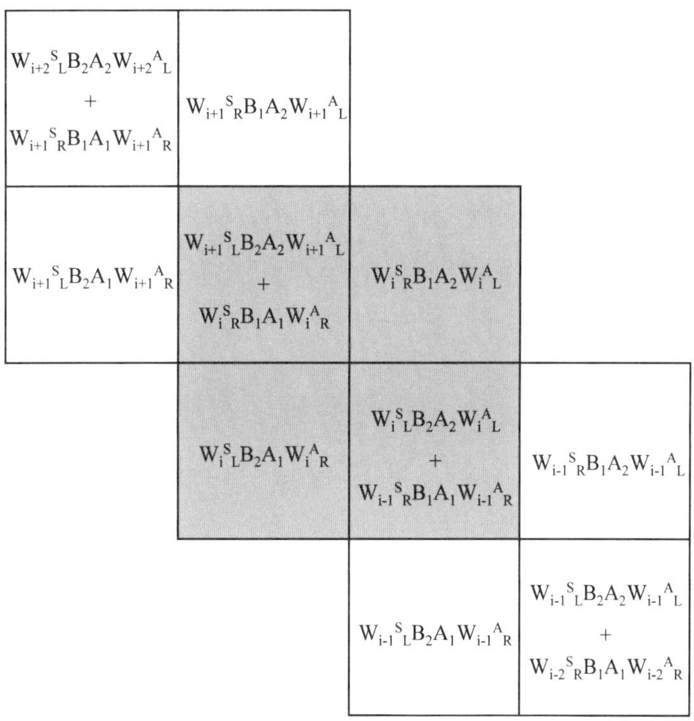

그림 14 중첩-가산 후 TDAC 변환의 행렬 구조

어떻게 이러한 변환 결과가 나올 수 있는지 이해하기 위해 다음과 같은 특성을 만족하는 몇 개의 변환 행렬을 생각해보자(그림 16 참조).

$$B_1A_2 = B_2A_1 = \mathbf{0}$$
$$B_1A_1 = \mathbf{1} + \mathbf{J}$$
$$B_2A_2 = \mathbf{1} - \mathbf{J}$$

여기서 **J** 는 $N/2XN/2$ 반-대각행렬(antidiagonal matrix)(대각선 반대쪽의 원소가 1임)이다. 첫 번째 수식은 대각선 위와 아래의 블록(그림 14의 회색 블록에서 오른쪽 위와 왼쪽 아랫부분)을 0으로 만드는 에일리어싱-소거로서 어떠한 윈도우 함수에 대해서도 시간 에일리어싱-소거 조건이 만족함을 확인할 수 있다. 두 번째와 세 번째 수식, 즉 완전복원 조건을 만족하게 하는 행렬 곱 A_1B_1 과 A_2B_2 에 대한 수식은 다음과 같이 2개 윈도우 조건을 필요로 한다.

$$W_{i\ L}^{S} W_{i\ L}^{A} + W_{i-1R}^{S} W_{i-1R}^{A} = \mathbf{1}$$
$$W_{i\ L}^{S} \boldsymbol{J} W_{i\ L}^{A} = W_{i-1R}^{S} \boldsymbol{J} W_{i-1R}^{A}$$

위 수식의 첫 번째 완전복원 윈도우 조건은 DFT 완전복원 조건과 같다. 두 번째 윈도우 조건은 윈도우 함수에 또 다른 제한점을 부여하고 있으며, 이 조건은 시간-영역 에일리어싱 소거와 관련이 있다. 행렬 곱 **J***D***J** 는 대각행렬 D 를 시간-반전시키는 연산이며, $\mathbf{JJ} = \mathbf{1}$ 이라는 사실을 이용하면 분석과 합성 윈도우를 서로 시간-반전된 것으로 대치해 두 번째 윈도우 조건을 만족하게 할 수 있다.

$$W_{i\ L}^{A} = \mathbf{J} W_{i-1R}^{S} \mathbf{J}$$
$$W_{i\ L}^{S} = \mathbf{J} W_{i-1R}^{A} \mathbf{J}$$

위 수식에서 행렬을 풀어 쓰면 다음과 같이 더욱 친숙한 형태로 쓸 수 있다.

$$w_a^i[n]*w_s^i[n] + w_a^{i-1}[N/2+n]*w_s^{i-1}[N/2+n] = 1$$
$$w_a^i[n] = w_s^{i-1}[N-1-n] \qquad\qquad for\ n = 0,\ldots,N/2-1$$
$$w_s^i[n] = w_a^{i-1}[N-1-n]$$

위의 분석 및 합성 윈도우 간의 새로운 시간-반전 조건이 이전 장에서 보았던 서브밴드 코더(CQF)의 완전복원 조건과 유사함을 주목하자.

완전복원을 달성하는 윈도우를 선택하기 위해 MDCT 변환 커널이 완전복원 조건을 어떻게 만족하는지 자세히 살펴보자. MDCT 전방변환(MDCT forward transform)은 N 개의 시간-샘플 $x_i[n]$ 을 받아들여 변환을 한 후 다음과 같이

$N/2$ 개의 주파수 샘플 $X_i[k]$ 를 얻는다.

$$X_i[k] = \sum_{n=0}^{N-1} w_a^i[n] x_i[n] \cos(\tfrac{2\pi}{N}(n+n_0)(k+\tfrac{1}{2})) \qquad for\ k = 0,\ldots,N/2-1$$

여기서

$$n_0 = (\frac{N}{2}+1)/2$$

는 에일리어싱-소거를 위한 위상이다. MDCT 역-변환은 $N/2$ 개의 주파수 샘플을 받아들여 다음과 같이 N 개의 시간-샘플 $x'_i[n]$ 으로 변환한다.

$$x'_i[n] = w_s^i[n] \tfrac{4}{N} \sum_{k=0}^{N/2-1} X_i[k] \cos(\tfrac{2\pi}{N}(n+n_0)(k+\tfrac{1}{2})) \qquad for\ n = 0,\ldots,N-1$$

이전 행렬 표기를 이용해 표현하면 다음과 같다.

$$A_{1kn} = \cos\left(\tfrac{2\pi}{N}(n+N/2+n_0)(k+\tfrac{1}{2})\right)$$
$$A_{2kn} = \cos\left(\tfrac{2\pi}{N}(n+n_0)(k+\tfrac{1}{2})\right)$$
$$B_1 = \tfrac{4}{N} A_1^T$$
$$B_2 = \tfrac{4}{N} A_2^T$$

여기서 n_0 가 에일리어싱-소거 조건을 만족할 때 이 행렬들이 다음과 같은 조건을 만족하는 것을 쉽게 증명할 수 있다.

$$B_1 A_2 = B_2 A_1 = \mathbf{0}$$
$$B_1 A_1 = \mathbf{1} + \mathbf{J}$$
$$B_2 A_2 = \mathbf{1} - \mathbf{J}$$

이 행렬은 다음과 같은 관계식을 이용해 쉽게 유도될 수 있다.

$$\sum_{k=0}^{N/2-1} \cos\left(\tfrac{2\pi}{N}(k+\tfrac{1}{2})n\right) \cos\left(\tfrac{2\pi}{N}(k+\tfrac{1}{2})m\right) = \tfrac{N}{4} \sum_{p=-\infty}^{\infty} (-1)^p \left(\delta_{n,m+pN} + \delta_{n,-m+pN}\right)$$

MDCT 동작 원리를 좀 더 쉽게 이해하기 위해 행렬 A_1 과 A_2 의 행을 자세히 살펴보자. 예를 들어, 그림 15는 $N=16$ (이 경우 A_1 과 A_2 행렬은 $8X8$ 이 된다)일 때 행렬 A_1 과 A_2 의 행을 보이고 있다. A_1 의 행이 $n=0$ 를 중심으로 대칭(symmetric)을 이루고 A_2 의 행이 반대칭(antisymmetric)을 이루는 점을 주목하자. 따라서 위 수식의 B_1A_1 과 B_2A_2 의 결과는 이 대칭성과 반대칭성으로부터 나오게 된다. 데이터에 A_1 을 곱하게 되면 데이터의 반대칭 부분이 제거되고 B_1A_1 으로부터 완전복원에 가장 가깝도록 복원될 수 있는 것은 $\mathbf{1}+\mathbf{J}$ 가 된다. 이와 유사하게 A_2 를 곱하게 되면 데이터의 대칭 부분이 제거되고 B_2A_2 으로부터 $\mathbf{1}$ 에 가장 가깝도록 복원할 수 있는 것은 $\mathbf{1}-\mathbf{J}$ 가 된다.

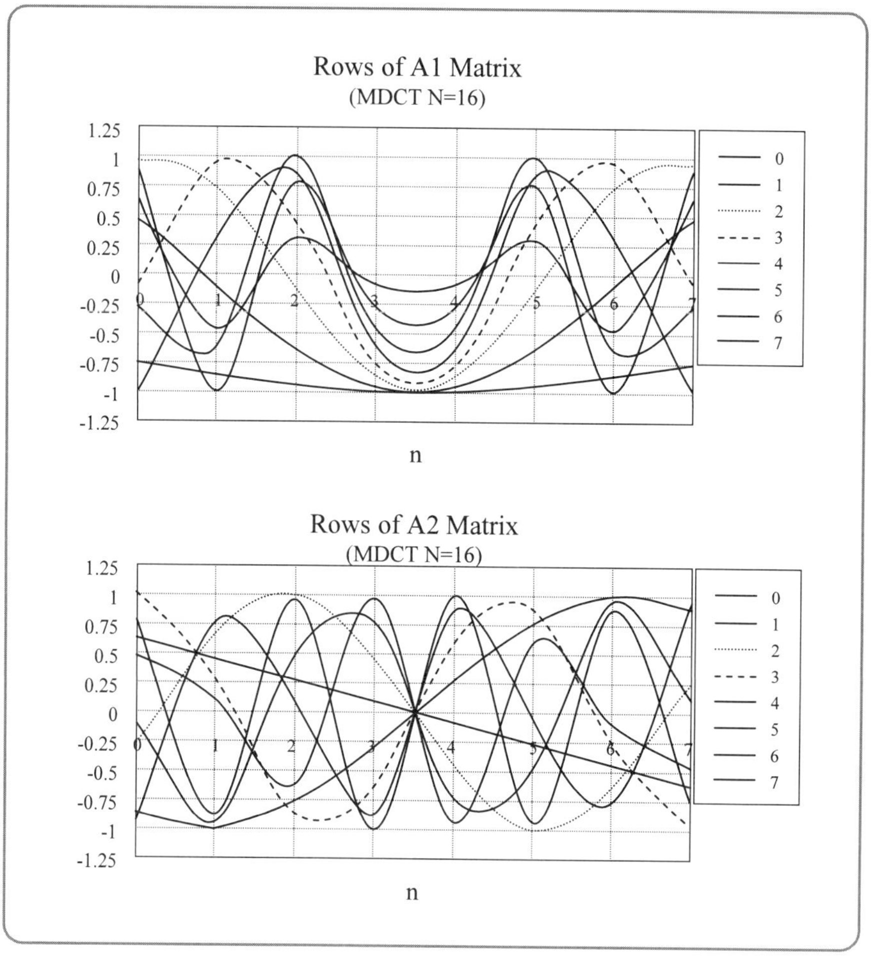

그림 15 $N=16$ 일 때 MDCT 변환 행렬 A_1 과 A_2 의 행

이 절의 내용을 정리하면 다음과 같다. MDCT 변환은 전체 데이터율을 증가시키지 않으면서도 연속된 데이터 블록 간에 50% 중복을 허용할 수 있다. 완전복원 조건을 만족하는 분석과 합성 윈도우가 주어지면 각각 i 번째와 $i-1$ 번째 $N/2$ 입력으로 구성된 N 개 입력을 다음과 같이 $N/2$ 개 주파수-영역 출력으로 변환할 수 있다.

$$X[k] = \sum_{n=0}^{N-1} x[n] w_a[n] \cos\left(\tfrac{2\pi}{N}(n+n_0)(k+\tfrac{1}{2})\right) \qquad for\ k = 0,\ldots,N/2-1$$

그런 다음 이들을 다음과 같이 다시 N 개의 시간-영역 샘플로 변환해서 중첩-가산될 수 있도록 준비시킨다.

$$x'[n] = w_s[n] \tfrac{4}{N} \sum_{k=0}^{N/2-1} X[k] \cos\left(\tfrac{2\pi}{N}(n+n_0)(k+\tfrac{1}{2})\right) \qquad for\ n = 0,\ldots,N-1$$

이웃한 블록 간의 중복영역에서 분석 및 합성 윈도우는 서로 시간-반전(time-reversed)된 형태이다. 이외에도 윈도우는 다음과 같은 완전복원 조건을 만족해야 한다.

$$w_a^i[n] * w_s^i[n] + w_a^{i-1}[N/2+n] * w_s^{i-1}[N/2+n] = 1 \qquad for\ n = 0,\ldots,N/2-1$$

이 완전복원 조건은 중첩-가산 DFT 조건과 동일하기 때문에 중첩-가산 DFT에서 사용된 윈도우(즉, 사인 윈도우나 KBD 윈도우)를 MDCT에도 사용할 수 있다. 우리는 또한 이 절의 서두에서 말한 것처럼 윈도우 길이와 50% 중복을 똑같이 계속 유지하는 한, 매 블록에 적용되는 윈도우 모양을 바꿀 수도 있다. 그러나 블록들의 시간-영역 에일리어싱 조건 때문에 윈도우 설계에 있어 윈도우의 시간 해상도(즉, 블록크기)나 중복 영역을 변경할 때는 주의를 요한다. 다음 절에서는 MDCT 기반 코더에서 신호의 과도부분이 검출되었을 때 블록크기를 변경하기 위해 무엇이 필요한지 자세히 살펴볼 것이다.

4.2 TDAC 변환에서 블록크기 변경

우리는 이전 절에서 OTDAC 변환의 코사인 함수가 MDCT를 이용해 입력을 변환하고 다시 역-MDCT(IMDCT, Inverse MDCT)했을 때 그림 16과 같은 행렬 구조를 갖도록 특별히 선정된 위상을 가지고 있다는 것을 보았다. 이와 유사한 결과가 ETDAC 변환에도 적용된다[Princen and Bradley 86]. 이때 윈도우 조건은 이전과 다음 윈도우에 중첩-가산을 함으로써 단위행렬의 행렬 구조를 갖게 하는 것이다. 중복블록에서의 분석 및 합성 윈도우가 서로 시간-반전된 형태를 가짐으로써 단일 행렬(**J** 부분)의 반대칭 부분을 제거할 수 있고, 이로 인해 결과 대각행렬이 단위행렬과 같아지게 되어 완전복원 조건을 만족하게 된다. 블록크기를 조절할 수 있는 윈도우를 설계할 때 중요한 점은 여전히 단일행렬의 반대칭 부분을 소거할 수 있어야 한다는 것이다. 이를 위해 학계에서는 여러 방법이 제안되었으며 이들의 예는 [Edler 89], [Sugiyama, Hazu, and Iwadare 90], [Bosi and Davidson 92], [Princen and Jhonston 95] 등을 참조하기 바란다. 이 절에서는 블록크기를 조절하기 위해 전이 윈도우를 사용해 시간-영역 에일리어싱-소거와 완전복원 조건을 만족하는 [Edler 89], [Bosi and Davidson 92] 2가지 방법에 대해 자세히 살펴볼 것이다. 현재 MPEG 계층 Ⅲ, MPEG AAC, Dolby AC-3 등의 최신 오디오 코더에는 이 방법들이나 이들의 변형된 방법들이 사용되고 있다.

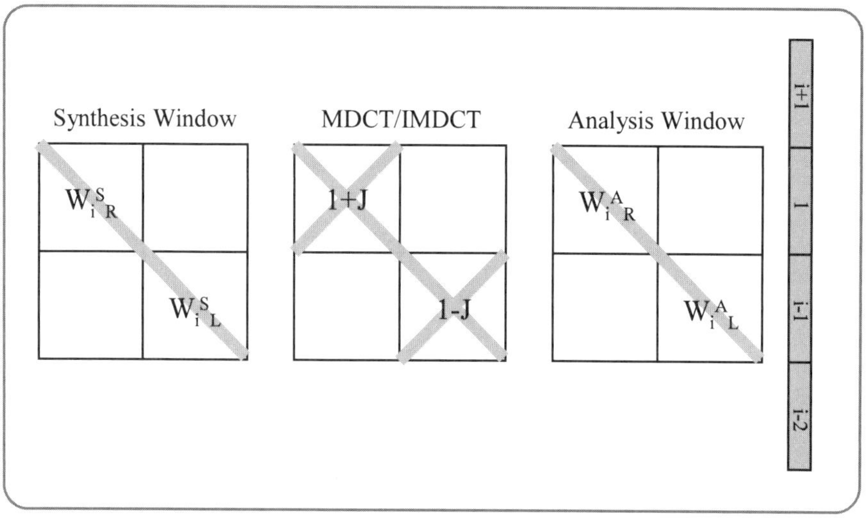

그림 16 중첩-가산 전의 MDCT/IMDC 변환의 행렬 구조

이제 연속된 긴 길이의 윈도우를 연속된 짧은 길이의 윈도우로 바꾸는 데 무엇이 필요한지 생각해보자. 그림 17은 전이블록 양쪽의 행렬 구조를 보이고 있다. 이전의 연속된 긴 블록을 중첩-가산하면 마지막 $(N_{long}/2)X(N_{long}/2)$ 대각 성분이 ${W_{i-1}}^{S}{}_{R}(\mathbf{1}+\mathbf{J}){W_{i-1}}^{A}{}_{R}$ 와 같은 단위행렬을 갖게 되고, 연속된 짧은 블

록을 중첩-가산하면 처음 $(N_{short}/2)X(N_{short}/2)$ 대각 성분이 $W_{i+1}{}^{S}{}_{L}(\mathbf{1}-\mathbf{J})$ $W_{i+1}{}^{A}{}_{L}$ 와 같은 단위행렬을 갖게 된다. 전이블록은 이들 행렬의 양쪽 부분이 일치하도록 그리고 시간-영역 에일리어싱을 소거할 수 있도록 설계되어야 한다.

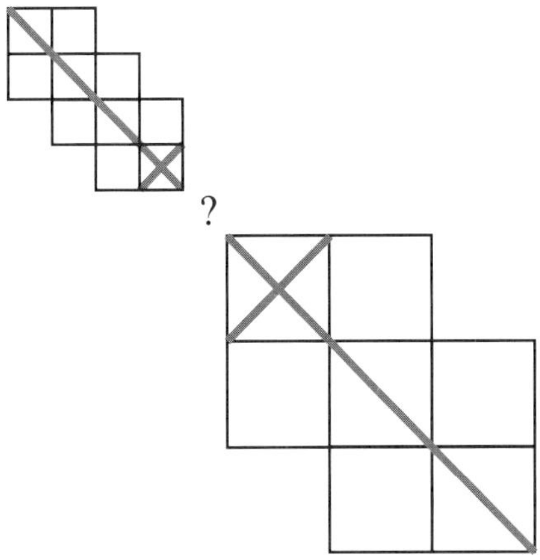

그림 17 연속된 긴 길이의 윈도우를 연속된 짧은 윈도우로 전이할 때 각 전이 부분에서의 행렬 구조(여기서 긴 블록은 짧은 길이 블록보다 2배 긴 경우)

[Edler 89]는 분석과 합성 윈도우의 0값들을 이용해 행렬 구조 내 원치 않는 부분들을 제거할 수 있다는 사실에 기반해 전이블록을 제안하였다. 이 방법은 윈도우의 왼쪽 부분을 긴 블록 윈도우의 왼쪽 부분과 같게 함으로써 전이 윈도우에서 긴 블록 MDCT 변환을 수행할 때도 이전 긴 블록의 에일리어싱을 쉽게 제거할 수 있다. 이외에도 반대칭 부분 또한 충분히 길이가 길어 연속된 짧은 블록의 반대칭 부분을 쉽게 제거할 수 있게 하였다. 그림 17에서 전이 부분의 아래 오른쪽 회색 반-대각 성분 띠는 전이 부분의 위 왼쪽의 회색 반-대각 성분보다 길이가 길다. 그러나 긴 블록 윈도우의 일정 부분을 0으로 설정하면 행렬의 반-대각 성분을 짧게 만들 수 있으며, 좀 더 쉽게 이 문제를 해결할 수 있다.

Edler의 해법은 분석과 합성 윈도우의 오른쪽 마지막 $N_{long}/4-N_{shot}/4$ 부분을 0으로 설정함으로써 긴 블록 MDCT로부터 전이블록을 만들어내는 것이다. 이렇게 함으로써 짧은 윈도우의 반-대각 성분에서 0이 아닌 값을 $N_{long}/2$ 개에서 $N_{short}/2$ 개로 줄일 수 있어 정확한 길이의 반-대각 성분을 갖게 되고, 연속된 짧은 블록을 전이블록의 오른쪽 중심에 맞추어 반-대각 성분을 소거할 수 있다. 이때 완전복원 조건은 전이블록 오른쪽 중심의 $N_{short}/2$ 개 값이 짧은 블록의 오른쪽과 같으면서 동시에 처음 $N_{long}/4 - N_{shot}/4$ 개 값(짧은 블록과 중복되지 않는 부분)이 1과 같아야 한다(그림 18 참조). 이와 유사하게 짧은 블록으로부터 긴 블록으로의 전이 윈도우는 긴 블록에서 짧은 블록으로의 전이 윈도우가 시간-반전된 것이 된다. 그림 19는 Edler의 해법에 따른 긴 블록에서 짧은 블록으로의 윈도우 전이 순서와 이의 역 과정을 보여주고 있다.

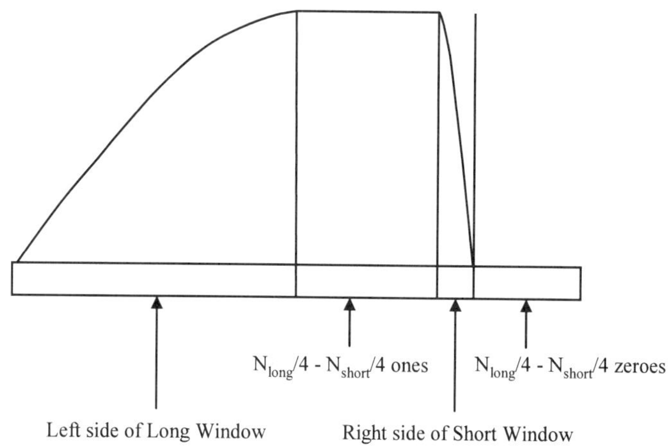

그림 18 긴 블록에서 짧은 블록으로의 Edler 전이 윈도우 구조

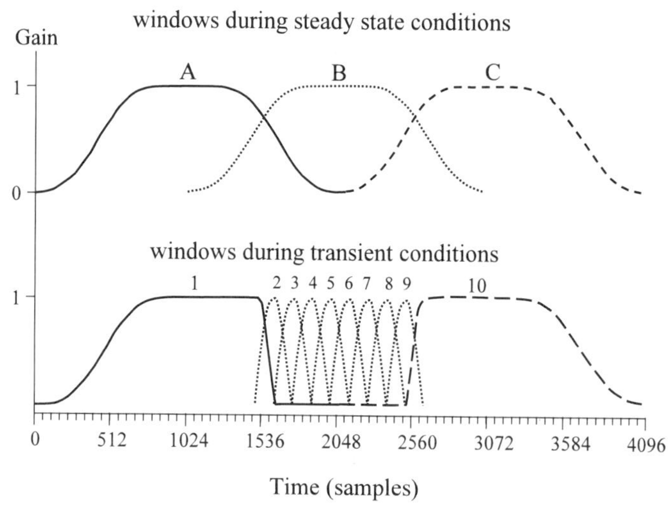

그림 19 Edler의 전이 윈도우를 이용한 긴 블록과 짧은 블록 간의 전이[Bosi et al. 97]

Edler의 전이블록 구조에서 마지막으로 살펴보아야 할 것은 전이블록이 데이터율에 미치는 영향이다. Edler의 전이블록은 긴 블록에서 짧은 블록으로 전이할 때 이 블록에서 필요한 $N_{long}/2$ 개 새로운 시간-샘플에 해당하는 $N_{long}/2$ 개 주파수 샘플을 필요로 하며 길이가 N_{long} 인 MDCT를 취하게 된다. 그러나 윈도우의 오른쪽 부분(0 값도 포함)과 중복되는 모든 짧은 블록들이 같은 시간-샘플에 해당하는 $N_{short}/2$ 개의 주파수 샘플을 만들어내어 결국 $N_{long}/4$ 개의 여분 주파수 샘플이 생기게 된다. 이 말은 긴 블록에서 짧은 블록으로의 Edler 전이가 실제 데이터율을 증가시키고 있고 따라서 이 부분에서 임계 샘플링 특성을 잃어버린다는 것이다. 그러나 짧은 블록에서 긴 블록으로의 Edler의 전이는 긴 블록에서 짧은 블록으로의 전이 때 발생했던 만큼의 데이터율 증가분을 감소시킬 수 있다. 그 이유는 N_{long} 전이블록의 MDCT를 수행할 때 $3N_{long}/4$ 개의 새로운 시간-샘플이 필요하지만 변환 블록에서는 오직 $N_{long}/2$ 개의 새로운 주파수 샘플만이 얻어져 $N_{long}/4$ 개 주파수 샘플만큼 데이터율 감소시킬 수 있기 때문이다. 그러므로 입력신호의 과도부분에서 Edler의 전이블록을 이용해 짧은 블록으로 스위칭하고 다시 긴 블록으로 되돌아가는 과정 동안 코더는 전체적으로 임계 샘플링 특성을 유지할 수 있게 된다. 현재 Edler 윈도우는 MPEG 계층 Ⅲ와 AAC 코더에 사용되고 있다.

전이블록 문제점 해결을 위한 두 번째 방법은 Dolby AC-2 개발자[Bosi and Davidson 92]에 의해 제안되었다. AC-2A의 해법은 원래 ETDAC 변환을 위해 만들어진 것이며 긴 블록에서 짧은 블록으로의 전이 윈도우는 전이 윈도우의 왼쪽에 긴 윈도우의 왼쪽 부분을 그리고 전이 윈도우의 오른쪽에 짧은 윈도우의 오른쪽 부분을 갖는다(그림 20 참조). 짧은 블록에서 긴 블록으로의 전이 윈도우는 긴 블록에서 짧은 블록으로의 전이 윈도우를 시간-반전시킨 것이다. 이러한 전이 윈도우를 이용해 어떻게 시간-영역 에일리어싱 소거를 달성할 수 있을까? 해답은 MDCT 변환의 커널을 바꾸는 것에 있다. 이제 MDCT는 $\frac{1}{2}(N_{long}+N_{short})$ 의 길이와 위상 $n_0=b/2+1/2$ 를 갖는데, 여기서 b 는 긴 블록에서 짧은 블록으로의 전이에서 윈도우 오른쪽의 길이, 즉 $b=N_{short}/2$ 가 되고, 반대로 짧은 블록에서 긴 블록으로의 전이에서는 $b=N_{long}/2$ 이 된다. 이러한 방식으로 위상을 선택함으로써 MDCT후에 IMDCT를 취하게 되면 그림 17에서 2개 부분을 결합하는 데 필요한 행렬구조와 정확히 일치하는 것을 얻을 수 있다. 일반적인 MDCT 경우에서와 같이 행렬 곱으로 MDCT한 후

IMDCT를 취한 다음, 코사인 직교 조건을 이용하면 이것을 쉽게 확인할 수 있다.

$$\sum_{k=0}^{N/2-1} \cos\left(\tfrac{2\pi}{N}(k+\tfrac{1}{2})n\right)\cos\left(\tfrac{2\pi}{N}(k+\tfrac{1}{2})m\right) = \tfrac{N}{4}\sum_{p=-\infty}^{\infty}(-1)^p(\delta_{n,m+pN}+\delta_{n,-m+pN})$$

이 장의 그림 12, 즉 긴 블록에서 짧은 블록으로의 윈도우 전이 그리고 다시 긴 블록 윈도우로 되돌아가는 순차적인 윈도우 변화는 AC-2A 방법을 이용해 얻은 것이다.

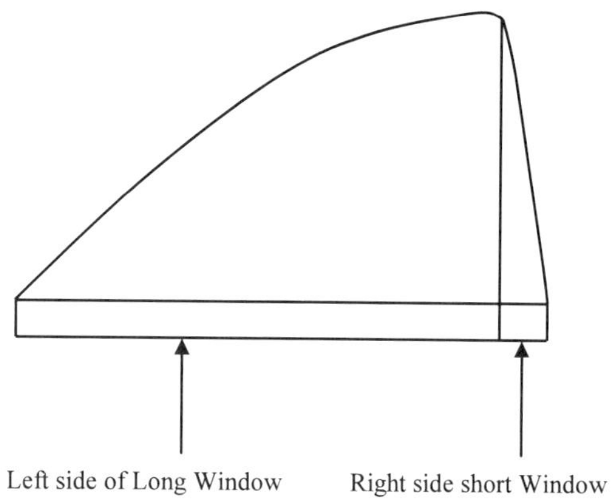

그림 20 긴 블록에서 짧은 블록으로 전이하는 AC-2A 전이 윈도우의 구조

Edler의 해법에서와 같이 AC-2A 해법에 대해 마지막으로 주목해야 할 것은 긴 블록에서 짧은 블록으로의 전이 때 데이터율이 증가하는 것으로 AC-2A 또한 다시 긴 블록으로 되돌아갈 때 데이터율 증가분을 다시 감소시킴으로써 전체 데이터율을 일정하게 유지할 수 있다. AC-2A 전이블록은 긴 블록에서 짧은 블록으로 전이할 때 $N_{short}/2$ 개의 새로운 시간-샘플만을 이용해 $\frac{1}{4}(N_{long}+N_{short})$ 개의 주파수 샘플을 만들어낸다. 짧은 블록에서 긴 블록의 AC-2A 전이 블록은 $\frac{1}{4}(N_{long}+N_{short})$ 개의 주파수 샘플을 만들어내지만 실제 MDCT 연산에는 $N_{long}/2$ 개의 새로운 시간-샘플만을 필요로 한다. 따라서 입력신호의 과도부분 동안 AC-2A 전이블록을 이용해 짧은 블록으로 스위칭하더라도 코더의 임계 샘플링 특성을 유지할 수 있게 된다. 이 방법을 약간 변형한 것이 AC-3

에 사용되고 있다(14장의 그림 4 참조). AC-3에서는 전이블록과 짧은 블록 모두 긴 블록의 절반과 같고 이 블록의 중복영역은 0이나 긴 블록의 절반 부분으로 순차적으로 바뀌어 MDCT 위상 b 의 n_0 항이 0이거나 $N_{long}/2$ 이 된다.

4.3 MDCT와 PQMF 필터뱅크

역사적으로 PQMF와 MDCT 필터뱅크는 독립적인 학문 영역으로 다루어져 왔지만 1992년 [Malvar 92]는 이들 방법이 하나로 통합될 수 있다는 것을 보였다. Malvar는 MDCT가 필터 길이가 $N = 2K$ 인, 여기서 K 는 주파수 채널 수, PQMF 필터뱅크의 특별한 유형 중 하나인 것을 밝혀냈다(그러나 이 관계는 ETDAC에서는 성립되지 않음). 이 절에서는 먼저 $N = 2K$ 인 PQMF 필터뱅크를 중첩-가산 블록 변환으로 표현한 다음, 이것을 MDCT와 비교해 MDCT가 PQMF 필터뱅크라는 것을 증명할 것이다.

PQMF 필터뱅크가 다음과 같이 K 개 분석과 합성 필터 $h_k[n]$, $g_k[n]$ 쌍의 집합으로 정의되었던 것을 기억하자.

$$h_k[n] = h[n]\cos\left(\pi\left(\frac{k+\frac{1}{2}}{K}\right)\left(n - \frac{(N-1)}{2}\right) + \phi_k\right) \qquad for\ k = 0,\ldots,K-1$$

$$g_k[n] = h_k[N-1-n]$$

여기서 ϕ_k 는 이웃한 주파수 대역 간에 에일리어싱-소거를 만족하도록 선택된 위상이다. PQMF 필터뱅크는 각 분석필터 $h_k[n]$ 을 이용해 입력신호를 병렬 처리하고, 전체 데이터율을 일정하게 유지하기 위해 필터링된 신호를 인수 K 로 다운샘플링하여 전송/저장을 하고 출력신호 $y_k[n]$ 을 역-양자화한다. 그 다음으로는 역-양자화된 $y_k[n]$ 을 인수 K 로 업샘플링하고, 이를 합성 필터 $g_k[n]$ 에 통과시킨 후 마지막으로 각 K 채널의 출력을 더해 최종 출력신호를 얻게 된다(4장의 그림 1 참조). 이 절차를 $N = 2K$ 인 경우에 대해 다시 한 번 자세히 살펴보도록 하자.

입력신호 $x[n]$ 이 필터 $h_k[n]$ 을 통과하면 그 결과는 입력신호와 필터 임펄스 응답의 콘볼루션이 된다. 이 결과를 인수 K 로 다운샘플링하면 n 이 K 의 배수가 되는 점(즉, 정수 i 에 대해 $n = iK$)에서의 콘볼루션 결과만을 얻게 된다. 그러므로 우리는 다음과 같은 $y_k[i]$ 를 구할 수 있다.

$$y_k[i] = \sum_{m=0}^{N-1} x[iK-m]h_k[m]$$
$$= \sum_{n=0}^{N-1} x[(i-2)K+1+n]h_k[N-1-n]$$

위 수식의 두 번째 줄은 $n = N-1-m$, $N = 2K$ 로 변수 치환한 결과이다.

이제 입력신호 $x[n]$ 을 길이가 N 인 블록으로 그룹핑하고 각 연속적인 블록은 입력신호를 전방으로 $K = N/2$ 샘플만큼 연속적으로 이동시켜 얻은 것으로 가정하자. 첫 번째 0이 아닌 입력 샘플 값을 $x[1]$ 으로 표기하고 처음 K 개의 0이 아닌 샘플을 포함하는 블록을 $i=1$ 블록으로 표기하자. 즉, 입력신호 $x_i[n]$ 에 대한 i 번째 블록을 다음과 같이 정의한다.

$$x_i[n] = x[(i-2)K+1+n] \qquad for\ n = 0,...,N-1$$

여기서 블록 $i=0$ 는 마지막 0값 $x[0]$ 로 끝나고 블록 $i=1$ 은 K 번째 0이 아닌 값 $x[K]$ 까지를 포함하는 것을 주목하자.

위와 같이 블록을 정의하고 나면 분석단의 출력 $y_k[i]$ 을 다음과 같이 표현할 수 있다.

$$y_k[i] = \sum_{n=0}^{N-1} x_i[n]h_k[N-1-n]$$

이 수식의 $h_k[n]$ 를 PQMF 필터뱅크의 필터 수식으로 대치하면 다음과 같다.

$$y_k[i] = \sum_{n=0}^{N-1} h[N-1-n]x_i[n]\cos\left(\frac{2\pi}{N}\left(k+\frac{1}{2}\right)\left(n-\frac{(N-1)}{2}\right)-\phi_k\right) \qquad for\ k = 0,...,K-1$$

이 수식은 $N = 2K$ 일 때의 PQMF 필터뱅크 분석단을 다음 $K = N/2$ 샘플을 포함하고 있는 연속적인 입력샘플 블록에 대한 블록 변환으로 표현할 수 있다는 것을 의미한다. 이제 $N = 2K$ 일 때 PQMF 필터뱅크 합성단과 관련한 수식을 먼저 살펴보고 위의 수식을 MDCT 전방 변환과 비교하도록 해보자.

PQMF 합성단에서는 각 분석 채널의 $y_k[i]$ 를 인수 K 로 업샘플링하고 이들을 합성필터 $g_k[n]$ 로 필터링한 후 그 결과를 더하게 된다. 업샘플링은 채널 k

에서 $y_k[i]$ 의 각 인덱스 i 사이에 $K-1$ 개의 0값을 삽입한다. 각 k 개 채널에서의 합성필터의 길이는 $N=2K$ 이며 각 필터의 새로운 출력 값들에는 마지막 2개의 $y_k[i]$ 값과 삽입된 0값만이 감안되어 있다. 예를 들어, $y_k[i]$ 가 k 번째 합성필터에 입력되는 새로운 수열(이전에 삽입된 $K-1$ 개의 0값과 $y_k[i-1]$, 그리고 $K-1$ 개의 0값 뒤에 오는)이라면 필터 출력은 $y_k[i]g_k[0]+y_k[i-1]g_k[K]$ 가 될 것이다. 다음으로, 필터에 입력되는 것은 $y_k[i]$ 이후 삽입된 0값의 처음 부분으로, 이때 필터 출력은 $y_k[i]g_k[1]+y_k[i-1]\ \ g_k[K+1]$ 이 된다. 즉, 분석단으로부터 매번 입력되는 새로운 값 $y_k[i]$ 은 업샘플링과 합성필터링을 거쳐 각 채널에 K 개의 새로운 출력을 갖게 되는데, 이때 n 번째 출력은 $y_k[i]g_k[n]+y_k[i-1]g_k[K+n]$ 이 된다.

인덱스 k 에 대해 전체 채널 출력을 모두 더하면 다음과 같이 합성단의 K 개 새로운 출력으로 구성된 i 번째 블록 $\hat{x}_i[n]$ 을 얻게 된다.

$$\hat{x}_i[n]=\sum_{k=0}^{K-1}y_k[i]g_k[n]+y_k[i-1]g_k[K+n] \qquad for\ n=0,\ldots,K-1$$

위 수식의 첫째 항은 처음 K 개의 합성필터가 현재 합성단의 입력 $y_k[i]$ 에 적용되는 것이고 두 번째 항은 합성필터의 나머지 절반 필터가 합성단의 입력 $y_k[i-1]$ 의 마지막 부분에 적용되는 것을 주목하자.

위 수식 대신에 $\hat{x}_i[n]$ 의 길이를 N 으로 확장하고 연속적인 $\hat{x}_i[n]$ 블록의 결과를 중첩-가산하면 합성단의 현재 입력 $y_k[i]$ 를 필터링함으로써 같은 결과를 얻을 수 있다. 구체적으로 확장된 $\hat{x}_i[n]$ 을 다음과 같이 정의하고

$$\hat{x}_i[n]=\sum_{k=0}^{K-1}y_k[i]g_k[n] \qquad for\ n=0,\ldots,N-1$$

합성단에 대한 K 개 입력 $y_k[i]$ 로 구성된 각 블록에 대해 확장된 $\hat{x}_i[n]$ 의 전반부만을 출력해서 이전 확장 $\hat{x}_{i-1}[n]$ 의 후반부에 더한다. 이 수식, 즉 중첩-가산 전의 합성단 결과를 PQMF 합성필터로 다시 표현하면 다음과 같다.

$$\hat{x}_i[n]=h[N-1-n]\sum_{k=0}^{K-1}y_k[i]\cos\left(\frac{2\pi}{N}\left(k+\frac{1}{2}\right)\left(n-\frac{(N-1)}{2}\right)-\phi_k\right) \qquad for\ n=0,\ldots,N-1$$

이 결과가 합성단에 대한 K 개 입력 $y_k[i]$ 로 구성된 각 블록을 N 개 $\hat{x}_i[n]$ 출력 블록으로 블록 변환한 것임을 주목하자.

이제 임의 $N=2K$ PQMF 필터뱅크를 블록 변환 쌍으로 표현해서 MDCT 변환과 비교해보자. 특별히 다음과 같이 MDCT 변환 쌍 수식을

$$X_i[k] = \sum_{n=0}^{N-1} x_i[n] w_a^i[n] \cos\left(\tfrac{2\pi}{N}(n+n_0)(k+\tfrac{1}{2})\right) \qquad for\ k=0,\ldots,K-1$$

$$x_i[n] = \tfrac{4}{N} w_s^i[n] \sum_{k=0}^{K-1} X_i[k] \cos\left(\tfrac{2\pi}{N}(n+n_0)(k+\tfrac{1}{2})\right) \qquad for\ n=0,\ldots,N-1$$

다음의 $N=2K$ 의 PQMF 필터뱅크 수식과 비교해보자.

$$y_k[i] = \sum_{n=0}^{N-1} h[N-1-n] x_i[n] \cos\left(\tfrac{2\pi}{N}\left(k+\tfrac{1}{2}\right)\left(n-\tfrac{(N-1)}{2}\right)-\phi_k\right) \qquad for\ n=0,\ldots,K-1$$

$$\hat{x}_i[n] = h[N-1-n] \sum_{k=0}^{K-1} y_k[i] \cos\left(\tfrac{2\pi}{N}\left(k+\tfrac{1}{2}\right)\left(n-\tfrac{(N-1)}{2}\right)-\phi_k\right) \qquad for\ k=0,\ldots,N-1$$

먼저 위상을 다음과 같이 설정하면 코사인 함수의 인수가 같아짐을 볼 수 있다.

$$\phi_k = -\tfrac{2\pi}{N}(k+\tfrac{1}{2})(n_0+\tfrac{(N-1)}{2})$$

MDCT 수식에서는 시간 에일리어싱-소거를 위해 $n_0 = N/4+1/2$ 로 설정해야 한다. 이 말은 다음과 같은 위상 ϕ_k 에 대해 MDCT가 $N=2K$ 의 PQMF 필터뱅크와 같아진다는 것을 의미한다.

$$\phi_k = -\tfrac{3\pi}{2}(k+\tfrac{1}{2})$$

MDCT가 PQMF 필터뱅크와 같아지려면 위상 ϕ_k 이 다음과 같은 조건을 만족해야 한다.

$$\phi_k - \phi_{k-1} = \tfrac{\pi}{2}(2r+1)$$

여기서 정수 r 은 이웃한 주파수 대역 간에 에일리어싱-소거를 위한 것이며,

이는 MDCT 위상 항과도 같은 조건임을 명백히 알 수 있다. 사실상 MDCT 위상 항은 하나의 이웃 주파수 대역 간만이 아니라 모든 주파수 대역 간의 주파수 에일리어싱을 소거할 수 있다. 그러므로 MDCT가 $N=2K$ 의 PQMF 필터뱅크와 같다고 결론을 내릴 수 있다.

다음으로, MDCT 윈도우 함수와 PQMF 필터뱅크의 원형필터 $h[n]$ 과의 관계를 살펴보자. 분석단의 출력이 다음과 같이 약간 다른 형태로 정규화되었음을 주목하자.

$$y_k[i] = \frac{2}{\sqrt{N}} X_i[k]$$

이 정규화는 MDCT 윈도우가 다음과 같이 PQMF 원형필터와 관계가 있을 때 MDCT가 PQMF 필터뱅크와 같다는 것을 보이고자 취해진 것이다.

$$w_a^i[n] = \frac{\sqrt{N}}{2} h[N-1-n]$$
$$w_s^i[n] = \frac{\sqrt{N}}{2} h[N-1-n]$$

위 수식으로부터 MDCT 분석 및 합성 윈도우가 서로 같은 조건을 필요로 함을 주목하자. 이제 시-불변 필터뱅크, 즉 단일 윈도우 형태에 대한 완전복원 조건은 MDCT 분석 및 합성 윈도우가 서로 시간-반전되어 있어야만 만족될 수 있다. 시-불변 필터뱅크를 갖는 MDCT는 대칭 윈도우 함수에 대해서만 이러한 조건을 만족할 수 있다.

마지막으로 MDCT는 다음과 같은 완전복원 조건을 만족하는 윈도우를 필요로 하며

$$w_a^i[n]*w_s^i[n]+w_a^{i-1}[N/2+n]*w_s^{i-1}[N/2+n]=1 \qquad for\ n=0,\ldots,N/2-1$$

반면에 PQMF 원형필터는 다음과 같은 파워 상보성 조건을 만족하도록 설계되어야 하며

$$|H(f)|^2+|H(-F_s/2K+f)|^2 = 2/F_s^{\,2} \qquad for\ 0 \le f \le F_s/4K$$

$|f| = F_s/2K$ 범위 밖에서는 0이 되어야 한다. 이제 이러한 조건들이 어떻게 서로 연관되어 있는지를 알아보자.

MDCT 윈도우가 대칭성을 가지고 있을 때 이들은 다음과 같은 완전복원 조건을 만족하는 대칭 PQMF 원형필터 $h[n]$ 과 관련이 있다.

$$h[n]^2 + h[n+N/2]^2 = 4/N \qquad for\ n = 0,...,N/2-1$$

이때 이 완전복원 조건이 주파수 영역에서 다음과 같은 파워 상보성 조건을 의미한다는 것을 증명할 수 있다.

$$\frac{1}{N}\sum_{k=0}^{N-1} |H(f + kF_s/N)|^2 = 2/F_s^{\,2}$$

만약 MDCT 윈도우가 주파수 영역에서 $|f| = F_s/2K$ 범위 밖의 신호 파워를 무시할 수 있을 정도의 좋은 분해능을 가지고 있다고 가정한다면, 이득 $1/N$ 정도의 사소한 차이만을 제외하고는 이 조건이 PQMF 파워 상보성 조건과 동일하다는 것을 발견할 수 있다. 그러나 MDCT 완전복원 조건을 만족하는 윈도우는 PQMF 조건을 만족할 정도로 분해능이 좋지 않더라도 완전복원을 달성할 수 있다. 예를 들어, MDCT 조건을 만족하는 사인 윈도우는 PQMF 원형필터같이 좋은 분해능을 갖고 있지 않더라도 완전복원 조건을 만족할 수 있다. 따라서 MDCT 변환은 PQMF가 허용하는 범위보다 더 넓은 범위의 원형필터를 허용하면서도 정확하게 완전복원을 달성할 수 있는 $N = 2K$ 의 PQMF 필터뱅크와 같음을 알 수 있다.

우리는 이 절에서 4장의 PQMF와 이 장의 MDCT 변환과의 연관성에 대하여 살펴보았다. 우리는 먼저 MDCT가 데이터율을 증가시키지 않으면서도 50% 중복을 허용함으로써 변환 코딩의 몇 가지 문제점을 해결할 수 있음을 알았다. 또한, MDCT는 저지대역 감쇠나 억제를 위한 과도한 조건을 부여하지 않더라도 PQMF보다 더 효율적으로 완전복원 조건을 달성할 수 있는 일종의 서브밴드 필터뱅크라는 것 또한 알게 되었다. MDCT는 윈도우 설계의 편리성(즉, 사인이나 KBD 윈도우를 이용할 수 있음)과 단일 파라메터(윈도우 길이 N)를 이용해 필터뱅크 해상도를 조절할 수 있는 능력 등의 장점 때문에 최근에 새로이 개발되는 대부분의 오디오 코더에 적용되고 있다.

4.4 FFT를 이용한 MDCT 구현

이전 절에서는 MDCT가 DFT 코더가 가지는 전형적인 데이터율 문제점을 어떻게 해결하는지 살펴보았다. 그러나 MDCT가 실제 코더에 유용하게 사용되려면 큰 블록크기에 대해 N^2 보다 작은 연산량을 가진 고속 변환 방법이 필요하다. 사실상 FFT를 이용해 MDCT 변환을 다음과 같이 다시 표현함으로써 MDCT의 고속 연산 알고리즘을 구현할 수 있다.

$$
\begin{aligned}
X[k] &= \sum_{n=0}^{N-1} x[n]w[n]\cos\left(\tfrac{2\pi}{N}(n+n_0)(k+\tfrac{1}{2})\right) \\
&= \mathrm{Re}\left\{\sum_{n=0}^{N-1} x[n]w[n]e^{-j\frac{2\pi}{N}(n+n_0)(k+\frac{1}{2})}\right\} \\
&= \mathrm{Re}\left\{e^{-j\frac{2\pi}{N}n_0(k+\frac{1}{2})}\sum_{n=0}^{N-1}\left[x[n]w[n]e^{-j\frac{2\pi n}{2N}}\right]e^{-j\frac{2\pi kn}{N}}\right\}
\end{aligned}
$$

이 수식은 전방 MDCT(forward MDCT)를 다음과 같은 과정으로 구현할 수 있다는 것을 말한다.

① 입력 샘플에 아래 인수를 곱하여 "사전-트위들(Pre-twiddle)"한다.

$$e^{-j\frac{2\pi n}{2N}}$$

② "사전-트위들"된 데이터에 N-점 FFT를 취한다.

③ FFT 변환된 데이터에 아래 인수를 곱한 다음, 실수부만을 취하여 $k=0$ ~ $N/2-1$ 의 변환 데이터를 "사후-트위들(Post-twiddle)"한다.

$$e^{-j\frac{2\pi}{N}n_0(k+\frac{1}{2})}$$

이러한 방식으로 MDCT를 구현하면 N^2 대신에 $N*\log_2(N)$ 정도의 연산량만을 가짐을 주목하자(FFT에서 사전-트위들과 사후-트위들의 연산량은 약 N 정도임).

이와 유사하게 MDCT 역-변환 또한 다음과 같이 FFT를 이용해 다시 쓸 수 있다.

$$\begin{aligned} x'[n] &= w[n]\frac{4}{N}\sum_{k=0}^{N/2-1} X[k]\cos\left(\frac{2\pi}{N}(n+n_0)(k+\frac{1}{2})\right) \\ &= w[n]\frac{2}{N}\sum_{k=0}^{N-1} X[k]\cos\left(\frac{2\pi}{N}(n+n_0)(k+\frac{1}{2})\right) \\ &= w[n]\mathrm{Re}\left\{\frac{2}{N}\sum_{k=0}^{N-1} X[k]e^{j\frac{2\pi}{N}(n+n_0)(k+\frac{1}{2})}\right\} \\ &= 2w[n]\mathrm{Re}\left\{e^{j\frac{2\pi}{2N}(n+n_0)}\frac{1}{N}\sum_{k=0}^{N-1}\left[X[k]e^{j\frac{2\pi}{N}kn_0}\right]e^{j\frac{2\pi}{N}kn}\right\} \end{aligned}$$

이 수식으로부터 역-MDCT(inverse MDCT)를 다음과 같은 과정으로 구현할 수 있다.

① 아래 인수를 곱하여 주파수 샘플(이제 인덱스가 $k = 0,1,\dots,N-1$ 로 시작하고 $k \ge N/2$ 에 대해 $X[N-1-k] = -X[k]$ 를 이용함을 주목)을 "사후-트위들"한다.

$$e^{j\frac{2\pi}{N}kn_0}$$

② "사후-트위들"된 데이터에 N-점 역-FFT를 취한다.

③ 역-변환된 데이터에 아래 인수를 곱한 결과에 실수부만을 취하여 역-변환된 데이터를 "사후-트위들"한다.

$$e^{j\frac{2\pi}{2N}(n+n_0)}$$

그리고 합성 윈도우에 2를 곱한다.

역-MDCT 변환 또한 FFT 알고리즘을 이용해 연산횟수를 $N*\log_2(N)$ 으로 줄일 수 있음을 주목하자.

이 절에서 살펴본 MDCT 고속 연산은 N^2 연산량을 $N*\log_2(N)$ 으로 줄일 수 있는 가장 간단한 예에 불과하고 이보다 더 빠른 구현도 가능하다. 위의 수식을 조금 더 수정하면 더 빠른 구현이 가능하다. MDCT 고속 구현에 관심 있는 독자들은 [Malvar 92], [Duhamel, Mahieux and Petit 91], [Bosi 99]를 참조하기 바란다.

5 요 약

4장과 이 장을 요약하면 다음과 같다. 우리는 입력신호를 인코딩하기 위해 입력신호를 주파수 성분으로 변환하는 2가지 방법을 살펴보았다. 하나는 신호의 주파수 성분을 분할할 때 PQMF를 사용하는 서브밴드 필터뱅크 방식이고, 다른 하나는 변조된 변환을 이용해 주파수 성분을 분할하는 변환 방식이다. 우리는 PQMF가 원형 저역통과 필터를 적절한 주파수 대역 위치로 변조함으로써 여러 개의 주파수 채널을 만들 수 있는 것을 보았다. PQMF는 MPEG-1과 MPEG-2 계층 I과 II(11장과 12장 참조)에서 시간-주파수 변환에 사용된다. 우리는 또한 변환 코딩이 블록킹 현상으로 인해 입력신호에 윈도우를 취할 때 매끄러운 윈도우를 사용해야 하고 원 신호를 복원하기 위해서는 출력 데이터를 중첩-가산해야 하는 것을 보았다. 마지막으로는 MDCT가 PQMF 서브밴드 방식이나 윈도우된 변환 부류 중 하나로 이들 방식이 같은 멀티채널 신호처리 개념을 가지고 있고 단지 약간의 다른 측면만을 가지고 있다는 사실을 확인하였다. 더군다나 MDCT는 전체 데이터율을 증가시키지 않으면서도 완전복원 조건을 달성할 수 있으며 많은 채널 개수의 필터뱅크에 대해서도 쉽게 적용될 수 있는 고속 구현 알고리즘을 가지고 있다. MDCT는 MPEG-2와 4 AAC(13장과 15장 참조) 그리고 AC-3에 사용된다. PQMF와 MDCT를 직렬 연결한 복합 필터뱅크는 MPEG-1 계층 III에 사용되고 있다(9장 참조).

일반적으로 오디오 코딩에서 시간-주파수 변환 방법을 설계할 때 주요 목표는 귀에 들리는 블록킹 잡음을 최소화하는 동시에 주파수 분해능을 최대화하는 것이다. 이때 시스템은 임계 샘플링 조건을 만족하는 것이 바람직하다. 완전복원이나 근접-완전복원 필터뱅크는 코딩 시스템 설계를 단순화시킬 수 있다. 시간 지연과 연산 복잡도 또한 필터뱅크를 선정하는 데 있어 중요한 요소이다. 필터뱅크는 코딩 시스템에서 중심 역할을 하며 신호의 중복성과 무관성을 제거할 수 있는 방법이다. 다음 장에서는 사람의 귀를 모델링하는 방법을 살펴보고 신호에서 사람의 귀에 들리지 않는 성분을 파악하는 방법과 양자화 잡음에 대해 학습할 것이다.

Part 01

6 참고 문헌

[Bosi 99]: M. Bosi, "Analysis/Synthesis system with efficient oddly stacked single-band filter using time-domain aliasing cancellation," Patent number 5,890,106, March 1999.

[Bosi and Davidson 92]: M. Bosi and G. A. Davidson, "High-Quality, Low-Rate Audio Transform Coding for Transmission and Multimedia Applications", presented at the 93rd AES Convention, J. Audio Eng. Soc. (Abstracts), vol. 40, P. 1041, Preprint 3365, December 1992.

[Bosi et al. 97]: M. Bosi, K. Brandenburg, S. Quackenbush, K. Akagiri, H. Fuchs, J. Herre, L. Fielder, M. Dietz, Y. Oikawa, G. Davidson, "ISO/IEC MPEG-2 Advanced Audio Coding", JAES, 51, 780 - 792, October 1997.

[Brigham 74]: E. Oran Brigham, *The Fast Fourier Transform*, Prentice Hall Englewood Cliffs, 1974.

[Cooley and Tukey 65]: J. W. Cooley and J. W. Tukey, "An Algorithm for Machine Calculation of Complex Fourier Series", Math. Computation, vol. 19, pp. 297-301, April 1965.

[Duhamel 86]: P. Duhamel, "Implementation of split radix FFT for complex, real and real-symmetrical data", IEEE Transactions on Acoustics, Speech, and Signal Processing, vol. ASSP-34, pp. 285 – 295 , April 1986.

[Duhamel, Mahieux and Petit 91]: P. Duhamel, Y. Mahieux, and J. P. Petit, "A fast algorithm for the implementation of filter banks based on time domain aliasing cancellation", IEEE Transactions on Acoustics Speech, and Signal Processing, vol. ASSP-34, pp. 285 – 295, April 1986.

[Edler 89]: B. Edler, "Coding of Audio Signals with Overlapping Transform and Adaptive Window Shape" (in German), Frequenz, Vol. 43, No. 9, pp. 252-256, September 1989.

[Fielder et al. 96]: L. D. Fielder, M. Bosi, G. A. Davidson, M. Davis, C. Todd, and S. Vernon "AC-2 and AC-3: Low Complexity Transform-Based Audio Coding, " in N. Gieichrist and C. Grewin (ed.), *Collected Papers on Digital Audio Bit-Rate Reduction*, pp. 54-72, AES 1996.

[Harris 78]: F. J. Harris, "On the Use of Windows for Harmonic Analysis with the Discrete Fourier Transform", Proc. of the IEEE,Vol. 66, no. 1, pp. 51-84, January 1978.

[ISO/IEC 11172-3]: ISO/IEC 11172, Information Technology, "Coding of moving pictures and associated audio for digital storage media at up to about 1.5 Mbit/s, Part 3: Audio", 1993.

[ISO/IEC 13818-7]: ISO/IEC 13818-7, Information Technology, "Generic coding of moving pictures and associated audio, Part 7: Advanced Audio Coding", 1997.

[Malvar 90]: H. S. Malvar, "Lapped Transforms for efficient transform/sub-band coding," IEEE Transactions on Acoustics, Speech, and Signal Processing, vol. ASSP-38, pp. 969 – 978, June 1990.

[Malvar 92]: H. S. Malvar, *Signal Processing with Lapped Transforms*, Artech House, Norwood, MA, 1992.

[Oppenheim and Schafer 75]: A. V. Oppenheim and R. W. Schafer, *Digital Signal Processing,* Prentice Hall, Englewood Cliffs, 1975.

[Portnoff 80]: M. R. Portnoff, "Time-Frequency Representation of Digital Signals and Systems Based on Short-Time Fourier Analysis", IEEE Transactions on Acoustics, Speech, and Signal Processing, vol. ASSP-28, no. 1, pp. 55 – 69, February 1980.

[Princen and Bradley 86]: J. P. Princen and A. B. Bradley, "Analysis/Synthesis Filter Bank Design Based on Time Domain Aliasing Cancellation," IEEE

Transactions on Acoustics, Speech, and Signal Processing, vol. ASSP-34, no. 5, pp. 1153 – 1161, October 1986.

[Princen and Johnston 95]: J. Princen, J. D. Johnston, "Audio Coding with Signal Adaptive Filter banks," IEEE Proc. of ICASSP, pp. 3071 – 3074, 1995.

[Princen, Johnson and Bradley 87]: J. P. Princen, A. Johnson and A. B. Bradley, "Subband/Transform Coding Using Filter Bank Designs Based on Time Domain Aliasing Cancellation", Proc. of the ICASSP, pp. 2161-2164, 1987.

[Sinha, Johnston, Dorward and Quackenbush 981: D. Sinha, J. D. Johnston, S.

Dorward and S. R. Quackenbush, "The perceptual Audio Coder (PAC)", in *The Digital Signal Processing Handbook*, V. Madisetti and D. Williams (ed.), CRC Press, pp. 42.1-42.18, 1998.

[Sugiyama, Hazu and Iwadare 90]: A. Sugiyama, F. Hazu, M. Iwadare, "Adaptive Transform Coding with an Adaptive Block Size (ATCABS)", Proc. of the ICASSP, Albuquerque, pp. 1093 – 1096, 1990.

[Vetterli and Kovačević 95]: M. Vetterli and J. Kovačević, *Wavelets and Subband Coding,* Prentice Hall, Englewood Cliffs, 1995.

7 예제 문제

a) MDCT:

이 예제에서 여러분은 MDCT를 이용해 시간-주파수 변환을 구현할 것이다. 여러분은 또한 이러한 변환이 완전복원 조건을 만족하고 MDCT를 직접적으로 구현하는 것보다 고속으로 구현하는 것이 훨씬 빠르다는 것을 확인할 것이다. 고속 MDCT/IMDCT 구현은 다음 예제에서도 사용될 것이다.

1. 변환 정의를 이용해 MDCT와 IMDCT를 수행하는 프로그램 함수를 작성하라.

2. 구현된 MDCT/IMDCT 함수를 이용해 50% 중복을 갖는 분석/합성 시스템을 구현하라. 임의의 블록크기 N을 사용하고 사인 윈도우를 적용하라.

3. $N = 2{,}048$ 변환과 다음의 테스트 신호를 이용해 여러분의 시스템이 완전복원 조건을 만족하는 것을 확인하라.

   $x[n] = \cos(2\pi n / 44.1)$　　[1kHz 톤(tone)을 44.1kHz로 샘플링한 결과]

   $x[n] = \theta(n)$　　[스텝 함수(step function)]

4. FFT 알고리즘을 이용해 MDCT와 IMDCT를 고속으로 구현하는 프로그램을 다시 작성하라. 이를 위해서는 FFT/IFFT를 위한 소스 코드가 필요하다. 이 소스 코드는 여러 곳에서 구할 수 있으나(예를 들어, 수치해석 책 등 참조) 부호(전방 변환에서의 $-j$)와 정규화 인수(역-변환에서의 $1/N$)가 이 책과 일치하는지 확인할 필요가 있다. 위의 테스트 신호를 분석/합성 시스템에 적용해 여

러분의 새로운 프로그램이 제대로 동작하는지 확인하라.

5. 여러분의 분석/합성 시스템을 고속 구현하였을 때와 수식을 직접적으로 이용했을 때의 실행 시간을 비교하라.

b) 주파수-영역 오디오 코더:

이 예제에서 여러분은 MDCT를 이용해 2장에서 개발된 오디오 코더를 주파수-영역 코더로 변환할 것이다.

1. 16-비트 PCM 오디오 파일을 읽고 N 개 시간-샘플 블록에 사인 윈도우를 취한 다음, 이것을 $N/2$ 주파수 성분으로 변환하고, 이 주파수 성분들을 양자화할 수 있는 프로그램을 작성하라. 또한, 이 프로그램은 양자화된 샘플을 파일에 쓰고, 읽을 수 있어야 하며 $N/2$ 주파수 성분을 역-양자화한 다음 역-변환해서 N 개 시간-샘플로 변환할 수 있어야 한다. 그런 다음 시간-샘플을 50% 중첩-가산해 디코딩된 신호를 재생할 수 있어야 한다. 16-비트 midtread 양자화를 이용해 파일을 디코딩할 때 음질 저하가 없는 것을 확인하는 방법으로 여러분의 코더가 이상 없이 동작함을 확인하라.

2. 여러분의 코덱을 다음 양자화기를 이용해 $N = 256$, $N = 2{,}048$ 사운드 샘플로 테스트하라.
   1) 4-비트 midtread 균일 양자화
   2) 4-비트 midrise 균일 양자화
   3) 8-비트 midtread 균일 양자화
   4) 3개의 스케일팩터 비트와 5개 가수 비트의 midtread 부동-소수 양자화

이들은 각각 어느 정도의 압축률을 갖는가? 여러분이 듣게 되는 양자화 잡음을 설명하라. 이 양자화 잡음은 2장의 양자화 잡음과 어떻게 다른가?

심리음향 개론

chapter 06

1 서론

우리는 이 책의 1장 서론에서 오디오 코딩 과정의 마지막 단계가 사람의 귀인 것을 보았다. 그렇기 때문에 사람의 귀가 어떻게 음을 인식하는지 잘 아는 것이야말로 오디오 코덱 설계에서 가장 중요하다고 말할 수 있다. 오디오 코딩의 기본 원리는 양자화 잡음을 재생 음질에 가장 적게 영향을 미치는 신호 스펙트럼 영역에 위치시킴으로써 귀에 들리는 왜곡 없이 데이터율을 줄이는 것이다.

이 장에서는 지각 오디오 코더(perceptual audio coder) 설계에 핵심적인 역할을 하는 심리음향(psychoacoustic)(음향 자극과 사람의 청감(hearing sensation) 간의 통계적 연관성을 연구하는 학문)의 주요 특징을 살펴본다. 이 장의 목적은 최근의 첨단 오디오 코더에서 널리 사용되고 있는 마스킹 모델(masking model)의 기본 개념과 실험 결과를 소개하는 것이다. 먼저 사운드의 음압 레벨(SPL, Sound Pressure Level) 단위와 사람의 가청범위(range of human hearing)를 소개한 후 최소가청한계(hearing threshold)와 마스킹 현상을 설명하고 이들에 대한 주요 실험 결과를 알아보도록 한다. 다음으로는 사람이 음을 인식하는 기본 원리와 사람의 귀가 어떻게 스펙트럼 분석기 같은 역할을 해 임계 대역(CB, Critical Band)이라 불리는 특정 주파수 단위로 음을 분석하는지 살펴본다. 이러한 기초학습 위에 음의 마스킹 실험 결과와 사람의 청감 간의 연관성을 살펴봄으로써 심리음향 모델을 이해할 수 있을 것이다.

2 음압 레벨

1장에서 보았듯이 사운드는 시간의 함수로 표현되며 압력파 형태로 사람의 귀에 전달된다. 사운드는 단위 면적당 힘으로 정의되는 공기압 $p(t)$가 시간에 따라 변하는 진동으로 표현될 수 있다. MKS(Meter-Kilogram-Second) 시스템에서 압력 단위는 Pascal(Pa, 파스칼)로서 $1\,Pa = 1\ N/m^2$ ($1\,m^2$ 에 $1\,N \approx 0.1\,\text{kg}$ 의 힘이 가해진 상태)로 정의된다. 오디오 응용 분야에서 음압은 사람의 귀가 가장 민감한 주파수에서의 가청 주파수 한계인 $10^{-5}\,Pa$ 과 귀가 아플 정도일 때인 $10^2\,Pa$ 사이의 값을 갖는다.

이렇듯 광범위한 범위를 갖는 음압을 표현하기 위해서 로그 대수 단위를 사용하며 다음과 같이 dB 단위의 음압 레벨 SPL(Sound Pressure Level)을 사용한다.

$$SPL = 10\log_{10}(p/p_0)^2$$

여기서 $p_0 = 20\ \mu Pa$ 이고 이는 약 $2\,\text{kHz}$ 의 톤(tone) 주파수에서 최소가청한계(hearing threshold) 음압과 거의 동일하다[Zwicker and Fastl 90 참조].

사운드는 종종 음의 세기(sound intensity)로 표현된다. 음의 세기 I 는 사운드 파형에서 단위 면적당 파워로 표현되며 p^2 에 비례한다. 음의 세기를 이용하면 dB 단위의 SPL을 다음과 계산할 수 있다.

$$SPL = 10\log_{10}(I/I_0)$$

음의 세기 I 는 MKS단위에서 W/m^2 $(1\ W = 1\,N\,m/s)$ 단위로 측정되며 기준 음 세기인 $I_0 = 10^{-12}\,W/m^2$ 는 기준 음압 p_0 에서의 음 세기를 말한다.

3 음의 크기

각 음압 레벨에 대해 실제 사람이 지각하게 되는 청감을 음의 크기(라우드니스(loudness))라 한다. 음의 크기 개념은 Barkhausen에 의해 처음으로 소개되어 실제 사람의 귀에 인지된 음의 세기를 표현하는 데 사용되었다. 라우드니스 레벨(loudness level)은 사람이 정면에서 발생한 1kHz 톤(tone)을 지각할 때의 음 크기를 수치화한 것이다. 일반적으로 오디오 신호의 라우드니스는 음의 세기뿐만이 아니라 음의 지속시간, 음의 발생시간, 스펙트럼 특성 등에 의존한다. 라우드니스 단위는 phon을 사용하고 phon은 주파수 함수인 등라우드니스 곡선(equal loudness curve)으로 표현된다(그림 1 참조). 그림 1에서 음의 크기를 phon으로 측정한 값과 음의 세기를 dB 로 측정한 값의 차이가 음의 세기가 높아질수록 점점 줄어드는 것을 주목할 필요가 있다. 예를 들어, 음 세기 100dB의 1kHz 음이 같은 100dB 에서 100Hz 음과 거의 같게 들리고, 40dB 에서의 1kHz 음은 같은 40dB 에서의 100Hz 음보다 약 20dB 정도 크게 들린다[Fisher and Munson 33]. 하나 주목해야 할 사실은 등라우드니스 곡선을 어떻게 측정하는가에 따라 실험 결과치가 다를 수 있다는 사실이다. 일반적으로 이러한 차이는 사람의 정면에서 구한 등라우드니스 곡선과 분산된 음장(sound field) 환경에서 구한 등라우드니스 곡선과의 편차를 보정해 줌으로써 해결할 수 있다[Zwicker and Fastl 90].

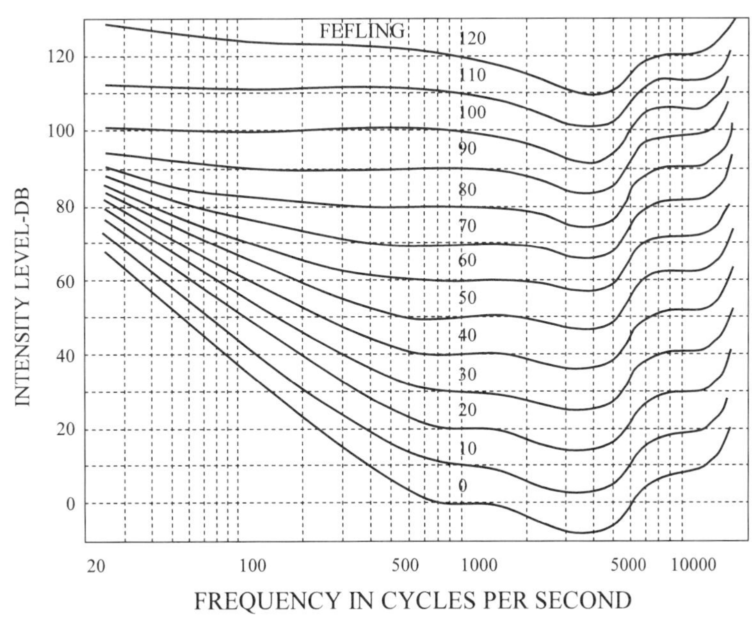

그림 1 등라우드니스 곡선[Fisher and Munson 33]

4 가청 범위

사람의 귀는 매우 광범위한 음압 레벨(SPL)의 음을 들을 수 있다. 그림 2는 일반 사람이 들을 수 있는 가청 범위(hearing range)를 말하며 주파수에 대한 함수로 다양한 SPL 곡선을 나타내고 있다[Zwicker and Fastl 90]. 그림의 x축은 20Hz ~ 20kHz 주파수 축으로 이는 일반적인 사람의 가청 주파수 범위를 나타낸다. 그러나 최근의 연구 결과에 따르면 특별히 민감한 귀를 가진 사람들은 20kHz 이상의 주파수 음도 들을 수 있다고 한다.

그림 2에서 아래쪽의 곡선은 잡음이 없는 조용한 환경에서 사람이 순음(pure tone)을 감지할 수 있는 최소 음압 레벨을 표시한 최소가청한계(threshold in quiet)를 나타낸다. 그림에서 2kHz ~ 20kHz 사이의 최소가청한계를 위쪽으로 약간 확장한 점선(dotted line) 부분은 중음 주파수(mid-frequency) 대역에서 사람이 큰 소리를 들었을 때 겪게 되는 청각 손실(hearing loss)을 나타낸다. 사람이 음을 들었을 때 통증을 느끼기 시작하는 최대가청한계(threshold of pain)는 그림 위쪽에 파선(dashed line)으로 표시하였다. 그림에서 최소가청한계와 최대가청한계 사이의 범위가 바로 사람의 가청 범위가 된다.

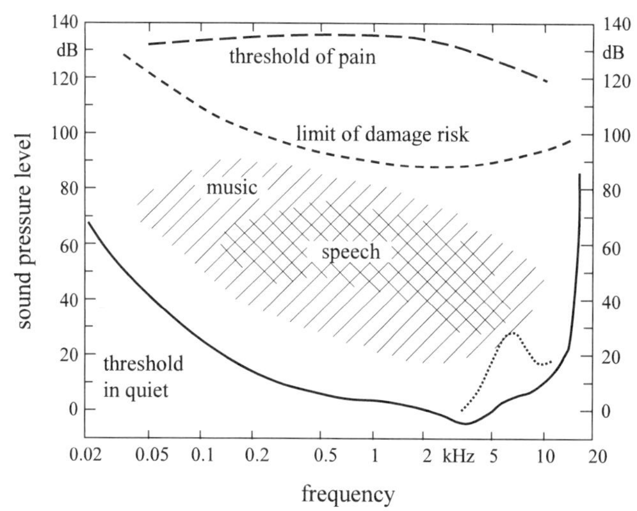

그림 2 가청 범위[Zwicker and Fastl 90]

사람의 음성은 일반적으로 100Hz ~ 8kHz 사이의 주파수 범위를 가지고 있고 약 30dB ~ 70dB 의 SPL을 가지고 있다. 보통 사람들이 대화하는 음압 레벨은 약 50dB ~ 60dB 이다. 일반적으로 음악은 음성보다 더 넓은 주파수 범위와 SPL을 가지고 있다. 예를 들어, 피아노의 A0음은 27.5Hz 주파수에 맞추어져 있고, C0음은 16Hz 에 그리고 피콜로(piccolo)의 가장 높은 음은 약 8.4kHz 주파수에 맞추어져 있다. 이외에도 바이올린(violin)과 심벌즈(cymbals) 같은 악기는 약 15kHz 정도까지의 하모닉(harmonic) 주파수 성분을 가질 수 있다. 보통 음악의 동적 범위는 약 20dB ~ 95dB 이고 100dB 가 되면 불쾌감을 주기 시작하며 120dB 에서는 통증을 느끼게 된다.

5 최소가청한계

최소가청한계(hearing threshold 또는 threshold in quiet)는 주어진 주파수에서 사람이 들을 수 있는 최소 음압 레벨(SPL)을 나타낸다. 아주 조용한 환경에서조차도 사람의 귀는 최소가청한계 이하의 음압 레벨을 감지할 수 없다. 최소가청한계 곡선은 오디오 코딩에서 매우 중요한 역할을 차지하는데, 이는 사람의 귀가 최소가청한계 이하의 주파수 성분을 들을 수 없어서 우리의 청각 작용과 무관한 주파수 성분들을 전송할 필요가 없기 때문이다. 더군다나 양자화 잡음들이 이러한 최소가청한계 아래에 놓이게 되면 이러한 잡음들 또한 사람의 귀에 들리지 않게 된다.

최소가청한계는 우리가 지각하는 음의 크기가 얼마나 되는지를 측정하는 데 매우 중요한 역할을 한다. 특별히 등라우드니스 곡선 그림에서 20phon이나 그 이하의 낮은 라우드니스 레벨을 비교해보면 음과 최소가청한계와의 차이가 작은 음의 크기를 결정하는 것을 알 수 있다. 좀 더 큰 음의 경우에는 음압 레벨 자체가 음의 크기를 결정하는 데 중요한 역할을 한다. [Zwicker and Fastl 90]에 따르면 최소가청한계는 phon=3일 때 등라우드니스 곡선과 같다고 한다.

최소가청한계는 음이 사람의 귀에 겨우 들리기 시작하는 순간의 음압 레벨을 기록하여 측정할 수 있다. 테스트 음의 주파수를 낮은 값에서 높은 값으로 또는 그 반대로 조정해 나가면서 동시에 음압 레벨을 지속적으로 증가시키거나 감소시키면 음압 레벨이 주파수에 따라 달라짐을 알 수 있다. 잘 들리는 음의 경우에는 음압 레벨을 감소시키고, 음이 전혀 들리지 않는다면 음압 레벨을 증가시키는 방향으로 실험을 진행한다. 일반적으로 실험 결과는 그림 3과 같이 지그재그(zigzag) 형태로 나타나는데, 음이 분명하게 잘 들리는 지점(꼭대기 점)과 전혀 들리지 않는 지점(바닥 점) 사이의 간격은 약 6dB 정도가 된다 [Zwicker and Fastl 90]. 최소가청한계 곡선은 지그재그 곡선의 꼭대기 점과 바닥 점을 지나는 2개의 곡선을 평균한 것이 된다. [Zwicker and Fastl 90]에 따르면 매번 실험을 할 때마다 최소가청한계 곡선의 오차 범위가 약 ±3dB 정도라고 한다. 마찬가지로 최소가청한계 곡선의 주파수 의존도 또한 정상적인 청각을 가진 사람을 대상으로 여러 번 실험을 반복한 다음 유사한 방법으로 구할 수 있다.

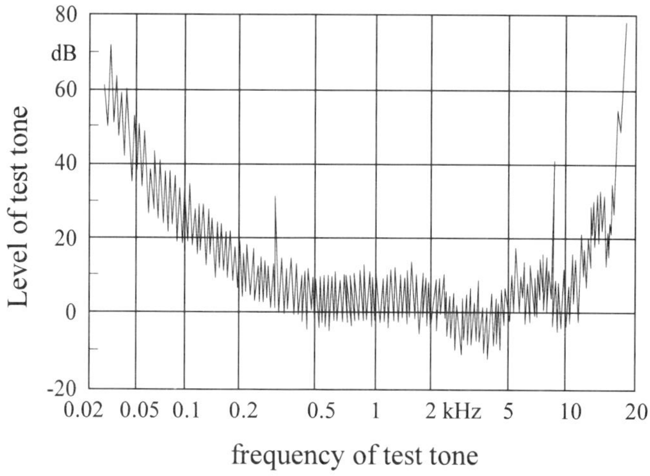

그림 3 최소가청한계에 대한 실험 결과 예 [Zwicker and Fastl 90]

최소가청한계가 주파수에 의존한다는 사실은 이미 잘 알려져 있다. 최소가청한계는 저주파 대역에서 상대적으로 높게 나타난다. 최소가청한계 곡선은 50Hz 에서 약 40dB 의 음압 레벨을 가지며 500Hz 에서는 거의 0dB 에 가깝게 떨어진다. 500Hz ~ 2kHz 범위에서는 거의 0dB 를 그대로 유지하며, 사람의 청감이 비교적 잘 발달되어 있는 주파수 대역인 2kHz ~ 5kHz 에서는 0dB 이하로 떨어지게 된다. 5kHz 이상의 주파수 대역에서는 사람에 따라 약간씩 다른 형태를 보이게 되지만 일반적으로 증가하는 모양을 가지고 있으며 16kHz 이상에서는 급격하게 증가하는 형태를 보인다. 보통 최소가청한계는 2kHz 이하의 주파수 대역에서는 사람의 나이에 별로 영향을 받지 않는다. 하지만, 2kHz 이상 예를 들어, 10kHz 에서는 20살 정도의 사람과 60살 정도의 사람 간에 최대 30dB 정도의 차이가 난다고 한다. 그림 4는 다양한 나이의 사람들을 대상으로 한 최소가청한계 실험 결과를 그림으로 비교한 것이다 [Zwicker and Fastl 90].

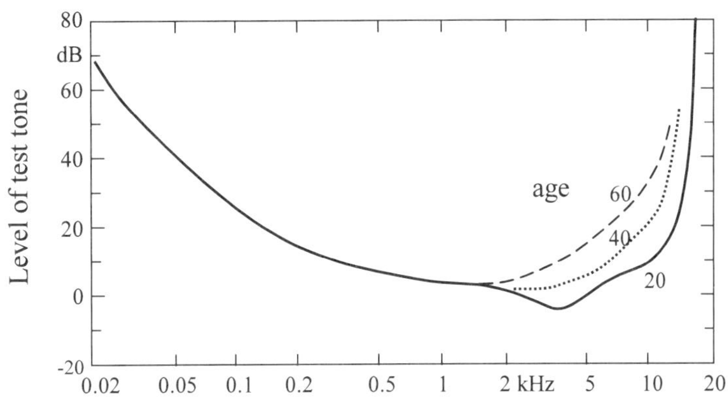

그림 4 다양한 나이의 사람들을 대상으로 한 최소가청한계 실험 결과[Zwicker and Fastl 90]

[Terhardt79] 논문에 나와 있는 것처럼, 최소가청한계 곡선은 다음과 같이 주파수에 대한 함수로 근사시킬 수 있다.

$$A(f)/\mathrm{dB} = 3.64(f/\mathrm{kHz})^{-0.8} - 6.5e^{-0.6(f/\mathrm{kHz}-3.3)^2} + 10^{-3}(f/\mathrm{kHz})^4$$

여기서 최소가청한계는 사람의 외이(outer ear)와 중이(middle ear) 그리고 내이(inner ear)에서 내부 잡음을 억제하는 신경계의 작용을 고려하여 모델링한 것이다(이 장의 9절 참조). 그림 5는 이 함수의 주파수 의존도를 그린 것이다. 그림에서 이 함수가 이전에 실험적으로 구한 최소가청한계 곡선을 잘 근사하고 있음을 볼 수 있다.

최소가청한계와 오디오 신호를 비교하기 위해서는 신호의 재생 레벨을 정확히 알고 있어야만 한다. 일반적으로 지각 오디오 코더의 재생 레벨을 사전에 알 수 있는 방법은 없다. 그렇기 때문에 재생 레벨은 현재 설계하고 있는 오디오 코딩 시스템이 표현할 수 있는 가장 작은 신호 값인 0dB에 가깝게 설정된다. 이러한 설정은 최소가청한계 곡선 아래에 비교적 평탄한 부분인 약 500Hz ~ 2kHz 주파수 대역에 재생 레벨을 정렬시키는 것과 같은 것으로 이때 신호 에너지 레벨은 시스템에서 표현 가능한 신호 스펙트럼 크기 값의 최하위 비트(LSB, Least Significant Bit)로 표현한다.

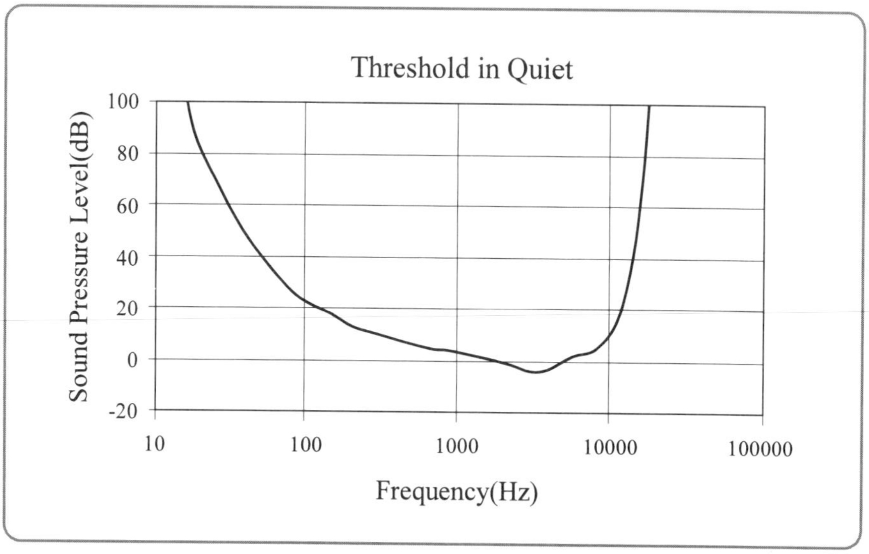

그림 5 [Terhardt79] 최소가청한계 함수 그림

6 마스킹 현상

우리는 일상생활에서 주변의 큰 소리에 의해 작은 소리가 들리지 않게 되는 마스킹(masking) 현상을 자주 경험하게 된다. 예를 들어, 길거리를 걸어가며 대화를 나누고 있는데 옆에서 갑자기 시끄러운 소리의 트럭이 지나간다면 바로 대화를 중단하게 된다. 그 이유는 트럭 잡음에 비해 우리의 말소리가 작아 알아들을 수 없기 때문이다. 이러한 것을 마스킹 현상으로 해석할 수 있다. 소리가 큰 마스커(masker) 음(트럭)과 소리가 작은 마스키(maskee) 음(사람의 대화)이 동시에 발생하면 더 이상 마스키 음을 정상적으로 들을 수 없게 된다. 이러한 현상을 동시 마스킹(simultaneous masking) 또는 주파수 마스킹(frequency masking)이라 부른다. 주파수 마스킹의 또 다른 예로는 큰 소리의 악기(마스커)가 유사한 주파수 음을 연주하는 작은 소리의 악기(마스키) 음을 들리지 않게 하는 경우다. 일반적으로 동시 마스킹 현상은 마스커에 해당하는 음이 사람 귀 달팽이관(cochlea)에 있는 기저막(basilar membrane)에서 여기(excitation)를 일으키고(다음 장 참조) 이것이 기저막 내 같은 주파수 영역에서 발생하는 작은 소리 여기를 방해하기 때문에 발생하는 현상으로 설명할 수 있다.

마스킹은 또한 마스커와 마스키 음이 동시에 발생하지 않더라도 일어날 수 있으며 이것을 순시 마스킹(temporal masking)이라 부른다. 예를 들면 큰 소리의 모음은 바로 뒤에 발성되는 파열음의 자음 소리를 마스킹하는 경향이 있다. 순시 마스킹은 주로 음의 과도부분(transient part)에서 일어나는 반면 주파수 마스킹은 정상상태(steady-state)에서 많이 발생한다. 예를 들어, 순시 마스킹은 캐스터네츠(castanets), 철금(glockenspiel) 같은 날카로운 악기 음을 코딩할 때 주파수 마스킹보다 더 많은 영향을 미친다.

6.1 주파수 마스킹

그림 6은 주파수 마스킹(frequency masking)을 나타내고 있다. 이 그림에서 큰 신호성분이 주변 주파수에 놓여 있는 2개의 다른 신호성분을 마스킹하고 있는 것을 볼 수 있다. 또한, 이 그림에서 최소가청한계 곡선 바로 위에 있는 마스킹 한계선(masking threshold)[2] 을 볼 수 있는데 이는 마스킹 신호가 존재할 때 신호의 가청한계를 말한다. 이 가청한계 곡선은 마스커가 존재할 때 가청한계 곡선 아래에 놓여 있는 다른 신호나 주파수 성분들을 들을 수 없다는 것을 의미한다. 그림 6과 같이 2개 신호성분이 비록 최소가청한계 곡선 위에 놓여 있더라도 이 음들은 마스킹 한계선 아래에 있기 때문에 들리지 않게 된다. 최소가청한계 곡선에서처럼 오디오 코딩에 마스킹 한계선을 적용해 전송할 필요가 없는

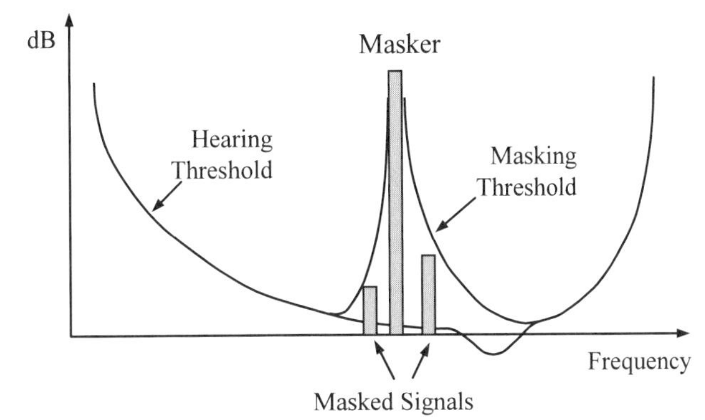

그림 6 주파수 마스킹 예

[2] 여기서 "마스킹 한계선" 또는 "마스킹 곡선(masking curve)"은 하나나 그 이상의 마스커 음에 의해 상승되는 최소가청한계를 나타낸다. 반면 "신호 마스킹 한계선"은 최소가청한계와 마스킹 한계선이 결합된 결과로 정의된다.

신호성분들을 확인할 수 있으며, 전송해야 할 신호성분들에 대해서는 사람의 귀에 들리지 않는 양자화 잡음이 얼마만큼 허용될 수 있는지를 결정할 수 있다.

6.2 순시 마스킹

동시(주파수) 마스킹과 더불어 마스킹 현상은 마스커가 존재하는 시간 밖으로 확장될 수 있다. 순시 마스킹(temporal masking)은 마스커가 존재하는 시간 바로 전과 후에 발생할 수 있다. 따라서 사전-마스킹(pre-masking)과 사후-마스킹(post-masking) 2가지 종류의 순시 마스킹이 가능하다. 사전-마스킹은 마스커 바로 전에 발생하는 반면 사후-마스킹은 마스커 바로 뒤에서 일어난다. 사전-마스킹은 마스커 바로 전에 발생하기 때문에 실제 마스커가 발생하기 전에는 어느 순간에 사전-마스킹이 일어날지 미리 예측할 수 없다. 일반적으로 순시 마스킹은 사람의 청각 시스템이 음을 인지할 때 아주 짧은 시간을 필요로 한다는 사실과 큰 소리가 작은 소리보다 더 긴 시간을 필요로 한다는 2가지 현상으로 설명할 수 있다.

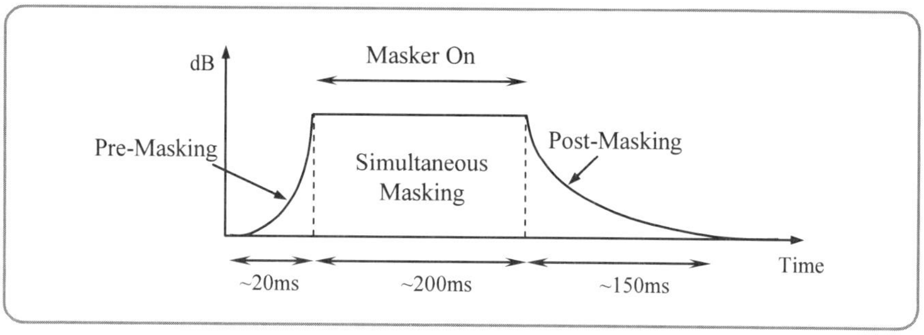

그림 7 순시 마스킹 예

그림 7에 순시 마스킹의 예를 들었다[Zwicker and Fastl 90]. 그림에서 200ms 마스커는 마스커에 비해 아주 짧은 지속시간을 갖는 작은 음을 마스크한다. 이때 사전-마스킹은 약 20ms 동안 지속하지만 실제로는 마스커 시작 바로 전 몇 ms 정도에만 많은 영향을 미친다. 마스커의 존속 시간과 사전-마스킹 구간에 대한 상호 연관성에 대해서는 아직도 일치된 실험 결과가 없는 편이다. 비록 사전-마스킹이 사후-마스킹이나 동시 마스킹 보다 영향력은 덜한 편이지만 입력 오디오 샘플을 블록 단위로 인코딩하는 지각 오디오 코더에서 발생할 수 있는 소위 "프리-에코(pre-echo)" 현상을 설명할 수 있기 때문에 매우 중요하게 취급된다. 프리-에코 왜곡은 코딩된 신호의 에너지가 실제 그 신호음 시

작 전에 시간상으로 널리 퍼져 있기 때문에 발생한다. 최근의 몇몇 오디오 코딩 시스템에서는 이러한 프리-에코 왜곡을 심리음향이나 분석/합성 적응필터 설계를 이용해 해결하고 있다.

그림 8은 캐스터네츠 신호의 예를 보이고 있다 (그림 8(a))[Bosi and Davidson 92]. 그림 8(b)에서 그림 8(a)의 캐스터네츠 신호를 고정 블록 길이로 인코딩했을 때 신호가 급격히 변하기 시작하는 부분 바로 전 약 5 ms 동안 신호 에너지가 퍼져 있는 부분을 볼 수 있다. 이러한 현상은 종종 "이중 어택(double attack)(**역자주:** 음이 뚜렷하게 시작되는 부분)"이라는 왜곡으로 불리고 학계에서는 "프리-에코"로 잘 알려져 있다. 비록 어떤 마스킹 현상은 몇십 ms 단위로 지속되기도 하지만, 사전-마스킹은 몇 ms 동안에만 많은 영향을 미치는 것으로 알려져 있다. 또한, 사전-마스킹은 이들 신호에 잘 훈련된 사람들에게는 많은 영향을 미치지 못한다는 사실을 주목할 필요가 있다. 지각 오디오 코딩에서는 프리-에코 왜곡을 제거하기 위해 종종 적응 필터뱅크(adaptive filter bank)를 사용한다(5장 참조). 그림 8(c)는 코딩되는 신호 블록 길이를 임의로 조절할 수 있는 적응 필터뱅크를 이용해 프리-에코를 제거할 수 있음을 보이고 있다.

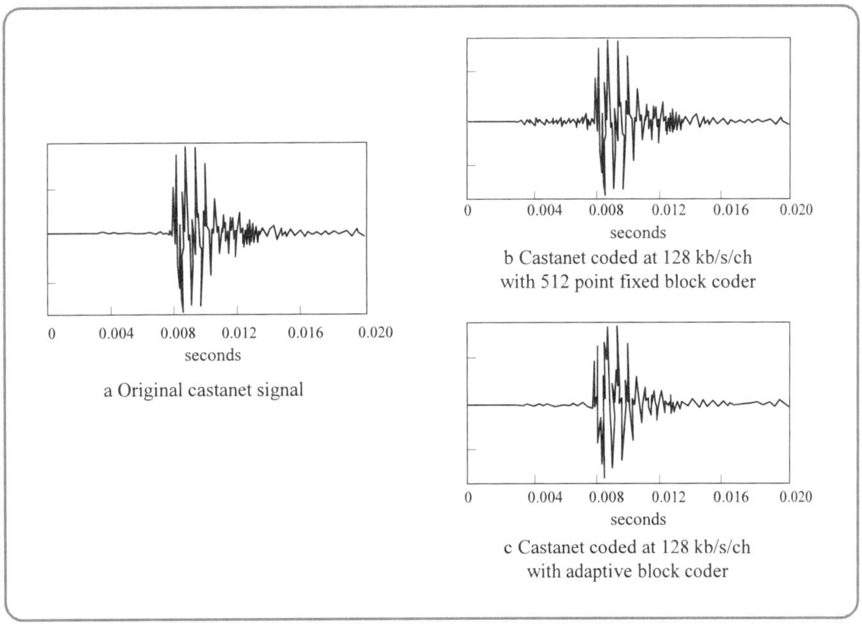

그림 8 과도신호를 인코딩할 때의 프리-에코 현상, (a) 원 캐스터네츠 신호, (b) 고정 블록 길이로 인코딩된 신호, (c) 적응 필터뱅크를 이용해 인코딩된 신호, (b)에서 신호 바로 전에 시간상으로 확산된 에너지는 프리-에코 왜곡이며 이러한 프리-에코는 신호에 의해 완전히 마스킹 될 수 없음[Bosi and Davidson 92]

사후-마스킹은 비교적 학계에 잘 알려져 있는 마스킹 현상으로 마스커가 사라지는 순간부터 마스킹 레벨이 점점 감소하는 것을 감안한 것이다. 사후-마스킹은 사전-마스킹보다 더욱 강력한 영향을 미치고 오랜 시간 동안 지속된다. 그림 7에서 사후-마스킹은 약 150ms 동안 지속된다, 사후-마스킹은 마스커 음의 레벨, 지속시간 그리고 마스커와 테스트 신호의 상대적인 주파수에 의존한다.

지각 오디오 코더 설계에 있어 가장 중요한 사항 중 하나는 어떻게 이러한 마스킹 현상을 실제 코더에 고려할 것이냐 하는 것이다. 일반적으로 마스킹 곡선은 순음(pure tone)이나 협대역 잡음(narrow-band noise) 같은 간단한 형태의 마스커와 마스키 신호를 이용해 측정할 수 있다. 오디오 코딩에서는 단순한 마스커로부터 유도된 마스킹 영향을 보다 복잡한 신호에도 확장해서 적용 가능하다는 가정을 하고 있다. 마스킹 한계선은 다음과 같이 계산될 수 있다.

① 신호의 주파수 영역 표현에서 각각의 마스킹 신호성분들을 검출한다.
② 확인된 각 마스커 신호 특성에 기초하여 각 마스커에 해당하는 주파수 마스킹과 순시 마스킹 곡선을 구한다.
③ 각 마스커에 해당하는 마스킹 곡선을 결합한 후 최소가청한계를 더하여 신호의 가청한계를 표현하는 전체 신호 마스킹 한계선(signal masking threshold)을 구한다.

최종적으로는 이렇게 구한 신호 마스킹 한계선을 이용해 들리지 않는 신호성분을 파악하고 또한 들리는 신호성분을 몇 비트로 할당할지 결정한다.

7 마스킹 곡선 측정

마스킹 곡선을 구성하는 데이터는 마스킹 신호가 존재할 때 테스트 신호가 들리기 시작하는 순간을 기록하는 여러 번의 반복 실험을 통하여 구할 수 있다. 마스킹 한계선은 마스커와 테스트 신호의 본질과 특성에 대부분 의존한다. 일반적으로 주파수 마스킹 측정에서는 테스트 신호와 마스커 신호로 신호 구간을 확장시킨 사인파 음이나 협대역 잡음을 사용한다. 반면 순시 마스킹을 측정할 때는 신호 구간이 한정된 짧은 구간의 버스트(burst, **역자주:** 간헐적인 특정량의 신호)나 임펄스 신호를 테스트 신호와 마스커 신호로 사용한다.

마스킹 곡선을 측정하는 한 가지 방법은 최소가청한계를 측정하는 데 사용했던 방법을 일부 변형해 사용하는 것이다. 그러나 이 경우에는 마스킹 신호를 지속적으로 변화시켜 테스트 신호의 가청한계를 확인하는 수단으로 사용한다. 그림 9는 이러한 실험을 통해서 구해진 마스킹 곡선을 보이고 있다. 이 실험에서는 마스킹 신호로 SPL이 60dB 인 1kHz 순음을 사용하였다. 아래쪽의 지그재그 선은 마스킹 신호가 없을 때 측정한 최소가청한계이며, 위쪽의 지그재그 선은 마스킹 신호가 있을 때의 가청한계를 말한다. 이 실험에서 주목할 사항은 마스킹이 마스커 주파수 인근의 주파수 대역에서 가장 강하고, 좌우 양 방향으로 테스트 신호가 마스커 주파수에서 멀어짐에 따라 마스킹이 급격하게 떨어진다는 사실이다. 일반적으로 이러한 특성은 모든 마스킹 실험에서 동일하게 나타난다. 또 하나 주목할 만한 사실은 마스커 레벨에서 약 15dB 떨어진 지점에 가장 높은 마스킹 레벨이 나타나고, 그 이후 마스킹 레벨이 고주파 대역보다는 저주파 대역 쪽으로 더 급격하게 감소한다는 점이다. 이러한 현상은 마스킹 신호와 테스트 신호의 종류에 따라 달라지는 경향이 있다. 다음 절들에서는 이 절에서 설명한 실험과 유사한 방법으로 구해진 주파수 마스킹 곡선의 주요 특징들을 살펴볼 것이다.

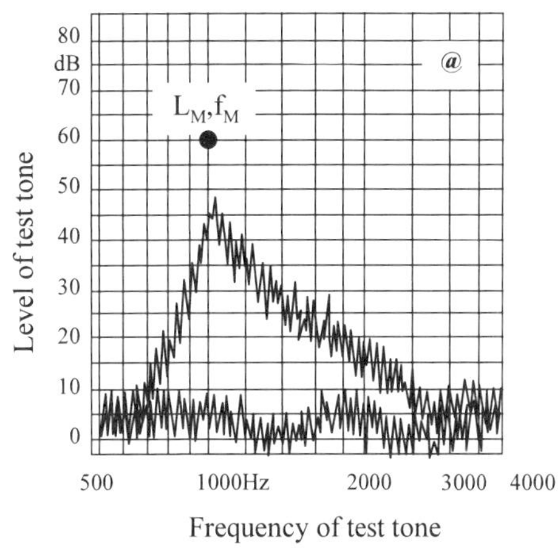

그림 9 마스킹 곡선을 구하는 실험 결과 예[Zwicker and Fastl 90]

7.1 음을 마스킹하는 협대역 잡음

음을 마스킹하는 협대역 잡음(narrow-band noise masking tone)의 경우 마스커

는 임계 대역보다 작거나 같은 대역폭을 가진 잡음이 된다(다음 절에 임계 대역의 정의 참조). 그림 10은 각각 250Hz, 1kHz, 4kHz 주파수에 중심한 협대역 잡음에 의해 마스킹되는 음에 대한 마스킹 한계선을 측정한 결과이다 [Zwicker and Fastl 90]. 이때 잡음의 대역폭은 각각 100Hz, 160Hz, 700Hz 이다. 중심 주파수를 기준으로 좌, 우의 잡음 마스킹 한계선 기울기는 한 옥타브(octave)당 약 200dB 정도로 급격히 감소한다. 마스커 레벨은 60dB 이며 잡음 신호의 세기, 밀도, 대역폭에 의해 결정된다. 이 그림에서 수평 파선(dashed line)은 잡음 레벨을 말하며 실선(solid line)은 테스트 순음이 겨우 들리는 순간의 음압 레벨을 말한다. 그림 아래쪽의 파선은 최소가청한계선을 나타낸다.

마스킹 한계선(또는 마스킹 곡선)은 마스커 주파수에 따라 다른 특성을 보인다. 1kHz 와 4kHz 협대역 잡음에 의한 마스킹 한계선의 주파수 의존도는 유사해 보이지만 250Hz 협대역 잡음에 의한 마스킹 한계선은 좀 더 넓게 퍼져 있음을 알 수 있다. 일반적으로 마스킹 한계선은 저주파 마스커일수록 넓게 퍼지며 마스커 중심 주파수 근처에서 최대값을 갖는다. 마스킹 한계선은 왼쪽의 저주파 쪽으로부터 급격하게 상승하고(한 옥타브당 100dB 비율) 중심 주파수에서 최대값에 도달한 후 완만하게 감소한다. 저주파 쪽으로부터의 급격한 상승은 오디오 신호를 분석할 때, 더욱 세밀한 주파수 해상도를 필요로 한다는 것이며, 만약 주파수 해상도가 낮다면 마스킹 영향을 계산할 때 오차가 발생할 수도 있다는 것을 의미한다.

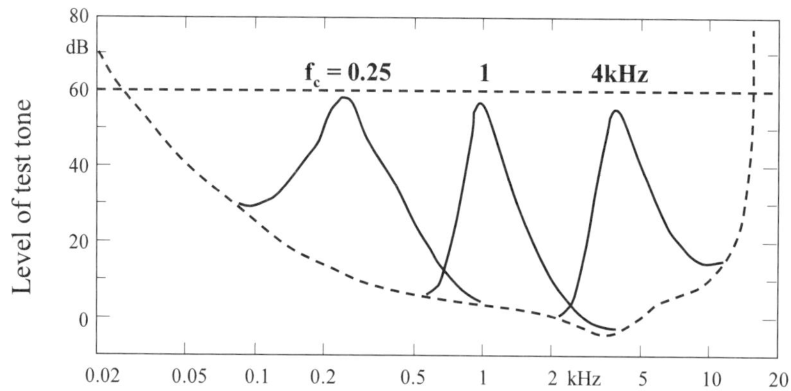

그림 10 60dB 협대역 잡음에 의해 마스킹되는 음에 대한 마스킹 한계선[Zwicker and Fastl 90]

특정 주파수에서 신호성분과 마스킹 한계선의 레벨 차이를 신호대 마스크비 SMR(Signal to Mask Ratio)라고 한다. 큰 값의 SMR은 마스킹 영향이 적다는 것을 의미한다. 마스커와 마스킹 곡선 간의 최소 SMR은 오디오 코더 설계에 있어 아주 중요한 변수로 작용한다. 주어진 마스커에서 최소 SMR값은 마스커 주파수가 증가함에 따라 같이 증가하는 경향이 있다. 예를 들어, 250Hz 중심 주파수에 위치한 잡음 마스커의 최소 SMR값은 2dB 이며 1kHz 잡음 마스커의 경우는 3dB 그리고 4kHz 잡음 마스커는 5dB 의 최소 SMR값을 갖는다.

그림 11은 1kHz 에 위치한 협대역 잡음에 대한 마스킹 한계선을 5개의 음압 레벨(SPL)에 따라 그린 것이다. 모든 음압 레벨에서 최소 SMR값은 3dB 근처에 나타난다. 각각의 마스킹 곡선은 마스커 SPL과 무관하게 마스커보다 저주파 대역 방향으로 매우 가파른 기울기를 가지고 있다. 이와 대조적으로 고주파 쪽으로 향한 마스킹 곡선의 기울기는 마스킹 신호 레벨 값에 매우 민감하다는 사실을 주목할 필요가 있다. 이 기울기는 마스킹 레벨이 증가함에 따라 감소하는 경향이 있다. 일반적으로 마스킹 곡선의 주파수 의존도는 음압 레벨에 따라 다르며 비선형적인 관계를 가지고 있다. 그림 11의 높은 잡음 마스커의 오른쪽 기울기에서 약간 밑으로 파인 부분은 사람의 비선형적인 청각 영향 때문에 발생하는 것이다.

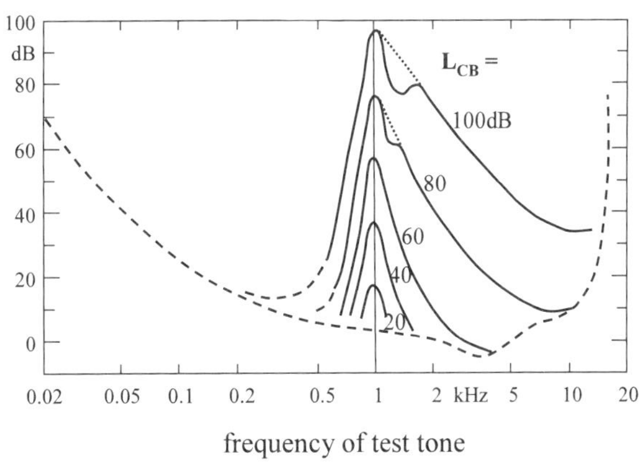

그림 11 다양한 마스킹 음압 레벨에서 1kHz 협대역 잡음 마스커에 대한 마스킹 한계선 [Zwicker and Fastl 90]

7.2 음을 마스킹하는 음

비록 마스킹 현상에 대한 초기 연구 대부분이 순음을 마스킹하는 순음(pure

tone masking pure tone)에 근거를 두고 있지만, 이러한 마스킹 실험은 소위 비팅 현상(beating effect, **역자주:** 주파수가 다른 2개의 순음을 동시에 재생했을 때 두 음의 주파수 합이나 차에 해당하는 음이 같이 들리는 현상)으로 인해 잡음 마스킹 실험보다도 훨씬 어려운 점을 가지고 있었다. 이러한 실험에서 피실험자는 마스커와 테스트 신호 외에 종종 다른 음을 지각하게 된다. 이 비팅 현상은 아주 중요한 현상으로 마스커 주파수 근처에서 나타나며 마스커 레벨에 의존한다. 그림 12는 다양한 음압 레벨에서 1kHz 마스커에 대한 실험 결과를 나타내며, 이 실험에서는 비팅(beating) 영향을 피하기 위해 테스트 신호가 마스커 주파수인 1kHz 주파수에 가까이 오면 마스커와 90도 위상차가 나게끔 조절하였다. 그림에서 보듯이 낮은 마스킹 레벨에서는 마스킹 곡선이 고주파보다는 저주파 쪽으로 더 널리 퍼지는 현상을 볼 수 있다. 이러한 현상은 높은 마스킹 레벨에서는 반대로 나타나서 저주파보다는 고주파 쪽으로 더 널리 퍼지게 된다.

일반적으로 최소 마스커 SMR은 음을 마스킹하는 잡음 실험보다 음을 마스킹하는 음 실험에서 더 높게 나타난다. 예를 들어, 그림 12에서 90dB 에 해당하는 마스킹 곡선이 약 75dB 에서 피크(peak)값을 갖는 것을 볼 수 있고, 이는 최소 SMR이 약 15dB 임을 말한다. 우리는 이런 종류의 실험을 반복적으로 수행함으로써 잡음이 음보다 더 강한 마스커임을 알 수 있다. 이러한 현상은 학계에 "비대칭 마스킹(asymmetry of masking)"으로 알려져 있다[Hellmann 72 and Hall 97].

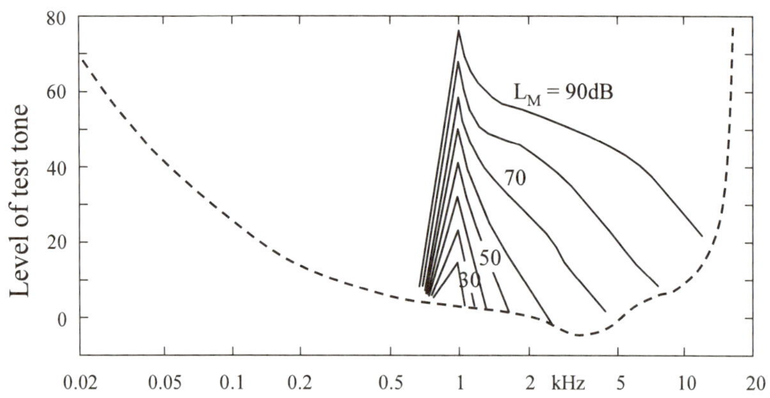

그림 12 다양한 마스킹 음압 레벨에서 1kHz 음 마스커에 대한 마스킹 한계선 [Zwicker and Fastl 90]

7.3 협대역 잡음을 마스킹하는 협대역 잡음이나 음

지각 오디오 코더에 구현된 마스킹 모델은 양자화 잡음이 신호에 의해 마스킹될 수 있다는 가정을 근거로 한다. 종종 오디오 코덱의 양자화 잡음은 음 성분보다 복잡한 스펙트럼 구조를 가지고 있다. 따라서 마스킹 모델을 협대역 잡음이나 음 마스커에 의해 마스킹되는 협대역 잡음 실험으로부터 적절하게 유도하는 것이 바람직하다. 그러나 불행히도 학계에는 이러한 관점에서 얻어진 데이터가 매우 부족하다. 협대역 잡음 마스커에 의해 마스킹되는 협대역 잡음의 경우 마스커와 테스트 신호의 위상 관계가 실험 결과에 많은 영향을 미친다. [Miller 47]에 근거한 [Hall 98]의 실험에 따르면 광대역 잡음(wide-band noise)에 대한 측정 결과 최소 SMR은 약 26dB 정도가 된다고 한다.

Zwicker와 다른 학자[Schroeder, Atal and Hall 79 and Fielder 87]들에 의한 초기 연구에 의하면 협대역 잡음을 마스킹하는 음의 경우 최소 SMR은 약 20 ~ 30dB 사이가 된다고 알려져 있다. 일반적으로 최소 SMR은 마스커가 잡음일 때 보다 마스커가 음 성분일 때 더 높아진다.

8 임계 대역폭

우리는 주파수 마스킹 곡선을 측정할 때 마스커 주파수 근처에 마스킹 한계선이 감소하지 않고 평평한 좁은 주파수 범위가 있음을 알 수 있었다. 예를 들어, 그림 13에서 50dB 의 음압 레벨을 가지고 있는 2개 음 마스커 사이 2kHz 에 놓여 있는 협대역 잡음에 대한 마스킹 한계선은 2개 마스커의 주파수상 거리나 차이에 의존하게 된다. 그림에서 마스킹 한계선은 초기에 약 33dB 로 평탄하게 유지되다가 마스커가 테스트 음으로부터 약 150Hz 이상으로 멀어지기 시작할 때(즉, 양쪽의 음 마스커 거리가 약 300Hz 떨어질 때) 마스킹 한계선이 급격하게 떨어지게 된다.

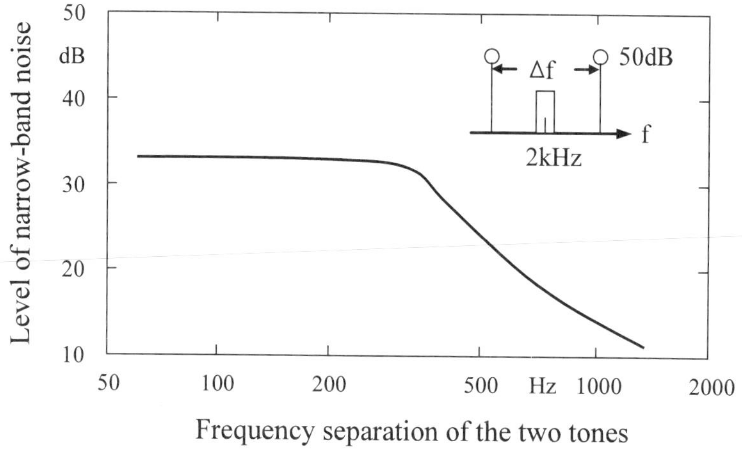

그림 13 50dB 음압 레벨을 갖는 2개 사인파 마스커 중간에 놓여 있는 협대역 잡음의 마스킹 한계선은 2개 사인파 마스커의 주파수상 거리에 의존함[Zwicker and Fastl 90]

그림 14는 마스커가 협대역 잡음이고 테스트 신호가 음인 경우에 대한 실험 결과이다. 이전과 마찬가지로 마스킹 한계선은 초기에 평탄한 모습을 보이다가 마스키로부터 약 150Hz 이상 멀어지는 순간부터 감소하기 시작한다. 잡음 마스커로부터 멀어지기 시작할 때 저주파에서의 마스킹 레벨은 약 46dB 가 되며 (음 마스커 일 경우는 약 33dB) 이것은 잡음 마스커가 음 마스커보다 더 많은 마스킹을 일으킨다는 이전 결과와 일치한다는 사실에 주목하자.

그러나 이러한 결과로부터 관찰해야 할 중요한 현상은 소위 “임계 대역(CB, Critical Band)”이라는 것으로 임계 대역은 마스커 부근에 위치해 마스커 종류에 상관없이 일정한 마스킹 레벨을 유지한다.

임계 대역의 개념은 1940년 Harvey Fletcher에 의해 처음으로 소개되었다 [Fletcher 40]. Fletcher는 몇 가지 실험으로부터 사람의 청각 시스템을 임계 대역과 같은 대역폭을 가진 통과대역(passband)이 연속적으로 중첩된 대역통과 필터(BPF, Band-Pass Filter)의 배열로 모델링할 수 있다는 점을 발견하였다. 또한, 이 실험은 임계 대역폭(critical bandwidth)이 마스커 주파수에 의존한다는 사실도 알려주고 있다. 그러나 몇몇 다른 실험에서는 이것과 다른 결과가 도출되기도 하였고 이 때문에 임계 대역폭과 마스커 주파수 간의 정확한 연관성은 여전히 논쟁거리가 되고 있다.

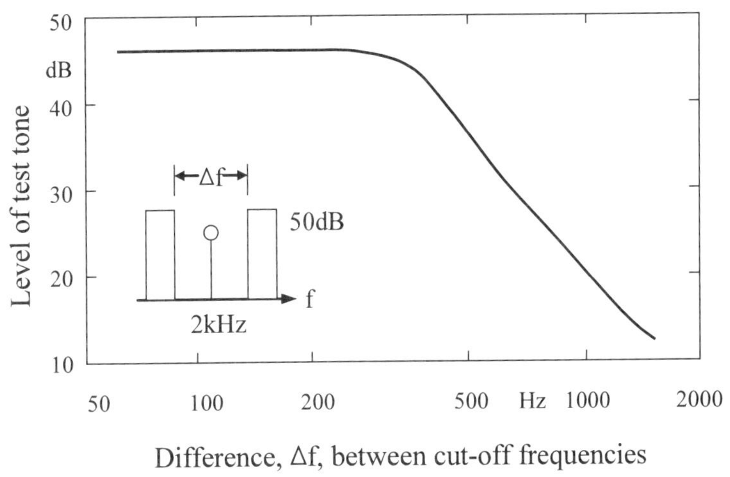

그림 14 50dB 음압 레벨을 갖는 2개 협대역 잡음 마스커 중간에 놓여 있는 사인파의 마스킹 한계선은 2개 잡음 마스커의 주파수상 거리에 의존함[Zwicker and Fastl 90]

Fletcher의 초기 연구 이후 임계 대역폭을 측정할 수 있는 또 다른 방법들이 개발되었고 이들은 500Hz 이하의 주파수 대역에서 기존과 다른 결과를 보여 주었다. Fletcher와 Zwicker[Zwicker 61]의 선구적인 연구에서 임계 대역폭은 500Hz 이하의 마스커 주파수에서 약 100Hz 단위로 일정하고, 500Hz 이상의 고주파 대역에서는 마스커 주파수의 약 1/5정도가 된다는 것이 밝혀졌다. [Zwicker and Fastl 90]는 임계 대역폭의 변화량 Δf 를 마스커 중심 주파수의 함수로 다음과 같이 표현될 수 있음을 보였다.

$$\Delta f\,/\,\mathrm{Hz} = 25 + 75[1 + 1.4(f_c\,/\,\mathrm{kHz})^2]^{0.69}$$

이 수식은 최근의 오디오 코딩 시스템에서 임계 대역폭을 계산하는 표준 공식으로 사용되고 있다.

8.1 동등직각 대역폭

Greenwood[Greenwood 61], Scharf[Scharf 70], Patterson[Patterson 76], Moor와 Glasberg[Moore and Glasberg 83] 등은 자신들의 논문에서 임계 대역폭을 측정할 때 전 절의 표준 공식이 500Hz 이하의 주파수 대역에서 잘 맞지 않는다는 문제점을 제기하였다. 이에 따라 Moor와 Glasberg는 임계 대역폭 대신에

"동등직각 대역폭(ERB, Equivalent Rectangular Bandwidth)"이라 불리는 ERB를 정의하였다. 그들은 노치된 잡음(notched noise, **역자주:** 특정 주파수 성분만을 제거하는 노치 필터를 통과시킨 잡음)의 노치(notch) 폭을 변화시켜 가며 이 잡음에 의해 마스킹되는 사인파 신호의 가청한계선을 검출함으로써 청각필터 형태를 추정할 수 있는 실험을 고안하였다.

Moor와 Glasberg에 의해 정의된 ERB는 청각 필터의 –3dB 대역폭(신호 이득이 –3dB 떨어질 때 측정한 대역폭) 보다 약 11%정도 크다. ERB는 잡음 마스커 중심 주파수 f_c의 함수로 다음과 같이 정의된다.

$$ERB / \text{Hz} = 24.7(4.37 f_c / \text{kHz} + 1)$$

ERB 함수는 저주파 대역에서 Fletcher나 Zwicker가 측정한 임계 대역폭보다 Greenwood[Greenwood 61]의 임계 대역폭 측정값에 더 가깝다. 그림 15에 표준 임계 대역폭 공식과 Moor의 ERB 공식 그리고 임계 대역폭에 대한 다른 실험 결과를 비교하였다. 500Hz 이하의 주파수 대역에서 ERB 공식에 의해 구해진 임계 대역폭이 표준 임계 대역폭 공식에서 구한 것보다 훨씬 폭이 좁은 것을 주목하자. 임계 대역폭은 신호의 마스킹 범위를 표현하기 때문에, 좁은 임계 대역폭은 더욱 세밀한 주파수 해상도를 가진 오디오 코더가 필요하다는 것을 말한다.

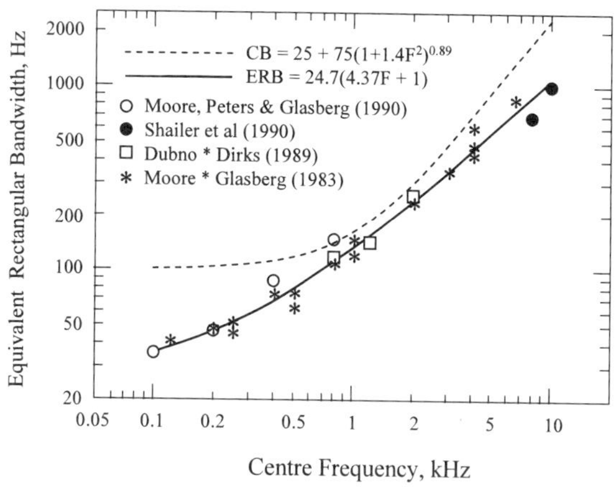

그림 15 임계 대역폭 측정을 위한 다양한 실험에서 임계 대역폭 함수와 ERB 함수[Moor 96]

우리는 이 절에서 다양한 마스킹 신호와 테스트 신호를 이용해 주파수 마스킹 곡선을 측정할 수 있음을 알았다. 모든 경우에 있어 마스킹 레벨은 마스커 근처의 주파수에서 최대가 되며, 테스트 신호의 주파수가 마스커 주파수로부터 임계 대역폭 이상으로 멀어지면 마스킹 레벨이 급격히 떨어짐을 볼 수 있었다. 또한, 마스킹 곡선의 모양은 마스커 주파수와 그 마스커의 음압 레벨에 의존함을 알았다. 마스킹 곡선은 마스커의 유형 즉, 음 성분인지 또는 잡음 성분인지에 따라 달라지고 음 마스커보다는 잡음 마스커가 더 강한 마스킹을 일으키는 것을 알았다. 이제부터는 사람의 청각 시스템이 지금까지 우리가 보았던 실험 데이터들을 어떻게 해석하는지, 또 어떻게 이러한 실험 데이터들을 종합해 사람의 지각 모델(perceptual model)을 만들어 낼 수 있는지 자세히 살펴보자.

9 청각 시스템의 동작 원리

그림 16은 사람의 귀 구조를 외이(outer ear), 중이(middle ear), 내이(inner ear)로 구분하여 도식한 것이다. 외이의 주 역할은 고막(eardrum)을 통해 음파를 모아 중이에 이르는 외이도(ear canal) 통로에 음을 내보내는 것이다. 중이는 고막에 작용하는 압력파 소리를 유체 운동으로 변환해 내이의 달팽이관(cochlea)에 흘려 보내는 역할을 한다. 이때 달팽이관은 유체 운동을 전기 신호로 변환해 청신경(auditory nerve)에 전달한다.

오디오 자극이 처리되는 청각 시스템은 다음과 같이 2가지 주요 부분으로 구성된다.

① 전-처리된 오디오 자극을 갖지만 여전히 원 신호의 특성을 유지하고 있는 말초신경(peripheral)

② 신경 작용에 의해 청감(auditory sensation)을 만들어 내는 신경 세포(sensory cell)

말초신경은 청취자가 음원에 가까이 있을 때 근접 효과로 인하여 외이와 중이에 이르는 외이도를 거쳐 반사(reflection)와 음영(shadowing, 역자주: 음이 사람 머리, 어깨 등에 의해 흡수되거나 차단되는 것으로 주로 고주파 신호성분이 감쇠되는 현상)이 동시에 일어나는 곳이다. 반면에 신경 작용은 내이에서 일어난다.

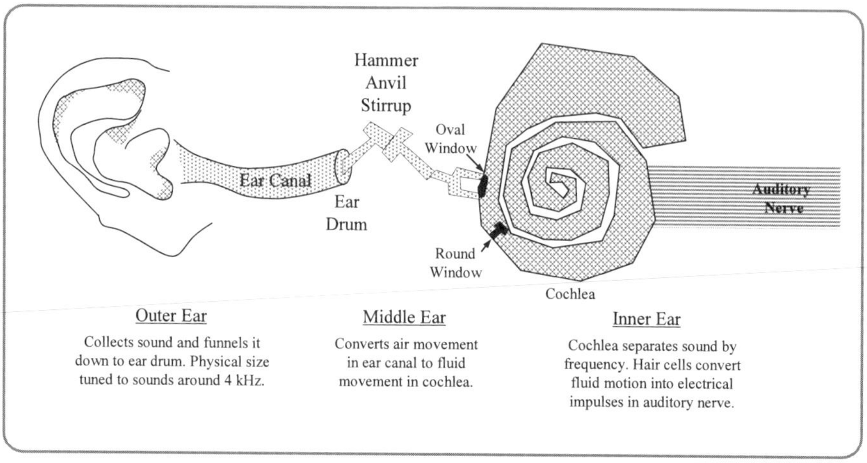

그림 16 외이, 중이, 내이의 도해

9.1 외이

일반적으로 음장은 사람을 향해 가는 음의 평면파(plane wave)에 의해 구성된다. 이러한 음장은 사람의 귀에 도달하기 전에 머리와 어깨에 의하여 왜곡되며 약 1,500Hz 이상의 주파수 대역에서 반사와 음영을 일으킨다. 1,500Hz 주파수는 파장으로 치면 약 22cm에 해당하고 이것은 일반인의 머리 직경과 일치하는 수치이다. 외이와 외이도 또한 고막에서의 음압 레벨에 영향을 미친다. 외이의 주 기능은 음을 모아 고막에 전해주는 역할이지만 음상정위(sound localization, 역자주: 사람의 두 귀를 이용하여 음원의 위치나 방향을 파악)를 가능하게 하는 필터 역할도 수행한다. 외이는 그림 17처럼 한쪽 면이 열려있는 파이프 모양을 하고 있으며 길이가 2cm에 이르고 있어 약 4kHz에 해당하는 공진 주파수(resonance frequency)를 가지고 있다. 따라서 외이도는 4kHz 공진 주파수 근처에 맞추어져 있다고 이야기할 수 있다. 이러한 관측은 주파수 대역에서 최소나 최대 민감도를 나타내는 최소가청한계를 측정해 봄으로써 확인할 수 있다.

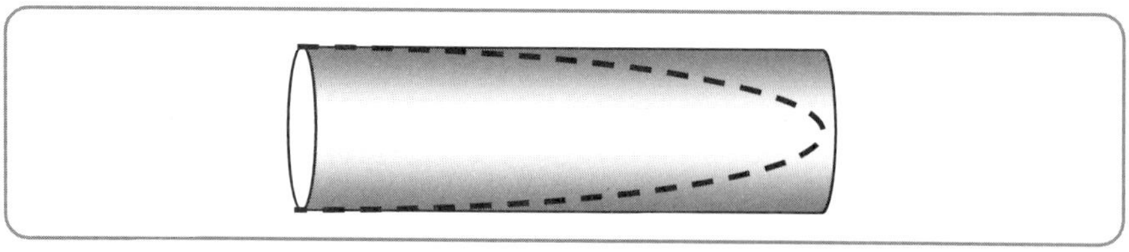

그림 17 길이가 약 2cm 이르고 한쪽 면이 열려있는 파이프 모양의 외이

9.2 중이

중이는 외이도의 공기 흐름을 유체 운동으로 변환해 달팽이관에 전달하는 역할을 한다. 중이에는 망치뼈(hammer), 모루뼈(anvil), 등자뼈(stirrup)등 3개의 작은 뼈가 있어 일종의 지렛대 원리로 고막에 전달된 진동을 증폭하고 변환하여 달팽이관에 유체 운동으로 전달한다. 중이에서는 공기와 유체 간의 저항 불일치(impedance mismatch)로 인해 에너지 손실이 발생하며, 이를 기계적으로 일치시키기 위해 고막과 등자뼈 발판의 상대적인 면적과 망치뼈와 모루뼈 사이의 지레비(leverage ratio)를 이용한다. 이러한 기계적인 변환은 약 1kHz 근방의 주파수에서 공기와 달팽이관 유체 간의 저항을 가장 잘 일치시킬 수 있다. 난원창(oval window)은 등자뼈 발판에 붙어 있는 고리모양의 세포막을 말하며 음파가 내이로 전송될 수 있도록 도와준다. 한편, 외이와 중이의 필터링 동작에 해당하는 주파수 응답은 다음 함수로 근사될 수 있다[Thiede et al 00].

$$A'(f)/\mathrm{dB} = 0.6 * 3.64(f/\mathrm{kHz})^{-0.8} - 6.5e^{-0.6(f/\mathrm{kHz}-3.3)^2} + 10^{-3}(f/\mathrm{kHz})$$

9.3 내이

내이의 주요 조직은 달팽이관이다. 달팽이관은 길고 얇은 모양의 튜브가 나선형으로 두 바퀴 반 정도 감겨 있는 모양을 하고 있다. 달팽이관 내부에는 유체로 가득 찬 안뜰계단(scala vestibuli), 중간계단(scala media), 고실계단(scala tympani) 이라는 세 개의 채널이 있다(그림 18의 횡단면 모양 참조). 안뜰계단은 난원창을 통해 바로 중이와 연결되어 있으며 중간계단은 레이즈너 막(Reissner membrane)이라 불리는 매우 얇은 막에 의해 안뜰계단과 분리되어 있고, 고실계단은 기저막(basilar membrane)에 의해 중간계단과 분리되어 있다. 기능적인 면에서 보면 중간계단과 안뜰계단을 하나의 유체역학 기관으로 볼 수 있으며, 이들의 주요 역할은 기저막에 흐르는 유체와 관련되어 있다. 기저막은 약 32mm 길이를 가지고 있으며 난원창 근처에 상대적으로 넓게 퍼져 있다. 기저막은 계단끝통로(helicotrema)를 통해 안뜰계단과 직접적으로 연결된 달팽이관의 정점에 이르게 되면 그 폭이 약 1/3로 줄어들게 된다. 코르티(Corti) 기관은 유체 운동을 전기적 신호로 변환하여 청신경에 전달하는 신경세포로 구성되어 있으며 기저막은 코르티 기관을 떠받치고 있다.(그림 18 참조).

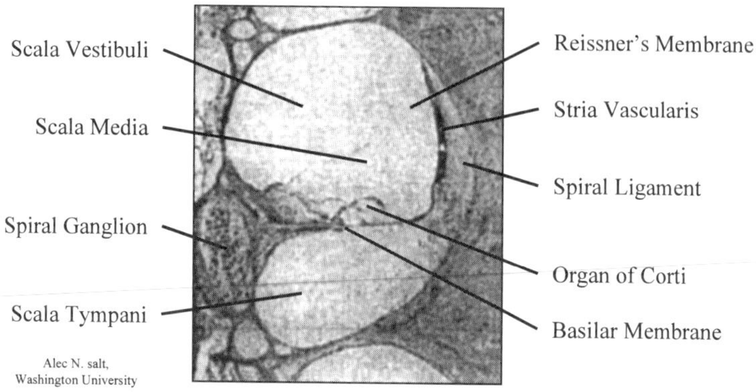

그림 18 3개 계단과 코르티 기관으로 구성된 달팽이관의 횡단면 모양
[Prof. Alec N. Salt of Washington University]

그림 19에 달팽이관의 기능적인 면을 도식하였다[Pierce 83]. 유체는 중이에 의해 동작하는 난원창의 움직임으로 인해 중간계단/안뜰계단으로 이동하며, 이러한 움직임은 저주파에서 기저막의 움직임이나 계단 끝 통로를 거쳐 고실계단으로 흘러가는 유체 흐름에 의해 균일하게 유지된다. 반면, 고실계단에서의 유체 흐름은 고실계단 바닥에 있는 원형 윈도우의 움직임을 조정함으로써 균일하게 유지된다. 난원창에서의 신호 표현과 기저막 응답 사이의 지연시간은 난원창으로부터의 거리에 따라 증가한다. 이러한 지연은 저주파에서는 약 5ms 이상 그리고 고주파에서는 약 1ms 이하로 다르게 나타난다.

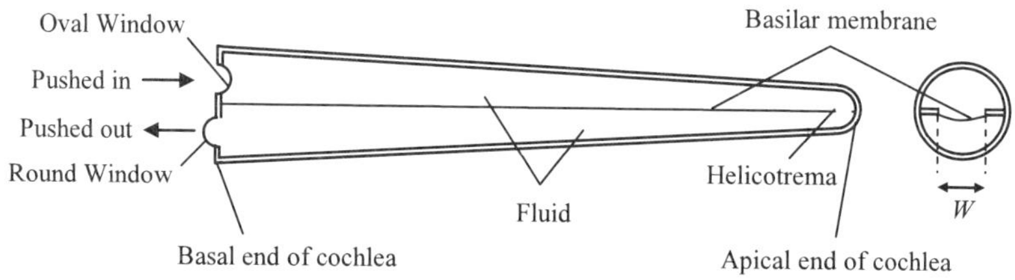

그림 19 달팽이관의 기능도[Pierce 83]

Georg von Bekesy[von Bekesy 60]는 내이에서의 유체 운동에 관한 실험을 통해 von Helmholtz의 이론(달팽이관이 스펙트럼 분석기같이 동작을 한다는 매우 중요한 연구 결과)을 증명하였다. 이에 따르면, 특정 주파수에서의 음은 난원창에서의 작은 진폭 변위와 함께 기저막 변위를 초래하고 이 음 주파수에

해당하는 기저막상의 지점에서 최대 변위를 증가시키며 계단 끝 통로 방향으로 급격하게 감소한다고 한다. 그림 20은 200Hz 주파수 음에 대한 응답에 대한 기저막 동작으로부터 산출된 변위 포락선을 보여준다.

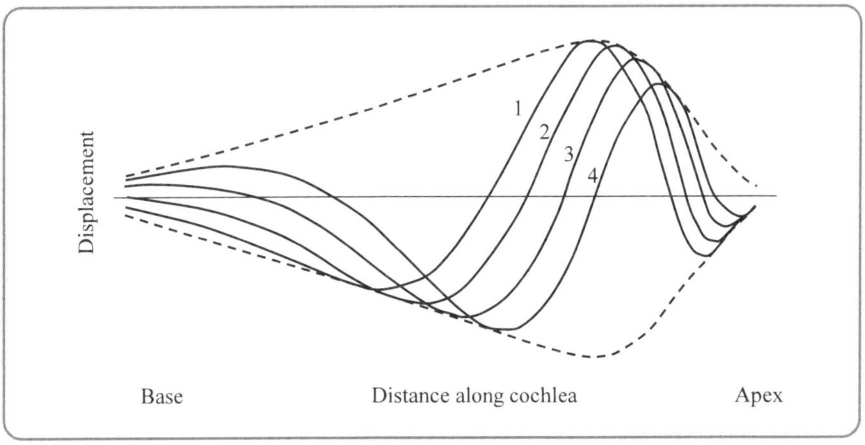

그림 20 200Hz 주파수 음에 대한 기저막 변위의 진폭 변화; 실선은 다양한 시간에서의 패턴을 , 점선은 변위 포락선을 나타냄[von Bekesy 60]

Von Bekesy는 실험을 통해 저주파 신호가 계단 끝 통로 근처에 있는 기저막 정점에서 최대 변위에 도달하는 진동을 유도하는 데 반해, 고주파 신호는 난원창 부근에 있는 기저막 바닥에서 최대 변위에 도달하는 진동을 유도한다는 것을 알아냈다. 그림 21은 4개의 주파수 50, 200, 700, 1,600Hz 에서 기저막의 상대적인 변위 포락선을 보이고 있다. 그림 22는 기저막상의 다양한 주파수에서 변위 포락선의 피크 위치를 보여준다. 이러한 의미에서 달팽이관은 사운드 주파수를 기저막의 특정 위치로 변환하는 기관이라고 말할 수 있고 이를 “주파수-공간 변환(frequency-space transform)”이라 말한다. 달팽이관의 스펙트럼 변환 원리는 임계 대역폭의 주파수 의존 특성을 설명할 수 있는 근거가 된다.

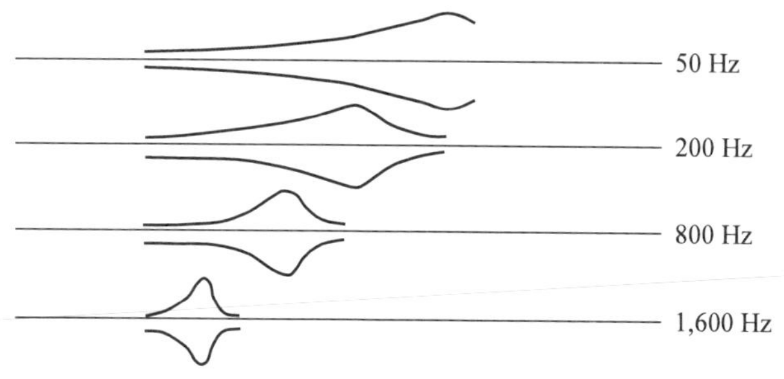

그림 21 다양한 주파수에서 기저막 위치에 따른 기저막의 상대 진폭; 그림의 왼쪽은 난원창 부근이고 오른쪽은 계단끝통로 부근임[Pierce 83]

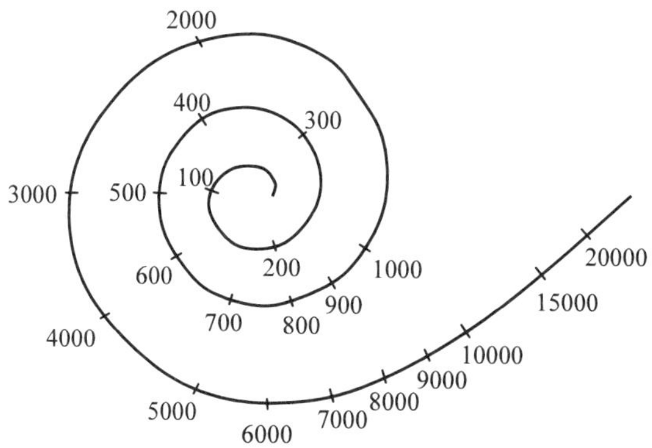

그림 22 기저막 상의 주파수 민감도[Fletcher 40]

코르티 기관은 기저막상에서 기저막의 기계적인 진동을 신경 시스템이 처리할 수 있는 전기 신호로 변환한다. 코르티 조직은 청신경에서 유체 운동을 신경 세포에 전달하는 유모세포(hair cell)라 불리는 특별한 세포를 가지고 있다. 코르티 기관에는 내유모세포(inner hair cell)와 외유모세포(outer hair cell) 등 2가지 유형의 신경세포가 있다. 각 유모세포는 기저막이 진동할 때 움직이는 머리털같이 생긴 섬모(cilia) 다발을 가지고 있다. 이러한 섬모가 움직일 때 유모세포로부터 이온(ion)이 발생하게 되며 이 이온은 청신경 세포로 전해지게 된다. 이때 각 신경 세포는 사람의 뇌에 전기 자극을 보내게 되고 바로 이것이 청감을 일으키게 된다. 내이는 30,000개 이상의 청신경 섬유로 뇌와 연결되어 있다. 이 신경 섬유의 특징 주파수는 유모세포를 자극하는 기저막의 위치에 따라 결정된다. 신경 섬유들은 서로 공간성을 유지하려는 경향이 있기 때문에, 뇌의 중심에서 기저막상의 위치에 따른 주파수 응답을 시스템적으로 정렬시키는 결과를 가져온다.

높은 음 세기 레벨에서 기저막의 움직임은 많은 개수의 신경 섬유를 자극하고, 낮은 음 세기 레벨에서는 이보다 작은 개수의 신경 섬유가 자극된다. 우리의 청각 과정은 내이에서의 비선형 영향(동적 압축)에 의해 광범위한 동적 범위의 음을 처리할 수 있다고 한다. 내유모세포와 외유모세포의 구조적인 차이점은 2가지 형태의 신경 세포에서 서로 다른 기능을 하고 있음을 알려준다. 내유모세포는 주로 높은 레벨의 음에 중요한 역할을 한다(외유모세포는 높은 음 레벨에서 거의 동작하지 않음). 외유모세포는 내유모세포와 긴밀한 상호 작용을 통해 주로 낮은 레벨의 음에서 중요한 역할을 한다. 이 경우에 외유모세포는 동적 귀환 루프(dynamic feedback loop)와 대칭 포화 곡선(symmetrical saturation curve)을 가진 비선형 증폭기 같은 역할을 하여 내유모세포가 매우 작은 소리도 들을 수 있게 한다.

우리는 내이에서 발생하는 내부 잡음에 대하여 일정 수준의 신경 억제가 일어난다는 점을 알고 있다. 이러한 잡음 억제 현상은 다음과 같은 신호 필터링으로 설명할 수 있다[Thiede et al. 00].

$$\text{Internal Noise/dB} = 0.4 * 3.64(f/\text{kHz})^{-0.8}$$

이 수식을 외이와 중이의 전달함수 $A'(f)$ 에 더하면 최소가청한계 실험 데이터에 맞는 분석 수식 $A(f)$ 를 구할 수 있다.

마지막으로 신경 섬유는 저주파에서 기저막의 움직임에 해당하는 순간 위상에 따라 응답하지만, 3,500Hz 이상의 고주파에서는 어떠한 위상 동기도 일어나지 않는다는 점을 언급할 필요가 있다. 우리는 신호의 세기, 위상, 각 귀에서의 지연 시간을 비교함으로써 음원의 위치에 대한 단서를 찾을 수 있다.

10 요약

이 장에서는 사람이 주파수 함수인 최소가청한계보다 큰 소리만을 들을 수 있다는 것을 학습했으며 가청한계 주파수가 20Hz ~ 20kHz 정도 임을 알았다. 또한, 우리는 마스킹 현상에 대하여 광범위하게 논의했다. 마스킹은 사람의 음 지각과 무관한 신호성분을 검출할 수 있게 하기 때문에 지각 오디오 코더 설계에 있어 가장 중요한 심리음향 현상 중 하나이다. 마스킹은 마스커와 마스키의 스펙트럼 구조와 시간 특성, 신호의 세기 등에 의존한다. 마스킹은 마스킹 신호의 앞과 뒤 모두에서 일어날 수 있으며(순시 마스킹), 또한 마스커와 동시에 일어날 수도 있다(주파수 마스킹). 이 장에서 살펴보았던 실험에서 주파수 마스킹은 마스커 주파수에서 가장 두드러지며, 마스커 주파수에서 멀어질수록 급격하게 감소하는 현상을 발견할 수 있었다. 마스킹은 주파수 해상도에 의존하며 마스커가 속해 있는 "임계 대역" 내에서는 평탄한 특성을 가지고 있다. 우리는 또한 사람의 청각 시스템이 어떻게 임계 대역폭과 같은 크기의 대역폭을 가진 중복된 대역통과 필터의 배열로 설명될 수 있는지 살펴보았다. 우리는 사람의 청각 시스템이 어떻게 동작하는지 살펴보았고, 고막의 공기 진동이 기저막의 진동으로 변환됨을 알 수 있었다. 또한, 신호가 포함하고 있는 주파수 성분에 따라 기저막상의 서로 다른 위치가 자극되고, 그 자극이 뇌에 보내져서 결국 청감을 일으킨다는 사실을 알았다. 다음 장에서는 이러한 지식을 어떻게 오디오 코딩에 적용할지를 학습할 것이다.

11 참고 문헌

[Bosi and Davidson 92]: M. Bosi and G. A. Davidson, "High-Quality, Low-Rate Audio Transform Coding for Transmission and Multimedia Applications", Presented at the 93rd AES Convention, J. Audio Eng. Soc. (Abstracts), vol. 40, P. 1041, Preprint 3365, December 1992.

[Fielder 87]: Louis D. Fielder, "Evaluation of the Audible Distortion and Noise Produced by Digital Audio Converters", J. Audio Eng. Soc., Vol. 35, no. 7/8, pp. 517-535, July/August 1987.

[Fletcher 40]: H. Fletcher, "Auditory Patterns", Rev. Mod. Phys., Vol. 12, pp.47-55, January 1940.

[Fletcher and Munson 33]: H. Fletcher and W. A. Munson, "Loudness, Its Definition, Measurement and Calculation", J. Acoust. Soc. Am., Vol. 5, pp. 82-108, October 1933.

[Greenwood 61]: D. Greenwood, "Critical Bandwidth and the Frequency Coordinates of the Basilar Membrane", J. Acoust. Soc. Am., Vol. 33 no. 10, pp. 1344-1356, October 1961.

[Hall 97]: J. L. Hall, "Asymmetry of Masking Revisited: Generalization of Masker and Probe Bandwidth", J. Acoust. Soc. Am., Vol. 101 no. 2, pp. 1023-1033, February 1997.

[Hall 98]: J. L. Hall, "Auditory Psychophysics for Coding Applications", in *The Digital Signal Processing Handbook*, V. Madisetti and D. Williams, CRC Press, pp. 39.1-39.25, 1998.

[Hellman 72]: R. Hellman, "Asymmetry of Masking Between Noise and Tone", Percep. Psychphys., Vol. 11, pp. 241-246, 1972.

[Miller 47]: G. A. Miller, "Sensitivity to Changes in the Intensity of White Noise and its Relation to Masking and Loudness", J. Acoust. Soc. Am., Vol. 19 no. 4, pp. 609-619, July 1947.

[Moore 96]: B. C. J. Moore, "Masking in the Human Auditory System", in N. Gilchrist and C. Gerwin (ed.), *Collected Papers on Digital Audio Bit-Rate Reduction*, pp. 9-19, AES 1996.

[Moore and Glasberg 83]: B. C. J. Moore and B. R. Glasberg, "Suggested Formulae for Calculating Auditory-Filter Bandwidths and Excitation Patterns", J. Acoust. Soc. Am., Vol. 74 no. 3, pp. 750-753, September 1983.

[Patterson 76]: R. D. Patterson, "Auditory Filter Shapes Derived with Noise Stimuli", J. Acoust. Soc. Am., Vol. 59 no. 3, pp. 640-650, March 1976.

[Pierce 83]: J. Pierce, *The Science of Musical Sound*, W. H. Freeman, 1983.

[Scharf 70]: B. Scharf, "Critical Bands", in *Foundation of Modern Auditory Theory*, New York Academic, 1970.

[Terhardt 79]: E. Terhardt, "Calculating Virtual Pitch", Hearing Res., Vol. 1, pp. 155-182, 1979.

[Thiede et al. 00]: T. Thiede, W. Treurniet, R. Bitto, C. Schmidmer, T. Sporer, J. Beerends, C. Coiomes, M. Keyhl, G. Stoll, K. Brandenburg and B. Feiten, "PEAQ-The ITU Standard for Objective Measurement of Perceived Audio Quality", J. Audio Eng. Soc., Vol. 48, no. 1/2, pp. 3-

29, January/February 2000.

[von Bekesy 60]: G. von Bekesy, *Experiments in Hearing*, McGraw-Hill, 1960.

[Zwicker 61]: E. Zwicker, "Subdivision of the Audible Frequency Range into Critical Bands (Frequenzgruppen), " J. Acoust. Soc. of Am., Vol. 33, p. 248, February 1961.

[Zwicker and Fastl 90]: E. Zwicker and H. Fastl, *Psychoacoustics: Facts and Models*, Springer-Verlag, Berlin Heidelberg 1990.

12 예제 문제

마스킹 곡선(마스킹 한계선):

여러분은 이 예제에서 주어진 테스트 신호에 대해 마스킹 곡선을 측정할 수 있는 다양한 방법을 실습할 것이다. 다음 장에서는 이 예제에서 사용한 것과 똑같은 테스트 신호를 이용해 최종 신호 마스킹 곡선을 계산할 것이고, 이를 신호의 비트 할당에 활용할 것이다.

1. FFT를 이용해 진폭이 1.0인 1kHz 사인파를 주파수 영역으로 변환하라. 샘플링 비율은 48kHz 그리고 FFT 변환 시 신호 블록의 길이는 N=2,048로 주어져 있다. 사인 윈도우를 윈도우 함수로 사용하여라. 이 경우 피크(peak) 폭은 얼마 정도인가? 또한, 피크 근처의 스펙트럼 밀도 $|X[k]|^2$ 의 합은 얼마인가? 이 합을 $N^2/8$ 로 나누었을 때 그 결과는 입력 사인파의 진폭과 어떠한 관계가 있는가? (신호의 진폭을 1/2로 감소시킨 후 피크치 주변의 합을 구하여 결과를 확인함). 만약 이 신호가 96dB 의 SPL을 갖는다고 할 때 같은 FFT로 분석된 테스트 신호에서 다른 피크들의 SPL을 어떻게 계산할 수 있는가?

2. FFT를 이용해 다음 신호를 분석하라.

$$x[n] = A_0 \cos(2\pi 440n/F_s) + A_1 \cos(2\pi 554n/F_s)$$
$$+ A_2 \cos(2\pi 660n/F_s) + A_3 \cos(2\pi 880n/F_s)$$
$$+ A_4 \cos(2\pi 4400n/F_s) + A_5 \cos(2\pi 8800n/F_s)$$

여기서 $A_0 = 0.6$, $A_1 = 0.55$, $A_2 = 0.55$, $A_3 = 0.15$, $A_4 = 0.1$, $A_5 = 0.05$ 이고 샘플링 비율 F_s 는 48kHz 이다. FFT 결과를 이용해서 신호의 피크를 확인하고 이들의 SPL과 주파수를 측정하라. 수식으로부터 직접적으로 구할 수 있는 답과 측정된 결과를 비교하라.

3. 예제 2번의 신호 스펙트럼에 최소가청한계를 적용한 다음 테스트 신호의 주파수 스펙트럼(dB 로 측정)과 최소가청한계를 비교하는 그래프를 만들어라.

Chapter 07 오디오 코딩을 위한 심리음향

1 서론

우리는 6장에서 사람의 가청한계에 대하여 학습했으며, 최소가청한계(threshold in quiet) 아래에 놓이는 신호성분들을 귀로 들을 수 없다는 사실을 알았다. 최소가청한계는 양자화 잡음이 들리지 않게 되는 음의 세기 레벨을 주파수 함수로 표현하기 때문에 오디오 코더 설계에서 매우 중요한 역할을 한다. 이러한 사실은 신호를 코딩할 때 특정 주파수 성분을 상대적으로 적은 비트로 양자화해도 양자화 잡음에 의해 발생하는 음 왜곡을 사람의 귀가 지각할 수 없다는 것을 말한다.

우리는 또한 큰 소리가 작은 소리를 들리지 않게 하는 마스킹 현상에 대하여 학습했다. 주파수 마스킹(frequency masking)은 마스커 부근의 주파수 대역에서 가청한계선을 임의로 상승시키는 역할을 하며, 이에 따라 그 신호성분에 더 많은 양의 양자화 잡음을 허용하여도 우리 귀는 여전히 그 잡음 왜곡을 지각하지 않는다는 것이다. 6장의 마지막 부분에서는 사람의 귀가 스펙트럼 분석기 같은 역할을 해 소리 주파수를 기저막(basilar membrane)상의 위치에 따른 임계 대역폭(critical bandwidth)으로 변환한다는 것을 배웠다. 이것은 주파수에 의존하는 사람의 청각특성을 주파수 자체로 표현하는 것보다 기저막상의 위치로 표현하는 것이 더 바람직하다는 것을 의미한다.

이 장에서는 사람이 기저막에서 일어나는 작은 여기(excitation) 변화를 식별할 수 있다는 사실에 기반해 주파수 마스킹(또는 동시 마스킹(simultaneous masking))의 경험적 모델(heuristic model)을 학습할 것이다. 이 마스킹 모델

(masking model)은 음의 여기패턴 "모양(shape)"에 따라 구별되며, 음에 의해 기저막에서 발생하거나 또는 지각될 수 있는 여기패턴(excitation pattern)의 최소 변화량에 의해 발생하는 자극으로 정의된다. 이러한 여기패턴은 6장에서 학습했던 음 마스커와 최소 SMR에 의존하는 마스킹 곡선의 모양에 따라 달라지며, 마스킹 곡선이 주파수보다는 기저막상의 거리에 의해 더 자연스럽게 표현될 수 있음을 보여준다. 그러므로 우리는 Bark 척도(Bark scale)라고 알려진 임계 대역율(critical band rate)을 정의해서, 주파수를 Bark로 변환한 다음 마스킹 곡선(masking curve)을 Bark 단위로 표현할 것이다. 이후 오디오 코딩에서 공통으로 많이 사용되고 있는 주요 마스킹 곡선 또는 "확산함수(spreading function)"를 소개할 것이며, 이 확산함수를 이용해 오디오 코더에서 비트 할당 시 적용하게 되는 신호 마스킹 한계선(signal masking threshold)을 어떻게 구할 수 있을지 논의할 것이다.

2 여기패턴과 마스킹 모델

이 절에서는 주파수 마스킹을 설명하기 위한 경험적 모델을 소개한다. 기저막에 특정 여기패턴(excitation pattern)을 일으키는 신호를 생각해보자. 사람이 음의 세기를 지각할 때는 대부분 로그척도의 청감에 따르기 때문에 다음과 같이 가정할 수 있다.

① 사람은 여기패턴을 dB 단위로 지각한다.
② 사람은 여기패턴에서 dB로 측정되는 한계값인 $\Delta L_{\min}$ 보다 작은 변화는 지각할 수 없다.

이제 특정 주파수 f 를 가진 신호에 의해 기저막상에서 가장 큰 여기를 갖게 되는 위치 z 로 주파수 f 를 변환하는, 주파수대 공간(frequency to space) 변환 함수인 $z(f)$ 를 정의해 보자. 이때 이 신호와 다른 두 번째 테스트 신호에 의한 기저막상의 위치 z 에서의 여기패턴 변화량은 dB 단위로 다음과 같이 표현할 수 있다.

$$\Delta L(z) = 10\log_{10}\left(A(z)^2 + B(z)^2\right) - 10\log_{10} A(z)^2 = 10\log_{10}\left(\frac{A(z)^2 + B(z)^2}{A(z)^2}\right)$$

$$\approx \frac{10}{\ln(10)} \frac{B(z)^2}{A(z)^2}$$

여기서 $A(z), B(z)$는 기저막상의 위치 z에서 원 신호와 테스트 신호의 여기 진폭을 말한다.

일반적으로 테스트 음은 여기패턴의 피크(peak)에 의존하는 ΔL 값이 한계값인 $\Delta L_{\min}$을 초과하는 순간부터 마스킹되지 않고 사람의 귀에 들리게 된다. 신호의 여기패턴 피크 값은 신호의 세기와 비례하기 때문에 테스트 신호의 여기 피크 치에 해당하는 기저막의 위치 z에서 다음과 같은 식이 성립된다.

$$\frac{B(z(f))^2}{A(z(f))^2} = \frac{I_B}{I_A F(z(f))}$$

여기서 I_A, I_B는 각각 원 신호 A와 테스트 신호 B의 음 세기이고, $F(z)$는 기저막상의 신호 여기패턴의 모양을 나타내는 함수이며, $z(f)$는 주파수 f의 신호가 기저막상에서 피크 여기를 갖는 위치를 말한다. 함수 $F(z)$는 원 신호에 의해 여기패턴 피크가 일어나는 기저막상의 위치 z에서 여기패턴 피크 값이 1이 되도록 정규화시켜 사용한다.

테스트 신호가 마스킹되지 않고 들리게 되는 순간의 값은 다음 한계값으로 표현할 수 있다.

$$\Delta L_{\min} = \frac{10}{\ln(10)} \frac{I_B}{I_A F(z(f))}$$

또한, 이 수식은 다음과 같이 표현될 수 있다.

$$I_B = I_A \left(\frac{\ln(10)}{10} \Delta L_{\min}\right) F(z(f))$$

이 식을 음 세기인 SPL로 표현하면 다음과 같이 쓸 수 있다.

$$SPL_B = SPL_A + 10\log_{10}\left(\frac{\ln(10)}{10} \Delta L_{\min}\right) + 10\log_{10}\left(F(z(f))\right)$$

여기서 $F(z)$ 를 여기패턴 피크 값이 1이 되도록 정규화시킨다면 수식의 마지막 항은 0이 될 것이며, SPL_B 이하의 음 레벨을 갖는 테스트 신호는 마스커 A에 의해 마스킹 될 것이다. 즉, 위 수식은 특정 주파수에 위치한 마스커 A의 SPL 값으로부터 마스커 A에 대한 마스킹 곡선(masking curve)을 다음과 같이 유도할 수 있다는 것을 말한다.

① 마스커 A로부터 계산한 $\Delta L_{\min}$ 에 의존하는 상수 값만큼 마스킹 곡선을 마스커 A 아래로 하향 이동시킨다.
② 마스커로 인한 기저막상의 여기 에너지 확산을 나타내는 함수(주파수 의존함수)를 더한다.

위 SPL 수식의 두 번째 항은 마스킹 곡선의 하향 이동을 나타내며 마스커의 최소 SMR을 나타낸다. 우리는 6장으로부터 최소 SMR이 마스커가 잡음인지 또는 음인지 여부와 마스커 주파수 등의 마스커 특성에 의존한다는 것을 알고 있다. 위 SPL 수식의 마지막 항은 보통 "확산함수(spreading function)"로 알려져 있으며 마스킹 곡선에 대한 실험 데이터로부터 유도된다.

이제 주파수 f 에서 기저막상의 거리 z 로의 변환 방법을 알아보고, 마스킹 곡선을 주파수 단위보다는 Bark 단위로 나타냄으로써 마스킹 곡선을 매우 간결하게 표현할 수 있는 방법을 살펴보자. 그리고 확산함수와 단일 마스킹 성분에 의한 마스킹 곡선에서 최소 SMR을 표현할 수 있는 모델을 살펴보자. 마지막으로는 여러 개의 마스커들로부터 구해진 개별 마스킹 곡선을 결합해 최종 전역 마스킹 한계선(global masking threshold)을 어떻게 구할 수 있을지 알아보도록 하자.

3 Bark 척도

우리는 6장에서 학습한 임계 대역폭 공식을 이용해 주파수를 기저막상의 선형 거리로 변환할 수 있다. 이때 각 임계 대역폭이 기저막상의 고정된 위치와 관련 있다고 가정하면, 기저막상의 단위 길이 $z(f)$ 를 하나의 임계 대역폭으로 정의할 수 있다. 이 단위는 초기 음향연구에서 Barkhausen을 기리고자 "Bark"라는 이름으로 알려져 있다.

임계 대역폭 공식은 주파수 f 에서 기저막상의 단위 길이에 대한 변화량 df / dz 를 나타낸다. 이 공식의 역을 구한 후 주파수 f 에 대해 적분을 취하면 거리 변환 함수 $z(f)$ 를 구할 수 있다. 이 변환 함수 $z(f)$ 를 "임계 대역율 (critical band rate)"이라고 하며 임계 대역율은 다음과 같이 표현될 수 있다 [Zwicker and Fastl 90].

$$z / Bark = 13 \arctan\left(0.76 f \ / \ 1\text{kHz}\right) + 3.5 \arctan\left((f \ / \ 7.5\text{kHz})^2\right)$$

표 1은 사람의 최고 가청주파수한계 근처인 15,500Hz 주파수까지 각 기저막 단위 거리에 따른 주파수 범위를 보이고 있다. 이 주파수 범위를 "임계대역 (CB, Critical Band)"이라 하며, Bark 단위 z 는 각 임계대역의 하한 주파수 f_l 의 함수로 임계대역 번호를 나타낸다. 임상 시험을 통해 기저막의 실제 길이는 약 32mm 에 이르고 있음이 알려졌고, 총 임계대역 수가 25개이기 때문에 각 임계대역은 약 1.3mm 정도가 된다.

표 1 각 임계대역의 하한 주파수 f_l , 상한 주파수 f_u , 중심 주파수 f_c , 임계 대역폭 Δf [Zwicker and Fastl 90]

z (Bark)	f_l (Hz)	f_u (Hz)	f_c (Hz)	Δf (Hz)	z (Bark)	f_l (Hz)	f_u (Hz)	f_c (Hz)	Δf (Hz)
0	0	100	50	100	13	2000	2320	2150	320
1	100	200	150	100	14	2320	2700	2500	380
2	200	300	250	100	15	2700	3150	2900	450
3	300	400	350	100	16	3150	3700	3400	550
4	400	510	450	110	17	3700	4400	4000	700
5	510	630	570	120	18	4400	5300	4800	900
6	630	770	700	140	19	5300	6400	5800	1100
7	770	920	840	150	20	6400	7700	7000	1300
8	920	1080	1000	160	21	7700	9500	8500	1800
9	1080	1270	1170	190	22	9500	12000	10500	2500
10	1270	1480	1370	210	23	12000	15500	13500	3500
11	1480	1720	1600	240	24	15500			
12	1720	2000	1850	280					

4 마스킹 확산 모델

만약 주파수를 기저막상의 거리와 선형적인 관계를 가지고 있는 Bark 단위로 변환할 수 있다면, 마스킹의 특성을 좀 더 쉽게 파악할 수 있다. 즉, 마스킹 곡선은 Bark 단위로 그림을 그렸을 때 훨씬 더 간결하게 표현될 수 있다. 예를 들어, 그림 1은 다양한 주파수에서 협대역 잡음 마스커에 의한 여기패턴을 보이고 있다. 그림의 각 여기패턴은 마스킹 곡선을 마스커 SPL 수준으로 상승시켜 다양한 실험을 통해 구한 다음 Bark 축으로 도시한 것이다. 각 여기패턴에서 왼쪽 저주파 대역을 향한 기울기는 마스커의 중심 주파수와 무관하며 Bark당 약 27dB 비율로 감소하고 있다. 반면 마스커 오른쪽 부분의 기울기는 200Hz 이상의 주파수에서 거의 일정한 값을 갖고 있으나, 200Hz 이하에서는 더욱 가파르게 감소하고 있다. 6장에서 일반적인 주파수 단위를 사용해 그린 마스킹 곡선과 그림 1의 여기패턴을 비교해 보자. 6장의 그림 10의 마스킹 곡선은 마스커 중심 주파수에 따라 모양이 달라지지만, 그림 1의 여기패턴은 마스커 주파수에 상관없이 전부 유사한 모양을 갖는다는 점을 주목하자. 6장의 그림 10과 그림 1로부터 마스킹 곡선의 모양이 측정단위에 따라 달라진다는 것을 알 수 있고, 마스킹 곡선의 주파수 의존도를 Bark 단위로 측정하면 마스킹 곡선의 모양이 마스커 주파수에 상관없이 일정함을 볼 수 있다.

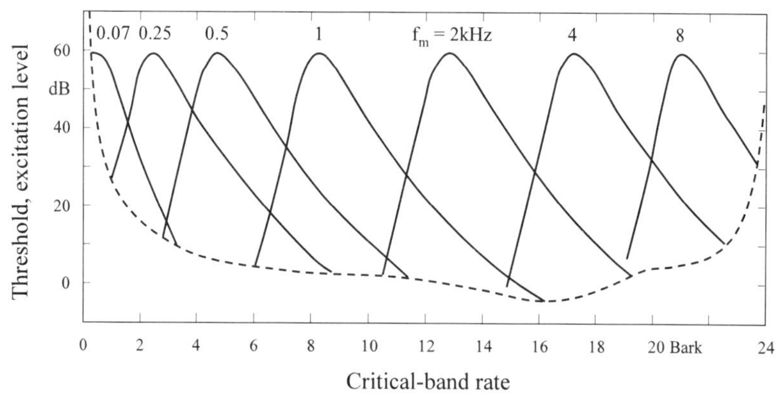

그림 1 60dB 마스커 레벨과 다양한 주파수에서 협대역 잡음 신호에 의한 여기패턴 [Zwicker and Fastl 90]

이제까지 우리는 여기패턴을 Bark 단위로 표현해서 여기패턴이 마스커 주파수에 상관없이 일정함을 볼 수 있었으나, 마스커 레벨에 대해서는 이러한 가정을 적용할 수 없다. 예를 들어, 그림 2는 다양한 마스커 레벨에서 1kHz 협대역 잡음에 대한 여기패턴을 보이고 있다. 그림에서 여기패턴은 낮은 마스커 레벨에서 대칭적인 모양을 가지고 있는 반면, 높은 마스커 레벨에서는 이러한 대칭성이 사라지는 것을 알 수 있다. 40dB 이하 레벨에서는 기울기가 Bark당 약 27dB 씩 대칭적으로 감소하지만 높은 레벨에서 오른쪽 고주파 대역을 향한 기울기는 잡음 마스커가 100dB 인 경우 Bark당 약 –5dB 에서 잡음 마스커가 40dB 인 경우 Bark당 약 –27dB 까지의 범위를 갖게 된다.

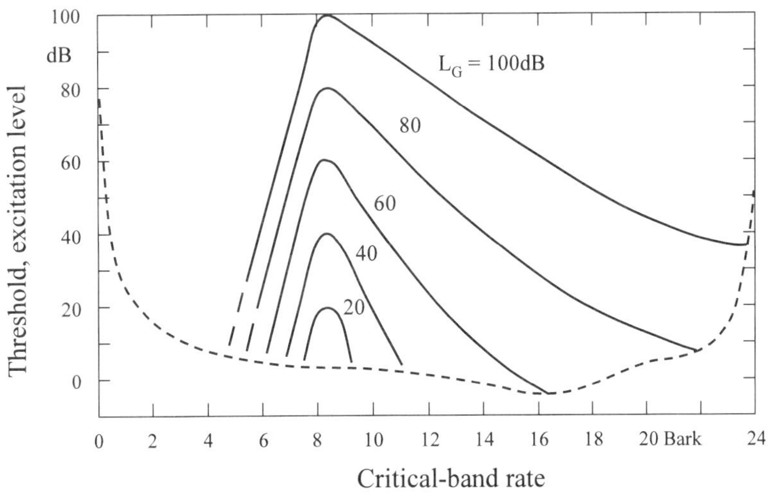

그림 2 다양한 마스커 레벨에서 1kHz 에 중심하고 있는 협대역 잡음신호에 의한 여기패턴 [Zwicker and Fastl 90]

여기패턴을 수학적으로 근사한 공식을 확산함수(spreading function)라 정의하고, 이를 삼각함수로 근사하면 다음과 같이 마스키(maskee)와 마스커(masker) 주파수 간의 Bark 값 차이 $dz = z(f_{maskee}) - z(f_{masker})$ 의 함수로 나타낼 수 있다.

$$10\log_{10}\big(F(dz, L_M)\big) = \big(-27 + 0.37\,MAX\{L_M - 40, 0\}\theta(dz)\big)|\,dz\,|$$

여기서 L_M 은 마스커의 SPL 그리고 $\theta(dz)$ 는 계단함수(step function)로 dz

가 음수일 때 0값을, dz가 양수일 때 1값을 갖는다. dz는 마스커가 마스키보다 저주파 대역에 놓여 있을 때 양수 값을 갖고, 마스커가 마스키보다 고주파 대역에 놓이게 되면 음수 값을 갖는다. 그림 3은 다양한 마스커 레벨 L_M에 대한 확산함수를 보이고 있다.

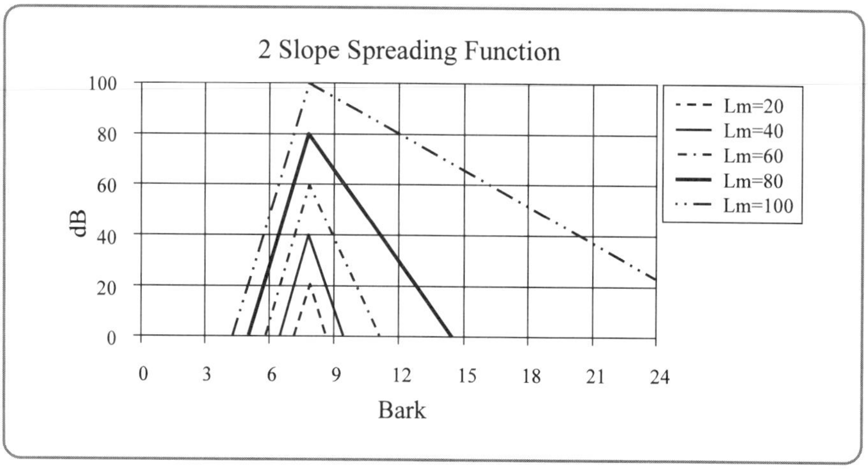

그림 3 다양한 마스커 레벨에서 협대역 잡음 마스킹 실험으로부터 유도된 것으로 좌우 양쪽에 2개의 기울기를 가지고 있는 확산함수

그 동안 학계에서는 몇 가지 다른 형태의 확산함수가 소개되었다. 예를 들어, Schroeder[Schroeder, Atal and Hall 79]는 다음과 같은 확산함수 수식을 제안하였다.

$$10\log_{10} F(dz) = 15.81 + 7.5(dz+0.474) - 17.5\left(1+(dz+0.474)^2\right)^{1/2}$$

이 확산함수는 초기 연구에서 음성 코딩 시스템에 적용되기도 하였다. 나중에는 이것과 유사한 확산함수가 ISO/IEC MPEG 심리음향 모델(Psychoacoustic model) 2에 사용되기도 하였다. 그림 4는 Schroeder의 확산함수를 그린 것이다. 그림으로부터 Schroeder의 확산함수가 마스커 레벨에 독립적임을 알 수 있다. 즉, 우리는 확산함수에서 마스커 레벨의 영향을 무시할 수 있고, 따라서 다양한 마스커들로부터 구해진 각각의 마스킹 곡선을 결합해 전역 마스킹 한계선을 구할 때 확산함수 $F(z)$와 신호 세기 스펙트럼의 콘볼루션(convolution)으로 간단히 구할 수 있다. 만약에 확산함수가 마스커 레벨에 독립적이지 않다면 dB 단위로 표현된 신호에서 개개의 마스킹 성분과 확산함수를 곱한 후 각 마스커 성분에 의한 확산함수를 모두 더해 전역 마스킹 한계선을 구할 수밖에 없다. Schroeder 확산함수의 장점은 콘볼루션 결과가 이미 모든 마스커 성분에 의한 확산함수를 더한 결과를 반영한 것으로, 전역 마스킹 한계선을 구할 때 부가적인 덧셈이 필요 없다는 것이다(다음 절 참조).

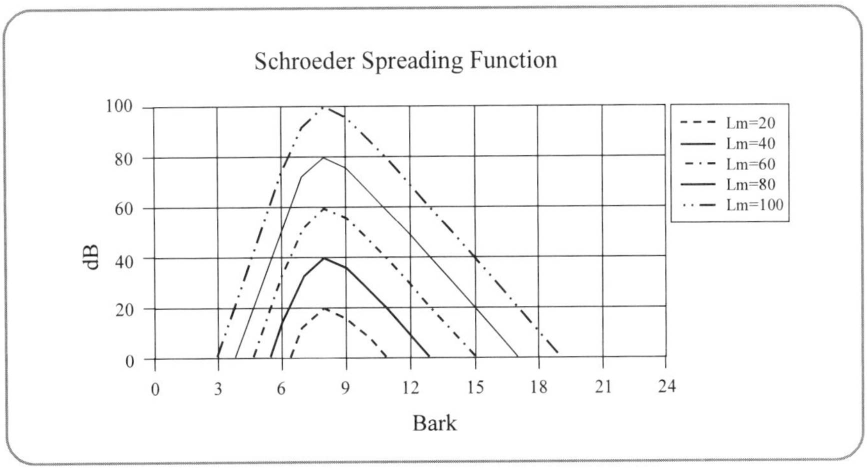

그림 4 Schroeder의 확산함수

Schroeder의 확산함수 이후 마스커 레벨 L_M 의 영향을 감안할 수 있는 수정된 확산함수 공식이 발표되었으며 이는 다음과 같다.

$$10\log_{10}\left(F(dz,L_M,f)\right) = \left(15.81 - I(L_M,f)\right) + 7.5\left(dz+0.474\right) - \left(17.5 - I(L_M,f)\right)\left(1+(dz+0.474)^2\right)^{\frac{1}{2}}$$

여기서 레벨조정 함수 $I(L_M, f)$ 는 다음과 같이 정의된다.

$$I\left(L_M, f\right) = \min\left\{5\,10^{(L_M-96)/10}\,df/dz,\,2\right\}$$

이 수식은 주파수에 따른 임계 대역폭의 변화 df/dz 로 인해 약간의 주파수 의존도를 갖게 된다. 그림 5에서 보는 것처럼 레벨조정 함수를 이용해 마스커 레벨에 따른 Schroeder 확산함수 영향을 감안할 수 있다. 이전 실험에서와 같이 마스커 레벨을 증가시키면 마스커 영향이 증가하고 동시에 확산함수의 기울기가 감소하는 것을 볼 수 있다.

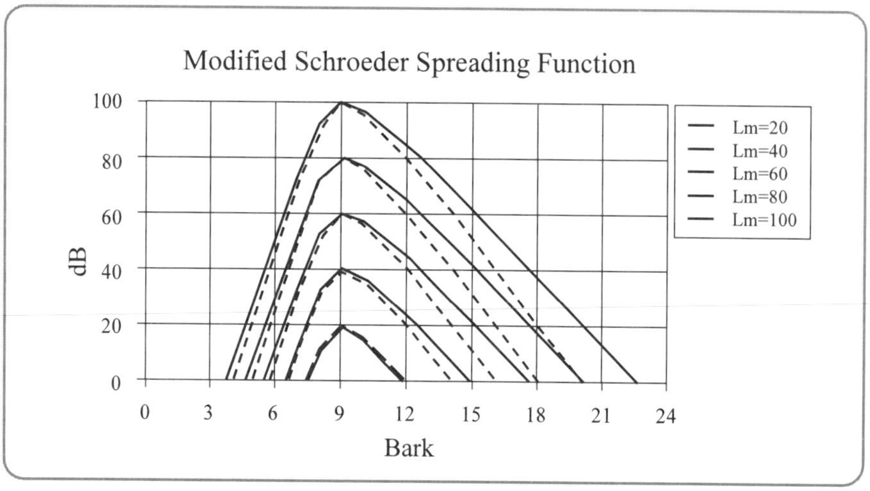

그림 5 마스커 레벨에 독립적인 Schroeder 확산함수(점선)와 수정된 Schroeder 확산함수(실선) 비교

ISO/IEC MPEG 심리음향 모델 2의 확산함수(그림 6 참조)는 Schroeder의 확산함수로부터 유도되고 다음과 같이 표현된다.

$$10\log_{10}(F(dz)) = 15.8111389 + 7.5*(1.05*dz + 0.474) - 17.5*\sqrt{1.0+(1.05*dz+0.474)^2} + 8*MIN(0,(1.05*dz-0.5)^2 - 2*(1.05*dz-0.5))$$

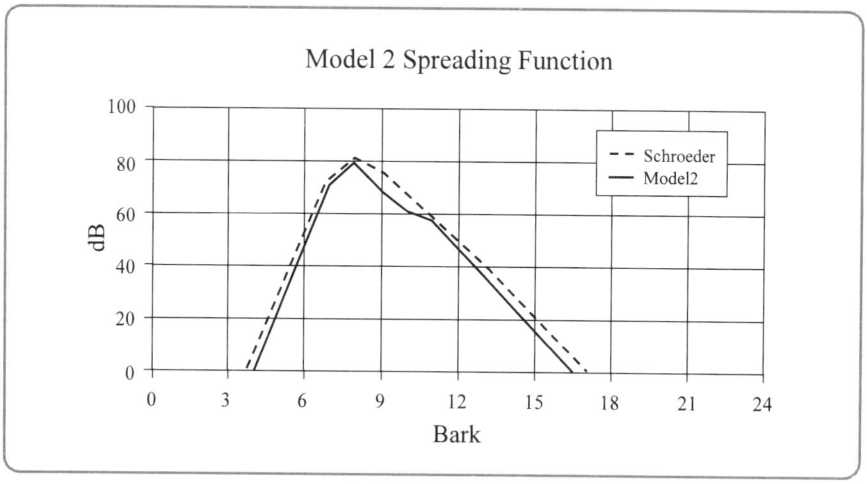

그림 6 80dB 마스커 SPL에서 Schroeder 확산함수와 MPEG 심리음향 모델 2의 확산함수 비교

또 다른 형태의 확산함수가 ISO/IEC MPEG 심리음향 모델 1에 사용되고 있으며 이는 다음과 같다.

$$10\log_{10}\left(F(dz, L_M)\right) = \begin{cases} -17\,dz + 0.15\,L_M(dz-1)\theta(dz-1) & \textit{for } dz \geq 0 \\ -(6+0.4L_M)|\,dz\,| - (11+0.4\,L_M)(|\,dz\,|-1)\theta(|\,dz\,|-1) & \textit{for } dz < 0 \end{cases}$$

그림 7은 ISO/IEC MPEG 심리음향 모델 1의 확산함수를 나타낸 것이다. 확산함수가 낮은 레벨에서는 대칭적으로 시작하였다가 마스커 레벨이 높아지면서 저주파보다는 고주파 대역에서 더 많은 마스킹이 일어남을 볼 수 있다. 심리음향 모델 1의 확산함수는 음을 마스킹하는 음 실험(6장의 그림 12 참조)에서의 마스킹 데이터를 모델링하기 위해 저주파와 고주파 대역의 기울기 선이 2개 선 성분으로 이루어져 있다.

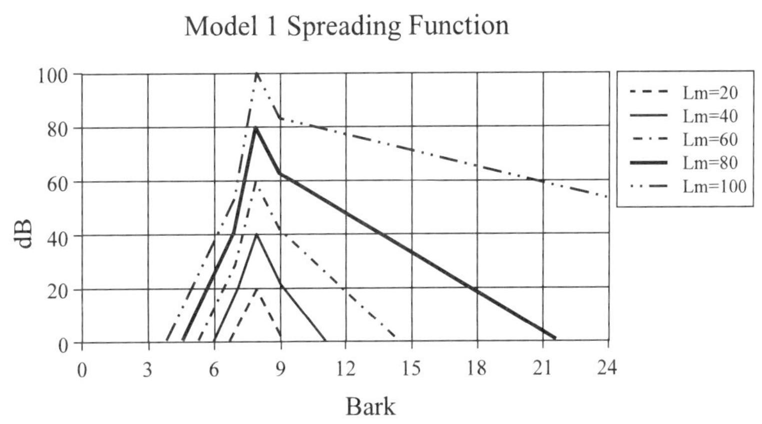

그림 7 ISO/IEC MPEG 심리음향 모델 1에 적용된 선형 확산함수, 저주파와 고주파 대역의 기울기 선이 2개의 선 성분으로 이루어져 있음

그림 8은 지금까지 설명했던 삼각함수, Schroeder 함수 그리고 ISO/IEC MPEG 심리음향 모델 1 함수를 80dB 마스커에 대한 확산함수 모델에 대해 비교한 것이다. 그림에서 보듯이 ISO/IEC MPEG 심리음향 모델 1 함수는 Schroeder 함수나 삼각함수보다 고주파 대역 쪽으로 더 많은 마스킹 영향을 미치고 있다. 한편, 3개의 확산함수 중에 삼각함수가 사람의 귀에 들리는 신호

성분과 무관한 성분(즉, 마스킹되어 들리지 않는 신호성분)을 결정하는 데 가장 신중한 방법을 사용하고 있음을 볼 수 있다.

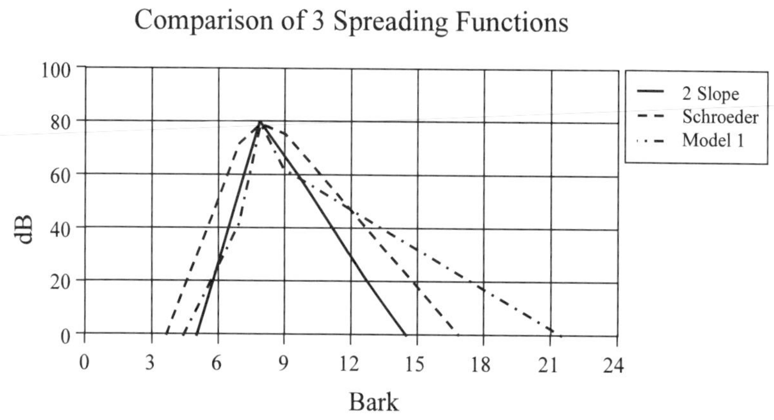

그림 8 80dB 마스커에 대한 3개 확산함수의 비교

그림 8에 있는 확산함수들은 마스커의 중심 주파수에 영향을 받지 않는다. 지금까지의 모든 확산함수는 이러한 가정하에 모델링 되었지만, 또 다른 실험 결과는 확산함수가 마스커 주파수에 영향을 받을 수도 있음을 보여주고 있다. 예를 들어, 오른쪽의 고주파 대역을 향한 마스킹 기울기는 200Hz 이상의 마스커 주파수보다 200Hz 미만의 마스커 주파수에서 약간 작은 값을 갖는다고 한다. Terhardt[Therhardt 79]는 이러한 주파수 의존도를 감안한 확산함수를 삼각함수로 근사하여 다음과 같은 수식을 제안하였다.

$$10\log_{10}\left(F(dz, L_M)\right) = \left(-24 + \left(0.2\, L_M + 230\, Hz / f\right)\theta\left(dz\right)\right)dz$$

그림 9는 다양한 마스커 중심 주파수에 따른 Terhardt의 확산함수를 보이고 있다. 비교를 위해 함수들을 Bark축 상에 서로 포개어 놓았다. 이러한 Terhardt의 확산함수는 [Thiede et al. 00] 논문에서 객관적 음질 평가에 적용되기도 하였다(10장 참조).

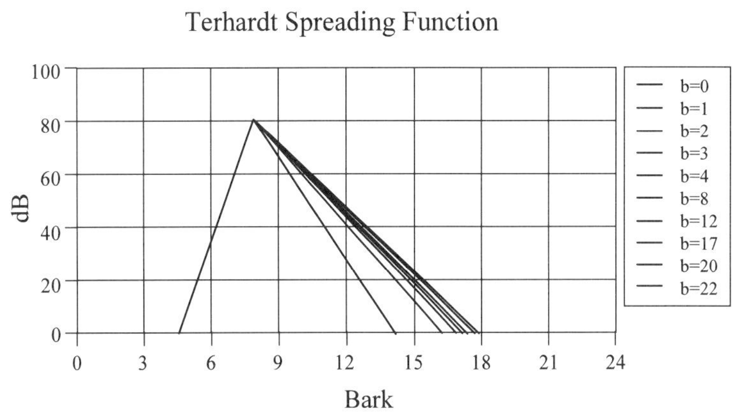

그림 9 다양한 마스커 중심 주파수에서의 Terhardt의 확산함수를 8Bark에 서로 겹쳐 놓은 그림

5 마스킹 곡선

우리는 마스킹 곡선(masking curve)의 피크가 마스커 종류에 따라 일정한 양만큼 마스커 SPL 아래에 위치하고 있다는 것을 알고 있다. 이 현상은 여기패턴으로 설명될 수 있으며, 마스커 곡선의 하향 이동은 사람이 인지할 수 있는 여기패턴의 최소 변화량 ΔL_{min} 을 나타낸다. 우리는 다양한 종류의 신호에 대한 마스커 레벨과 최대가청한계 실험을 통해 여기패턴 최소 변화량 ΔL_{min} 이 어떻게 변하는지 알 수 있다. 예를 들면, Zwicker는 ΔL_{min} 값으로 1dB 를 제안하였다. 이 값의 의미는 마스킹 곡선의 피크가 마스커 SPL 레벨로부터 약 6dB 아래에 위치하고 있다는 것을 말한다. 이 값은 음을 마스킹하는 협대역 잡음 실험으로부터 도출될 수 있다. 한편, Moore는 ΔL_{min} 값으로 0.1dB 정도가 더 적절하다고 제안했으며 이 값은 마스커와 마스키 레벨 간에 약 16dB 의 차이가 있을 때 구한 값으로 음 마스커 실험으로부터 유도되었다.

마스킹 곡선의 피크와 마스커 SPL 간의 오프셋(offset)은 여러 가지 요인에 의존한다. 첫째로 여기레벨(excitation level) 변화를 식별할 수 있는 사람의 청각 능력, 즉 마스커와 마스킹 곡선 간의 피크레벨 차이가 저주파에서 낮고 주파수가 높을수록 증가하는 현상이 있다는 점은 여러 실험결과로부터 잘 알려져 있다. 둘째로 비대칭 마스킹이 주어져 있을 때 마스커와 마스킹 곡선 간의 피크레벨 차이는 마스커가 잡음-형태(noise-like)인지 혹은 음-형태(tone-like)인지에 따라 커지거나 작아지고 그중에서도 잡음은 더 많은 마스킹 현상을 일으키게 한다. 마지막으로 마스커가 복합음(complex sound)일 경우에는 여기패턴의 여러 부분을 종합해 마스키의 검출 능력을 향상시킬 수 있다.

그림 10은 삼각 확산함수로부터 유도된 간단한 형태의 마스킹 곡선을 보이고 있다. 마스킹 곡선을 구하기 위해서는 첫째로 마스커 레벨 L_M 을 계산하고 그 다음으로는 기저막상에서 여기 에너지 확산을 감안하기 위해 마스커 레벨 L_M 을 삼각 확산함수와 콘볼루션시킨다. 마지막으로는 고려하고 있는 마스커로부터 마스킹 한계선을 Δ 만큼 아래로 하향 이동시킨다.

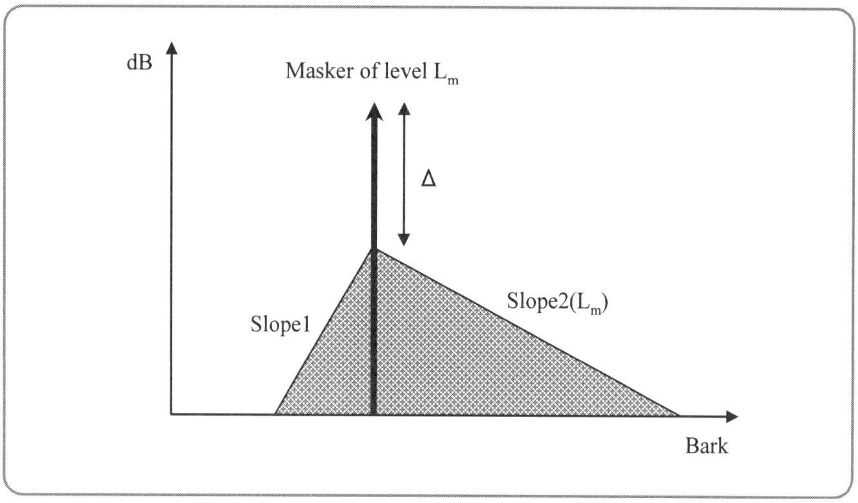

그림 10 마스커 레벨 L_M 에서의 마스킹 한계선

예를 들어, [Jayant, Jhonston and Safranek 93] 논문에서는 잡음-형태 신호를 마스킹하는 음-형태 신호(tone-like signal masking a noise-like signal) 경우의 Δ 와 음-형태 신호를 마스킹하는 잡음-형태 신호(noise-like signal masking a tone-like signal) 경우의 Δ 의 값을 다음과 같이 구하였다.

$$\Delta_{tone\ masking\ noise} = 14.5 + z\,\text{dB}$$

$$\Delta_{noise\ masking\ tone} = C\,\text{dB}$$

여기서 C 는 실험 데이터에 따라 3dB ~ 6dB 의 값을 갖는다. 그러나 주목해야 할 사실은 6장의 그림 10에 사용된 실험 데이터에 따라 음을 마스킹하는 잡음의 경우에도 Δ값이 어느 정도 주파수에 의존한다는 사실이다. 일반적으로 마스커 특성에 따라 Δ값이 달라진다고 가정하기 때문에 오디오 코더를 설계할 때는 Δ값을 변화시켜 오디오 코더의 출력을 최적화시키는 것도 좋은 방법 중에 하나이다.

전형적으로 오디오 사운드는 여러 개의 음-형태와 잡음-형태 성분이 존재한다. 특정한 시간 구간에서 이러한 성분들이 검출되면, 각 성분에 의한 마스킹 패턴을 구하고 적절한 Δ만큼 마스킹 패턴을 하향 이동시켜 상대적인 마스킹 한계선을 계산할 수 있다. 다음 절에서는 이러한 마스킹 한계선을 결합해 어떻게 전역 마스킹 한계선을 구할 수 있는지 살펴보자.

6 마스킹 결합

일반적으로 복합음이 귀에 들릴 때는 하나 이상의 마스커가 동시에 발생하는 현상을 경험하게 된다. 이렇게 하나 이상의 마스커가 동시에 발생할 때 각 마스커의 영향을 감안한 전체 마스킹 한계선을 전역 마스킹 한계선(global masking threshold)이라 한다. 이를 수학적으로 근사할 수 있는 첫 번째 방법은 다음과 같다. 먼저 임계대역 상에서 신호가 가진 각각의 마스킹 성분을 검출한 후, 각 마스킹 성분을 독립 성분으로 취급하여 개별 마스킹 성분에 의한 마스킹 곡선을 구한다. 그 다음으로는 특정 주파수에서 이러한 마스킹 곡선들을 어떻게 결합할 것인지에 대한 문제를 생각해야 한다.

개별 마스킹 곡선을 결합하는 가장 직관적인 방법은 각 마스킹 곡선의 세기 값들을 단순히 모두 더하는 것이다. 이 경우 만약 같은 세기를 갖는 2개의 마스킹 곡선을 더하게 되면 결합된 마스킹 곡선은 각 마스킹 곡선보다 약 3dB ($\approx 10\log 2$) 정도 높아진 결과를 갖는다. 그럴듯해 보이는 또 다른 결합 방법으로는 각각의 주파수 지점에서 각 마스킹 곡선 중 가장 높은 값을 취하는 것이다. 만약 같은 세기를 갖는 2개의 같은 마스킹 곡선을 결합한다면, 결과 마스킹 곡선은 각각의 주파수 지점에서 2개 마스킹 곡선 중 최대값을 갖게 된다. 이러한 2가지 예를 통해 다음과 같이 마스킹 곡선의 결합 공식을 정의할 수 있다.

$$I_N = \left(\sum_{n=0}^{N-1} I_n^{\alpha} \right)^{\frac{1}{\alpha}} \qquad 1 \le \alpha \le \infty$$

여기서 I_N 은 음의 세기 $I_n (n = 0, ..., N-1)$ 을 갖는 N 개 개별 마스킹 곡선이 결합된 결과 마스킹 곡선의 세기를 말하고, α 는 이러한 개별 마스킹 곡선이 어떻게 더해질지를 정의하는 변수이다. 위 수식에서 $\alpha = 1$ 로 가정하면 단순히 개별 마스킹 곡선의 세기를 더하는 것이 되고, α 값이 ∞ 에 가까운 경우에는 개별 마스킹 곡선에서 최대 세기 값을 취하는 것이 된다. 이러한 α 값을 1과 ∞ 값 사이로 조절하게 되면 중간 결과를 얻게 된다. 어떤 경우에는 α 를 1보다 작은 값으로 선택해 결과 마스킹 곡선의 세기가 개별 마스킹 곡선을 단순히 더한 것보다 훨씬 크게 할 수도 있지만, 이 경우 α 값이 0에 가까울수록 불량조건(ill-condition)에 가까워지게 됨을 주의해야 한다. 그렇다면, 오디오 코더에서 α 값을 어떻게 설정해야 할까? 물론 이 값을 결정하기 위해서는 개별 마스킹 곡선을 결합하는 다양한 실험 결과를 살펴보아야 한다.

[Lufti 83] 논문을 포함한 그 동안의 학계 연구는 거의 같은 세기의 마스커에 의한 마스킹 곡선을 결합할 때 $\alpha = 0.33$ 을 사용하는 것이 바람직하다는 것을 밝혔고, 이 경우, 결과 마스킹 곡선은 각 마스킹 곡선의 약 8배에 이르는 세기를 갖게 된다고 한다. 이것은 개별 마스킹 곡선의 결합이 단순히 음의 세기(intensity)를 더하는 것보다는 음의 크기(loudness)를 더하는 규칙에 더 가깝다는 중요한 사실을 말한다. 또 다른 연구인 [Green67] 논문에서는 다양한 실험을 통해 개별 마스커의 세기를 더하면 단순히 마스커 세기를 더한 결과보다 더 증가된 마스킹 현상을 경험하게 된다는 것을 밝혔다. 이 실험에서는 2개의 동등한 세기를 가진 마스커를 단순히 더했을 때의 마스킹 곡선보다 결합 공식에 의한 마스킹 곡선이 약 6 ~ 14dB 정도 더 많은 마스킹을 갖는 것을 볼 수 있다. 마스커 세기에 따른 마스킹 실험과는 별도로 [Lufti 83]는 4가지 경우의 마스커와 협대역 잡음과 정현파 마스커에 대한 다양한 실험을 수행하였다. 그 동안 학계에서의 마스킹 결합에 대한 연구결과가 모두 완벽히 일치하지는 않지만 적어도 몇몇 실험결과는 공통적인 결론을 내리고 있다.

그림 11은 Lufti의 값인 $\alpha = 0.33$ 을 이용해 다양한 음 세기에서 2개 마스킹 곡선을 더했을 때의 결과를 보여준다. 이 곡선은 $\alpha = 0.33$ 을 사용해 결합된 결과 마스킹 곡선이 다양한 음 세기 차(0 ~ 50dB)를 갖는 2개 마스킹 곡선의 세기를 단순히 더했을 때보다 얼마나 높은 dB 값을 갖는지를 보이고 있다. 그림에서 같은 세기를 갖는 2개 마스킹 곡선을 결합했을 때 결과 마스킹 곡선은 약

9 dB 정도 높아짐을 볼 수 있다(단순히 세기를 더했을 때는 3dB 정도만 높아짐). 사실상 첫 번째 마스커에 약 20dB 정도 작은 두 번째 마스커를 더하게 되면 결과 마스킹은 첫 번째 마스커의 세기를 2배 증가시킨 것과 같은 효과를 가지게 된다. 그러나 이 실험에서 주목해야 할 사실은 실험 대부분이 2개 마스커의 세기 차이가 0dB 에 가까울 때, 즉 거의 같은 마스킹 곡선을 결합했을 때 얻어진 결과이고 2개 마스커의 음 세기 차이가 많이 날 때의 결과들은 $\alpha = 0.33$ 을 사용해 추정한 것에 불과하다는 점이다.

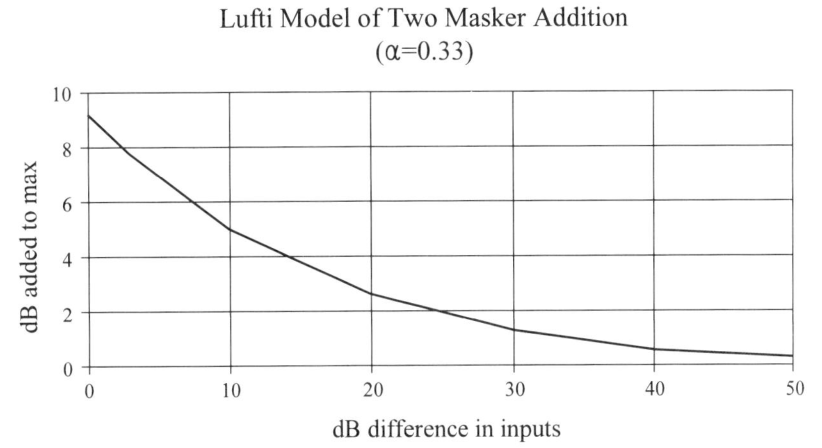

그림 11 2개 마스킹 곡선을 결합하는 Lufti의 모델

주목해야 할 또 다른 사실은 결합 공식을 이용해 2개 이상의 마스킹 곡선을 더할 때 어떤 현상이 발생하느냐 하는 것이다. [Lufti 83] 논문에서 Lufti는 마스커 음 세기를 단순히 더하는 것 대신에 $\alpha = 0.33$ 을 사용해 4개 마스커에 의한 마스킹 결합 실험을 수행하였다. 그림 12는 이 실험결과가 어떻게 임의 개수의 마스커에 적용될 수 있는지 보여주고 있다. 그림은 같은 세기를 갖는 여러 개의 마스킹 곡선에 대해 $\alpha = 0.33$ 일 때의 결합 공식 결과와 각 마스커 음의 세기를 단순히 더했을 때의 결과를 비교하고 있다. 그림에서 10개의 마스커를 결합했을 때 결과 마스킹 곡선이 개별 마스킹 곡선보다 약 30dB 높다는 것을 알 수 있다. 그러나 많은 개수의 마스킹 곡선을 결합할 때 단순하게 이 결합 공식을 적용하게 되면 뜻밖의 결과가 나올 수도 있다. 예를 들어, 주변의 잡음 소리가 아주 클 때 더는 원음을 들을 수 없는 것과 같이, 너무 많은 개수의 마스커를 결합하면 결과 마스커가 개별 마스커 자체를 마스킹 할 수도 있다.

명백해 보이는 이러한 모순점은 임계대역의 통합효과(integrative effects)로 설명될 수 있다. 통합효과는 우리 귀가 소리를 들을 때 이웃한 개별 주파수 성분에 의한 마스킹 현상을 통합해서 지각한다는 현상이다. 즉, 우리 귀가 여러 개의 음을 동시에 들을지라도 임계 대역폭보다 작게 분리되어 있는 음들은 개별 마스커로 인식할 수 없다는 것이다.

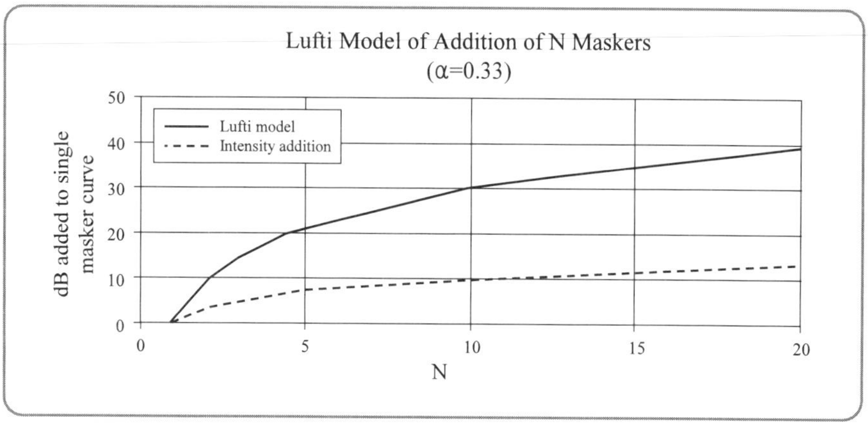

그림 12 다수의 마스커 결합을 위한 Lufti의 모델

ISO/IEC MPEG 심리음향 모델 1과 2를 포함한 몇 가지 심리음향 모델은 $\alpha = 1$ 인 마스킹 결합 공식, 즉 개별 마스킹 성분의 세기를 단순히 더하여 전체 마스킹 한계선을 구하였다. 반면에 Dolby AC-2와 AC-2A (14장 참조) 같은 오디오 코더는 $\alpha \rightarrow \infty$ 인 경우의 마스킹 결합 공식, 즉 개별 마스킹 성분의 최대값으로 전역 마스킹 한계선을 구하여 적용하였다. [Baumgarte 95] 논문에서는 $\alpha = 0.33$ 일 때의 비선형 결합 모델을 ISO/IEC MPEG 심리음향 모델 2에 적용하였다. 또한, 이 공식은 [Beerends and Stemerdink 92]와 [Thiede et al. 00]의 연구에서 음질 평가 시스템에 적용되기도 하였다. 논문 [Thiede et al. 00]에서는 $\alpha = 0.4$ 값이 사용되었다.

위에서 설명한 비선형 결합 모델을 이용할 때 주의해야 할 점은, 이 결합 모델이 주파수상에 아주 가까이 근접해 있는 마스커들에 대한 상호 영향을 전혀 고려하지 않았다는 사실이다. 보통 이러한 인접 주파수 성분 간에는 비팅 현상(beating phenomena)이 발생해 전혀 다른 방식의 마스킹을 일으키게 하며, 비록 각 마스킹 곡선의 아래에 놓인 음이라도 마스킹되지 않고 들리게 되는 현상이 발생할 수 있다. 최근의 오디오 코더에서 사용되고 있는 마스킹 모델 대부분은 이러한 점을 고려하지 않고 있다.

전형적으로 오디오 사운드는 여러 개의 음-유형과 잡음-유형 성분을 포함하고 있다. 개별 성분에 대한 마스킹 곡선을 결합해 전역 마스킹 한계선을 구하고 나면, 사람의 최소가청한계를 감안해 주어진 시간-구간에 해당하는 최종 신호 마스킹 한계선(signal masking threshold)을 구하게 된다. 지각 오디오 코딩에서는 종종 전역 마스킹 한계선과 최소가청한계의 최대값을 취하여, 주어진 시간 구간 동안의 신호 마스킹 한계선을 구하기도 한다(11장과 14장에 있는 ISO/IEC MPEG 심리음향 모델 2, AC-3 참조). 이 경우 신호 마스킹 한계선 아래에 놓이는 신호성분들을 그 신호 표현과 무관한 것으로 간주해 이들을 무시할 수 있다.

7 순시(비-동시) 마스킹 모델

지각 오디오 코딩은 주파수 마스킹과 더불어 비-동시 마스킹(non-simultaneous masking)(또는 순시 마스킹(temporal masking))을 감안하고 있다. 주파수 마스킹 영향을 설명하는 모델은 이 전 절들에서 자세히 설명하였다. 순시 마스킹 모델을 설명하기 위해서는 시간 축 상의 슬라이딩 윈도우(time-sliding window)를 고려해야만 한다. 6장의 6.2절에서 설명한 실험 데이터에 따라 윈도우 중심에 가까울수록 더 많은 가중치를 부여하고 멀어질수록 적은 가중치를 부여하는 가중함수를 고려해보자. 이러한 윈도우는 청각 필터링(auditory filtering)된 신호 스펙트럼에 적용되어 매끄러운 출력을 가질 수 있다. 이러한 순시 윈도우(temporal window) 예는 [Plack and Moore 90, Moore 96] 논문에서 찾을 수 있으며, 신호를 주파수-영역으로 표현하는 분석필터의 시간 분해능에 따라 후방 마스킹(backward masking)과 전방 마스킹(forward masking) 모두 또는 전방 마스킹에만 적용할 수 있으며, 이때 시간 분해능은 후방 마스킹을 적용할 수 있을 만큼 몇 ms에 이를 정도로 높아야 한다. 예를 들어, [Thiede et al. 00] 논문에서는 전방 마스킹과 후방 마스킹을 각각 상승-코사인 FIR 필터(raised-cosine FIR filter)와 1차 IIR 저역통과 필터로 모델링 하였다. FIR 필터의 시상수(time-constant)는 8 ms 으로 설정해 2 ms 동안의 후방 마스킹을 모델링 하였다. 반면 IIR 필터의 시상수는 다음과 같다.

$$\tau(f_c) = \tau_{\min} + \frac{100\,\text{Hz}}{f_c}(\tau_{100} - \tau_{\min})$$

여기서 f_c 는 마스커에 해당하는 청각필터의 중심 주파수이고 $\tau_{\min} = 4\ \text{ms}$, $\tau_{100} = 50\text{ms}$ 이다.

지각 오디오 코딩 시스템은 전체 시스템을 분석/합성할 때 순시 마스킹 외에도 입력신호의 순시 특성(temporal characteristics)을 구하여 이들을 적용하고 있다.

8 지각 엔트로피

신호 마스킹 한계선을 구한 다음에는 마스킹되는 레벨 값을 감안해 신호성분에 양자화 잡음을 적절하게 할당할 수 있어야 한다. 임계대역 내에서 신호를 R-비트로 양자화할 때의 신호대 잡음비(SNR) 값이 신호대 마스크비(SMR)보다 높으면 임계대역 내의 양자화 잡음은 들리지 않게 된다. Johnston은 [Johnston 88] 논문에서 원음과 유사한 음질로 신호를 코딩할 때 필요한 주파수 샘플당 최소 평균비트 수를 정의하는 지각 엔트로피(PE, Perceptual Entropy)를 소개하였다. 신호의 세기 I, 주파수 f_i 에서의 신호 마스킹 한계선의 상대 세기 I_T 가 주어져 있을 때 주어진 시간 구간에서 신호의 지각 엔트로피는 다음과 같이 표현될 수 있다.

$$PE = \frac{1}{N}\sum_{i=0}^{N-1}\max\left\{0, \log_2\left(\sqrt{\frac{I(f_i)}{I_T(f_i)}}\right)\right\} \approx \frac{1}{N}\sum_{i=0}^{N-1}\log_2\left(1+\sqrt{\frac{I(f_i)}{I_T(f_i)}}\right)$$

여기서 N 은 신호의 주파수-영역 표현에서 이산 주파수 개수를 말한다. 위 수식에서 보는 바와 같이 PE는 N 개 주파수 블록당 마스킹 한계선이 가중된 신호 에너지의 기하평균(geometric mean)에 로그를 취한 값을 나타낸다. 지각 엔트로피는 신호의 시간-주파수 분석(time-frequency analysis)과 신호 마스킹 한계선을 이용해 오디오 신호를 코딩할 때 필요한 최소 비트 수를 측정할 수 있도록 해준다.

9 신호 마스킹 한계선과 비트 할당

그림 13은 특정 신호성분이 오른쪽에 위치한 더 강한 신호에 의해 부분적으로 마스킹 될 때, 각기 다른 양자화 SNR을 갖는 간단한 예를 보이고 있다. 비트 할당의 목적은 전체 신호 스펙트럼에 걸쳐 신호대 잡음비(SNR)가 신호대 마스크비(SMR)보다 큰 신호성분에 비트를 할당하는 것이다. SMR과 SNR의 차를 잡음대 마스크비(NMR, Noise to Mask Ratio)라고 부르며, NMR은 신호 마스킹 한계선에 대한 왜곡율(rate of distortion)을 나타낸다. 할당 가능한 전체 비트 수가 주어지고 여분의 비트가 남아 있다면, 초기에 설정된 코딩 효율(주어진 코딩 압축률을 달성하기 위해 데이터율이 지정된 경우)을 고려해 전체 신호 스펙트럼에 걸쳐 비트를 할당하게 된다. 만약 남아 있는 비트 수가 충분치 못하면 SMR과 SNR간의 누적 편차(양수)를 최소화시키는 방향으로 비트를 할당한다.

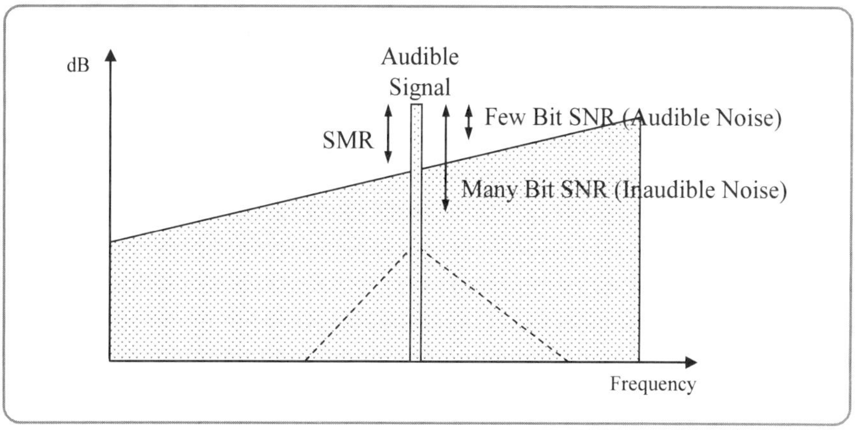

그림 13 신호성분에 할당된 SNR 값과 신호 마스킹 한계선의 예

그림 14는 샘플링 주파수 48 kHz 에서 주파수 성분 440, 554, 660, 880, 4,400, 8,800 Hz 을 가진 모노(MONO) 신호에 대해 양자화 잡음을 들리지 않도록 설정한 경우의 신호 마스킹 한계선과 관련 비트 할당의 예를 보이고 있다. 신호를 분석하기 위해 2,048개의 시간-샘플 단위로 사인 윈도우(sine window)를 취한 후 FFT를 적용하였다. 그림에서 SPL 곡선은 원 신호의 세기를 나타낸다. 마스킹 한계선(그림 14에 “mask”로 표기된 선) 계산을 위한 확산함수는 그림 3의 2개 기울기를 가진 확산함수를 이용하였으며 Δ 값은 15dB 로 설정하였다. 최종 신호 마스킹 한계선은 마스킹 결합 공식에서 $\alpha = \infty$ 인 경우, 즉

각 신호성분에 대한 마스킹 한계선과 최소가청한계의 최대값으로 설정하였다. "bits"라고 표기된 곡선은 양자화 잡음이 신호 마스킹 한계선 아래에 위치하게끔 신호에 할당된 최소 비트 수를 나타낸다. 다음 장에서는 오디오 신호를 코딩할 때 고정된 데이터율 대신 최적으로 비트를 할당할 수 있는 가변 데이터율 기법을 중심으로 설명할 것이다.

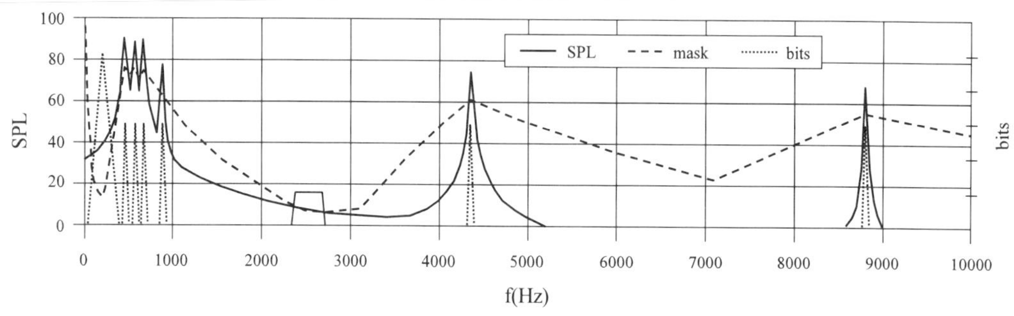

그림 14 주파수 성분 440, 554, 880, 4400, 8800Hz 을 가진 정현파 신호에 대한 신호 마스킹 한계선과 비트 할당 예

10 요약

이 장에서는 오디오 코더 설계에 사용되는 마스킹 모델의 주요 특성들을 살펴보았다. 청각 모델링과 관련된 그 동안의 학계 연구결과가 모두 일치하는 것은 아니지만, 적어도 심리음향 기술이 오디오 신호 코딩에서 매우 중요한 이론적 근거를 제공함을 알 수 있었다. 또한, 우리는 오디오 코더에 사용되는 마스킹 모델을 개선함으로써 주어진 데이터율에서의 코덱 성능을 향상시킬 수 있었으며, 마스킹 모델을 주파수 자체보다 주파수의 함수인 Bark 단위로 정의할 때, 훨씬 더 간결하게 표현할 수 있다는 것을 알았다. 또한, 여러 개의 마스커가 있을 때 각 마스커에 의한 개별 마스킹 영향을 결합한 다음 최소가청한계와 결합해 최종 신호 마스킹 한계선을 구하는 방법에 대하여 학습했으며, 이러한 신호 마스킹 한계선을 이용해 어떻게 오디오 코더에서 신호의 양자화와 비트 할당을 할 수 있는지 논의했다. 다음 장에서는 이 장에서 설명한 신호 마스킹 한계선을 이용해 최적으로 비트 할당을 하는 방법에 대해 알아보자.

11 참고 문헌

[Baumgarte 95]: F. Baumgarte, C. Feredikis, H. Fuchs, "A Non-Linear Psychoacoustic Model Applied to the ISO MPEG Layer Ⅲ Coder", Preprint 4087, October 1995.

[Beerends and Stemerdink 92]: J. G. Beerends and J. A. Stemerdink, "A Perceptual Audio Quality Measure Based on a Psychoacoustic Sound Representation", J. Audio Eng. Soc., Vol. 40, no. 12, pp. 963-978, December 1992.

[Green 67]: D. A. Green, "Additivity of Masking", J. Acoust. Soc. Am., Vol. 41, no. 6, pp. 1517-1525, 1967.

[Jayant, Johnston and Safranek 93]: N. Jayant, J. Johnston and R. Safranek, "Signal Compression Based on Method of Human Perception", Proc. of IEEE, Vol. 81, no. 10, pp. 1385-1422, October 1993.

[Johnston 88]: J. D. Johnston, "Estimation of Perceptual Entropy Using Noise Masking Criteria", in Proc. of ICASSP, pp. 2524-2527, May 1988.

[Lufti 83]: R. A. Lufti, "Additivity of Simultaneous Masking", J. Acoust. Soc. Am., Vol. 73 no. 1, pp. 162-267, January 1983.

[Lufti 85]: R. A. Lufti, "A Power Law Transformation Predicting Masking by Sounds with Complex Spectra", J. Acoust. Soc. Am., Vol. 77 no. 6, pp. 2128-2136, June 1985.

[Moore 96]: B. C. J. Moore, "Masking in the Human Auditory System", in *Collected Papers on Digital Audio Bit-Rate Reduction*, N. Gilchrist and C. Gerwin (ed.) pp. 9-19, AES 1996.

[Plack and Moore 90]: C. J. Plack and B. C. J. Moore, "Temporal Window Shape as a Function of Frequency and Level", J. Acoust. Soc. Am., Vol. 87 no. 5, pp. 2178-2187, May 1990.

[Schroeder, Atal and Hall 79]: M. R. Schroeder, B. S. Atal and J. L. Hall, "Optimizing Digital Speech Coders by Exploiting Masking Properties of the Human Ear", J. Acoust. Soc. Am., Vol. 66 no. 6, pp. 1647-1652, December 1979.

[Terhardt 79]: E. Terhardt, "Calculating Virtual Pitch", Hearing Res., Vol. 1, pp. 155-182, 1979.

[Thiede et al. 00]: T. Thiede, W. Treurniet, R. Bitto, C. Schmidmer, T. Sporer, J. Beerends, C. Colomes, M. Keyhl, G. Stoll, K. Brandenburg and B. Feiten, "PEAQ-The ITU Standard for Objective Measurement of Perceived Audio Quality", J. Audio Eng. Soc., Vol. 48, no. 1/2, pp. 3-29, January/February 2000.

[Zwicker and Fastl 90]: E. Zwicker and H. Fastl, "Psychoacoustics: Facts and Models", Springer-Verlag, Berlin Heidelberg 1990.

12 예제 문제

마스킹 곡선:

이 예제에서 여러분은 주어진 테스트 신호에 대해 마스킹 곡선을 구하는 방법을 실습할 것이다. 이 문제에서는 6장의 예제 문제에서 사용했던 것과 똑같은 테스트 신호를 사용한다.

$$\begin{aligned} x[n] = {} & A_0 \cos(2\pi 440n/F_s) + A_1 \cos(2\pi 554n/F_s) \\ & + A_2 \cos(2\pi 660n/F_s) + A_3 \cos(2\pi 880n/F_s) \\ & + A_4 \cos(2\pi 4400n/F_s) + A_5 \cos(2\pi 8800n/F_s) \end{aligned}$$

여기서 $A_0 = 0.6$, $A_1 = 0.55$, $A_2 = 0.55$, $A_3 = 0.15$, $A_4 = 0.1$, $A_5 = 0.05$ 이고 샘플링 비율 F_s 는 48kHz 이다.

1. 신호에 FFT를 취하여 신호의 피크 성분에 대한 피크 SPL과 관련 주파수 등을 확인한 후 마스킹 모델을 정의하고, 이 모델의 확산함수와 하향 이동 Δ 등의 변수 값을 구하라. 마스킹 모델을 Bark축 상에 표현하는 것이 훨씬 더 간결함을 기억하자.

2. 마스킹 모델을 이용해 테스트 신호가 포함하고 있는 각각의 마스커 성분에 대한 마스킹 곡선을 구하라.

3. 예제 2의 개별 마스킹 곡선을 모두 결합한 후 최소가청한계와 결합해 최종 신

호 마스킹 한계선을 구하라. 이 신호 마스킹 한계선과 테스트 신호의 주파수 스펙트럼(dB 단위)을 비교하라.

4. 테스트 신호성분 중에 어떤 성분이 마스킹 되는지 확인하라. 테스트 신호의 나머지 주파수 스펙트럼은 어떻게 되는가? 마스킹되지 않은 피크 성분의 SMR은 얼마인지 계산하라? 비트당 6dB를 가정하고 마스킹되지 않은 신호들에 양자화 잡음을 들리지 않게, 즉 양자화 잡음을 신호 마스킹 한계선 아래에 위치시키려면 얼마만 한 비트를 할당해야 하는가?

비트 할당 전략

chapter 08

1 서론

오디오 신호를 코딩할 때 가장 흔히 사용되는 방법은 입력신호를 몇 개의 주파수 성분으로 나누고 각 주파수 성분을 따로이 인코딩하는 것이다. 우리는 이 책의 4장과 5장에서 몇 가지 시간-주파수 변환(time-frequency mapping) 기법들을 살펴보았고, 이러한 기법들을 이용해 어떻게 입력신호를 주파수-영역으로 표현해 신호의 중복성을 제거할 수 있는지 살펴보았다. ADPCM은 시간-영역 코딩 알고리즘으로 시간-영역에서 신호의 중복성(redundancy)을 제거함으로써 이와 유사한 결과를 달성할 수 있다(3장 참조). ADPCM은 오디오 신호를 전형적인 광대역 신호로 취급해 예측(prediction)과 역-필터링(inverse filtering) 기법을 이용해서 신호의 중복성을 제거한다. 시간-영역과 주파수-영역 코딩 알고리즘은 근본적으로 신호의 중복성(redundancy)과 무관성(irrelevancy) 제거를 달성하는 방법론 상에 차이가 있다.

그러나 주파수-영역 코딩(frequency-domain coding)은 시간-영역 코딩(time-domain coding)에 비해 각각의 주파수 성분을 스펙트럼 강도(spectrum strength)에 따라 독립적으로 코딩할 수 있다는 매우 중요한 장점을 가지고 있다. 따라서 에너지가 높은 주파수 대역은 많은 비트 수로 인코딩하고, 반대로 주파수 성분이 없거나 작은 에너지를 가진 주파수 대역은 적은 비트 수로 인코딩하는 방식으로 신호의 주파수 스펙트럼에 비트를 적응적으로 할당할 수 있다. 이러한 방식으로 양자화 잡음(quantization noise)을 각 주파수 대역에 제한해 독립적으로 제어함으로써 전체 잡음 스펙트럼을 조절할 수 있다. 이외에도

7장과 같이 경험적인 마스킹(masking) 데이터를 이용해 신호의 파워 스펙트럼 밀도(PSD, Power Spectrum Density)로부터 여기패턴(excitation pattern)을 계산할 수 있다. 주파수 스펙트럼에 적절한 비트를 할당하고 개별 주파수 성분에 의해 만들어지는 마스킹 패턴을 고려함으로써 양자화 잡음을 사람의 귀에 들리지 않게 할 수 있다. 7장에서는 신호의 신호대 마스크비(SMR, Signal to Mask Ratio)에 기반해 비트를 할당하는 방법을 살펴보았고, 이 비트 할당의 목적은 원 신호와 동일하게 지각될 수 있는 코딩된 신호를 얻는 것이었다. 이 경우 비트 풀(bit pool)을 전체 신호 스펙트럼에 분산시켜 할당함으로써 코딩된 신호의 음질을 일정하게 유지할 수 있었다. 여기서 일정한 음질을 유지한다는 것은 시스템의 전체 데이터율이 변할 수 있다는 것을 의미한다. 어떤 경우에는 고정 데이터율(fixed data rate)을 요구하는 응용 분야도 있을 수 있으며, 이 경우에는 주어진 데이터율에서 시스템 음질을 최대화하는 것이 목적이 될 수 있다. 이 장의 주요 주제는 주어진 데이터율에서 음질을 최대화하거나 또는 이와 같은 의미로 주어진 데이터율에서 블록왜곡을 최소화하는 방식으로 비트를 할당하는 전략이다.

이 장에서는 먼저 전송 데이터율에 대해 살펴보고 이 데이터율 제약조건을 유지하면서도 최적으로 비트를 할당할 수 있는 알고리즘을 소개할 것이며 최적 비트 할당(optimal bit allocation) 결과를 균일 비트 할당(uniform bit allocation) 결과와 비교할 것이다. 그 다음으로는 최적 비트 할당에 의해 얻게 되는 잠재적인 코딩이득을 측정할 수 있는 스펙트럼 평탄도(SFM, Spectral Flatness Measure)를 정의할 것이다. 스펙트럼 평탄도는 신호 특성에 의존하며 신호 해상도와 관계 있다([Jayant and Noll 84] 참조). 마지막으로는 심리음향 원리를 최적 비트 할당 방법에 적용해 양자화 잡음을 사람의 귀에 들리지 않는 스펙트럼 영역으로 제한할 것이다. 이때 잠재적인 코딩이득을 지각적으로 측정할 수 있는 지각 평탄도(PFM, Perceptual Flatness Measure)를 새로이 정의할 것이다([Bosi 99] 참조). 이 책의 5장과 7장에 소개한 지각 모델(perceptual model)에 기반한 오디오 코딩은 주어진 데이터율에서 신호의 중복성과 무관성을 제거할 수 있다.

2 코딩 데이터율

우리는 이 책의 1장 서론에서 오디오 신호를 코딩할 때 가장 중요하게 고려해야 할 점이, 사운드 재생에 필요한 데이터율을 가능한 한 최소화시키면서 인코딩된 사운드의 지각 음질을 최대화하는 것이라고 이야기하였다. 아마도 코더의 데이터율은 전체 시스템을 설계하는 데 있어 가장 중요한 요인 중의 하나일 것이다. 데이터율은 전체 시스템의 대역폭과 저장용량에 직접적인 관련이 있다. 코더의 동작 데이터율(operational data rate) I 는 시간-영역 신호를 샘플링하는 샘플링 비율(sampling rate) F_s, 샘플당 평균 비트 수(average number of bits per sample) R, 그리고 오디오 채널 수(number of audio channel) n 에 의존한다. 일반적으로 데이터율은 다음과 같이 초당 비트 수(bits per second)로 표현한다.

$$I = nF_S R$$

예를 들어, CD 포맷은 44.1kHz 샘플링 비율을 가지고 있으며 스테레오 사운드에 대해 샘플당 16비트를 사용한다. 그러므로 CD의 데이터율은 $I = 2 * 44{,}100 * 16 = 1.411\text{Mb/s}$ 가 된다. 따라서 CD 포맷으로 인코딩된 1시간 분량의 음악을 저장하는 데 약 635MB 의 저장공간이 필요함을 쉽게 확인할 수 있다.

지각 오디오 코더에서 신호는 대부분 주파수-영역상에 표현된다. 이제 코더가 K 개의 주파수 대역(서브밴드(subband))을 가지고 있고, 각각의 주파수 서브밴드 k ($k = 0,1,\ldots,K-1$)가 R_k 비트로 인코딩된다고 가정해보자. 이때 전체 시스템 데이터율은 각 서브밴드 신호를 인코딩하는 데 필요한 데이터율을 모두 더한 것과 같다. 각 서브밴드 출력의 샘플링 비율이 F_{sk} 라고 가정하면, 이때 시스템의 데이터율은 다음과 같다.

$$I = n\sum_{k=0}^{K-1} F_{sk} R_k$$

만약 임계 샘플링(critical sampling) 시스템이라면, 즉 신호를 K 개의 서브밴드로 분할하고 인수 K 로 다운샘플링(down-sampling) 하였다면 이때 각 서브밴드는 다음과 같은 샘플링 비율을 갖게 된다.

$$F_{sk} = F_s / K$$

따라서 시스템 데이터율 I 는 다음과 같다.

$$I = nF_s < R_k >$$

여기서 $< R_k >$ 는 다음과 같이 주파수 샘플을 인코딩하는 데 필요한 평균 비트 수를 말한다.

$$\langle R_k \rangle = \frac{1}{K}\sum_{k=0}^{K-1} R_k$$

일반적으로 최신 오디오 코더에서 신호를 비교적 높은 음질로 재생할 때는 채널당 64~128kb/s 범위의 데이터율이 필요하다. 예를 들어, 모노(MONO) 신호를 48kHz 로 샘플링한 다음 이를 윈도우 길이가 $N = 1{,}024$ 인 MDCT를 이용해 주파수-영역으로 변환할 때 시스템 비트율이 채널당 128kb/s 라고 가정해 보자. 이때 주파수 샘플당 평균 비트 수는 다음과 같이 주어진다.

$$\langle R_k \rangle = 128/48 = 2.666667\ bits$$

데이터율이 채널당 128kb/s 로 제한되었다면, 매 새로운 데이터 블록에 할당 가능한 비트 수는 다음과 같다.

$$\sum_{k=0}^{N/2-1} R_k = \langle R_k \rangle * 512 = 1{,}365\ bits/block\ \ per\ \ channel$$

일반적으로 데이터율 제한이 주어진 상태에서 코딩의 주목적은 오디오 신호의 스펙트럼 강도와 마스킹 특성에 따라 가능한 비트 풀을 할당하는 것이다. 지각 오디오 코더는 신호 스펙트럼에 적절한 비트 풀을 할당함으로써 주어진 데이터율에서의 음질을 최대화시킬 수 있다. 다음 절에서는 이러한 목적을 달성하기 위한 비트 할당 방법들을 자세히 살펴보자.

3 간단한 비트 풀 할당 방법

만약 각각의 주파수 샘플 블록에 할당 가능한 비트 수를 알 수 있다면 이들을 어떻게 할당할 것인지를 결정해야만 한다. 이제 가장 간단한 형태의 비트 할당 방법을 먼저 알아보고, 이를 개선할 수 있는 여러 가지 방법들을 살펴보자. 가장 먼저 이진 비트 할당(binary bit allocation)(주파수 성분이 있으면 비트를 할당하고 없으면 안 함)을 알아보고, 주파수 샘플에 가변 비트 수를 할당할 수 있는 조금 더 복잡한 경우를 살펴보도록 하자.

우리는 3장에서 오디오 신호를 주파수-영역으로 변환해 톤(tone) 성분을 가진 신호로부터 신호의 중복성을 어떻게 줄일 수 있는지 살펴보았다. 이제 단순한 형태의 코더에서 어떻게 가능한 비트 풀을 적절히 할당해 신호의 중복성을 감소시킬 수 있을지 살펴보자. 먼저 시간-주파수 변환으로 입력 데이터 블록을 몇 개의 주파수 대역(서브밴드(subband))으로 변환하고 이 주파수 대역상에 비트 할당 루틴을 동작시키자. 이때 신호가 강한 톤 성분들을 가진 신호라면 대부분 신호성분이 몇 개의 주파수 대역에만 몰려 있을 것이다. 이 사실을 이용해 신호를 양자화하고 디코더에 전송할 때 필요한 비트 수를 감소시켜 보자.

코더의 중복성을 줄일 수 있는 한 가지 방법은 유용한 데이터를 포함하고 있는 주파수 대역에만 비트를 할당하고 나머지 대역에는 비트를 할당하지 않는 것이다. 예를 들어, 코더가 32개의 서브밴드를 가지고 있고 입력 데이터 블록이 오직 5개의 서브밴드에서만 신호성분을 가지고 있다고 가정한다면, 32개의 서브밴드 중 5개 서브밴드 샘플만을 디코더에 전송하면 된다. 그러나 이때 32개 중 어떤 서브밴드 데이터를 전송했는지 디코더에 알려줄 필요가 있고 만약 디코더가 이것을 모른다면 이 5개 서브밴드 데이터를 어떻게 처리해야 할지를 모를 수밖에 없다. 즉, 비트를 어떻게 할당했는지 디코더에 알려줄 수 있는 데이터를 전송해야만 한다. 이를 위해 각 서브밴드에 1비트를 할당해 디코더에 해당 서브밴드 데이터가 전송됐는지, 아닌지를 알려줄 수 있다.

그 다음으로 직면하게 되는 문제는 어떤 서브밴드가 유용한 데이터를 포함하고 있는지를 결정하는 것이다. 이 결정을 위한 하나의 예로서 신호 한계값을 설정한 다음, 신호 진폭이 이 한계값을 넘는 서브밴드에 대해서만 데이터를 전송하는 방법이 있을 수 있다. 그리고 이때 각 서브밴드 샘플을 코딩할 때 사용된 비트 수에 따라 발생하는 양자화 잡음보다 낮은 진폭 레벨의 서브밴드 샘플들을 무시할 수 있다. 그러나 고정된 한계값을 이용하면 매 입력 샘플 블록마다 한계값을 넘는 서브밴드 샘플 수가 다를 수 있으므로 코더의 비트율도 달라지게 된다. 어떤 경우에는 가변 비트율을 사용하는 것이 더 바람직할 수도 있지만, 가변 비트율은 데이터를 전송할 때나 디코딩과 동시에 신호를 재생해야 하는 응용 분야에서는 문제를 일으킬 수 도 있다. 일반적으로 데이터율이 사전에 미리 설정되었다면 한계값을 비트율에 맞게 조절할 수 있다. 예를 들어, 서브밴드 진폭을 가장 높은 것에서 낮은 순으로 정렬한 다음 가장 높은 진폭의 서브밴드부터 비트를 할당하기 시작해 해당 블록의 비트 풀이 모두 소진될 때까지 비트를 할당할 수 있다. 그러나 어느 경우에도 어떤 서브밴드가 데이터를 가지고 있는지 디코더에 알려주는 사이드 정보 비트를 가장 먼저 할당해야 함을 기억하자.

만약 데이터 샘플을 표현할 때 신호의 중복성을 제거해 감소시킨 비트 수가 사이드 정보(side information)에 할당된 비트 수보다 크기만 하다면 이런 방식으로 중복성을 제거함으로써 시스템 데이터율을 줄일 수 있다. 예를 들어, 샘플당 16비트로 표현된 32개 서브밴드 코더가 있다면, 비트 할당을 정의하는 데 블록당 32비트의 사이드 정보가 필요하고 평균적으로 블록당 2개 이상의 서브밴드 데이터를 버릴 수 있어야지만 이러한 방식의 인코딩이 의미가 있을 수 있다. 이러한 현상은 비트 할당에서 자주 발생하는 일이다 - 인코더에서 비트 할당을 위해 더 많은 제어를 가하면 가할수록 더 많은 사이드 정보를 디코더에 전송해야 한다.

4 최적 비트 할당

우리는 이전 절에서 단순한 형태의 이진 비트 할당을 살펴보았다. 이제 전송하고자 하는 서브밴드 샘플에 가변 비트 수를 할당함으로써 이 방법을 개선할 수 있을지 살펴보자. 그러려면 "신호 스펙트럼에 비트를 재분배함으로써 코딩이득(coding gain)을 향상시킬 수 있을까?"라는 질문에 답할 수 있어야 한다. 일반적으로 신호가 유색 스펙트럼(colored spectrum)을 가지고 있다면, 즉 특정 스펙트럼 성분이 다른 성분보다 강하다면 코딩이득을 향상시킬 수 있다. 이 경우 코딩이득 증가는 전체 신호 스펙트럼에 비트 풀을 재분배함으로써 가능하다. 일반적으로 오디오 신호는 준-정상(quasi-stationary, **역자주:** 신호의 통계적 성질이 시간에 따라 아주 느리게 변하는 거의 규칙적인 랜덤 신호) 특성을 가지고 있으며 대표적인 유색 신호(colored signal) 중 하나이다.

이 문제를 좀 더 쉽게 이해하기 위해 먼저 비트 수가 주어지면 얼마만큼의 양자화 잡음이 생기는지 알아보자. 당분간 심리음향 마스킹 영향을 무시하고 신호 왜곡을 측정하는 방법으로 전체 블록 양자화 에러(block quantization error)를 사용하자. 만약 다음과 같은 평균 블록제곱에러(average block squared error)를 감소시킬 수 있는 적절한 비트 할당 R_k 를 찾을 수 있다면 샘플당 고정 비트 수 R 을 할당하는 것에 비해 가변 비트 수 R_k 를 사용해 코딩이득을 향상시킬 수 있다.

$$\left\langle q^2 \right\rangle_{block} = \frac{1}{K}\sum_{k=0}^{K-1} < \varepsilon_k^2 >$$

여기서 ε_k 는 스펙트럼 샘플 k 의 양자화 에러이고 $< \varepsilon_k{}^2 >$ 는 양자화 에러의 평균 파워이다.

먼저 균일 양자화(uniform quantization)의 경우를 살펴보자. 2장으로부터 샘플을 R 비트로 균일 양자화할 때 평균 에러파워가 다음과 같다는 것을 기억하자.

$$< \varepsilon^2 > = \frac{1}{3 * 2^{2R}}$$

여기서 신호 진폭은 양자화기에 과부하를 초래하지 않도록 최대 진폭 $x_{\max}$ 를 1로 정규화한 것이다. 그러나 위 수식의 2^{-2R} 은 볼록함수(convex function)이기 때문에 특정 비트를 한 샘플로부터 다른 샘플로 옮기더라도 다음과 같은 이유로 시스템 이득을 개선할 수는 없다.

$$\frac{1}{2^{2(R+\delta)}} + \frac{1}{2^{2(R-\delta)}} \geq 2\frac{1}{2^{2R}}$$

여기서 δ 는 샘플 간에 이동된 비트 수를 말한다. 이 말은 균일 양자화의 경우 코더에 전송되는 각 스펙트럼 샘플에 똑같은 비트 수를 할당함으로써 왜곡을 감소시킬 수 있다는 것을 말한다. 기본적으로 최종 전송되는 모든 샘플에 같은 에러레벨을 유지함으로써 블록에러를 최소화할 수 있다.

이번에는 부동-소수 양자화(floating-point quantization)의 경우를 살펴보자. 부동-소수 양자화에서는 스케일팩터(scale factor)를 이용해 양자화기에 과부하를 초래하지 않는 최대값 $x_{\max}$ 을 신호에 맞게 조절할 수 있고, 이때 평균 에러 파워는 다음과 같이 가수(mantissa) 비트 수 R_k 로 표현할 수 있다.

$$< \varepsilon_k^2 > = \frac{x_k^2}{3 * 2^{2R_k}}$$

평균 블록제곱에러는 다음과 같이 되며

$$\left\langle q^2 \right\rangle_{block} = \frac{1}{K}\sum_{k=0}^{K-1} < \varepsilon_k^2 > = \frac{1}{K}\sum_{k=0}^{K-1} \frac{x_k^2}{3 * 2^{2R_k}}$$

여기서 각 항이 서브밴드 신호 파워로 가중되어 있는 것을 주목하자.

이 경우 또한 평균 블록제곱에러를 줄일 수 있는 비트 할당 R_k 를 찾을 수 있다면 동적 비트 할당을 이용해 코딩이득을 향상시킬 수 있다. 이 수식을 조금 더 간편화하기 위해 다음의 로그관계를 이용하면

$$x_k^2 = 2^{\log_2 (x_k^2)}$$

위의 평균 블록제곱에러를 다음과 같이 다시 쓸 수 있다.

$$\left\langle q^2 \right\rangle_{block} = \frac{1}{K}\sum_{k=0}^{K-1} \frac{1}{3 * 2^{2R_k - \log_2 (x_k^2)}}$$

앞서 균일 양자화에서 보았듯이 평균 제곱에러는 분모의 모든 지수 항이 같을 때 최소화된다. 이 말은 가수 비트 R_k 를 다음과 같이 할당해야 한다는 것을 의미한다.

$$2R_k - \log_2 (x_k^2) = C$$

또는 이와 동등하게 상수 C 에 대해 다음과 같은 비트 할당 수식을 얻을 수 있다.

$$R_k = \frac{1}{2}\left(C + \log_2 (x_k^2)\right)$$

여기서 상수 C 는 각 블록의 가수에 할당 가능한 비트 수에 따라 설정된다.

위 수식은 신호가 더 높은 진폭을 가지는 곳에서는 더 많은 비트를 할당해야 한다는 것을 의미한다. 그 이유는 진폭이 큰 샘플에서는 양자화기의 $x_{\max}$ 가 크기 때문에 가수에 비트를 더 많이 할당해 에러파워를 낮은 진폭 샘플일 때와 같도록 할 필요가 있기 때문이다.

만약 얼마나 많은 스펙트럼 샘플이 전송되는지 알고 있고, 샘플에 할당될 비트 수를 걱정할 필요가 없다면 C 를 비트 풀과 신호 스펙트럼 크기와 관계 지울 수 있다. K 개 스펙트럼 샘플 중 K_p 개가 디코더에 전송되고 나머지 스펙트럼 샘플의 가수 비트에는 0비트가 할당된다고 가정해보자. 가수를 위한 비트 풀, 즉 데이터 블록을 위한 전체 비트 풀에서 스케일팩터와 비트 할당 정보에 필요한 비트를 뺀 나머지를 P 라고 하자. 전송된 모든 샘플에 대한 비트 할당 수식을 평균하면 다음과 같은 C 의 수식을 얻을 수 있다.

$$C = 2\left(\frac{P}{K_p}\right) - \frac{1}{K_p}\sum_{passed\ k}\log_2\left(x_k^2\right) = 2\left(\frac{P}{K_p}\right) - \log_2\left(\left|\prod_{passed\ k} x_k^2\right|^{1/K_p}\right)$$

이 수식을 비트 할당 수식에 대치해 R_k 에 대해 풀면 다음과 같이 비트 할당이 0이 아닌 모든 k 대역에 대해 최적 비트 할당 결과를 얻을 수 있다.

$$\begin{aligned} R_k^{opt} &= \left(\frac{P}{K_p}\right) + \tfrac{1}{2}\log_2\left(x_k^2\right) - \tfrac{1}{2}\log_2\left(\left(\prod_{passed\ k} x_k^2\right)^{1/K_p}\right) \\ &= \left(\frac{P}{K_p}\right) + \tfrac{1}{2}\log_2\left(x_k^2\right) - \left(\frac{1}{K_p}\sum_{passed\ k}\tfrac{1}{2}\log_2\left(x_k^2\right)\right) \\ &= \left(\frac{P}{K_p}\right) + \tfrac{1}{2}\log_2\left(x_k^2\right) - \left\langle \tfrac{1}{2}\log_2\left(x_k^2\right)\right\rangle_{passed\ k} \end{aligned}$$

이 수식으로부터 0이 아닌 샘플에 할당되는 비트 수가 할당 가능한 평균 가수 비트 수 P/K_p 에 샘플 제곱진폭과 샘플 제곱진폭의 기하평균(geometric mean)의 차이를 더한 것임을 알 수 있다. 특정 샘플에 비트를 할당할 때 파워 스펙트럼 밀도의 기하평균은 현재의 스펙트럼 샘플뿐만이 아니라 전체 블록에 대한 기여도도 반영하고 있다.

4.1 수학적 접근 방법

위의 최적 비트 할당 결과와 유사한 결과를 얻을 수 있는 또 다른 방법은 라그랑쥐 멀티플라이어(Lagrange multiplier)([Jayant and Noll 84]의 예 참조)를 이용해 데이터율을 상수로 놓고 평균 블록에러파워를 최소화하는 몇 개의 수식을 풀어내는 것이다. 이 방법은 수학적으로 매우 정밀한 방법이지만 실제 구현상에는 별다른 의미를 제공하지 못한다. 그럼에도 불구하고 이 방법을 살펴보도록 하자. 이 문제는 다음과 같이 최적화 문제로 다룰 수 있다.

$$\min_{\{R_k\}} \left\{ \frac{1}{K} \sum_{k=0}^{K-1} \left(\frac{x_k^2}{3 \cdot 2^{2R_k}} \right) \right\} \quad such\ \ that \quad \frac{1}{K} \sum_{k=0}^{K-1} R_k = R$$

이것은 제한된 최소화법(constrained minimization) 문제이며 다음과 같은 과정[3]을 거쳐 풀 수 있다.

① 평균 데이터율 제한 수식을 감안해 라그랑쥐 멀티플라이어 λ 를 푼다.
② 각 R_k 와 λ 에 대해 미분을 구한다.
③ 결과 수식을 R_k 에 대해 풀고 평균 데이터율 제한 수식을 감안한다.

먼저 라그랑쥐 함수 $L(\{R_k\}, \lambda)$ 를 다음과 같이 정의하자.

$$L[\{R_k\}, \lambda] = \left\{ \frac{1}{K} \sum_{k=0}^{K-1} \left(\frac{x_k^2}{3 \cdot 2^{2R_k}} \right) + \frac{\lambda}{K} \left(\sum_{k=0}^{K-1} R_k - KR \right) \right\}$$

각 R_k 와 λ 에 대해 이 수식에 미분을 취하고 이 미분을 0으로 하면 다음과 같은 수식을 얻을 수 있다.

---

[3] 여기서 모든 k 에 대해 $R_k \geq 0$ 로 가정했기 때문에 Kuhn-Tucker 멀티플라이어를 적용할 필요가 없고, 또한 모든 R_k 가 정수라는 것을 가정하지 않았기 때문에 미분할 수 있다. 이때 결과 "최적" R_k 는 가장 가까운 정수로 반올림하고 음수 R_k 는 0으로 설정한다(또는, 다른 R_k 로부터 비트를 빌려올 수도 있고 최적화 알고리즘을 다시 반복할 수도 있음).

$$\frac{\partial}{\partial R_m}\left\{\frac{1}{K}\sum_{k=0}^{K-1}\left(\frac{x_k^2}{3\cdot 2^{2R_k}}\right)+\frac{\lambda}{K}\left(\sum_{k=0}^{K-1}R_k-KR\right)\right\}=0 \qquad m=0,1,\ldots,K-1$$

$$\frac{\partial}{\partial \lambda}\left\{\frac{1}{K}\sum_{k=0}^{K-1}\left(\frac{x_k^2}{3\cdot 2^{2R_k}}\right)+\frac{\lambda}{K}\left(\sum_{k=0}^{K-1}R_k-KR\right)\right\}=0$$

위 조건을 만족하는 R_k 를 구하기 위해 각 R_m 에 대해 라그랑쥐 함수에 미분을 취하면

$$\frac{x_k^2}{3}\frac{\partial}{\partial R_k}2^{-2R_k}+\lambda=-2\ln 2\frac{x_k^2}{3}2^{-2R_k}+\lambda=0$$

이로부터 다음의 R_k 를 갖게 되고

$$R_k=C+\frac{1}{2}\log_2 x_k^2$$

여기서 C 는 다음과 같다.

$$C=\frac{1}{2}\log_2\frac{2\ln 2}{3\lambda}$$

이때 주파수 샘플당 비트 수는 이 샘플의 제곱진폭에 블록 전체에 대한 상수를 더한 값에 의존한다. λ 에 대해 라그랑쥐 함수를 미분하면 다음과 같고

$$\sum_{k=0}^{K-1}R_k=KR$$

R_k 에 관한 수식을 대치하면 다음과 같아진다.

$$\sum_{k=0}^{K-1}\left(C+\log_2 x_k^2\right)=KR$$

이 결과를 이용해 다음과 같이 C 를 풀어낼 수 있다.

$$C = R - \frac{1}{2}\log_2\left(\prod_{l=0}^{K-1} x_l^2\right)^{\frac{1}{K}}$$

위 수식에서 보는 바와 같이 C 는 샘플당 평균 비트 R 에서 블록 파워 스펙트럼 밀도의 기하평균에 $\log_2$ 를 취한 값을 뺀 것과 같다. 마지막으로 C 의 수식을 R_k 수식에 삽입하면 다음과 같은 최적 비트 할당 수식을 얻을 수 있다.

$$R_k^{opt} = R - \frac{1}{2}\log_2\left(\prod_{l=0}^{K-1} x_l^2\right)^{\frac{1}{K}} + \frac{1}{2}\log_2 x_k^2 = R + \frac{1}{2}\log_2 x_k^2 - < \frac{1}{2}\log_2 x_k^2 >$$

4.2 코딩이득과 스펙트럼 평탄도

이전 절에서 살펴보았듯이 각 샘플 블록에 대한 파워 스펙트럼 밀도의 기하평균이 산술평균보다 훨씬 작을 때, 신호 스펙트럼 분포에 따라 비트를 할당하면 균일 비트 할당보다 향상된 코딩이득을 가질 수 있다는 점은 명백하다. 만약 신호가 평탄한 스펙트럼을 가지고 있다면 파워 스펙트럼 밀도의 기하평균은 산술평균과 같아진다. 이 경우 최적 비트 할당 R_k 는 균일 비트 할당 R 과 같아진다.

일반적으로 코딩이득은 최적 비트 할당 결과와 균일 양자화 결과를 비교해 측정하는 것이 바람직하다. 최적 비트 할당으로부터 발생하는 양자화 에러는 최적의 R_k 를 평균 블록제곱에러 수식에 다시 대입하여 다음과 같이 얻을 수 있다.

$$\left\langle q^2 \right\rangle_{block}^{opt} = \frac{\left(\prod_{k=0}^{K-1} x_k^2\right)^{\frac{1}{K}}}{3 \cdot 2^{2R}}$$

이에 반해 균일 양자화로부터 발생하는 양자화 에러는 다음과 같다.

$$\left\langle q^2 \right\rangle_{block}^{uniform} = \frac{\frac{1}{K}\sum_{k=0}^{K-1} x_k^2}{3 \cdot 2^{2R}}$$

만약 위 2개 수식의 양자화 에러비율이 1보다 작으면 최적 비트 할당이 균일 양자화보다 좋은 성능을 갖게 된다. 즉, 최적 비트 할당의 제곱에러는 신호 파워 스펙트럼 밀도의 기하평균이 산술평균보다 작아질 때 줄어들게 된다.

신호의 스펙트럼 평탄도(SFM, Spectral Flatness Measure)[Jayant and Noll 84]는 다음과 같이 신호 파워 스펙트럼 밀도의 기하평균과 산술평균 비율로 정의된다.

$$SFM = \frac{\left(\prod_{k=0}^{K-1} x_k^2\right)^{\frac{1}{K}}}{\frac{1}{K}\sum_{k=0}^{K-1} x_k^2}$$

스펙트럼 평탄도 값은 0과 1 사이의 값을 갖고, 스펙트럼이 평탄할 때 SFM이 1이 됨을 주목하자. SFM이 신호의 스펙트럼 에너지 분포뿐만이 아니라 전체 주파수 채널 수 K 로 표현된 필터뱅크 해상도에도 의존함을 주목할 필요가 있다. 주어진 신호에서 만약 K 가 2보다 크면 SFM은 주파수 채널 수 K 가 증가함에 따라 감소한다. 일반적으로 오디오 신호에서 1보다 훨씬 작은 SFM 값은 최적 비트 할당으로 인한 높은 코딩이득을 의미한다. SFM이 1에 가까우면 매우 평탄한 스펙트럼을 가리키고 이는 최적 비트 할당 결과가 균일 양자화기보다 더 낮은 코딩이득을 갖는다는 것을 의미한다.

4.4 블록 부동-소수 양자화

지금까지의 비트 할당 수식은 각 스펙트럼 샘플에 독립적으로 비트를 할당하는 것을 가정하고 있다. 일반적으로 이러한 비트 할당 방식은 적은 개수의 주파수 대역, 즉 서브밴드 코더(subband coder)에 주로 적용된다. 반면, 많은 개수의 주파수 대역, 즉 변환 코더(transform coder)에는 신호의 스펙트럼 샘플들을 여러 개의 서브밴드로 그룹핑하고 각 서브밴드에 블록 부동-소수 양자화(block floating-point quantization)를 적용하는 것이 일반적이다. 비트 할당 수식에 있는 x_k^2 이 그 샘플의 양자화 스텝크기에 반비례함을 기억하자. 블록 부동-소수 양자화된 스펙트럼 샘플에 해당하는 항은 해당 서브밴드에서 x_k^2 의 피크 값이다. b 로 인덱스 된 B 개 서브밴드 시스템에서 서브밴드 b 가 N_b 스펙트럼 샘플을 가지고 있고 이 서브밴드에서의 x_k^2 의 최대값을 $x_{\max}{}^2{}_b$ 라고 할 때 서브밴드 b 스펙트럼 샘플에 대한 비트 할당 수식은 다음과 같이 구할 수 있다.

$$R_b^{opt} = \left(\frac{P}{K_p}\right) + \frac{1}{2}\log_2\left(x_{\max_b}^2\right) - \frac{1}{2}\log_2\left(\left(\prod_{passed\,b}\left(x_{\max_b}^2\right)^{N_b}\right)^{1/K_p}\right)$$

$$= \left(\frac{P}{K_p}\right) + \frac{1}{2}\log_2\left(x_{\max_b}^2\right) - \frac{1}{K_p}\sum_{passed\,b} N_b \frac{1}{2}\log_2\left(x_{\max_b}^2\right)$$

이 수식이 각 서브밴드에서 $N_b=1$인 경우에도 적용될 수 있음을 주목하자.

최적 비트 할당에서 중요한 사항 중 하나는 어떻게 디코더에 비트 할당 정보를 전송하느냐 하는 것과 현재 비트 할당이 타당한지, 즉 음수가 아닌 값인지를 확인하는 것이다. 이장의 서두에 보았던 이진 비트 할당에 비해 최적 비트 할당은 어떤 주파수 대역이 전송될 것인지 뿐만 아니라 대역당 얼마만 한 비트가 전송되는지에 관련된 정보도 전송해야 한다. 특정 서브밴드에서 다양한 비트 할당이 가능하다면 어떤 비트 할당을 선택했는지를 설명할 수 있는 더 많은 비트가 필요하다. 디코더에 전송되는 비트 할당 정보를 최소로 유지하기 위해서는 디코더에 미리 설정된 값을 내장할 수 있다. 예를 들어, MPEG-1 오디오 계층 Ⅱ(11장 참조)에는 샘플링 비율과 시스템 데이터율 그리고 오디오 신호의 분포도에 따라 몇 개의 표를 이용해 특정 주파수 대역에 할당될 수 있는 최대 비트 수가 미리 설정되어 있어 디코더에 전송되는 비트 할당 정보를 최소화시킬 수 있다.

Midtread 양자화기의 경우 가수 비트가 0이나 1이든지 간에 차이가 없기 때문에(0이 아닌 양자화 스텝을 갖기 위해서는 적어도 2개의 가수 비트가 필요함), 1비트 할당이 허용되지 않는다는 것을 주목하자.

비트 할당을 설명하는 데 사용되는 비트 수는 각 서브밴드에 할당될 수 있는 비트 수를 제한할 수 밖에 없다. 비트 할당 수식을 적용하면 어떤 서브밴드는 허용되는 것보다 더 많은 비트 수를 갖게 되는 반면 다른 서브밴드에는 2비트보다 적은 비트가 할당되는 것을 종종 볼 수 있다. 사실상 제한된 데이터율로 인해 신호가 지나치게 비트를 요구하는 경우나, 신호 스펙트럼이 거의 평탄한 경우에는 이 수식으로부터 음수 비트 수도 나올 수 있다. 이러한 문제를 바로잡을 수 있는 방법은 상한 한계값을 낮추면서 동시에 이보다 낮은 하한 한계값을 늘려나가는 것으로 $\frac{1}{2}\log_2\left(x_{\max_b}^2\right)$이 상한 한계값보다 클 때 서브밴드 b에 최대 비트를 할당하고 $\frac{1}{2}\log_2\left(x_{\max_b}^2\right)$이 하한 한계값보다 작으면 비트를 할당하지 않는 것이다. 상한, 하한 한계값은 비트 할당이 최대 비트 할당을 초과하지 않거나 2비트보다 클 때 $\frac{1}{2}\log_2\left(x^2_{\max_b}\right)$ 값이 하한과 상한 한계값 사이에 있는 서브밴드에 대해 최적 비트 할당 공식을 적용해 남아있는 가수 비트 풀을 할당할 수 있다. 이런 방식으로 비트를 할당할 때 서브밴드에서 샘플당 R_b 를 할당한다는 것은 그 서브밴드에 N_b 개의 스펙트럼 샘플이 있기 때문에 실제 $N_b R_b$ 개수의 비트가 비트 풀로부터 감소한다는 것을 기억하자.

비트 할당에 관련된 문제를 해결할 수 있는 또 다른 방법은 "Water-filling 알고리즘"을 이용하는 것이다. Water-filling 알고리즘은 한계값에 비례해 각 서브밴드의 $\frac{1}{2}\log_2\left(x^2_{\max_b}\right)$ 값에 따라 반복적으로 비트를 할당하는 방법이다. 가장 먼저 $\frac{1}{2}\log_2\left(x^2_{\max_b}\right)$ 값으로 모든 서브밴드를 정렬한 다음 각 서브밴드에 초기값 0비트를 할당하고 한계값을 각 서브밴드 $\frac{1}{2}\log_2\left(x^2_{\max_b}\right)$ 값 중 가장 높은 값으로 설정한다. 매번 루틴을 반복할 때마다 한계값을 하나 감소시키고 $\frac{1}{2}\log_2\left(x^2_{\max_b}\right)$이 현재 한계값과 같거나 큰 서브밴드에 대해 1비트를 더 할당한다(그러나 1비트를 더함으로써 최대 비트 할당값을 갖게 되는 서브밴드의 경우에는 이 과정을 적용하지 않음). 모든 비트를 다 사용할 때까지 이 과정을 반복한다. 만약 모든 비트를 다 소진했음에도 불구하고 1비트만을 가진 서브밴드가 있다면 이 서브밴드에서 1비트를 떼어 다른 1비트 서브밴드에 더하거나 다른 샘플에 1비트를 더할 수도 있다. 이 방식 또한 서브밴드에서 샘플당 R_b 를 할당한다는 것은 실제로 $N_b R_b$ 개수의 비트가 비트 풀로부터 감소한다는 것을 기억하자. 일반적으로 비트 할당 알고리즘을 선정할 때는 비트 할당 최적화와 알고리즘 복잡도 간의 장 · 단점을 비교해 결정한다. Water-filling 알고리즘은 가장 흔히 사용되는 알고리즘으로 정확도와 연산 속도 간에 매우 좋은 절충안을 제공하는 것으로 알려졌다.

5 시간-영역 왜곡

우리는 이전 절에서 신호 스펙트럼이 평탄하지 않을 때 최적으로 비트를 할당함으로써 주파수-영역 블록왜곡(평균 블록 양자화 에러)을 줄일 수 있는 것을 보았다. 인코딩된 신호는 궁극적으로 시간-영역에서 청취자에게 제공될 것이기 때문에 "주파수-영역 블록왜곡이 어떻게 시간-영역 블록왜곡과 관련 있는가?" 라는 당연한 질문을 하게 된다. 놀랍게도 가장 흔히 사용되는 시간-주파수 변환 기법을 이용하면 시간-영역 왜곡이 주파수-영역 왜곡과 같다는 결과[Jayant and Noll 84]를 얻게 되는데 이제 이것을 자세히 살펴보도록 하자.

시간-영역 샘플 $x[n], n = 0,1,...,N$ 이 있다고 가정하자. 이 샘플을 주파수-영역으로 변환한 후 다시 시간-영역으로 변환하는 데 다음과 같은 선형 변환을 사용한다고 생각해보자.

$$y[k] = \sum_{n=0}^{N-1} A_{kn} x[n]$$

$$x[n] = \sum_{k=0}^{N-1} B_{nk} y[k]$$

역-변환 수식에서 $B_{nk} = A_{kn}^*$ (* 는 켤레 복소수(complex conjugate)를 말함)이다. 이러한 변환을 "유니타리변환(unitary transform)"이라 부르고 이러한 조건(즉, 행렬의 역이 이 행렬의 전치(transpose)에 복소 켤레를 한 것과 같음)을 만족하는 행렬을 "유니타리행렬(unitary matrix)"이라 부르며 DFT 또한 이 변환에 해당한다. 이것은 $A_{kn} = e^{-j2\pi kn/N}/\sqrt{N}$, $B_{nk} = e^{j2\pi kn/N}/\sqrt{N}$ 로 놓고 DFT 수식을 대칭 형태(전방 변환에서 인수 $\sqrt{N}$ 을 포함)로 쓰면 쉽게 확인할 수 있다.

이제 역-변환 과정에서 주파수-영역 양자화 에러가 어떻게 시간-영역 양자화 에러로 해석될 수 있는지 살펴보자. 양자화/역-양자화 과정에서 양자화 에러 ε_k (복소값도 가능)로 인해 주파수-영역 샘플 값이 $y[k]$ 에서 $y'[k]$ 로 바뀐다고 가정해보자. 시간-영역으로 다시 역-변환할 때 $y'[k]$ 에 있는 양자화 에러로 인해 다음과 같은 양자화 에러 ε_n 을 포함하는 출력샘플 $x'[n]$ 을 갖게 된다.

$$\begin{aligned}\varepsilon_n &= x'[n] - x[n] = \left(\sum_{k=0}^{N-1} B_{nk} y'[k]\right) - x[n] \\ &= \left(\sum_{k=0}^{N-1} B_{nk} y[k] + \sum_{k=0}^{N-1} B_{nk}\varepsilon_k\right) - x[n] \\ &= \sum_{k=0}^{N-1} B_{nk}\varepsilon_k\end{aligned}$$

실수 입력신호 $x[n]$에 대해 ε_n은 실수 값이 되고 양자화 에러가 샘플에 독립적이기 때문에(따라서 $k \neq k'$ 라면 $<\varepsilon_k \varepsilon_{k'}^*>=0$ 됨) 다음과 같은 시간-영역 평균 블록왜곡을 갖게 되며 이 왜곡이 결국 주파수-영역 왜곡과 같다는 사실을 증명할 수 있다.

$$
\begin{aligned}
\left\langle q^2 \right\rangle_{block}^{time\ domain} &= \frac{1}{N}\sum_{n=0}^{N-1} <\varepsilon_n^2> = \frac{1}{N}\sum_{n=0}^{N-1} <\varepsilon_n \varepsilon_n^*> \\
&= \frac{1}{N}\sum_{n=0}^{N-1} <\left(\sum_{k=0}^{N-1} B_{nk}\varepsilon_k\right)\left(\sum_{k'=0}^{N-1} B_{nk'}^* \varepsilon_{k'}^*\right)> \\
&= \frac{1}{N}\sum_{n=0}^{N-1}\sum_{k=0}^{N-1}\sum_{k'=0}^{N-1} B_{nk}A_{k'n} <\varepsilon_k \varepsilon_{k'}^*> \\
&= \frac{1}{N}\sum_{n=0}^{N-1}\sum_{k=0}^{N-1} B_{nk}A_{kn} <|\varepsilon_k|^2> \\
&= \frac{1}{N}\sum_{k=0}^{N-1} <|\varepsilon_k|^2> \left(\sum_{n=0}^{N-1} A_{kn}B_{nk}\right) \\
&= \frac{1}{N}\sum_{k=0}^{N-1} <|\varepsilon_k|^2> \\
&= \left\langle q^2 \right\rangle_{block}^{freq\ domain}
\end{aligned}
$$

위 수식의 두 번째 줄에서 마지막 줄로 수식 전개될 수 있는 이유는 A_{kn}과 B_{nk}가 서로 역관계에 있어 괄호 안의 수식이 1이 되기 때문이다. 복소 변환(complex transform)의 경우에는 실수부와 허수부 모두의 양자화 에러를 고려해야만 한다는 점을 기억하자. 그러나 실수부와 허수부의 양자화 에러는 서로 독립임으로 $<|\varepsilon_k|^2>$은 이 두 부분의 평균 양자화 에러의 합이 된다.

이 결과로부터 시간-영역의 블록왜곡이 주파수-영역의 블록왜곡과 같다는 것을 볼 수 있다. 그렇다면, 왜 주파수-영역에서 양자화를 하는 것일까? 최적 비트 할당으로 주어진 비트 수에서 블록왜곡이 스펙트럼 평탄도에 비례한다는 사실을 기억하자. 주파수-영역에서 양자화를 하는 이유는 대부분의 오디오 신호가 강한 순음(pure tone) 성분을 가지고 있기 때문이며, 강한 순음은 오디오 신호의 스펙트럼이 강한 피크를 가지고 있다는 뜻이다. 피크가 많은 신호는 작은 스펙트럼 평탄도 값을 갖고 따라서 블록당 주어진 비트 수에서 작은 블록왜곡을 갖게 된다. 예를 들어, 순수 정현파를 생각해보자. 시간-영역에서 이 신호는 여러 블록에 걸쳐 퍼져 있지만 주파수-영역에서는 오직 2개의 강한 피크만을 가질 뿐이다(하나는 양수 주파수, 또 하나는 음수 주파수). 주파수-영역 표현이 시간-영역 표현보다 더 평탄하지 않다는 것을 명백하게 볼 수 있다.

결론적으로 주파수-영역에서 양자화를 하는 이유는 주파수-영역 표현이 시간-영역 표현보다 더 평탄하지 않기 때문이다. 최적 비트 할당을 계산해보면 주파수-영역에서 양자화를 함으로써 시간-영역 출력신호에 있는 왜곡을 줄일 수 있다는 것을 알 수 있다. 이 말은 신호 표현을 주파수-영역으로 변환함으로써 신호의 "중복성"을 감소시킬 수 있다는 기술적인 용어로 해석될 수 있다.

마지막으로 단일 샘플 블록에 대한 MDCT는 시간-영역 에일리어싱으로 인해 유니타리변환 조건을 만족할 수 없다는 사실을 주목하자. 그러나 MDCT를 중첩-가산(overlap-and-add) 기술을 포함해 전체 입력신호 상에 동작하는 행렬변환으로 취급하면(5장 참조) 이 또한 유니타리변환으로 해석할 수 있다. 그러므로 MDCT에 위의 결론을 적용할 수 있지만, MDCT의 경우 전체 신호에 대한 시간-영역 왜곡이 주파수-영역 왜곡과 같더라도 블록단위로는 같지 않다는 것을 주의해야만 한다. 만약 오디오 신호가 강한 순음 성분으로 인해 강한 피크 주파수 성분을 가지고 있다면 MDCT를 이용해 신호 중복성을 제거할 수 있다.

6 최적 비트 할당과 지각 모델

지각 오디오 코딩의 목적은 신호의 중복성을 제거하는 것뿐만이 아니라 신호 스펙트럼에서 사람의 청각과 무관한 부분을 파악해 이들을 제거하는 것이다. 이 말은 블록당 평균에러파워를 최소화하도록 노력해야 할 뿐만이 아니라 양자화 잡음이 마스킹 곡선(masking curve) 아래에 놓이도록 해야 한다는 것을 의미한다. 이제부터는 양자화 에러 자체의 크기를 고려하는 대신 양자화 에러가 해당 주파수에서 마스킹 레벨에 비해 얼마나 큰지에 대해 관심을 가져보자. 만약 모든 양자화 잡음을 마스킹 곡선 아래에 위치시킬 수 있다면 우리 귀에 양자화 잡음을 들리지 않게 할 수 있다. 제한된 데이터율로 인해 양자화 잡음이 들리지 않도록 하기 위한 충분한 비트를 가지고 있지 않다면 양자화 잡음을 최소화시킬 수 있도록 노력해야 한다.

우리는 다음의 지각 왜곡(perceptual distortion)을 최소화하도록 비트를 할당함으로써 지각되는 잡음을 최소화할 수 있다.

$$\left\langle q^2 \right\rangle_{block}^{percept} = \frac{1}{K}\sum_{k=0}^{K-1}\frac{\varepsilon_k^2}{M_k^2}$$

여기서 M_k 는 주파수 인덱스 k 에서 계산된 마스킹 레벨(masking level) 값이다. 이 수식이 마스킹 레벨에 비해 큰 양자화 잡음에 많은 가중치를 부여하고 반대로 마스킹 레벨보다 낮은 잡음에 대해서는 약간의 가중치만을 부여하는 것을 주목하자.

위의 지각 왜곡을 최소화하는 비트 할당은 이전 절에서 학습한 내용과 거의 동일하며 다만 이전 공식에서 부동-소수 양자화로 인한 양자화 잡음을 지각 왜곡 공식으로 대치하고 스펙트럼 샘플 진폭 x_k 가 해당 마스킹 진폭 M_k 로 나누어진다는 점만이 다를 뿐이다. 이 말은 이러한 수식 대치를 통해 이전의 최적 비트 할당과 관련된 모든 결과를 여전히 이용할 수 있다는 뜻이다. 따라서 M_b 가 서브밴드 b 에 적용되는 마스킹 레벨 진폭일 때 0이 아닌 비트 할당 b (즉, 전송되는 샘플)에 대한 지각 비트 할당(perceptual bit allocation)은 다음과 같이 구할 수 있다.

$$R_b^{opt} = \left(\frac{P}{K_p}\right) + \frac{1}{2}\log_2\left(\frac{x^2{}_{\max_b}}{M_b^2}\right) - \frac{1}{2}\log_2\left(\left|\prod_{passed\ b}\left(\frac{x^2_{\max_b}}{M_b^2}\right)^{N_b}\right|^{1/K_p}\right)$$

일반적으로 심리음향 모델은 각 서브밴드에서 신호대 마스크비(SMR)를 계산한다. 이제 이 수식을 다음과 같이 각 서브밴드에서의 SMR로 다시 표현해보자.

$$R_b^{opt} = \left(\frac{P}{K_p}\right) + \frac{\ln(10)}{20\ln(2)}\left(SMR_b - \frac{1}{K_p}\sum_{passed\, b} N_b SMR_b\right)$$

여기서 SMR_b 는 서브밴드 b 의 SMR을 말한다.

지각 비트 할당은 최적 비트 할당과 유사하게 동작하지만, 근본적인 차이점은 비트 풀 할당 방법을 결정하기 전에 마스킹 한계선(masking threshold)과 해당 블록의 SMR을 계산해야 한다는 것이다. SMR이 주어지면 이전 절에서 설명한 비트 할당과 똑같은 절차에 따라 비트를 할당하게 된다.

지각 비트 할당의 효율성은 다음과 같이 지각 스펙트럼 평탄도(PSFM, Perceptual Spectral Flatness Measure)로 측정할 수 있다[Bosi 99].

$$psfm = \frac{\left(\prod_{k=0}^{K-1} \frac{x_k^2}{M_k^2} \right)^{\frac{1}{K}}}{\frac{1}{K} \sum_{k=0}^{K-1} \frac{x_k^2}{M_k^2}}$$

PSFM은 0과 1 사이의 값을 갖고 작은 숫자가 높은 코딩이득을 의미한다는 점에서 스펙트럼 평탄도와 유사하다. 그러나 PSFM이 마스킹 에너지로 가중된 스펙트럼 에너지 분포에 의존하는 것을 주목하자.

7 요 약

이 장에서는 이전 장들에서 거론되었던 다양한 주제들을 함께 다루었고 어떻게 이들을 적절히 조합해 시스템 비트율을 줄일 수 있는지 살펴보았다. 특히 강한 순음 성분의 신호 경우에는 신호를 주파수-영역으로 변환함으로써 비트율을 줄일 수 있었다. 우리는 또한 어떻게 부동-소수 양자화에 최적 비트 할당을 적용해 더 높은 코딩이득을 달성할 수 있는지도 살펴보았다. 마지막으로는 마스킹의 지각측정을 이용해 양자화 잡음을 귀에 거슬리지 않게 하는 방법과 신호에 무관한 비트를 제거해 더 높은 코딩이득을 달성할 수 방법을 논의하였다. 대부분 표준 오디오 코딩 시스템은 제한된 고정 데이터율에서 이장에서 설명한 것과 유사한 방법으로 신호대 마스크비(SMR)에 기반한 비트 할당 전략을 이용하고 있다(이 책의 후반부에 있는 MPEG-1 오디오 계층 Ⅰ과 Ⅱ 그리고 Dolby AC-3의 예 참조). 그러나 MPEG-1 오디오 계층 Ⅲ(11장 참조)는 특별히 비트를 많이 요구하는 오디오 신호를 처리하기 위해 국부적으로 가변 데이터율 방식을 이용한다는 사실을 기억하자. 몇 가지 최신 오디오 코덱을 살펴보기 전에 다음 장에서는 이전 장들에서 설명한 모든 핵심 코딩 모듈들을 결합해 어떻게 전체 코딩 시스템을 구축할 수 있는지 살펴보도록 하자.

8 참고 문헌

[Bosi 99]: M. Bosi, "Filter Banks in perceptual Audio Coding", in Proc. of the AES 17th Intl. Conference, pp. 125-136, September 1999.

[Jayant and Noll 84]: N. Jayant, P. Noll, "Digital Coding of Waveforms: Principles and Applications to Speech and Video", Prentice-Hall, Englewood Cliffs, 1984.

9 예제 문제

비트 할당:

이 예제에서 여러분은 6장과 7장의 예제 문제에서 주어진 테스트 신호에 비트를 할당하는 여러 방법을 비교해 볼 것이다. 이 예제의 목적은 다양한 비트 할당 방법의 성능을 비교하는 것이다.

1. 길이 $N = 2{,}048$ 인 MDCT의 $N/2$ 주파수 성분을 25개 임계대역으로 변환하는 25개 서브밴드를 정의하라($k = 0,1,\ldots,N/2-1$ 에 대해 $f_s = F_s k/N$ 임을 기억하라).

2. 길이 $N = 2{,}048$ 인 MDCT로 코딩된 스펙트럼에 대해 채널당 데이터율 $I = 256$kb/s 와 $I = 128$kb/s 을 고려해보자.
   a) 스펙트럼 데이터를 코딩하기 위해 주파수 성분당 얼마만 한 비트가 필요한가?
   b) 만약 각 서브밴드 스케일팩터에 4비트를 할당한다면 가수를 코딩하기 위한 비트는 얼마가 남게 되는가?

3. 길이 $N = 2{,}048$ 인 MDCT의 $N/2$ 주파수 성분을 블록 평균에러를 최소화하는 방향으로 K 개 서브밴드로 나누어 비트를 할당하는 함수를 작성하라. 각 서브밴드의 주파수 성분은 R_s 비트의 단일 스케일팩터를 공유할 것이며 똑같은 개수의 가수 비트를 이용할 것이다. 또한, 이 함수를 수정해서 평균 블록 지각에러를 최소화하는 방향으로 비트 할당을 수행하는 함수를 작성하라.

4. 6장과 7장에서 사용된 다음 입력신호와

$$x[n] = A_0 \cos(2\pi 440n / F_s) + A_1 \cos(2\pi 554n / F_s) \\ + A_2 \cos(2\pi 660n / F_s) + A_3 \cos(2\pi 880n / F_s) \\ + A_4 \cos(2\pi 4400n / F_s) + A_5 \cos(2\pi 8800n / F_s)$$

(여기서 $A_0 = 0.6$, $A_1 = 0.55$, $A_2 = 0.55$, $A_3 = 0.15$, $A_4 = 0.1$, $A_5 = 0.05$ 이고 샘플링 비율 F_s 는 48kHz) 위 예제 2의 데이터율에 대해 $N = 2{,}048$ 인 MDCT 주파수 성분을 양자화하고 역-양자화하라. 여기서 각 주파수 대역 블록은 하나의 스케일팩터를 갖고 주파수 서브밴드는 예제 1과 같이 25개 블록이다. 스케일팩터당 4비트를 할당할 때

a) 남은 비트를 가수에 균일하게 배분하라.
b) 신호 진폭에 기반해 남은 비트를 가수에 최적으로 배분하라.
c) 가장 좋은 음질을 낼 수 있도록 수동으로 비트를 배분하라.
d) 7장에서 설명한 각 임계대역에서의 신호대 마스킹비 SMR을 이용해 남은 비트를 가수에 최적으로 배분하라.

위의 비트 할당 결과를 직접 들어보고 이들의 상대적인 음질을 설명하라(이 신호의 최대 진폭은 2.0이다. 이 말은 양자화기의 $x_{\max}$ 를 2.0으로 하거나 만약 $x_{\max}$ 을 1로 설정하고 싶다면 양자화하기 전에 신호를 2.0으로 나누어야 한다는 의미임).

지각 오디오 코더 구현

1 서론

이 장에서는 이전 장들에서 살펴보았던 핵심 코딩 기술들을 결합해 실제 동작하는 지각 오디오 코더(perceptual audio coder)의 구현 방법을 살펴볼 것이다. 특히 비트 할당에 사용되는 마스킹 곡선(masking curve)에 대해 자세히 알아볼 것이다. 또한, 코딩된 데이터를 다양한 소프트웨어 제조사들이 제공하는 개별 디코더에서 복원할 수 있도록 표준화된 비트열 포맷(bitstream format)의 구성 절차에 대해서도 논의할 것이다.

2 오디오 코더의 기본 구성요소

그림 1은 지각 오디오 인코더의 기본 구성요소를 보이고 있다. 일반적으로 코더의 입력신호는 아날로그 신호가 아니고 오디오 PCM 데이터이며 입력신호는 PQMF나 MDCT 같은 특정 유형의 필터뱅크(filter bank)를 이용해 주파수-영역으로 변환된다. 이때 변환된 주파수-영역 데이터가 양자화되고 비트열(bitstream)로 패킹(packing) 된다. 양자화는 전체 신호대 잡음비(SNR)에서 신호대 마스크비(SMR)를 뺀 결과를 최대화하도록 고안된 비트 할당(bit allocation) 알고리즘으로 구현된다. 심리음향 모델(psychoacoustic model)은 입력신호를 분석해 각 주파수 성분에서의 마스킹 레벨(masking level)을 결정하고 SMR

값을 계산한다. 비트 할당 루틴은 신호 강도와 상대적인 SMR 값에 기반해 한정된 가수(mantissa) 비트를 주파수-영역 데이터에 할당하며 최종 인코딩 비트열은 코딩된 오디오 데이터, 즉 가수, 스케일팩터(scale factor), 비트 할당 등을 포함하게 된다. 이외에도, 블록길이, 윈도우 유형 등의 제어 파라메터들을 비트열에 포함해 전송함으로써 디코더가 인코딩 데이터를 어떻게 복원할 것인지 알려줄 수 있다. 일반적으로 동기 워드(synchronization word), 샘플링 비율(sampling rate), 데이터율(data rate) 등이 헤더(header)에 포함되고 일정한 시간 간격으로 디코더에 전송된다. 또한, 에러정정 코드(error correction code), 시간-동기 스탬프(time-synchronization stamp), 다른 보조 및 부수 데이터가 다중화될 수 있으며 최종적으로는 저장되거나 디코더에 전송될 수 있는 인코딩 비트열이 된다.

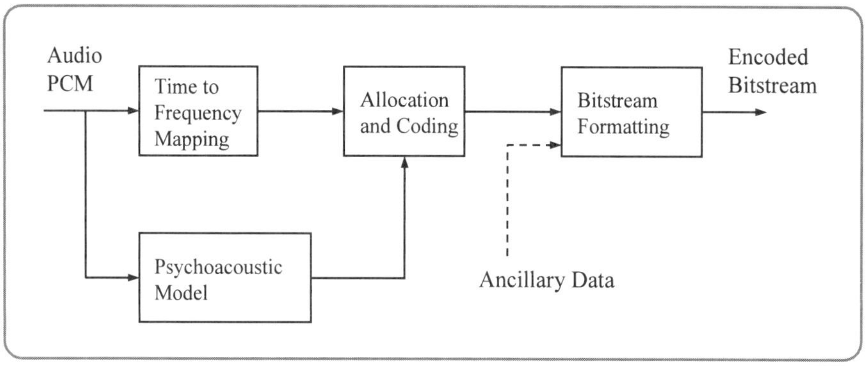

그림 1 지각 오디오 인코더의 기본 구성요소

그림 2는 지각 오디오 디코더의 기본 구성요소를 보이고 있다. 디코더는 제일 먼저 인코딩 비트열로부터 오디오 데이터, 제어 파라메터, 부수 데이터 등의 각 구성요소를 추출한다. 다음으로는, 비트 할당 정보를 이용해 오디오 데이터를 역-양자화하고 원 오디오의 주파수-영역 데이터를 복원해낸다. 복원된 주파수-영역 데이터는 양자화 잡음을 포함하고 있지만 한정된 데이터율에서 심리음향 모델이 적절히 적용되었다면 이 잡음이 들리지 않거나, 가능한 한 들리지 않도록 설정되어 있을 것이다. 다음으로는 PQMF나 MDCT 같은 필터뱅크를 이용해 주파수-영역 데이터를 다시 시간-영역 데이터로 변환하고 최종적으로는 오디오 PCM 데이터를 출력한다. 여기서 하나 주목해야 할 것은 심리음향 모델과 비트 할당 연산이 오직 오디오 인코더에만 적용된다는 것이다. 대부분의 최신 오디오 코더가 위와 같은 방법을 이용하지만 AC-3(14장 참조) 같은 코더

는 비트 할당 루틴을 인코더뿐만 아니라 적어도 이 루틴의 일부를 디코더에서도 수행한다. 이렇게 하면 디코더에 전송되는 비트 할당 사이드 정보(side information)를 최소화할 수 있지만 이 경우 디코더 복잡도가 높아질 수밖에 없다.

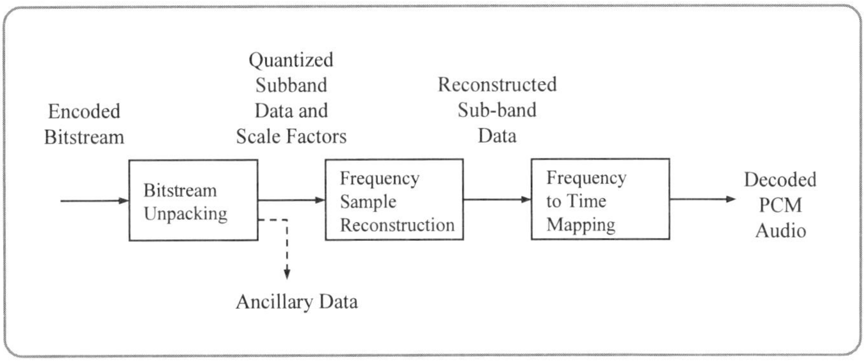

그림 2 지각 오디오 디코더의 기본 구성요소

우리는 이미 8장에서 시간-주파수 변환과 마스킹 곡선이 주어져 있을 때 비트 할당, 데이터 양자화 등을 위한 몇 가지 방법들을 살펴본 적이 있다. 그러나 오디오 코더가 심리음향 청각특성에 기반해 어떻게 마스킹 곡선을 만들어내고 비트열을 구성하는지 좀 더 자세히 살펴볼 필요가 있다. 먼저 마스킹 곡선의 계산 절차를 자세히 살펴보자.

3 마스킹 곡선 계산

우리는 이미 코딩된 신호와 원 신호 간에 유사한 지각 음질을 유지하면서도 주파수-영역 데이터의 비트 정밀도(precision)를 감소시킬 수 있는 마스킹 모델(masking model)에 대하여 살펴본 적이 있다. 일반적으로 시간-영역 마스킹(time-domain masking)은 코더의 시간 해상도를 정의할 때 사용된다. 즉, 시스템의 입력 블록크기를 제어해 시간-영역에서 양자화 에러로 인한 잡음(프리-에코(pre-echo))이 들리지 않도록 제한할 수 있다. 우리는 또한 가청한계선(hearing threshold)의 측정 방법과 주파수-영역 마스킹(frequency-domain masking)에 대하여 논의한 적이 있다. 이제 좀 더 자세히 알아보아야 할 것은 입력신호에 대한 마스킹 곡선과 코더의 시간-주파수 변환(time-frequency mapping) 결과인 신호의 주파수-영역 데이터 정보를 결합해 좀 더 의미 있는 해석을 하는 것이다.

우리는 주파수-영역 마스킹이 주파수상에서 저주파 쪽으로 매우 급격하게 감소하는 것을 본 적이 있다. 이러한 감소는 마스커(masker)와 마스키(maskee)의 주파수 위치를 어느 정도 정확히 계산할 수 없다면, 특정 신호성분에 의한 마스킹 레벨에 많은 에러를 초래할 수도 있다는 것을 의미한다. 이외에도 코더의 시간-주파수 변환이 신호 마스킹을 위한 적절한 주파수 해상도를 가질 수 없을 수도 있다. 더군다나 합성단에서 제거될 수 있을지라도 신호의 주파수-영역 데이터에 심각한 에일리어싱(aliasing)이 포함될 수도 있어 마스킹 곡선을 계산할 때 에러를 초래할 수도 있다.

일반적으로 지각 오디오 코더는 심리음향 모델에 사용할 목적으로 입력 데이터 블록에 고해상도의 DFT(FFT 알고리즘 사용)를 적용한다. 이때 이 DFT 결과를 이용해 각 코딩된 데이터 블록에 해당하는 마스킹 곡선을 계산한다. 여기서 중요하게 고려해야 할 점은 DFT 데이터가 양자화될 데이터 블록과 시간상으로 동기화되어 있는지를 확인하는 것이다. 만약 동기화되지 않았다면, DFT가 해당 시간-영역 신호와 관련이 없는 주파수 성분을 가질 수도 있다. 이 문제는 DFT를 취할 때 충분히 큰 데이터 블록을 선택해 양자화될 데이터 블록 중심에 위치시킴으로써 해결할 수 있다. 이때 DFT가 에지현상(edge effect)으로 인해 왜곡되는 것을 방지하기 위해 DFT를 취하기 전 데이터 블록에 윈도우를 씌우는 것이 보통이다. 5장에 설명한 어떠한 윈도우라도 이 목적에 사용될 수 있으나 일반적으로 해닝 윈도우(Hanning window)가 가장 많이 사용된다(ISO/IEC MPEG 심리음향 모델 1과 2 그리고 ISO/IEC 11172-3과 11장 참조).

적절한 주파수 해상도로 DFT를 수행하고 나면 각 DFT 주파수 성분에서 마스킹 레벨을 결정하기 위해 주파수-영역 마스킹 모델을 사용할 수 있다. 가장 쉬운 방법은 모든 주파수 성분을 Bark 척도(Bark scale)로 표현하고 각 신호성분으로부터 마스킹 곡선을 계산해 이들을 적절히 더하는 것이다. 7장으로부터 각 신호성분에 의한 마스킹 곡선을 그 신호성분과 확산함수(spreading function)의 콘볼루션(즉, 해당 주파수 위치에서 신호성분 레벨에 확산함수를 적용)으로 구할 수 있다는 것과 결과 마스킹 곡선 레벨을 마스커 성분의 순음성(tonality)과 해당 주파수 위치에 따라 Δ 만큼 아래로 하향 이동시켜야 한다는 것을 기억하자. 이때 개별 신호성분에 의한 마스킹이 적절한 방식으로 더해지고 이 결과와 가청한계선을 비교해 둘 중 큰 값을 사용하거나, 각 세기를 더하는 방식으로 전역 마스킹 한계선(global masking threshold)을 구할 수 있다.

위와 같은 마스킹 모델을 구현할 때는 DFT 주파수 성분의 개수가 N (충분히 큰 수)이라면 N^2 연산이 필요하다. 이 연산 속도를 개선할 수 있는 방법은 다음과 같이 2가지가 있을 수 있다.

① 마스커 개수를 제한한다.
② 마스커들에 대한 반복 루프(**역자주:** 각각의 마스커와 확산함수를 콘볼루션 시키는 반복루프) 대신 콘볼루션을 이용해 마스킹 곡선을 만들어낸다.

연산 속도 개선을 위한 첫 번째 방법은 대부분의 마스킹이 몇 개의 강한 신호성분에 의존한다는 사실에 기반한 것으로, 주요 마스커만을 파악해 마스커 개수를 줄여 마스킹 곡선을 계산하는 것이다. 이 방법을 구현할 수 있는 한 가지 방법은 주파수 스펙트럼에서 극대(local maxima)점들을 찾아 이들이 음 성분이라면, 즉 이들 근처의 스펙트럼이 급격히 감소하고 있다면 이들 극대점 중 최대값을 음 마스커(tonal masker)로 사용하는 것이다. 나머지 성분들은 임계대역(CB, Critical Band)이나 상대적으로 넓은 폭을 가진 고주파 임계대역의 1/3로 하나의 그룹을 만들어 잡음-유형 마스커(noise-like masker)로 사용한다. 이러한 방식으로 마스킹 곡선을 만들고 더해지는 데 필요한 마스커 개수를 제한해 연산량을 감소시킬 수 있다(11장의 ISO/IEC MPEG 심리음향 모델 참조).

연산속도 개선을 위한 두 번째 방법은 모든 주파수 성분에 대한 마스킹 곡선을 더하기보다 전체 신호 스펙트럼 상에 콘볼루션을 취해 전체 마스킹 곡선을 계산하는 것이다([Schroeder, Atal and Hall 79] 참조). 예를 들어, 레벨이동 Δ가 마스커 유형에 독립적일 때, 즉 레벨이동이 마스커가 음 성분인지 또는 잡음-유형인지 여부와 주파수 위치 등에 의존하지 않는다면 확산함수 모양 또한 마스커 레벨에 영향을 받지 않는다. 이 경우 모든 신호 주파수 성분으로 인한 전체 마스킹 곡선은 전체 스펙트럼을 적절한 확산함수와 콘볼루션한 후 이 결과를 상수 Δ 값만큼 하향 이동시켜 얻을 수 있다. 이 방식의 장점은 콘볼루션 정리를 이용해 주파수-영역 콘볼루션(N^2 연산이 필요함)을 시간-영역에서 고속으로 수행할 수 있다는 점이다. 주파수-영역에서 시간-영역으로의 변환과 그 역-변환은 $N*\log_2(N)$ 연산량이 필요한 반면, 콘볼루션을 시간-영역 곱셈으로 처리하는 데는 N 연산량이 필요하다. 따라서 전체 연산량은 $N+2N*\log_2(N)$ $=N(1+2\log_2(N))\approx 2N*\log_2(N)$ 이 되어 연산량을 N^2 에서 N 으로 대폭 감소시킬 수 있다. 물론 7장에서 본 것처럼 이 방식의 문제점은 마스킹 곡선이 마스커가 음 성분인지 아닌지에 따라 매우 민감하게 변할 수 있다는 사실이다. 이런 문제점을 해결할 수 있는 방법 중 하나는 마스커가 음 성분인지 아닌지에 관계없이 단일 Δ를 사용함으로써 이들의 차이점을 무시하는 것이다.

위의 문제점에 대한 현명한 해법이 ISO/IEC MPEG 심리음향 모델 2(11172-3의 예나 11장 참조)에 사용되고 있다. MPEG 심리음향 모델 2는 각 데이터 블록에 대한 순음성을 구한 다음 확산함수와 콘볼루션시켜 주파수에 의존하는 "확산순음성 척도(spread tonality measure)를 계산해 낸다. 이 확산순음성 척도는 각 주파수 위치에서 음 성분이 얼마나 중요한지 또는 지배적인 마스커인지를 결정한다. 이 콘볼루션 또한 $2N * \log_2(N)$ 연산량의 시간-영역 곱셈으로 구현할 수 있음을 주목하자. 이때 하향 이동 Δ는 각 주파수 위치에서의 확산순음성 척도에 의존하며, 음 성분에 의해 마스킹되는 대부분의 신호 스펙트럼 영역은 음 마스킹에 맞게 Δ만큼 하향 이동된 상대적인 여기패턴(excitation pattern)을 갖게 된다. 이와 반대로 잡음에 의해 마스킹되는 대부분의 신호 스펙트럼 영역은 잡음 마스킹에 맞게 Δ만큼 하향 이동된 상대적인 여기패턴을 갖게 된다(더 자세한 것은 11장 참조).

심리음향 모델에서 모든 DFT 주파수 성분에 대한 마스킹 곡선을 구하고 나면 이들을 시간-주파수 변환단의 각 주파수 대역에 적용될 수 있는 신호대 마스크비(SMR)로 다시 변환해야 한다. 예를 들어, PQMF 같은 서브밴드 코더에서 각각의 주파수 대역은 원형필터(prototype filter)를 변조한 K개 필터의 통과대역(pass-band)으로 정의된다. 반면, 변환 코더(transform coder)에서는 여러 주파수 성분당 하나의 스케일팩터를 사용하기 때문에 단일 스케일팩터를 공유하는 주파수 성분들로 주파수 대역을 정의하는 것이 보통이다. 일반적으로 코더의 주파수 대역은 좁은 임계대역을 가진 저주파에서 사람 귀의 임계대역에 비해 넓은 반면 고주파에서의 임계대역보다는 좁은 특성이 있다. 마스킹 현상은 임계대역 내에서 일정한 특성을 갖는 경향이 있기 때문에 다음과 같이 마스킹 레벨을 선택할 수 있다.

① 코더의 주파수 대역이 사람 귀의 임계대역보다 작을 때는 코더의 주파수 대역을 포함하고 있는 임계대역의 마스킹 레벨을 평균한다.
② 코더의 주파수 대역이 사람 귀의 임계대역보다 클 때는 코더의 주파수 대역으로부터 가장 낮은 마스킹 레벨을 선택해 마스킹 레벨이 코더의 주파수 대역에서 가장 민감한 임계대역을 표현할 수 있도록 한다.

두 번째의 경우 코더의 주파수 대역이 하나 이상의 임계대역을 포함하고 있기 때문에 코더의 주파수 해상도는 부최적(sub-optimal)이 되며, 주파수 해상도가 떨어지는 것을 보상하기 위해 임계대역보다 큰 주파수 대역에 부가적인 비트를 할당할 필요가 있다.

각 코더 주파수 대역의 마스킹 레벨이 결정되면, 그 주파수 대역에서 가장 큰 스펙트럼 성분의 진폭에 기반해 해당 주파수 대역의 SMR 값을 구할 수 있다. 만일 스케일팩터가 허용 가능한 값 중 최대값이라면 양자화기를 더 이상 작은 값의 양자화 스텝으로 조절할 수 없기 때문에 최대 스케일팩터에 해당하는 스펙트럼 성분 진폭에 기반해 해당 주파수 대역의 SMR 값을 설정하게 된다.

3.1 절대 사운드 음압 레벨

이 장에서 고려해야 할 또 다른 문제는 절대 사운드 음압레벨(absolute SPL)을 신호 스펙트럼에 의존하는 가청한계선과 신호 세기에 의존하는 마스킹 모델에 적절히 정렬시키는 것이다. 비록 대부분의 마스킹이 마스커와 마스키의 상대적인 세기에 의존하지만 가청한계선은 절대 SPL로 정의되며 확산함수 또한 사운드의 절대 SPL에 따라 모델링된다. 그러나 불행히도 신호의 절대 SPL은 사운드를 재생할 때 설정되는 볼륨에 의존한다. 즉, 높은 볼륨으로 설정하면 높은 SPL이 사람 귀에 들리게 되지만, 사전에 이러한 볼륨 정보를 아는 방법은 없다.

우리는 사운드를 재생할 때 사용되는 이득 설정을 정확히 알 수 없기 때문에 목표 이득을 가정할 수밖에 없다. 보통은 입력 PCM 데이터를 녹음해 양자화하고 정상적인 재생레벨로 사운드를 재생할 때 양자화 에러가 가청한계선 바닥 근처에 있다는 가정을 주로 이용한다. 이를 위해 PCM 양자화 스텝크기의 절반에 해당하는 SPL이 0dB 인 사인파 신호를 정의하는 것이 가장 일반적이다. 젊은 사람의 경우 가청한계선은 약 −4dB 에서 최소값을 갖는다는 것을 기억하자. 그러나 이러한 가정에도 불구하고 어떤 사람들은 입력 PCM 신호 스펙트럼의 일부 영역에서 소량의 양자화 잡음을 들을 수도 있다.

16-비트 PCM 입력 데이터에 대한 표준 가정은 사인파 진폭이 양자화기의 과부하 레벨과 같을 때 SPL이 약 96dB (6dB /비트*16비트)가 된다는 것이다. 이는 양자화기의 과부하 레벨 x_{max} 를 1로 설정할 때, 진폭 A 의 사인파 SPL이 다음과 같다는 것을 의미한다.

$$SPL = 96\text{dB} + 10\log_{10}\left(A^2\right)$$

여기서 입력신호가 $A=1$, 즉 최대 진폭을 가질 때 수식이 96dB 가 됨을 주목하자.

입력신호에 대한 절대 SPL을 정의하고 나면 주파수-영역 데이터를 다시 SPL 단위로 변환해야 할 필요가 있다. SPL은 입력 사인파 진폭에 의해 정의되므로 주파수-영역 데이터를 SPL로 변환할 때 시간-주파수 변환에서의 정규화에 특별히 유의해야 하며, 심리음향 모델에서 사용되는 DFT와 코더의 시간-주파수 변환에서도 똑같은 주의력이 요구된다. 이는 두 경우 모두 윈도우에 따라 변환이득(transform gain)에 영향을 줄 수 있기 때문이다. 만약 사인파의 최대 SPL(예를 들어, 16비트 PCM일 때 96dB)을 알고 있다면, 변환인수를 정확히 정의할 수 있다.

변환인수를 계산하는 방법은 Parseval의 정리를 이용해 주파수 피크에서의 스펙트럼 밀도 합을 입력 사인파의 파워와 관계 짓는 것이다. 예를 들어, DFT에 Parseval의 정리를 적용하면 다음과 같다.

$$<x^2> \equiv \frac{1}{N}\sum_{n=0}^{N-1} x[n]^2 = \frac{1}{N^2}\sum_{n=0}^{N-1}|X[k]|^2$$

진폭 A를 갖는 사인파의 평균파워는 $\frac{1}{2}A^2$ 이다. 그러나 진폭 A를 갖는 사인파에 사인파 자체보다 시간-영역에서 더 천천히 변하는 윈도우 함수 $w[n]$을 씌우게 되면 이때의 평균파워는 $\frac{1}{2}A^2 <w^2>$ 이 된다. 이 신호의 DFT는 같은 스펙트럼 밀도를 갖는 2개의 피크 성분을 갖는다(하나는 양수 주파수 $k_1(k_1 \in [0, N/2-1])$ 에 또 다른 하나는 음수 주파수 $k_2(k_2 \in [N/2, N-1])$). Parseval의 정리를 이용해 양수 주파수의 스펙트럼 밀도 합과 입력신호 진폭 간에 다음과 같은 관계식을 얻을 수 있다.

$$\frac{1}{2}A^2 <w^2> = \frac{2}{N^2}\sum_{peak}|X[k]|^2$$

또는 이와 동등하게 다음의 관계식을 가질 수 있다.

$$A^2 = \frac{4}{N^2 <w^2>}\sum_{peak}|X[k]|^2$$

이 공식을 위의 SPL 공식 A^2 에 대입하면 다음과 같은 수식을 얻을 수 있고

$$SPL_{DFT} = 96\text{dB} + 10\log_{10}\left(\frac{4}{N^2 <w>^2}\sum_{peak}|X[k]|^2\right)$$

여기서 $|X[k]|^2$ 는 미리 계산된 입력신호의 파워 스펙트럼 밀도(PSD, Power Spectral Density) 이다.

이번에는 MDCT에서 SPL을 어떻게 계산하는지 두 번째 예를 살펴보자. MDCT에서는 변환 과정상에 발생하는 시간-영역 에일리어싱(time-domain aliasing)으로 인해 Parseval의 정리를 정확하게 적용할 수 없다는 문제점이 있다. 그럼에도 불구하고 이를 근사하면 다음과 같은 수식을 얻을 수 있다.

$$\begin{aligned} <x^2> &= \frac{4}{N^2}\sum_{n=0}^{N/2-1} X[k]^2 + \frac{1}{N}\sum_{n=0}^{N/2-1}\big(x[n]x[N/2-1-n] - x[N-1-n]x[N/2+n]\big) \\ &\approx \frac{4}{N^2}\sum_{n=0}^{N/2-1} X[k]^2 \end{aligned}$$

이 경우 $k \in [0, N/2-1])$ 주파수 범위에 사인파의 주파수 피크가 하나밖에는 없기 때문에 이 근사 공식은 신호 진폭과 스펙트럼 밀도 합 사이에 다음과 같은 관계식을 갖게 된다.

$$A^2 \approx \frac{8}{N^2 <w>^2}\sum_{peak}|X[k]|^2$$

이전과 마찬가지로 이 수식을 SPL 공식에 대입하면 다음과 같은 수식을 얻을 수 있고

$$SPL_{MDCT} \approx 96\text{dB} + 10\log_{10}\left(\frac{8}{N^2 <w>^2}\sum_{peak}|X[k]|^2\right)$$

여기서 $X[k]$ 는 MDCT 출력을 말한다.

주파수-영역 데이터를 절대 SPL로 변환하는 과정은 시간-영역 신호를 주파수-영역으로 변환할 때 사용되었던 윈도우에 따라 달라진다. 그 이유는 사용된 윈도우에 따라 주파수 상의 전체 이득이 달라지기 때문이다. 특정 윈도우에 대

한 이득은 다음과 같이 계산할 수 있다.

$$< w^2 > \equiv \frac{1}{N}\sum_{n=0}^{N-1} w[n]^2$$

이제 가장 많이 사용되는 몇 가지 윈도우의 이득을 살펴보자. 일반적으로 길이 N 이 크므로 이득은 연속 시간-영역에서의 윈도우 평균으로 계산할 수 있다. 직각 윈도우(rectangular window)는 $\sin^2(x)$ 를 반-주기에 대해 적분하면 $1/2$ 이 되기 때문에 $< w^2 >=1$ 이 된다. 해닝 윈도우(Hanning window)는 $< w^2 >=3/8$ 이 된다. 카이저-베셀 윈도우(Kaiser-Bessel window)의 이득인수는 α 에 의존하지만 위의 정의를 이용해 특정 α 값에 대한 이득인수를 계산할 수 있다.

4 비트열 포맷

인코딩 비트열(bitstream)은 인코더와 디코더가 서로 통신할 수 있는 수단이다. 이 말은 인코딩 비트열이 데이터를 디코딩하는 방법뿐만이 아니라 바트열에 어떠한 데이터가 포함되어 있는지를 디코더에 알려줄 수 있다는 뜻이다. 그러므로 모든 인코딩 비트열은 제어 데이터(디코더가 무엇을 해야 할지 알려줌)와 코딩된 오디오 데이터(디코딩될 신호)를 모두 포함하고 있어야 한다.

비트열 포맷(bitstream format)은 보통 헤더로 시작한다. 일반적으로 헤더는 비트열의 동기를 유지할 수 있는 코드로 시작되고 샘플링 비율, 데이터율, 저작권 등과 같은 정보를 디코더에 전송한다. 만약 코덱이 입력/출력의 샘플당 비트수, 오디오 채널 수, 사용된 알고리즘 등의 코딩 옵션을 허용한다면 이들 정보 또한 디코더에 전송되어야 한다.

비트열은 헤더 이후에 코딩된 오디오 데이터를 가지고 있으며 각 코딩 데이터 블록은 다음과 같은 3가지를 포함해야 한다.

① 얼마나 많은 비트가 신호 가수를 인코딩하는 데 사용됐는지를 가리키는 비트 할당 정보
② 가수 값들 전체에 대한 스케일을 정의하는 스케일팩터
③ 가수 자체 값

비트열 포맷은 비트 할당과 스케일팩터에 사용된 방법과 비트 수를 정의한다. 이러한 정보를 표현하는 데 필요한 비트 수는 엔트로피 코딩(entropy coding)을 이용해 감소시킬 수 있다. 예를 들어, 마스킹은 가수 비트가 0인 많은 주파수 성분들을 만들어내고 이들은 짧은 길이의 코드로 표현될 수 있다. 일반적으로 다양한 입력신호에 대해 코더를 "훈련(training)"시켜 코드북(codebook)을 사전에 정의한 다음, 이 코드북을 비트열에 포함해 전송하는 대신 디코더 ROM에 간단히 저장하는 방식을 사용한다. 스테레오 같은 멀티채널 오디오 경우에는 각 채널 데이터가 데이터 블록의 어느 지점에 위치하고 있는지를 비트열에 정의할 필요가 있다. 보통 채널 데이터는 인터리빙(interleaving, 역자주: 각 채널 데이터가 번갈아 가며 저장됨) 방식으로 저장되어 다음 주파수 스펙트럼 데이터 전에 주어진 주파수에서 각 채널 데이터를 번갈아 가며 접근할 수 있도록 저장되어 있다. 그러나 가끔씩 채널간 유사성에 기반해 비트를 감소시킬 수 있는 채널변환(channel transformation)이 수행되기도 한다. 예를 들어, 스테레오 채널의 경우 $L(Left)$ 과 $R(Right)$ 채널을 이들의 합(M=L+R, "Mid")과 차(S=L–R, "Side")로 변환한 다음, 채널 차인 S가 작은 값을 갖는다는 사실을 이용해 비트 할당을 절약하기도 한다. 이와 유사하게 채널이 많은 경우 채널 간의 상관성을 이용해 채널 매트릭싱 변환(matrixing transform)을 정의한 다음 비트를 절약할 수 있는 채널 코딩을 수행할 수도 있다. 만약 이러한 코딩 기술이 사용되었다면 제어 데이터를 디코더에 전송해 어떤 채널 데이터 포맷이 사용됐는지를 알려주어야 한다.

각각의 코딩된 데이터 블록은 "프레임(frame)"이라 부르는 더 큰 단위로 조합된다. 만약 신호가 정상신호(stationary signal)라면 연속적인 블록들이 상당히 유사한 값을 가질 것으로 기대할 수 있을 것이다. 이 경우 블록 간에 단일 스케일팩터를 공유하거나 프레임 내 연속된 블록 간의 데이터 차이만을 전송해 교차-블록 유사도(cross-block similarity)를 이용할 수 있다. 일반적으로 헤더와 일부 제어 데이터는 블록단위보다 프레임단위로 전송된다. 만약 인코더가 신호의 과도부분(transient part)을 검출해 짧은 데이터 블록으로 변경했다면, 신호의 비-정상(non-stationary) 특성에 의해 스케일팩터를 블록단위로 전송해야 하며 이 또한 디코더에 알려주어야 한다.

비트열 포맷을 좀 더 명확히 이해하기 위해 일괄처리모드(batch mode)로 동작하는 오디오 코더의 간단한 파일 포맷과 PCM 데이터 파일 포맷을 그림 3에 나타냈다. PCM 데이터 파일은 PCM 파일임을 나타내는 문자열 "PCM"을 4-바이트 코드로 표현한다. 그 다음으로는 신호의 샘플링 비율을 Hz 단위로 예를 들어 44.1kHz를 44,100으로 표현하는 4-바이트 정수가 온다. 이후 헤더는 2-바이트 정수로 채널 수(모노는 1, 스테레오는 2)를 표현하며, PCM 데이터 샘플당 비트 수(8비트, 16비트 등)를 나타내는 2-바이트 정수로 끝나게 된다. PCM 파일은 헤더 이후에 채널별로 인터리빙된 신호 데이터 샘플을 포함하며 각 샘플은 PCM 양자화 코드의 *nSampleBit s*를 이용해 표현된다.

그림 3의 인코딩 데이터 파일은 간단한 지각 오디오 코더의 데이터 포맷을 나타낸다. 코더는 PCM 입력 데이터를 받아들여 각 채널 데이터를 2* *BlockSize* (각 블록에 *BlockSize* 개의 새로운 데이터 샘플이 입력됨) 크기의 데이터 블록으로 읽어들인 후 각 채널에 MDCT를 적용해 데이터 블록을 *BlockSize* 개의 주파수 성분으로 변환한다. 그 다음으로는 지각 모델을 이용해 25개 임계대역 SMR을 계산한 후, 각 주파수 대역에 가수 비트를 할당하고 임계대역당 하나의 스케일팩터를 이용해 각각의 주파수 대역을 블록 부동-소수 양자화(block floating-point quantization)한다. 이후 각 샘플에 가수 비트를 할당한 후 마지막으로 각 블록의 결과를 인코딩 파일에 쓰게 된다. 인코딩 파일 포맷은 "CODE"라는 4-바이트 문자열 코드를 포함하는 헤더로 시작한다. 그다음으로 신호의 샘플링 비율을 Hz 단위로 표현하는 4-바이트 정수, 채널 수를 나타내는 2-바이트 정수, 그리고 디코딩할 때 필요한 샘플당 PCM 비트 수를 나타내는 2-바이트 정수가 온다. 비트열에 포함되어 전송되는 제어 파라메터로는 25개 스케일팩터 비트 수를 나타내는 2-바이트 정수, 25개 주파수 대역의 비트 할당을 정의하는 2-바이트 정수가 있다. 각 주파수 데이터 블록의 주파수 샘플 수를 표현하는 4-바이트 정수와 파일 내 데이터 블록 수를 나타내는 4-바이트 정수도 같이 전송된다. 제어 파라메터 다음으로는 데이터 블록으로 그룹핑된 신호 데이터가 인코딩 파일에 포함된다. 각 데이터 블록은 25개 스케일팩터 (각각 *nScaleBits* 비트 수)와 25개 주파수 대역 비트 할당(각각 *nBitAllocBits* 비트 수)으로 시작한다. 마지막으로 비트 할당 정보에 해당 주파수 대역별로 정의된 비트 수를 이용해 각 채널의 *BlockSize* 개수의 가수 값을 인터리빙 방식으로 저장한다.

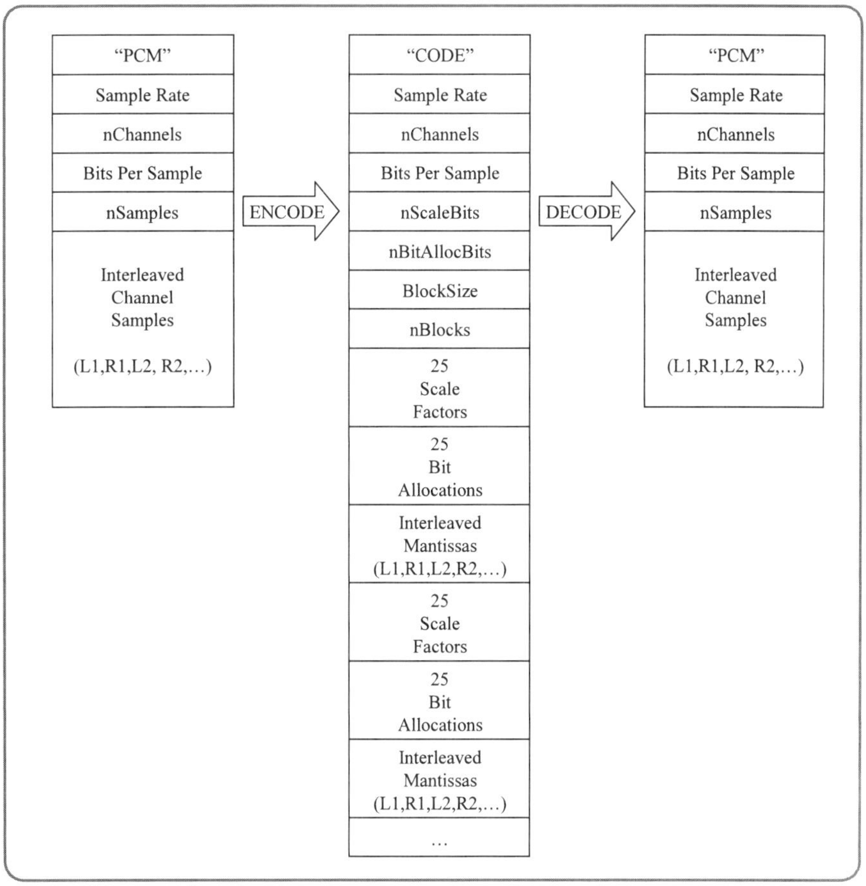

그림 3 간단한 PCM 파일 포맷과 인코딩 데이터의 파일 포맷

그림 3의 인코딩 파일 포맷을 보면 이 코더가 얼마나 간단한지를 알 수 있다. 예를 들어, 이 코더는 블록크기를 변경할 수 없으며 신호의 과도부분을 검출할 수도 없고 교차-채널 코딩(cross-channel coding)이나 교차-블록 코딩(cross-block coding)을 이용해 비트 수를 절감할 수도 없다, 이 코더는 스케일팩터와 가수를 처리할 때 신호의 중복성을 줄이기 위한 코드북 기반 엔트로피 코딩조차 사용하지 않고 있어 아주 쉽게 구현할 수 있다는 것을 볼 수 있다. 그러나 이 코더는 가청한계선과 마스킹 모델에 기반해 비트를 할당하는 지각 모델을 사용하고 있어 비트율을 적절하게 감소시키면서도 사람 귀에 들리는 잡음을 줄일 수도 있다. 다음 장들에서는 현재 시장에 나와 있는 몇 가지 오디오 코더를 살펴볼 것이다. 만약 이러한 코더의 비트열 포맷이 공개되어 있다면 데이터 포맷을 학습함으로써 비트 수를 절감하기 위한 인코더 핵심 기술에 대해 많은 정보를 얻을 수 있을 것이다.

5 비즈니스 모델과 코딩 비법

오디오 코더를 개발하고 나면 그 다음 목표는 이 코더를 시장에 내놓아야 한다. 이때 코더 개발자는 목표 시장에서 시장 점유율을 차지하기 위한 가장 좋은 방법이 무엇인지 생각해야 한다. 다양한 비즈니스 모델이 지각 오디오 코더 시장에서 가능하다.

가장 기본적인 비즈니스 모델은 고객-중심(customer-friendly)의 인코딩과 디코딩 도구를 만들어 파는 것이다. 응용 분야에 따라 이러한 도구가 하드웨어-기반(Chip에 구현하는 경우)도 될 수 있고 소프트웨어-기반도 될 수 있다. 이 경우 코덱(인코딩 파일 포맷 포함)의 세부적인 기술 사양은 비즈니스 보안으로 취급되어야 하고 동시에 세부 기술들에 대한 소유권(마케팅 목적에 필요한 것 이상)을 유지하고 있어야 한다. 이러한 비즈니스 모델에서는 코딩 도구를 판매하는 노력뿐만이 아니라 코덱의 기술 보안 유지와 지적 재산권을 보호하는 데 상당한 노력이 들어갈 것이다.

최근의 비즈니스 모델은 인코더에서 수익을 얻는 반면 디코더는 무상이나 아주 저렴한 가격으로 제공하는 것이다. 이 비즈니스 모델의 개념은 개발된 디코더가 목표 시장의 거의 모든 응용 분야에 사용될 수 있도록 가능한 한 많은 사용자를 확보하는 것으로 이를 위해서는 다양한 방법들이 동원되어야 한다. 예를 들어, 이 디코더를 인터넷상에 무상으로 분배하거나 오디오 재생기 제조 회사들과 디코딩 기술에 대한 특허 사용계약을 적극적으로 맺을 수도 있다(예를 들어, 위성 TV 방송 수신을 위한 cd/dvd/mp3 재생기나 비디오 게임 콘솔(console)).

최근에 사용되고 있는 또 다른 비즈니스 모델은 관련 분야의 여러 회사가 공동으로 더 나은 기술을 개발한다는 개념에서 출발한다. 여러 회사의 공동노력으로, 각 회사가 독립적으로 기술을 개발할 때보다 더 낳은 성능의 연합 코딩 표준(joint coding standard)을 개발해 더 많은 수익을 갖기를 바라게 된다. 아직 이 비즈니스 모델이 전 세계 코더 시장으로 확산 된 것은 아니지만 점차 그 중요성이 강조되고 있다. 이러한 방식으로 가장 먼저 성공한 예 중의 하나가 MPEG-2 비디오 표준([Mitchell, Pennebaker, Fogg and LeGall 97] 참조)이다. 현재 시장에서 가장 인기 있는 코더(예를 들어, MP3)들은 표준화 단체에서 만들어진 결과물이며 특정 응용 분야를 위한 산업-표준 코덱(industry-standard codec)을 정의함으로써 얻어진 결과이기도 하다.

표준화 과정에 참여하는 기업들은 표준 코더의 일부분으로 채택될 수 있는 기술을 제안하는 것이 보통이다. 예를 들어, 한 회사가 심리음향 모델/비트 할당 루틴 구조를 제안하였다면, 또 다른 회사는 변환 코딩 커널을 제공하고, 이외 다른 회사는 비트 할당과 스케일팩터를 위한 엔트로피 코딩 코드북을 제시할 수도 있다. 이 결과 디코더의 세부사양(specification)이 공개되고 잠재적인 사용자들이 표준 코더 기술에 대한 특허 사용계약을 맺을 수 있게 된다. 특허 그룹이 만들어지면 참여 회사들이 합의한 배당이나 지적 재산권 소유에 따라 특허 사용료를 나누게 된다.

일반적으로 코더는 비트열 포맷과 디코딩 절차만이 표준화된다. 인코더는 여전히 지적 재산권으로 남아 회사들이 기존의 코더를 개선해 더 좋은 사운드 음질을 낼 수 있도록 지속적인 개발을 진행하는 것이 보통이다. 표준 문서의 정보제공 파트(informative part)에 인코더 예가 수록되어 있으나, 각 제조 회사들은 표준의 세부사양과 일치하는 한 다양한 방식으로 동작할 수 있는 여러 유형의 인코더를 만들어 낼 수 있다. 이에 반해 디코더는 반드시 표준을 따라야 하며 표준에 규정된 것과 똑같이 동작하여야만 한다.

참여 회사들이 코더 소유권을 유지한다는 말은 학생들이나 학자들 또는 다른 사람들이 실제 코더 내부가 어떻게 동작하는지 알기 어렵다는 뜻이다. 표준화된 코덱의 인코더가 여전히 경쟁력을 가질 수밖에 없는 이유는 표준 문서가 어렵게 쓰여 있어 참여회사 외의 다른 회사들이 실제 코더 내부가 어떻게 동작하는지 쉽게 이해하기 어렵기 때문이다. 결국, 여러분이 가장 좋은 성능의 인코더를 가지고 있고 이를 통해 수익을 얻고 싶다면 재무적인 관점에서 볼 때 표준 문서에 왜 이러한 단계들이 취해져야 하는지 보다 어떠한 단계들이 취해지는지에 대한 대략적인 것만을 나열하는 것이 바람직할 수 있다는 것이다. 이 책의 중요한 목적 중 하나는 외부 사람들이 쉽게 접근할 수 없는 이러한 "코딩 비법(secrete)"들을 이해할 수 있도록 도움을 주는 것이다.

6 참고 문헌

[ISO/IEC 11172-3]: ISO/IEC 11172-3,Information Technology, "Coding of moving pictures and associated audio for digital storage media at up to about 1.5Mbit/s, Part 3: Audio", 1993

[Mitchell, Pennebaker, Fogg and LeGall 97]: J. Mitchell, W. B. Pennenbaker, C. E. Fogg and D. J. LeGall, MPEG Video Compression Standard, Chapman and Hall, New York, 1997.

[Schroeder, Atal and Hall 79]: M. R. Schroeder, B. S. Atal and J. L. Hall, "Optimizing Digital Speech Coders by Exploiting Masking Properties of the Human Ear", J.Acoust. Soc. Am., Vol. 66 no. 6, pp. 1647-1652, December 1979.

7 예제 문제

오디오 코덱 프로젝트:

이 프로젝트는 MDCT-기반 지각 오디오 코더를 직접 만들고 동작시키는 것이다. 한 그룹당 2-3명의 학생이 함께 코더를 만드는 것이 바람직할 것이다. 각 그룹은 그들의 코더를 발표할 때 코더가 어떻게 동작하는지 설명해야 하고 코더 설계 시 가능한 몇 가지 선택 사항들을 논의한 다음, 발표를 듣는 학생들이 각 그룹의 코덱을 이용해 다양한 압축비로 인코딩된 사운드를 들을 수 있도록 한다.

지각 오디오 코더의 음질측정

chapter 10

1 서론

오디오 코더에서 고음질의 오디오를 재생할 때는 데이터율(data rate)과 시스템 복잡도(system complexity) 제한점을 얼마나 조화롭게 유지하느냐가 중요하다. 음질(audio quality)은 오디오 코딩에서 가장 기본적인 개념임에도 불구하고 이 음질을 객관적으로 평가하는 것은 매우 어려운 일이다. 전통적으로 음질을 측정할 때는 신호대 잡음비(SNR, Signal to Noise Ratio)나 전체 블록왜곡(block distortion) 등의 비교적 간단한 형태의 객관적 음질측정 방법들이 사용되어 왔지만 이들은 사람의 음 지각 원리를 설명하는 심리음향 현상을 전혀 고려하지 않고 있다. 이뿐만 아니라 특정 지각 모델(perceptual model)에 기반한 객관적 음질측정(perceptual objective measurement) 또한 측정 결과가 실제 지각되는 음질과 잘 맞지 않는다는 평판을 받는 입장이다. 전통적으로 오디오 코덱에 대해 높은 정밀도의 음질평가가 필요할 때는 단순한 객관적 측정(objective measure)이나 지각 측정(perceptual measure) 방법을 사용하는 대신 공식 청취테스트(formal listening test)를 주로 사용한다.

1980년대 후반 Bell Lab의 J. Johnston, K. Brandenburg 연구원들은 소위 "13dB 의 기적(13dB Miracle)"이라 불리는 청각 실험을 통해 단순한 객관적 음질측정 방법이 음질평가에 잘 맞지 않는다는 것을 분명하게 밝혀냈다. 이 실험에서 이들은 13dB 의 SNR을 갖는 두 개의 신호를 인공적으로 만들어내 청취자에게 들려주는 실험을 수행하였다. 두 개 신호 중 하나는 원래의 신호에 백색잡음(white noise)을 첨가한 것이고 다른 신호는 잡음을 지각적으로 형태화하여 삽입한 것이다. 백색잡음이 첨가된 신호는 쉬 소리(hiss)와 같은 배경 왜곡 음을 만들어내 사람이 듣기에 거슬리는 편이었다. 반면, 지각적으로 형태화한 잡음을 첨가한 신호는 사람의 귀에 겨우 들릴 듯 말 듯한 잡음(즉, 신호성분에 의해 음 왜곡 일부나 전부가 마스킹 되고 있음)만이 존재할 뿐이었다. 이 실험에서 두 개 신호 모두 같은 SNR을 가지고 있음에도 실험결과 사람 귀에 지각되는 음질은 확연히 달랐으며 두 번째 신호는 매우 좋은 음질([Brandenburg and Spörer 92] 참조)을 갖는 것으로 밝혀졌다. 이 예를 통해 명백히 알 수 있는 것은 오디오 코더의 음질을 평가할 때는 사람의 음 지각현상(perceptual effects)을 반영한 음질측정법을 사용해야 한다는 사실이다.

이 장에서 기억해야 할 사실 중 하나는 특정 코더의 지각 음질(perceived quality)이 코딩되는 신호의 유형과 사용되는 데이터율에 따라 달라진다는 것이다. 따라서, 서로 다른 유형의 신호를 이용해 코더의 여러 성능을 살펴볼 수 있다. 예를 들어, 드럼과 같은 충격파를 가진 심한 과도신호(transient signal)는 코더가 얼마나 효과적으로 과도 사운드를 재생하는지 평가할 수 있다. 이에 반해 하프시코드(harpsichord) 음 같이 조밀한 스펙트럼을 가진 사운드는 코더의 주파수 해상도(frequency resolution)로 평가할 수 있다. 이처럼 코더 성능은 입력신호의 유형에 따라 차이가 있기 때문에 코더를 평가하기 위해서는 비교적 잘 정의된 테스트 신호들을 준비해야만 한다. 더군다나 코딩 인공잡음(coding artifacts)은 코더의 데이터율이 감소함에 따라 더욱 심각하게 발생하기 때문에 음질평가를 통해 두 개의 코더를 비교 평가하는 실험에서는 각 코더에 사용되는 데이터율 또한 고려해야만 한다.

음질측정은 오디오 코더를 최종 평가할 때 필수불가결한 요소일 뿐만 아니라 코더를 개발할 때 코딩 시스템의 여러 구성요소를 설계하고 조정하는 데 매우 중요한 역할을 한다. 오디오 코더를 설계할 때는 개발과정 중에 많은 결정과 평가를 필요로 하는데 보통 청취테스트를 통해 코딩 파라메터를 테스트하고 이를 개선하는 것이 가장 흔히 사용되는 방법이다. 오디오 코딩 엔지니어들은 이러한 중요하고도 많은 끈기를 요구하는 작업에 대부분 시간을 소비하고 있다. 예를 들어, MPEG2-AAC(Advanced Audio Coding)(13장 참조) 코더를 개발할 때는 서로 다른 장소에서의 청취테스트를 거쳐 코더에 구현될 수 있는 여러 요소 기술들을 비교하는 다양한 실험이 수행되었다. 이러한 실험을 통해 제안 기술들을 비교하고 분석해 실제 오디오 코딩 표준에 포함될 기술이 결정되었다. 따라서 여러분이 오디오 코딩 시스템을 개발할 때는 코딩상에 발생할 수 있는 인공잡음에 매우 익숙해져 있어야 할 뿐만 아니라 청취테스트를 잘 수행할 수 있는 자질을 갖추는 것 또한 매우 중요하다.

이 장에서는 먼저 청취테스트를 수행할 수 있는 몇 가지 방법을 전반적으로 살펴볼 것이다. 다음 절에 보겠지만 공식 청취테스트를 수행하는 데는 어느 정도의 실험 복잡도와 숙련도가 필요하다. 이 실험은 신호를 적절히 편집해 제어 가능한 환경에서 들을 수 있는 많은 수의 훈련된 사람들을 필요로 한다. 비록 대부분의 중요한 응용 분야에서 공식 청취테스트를 대체할 수 있는 다른 방법은 없지만 조금 덜 까다로운 응용 분야에서는 공식 청취테스트를 수행하는 데 따르는 많은 어려움 때문에 이를 어느 정도 대신할 수 있는 비교적 쉬운 방법이 절실한 것도 사실이다. 이 때문에 종종 코더를 설계할 때 몇 가지 입력신호 유형에 대해 간단한 객관적 측정이나 비공식 청취실험 결과들만을 이용하는 때도 있고, 이로 인해 최근에는 지각 음질을 객관적으로 측정할 수 있는 방법들이 많은 학자들에게 주요 연구대상이 되고 있다. 이 장의 두 번째 주제는 객관적 지각 음질측정(objective perceptual quality measurement)으로 이 방법의 동작원리에 대해 자세히 살펴볼 것이다. 객관적 오디오 음질평가(PEAQ, Perceptual Evaluation of Audio Quality)는 공식 청취실험에 보조적으로 사용될 수 있는 비공식 음질평가 수단으로 최근에 많은 응용 분야에서 성공적으로 적용되고 있다.

마지막으로는 청취실험을 수행할 때 지각 오디오 코딩에서 가장 흔히 발생하기 때문에 주의 깊게 들어야 하는 몇 가지 인공잡음을 소개할 것이다.

2 오디오 음질

코딩 시스템의 오디오 음질(audio quality)은 테스트하고자 하는 시스템의 출력신호와 참조신호(reference signal) 간에 지각되는 음질 차이로 평가할 수 있다. 종종 이 음질 차이를 음 손실로 해석한다. 보통 코딩 시스템의 음질을 평가할 때는 참조신호의 완벽한 복사본(예를 들어, 무손실 압축 방법을 이용할 수 있음)으로부터 참조신호와 유사한 점이 거의 없는 테스트 신호까지를 준비해야 한다. 입력신호가 이 범위 내 어느 정도에 해당하는지에 따라 음질을 평가할 때 서로 다른 방법을 사용해야 한다.

음질평가에서 매우 유용한 개념 중 하나는 음의 “투명도(transparency)”이다. 전문가조차 참조신호와 테스트 신호를 구별할 수 없을 정도로 코딩손실(coding impairment)을 검출할 수 없을 때 테스트 시스템이 투명하다고 이야기한다. 코딩 시스템이 투명한지 아닌지를 측정하는 방법 중 하나는 청취자에게 테스트 신호와 참조신호를 불규칙한 순서로 들려준 다음 청취자들에게 어떤 것이 테스트 신호인지를 골라내게 하는 것이다. 만약 코딩 시스템이 진정으로 투명하다면 청취자는 약 50% 정도의 잘못된 판단을 내릴 것이다.

일반적으로 코더의 음질 평가 방법은 코더가 이 투명도 범위 내에 있는지 아닌지에 따라 달라진다. 만약 코더가 투명도 범위 내에 있다면 이때 "코딩마진(coding margin)"은 평가되고 있는 테스트 신호의 속성에 의존한다. 보통 코딩마진은 코더의 음 손실이 들리는 순간까지 얼마나 많은 데이터율의 여유가 있는지로 측정된다. 코딩마진은 청취자가 청취테스트를 통해 통계적으로 매우 정확히 테스트 신호를 검출할 수 있는 바로 그 순간까지 코더의 데이터율을 얼마나 줄일 수 있는지로 측정할 수 있다. 객관적 음질측정(perceptual objective measure) 방법을 이용해 코딩에러가 얼마나 마스킹 곡선 아래에 놓여 있는지 측정할 수 있다면 이를 이용해 코딩마진을 측정할 수도 있다. 예를 들어, 객관적 측정을 통해 신호의 최악 조건에서 잡음대 마스크비(NMR, Noise to Mask Ratio)(여기서 NMR은 신호대 마스크비(SMR, Signal to Mask Ratio)와 신호대 잡음비(SNR, Signal to Noise Ratio)의 차이로 정의됨)를 알 수 있다면 왜곡이 들리기 시작하는 순간의 비트 수를 계산할 수 있다.

투명도 범위 밖의 코더를 평가할 때는 서로 다른 유형의 테스트 입력신호에 대해 가청 손실이 얼마나 귀에 거슬리는가를 평가하는 것이 중요하다. 이러한 방식으로 코더가 특정 응용 분야에서 목표 데이터율에 적합한지 아닌지를 결정할 수 있다. 대부분의 경우 우리는 투명도 범위 내에 있거나 또는 그에 근접한 코더를 사용하게 된다. 이 경우 우리는 아주 적은 양의 음 손실을 검출할 수 있어야 하고 이 손실에 따라 코더를 평가하게 된다. 다음 절에 설명하는 ITU-R(International Telecommunication Union, Radio-communication Bureau, 이전에는 CCIR(International Radio Consultative Committee)로 알려졌었음) 5-등급 손실척도(five grade impairment scale)는 바로 이 경우에 적용될 수 있는 공식 청취테스트(formal listening test) 방법이다.

3 적은 음 손실만을 갖는 시스템

이 절에서는 참조신호에 비해 재생신호에 적은 양의 음 손실만을 갖는 오디오 코덱을 평가할 때 사용할 수 있는 [ITU-R BS.1116] 음질평가의 주요 특징들을 살펴볼 것이다. 이 절의 목적은 청취테스트를 수행하는 데 있어 어떠한 절차가 필요한지 자세히 알아보는 것이다. 이 청취테스트에 대한 보다 자세한 사항은 ITU-R 표준문서인 [ITU-R BS.1116]와 [ITU-R BS.562-3] 등을 참고하기 바란다.

3.1 5-등급 손실척도

BS.1116 청취테스트에 사용되는 등급척도(grading scale)는 그림 1과 같이 [ITU-R BS.562-3]에 정의되어 있는 5-등급 손실척도(five-grade impairment scale)에 기초한다. BS.562-3에 따라 음 손실은 참조신호와 테스트 시스템 출력 간에 지각되는 음질 차이로 해석할 수 있고 이 손실 정도를 이산적인 5-등급 척도로 측정할 수 있다. 반면 BS.1116은 이 손실 정도를 투명한 코딩(transparent coding)을 나타내는 5.0부터 매우 귀에 거슬리는 손실(highly annoying impairment)을 나타내는 1.0 사이의 연속된 값으로 표현한다. BS.562-3에 정의되어 있는 5-등급 손실은 표 1과 같이 5-등급 음질척도(quality scale)와 관련 지을 수 있다.

표 1 음질과 손실척도의 관계[ITU-R BS.562-3]

Quality	Impairment
5 Excellent	5 Imperceptible
4 Good	4 Perceptible, but not annoying
3 Fair	3 Slightly annoying
2 Poor	2 Annoying
1 Bad	1 Very annoying

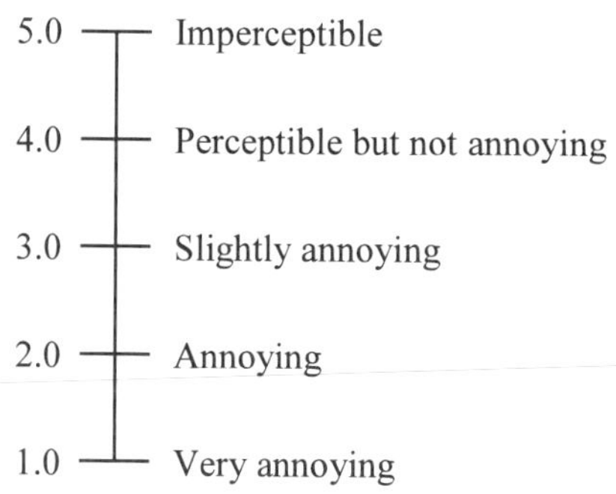

그림 1 ITU-R 5-등급 손실척도

대부분의 데이터 분석에는 청취자가 평가한 참조신호와 코딩된 신호의 등급 차이인 차분등급을 사용한다. 이 값을 주관적 차분등급(SDG, Subjective Difference Grade)이라 부르며 다음과 같이 정의된다.

$$SDG = Grade_{coded\ signal} - Grade_{reference\ signal}$$

SDG는 청취자가 참조신호와 코딩된 신호의 차이를 성공적으로 구분할 수 있을 때 음수 값이 되고 만약 코딩된 신호를 참조신호로 잘못 인식하게 되면 양수 값이 된다. SDG의 평균값이 0이면 코덱이 투명도 범위(transparency region) 안에 있어 어떠한 손실도 감지할 수 없다는 것을 말하는 반면 SDG의 평균값이 −4라는 것은 매우 거슬리는(very annoying) 음 손실이 있다는 것을 말한다. 표 2는 5-등급 손실척도와 SDG의 관계를 보이고 있다.

표 2 SDG와 ITU-R 5-등급 손실척도의 관계(참조신호가 정확히 파악될 수 있는 경우를 가정함)

Impairment Description	ITU-R Grade	SDG
Imperceptible	5.0	0.0
Perceptible, but not annoying	4.0	-1.0
Slightly annoying	3.0	-2.0
Annoying	2.0	-3.0
Very annoying	1.0	-4.0

3.2 음질평가 방법

적은 음 손실만을 초래하는 시스템을 평가할 때 가장 많이 사용되는 것은 소위 "이중-블라인드, 은닉 참조신호를 포함한 삼중-자극(삼중-자극/은닉-참조신호/이중-블라인드, double-blind triple-stimulus with hidden reference)"이라 불리는 방법이다. 이 방법은 청취자에게 참조신호 R, 테스트 신호 A, B 등 3개의 자극신호를 들려주는데, 이때 두 개 테스트 신호 중 하나는 참조신호와 같고 다른 하나는 코딩된 신호가 된다. 이 방법은 청취자나 평가 관리자 모두 사전에 어떤 것이 테스트 신호라는 것을 알 수 없는 이중-블라인드 방식으로 진행된다. 신호에 A, B를 할당하는 것은 평가 관리자와는 다른 집단에 의해 임의로 행해져서 평가 관리자나 평가 대상자 모두 어떤 테스트 신호가 코딩된 신호인지를 알 수 없다.

청취자는 그림 1의 등급척도에 따라 참조신호 R에 비교한 테스트 신호 A의 손실 정도와 참조신호 R에 비교한 테스트 신호 B의 손실 정도를 평가한다. 자극신호 중 하나는 참조신호이기 때문에 이들 중 하나는 반드시 5점 등급을 받아야 하는 반면 다른 자극신호는 음 손실을 나타내는 등급을 받아야 한다. 만약 테스트 시스템이 투명도 범위에 해당하는 음질을 출력한다면 청취자는 자극신호 간에 아무런 차이를 지각할 수 없을 것이다. 이 경우 시스템의 데이터율을 변화시켜 코딩마진을 추정해 볼 수 있다. 이러한 기본적인 평가 외에도 청취자는 스테레오나 다른 멀티채널 코딩을 위해 스테레오 이미지(stereo image), 정면 이미지(front image), 서라운드 음질(surround quality) 등의 공간 속성(spatial attribute)을 평가할 수도 있다.

삼중-자극/은닉-참조신호/이중-블라인드는 몇 가지 다른 방법으로 구현될 수 있다. 예를 들어, 테스트 시스템은 실시간 하드웨어나 시스템 소프트웨어로 구현될 수 있으며, 자극신호는 테이프나 컴퓨터 하드디스크로 재생할 수 있다. 한 번에 한 사람의 청취자가 평가를 수행하는 것이 바람직하며, 청취자는 자신의 의도대로 R, A, B 신호를 선택할 수 있고 평가절차를 반복할 수도 있다. 이러한 방식으로 짧은 길이의 오디오 신호에 대한 음 손실을 평가할 때 순간반응과 짧은 순간의 기억력에만 의존해야만 하는 청각 제한점을 보완할 수 있다(이 장의 후반부에 있는 임계 테스트 사운드를 선정하는 방법 참조). 또한, 각 평가에 은닉된 참조신호를 포함함으로써 청취자가 일관된 실수를 하지 않는 것을 쉽게 확인할 수 있고 이에 따라 청취자의 전문성을 제어할 수 있는 환경을 제공할 수도 있다.

삼중-자극/은닉-참조신호/이중-블라인드 방법은 전 세계적으로 지각 오디오 코덱의 청취테스트에 가장 많이 사용되고 있다. 이 방법은 적은 음 손실만을 초래하는 오디오 코딩 시스템을 평가할 때 매우 정확하면서도 안정적인 결과를 제공할 수 있는 것으로 잘 알려져 있다.

3.3 훈련과 등급채점 세션

청취테스트는 보통 훈련과정(training phase)과 공식 등급채점 과정(formal grading phase) 등 2개 부분으로 구성된다. 훈련과정 또는 "교정과정(calibration phase)"은 공식 등급평가 과정 이전에 수행되는 절차로 청취자 패널들이 평가환경과 등급채점 절차, 코덱 손실 등을 체험할 기회를 제공한다. 청취자 패널들은 코딩 인공잡음에 아주 익숙해져 있어야만 한다. 이는 적은 양의 왜곡이더라도 귀에 익숙하지 않은 왜곡이 귀에 익숙한 왜곡보다 훨씬 더 평가하기 어렵기 때문이다. 이러한 현상은 훈련과정 후 복합 마스커(complex masker)에 의해 마스킹되는 복합 마스키(complex maskee)의 한계값을 약 40 dB 정도 감소시킬 수 있는 능력을 갖추게 되는 소위 정보 마스킹(informational masking)으로도 잘 알려져 있다[Leek and Watson 84]. 비록 이러한 훈련과정이 지각 오디오 코덱을 평가할 때 얼마나 큰 효과를 내는지는 잘 알려지지 않았지만 정보 마스킹을 현저히 감소시킬 수 있는 것으로 알려져 있다.

음질평가에서 청취자가 매우 적은 소리의 음 손실을 구별해야 하는 일은 매우 어려운 작업이기 때문에 훈련과정에서 "로우앵커(low anchor)"를 학습하는 것이 일반적이다. 로우앵커는 쉽게 구별될 수 있는 인공잡음을 포함한 오디오 신호로 이 로우앵커를 학습함으로써 청취자는 더욱 쉽게 인공잡음을 검출할 수 있게 된다.

그림 2는 음질평가 세션 동안 수행되었던 등급 채점표의 한 예를 보이고 있다. 이 채점표는 MPEG AAC 코더 개발과정 중에 수행되었던 청취테스트 중 하나로부터 얻어진 것이다. 이 표는 1996년 코덱의 참조모델 3(RM3, Reference Model 3) 음질을 평가하는 핵심실험(core experiment)에 사용되었던 것이다. 이 실험은 미국의 AT&T, Dolby 연구소, 독일의 Fraunhofer Gesellschaft, 일본의 Sony에서 똑같이 수행되었다. 그림 2의 채점표에 설명된 핵심실험은 미국 San Francisco에 있는 Dolby 연구소에서 STAX 헤드폰으로 수행한 결과를 나타내고 있다. 테이프로 테스트 신호를 청취자에게 들려주는 방식을 취했고 각 9번의 청취실험을 하게 되는 2개의 세션으로 구성되어 있다. 예를 들어, 이

채점표의 테이프 1, 세션 1, 실험 1에서 청취자는 A를 은닉 참조신호로 인식했고 B를 “지각할 수 있으나 거슬리지 않음(perceptible but not annoying)”이라는 음질로 테스트 시스템을 평가하였다.

Test site	Date	Loudspeaker/ Headphone	Name of subject	Age profile e.g. 20-25,25-30, 30-35, 35-40 etc	Male/Female M/F	Subject No	Tape No	Session No	Trial No	Grade for A	Grade for B	Remarks or comments (of test subject)
Dolby	14-Feb-96	STAX		30-35	F	1	1	1	1	5	4.5	
							1	1	2	5	4	
							1	1	3	3.5	5	
							1	1	4	5	4.7	
							1	1	5	4.9	5	
							1	1	6	4.8	5	
							1	1	7	5	4.8	
							1	1	8	5	4.2	
							1	1	9	4.5	5	
							1	1	10	4.4	5	
							1	2	11	4.4	5	
							1	2	12	5	4.9	
							1	2	13	5	4.9	
							1	2	14	5	2.5	
							1	2	15	4.5	5	
							1	2	16	2.7	5	
							1	2	17	5	4.2	
							1	2	18	5	4.8	

그림 2 청취 테스트에서 등급 채점표 예

3.4 전문 청취자와 임계 테스트 신호

음질평가의 주목적이 테스트 시스템의 음 손실 정도를 밝혀내는 것이라는 사실로부터 테스트 절차에 필요한 몇 가지 주요 사항들을 확인할 수 있다. 처음에는 시스템 손실이 매우 미세할 수도 있지만 이 시스템이 다양한 환경의 일반 대중에게 노출되었을 때는 이 손실이 더 심각하게 들릴 수도 있다. 일반적으로 음질평가는 테스트 시스템의 최악 조건(worst-case condition)을 잘 분리해 낼 수 있을 때 성공적으로 설계되었다고 이야기할 수 있다. 이를 위해 공식 청취 테스트에는 전문 청취자(expert listener)와 임계 테스트 신호(critical material)만이 고려된다.

전문 청취자는 음질평가에서 밝혀내고자 하는 다양한 종류의 음 손실을 광범위하게 접해본 사람들을 일컫는다. 이러한 전문 청취자에게도 훈련과정은 여전히 중요하다. 일반적으로 전문 청취자 패널은 사전심사(pre-screening)와 사후심사(post-screening)를 거쳐 선발된다. 청력검사(audiometric test) 같은 것이 사전심사에 해당하는 하나의 예가 될 수 있다. 사후심사는 수집된 테스트 결과에 기반해 이루어진다. 사후심사는 테스트 시스템의 출력과 비교해 은닉 참조 신호를 일관성 있게 검출할 수 있는 능력을 평가한다. 그 동안 이러한 사전심사와 사후심사의 장 · 단점에 대해 끊임없는 토론이 이어져 왔다([Ryden 96] 참조). 사전, 사후심사 절차로 인해 일관된 음질평가 결과를 얻기 어려울 정도로 매우 적은 수의 전문 청취자만이 남게 될 수도 있지만, 이러한 사전, 사후심사를 거쳐 음질평가의 효율성을 증가시킬 수 있는 측면도 있다. 일반적으로 패널의 수는 얼마나 세부적인 테스트가 있어야 하는지에 따라 달라지고 공식 청취테스트에 참여하는 전문청취자 수는 대략 20명에서 60명 정도 사이이다. 음질평가 절차에서 임계 테스트 신호를 선정하는 것은 매우 중요한 일이다. 지난 10년 동안 MPEG과 ITU-R([Soulodre et al. 98] and [Treurniet and Soulodre 00] 참조)에서 지각 오디오 코덱을 평가하기 위해 비교적 까다로운 유형의 테스트 신호들을 DB로 구축해왔지만 모든 코덱에 적용할 수 있을 정도의 완벽한 임계 테스트 신호를 구축하는 것은 불가능한 일이다. 일반적으로 각 코덱별로 임계 테스트 신호를 선정하는 것이 바람직하다. 보통 임계 테스트 신호는 공식 청취테스트 이전에 전문가들의 많은 노력으로 선정된다. 만약 진정한 임계 테스트 신호를 찾을 수 없다면 음질평가에서 참조신호와 테스트 시스템의 음질차이를 차이를 명백히 밝혀내기 어려울 것이고 따라서 어떠한 결정도 내릴 수 없게 될 것이다. 일반적으로 테스트 시스템을 의도적으로 왜곡시키기 위한 합성신호를 제외하고 방송용 테스트 신호나 전용 녹음신호들이 임계 테스트 신호로 검토된다. 만약 최소 5개의 임계 테스트 신호를 하나 이상의 시스템에 적용하는 것을 검토하고 있다면 각 코덱을 평가할 때 평균적으로 최소 1.5개의 임계 테스트 신호를 준비하는 것이 바람직하다. 보통 임계 테스트 신호는 약 10초 정도의 짧은 길이를 주로 사용한다.

3.5 청취 환경

안정적인 음질평가 환경을 구축하기 위해서는 구체적인 청취환경과 청취장비들이 명시되어야 한다. [ITU-R BS.1116]은 청취공간의 특성(기하학적 특성(geometric properties), 반향시간(reverberation time), 초기반사(early reflection), 배경잡음(background noise) 등), 청취공간에서의 스피커 위치, 참조 청취영역 등의 청취환경을 구체적으로 기술하고 있다. 표 3은 ITU-R BS.1116의 참조기준 특성과 청취공간을 요약하고 있다. 그림 3은 멀티채널 스피커의 배치와 참조 청취 위치, 최악의 청취 위치를 동시에 보이고 있다. 일반적으로 모노와 스테레오 신호의 경우에는 헤드폰과 스피커 모두를 사용해 평가하는 것이 바람직하다. 경험적으로 볼 때 스피커보다는 헤드폰을 통해 몇 가지 유형의 인공잡음을 더 잘 검출할 수 있지만, 어떤 경우에는 스피커가 더 나은 경우도 있다.

이외에도 ITU-R BS.1116은 구체적인 청취레벨(listening level)도 정의하고 있다. 어떤 경우에는 절대 청취레벨(absolute listening level)을 직접 제어하고 싶어하는 청취자도 있을 수 있다. 그러나 청취레벨을 임의로 변경하는 것은 바람직하지 않은데 그 이유는 마스킹 한계선(masking threshold)에 예기치 않은 변화를 초래할 수 있기 때문이다.

표 3 ITU-R BS.1116의 참조기준과 청취공간 규정

Parameter	BS.1116 Specifications
Reference loudspeaker monitors amplitude vs. frequency response	40 to 16kHz (1/3 octave, free-field) ±10° frontal axis ± 3dB re 0° ±30° frontal axis ± 4dB re 0°
Reference loudspeaker monitors directivity index	3.5.1.1 0dB ≤ directivity index ≤ 12dB 40 - 10000Hz
Reference loudspeaker monitors non-linear distortion at 90 dB SPL	< -30dB @ 40 to 250Hz < -40dB @ 250 to 16kHz
Reference monitors time delay	< 100μs between channels < 20μs for headphones
Height and orientation of loudspeakers	1.10m above floor Reference axis at listener's ears
Loudspeaker configuration	Distance between loudspeakers 2 to 3m Angle to loudspeakers 0°, ±30°, ±110° Distance from walls > 1m
Room dimensions and proportions	20 to 60m^2 area for mono/stereophonic reproduction 30-70m^2 for multichannel reproduction 1.1w/h ≤ l/h ≤ (4.5w/h-4) l/h < 3 w/h <3 where: l is length, w is width, h is height
Room reverberation time (T_m)	$T_m/s = 0.3(V/100)^{1/3}$ for 200Hz ≤ frequency ≤ 4kHz where: V = volume of the room the following limits apply: 0 to 578ms @ 63Hz 428 to 228ms @ 125Hz 328 to 228ms @ 200 to 4000Hz 178 to 378ms @ > 8000Hz
Room early reflections	< -10 dB for t ≤ 15ms
Operational room response	≤ +3dB, -7dB @ 50Hz ≤ +3dB, -5dB @ 125Hz ≤ +3dB, @ 250 – 2000Hz ≤ +3dB, -4.5dB @ 4000Hz ≤ +3dB, -6.0dB @ 8000Hz ≤ +3dB, -7.5dB @ 16000Hz
Background noise (equipment & HVAC on)	< NR15

마지막으로 ITU-R BS.1116의 청취환경 규정을 만족시키기에 가장 어려운 조건 중 하나가 배경잡음이라는 것을 기억하자. MPEG-2 AAC 핵심실험을 수행한 Dolby 연구소의 청취환경은 NC 20으로 정의된 배경잡음을 사용하는 반면 ITU-R BS.1116은 NR 10과 NR 15 사이의 배경잡음을 추천하고 있으며 어떠한 경우에도 NR 15[4]를 넘지 않도록 규정하고 있다.

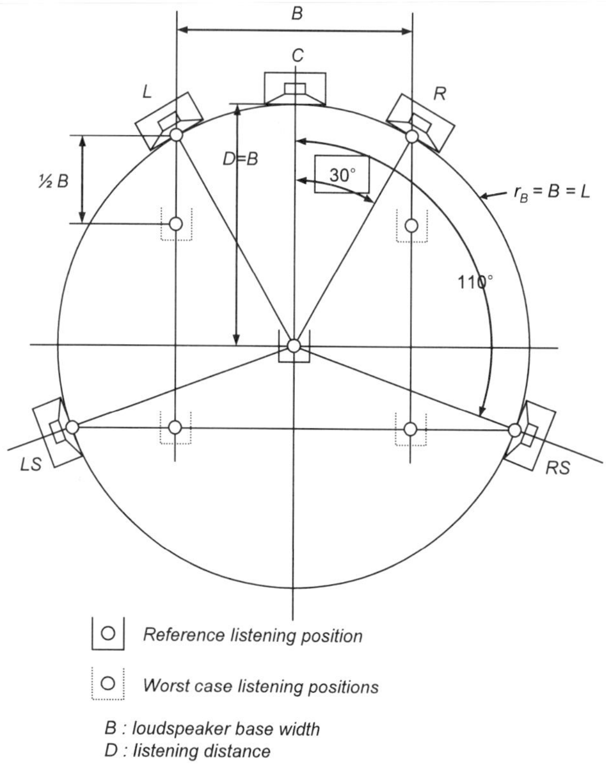

그림 3 ITU–R BS.1116의 멀티채널 스피커 배치도

3.6 데이터 분석

데이터 분석은 전문 청취자들의 음질평가 등급 채점표를 수집해 이루어진다. 여기서 주목해야 할 사실 중 하나는 이들 등급 채점표가 실제 측정치를 대표하는 것이 아니라 개인별 등급척도로 해석된다는 사실이다. 예를 들어, 사용하는

[4] NC는 잡음 기준(Noise Criterion), NR은 잡음 등급(Noise Rating)[Kosten and Van Os 62 and ISO 1996-1, ISO 1996-2, SIO 1996-3]으로 이들은 주파수에 대한 함수로서 최대 허용 가능한 잡음을 표준화한 것이다.

언어에 따라 5-등급 손실척도의 등급별 간격 차가 다를 수 있다는 것이다 [Ryden 96]. 어떤 전문가는 손실척도를 이용해 음질을 평가할 때는 오직 비-모수적 방법(non-parametric method)만을 적용해야 한다고 이야기한다. 반면, 또 다른 전문가들은 음질평가에 모수적 방법(parametric method)이 잘 적용되고 있다는 가정하에 이러한 방법이 매우 민감하고도 강력한 수단을 제공할 수 있다고 이야기한다. [ITU-R BS.1116]에 규정된 엄격한 규칙에 따라 음질평가가 수행된다면 등급척도의 각 등급이 모든 사람들에 걸쳐 거의 같을 확률분포를 가질 가능성이 크다. 데이터 분석에는 ANOVA(Analysis Of Variance) 같은 분산모델이 가장 많이 사용된다. 수집된 등급 채점표를 통계적으로 분석할 때는 청취자들 간의 데이터 상호의존성(data interdependency) 때문에 절대등급을 이용하지 않고 이 장의 서두에서 언급한 차분등급(SDG)을 이용한다. 데이터 분석결과로부터 테스트 시스템의 평균 성능을 측정할 수 있어야 하며, 만약 하나 이상의 시스템을 평가하고 있다면 이들 테스트 시스템 간의 성능차이 또한 측정할 수 있어야 한다.

청취테스트의 해상도는 신뢰구간(confidence interval)으로 나타낸다. 신뢰구간은 구체적인 신뢰 정도를 나타내는 $1-\alpha$ 값과 함께 SDG 값으로 표현하는데 여기서 α는 불가청음(inaudible sound)이 가청음(audible sound)으로 판정될 확률을 나타낸다. 실제 α 값으로 0.05를 사용하고 있으며 이는 95%의 신뢰구간에 해당한다. 그림 4는 [ISO/IEC MPEG N1420]으로부터의 음질평가 결과 예를 보이고 있다. 이 예는 1996년 6월 영국 BBC에서 수행된 5개 채널당

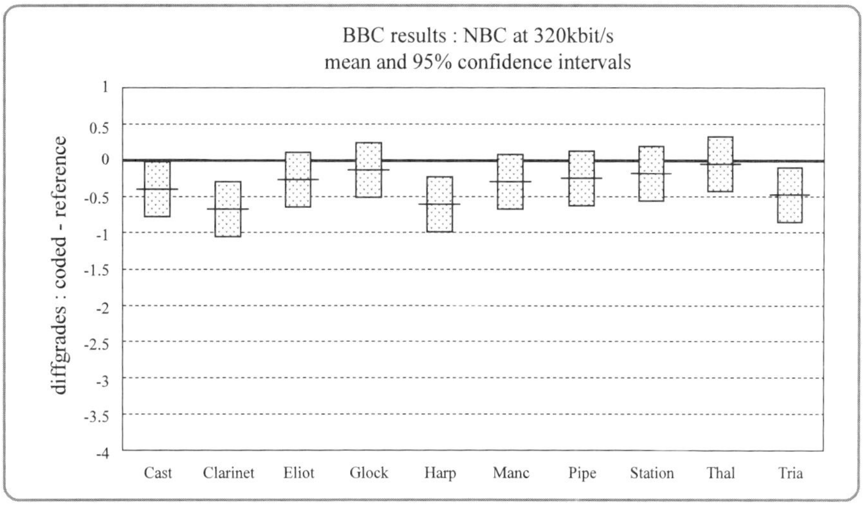

그림 4 공식 청취테스트 결과 예[ISO/IEC MPEG N1420]

320kb/s 데이터율을 갖는 멀티채널 MPEG-2 NBC 코더(비-후방(Non-Backward Compatible) 코더, 나중에 MPEG-2 AAC로 재 명명되었음)의 공식 청취테스트 평가결과이다. 그림 4는 10개의 임계 테스트 신호에 대한 평균 음질평가 결과를 보이고 있다. 10개 임계 테스트 신호에 대한 등급 채점표로부터 데이터를 유도해 ANOVA로 분석하였으며 95%의 신뢰구간을 가지고 있다.

마지막으로 주목해야 할 사항 중 하나는 이 절에서 설명한 [ITU-R BS.1116] 같이 엄격하게 제어된 청취테스트 환경조차도 실제 집안 거실에서 듣게 되는 청취환경과 차이가 있을 수 있고, 어떤 경우에는 이보다 더 엄밀한 청취환경이 있어야 한다는 사실이다. 예를 들어, 가전 오디오 제품은 전문장비로만 검출될 수 있는 다양한 인공잡음을 가질 수 있으며 오디오 재생장치의 불완전성으로 인해 특정 주파수 범위에서의 노치(notch, **역자주:** 특정 주파수 주위의 아주 좁은 주파수 대역의 성분만이 제거되는 현상) 나 역마스킹 현상(unmasking effect, **역자주:** 마스킹 되었던 신호가 다시 들리게 되는 현상) 등이 발생할 수 있다. [ITU-R BS.1116]에 규정된 것과 같이 청취자가 스피커로부터 특정 거리와 각도에 위치했을 때 마스킹될 수 있는 왜곡 또한 실제 오디오 청취영역이 달라지면 청취자가 이들 왜곡을 지각할 수도 있다. 비록 이러한 문제들이 몇몇 전문가들에 의해 제기되고 있지만 청취테스트 절차 설계에서 가장 근본적인 목적이 결과 음의 재현성(reproducibility)이며 이는 잘 제어된 평가절차에 의해서만 얻을 수 있다는 것에는 모두 동의하고 있다.

일반적으로 공식 청취테스트는 오디오 코딩 시스템을 안정적으로 평가할 수 있는 것으로 알려져 있고 [ISO/IEC MPEG 94/063. ITU-R 10/51 ITU-R 10/2-23 ISO/IEC MPEG 91/010]는 이들 결과에 높은 상관성이 있음을 밝혀냈다. 공식 청취테스트는 적은 음 손실만을 가진 고음질 오디오 시스템을 평가할 때 매우 효과적인 수단으로 사용될 수 있다는 것이 증명되었다.

3.7 MUSHRA 방법

[ITU-R BS.1116]이 적은 음 손실만을 가진 고음질 오디오 시스템을 평가하는데 매우 효과적인데 반해 중간 정도의 음질을 내는 시스템을 평가할 때 사용할 수 있는 또 다른 방법들이 있다. 예를 들어, [ITU-T P.800], [ITU-T P.810], ITU-T P.830] 등은 유선전화 환경에서 음성 신호의 음질을 평가할 수 있는 자세한 안내 지침을 제공하고 있다. 만약 투명도 범위를 많이 벗어나는 두 개 시스템의 상대적인 등급을 평가하고 싶다면 [ITU-R BS.1284]를 이용할 수 있다.

이 경우 7-등급 비교척도(7-grade comparison scale)를 사용하는 것을 추천하고 있다(표 4 참조).

표 4 7-등급 비교척도

Grade	Comparison
3	Much better
2	Better
1	Slightly better
0	The same
-1	Slightly worse
-2	Worse
-3	Much worse

상대적으로 적은 대역폭 환경에서 데이터를 전송해야 하는 인터넷과 이동 멀티미디어 등과 같이 사전에 시스템 한계를 알고 있는 경우 ITU-R[ITU-R BS.1534]은 MUSHRA(MUltiple Stimulus with Hidden Reference and Anchors)라는 방법을 추천하고 있다.

MUSHRA는 "삼중-자극/은닉-참조신호/이중-블라인드 방법"인 BS.1116에 비해 이중-블라인드 은닉 참조신호와 하나나 그 이상의 은닉 앵커(hidden-anchors)를 이용한 다중-자극(multi-stimulus) 평가방법이다. 앵커 중 적어도 하나는 참조신호를 저역통과 필터링한 것이며, 앵커를 이용해 상대적인 거슬림 정도에 따라 다양한 인공잡음들에 가중치를 부여할 수 있다.

BS.1534는 BS.1116과 마찬가지로 전문 청취자, 훈련과정, 청취자의 사전 및 사후심사, 청취환경 등을 공통으로 필요로 하지만, 청취자가 재생레벨을 조절할 수 있고 중간 정도 음질 시스템의 손실등급이 5-등급 손실척도의 아래쪽 절반에 대부분 집중하는 경향 때문에 등급척도를 수정하는 것 또한 가능하다.

MUSHRA 지침서에 따르면 청취자는 위에서부터 아래로 excellent, good, fair, poor, bad 등의 5개 동등 구간 범위에서 연속적인 음질척도에 따라 자극신호에 대한 점수를 매길 수 있다. 이때 이 점수는 0과 100의 사이로 정규화되는데 여기서 0은 등급척도의 하단부분(나쁜 음질)에 해당한다.

데이터 분석은 청취자별로 은닉 참조신호에 대한 점수와 다른 자극신호에 대한 점수의 차이를 평균하는 방향으로 수행된다. 일반적으로 95%의 신뢰구간이 사용된다. 평가 목적에 따라 ANOVA 같은 또 다른 분석법이 사용될 수도 있다. 이와 관련된 더 자세한 사항은 [ITU-R BS.1534]를 참조하기 바란다.

청취테스트가 오디오 코덱을 평가하는 데 매우 안정적인 수단을 제공함에도 불구하고 이를 위한 비용이 매우 높은 편이고 또한 이 평가에 들어가는 노력이 너무 많아 비현실적일 수도 있다. 이에 따라 70년대 후반 객관적 지각 측정(perceptual objective measurement) 방법이 연구되었고 음성 코딩 시스템에 성공적으로 적용되기도 하였다([ITU-T P.86] and [ITU-T P.862] 참조). 최근에는 오디오 코딩 시스템을 위한 객관적 지각측정 방법이 어느 정도의 신뢰성을 확보하게 되었고 이 결과가 주관적 청취테스트(subjective listening test) 결과와 상당한 상관성을 가짐에 따라 오디오 코딩 시스템을 평가할 때 중요한 보조 수단으로 사용되고 있다. 다음 절에서는 객관적 지각측정의 기본원리를 알아보고 ITU-R 표준인 PEAQ에 대하여 자세히 살펴보자.

4 오디오 음질의 객관적 지각측정

객관적 지각측정(objective perceptual measurement)의 목적은 심리음향 원리를 이용한 객관적 지각 모델을 사용하여 기본적인 오디오 음질을 예측하는 것이다. 지각 모델(perceptual model)을 이용한 객관적 측정 방법은 70년대 후반 음성 응용분야에서 [Schroeder 79]에 의해 처음으로 소개되었고, 최근에는 심리음향 모델(psychoacoustic model)을 이용해 오디오 코딩 시스템의 지각 음질을 측정하는 데까지 이르렀다([Karjalainen 85], [Brandenburg and Sporer 92], [Beerends and Stemerdink 92], [Pillard, Mabilleu, Morissette and Soumagne 92] 그리고 [colomes, Lever, Rault and Dehéry 93] 참조). 객관적 음질측정 방법의 효율성은 주관적 청취테스트로부터 얻어진 등급점수와 비교함으로써 평가될 수밖에 없다. 비공식 주관 청취테스트와 객관적 음질측정의 상관성을 처음으로 연구한 것은 1995년 MPEG-2 AAC 코덱의 초기 개발과정에서였다. MPEG-2 AAC 개발 당시 다양한 참조모델(reference model)에 대한 음질평가가 필요할 때 청취테스트의 대안으로 객관적 음질평가를 보조적으로 사용하였다. 그러나 불행히도 그 당시 테스트했던 어떠한 객관적 음질평가도 [ISO/IEC MPEG 95/201]의 청취테스트 결과와 신뢰성 있는 상관성을 보여주지 못했고 ITU-R 내의 또 다른 실험에서도 이와 유사한 결론에 도달하였다.

최근에는 ITU-R BS.1387로 표준화된 PEAQ[ITU-R BS.1387, Thiede et al. 00] 결과인 객관적 차분등급 ODG(Objective Difference Grade)가 이전의 공식

주관적 청취테스트 결과를 평균해 얻어지는 SDG 값과 상관성이 있음이 입증되었다. PEAQ는 일반적인 심리음향 모델을 좀 더 개선한 모델에 기반한 방식으로 높은 수준의 음질평가 절차를 설명할 수 있는 새로운 인지요소(cognitive component)도 포함하고 있다.

4.1 객관적 지각측정에서의 다양한 접근방법

PEAQ를 설명하기 전에 먼저 객관적 지각측정에 사용되는 2가지 기본 방법인 마스킹 한계선(masked threshold) 방식 [Schroeder, Atal and Hall 79, Brandenburg and Sporer 92]과 내부표현 방식(internal representation) [karjaainen 85, Beerends and Stemerdink 92, Pillard, Mabilleu, Morissette and Soumagne 92, Colomes, Lever, Rault and Dehery 93]을 간단히 살펴보자.

마스킹 한계선(masking threshold) 방식은 원 신호와 알고리즘으로 처리된 신호의 차를 에러신호로 정의해 이를 원 신호의 마스킹 한계선과 비교한다(그림 5 참조). 만약 특정 시간과 주파수에서 에러 레벨이 마스킹 한계값 이하로 떨어지면 이때 에러를 불가청음으로 판단한다. 이 방식의 핵심은 얼마나 마스킹을 정확하게 모델링하느냐에 달려있다.

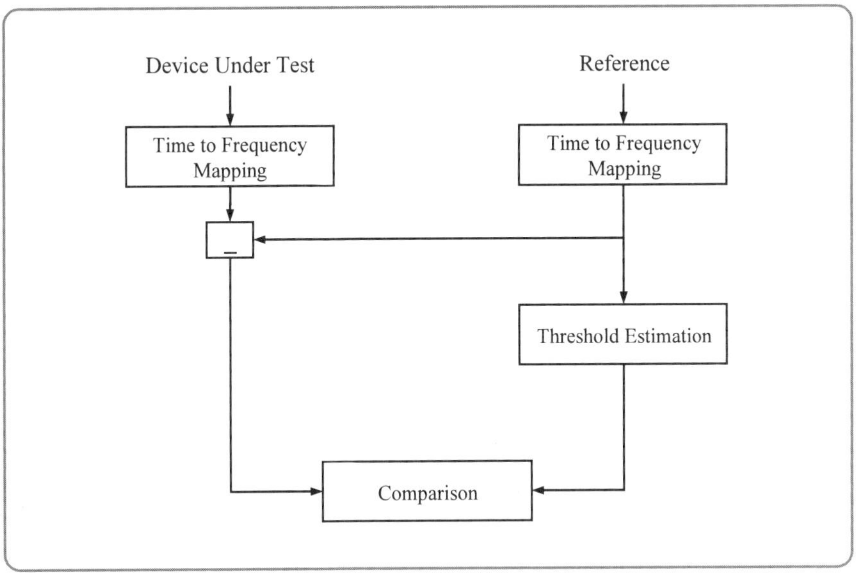

그림 5 마스킹 한계선 방식의 블록도

내부표현 방식은 사람 귀에서 동작하는 신호변환을 모델링해 달팽이관

(cochlea)의 여기패턴(excitation pattern)을 측정한다. 이때 참조신호와 테스트 시스템의 출력신호에 대한 여기패턴을 비교해 사람의 청각 시스템으로 구분할 수 있을 정도의 여기패턴 차이가 있는지를 확인한다(그림 6 참조).

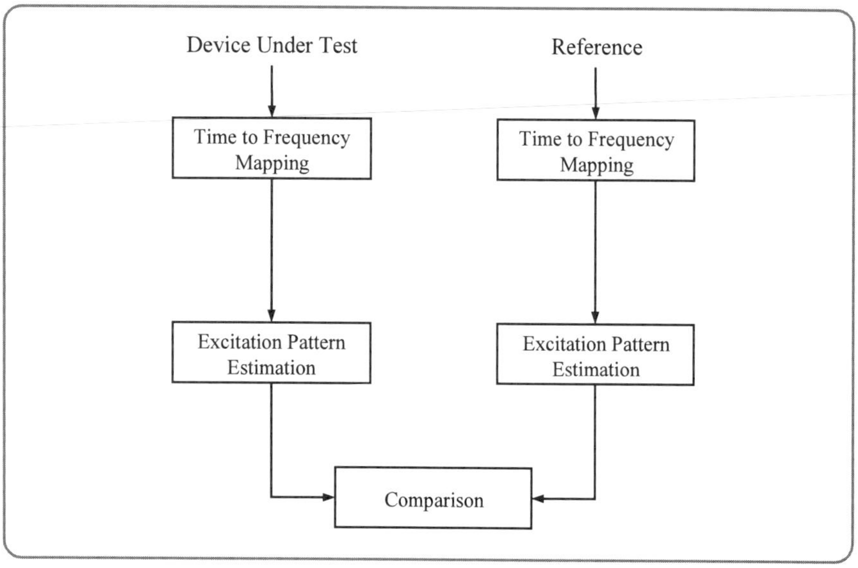

그림 6 내부표현 방식의 블록도

내부표현 방식은 마스킹 한계선 방식보다 좀 더 사람의 청각현상을 세밀하게 표현할 수 있는 장점이 있고 이보다 더 복잡한 청각현상도 모델링할 수 있는 능력이 있다. 이 방식의 핵심은 달팽이관의 여기패턴 변화를 잘 구분할 수 있도록 얼마나 잘 사람의 청각시스템을 모델링하느냐에 달려있다.

4.2 객관적 오디오 음질평가 : PEAQ

PEAQ는 마스킹 한계선과 내부표현 방식의 장점만을 접목한 것이다[Thiede et al. 00]. PEAQ 고급모델(advanced model)은 사람 귀의 말초신경을 DFT 그리고 중심 주파수와 대역폭이 청각필터(auditory filter)의 대역폭과 같은 40개의 선형-위상 필터뱅크(linear-phase filter bank)로 모델링한다. 이때 모델 출력 값(MOV, Model Output Values)은 부분적으로 마스킹 한계선 방식과 내부표현 방식에 의존한다. 인지모델(cognitive model)은 여기패턴을 비교해 시간에 따른 심리음향 변화를 표현할 수 있는 변수를 계산한다. 모델 출력 값인 MOV에는 선형과 비-선형 왜곡의 부분적인 음 크기(partial loudness), 잡음대 마스크비

(NMR), 시간 엔벨롭(temporal envelop)의 변화, 하모닉 에러(harmonic error), 에러검출 확률(probability of error detection), 가청왜곡(audible distortion)을 포함한 신호 프레임 비율 등이 있다. 이 중 몇 개의 MOV만을 선택해 공식 청취테스트를 통해 얻게 되는 주관적 음질등급(SDG)을 예측하는 데 사용한다. MOV 값은 인공신경망(ANN, Artificial Neural Network)을 통해 객관적 차분등급(ODG)으로 변환되며, 이때 ODG는 예측된 SDG 값을 나타낸다. MOV를 변환한 ODG는 ODG 분포와 몇 개의 공식 청취테스트로부터 얻어진 SDG의 평균 분포 간의 차이를 최소화하는 방향으로 최적화된다.

그림 7은 PEAQ 고급모델의 블록도를 보이고 있다. 이에 반해 PEAQ 기본모델(basic model)은 DFT-기반의 말초신경 모델만을 이용하고 있다. 일반적으로 기본모델보다 고급모델이 주관적 음질평가와 객관적 음질평가 사이에 더 높은 상관성을 보이지만, 이 둘의 차이는 아주 근소하다[Treurniet and Soulodre 00]. PEAQ는 최신 오디오 코덱에 대한 객관적 음질평가를 제공할 수 있으며 다양한 방법으로 평가될 수 있다. 보통 음질평가에 사용된 임계 테스트 신호별로 객관적 등급(objective rating)과 주관적 평균등급(mean subjective rating)을 비교한 후, 모든 임계 테스트 신호에 대한 테스트 코덱의 음질 측정치를 비교해 전체 시스템 음질을 비교한다.

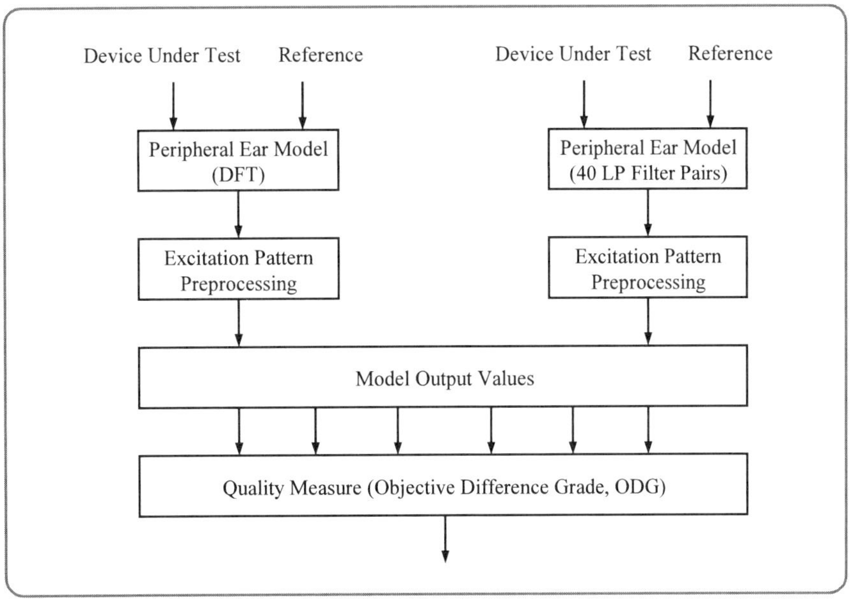

그림 7 PEAQ 고급모델의 블록도[Thiede et al. 00]

주관적 결과와 객관적 결과 간의 상관도는 매우 높은 것으로 알려졌으며 SDG와 ODG를 분석한 결과 별다른 통계적 차이가 없음도 밝혀졌다[Treurniet and Soulodre 00]. 이러한 정확도 덕분에 측정된 음질로부터 코덱의 등급을 매길 수 있을 뿐만이 아니라 공식 청취테스트의 결과를 정확히 예측하는 PEAQ 성능도 입증할 수 있었다. PEAQ는 또한 공식 청취테스트에 사용될 임계 테스트 신호를 선별하는 데도 사용되었다. PEAQ는 음질측정의 기초 작업으로 공식 청취테스트에서 사용되는 임계 테스트 신호의 절반 이상을 임계 테스트 신호로 선별할 수 있었다[Treurniet and Soulodre 00].

5 주목해서 들어야 할 인공잡음

이전 절들에서는 어떻게 지각 오디오 코덱을 평가할 수 있는지를 설명하였다. 공식 청취테스트와 객관적 음질측정 방법은 오디오 코덱의 음질을 평가할 수 있는 가장 적절한 수단으로 알려져 있다. 그렇다면, 실제 음질평가를 할 때 과연 "음의 어떤 특성을 주목해서 들어야 할까?" 코딩 인공잡음(coding artifact)에 익숙하지 않은 사람들은 서로 다른 코덱이 똑같은 음질을 가지고 있다고 판단할 수 있다. 반면, 좀 더 익숙한 사람들은 코덱의 음 손실을 좀 더 쉽게 파악할 수 있고 다양한 잡음 유형을 구별할 수도 있다. 인공잡음에는 오디오 신호를 코딩할 때 비트 부족으로 인한 일반적인 왜곡 외에도 흔히 접하게 되는 비교적 명확하지 않은 몇 가지 종류의 잡음들이 있다. 이 절에서는 사람이 지각 오디오 코딩 시스템을 청취할 때 가장 흔히 접하게 되는 몇 가지 코딩 잡음에 대해 살펴볼 것이다. 세부적인 인공잡음 샘플 사운드에 관해서는 [AES CD-ROM on Perceptual Audio Coders 2001]을 참고하기 바란다.

5.1 프리-에코

우리는 이 책의 9장에서 지각 오디오 코딩의 첫 단계가 시간-주파수 변환(time-frequency mapping)이라는 것을 본 적이 있다. 이 변환에서는 신호 표현상의 시간-주파수 해상도를 최대화시키는 것이 바람직하다. 일반적으로 최신 오디오 코더에서 사용하는 변환 블록크기는 2,048 시간-샘플에 이른다. 또한, 6장에서는 순시 마스킹(temporal masking) 현상이 신호의 시작 전(사전-마스킹(pre-masking)) 몇 ms 와 마스커 바로 뒤(사후-마스킹(post-masking)) 몇 백

ms 정도의 범위에 적용된다는 것을 살펴본 적이 있다. 캐스터네츠 악기와 같이 날카로운 변화를 가진 신호는 양자화 잡음의 일부가 마스킹되지 않고 입력 블록의 마스커 바로 전에 널리 퍼지게 된다(6장의 그림 8 참조). 이 경우 양자화 잡음이 시간상으로 널리 퍼지게 되어 발생하는 잡음을 소위 프리-에코(pre-echo)라 부르며, "이중-어택(double-attack)"으로도 알려져 있다. 5장에서 언급한 바와 같이 이러한 프리-에코는 코더에 블록 스위칭을 적용해 필터뱅크의 주파수 해상도와 시간 해상도를 적절히 절충함으로써 완화시킬 수 있다.

5.2 에일리어싱

만약 필터뱅크가 MPEG 오디오 코더에서 사용하는 PQMF 같이 서브밴드 필터뱅크(subband filter bank)로 구현된다면 이 필터들로 인해 에일리어싱 현상(aliasing effect)이 발생해 잡음이 들릴 수도 있다. 그러나 정상적인 청취 환경에서는 이러한 잡음을 거의 들을 수 없다고 한다[Erne 01]. 이와 유사하게 MDCT 방식에서도 양자화 잡음이 없을 때 전체 시스템이 완전복원 조건을 만족할지라도 해상도가 낮은 양자화로 인해 에일리어싱 잡음이 들릴 수도 있다. 일반적으로 이 잡음은 정상적인 청취 환경에서 심각하지 않은 것으로 알려져 있다.

5.3 버디("Birdies")

이 잡음은 신호의 스펙트럼을 낮은 데이터율로 코딩할 때 가장 높은 주파수 대역에 할당되는 비트 수가 블록단위로 변하게 될 때 발생한다. 이에 따라 어떤 스펙트럼 계수들이 일시적으로 나타나고 사라질 수도 있다. 이러한 현상으로 인해 고주파 대역에서 매우 심각한 음색 변화를 느낄 수 있고 마치 이것이 새소리(chirp)같이 들리기 때문에 이름도 버디(Birdies)로 명명되었다. 이 문제를 해결할 수 있는 잠재적인 해답은 고주파 영역에서의 비트 할당을 방지하기 위해 신호를 코딩하기 전에 저역통과 필터링하는 것이다. 이 결과 신호는 필터링으로 인해 대역-제한된 사운드이긴 하지만 버디 현상보다는 훨씬 더 왜곡이 줄어들게 된다. 그러나 신호가 대역-제한되어 있더라도 버디 잡음이 들릴 여지가 아직도 있기 때문에 가능한 한 높은 데이터율을 사용하는 것이 바람직하다.

5.4 음성 반향

일반적으로 오디오 코더는 음성만을 코딩할 수 있는 음성 코더와는 달리 광범위한 오디오 신호를 처리할 수 있도록 설계되어 있다. 일반 오디오 코더에서 자음과 같이 강한 순음 성분을 코딩하기 위해서는 높은 주파수 해상도를 요구하지만, 마찰음(fricative)과 파열음(plosive) 같은 신호는 높은 시간 해상도를 필요로 하기 때문에, 음성은 비교적 비트를 많이 요구하는 신호 유형이다. 만약 낮은 데이터율에서 큰 크기의 블록이 필터뱅크에 적용된다면 음성에 "금속성 사운드"와 같은 자연스럽지 않은 반향음이 포함될 수 있다. 이 잡음은 "음성 반향(speech reverberation)"으로 알려져 있으며, 보통 입력 신호의 특성에 맞추어 해상도를 적응할 수 있는 필터뱅크를 이용해 이 잡음을 줄일 수 있다.

5.5 멀티채널 잡음

멀티채널 잡음(multichannel artifact)은 코딩된 신호의 지각 음장 차이 때문에 발생한다. 멀티채널로 코딩할 때 스테레오 이미지, 전면 이미지, 서라운드 표현 같은 공간 속성에 차이가 생길 수 있다. 가장 흔한 유형의 잡음으로는 스테레오 이미지가 상실되거나 이동되는 현상 그리고 고주파에서 신호 엔벨롭의 변화, 바이노럴 마스킹(binaural masking, **역자주:** 단일 채널에서 마스킹 되던 인공잡음이 스테레오에서는 들리게 되는 현상) 등이 있다. M/S 코딩과 세기 스테레오 코딩 같은 결합 스테레오 코딩(joint stereo coding) 기술이 현재 멀티채널 코딩에 적용되고 있다. 두 가지 방식 중 M/S 코딩은 무손실이거나 거의 무손실에 가까운 코딩이지만, 세기 스테레오 코딩은 낮은 데이터율에서 심각한 잡음을 만들어 낼 수 있다. 세기 스테레오 코딩은 단일 채널신호를 적절하게 스케일링해서 특정 주파수 이상의 멀티채널 신호를 복원해 낸다. 만약 입력블록 내의 신호가 정상(stationary)이 아니고 채널마다 다른 엔벨롭을 가지고 있다면 이 신호를 복원했을 때 인공잡음을 만들어 낼 수 있다. 이러한 유형의 잡음 샘플들이 [AES CD-ROM On Perceptual Audio Coders 2001]에 녹음되어 있다.

6 요 약

이 장에서는 지각 오디오 코더의 음질을 평가하는 주관적 청취테스트를 중심으로 논의하였고, 청취테스트의 파라메터를 더 잘 제어할 수 있다면 좀 더 신뢰성 있는 음질평가 결과를 얻을 수 있다는 것을 보았다. ITU-R BS.1116에 규정되어 있는 삼중-자극/은닉-참조신호/이중-블라인드 방식은 안정적인 음질평가 결과를 내는 것으로 입증되었다. BS.1116 표준은 공식 청취테스트를 위한 실험 환경을 규정하고 있지만, 이 표준은 비공식 청취테스트를 수행할 때도 아주 유용하게 사용될 수 있다. 청취테스트는 오디오 코더의 최종 평가뿐만이 아니라 코더 개발단계에서 여러 파라메터를 미세하게 조정하여 코더 설계에 반영할 수 있는 등 코더 설계에 핵심적인 역할을 한다. 주관적인 청취테스트 결과를 이용해 테스트 코더의 투명성 정도를 측정할 수 있고 여러 코덱 간의 신뢰성 차이에 대한 정보를 제공할 수도 있다. 최근에는 PEAQ라는 객관적 음질측정 방법이 개발되었고 이 결과는 주관적 테스트 결과와 높은 상관성을 보이는 것으로 알려져 있어 PEAQ 또한 오디오 코더 개발에 매우 중요한 역할을 한다고 말할 수 있다.

이 장은 지각 오디오 코딩의 기초 이론과 구현 방법 등을 설명하는 이 책의 첫 번째 파트에 해당하는 마지막 장이다. 이 책의 나머지 장들에서는 MPEG과 Dolby 오디오 코더 같은 최신 지각 오디오 코더의 기본 동작원리 등을 알아보고 각 코딩 알고리즘들이 어느 정도의 음질을 낼 수 있는지 살펴볼 것이다.

7 참고 문헌

[AES CD-ROM On Perceptual Audio Coders 2001]: "Perceptual Audio Coders: What to Listen For", AES 2001.

[Beerends and Stemerdink 92]: J. G. Beerends and J. A. Stemerdink, "A Perceptual Audio Quality Measure Based on a Psychoacoustic Sound Representation", J. Audio Eng. Soc., Vol. 40, no. 12, pp. 963-978, December 1992.

[Beranek 57]: L. L. Beranek, "Revised Criteria for Noise in Buildings", Noise Control, Vol. 3, pp. 19-27, 1957.

[Brandenburg and Spörer 92]: K. Brandenburg and T. Spörer, "NMR and Masking Flag: Evaluation of Quality Using Perceptual Criteria," Proc. of AES 11th Intl. Conf., Portland, May 1992.

[Colomes, Lever, Rault and Dehéry 93]: C. Colomes, M. Lever, J.B. Rault and Y.F. Dehéry, "A Perceptual Model Applied to Audio Bit Rate

Reduction," presented at the 95th AES Convention, Preprint 3742, New York, October 1993.

[Erne 01]: M. Erne, "Perceptual Audio Coders: What to Listen For," presented at the 111th AES Convention, New York, November 2001.

[ISO 1996-1]: ISO 1996, "Acoustics – Description and Measurement of Environmental Noise – Part 1: Basic Quantities and Procedures", Geneva 1982.

[ISO 1996-2]: ISO 1996, "Acoustics – Description and Measurement of Environmental Noise – Part 2: Acquisition of Data Pertinent to Land Use", Geneva 1987.

[ISO 1996-3]: ISO 1996, "Acoustics – Description and Measurement of Environmental Noise – Part 3: Applications to Noise Limits", Geneva 1987.

[ISO/IEC MPEG 91/010]: ISO/IEC JTC 1/SC 29/WG 11 MPEG 91/010, "The MPEG/AUDIO Subjective Listening Test" Stockholm, April/May 1991.

[ISO/IEC MPEG 94/063]: ISO/IEC JTC 1/SC 29/WG 11 MPEG 94/063, "Report on the MPEG/Audio Multichannel Formal Subjective Listening Tests", 1994.

[ISO/IEC MPEG 95/201]: ISO/IEC JTC 1/SC 29/WG 11 MPEG 95/201, "Chairman's Report on the Work of the Audio ad Hoc Group on Objective Measurements" Tokyo, July 1995.

[ISO/IEC MPEG N1420]: ISO/IEC JTC 1/SC 29/WG 11 N1420, "Overview of the Report on the Formal Subjective Listening Tests of MPEG-2 NBC Multichannel Audio Coding", 1996.

[II'U-R 10/2-23]: International Telecommunications Union, Radiocommunication Sector 10/2-23-E, "Chairman Report of the Second Meeting of the Task Group 10/2", Geneva 1992.

[ITU-R 10/51]: International Telecommunications Union, Radiocommunication Sector 10/51-E, "Low Bit Rate Multichannel Audio Coder Test Results", Geneva 1995.

[ITU-R BS.1116]: International Telecommunications Union, Radiocommunication Sector BS.1116 (rev. 1), "Methods for the Subjective Assessment of

Small Impairments in Audio Systems Including Multichannel Sound Systems", Geneva 1997.

[ITU-R BS.1284]: International Telecommunications Union, Radiocommunication Sector BS.1284, "Methods for the Subjective Assessment of Sound Quality - General Requirements", Geneva 1997.

[ITU-R BS.1387]: International Telecommunications Union, Radiocommunication Sector BS.1387, "Method for the Objective Measurements of Perceived Audio Quality"; Geneva 1998.

[ITU-R BS.1534]: International Telecommunications Union, Radiocommunication Sector BS.1534, "Method for the Subjective Assessment of Intermediate Quality Level Coding Systems - General requirements", Geneva 2001.

[ITU-R BS.562-3]: International Telecommunications Union, Radiocommunication Sector BS.562-3, "Subjective Assessment of Sound Quality", Geneva 1978-1982-1984-1990.

[ITU-R BT.710]: International Telecommunications Union, Radiocommunication Sector BT.710, "Subjective Assessment Methods for Image Quality in High-Definition Television", Geneva 1998.

[ITU-T P.800]: International Telecommunications Union, Telecommunication Sector P.800, "Methods for Subjective Determination of Transmission Quality". Geneva 1996.

[ITU-T P.810]: International Telecommunications Union, Telecommunication Sector P.810, "Modulated noise reference unit (MNRU)", Geneva 1994.

[ITU-T P.830]: International Telecommunications Union, Telecommunication Sector P.830, "Subjective Performance Assessment of Telephone Band and Wide Band Digital Codecs", Geneva 1996.

[ITU-T P.861]: International Telecommunications Union, Telecommunication Sector P.861, "Objective Quality Measurement of Telephone Band (300-3400 Hz) Speech Codecs", Geneva 1998.

[ITU-T P.862]: International Telecommunications Union, Telecommunication Sector P.862, "Perceptual Evaluation of Speech Quality (PESQ), an Objective Method for End-to-End Speech Quality Assessment of Narrowband Telephone Networks and Speech Codecs", Geneva 2001.

[Karjalainen 85]: M. Karjalainen, "A New Auditory Model for the Evaluation of Sound Quality of Audio Systems", Proc. of ICASSP, pp. 608-611, March 1985.

[Kosten and van Os 62]: Kosten and van Os, "Community Reaction Criteria for External Noises", National Physical Laboratory Symposium No. 12, P. 377, London H. M.S.O. 1962.

[Leek and Watson 84]: M. R. Leek and C. S. Watson, "Learning to Detect Auditory Pattern Components", J. Acoust. Soc. Am., Vol. 76 no. 4, pp. 1037-1044, October 1984.

[Paillard, Mabilleu, Morissette and Soumagne 92]: B. Paillard, P. Mabilleu, S. Morissette and J. Soumagne, "PERCEVAL: Perceptual Evaluation of the Quality of Audio Signals," J. Audio Eng. Soc., pp. 21-31, vol. 40, January/February 1992.

[Ryden 96]: T. Ryden, "Using Listening Tests to Assess Audio Codecs", in *Collected Papers on Digital Audio Bit-Rate Reduction*, N. Gilchrist and C. Gerwin (ed.) pp. 115-125, AES 1996.

[Schroeder, Atal and Hall 79]: M. R. Schroeder, B. S. Atal and J. L. Hall, "Optimizing Digital Speech Coders by Exploiting Masking Properties of the Human Ear", J. Acoust. Soc. Am., Vol. 66 no. 6, pp. 1647-1652, December 1979.

[Soulodre et al. 98]: G. A. Soulodre, T. Grusec, M. Lavoie, and L. Thibault, "Subjective Evaluation of State-of-the Art Two-Channel Audio Codecs", J. Audio Eng. Soc., Vol. 46, no. 3, pp. 164-177, March 1998.

[Thiede et al. 00]: T. Thiede, W. Treurniet. R. Bitto; C. Schmidmer, T. Sporer, J, Beerends, C. Colomes, M. Keyhl, G. Stoll, K. Brandenburg and B. Feiten,, "PEAQ-The ITU Standard for Objective Measurement of Perceived Audio Quality", J. Audio Eng. Soc., Vol. 48, no. 1/2, pp. 3-29, January/February 2000.

[Treurniet and Soulodre 00]: W. C. Treurniet and G. A. Soulodre, "Evaluation of the ITU-R Objective Audio Quality Measurement Method", J. Audio Eng. Soc., Vol. 48, no. 3, pp. 164-173, March 2000.

8 예제 문제

청취테스트 :

이 예제에서는 2장과 5장에서 구현한 오디오 코더를 여러 테스트 신호로 청취테스트를 수행 비교하는 실험을 할 것이다. 여러분은 ITU-R 5-등급 손실척도를 이용해 코더의 등급을 측정할 것이다.

1. 청취테스트에 사용될 짧은 길이의 테스트 신호들을 준비하라. 테스트 신호로는 1) 사람의 음성, 2) 강한 순음 성분의 신호(즉, 플루트(flute)), 3) 날카로운 변화를 갖는 신호(즉, 드럼) 등을 준비한다.

2. 다음을 이용해서 테스트 신호를 인코딩하고 디코딩하라.
   1) 2장의 4-비트 midtread 균일 양자화를 이용한 코더
   2) 5장의 3개의 스케일 비트와 5개 가수 비트를 갖는 midtread 부동-소수 양자화를 이용한 코더
   3) 5장의 N=2,048이고 4-비트 midtread 균일 양자화를 이용한 코더
   4) 5장의 N=2,048이고 3개의 스케일 비트 와 5개 가수 비트의 midtread 부동-소수 양자화를 이용한 코더
   5) 5장의 N=256이고 3개의 스케일 비트 와 5개 가수 비트의 midtread 부동-소수 양자화를 이용한 코더

3. ITU-R 5-등급 손실척도를 이용해 각 테스트 신호에 대한 등급을 매겨라. 이를 분석해 각 코더의 성능을 요약 정리하라.

4. 인코딩/디코딩된 테스트 신호를 삼중자극/은닉-참조신호/이중-블라인드 청취테스트로 평가하기 위해 여러분의 학급 동료로 팀을 구성하라. 각 코더에 대한 테스트 신호의 SDG 최고치/최저치/평균 등을 그림으로 요약하라. 청각 훈련 과정을 거친 여러분의 학급 동료와 그렇지 않은 다른 동료 간에 심각한 등급 차이를 보이고 있는가?

오디오 코딩 표준

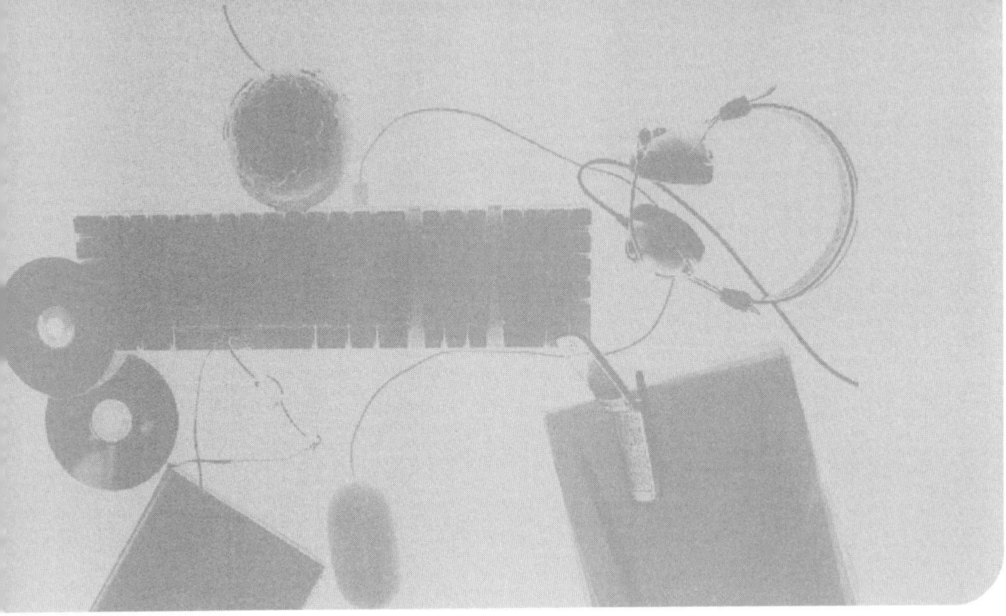

introduction to digital audio coding and standard

11 Chapter MPEG-1 오디오

1 서론

1980년대 후반 CD 포맷과 디지털 비디오 기술이 소개된 이후 디지털 오디오/비디오와 멀티미디어 기술을 활용한 다양한 응용 분야들이 탄생하기 시작했다. 이들 응용 분야에서는 낮은 데이터율에서의 CD-음질 오디오(CD-quality audio), 상호운영성(interoperability), 고화질(high quality picture), 공통 파일 포맷 등이 요구됨에 따라 ISO(International Organization for Standardization)와 IEC (International Electrotechnical Commission)의 후원을 받는 정보기술(Information Technology)분야 공동기술 위원회(JTC1, Joint Technical Committee) 내에 새로운 표준화 연구 그룹이 만들어지게 되었다. MPEG (Moving Picture Expert Group)으로 불리는 이 그룹은 동영상과 관련 오디오 그리고 동영상과 오디오가 결합된 매체를 코딩할 수 있는 표준을 개발할 목적으로 1980년대 후반 설립되었다[Chiariglione 95].

MPEG-1은 이 위원회의 3년간의 공동노력 끝에 탄생하여 초기 멀티미디어 코딩의 이정표가 되었다. MPEG-1 오디오는 고음질 오디오(high quality audio)를 위한 디지털 포맷을 규정하는 첫 번째 국제표준(IS, International Standard)이며 MPEG-1 오디오의 목적은 CD-음질을 유지하면서 코더의 데이터율을 줄이는데 있다. MPEG-1 이전에는 몇 가지 표준화된 압축 알고리즘이 음성전용 응용 분야나 중간-음질 정도의 오디오 성능을 낼 수 있는 응용 분야에 주로 사용되고 있었다. MPEG-1 오디오는 디지털 방송으로부터 인터넷까지 광범위한 응용 분야에 압축된 고음질 오디오를 제공할 수 있는 능력으로 인해 성공적으로 시장에 도입되었고, MP3 포맷(MPEG 계층 Ⅲ)은 이미 모든 사람들에게 친숙해진 용어가 되었다. MPEG 오디오 기술이 시장에 도입되면서부터 디지털 음악의 유통, 저작권 보호, 비즈니스 모델 등에서 획기적인 변화가 일어났을 뿐만이 아니라 궁극적으로는 우리의 일상생활 또한 변하게 되었다.

우리는 이 장과 12, 13, 15장에서 MPEG에서 표준화된 몇 가지 코딩 알고리즘을 살펴볼 것이다. 이 장에서는 MPEG 오디오의 목적과 목표를 포함하여 MPEG 표준화 역사를 간략하게 살펴본 후 MPEG-1 오디오의 계층 방식(layer approach)과 특성에 대하여 자세히 학습할 것이다.

2 MPEG 표준에 대한 간략한 역사

MPEG(Moving Picture Expert Group)은 동영상과 오디오 그리고 동영상과 오디오가 결합된 매체를 코딩할 수 있는 표준을 개발하고자 1980년대 후반 설립되었다. 1988년 약 25명으로 구성된 초기 그룹이 처음으로 회의를 가지게 되었고 나중에 MPEG은 ISO/IEC JTC 1 부-위원회(SC, Sub-Committee) 29의 연구조직(WG, Working Group) 11이 되었다. MPEG 그룹에서 만들어진 모든 공식 문서들은 ISO/IEC 1/SC 29/WG 11의 헤더에 자세히 나와 있다. 처음 MPEG에 의해 승인된 3개의 연구 항목은 다음과 같다.

- 총 1.5Mb/s 의 데이터율에서 동기화된 비디오와 오디오를 코딩할 수 있는 MPEG-1 표준[ISO/IEC 11172]이 1992년 최종 승인되었다.
- 총 10Mb/s 의 데이터율에서 동기화된 비디오와 오디오를 코딩할 수 있는 MPEG-2 표준[ISO/IEC 13818]이 1994년 최종 승인되었다.
- 3번째 연구결과인 MPEG-3는 총 40Mb/s 에서 동기화된 비디오와 오디오를 코딩하기 위한 것이었지만 1993년 7월 폐기되었으며 이들 중 일부가 MPEG-2 표준에 포함되었다.

처음 연구가 시작된 이래 1991년에는 매우 낮은 데이터율에서 오디오비주얼 코딩(audiovisual coding)뿐만이 아니라 스케일러빌러티(scalability), 3-D 합성/자연 복합 코딩(hybrid coding) 등의 추가적인 기능들을 갖는 제안서가 처음으로 논의되기 시작했고 1992년에는 [ISO/IEC MPEG N271]로 채택되었다. 이 표준은 MPEG-4로 불렸고 MPEG-4는 이전의 MPEG-1, 2 일련번호와 연결되지 않는 첫 번째 표준이 되었다. MPEG-1, 2, 4 표준은 비디오, 오디오 압축뿐만

이 아니라 동기화(synchronization), 표준준수(compliance) 그리고 몇 가지 관련 소프트웨어 문제들을 다루고 있다. 때때로 MPEG 오디오가 독립 표준으로 사용될 때도 있지만 MPEG 오디오는 여러 part로 구성된 표준안 중 하나이며 이 중 "part 1"은 시스템(system) (비디오와 오디오 스트림 동기화), "part 2"는 비디오 코딩(video coding), "part 3"는 오디오 코딩(audio coding)을 기술하고 있다. MPEG-4 이후 MPEG 위원회는 코딩기술 자체보다는 코딩과 관련된 부가적인 기술들에 초점을 맞추어 왔고 이 결과 2001년 7월 멀티미디어 데이터베이스 검색을 위해 멀티미디어 내용을 기술할 수 있는 MPEG-7이 완성되었다. 현재까지도 개발 중인 MPEG-21(현재까지 표준안 중 3 부분만이 승인되었음)은 [ISO/IEC MPEG N4318]에 기술되어 있는 것처럼 멀티미디어를 활용하기 위한 멀티미디어 하부구조(infrastructure)의 여러 요소기술을 다루고 있다.

MPEG-1 오디오의 원래 목적은 저장매체에서의 활용을 위해 고음질 오디오를 코딩하는 것이었다. 나중에는 ITU-R에서 MPEG-1 오디오 알고리즘을 방송 응용 분야에 활용하기 위해 다양한 평가를 수행하였고 이에 따라 MPEG-1 오디오를 방송의 제작(contribution), 유통(distribution), 해설(commentary), 채널전송 등에 활용하도록 권고하였다[ITU-R BS.1115]. 모든 MPEG 표준은 공통 비트열과 디코더 규격만을 규정하고 있으며 인코더에 대한 세부규정은 포함하고 있지 않다. 표준안의 "정보제공 파트(informative part)"에 샘플 인코더 알고리즘이 포함되어 있기는 하지만 이를 따를 필요는 없다. 이러한 방식으로 MPEG 표준은 제조사별로 다양하게 구현되는 알고리즘 간에 상호운영성을 제공할 수 있을 뿐만이 아니라 인코더 제조사 또한 핵심 지적 재산권(intellectual property)과 코딩 시스템에 관한 성공적인 노하우(know-how)를 유지할 수 있다.

MPEG-1 오디오의 인코더와 디코더 출력은 CD나 DAT(Digital Audio Tape) 같은 기존의 PCM 표준과 호환된다. MPEG-1 오디오는 채널 설정에 따라 하나나 두 개의 주-채널(main channel)(다음 절의 채널 설정 참조)과 32kHz, 44.1kHz, 48kHz의 샘플링 주파수(sampling frequency)를 지원한다.

MPEG-2 오디오의 원래 목적은 MPEG-1 오디오를 멀티채널로 확장(MPEG-2 BC(Backward Compatible, 후방 호환성))하는 것과 MPEG-1보다 낮은 샘플링 비율인 16kHz, 22.5kHz, 24kHz에서 코딩 시스템을 정의하는 것이었다. MPEG-2 오디오 연구그룹은 영화산업에서 사실상의 멀티채널 표준(de facto standard, **역자주:** 법적 표준은 아니지만 사실상의 표준으로 사용되고 있는 기술)으로 사용되고 있는 Dolby AC-3(현재는 돌비 디지털(Dolby Digital)로 알려져 있음, 14장 참조)를 대체하고 동시에 최근에 빠른 속도로 성장 중인 인터넷 응용 분야에서 요구하는 낮은 데이터율을 수용하고자 개발되었다.

1993년 후반 기술 제안서를 모집한 이후 1994년 멀티채널 오디오를 새롭게 구현한 소위 MPEG-2 NBC(Non-Backward Compatible, 비-후방 호환성)(나중에 MPEG AAC(Advanced Audio Coding)라는 이름으로 바뀌었음) 알고리즘이 탄생하였다. MPEG-2 NBC의 목적은 MPEG-1을 멀티채널로 확장한 MPEG-2 BC보다 더 높은 음질을 낼 수 있는 멀티채널 표준을 정의하는 것이었다. 이에 따라 후방 호환성을 유지하도록 설계된 멀티채널 오디오 시스템의 음질 저하 문제점과 음질 개선을 위한 데이터율 증가 등의 문제점 등이 연구되었다([Bosi, Todd and Holman 93], [ISO/IEC MPEG N1229] 참조, 더 자세한 사항은 다음 장 참조). 이 결과 1997년 MPEG-2 AAC가 표준화되었다 [ISO/IEC 13818-7]. MPEG-2 AAC는 여러 번의 주관 청취테스트를 거쳐 AAC보다 2배나 높은 데이터율로 코딩된 MPEG-2 계층 Ⅱ BC의 음질에 비해 이와 거의 같거나 더 나은 오디오 음질을 제공할 수 있는 것으로 평가되었다([ISO/IEC MPEG N1420] 참조).

MPEG-4 오디오의 목적은 MPEG-1이나 MPEG-2보다 낮은 200b/s ~ 64kb/s 의 데이터율에서 높은 코딩 효율성을 제공하는 것이다. MPEG-4는 일반 오디오 코딩 기술 외에도 다음과 같은 기능들을 제공한다.

- 음성 코딩(speech coding) 기술
- 에러 방지(error protection)
- 피치(pitch)/재생속도조절 같은 유연한 접근과 조절을 위한 내용기반 상호연결성(interactivity)
- 데이터 일부만을 접근할 수 있는 기능과 스케일러빌러티(scalability) 등의 범용 접근성(universal access)
- 구조화된 오디오(SA, Structured audio)와 TTS(Text-To Speech) 인터페이스 같은 합성 오디오와 음성 지원
- 후-처리(반향, 3D 등)와 장면합성(scene composition) 등의 부가적인 효과

MPEG 그룹의 초기연구 활동부터 시작해 국제 표준화 절차는 단일 조직이나 국가 경계를 넘어 관련 기술을 발전시키는 데 큰 역할을 해오고 있다. 그 결과 전 세계 전문가들로 구성된 연구팀은 특정 범위의 응용 분야에서 최신 첨단 기술들을 수용한 알고리즘을 개발할 수 있었다. MPEG 연구팀의 초기 표준화 관련 주요 연구는 코딩 기술이었다. 이 장과 12, 13, 15장에서는 MPEG-1에

서 MPEG-4까지의 세부 오디오 코딩 기술들을 살펴볼 것이다. 다음 절들에서는 MPEG-1 오디오 알고리즘을 구체적으로 살펴본다.

3 MPEG-1 오디오

MPEG-1은 총 1.5Mb/s 의 데이터율로 동기화된 비디오와 오디오를 압축할 수 있는 표준이다. MPEG-1은 시스템, 비디오, 오디오 등 3가지 세부규격의 표준안으로 구성된다. MPEG-1은 1992년 표준화되었고 [ISO/IEC 11172]로 알려졌으며, [ISO/IEC 11172-3]은 MPEG-1 표준의 오디오 부분만을 규정하고 있다. 이 규격 안은 코딩된 오디오 스트림의 구문과 세부 디코딩 과정을 기술하고 있으며, 이외에도 디코더 표준준수를 평가하기 위한 참조 소프트웨어 모듈과 테스트 벡터들을 포함한다. MPEG-1 오디오 인코더는 일정한 표준을 따라야 하는 강제 조항은 아니며 표준안의 정보제공 파트에 샘플 인코더가 기술되어 있다. 이를 통해 표준안의 구문과 디코딩 절차를 따름으로써 상호운영성(interoperability)을 확보할 수 있으며 인코더 구현은 시스템 설계자들에게 맡겨 표준규격 내에서 차별화를 가질 수 있도록 하였다. MPEG-1 표준은 일반 오디오 신호를 위한 지각 오디오 코딩(perceptual audio coding) 알고리즘을 기술하고 있다. 음성 코덱과 같이 특정 소스모델(source model)을 사용하지 않고 단순히 입력신호의 통계적 특성이 준-정상(quasi-stationary)이라는 것만을 가정하고 있다. 이에 따라 오디오 신호를 프레임 단위의 스펙트럼 성분으로 표현할 수 있으며, 이를 지각 모델(perceptual model)을 이용해 인코딩할 수 있다. MPEG-1 오디오 알고리즘의 목적은 지각적 무손실 코딩(perceptually lossless coding)을 제공하는 것이다. MPEG-1 오디오 표준은 다음과 같은 2개 주요 알고리즘을 기반으로 개발되었다. 하나는 MUSICAM[Dehery, Stoll and Kerkhof 91]으로 MUSICAM은 CCETT, IRT, Phillips에 의해 개발되었으며 낮은 연산량을 갖는 MPEG-1 계층 Ⅰ, Ⅱ의 기초가 되었다. 반면, ASPEC ([Brandenburg and Johnston 90] and [Brandenburg et al. 91] 참조)은 AT&T, FhG, Telefunken에 의해 개발되었으며 계층 Ⅲ의 기반이 되고 있다. MPEG-1 오디오는 개발과정 중에 광범위한 주관적 청취테스트를 통해 평가되었고 그 결과는 [ISO/IEC MPEG 91/010]에 나와 있는 대로 엄격히 통제된 청취환경에서 전문 청취자가 전형적인 코덱 데이터율로 코딩된 신호와 원 신호의 차이를 거의 느끼지 못할 정도이다. MPEG-1 오디오의 전형적인 코딩 데이터율은 계층 Ⅰ에서 채널당 192kb/s, 그리고 계층 Ⅱ와 계층 Ⅲ에서 채널당 128kb/s이다(이 장의 후반부에서 MPEG-1 오디오의 계층별 세부사항과 [MPEG] 공개문서 참조).

3.1 MPEG-1 오디오의 주요 특징

MPEG-1은 32, 44.1, 48kHz의 샘플링 비율과 한 개 또는 두 개의 채널 설정을 지원한다. 이외에도 단일 오디오 채널 설정을 위한 모노(MONO) 모드, 2개의 독립 채널을 위한 이중-모노(dual-MONO) 모드, 스테레오 채널을 위한 스테레오(STEREO) 모드를 지원한다. 또한, 공간 지각 모델(spatial perceptual model)을 이용하진 않지만 2개 채널 간에 비트 풀(bit pool)을 공유할 수 있는 스테레오 모드가 지원된다. 이외에도 스테레오 채널 간의 상관성(correlation)과 무관성(irrelevancy)을 이용한 결합 스테레오 모드(joint stereo mode)가 표준안에 포함되어 있다. 채널당 데이터율은 32~224kb/s로 샘플링 비율에 따라 2.7에서 24:1까지의 압축률을 제공할 수 있다. 이외에도 사전에 정의된 데이터율 외에 몇 개의 고정 데이터율을 지원할 수 있는 자유로운 포맷 모드가 있다.

MPEG-1 오디오 표준은 3개의 계층(layer)을 규정하고 있으며, 계층이 높아질수록 시스템 복잡도가 증가하지만 더 높은 오디오 음질을 제공할 수 있다. 계층 Ⅰ과 계층 Ⅱ가 MUSICAM[Dehery, Stoll and Kerkhof 91]의 인코딩 절차를 기본적 구조로 공유하고 있지만, 계층 Ⅲ는 이들과는 완전히 다른 알고리즘을 사용하고 있다. 계층 Ⅲ 알고리즘은 ASPEC[Brandenburg et al 91]과 계층 Ⅰ, 계층 Ⅱ 필터뱅크(filter bank)가 병합된 형태를 가지고 있기 때문에 계층 Ⅲ는 계층 Ⅰ과 계층 Ⅱ의 비트열을 디코딩할 수 있다. 계층 Ⅰ은 가장 단순한 구조로 되어 있고 채널당 32~224kb/s의 데이터율에서 동작한다. 바람직한 데이터율은 128kb/s 이상이다. 예를 들어, 계층 Ⅰ은 DCC (digital compact disk)에서 채널당 192kb/s로 동작한다. 계층 Ⅱ는 중간 정도의 복잡도를 가지며 채널당 32~192kb/s의 데이터율에서 동작한다. 계층 Ⅱ는 채널당 128kb/s 데이터율에서 좋은 음질을 갖는 것으로 알려져 있다. 계층 Ⅱ는 다양한 응용 분야에 적용되고 있으며 디지털 오디오 방송(DAB, Digital Audio Broadcasting,) [ETS 300 401 v2]과 디지털 비디오 방송(DVB, Digital Video Broadcasting,) [ETS 300 421, ETS 300 429, ETS 300 744] 등이 대표적인 예이다. 계층 Ⅲ는 3개 계층 중 가장 좋은 음질을 가지고 있으나 알고리즘 복잡도 또한 가장 높다.

계층 Ⅲ의 데이터율은 계층 Ⅰ과 Ⅱ보다 낮은 채널당 32 ~ 160kb/s 로 128kb/s 이하에서 매우 좋은 음질을 갖는 것으로 알려져 있다. 계층 Ⅲ는 ISDN을 이용한 데이터 전송과 인터넷 등의 응용 분야에 적용될 수 있다. MPEG-1 오디오 계층 Ⅲ를 더 낮은 샘플링 주파수에서 동작될 수 있도록 개선한 것이 바로 유비쿼터스 MP3(ubiquitous MP3) 파일 포맷이다.

비록 계층마다 복잡도가 다르지만 3개 계층 모두를 단일 칩, 실-시간 디코더(real-time decoder)로 구현한 시스템이 다양하게 개발되어 있다. 3개 계층 모두 비트열 구문에 오디오 데이터뿐만 아니라 보조 데이터도 포함할 수 있음을 기억하자. 마지막으로 MPEG-1 계층 Ⅱ와 계층 Ⅲ는 ITU-R 연구회의 TG 10/2로 방송용 응용 분야의 권고안 BS.1115로 선정되었음을 주목하자. ITU-R BS.1115는 오디오 데이터 전송에 채널당 128kb/s 데이터율의 계층 Ⅱ를 권고하고 있으며, 방송 해설 전송에 채널당 60kb/s 데이터율의 계층 Ⅲ를 권고하고 있다.

MPEG-1 오디오의 인코더와 디코더 핵심 구성요소를 그림 1과 2에 나타내었다. MPEG-1 오디오 인코더는 기본적으로 시간-주파수 변환(time-frequency mapping)과 비트 할당 또는 잡음 할당(noise allocation) 블록으로 구성된다. 이와 동시에 입력신호가 심리음향 모델(psychoacoustic model)에 입력되어 비트 할당 정밀도를 결정하게 된다. 비트열 포맷팅 블록은 양자화된 데이터를 인터리빙 방식으로 프레임에 포함하며, 이외에도 사이드 정보(side information)와 선택적인 보조 데이터(ancillary data)가 프레임에 포함된다. 디코더는 입력 비트열을 해석해 양자화된 신호 스펙트럼 성분을 복원하고 이 스펙트럼으로부터 최종 오디오 신호의 시간-영역 데이터를 복원해낸다.

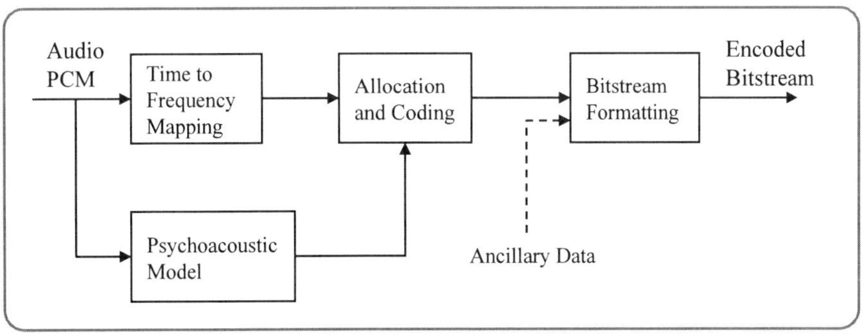

그림 1 MPEG-1 오디오 인코더의 기본 구성요소

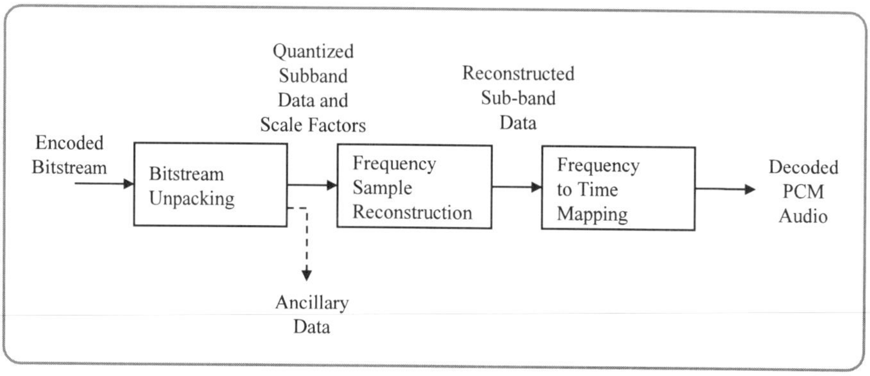

그림 2 MPEG-1 오디오 디코더의 기본 구성요소

3.2 MPEG-1 오디오 계층별 코딩 옵션

MPEG-1 오디오의 모든 계층은 공통된 기본 원리를 이용해 오디오 신호를 코딩한다. 모든 계층이 오디오 신호의 통계특성에 기초한 지각 모델에 근거해 신호를 시간-주파수 변환할 수 있기 때문에 각 계층은 코더의 기본 구성요소들을 공유할 수 있으며 분석/합성을 위해 입력 PCM 샘플을 프레임 단위로 그룹핑할 수 있다. 그러나 가장 단순한 형태인 계층 Ⅰ로 부터 좀 더 높은 복잡도를 갖는 계층 Ⅲ에 이르기까지 계층별 알고리즘은 약간씩 다른 점을 가지고 있다. 그림 3과 4는 단일채널 모드에서 동작하는 계층 Ⅰ, Ⅱ, Ⅲ의 블록도를 나타낸다.

3.2.1 MPEG-1 오디오 계층 Ⅰ과 Ⅱ

계층 Ⅰ과 Ⅱ는 32-대역 PQMF(4장 참조)를 이용해 시간-영역 오디오 데이터를 주파수-영역으로 변환한다. 이때 신호의 주파수-영역 데이터를 스케일링한 다음 심리음향 모델에 의해 결정된 비트 정밀도를 이용해 균일 midtread 양자화기(2장 참조)로 양자화한다. 일반적으로 심리음향 모델 1(다음절 참조)이 적용되며 심리음향 분석은 512-점 FFT(계층 Ⅰ)나 1,024-점 FFT(계층 Ⅱ)로 수행된다. 계층 Ⅱ는 데이터율을 좀 더 감소시키기 위해 일정 레벨이상의 연속적인 양자화 샘플에 그룹 코딩을 적용한다(다음 절 참조).

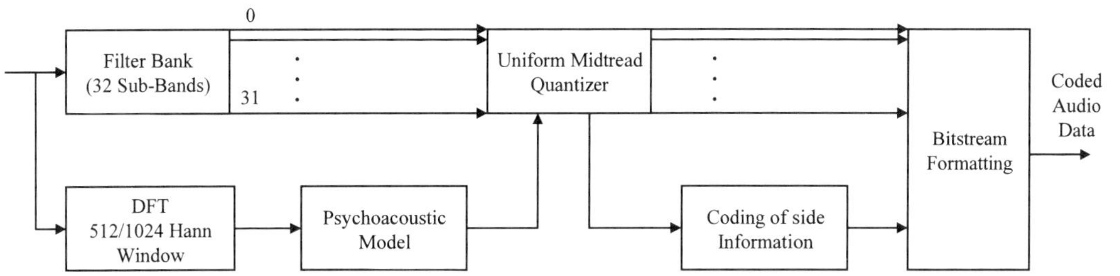

그림 3 계층 I과 II의 인코더 블록도(단일채널 모드)

3.2.2 MPEG-1 오디오 계층 III

계층 Ⅲ에서는 PQMF의 출력신호가 MDCT 단으로 입력된다(5장 참조). 이외에도 계층 Ⅲ의 필터뱅크는 계층 Ⅰ과 Ⅱ처럼 고정적인 것이 아니라 입력신호의 특성에 따라 적응적으로 동작한다(다음 절 참조). 이때 복합 필터뱅크(hybrid filter bank)의 출력을 스케일링한 다음 midtread 양자화기 함께 비-균일 양자화한다. 또한, 계층 Ⅲ에는 무잡음 코딩(noiseless coding)이 적용된다. 반복루프를 이용해 양자화된 신호를 허프만 인코딩하고 그 결과를 합성한 다음 에러레벨을 마스킹 한계선(masking threshold) 레벨과 비교해 각 스펙트럼 영역에서의 양자화 스텝크기를 계산한다. 양자화 스텝은 심리음향 모델 출력으로 다시 한 번 계산되지만 계층 Ⅲ에 적용되는 심리음향 모델(모델 2, 다음 절 참조)은 계층 Ⅰ과 Ⅱ의 심리음향 모델과는 완전히 다른 원리로 동작한다. 그림 4는 이 차이점 중 하나를 나타낸 것으로 계층 Ⅲ의 심리음향 모델 2는 두 번의 1,024-점 FFT를 수행한다. MPEG-1 오디오의 모든 계층은 오디오 데이터와 함께 비트 할당, 제어 파라메터 등의 사이드 정보, 보조 데이터 등을 다중화해 저장하거나 전송한다.

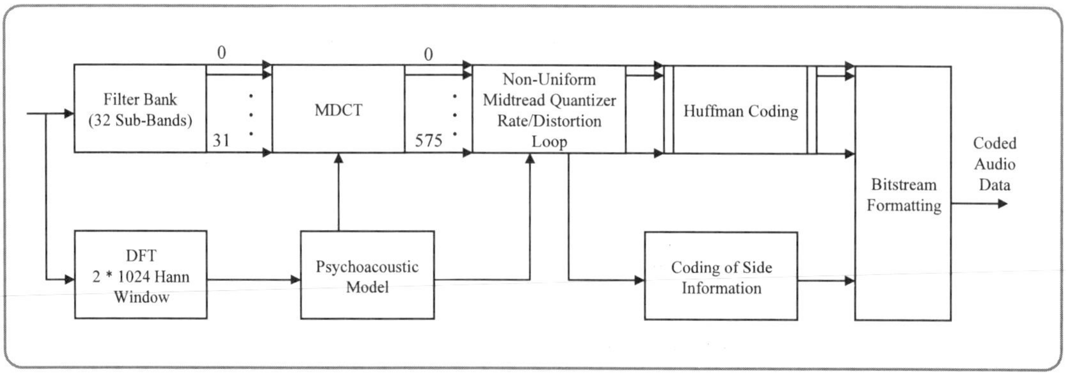

그림 4 계층 Ⅲ의 인코더 블록도(단일채널 모드)

다음 절에서는 3개 계층이 공통으로 가지는 오디오 코딩 알고리즘을 자세히 살펴보자.

4 시간-주파수 변환

PQMF 필터뱅크는 MPEG-1 오디오 모든 계층에 적용되는 시간-주파수 변환(time-frequency mapping)이다. PQMF 필터뱅크는 입력신호의 주파수 스펙트럼을 32개 동등한 간격의 주파수 서브밴드(subband)로 분할한다. 계층 Ⅰ과 Ⅱ에서는 PQMF 출력이 양자화될 신호 스펙트럼이 되며, 이때 필터뱅크의 주파수 해상도는 48kHz 샘플링 비율에서 750Hz가 된다. 계층 Ⅲ는 PQMF를 18개 주파수 성분을 갖는 MDCT와 병렬로 연결해 총 576개 주파수 채널을 가짐으로써 필터뱅크 해상도를 높이고 있다.

4.1 계층 Ⅲ 복합 필터뱅크

그림 5는 계층 Ⅲ 분석 필터뱅크 단의 블록도를 나타내고 있다. 32-대역 PQMF 필터뱅크 이후 대역 별 36개 서브밴드 샘플로 구성된 샘플블록이 50% 중복되어 사인 윈도우(sine window)로 곱해지고 연이어 MDCT 변환이 수행된다(5장 참조). 여기서 주목해야 할 것은 PQMF 필터뱅크로 인해 발생할 수 있는 잠재적인 주파수 에일리어싱(frequency aliasing) 외에도 OTAC(Oddly-stacked Time-domain Aliasing Cancellation) 변환 때문에 디코더의 중첩-가산

(overlap-add) 단계에서 이웃한 블록 간에 제거되어야 할 시간 에일리어싱(time aliasing)이 발생할 수도 있다는 것이다. 계층 Ⅲ 필터뱅크는 길이가 긴 블록의 경우 PQMF 중복 대역에서 발생할 수 있는 잠재적인 잡음을 줄이기 위해 MDCT 출력에 특정 계수 값을 곱해 에일리어싱을 줄이고 있다[Edler 92].

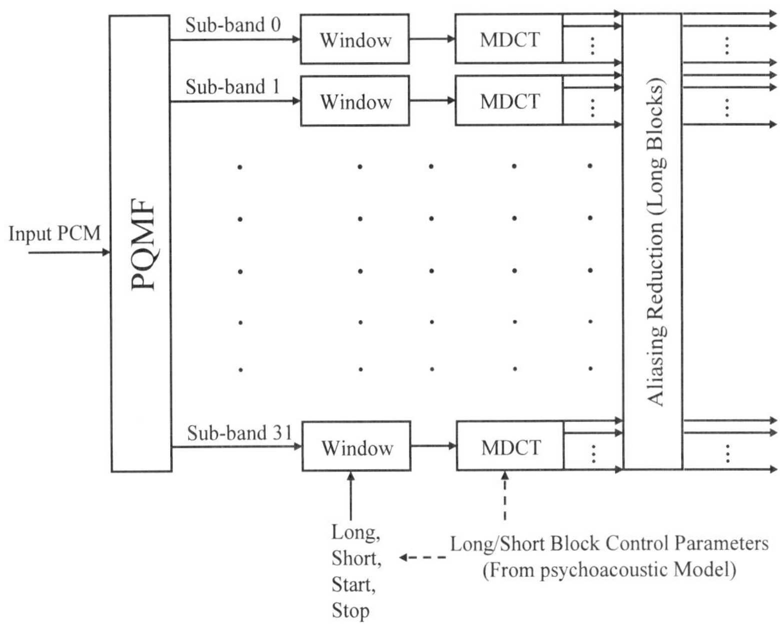

그림 5 MPEG 오디오 계층 Ⅲ 분석 필터뱅크 구조

반면, 디코더는 IMDCT(Inverse MDCT)전 역-에일리어싱 감쇠(inverse aliasing reduction) 절차를 적용해 정확한 서브밴드 샘플 값을 PQMF 합성 필터뱅크에 전달한다. 만약 에일리어싱 감쇠과정이 없다면, 순수 사인파를 복합 PQMF/MDCT 필터뱅크에 통과시켰을 때 원 신호 보다 약 −12dB 정도의 높은 여분 성분이 만들어지기 때문에, 에일리어싱 감쇠과정을 거쳐 여분 성분의 크기를 감소시켜야 한다. 이처럼 에일리어싱 감쇠를 통해 신호의 주파수-영역 데이터를 개선할 수 있지만 여전히 신호 스펙트럼에 잔여 에일리어싱 성분이 존재할 가능성도 있다. 한편, 계층 Ⅲ 합성 필터뱅크 단에서는 PQMF 필터뱅크 이전에 IMDCT가 적용된다. 스펙트럼 성분을 역-양자화(de-quantization)한 후 필요하다면 신호를 결합 스테레오로 처리할 수 있으며 이때 역-에일리어싱 감쇠를 적용할 수 있다. 다음으로는 분석 윈도우와 같은 방식으로 정의된 합성 윈도우 처리과정을 거쳐 IMDCT가 적용된다. 윈도우 처리과정에서는 윈도우된 블록의 전반부가 이전 블록 후반부와 중복되어 더해진다. 긴 블록의 중첩-가산 단의 출력은 매 32개 합성 PQMF 대역당 18개 샘플로 구성된다.

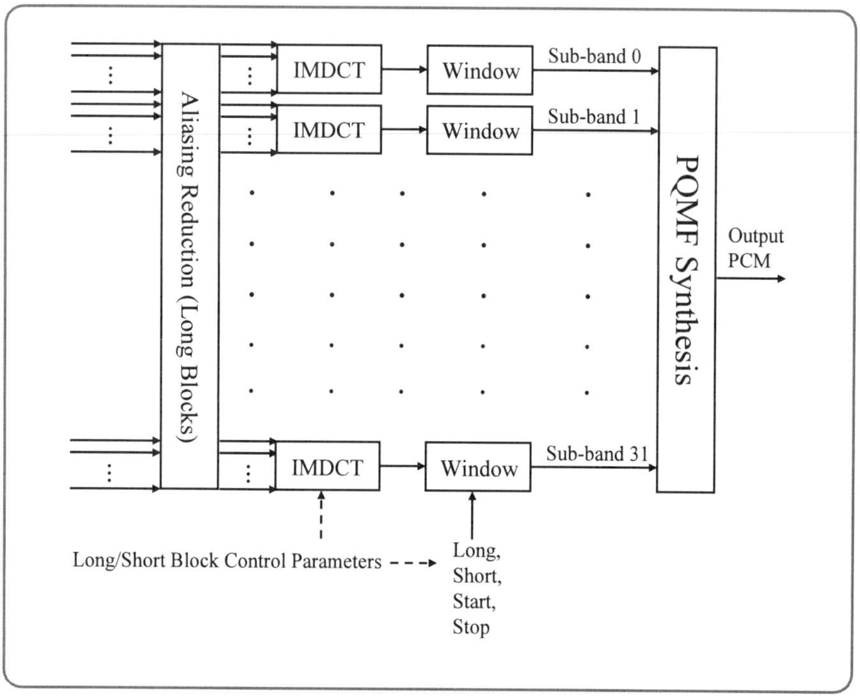

그림 6 MPEG 오디오 계층 Ⅲ 합성 필터뱅크 구조

4.1.1 블록 스위칭

계층 Ⅲ 필터뱅크에서 처리되는 전체 블록크기는 32*36=1,152 시간-샘플이다. 이 블록 길이는 48kHz 샘플링 비율에서 41.66Hz 주파수 해상도(frequency resolution)에 해당한다. 계층 Ⅲ의 개선된 주파수 해상도는 심리음향 모델에 기반해 비트 풀을 할당하기에 매우 적절한 해상도이지만, 이 방식의 단점은 양자화 에러(quantization error)가 1,152 시간-샘플 블록 전체로 퍼질 수 있다는 점이다. 따라서 캐스터네츠 악기같이 과도신호(transient signal)를 포함하고 있는 경우 프리-에코(pre-echo)라 불리는 순시 잡음(temporal noise)을 마스킹하지 못하게 될 수도 있다. 계층 Ⅲ 필터뱅크는 이러한 프리-에코 현상을 방지하기 위해 좀 더 높은 시간 해상도(time resolution)를 갖는 윈도우로 스위칭한다. 다시 말해 계층 Ⅲ는 과도신호 구간에서 더 짧은 블록크기인 32*12=384 시간-샘플을 이용해 날카로운 신호변화로 인한 양자화 잡음이 시간상에 널리 퍼지게 되는 현상을 방지할 수 있다. 여기서 짧은 블록의 크기는 긴 블록 크기의 1/3이며, 과도신호 구간 동안 3개 연속된 짧은 윈도우로 긴 윈도우를 대치하기 때문에 프레임당 전체 샘플 수를 같게 유지할 수 있다. 그러나 긴 윈도우에서 짧은 윈도우로 또는 그 역으로의 매끄러운 변환을 위해서는 긴 블록과 크기가 같은 2개의 전이블록(transition block), 즉 long-to-short 윈도우와 short-to-long 윈도우를 필요로 한다. 이 방식은 Edler[Edler 89]에 의해 처음으로 제안되었고 윈도우 모양과 중복 영역을 적절하게 설정해 MDCT의 시간-영역 에일리어싱 소거(TDAC, Time-Domain Aliasing Cancellation) 조건을 만족하게 할 수 있다(5장 참조). 이외에도 윈도우가 처리되는 동안 프레임 크기를 일정하게 유지할 수 있으며, 이러한 특성으로 전체 알고리즘의 구조와 비트열 포맷팅을 간단하게 유지할 수 있다.

4.1.2 윈도우 스위칭

그림 7은 긴 윈도우(long window)로부터 짧은 윈도우(short window)로의 윈도우 스위칭과 그 역 과정을 보이고 있으며 MDCT 변환 시 시간-영역 에일리어싱 소거를 위해 이웃한 윈도우와 중복되는 영역을 나타내고 있다. 계층 Ⅲ에 사용되는 윈도우 $w[n]$는 사인 윈도우(sine window)이며 다음과 같이 정의된다.

$$w[n] = \sin\left(\frac{\pi}{36}\left(n+\frac{1}{2}\right)\right) \qquad n = 0,\ldots,35 \ (\textit{long window})$$

$$w[n] = \sin\left(\frac{\pi}{12}\left(n+\frac{1}{2}\right)\right) \qquad n = 0,\ldots,11 \ (\textit{short window})$$

$$w[n] = \begin{cases} \sin\left(\frac{\pi}{36}\left(n+\frac{1}{2}\right)\right) & n = 0,\ldots,17 \\ 1 & n = 18,\ldots,23 \\ \sin\left(\frac{\pi}{12}\left(n-18+\frac{1}{2}\right)\right) & n = 24,\ldots,29 \\ 0 & n = 30,\ldots,35 \end{cases} \quad (\textit{start window})$$

$$
w[n] = \begin{cases} 0 & n = 0,\dots,5 \\ \sin\left(\frac{\pi}{12}\left(n-6+\frac{1}{2}\right)\right) & n = 6,\dots,11 \\ 1 & n = 12,\dots,17 \\ \sin\left(\frac{\pi}{36}\left(n+\frac{1}{2}\right)\right) & n = 18,\dots,35 \end{cases} \quad (stop\ window)
$$

계층 Ⅲ 필터뱅크가 복합 블록모드(mixed block mode)를 허용하는 것에 주목하자. 이 모드에서는 PQMF의 가장 낮은 주파수 대역에 해당하는 2개 서브밴드가 항상 긴 블록으로 처리되고 나머지 서브밴드가 과도신호 구간 동안 짧은 블록으로 처리된다. 이 모드를 이용하면 일반 오디오 코딩에서 요구되는 시간-주파수 해상도인 저주파에서의 높은 주파수 해상도와 고주파에서의 높은 시간 해상도를 달성할 수 있다.

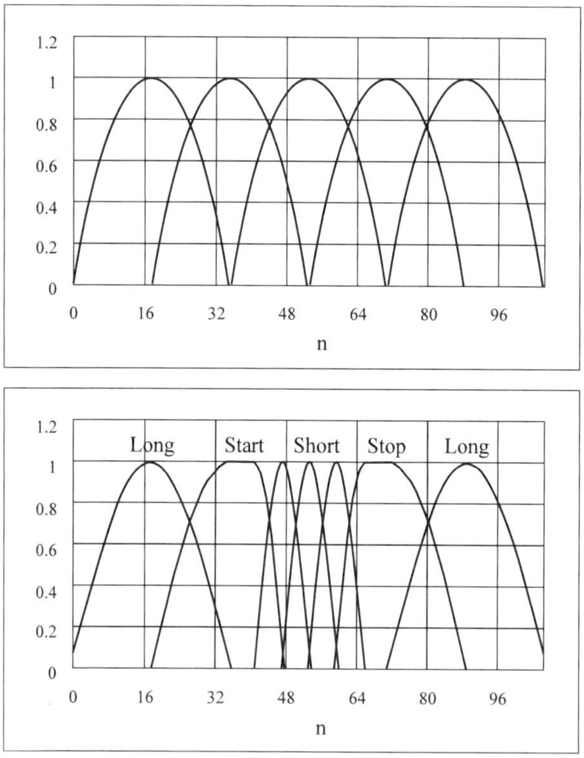

그림 7 일반적인 계층 Ⅲ 윈도우 스위칭: 위쪽 그림은 정상상태(steady state) 신호에 대한 윈도우, 아래 그림은 n=45~60 사이에서 과도신호가 발생했을 때의 윈도우 스위칭

4.1.3 복합 필터뱅크와 PQMF의 특성 비교

계층 Ⅲ 필터뱅크는 계층 Ⅰ과 Ⅱ의 PQMF보다 더 높은 주파수 해상도를 제공하지만, 시간 해상도는 이와 반대로 감소한다. 48kHz 샘플링 비율에서 계층 Ⅰ과 Ⅱ의 시간 해상도는 0.66ms 이지만 계층 Ⅲ는 4ms 이며, 나빠진 시간 해상도로 인해 계층 Ⅲ는 프리-에코 환경에 놓이게 된다. 계층 Ⅲ는 이러한 프리-에코를 방지하기 위한 몇 가지 대책을 포함하고 있을 뿐만 아니라, 심리음향 모델에서 과도신호를 검출해 블록 스위칭과 동시에 비트 저장소(bit reservoir)로부터 "비트"를 빌려올 수도 있다. 그러나 계층 Ⅲ의 짧은 블록모드에서 조차 384+512=896 샘플의 긴 임펄스 응답을 갖는 고유한 필터뱅크 구조로 인해 과도신호를 인코딩하는 데 여전히 많은 해결책을 필요로 한다.

정리해서 말하면 계층 Ⅲ의 복합 필터뱅크는 높은 주파수 해상도, 시간-주파수 해상도 간의 동적이면서도 적응적인 절충관계, 계층 Ⅰ, Ⅱ와의 완벽한 호환성 등의 장점을 가지고 있으나, MDCT로 인한 잠재적인 에일리어싱과 긴 임펄스 응답 등의 단점도 있다. 표준안은 이러한 문제점들을 해결하기 위한 별도의 절차를 기술하고 있다. 계층 Ⅲ 필터뱅크의 복잡도는 계층 Ⅰ과 Ⅱ에 비해 높은 편이다. 계층 Ⅲ의 복잡도는 PQMF와 함께 사용되는 MDCT로 인해 증가한다. 일반적으로 MDCT는 FFT를 이용해 고속으로 구현된다. 여기서 주목해야 할 것은 MDCT의 크기가 2의 멱승이 아닌 경우 FFT 연산에 래딕스-2 FFT(radix-2 FFT) 알고리즘을 이용할 때 MDCT 열을 2의 멱승 길이로 분해해야 한다는 점이다. 긴 윈도우의 경우 FFT로 구현된 PQMF/MDCT 복합 필터뱅크의 연산량은 PQMF 필터뱅크에 비해 서브밴드 블록당 약 (18+9+18)개의 추가적인 복소수 곱셈과 덧셈이 필요하며, 이는 하나의 서브밴드 샘플당 약 1개 이상의 추가적인 곱셈과 덧셈을 하는 것과 같다.

5 MPEG 오디오 심리음향 모델

MPEG 오디오의 목적은 지각적으로 무손실 음질을 제공하는 것이다. 즉, MPEG 코더의 출력이 입력신호와 지각적으로 구별할 수 없어야 한다는 뜻이다. MPEG 오디오는 상대적으로 낮은 데이터율에서 이 목적을 달성하기 위해 7장에서 설명한 심리음향(psychoacoustic) 원리와 모델을 이용하고 있다. 인코딩 과정에서 입력신호가 프레임 단위로 분석되고 각 신호성분에 대한 마스킹 레벨이 결정된다. 각 프레임에서는 계산된 마스킹 한계선(masking threshold)에 기반해 할당 가능한 비트를 신호 스펙트럼 전체에 배분함으로써 신호를 가장 잘 표현할 수 있다. 비록 인코딩 과정이 MPEG 표준의 강제규정은 아니지만 표준의 정보제공 파트에는 두 개의 심리음향 모델이 기술되어 있다. 이 두 개 모델은 모든 계층에 적용될 수 있으나 일반적으로 모델 1은 계층 Ⅰ과 Ⅱ에 모델 2는 계층 Ⅲ에 적용된다. 심리음향 모델을 구현하는 데는 다양한 방법이 있을 수 있다. 한편, 높은 데이터율에서는 심리음향 모델을 사용하지 않고 비트 할당 루틴의 반복루프에서 신호 스펙트럼 성분 강도에 기반해 비트를 할당할 수도 있다.

5.1 심리음향 모델 분석 단계

심리음향 모델의 입력은 일정 시간에 해당하는 오디오 시간-샘플이며 출력은 각 코더 주파수 분할영역(coder frequency partition)에서의 신호대 마스크비(SMR, Signal to Mask Ratio)가 된다. 각 입력 데이터 블록에 대한 비트 할당(계층 Ⅰ과 Ⅱ)과 잡음 할당(계층 Ⅲ)은 이 SMR에 기반해 결정된다(비트 할당에 대한 자세한 사항은 8장 참조). 심리음향 모델은 입력신호의 정확한 주파수 표현을 얻기 위해 주-오디오 경로(main audio path)의 시간-주파수 변환과 동시에 병렬로 DFT(Discrete Fourier Transform)를 계산한다. 이때 여러분은 코더 구조를 간편화시키기 위해 PQMF나 복합 필터뱅크의 출력을 이 용도로 사용할 수 있지 않을까 하고 반문할 수도 있을 것이다. 그러나 심리음향 모델에서 정확한 마스킹 한계선을 계산하려면 가능한 한 최대 정확도의 신호표현을 얻는 것이 중요하기 때문에 DFT를 이용하는 것이 바람직하다. 주-오디오 경로 상에 시간-주파수 변환을 구현할 때는 임계 샘플링(critical sampling) 같은 조건이 고려되어야 하지만, 이들은 심리음향 모델의 신호 분석과는 무관하다. 하지만 부정확한 주파수 해상도와 잠재적인 에일리어싱으로 인해 심리음향 모델을 분석하는 데 있어 많은 어려움에 직면할 수도 있다. 학계에서는 심리음향 모델을 구현하기 위한 다양한 방법들을 연구하였다. 예를 들어, Dolby AC-3[fielder et al. 96]와 PAC [Sinha, Johnston, Dorward and Quackenbush 98]는 MDCT 출력을 심리음향 분석에 사용하고 있다. 또한, PEAQ 고급모델은 사람의 말초신경을 모델링한 청각 필터뱅크와 함께 DFT 분석을 수행하고 있다[Thiede et al. 00].

모든 MPEG 심리음향 모델의 첫 처리과정은 주-오디오 경로 상의 오디오 데이터와 심리음향에 사용될 오디오 데이터 간의 시간-정렬(time-alignment)이다. 시간-정렬 과정은 필터뱅크의 지연시간뿐만이 아니라 심리음향 모델의 분석 윈도우가 코딩될 데이터 블록 중심에 위치할 수 있도록 시간 오프셋을 고려해야 한다. 예를 들어, 계층 Ⅰ의 필터뱅크 지연은 256 샘플이고 코딩될 데이터 블록은 384 샘플 길이를 가지며, 심리음향 모델 1에 적용되는 분석 윈도우의 길이는 512 샘플이다. 따라서 시간-정렬을 위한 오프셋은 256+(512-384)/2=320 샘플이 된다.

5.2 심리음향 모델 1

그림 8은 심리음향 모델 1의 블록도를 나타낸다. 심리음향 모델의 첫 단계는 입력 데이터에 윈도우를 씌우고 FFT를 수행하는 것이다. 분석 윈도우는 계층 Ⅰ에서 $N = 512$ 인 해닝 윈도우(Hanning window)를 그리고 계층 Ⅱ와 Ⅲ에서는 $N = 1{,}024$ 인 해닝 윈도우를 사용한다. 이웃한 윈도우 간의 중복은 $N/16$ 이다. 계층 Ⅱ와 Ⅲ는 1,152 샘플 프레임을 사용하기 때문에 1,024 샘플 분석 윈도우로는 프레임의 전체 오디오 데이터를 처리할 수 없게 된다. 예를 들어, 오디오 프레임 끝 부분에서 과도신호가 나타난다면 심리음향 모델 1의 분석 윈도우는 이 급격한 에너지 변화를 검출할 수 없다. 그럼에도 불구하고 1,024 샘플 분석 윈도우가 심리음향 모델의 신호 분석에 적절하게 사용될 수 있다는 것이 검증되었다,

5.2.1 음압 계산

FFT를 계산한 후 각 스펙트럼 성분 k에 대한 신호레벨은 다음과 같이 계산할 수 있다.

$$L_k = 96\text{dB} + 10\log_{10}\left(4/N^2 \left|X[k]\right|^2 8/3\right) \qquad for\ \ k = 0,\ldots,N/2-1$$

여기서 $X[k]$ 는 시간-정렬되어 윈도우된 입력신호의 FFT 출력을 말하고, N 은 계층 Ⅰ에서 512, 계층 Ⅱ와 Ⅲ에서 1,024이다. 신호레벨은 입력 사인파의 레벨이 양자화기의 과부하를 고려해 정규화되기 때문에 신호의 피크치는 $x[n] = \pm 1.0$ 이 되고 이는 96dB 레벨에 해당한다. 위 수식에서 $1/N^2$ 는 Parseval의 이론으로부터 나온 것이고, 수식의 상수 4중 2는 양의 주파수(positive frequency) 성분의 기여도, 그리고 나머지 2는 진폭이 1인 사인파의

파워가 1/2이기 때문이며, 8/3은 해닝 윈도우의 이득으로부터 나온 것이다(9장 참조). 표준안의 심리음향 모델 1은 위 신호레벨 수식에 해닝 윈도우의 이득 8/3뿐만이 아니라 FFT 전방 변환(FFT forward transform)의 인수 $2/N$ 도 감안하고 있다.

각 서브밴드 m에서의 음압 레벨(SPL)인 $L_{sb}[m]$ 은 다음과 같이 서브밴드 m의 FFT 스펙트럼 성분 중 최대 진폭 음압과 최대 스케일팩터(scale factor)로 표현될 수 있는 최저 레벨 값 둘 중 큰 것으로 결정된다.

$$L_{sb}[m] = \max\left\{L_k, 20\log_{10}\left(scf_{\max}[m]\cdot 32{,}768\right) - 10\right\}\text{dB}$$

여기서 L_k 는 서브밴드 m에서 최대 진폭을 갖는 k 번째 FFT 성분의 레벨을 나타내고 $scf_{\max}$ 는 서브밴드 m에서의 최대 스케일팩터를 말한다(다음 절의 MPEG 계층 Ⅰ과 Ⅱ의 "스케일팩터"에 대한 논의 참조. 2장에서의 스케일팩터는 스케일링에서 인수 2의 개수를 말하지만, MPEG 계층 Ⅰ과 Ⅱ의 스케일팩터는 신호가 스케일되는 실제 인수를 말함). 스케일팩터는 계층 Ⅰ과 Ⅱ에서 매우 작은 값부터 2.0까지의 범위를 가지고 있다. 숫자 32,768을 곱하면 스케일팩터의 파워를 정규화하는 것으로 이때 가장 큰 값의 스케일팩터는 96dB에 해당한다. 위 수식의 –10dB 항은 신호의 피크치와 평균레벨 간의 차이를 보정하기 위한 것이다. 위 수식에 스케일팩터를 포함한 이유는 블록 부동-소수 양자화기가 신호를 스케일팩터 자체의 낮은 진폭 값으로 스케일할 수 없기 때문이며, 이 말은 낮은 진폭 주파수 성분의 경우 양자화 잡음의 크기가 최대 스케일팩터에 의해 결정된다는 것이다.

5.2.2 음 성분과 비-음 성분의 분리

각 서브밴드 대역에서 음압 레벨을 계산한 다음 신호대 마스크비(SMR)를 계산하기 위해서는 마스킹 한계선을 구해야 한다. 일반적으로 잡음은 음 성분보다 더 강한 마스킹 특성을 가지고 있기 때문에, 심리음향 모델 1에서는 신호의 음 마스커(tonal masker) 성분을 찾는 과정이 수행된다. 이 과정에서는 신호의 음 성분을 각 임계대역(CB, Critical Band)의 극대값(local maxima)으로 구할 수 있다는 가정을 하고 있다. 만약 극대값 L_k 가 $L_k - L_{k+j} \geq 7\text{dB}$ (여기서 인덱스 j 는 현재 임계대역의 중심 주파수임) 조건을 만족하면, 이를 음 성분 리스트에 추가하며, 인덱스 k 를 중심으로 3개의 이웃한 스펙트럼 성분의 합인 음압 레벨 L_T 와 음 성분 플래그(flag)로 음 마스커를 정의한다.

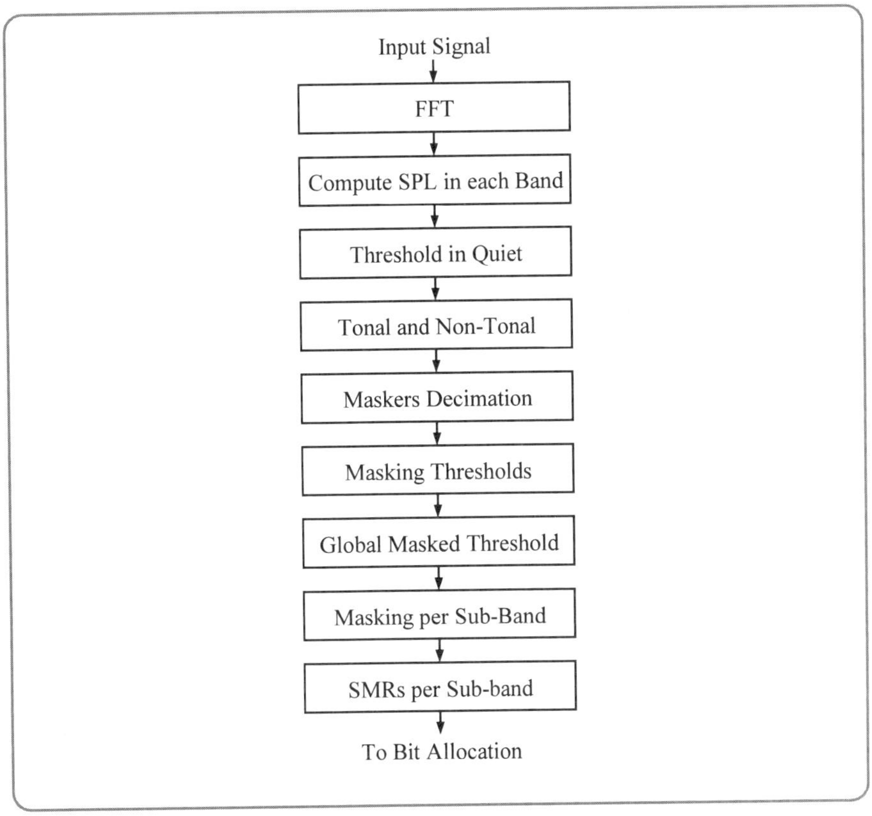

그림 8 MPEG 심리음향 모델 1의 블록도

신호의 잡음 마스커(noise masker)는 각 임계대역 내의 나머지 스펙트럼 성분으로부터 구해진다. 각 임계대역 내의 음 성분을 제거한 후 나머지 스펙트럼 성분의 파워를 더해 잡음 마스커 음압 레벨 L_N 을 구한다. 각 임계대역에서 잡음 마스커의 주파수 위치는 해당 임계대역 내 FFT 스펙트럼 성분 값의 기하평균(geometric mean)으로 구한다.

5.2.3 마스커 간축

신호의 음 마스커와 잡음 마스커를 정의하고 나면 전역 마스킹 한계선(global masking threshold)을 구하기 전 마스커 개수를 줄일 필요가 있다. 먼저 음 마스커(tonal masker)와 비-음 마스커(non-tonal masker) 중 음압 레벨이 가청한계선(threshold in quiet) 아래에 있는 마스커들을 제거한다. 둘째로, 아주 강한 마스커 성분에 이웃해 있는 마스커 성분을 제거한다. 만약 2개나 그 이상의 마스커 성분이 주파수 상에서 0.5Bark 이내에 존재한다면 가장 높은 파워를 가진 마스커 성분만을 남기고 나머지를 제거한다. 이때 최종적으로 남겨진 마스커들에 확산함수(spreading function)을 적용해 마스킹 한계선을 계산하고, 마스커가 음인지 잡음-유형(noise-like)인지 여부와 마스커의 주파수상 위치에 따라 이 마스킹 한계선을 일정한 dB 만큼 하향 이동시킨다. 적절한 연산 시간을 유지하기 위해 간축된 주파수 성분에서만 마스킹 한계선을 계산한다. 간축된 주파수 성분의 수는 MPEG 계층과 샘플링 비율에 따라 다르고 계층 Ⅰ 에서는 102 ~ 108개 주파수 성분을, 계층 Ⅱ 에서는 126 ~ 132개까지의 간축된 주파수 성분을 가질 수 있다.

5.2.4 모델 I 확산함수와 여기패턴

심리음향 모델 1에서 사용하는 확산함수(spreading function)는 다음과 같이 정의된다.

$$B(dz, L) = -17dz + 0.15L(dz-1)\theta(dz-1) \qquad for\ dz \ge 0$$

$$B(dz, L) = -(6+0.4L)|dz| - (11-0.4L)(|dz|-1)\theta(|dz|-1) \qquad for\ dz < 0$$

여기서 $\theta(x)$ 는 $x \ge 0$ 일 때 -1이고 그 외에는 0이다. 수식의 L 은 마스커의 음압 레벨을 말하고 dz 는 마스키(maskee)와 마스커(masker) 간의 Bark 거리를 말한다. 여기서 Bark 거리 dz 는 마스커가 마스키보다 낮은 주파수에 있을 때 양수 값을 갖고 마스커가 마스키보다 높은 주파수에 있을 때 음수 값을 갖는다. 위 심리음향 모델 1의 2개 선-성분으로 구성된 선형 확산함수가 음을 마스킹하는 음(tone masking tone)에 대한 마스킹 데이터와 일치하는 것을 주목하자(6장 참조). 그림 9는 음압 레벨이 $L = 20, 40, 60, 80, 100$dB 일 때 8Bark에 위치한 신호의 여기패턴(excitation pattern)을 보이고 있다. 그림에서 보듯이 여기패턴은 음압 레벨에 의존하고 40dB 이하의 레벨에서는 거의 대칭 구조로 되어 있으며 이보다 높은 레벨에서는 고주파 쪽으로 더 확산하는 것을 볼 수 있다.

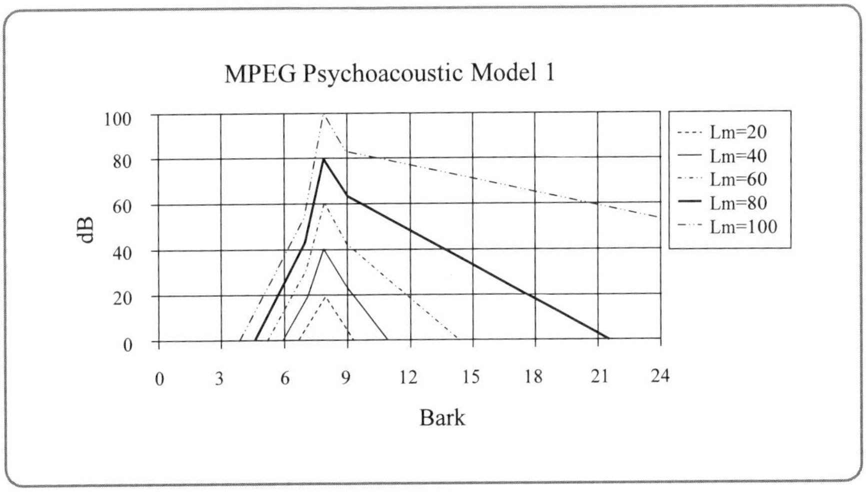

그림 9 다양한 SPL 값에 대한 MPEG 심리음향 모델 1 여기패턴

5.2.5 마스킹 한계선

마스커 레벨 L 에 대한 마스킹 한계선(masking threshold)을 구하려면 여기패턴을 마스커 음압 레벨로부터 적절한 양만큼 하향 이동시켜야 한다. 일반적으로 잡음이 음 성분보다 더 강한 마스킹 특성을 가지고 있기 때문에 이 하향이동은 마스커가 음인지, 잡음-유형인지에 따라 달라진다. 모델 1에서 하향이동 Δ 는 다음과 같이 정의된다.

$$\Delta_T(z) = -6.025 - 0.275z \ \text{dB}$$
$$\Delta_N(z) = -2.025 - 0.175z \ \text{dB}$$

여기서 Δ_T 는 음 마스커에 대한 하향이동, Δ_N 은 잡음-유형 마스커에 대한 하향이동을 나타내고 z 는 Bark 척도에서 마스커의 주파수 인덱스를 나타낸다. Bark z 에서 마스커 레벨 L 에 대한 마스킹 한계선은 다음과 같이 표현될 수 있다.

$$M_{T,N}(L, z_i, z_j) = B(z_i - z_j, L) + \Delta_{T,N}(z_j)$$

여기서 z_j 는 마스커의 Bark 인덱스, z_i 는 마스키의 Bark 인덱스를 나타내며 음 마스커에서는 $\Delta = \Delta_T$ 이고 잡음-유형 마스커에서는 $\Delta = \Delta_N$ 이다. 그림 10은 8Bark에 위치한 70dB 잡음 마스커에 대한 마스킹 곡선을 나타낸다.

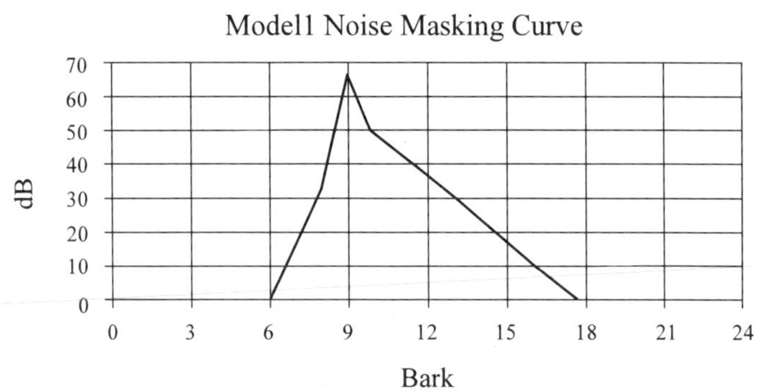

그림 10 8 Bark에 위치한 70dB 잡음 마스커에 대한 MPEG 심리음향 모델 1의 마스킹 곡선

5.2.6 전역 마스킹한계선

간축된 주파수 성분 위치에 대응하는 Bark 위치 z_i 에서의 전역 마스킹한계선 (global masking threshold) $M_G(z_i)$ 는 다음과 같이 개별 마스킹 한계선과 가청한계선의 파워를 더해 구할 수 있다.

$$M_G(z_i) = 10\log_{10}\left[10^{\frac{M_q(z_i)}{10}} + \sum_{j=1}^{m} 10^{\frac{M_{Tj}(L_j, z_i, z_j)}{10}} + \sum_{k=1}^{n} 10^{\frac{M_{Nk}(L_k, z_i, z_k)}{10}}\right]$$

여기서 M_q 는 Bark 위치 z_i 에서의 가청한계선을 말하고, M_{tj} 는 j 번째 음 마스커의 마스킹 한계선을 말하며, M_{Nk} 는 k 번째 잡음-유형 마스커에 의한 마스킹 한계선을, m 은 전체 음 마스커의 개수, 그리고 n 은 전체 잡음-유형 마스커의 개수를 말한다.

5.2.7 SMR 계산

주-오디오 코딩 경로에서 PQMF 서브밴드의 저주파 대역은 하나 이상의 임계 대역을 포함하고 있다. 이 때문에 서브밴드 sb 에서의 마스킹 레벨 $M_{G\min}(sb)$ 은 간축된 주파수 성분에서 해당 서브밴드의 최소 마스킹 레벨로 결정되며 이를 이용해 다음과 같이 비트 할당 루틴에 전달할 신호대 마스크비 $SMR(sb)$ 을 결정할 수 있다.

$$SMR(sb) = L(sb) - M_{G\min}(sb)$$

여기서 $L(sb)$ 는 서브밴드 sb 에서의 신호레벨을 말한다.

5.2.8 심리음향 모델 1의 예

심리음향 모델 1의 계산과정을 좀 더 쉽게 이해하기 위해 [Pan 95] 논문으로부터 발췌한 그림 11부터 그림 13까지를 자세히 살펴보자. 그림 11은 잡음 스펙트럼 상에 단일 음 성분을 가진 입력신호의 주파수 스펙트럼을 보이고 있다. 그림 12의 위쪽 그림은 이 신호에서 검출된 각 마스커의 레벨과 주파수 위치($N = 1{,}024$ FFT에서 주파수 인덱스 k)를 나타낸다. 그림에서 보듯이 각 임계대역에서 음 마스커와 잡음 마스커를 뚜렷이 구별할 수 있다. 그림 12의 중간 그림은 가청한계선 아래에 놓여 있는 마스커와 강한 마스커 성분 이웃에 있는 마스커를 제거한 후 나머지 마스커만을 보이고 있다. 그림 12의 아래 그림은 간축된 주파수 위치에서의 전역 마스킹 한계선을 보이고 있다. 그림 13의 위쪽 그림은 입력신호 스펙트럼을 32개 임계대역으로 나눈 뒤 각 임계대역에서 계산한 SMR 값과 마스킹 곡선을 보이고 있다. 그림 13의 아래 그림은 64kb/s 데이터율에서 위쪽 그림의 SMR에 따른 비트 할당을 이용해 양자화한 후 다시 디코딩한 결과 신호를 보이고 있다.

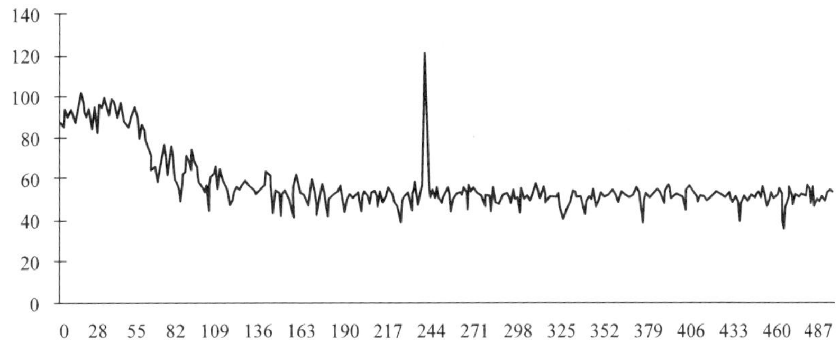

그림 11 48kHz 샘플링 비율에서 11.250kHz 사인파에 저역통과 필터링된 잡음이 더해짐; 여기서 가로축은 FFT 주파수 인덱스를, 세로축은 신호의 dB 강도를 나타내고 있음 ([Pan 95] ©1995 IEEE)

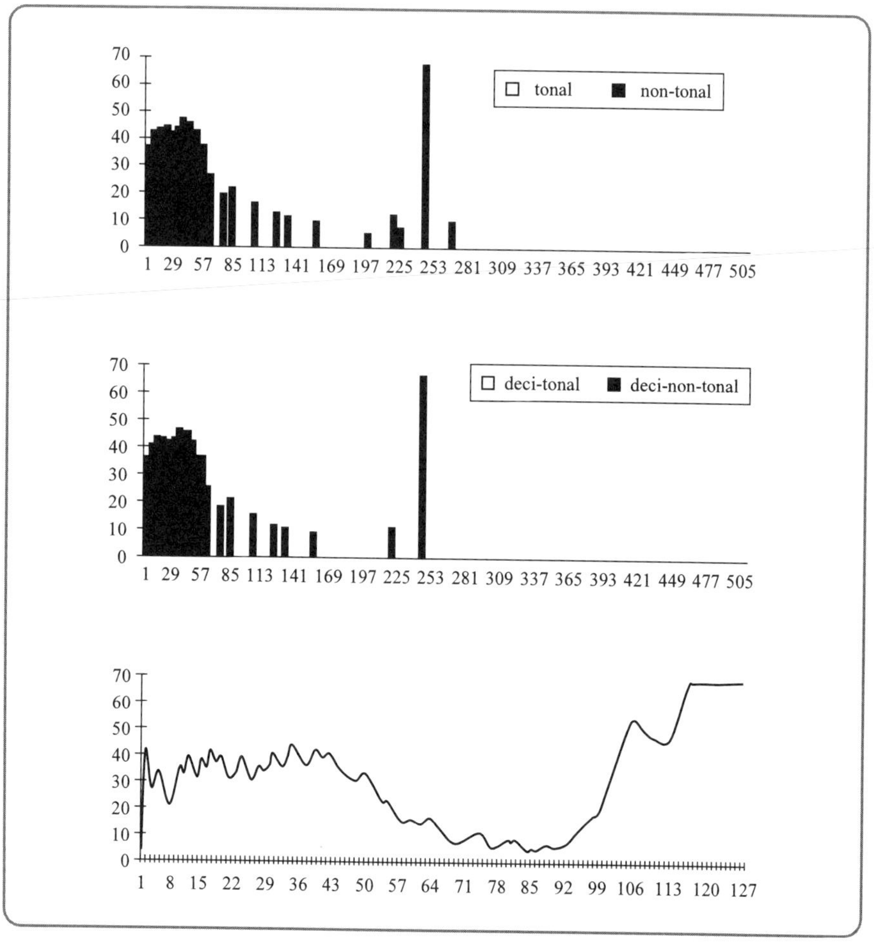

그림 12 MPEG 심리음향 모델 1의 처리과정([Pan 95] ©1995 IEEE)

5.3 심리음향 모델 2

심리음향 모델 2는 신호처리와 연산과정에 모델 1과 많은 차이를 가지고 있다. 그림 14는 심리음향 모델 2의 블록도를 나타낸다. 그림에서 2개 병렬처리 경로가 있음을 주목하자. 이 경로 중 하나는 마스킹 에너지(masking energy)를 계산하고 다른 하나는 순음성 인덱스(tonality index)를 계산한다. 이외에도 모델 2는 마스커를 간축하는 과정이 없다.

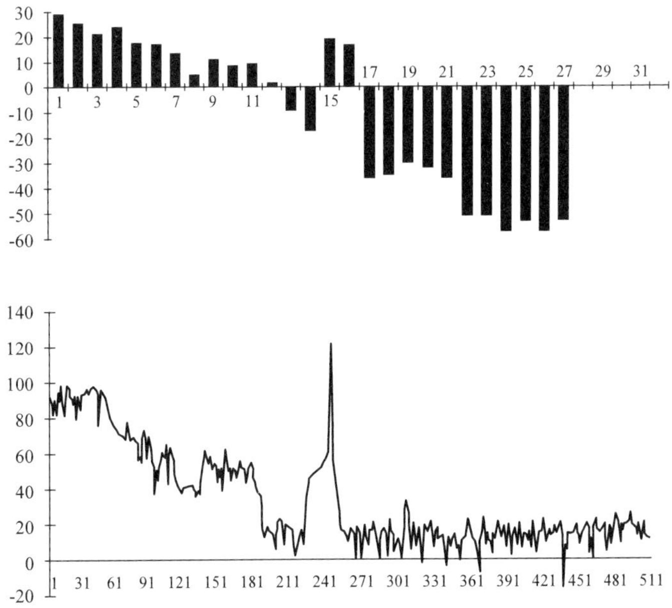

그림 13 MPEG 심리음향 모델 1의 SMR 값(위쪽 그림)과 64kb/s 로 코딩된 오디오 데이터 ([Pan 95] © 1995 IEEE)

5.3.1 심리음향 모델 2 분석단계

심리음향 모델 1에서 언급한 것처럼 심리음향 모델 2 또한 시간-정렬된 신호 샘플에 해닝 윈도우를 취해 FFT를 계산한다. 모델 2에서 FFT 윈도우의 크기는 1,024 샘플이며, 계층 Ⅱ와 Ⅲ는 각 프레임에서 2번의 FFT를 계산한다. FFT 입력블록의 중심은 주-오디오 경로상 입력블록의 첫 번째와 두 번째 절반의 중심에 맞추어져 있다. 모델 2는 FFT 분석결과를 이용해 마스킹 곡선과 각 서브밴드에서의 신호대 마스크비(SMR)를 계산한다. 각 서브밴드에서는 2개 신호대 마스크비(SMR) 중 큰 것이나 2개 마스킹 한계선 중 낮은 것을 선택한다.

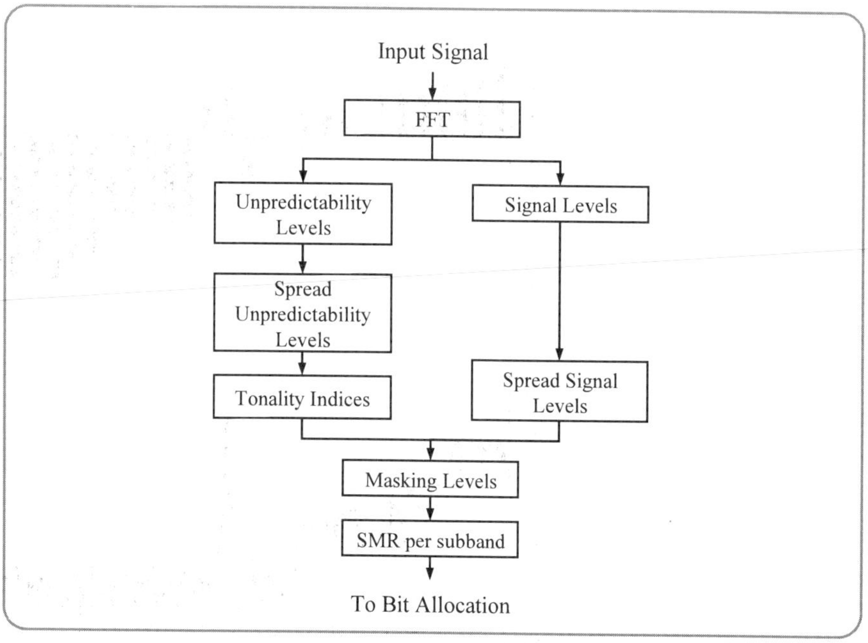

그림 14 MPEG 심리음향 모델 2 블록도

5.3.2 SPL 계산

모델 2에서 모든 주파수 성분들은 “한계선 연산 분할영역(threshold calculation partition)”으로 그룹핑되고, 이 분할영역의 폭은 해당 주파수 위치에서 임계대역의 1/3이나 1개 FFT 성분 폭 중 큰 것이 된다. 각 분할영역에서 해당 영역의 에너지 밀도를 더해 하나의 마스커 SPL을 계산한다.

신호 프레임에 대한 전체 마스킹 에너지는 확산함수와 각 신호 마스커를 콘볼루션해서 계산한다. 이 연산과정은 각 마스커 에너지를 주파수 상에 확산한 다음 상대적인 에너지를 모두 더한 것과 같다. 모델 2에 사용되는 확산함수는 모델 1에서 사용하는 것과 다르며 7장에서 논의했던 Schroeder 확산함수를 약간 수정한 형태이다.

5.3.3 모델 2 확산함수와 여기패턴

모델 2의 기본 확산함수는 다음과 같이 dB 단위의 $B(dz)$ 로 정의된다(그림 15 참조).

$$B(dz) = 15.8111389 + 7.5*(1.05*dz + 0.474) - 17.5*\sqrt{1.0 + (1.05*dz + 0.474)^2}$$
$$+ 8*MIN(0, (1.05*dz - 0.5)^2 - 2*(1.05*dz - 0.5))$$

여기서 dz 는 마스키와 마스커 간의 Bark 거리를 말한다. 만약 $dz < 0$ 이면 마스커가 마스키보다 고주파 대역에 놓여있다는 것을 의미한다. 수식에서 상수 1.05를 제외하면 수식의 첫 번째 줄이 Schroeder 확산함수와 정확히 일치하는 것을 주목하자. 수식의 두 번째 줄은 dz 가 0.5 ~ 2.5 값을 가질 때 이 함수를 하향 이동시키는 역할을 하고 있어 양수 dz 에 대해 2개-기울기 모양을 갖는다(그림 15 참조). 또한, 6장의 실험 데이터에서는 확산함수가 음압 레벨에 의존하는 것으로 알려졌으나, 위 수식의 확산함수는 음압 레벨에 의존하지 않는다는 것을 주목할 필요가 있다.

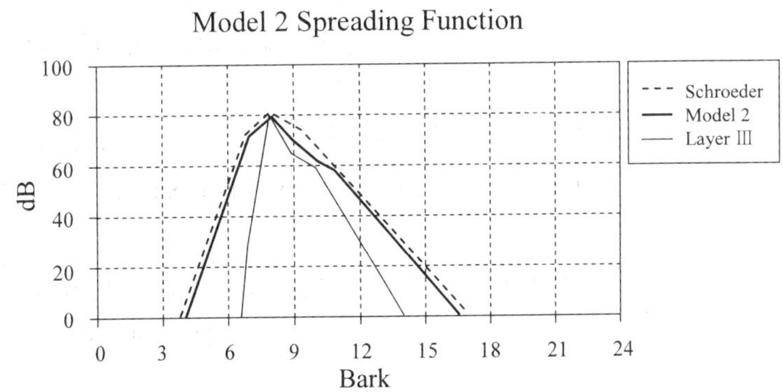

그림 15 MPEG 심리음향 모델 2의 확산함수, Schroeder 확산함수, 계층 III에서 사용되고 있는 개선된 확산함수의 비교

심리음향 모델 2의 확산함수는 주파수 0과 상한 주파수 근처에서의 파워 값을 보존할 수 있도록 정규화되었다. 이러한 정규화 과정은 양수 FFT 주파수 범위에 놓여있는 평탄한 스펙트럼(flat spectrum)을 확산함수 $B(dz)$ 와 콘볼루션시키는 과정으로 해석할 수 있다. 이때 콘볼루션된 스펙트럼 파워는 콘볼루션 주파수 범위 밖의 스펙트럼 에너지가 0 값을 갖기 때문에 해당 주파수 범위 경계 부근에서 급격히 감소하는 현상이 발생하게 된다. 이러한 급격한 변화를 방지하려면 콘볼루션된 신호파워를 콘볼루션된 스펙트럼 파워로 나누는 방식으로 확산함수 $B(dz)$ 를 정규화한다. 만약 사람의 가청범위 경계에서 최소가청

한계 값이 주어져 있다면(6장 참조), 이러한 정규화 과정이 필요하지 않을 수도 있다. 한편, 전역 마스킹 한계선을 구하기 위해서는 각 분할영역에서 정규화된 신호 에너지를 해당 영역의 스펙트럼 순음성(tonality) 정도에 따라 하향 이동시켜야 한다.

5.3.4 순음성 인덱스

각 분할영역에서의 순음성 인덱스(tonality index)는 이전 2개 프레임의 주파수 성분으로부터 신호를 얼마나 잘 예측할 수 있는지에 따라 계산된다 [Brandenburg ad Johnston 90]. 각 프레임 m과 각 주파수 성분 k에서 신호 진폭 $A_m[k]$, 위상 $\phi_m[k]$은 다음과 같이 이전 2개 프레임에서 구한 값들을 선형보간(linear interpolation)해 예측할 수 있다.

$$A'_m[k] = A_{m-1}[k] + \{A_{m-1}[k] - A_{m-2}[k]\}$$
$$\varphi'_m[k] = \varphi_{m-1}[k] + \{\varphi_{m-1}[k] - \varphi_{m-2}[k]\}$$

여기서 $A'_m[k]$과 $\phi'_m[k]$은 예측된 값을 말한다. 이때 예측된 값들을 다음과 같이 "비예측 측정(unpredictability measure)"으로 변환할 수 있다.

$$c_m[k] = \frac{\sqrt{\{A'_m[k]\cos\varphi'_m[k] - A_m[k]\cos\varphi_m[k]\}^2 + \{A'_m[k]\sin\varphi'_m[k] - A_m[k]\sin\varphi_m[k]\}^2}}{A_m[k] + |A'_m[k]|}$$

여기서 $c_m[k]$는 현재 값이 정확하게 예측될 수 있을 때 0이 되고, 예측 값이나 실제 신호파워 둘 중 하나가 다른 하나보다 현저하게 높을 때 1이 된다.

이제 순음성 인덱스는 다음과 같이 구해질 수 있다. 먼저, 비예측 측정을 각 분할영역의 에너지로 가중한 뒤 분할영역별 비예측 측정을 유도한다. 이때 분할영역별 비예측 측정을 확산함수로 콘볼루션시킨다. 이 결과를 신호 에너지와 확산함수를 콘볼루션 한 결과로 정규화시킨 다음, 분할영역 인덱스의 함수로 순음성 인덱스를 0 ~ 1 사이의 값으로 계산한다. 순음성 인덱스는 비예측이 높을 때 0에 가깝고, 비예측이 낮을 때 1에 근접한다. 여기서 주목해야 할 사실은 순음성 인덱스가 비예측 측정과 특정 주파수에서의 마스킹 에너지를 결정하는 확산함수와의 콘볼루션 결과이기 때문에, 특정 주파수에서의 순음성 인덱스는 해당 주파수에서 제일 우세한 마스커 순음성을 반영하고 있다는 사실이다.

5.3.5 마스킹 한계선

이전 절의 계산절차에 의해 각 분할영역에서 구해진 순음성 인덱스는 각 분할영역의 신호 에너지에 대한 하향이동 $\Delta(z)$ 를 결정하는 데 사용된다. 이때 하향 이동된 신호 에너지를 확산함수와 콘볼루션시켜 최종 전역 마스킹 한계선을 구하게 된다. 하향이동 $\Delta(z)$ 는 순음성 인덱스가 0(잡음 마스커)일 때 5.5dB 로부터 순음성 인덱스가 1(순음 마스커)일 때 표준안의 주파수에 따른 dB 값까지 순음성 인덱스에 기반해 선형적으로 보간된다. 이때 보간된 $\Delta(z)$ 를 표준안에 정의된 최소 값(스테레오 역마스킹 현상(unmasking effect)을 조절하는 값)과 비교해 이 중 큰 값이 하향이동에 사용된다.

5.3.6 SMR 계산

각 "한계선 연산 분할영역"의 마스킹 레벨은 이 레벨과 해당 영역의 최소가청한계선을 비교해 이 중 큰 값으로 설정되며 이 결과는 신호 마스킹 한계선을 나타낸다. 이 방법이 최소가청한계선에 마스킹 파워를 더해 신호 마스킹 한계선을 구하는 모델 1과 다름을 주목하자. 모델 2에서는 각 분할영역의 마스킹 한계선 값을 해당 분할영역의 주파수 성분 수로 나누어 해당 분할영역의 마스킹 에너지가 모든 주파수 성분에 골고루 반영될 수 있도록 한다. 최종적으로는 신호 마스킹 한계선과 해당 파워 스펙트럼 밀도(PSD, Power Spectrum Density)를 코더의 스케일팩터 서브밴드(다음 절 참조)로 변환해 각 서브밴드의 신호대 마스크비(SMR)를 계산하게 된다. 이때 SMR 값들을 비트 할당 루틴으로 전달해 각 서브밴드에 할당되는 비트 수를 결정할 수 있다.

5.3.7 심리음향 모델 2의 예

그림 16과 17은 그림 11에 있는 신호를 심리음향 모델 2로 처리하는 과정을 나타낸다[Pan 95]. 그림 16은 임계대역 주파수 영역의 1/3 정도 크기에 해당하는 62개 분할영역에서의 신호레벨, 확산레벨(위쪽 그림), 그리고 순음성 인덱스(아래 그림)를 보이고 있다. 그림 17의 위쪽 그림은 FFT 주파수 영역에서 신호에너지와 순음성 인덱스를 콘볼루션해서 구한 마스킹 한계선을 보이고 있다. 그림 17의 중간 그림은 각 코더 스케일팩터 대역에서의 SMR 값을 보이고 있다. 그림의 dB 값은 모델 1과 비교해 약 50dB 정도 차이가 나는데 이는 SPL 계산에서 다른 정규화 과정을 적용했기 때문이다. 양쪽 그림의 순음 피크 레벨

을 비교하면 이것을 쉽게 확인할 수 있다.

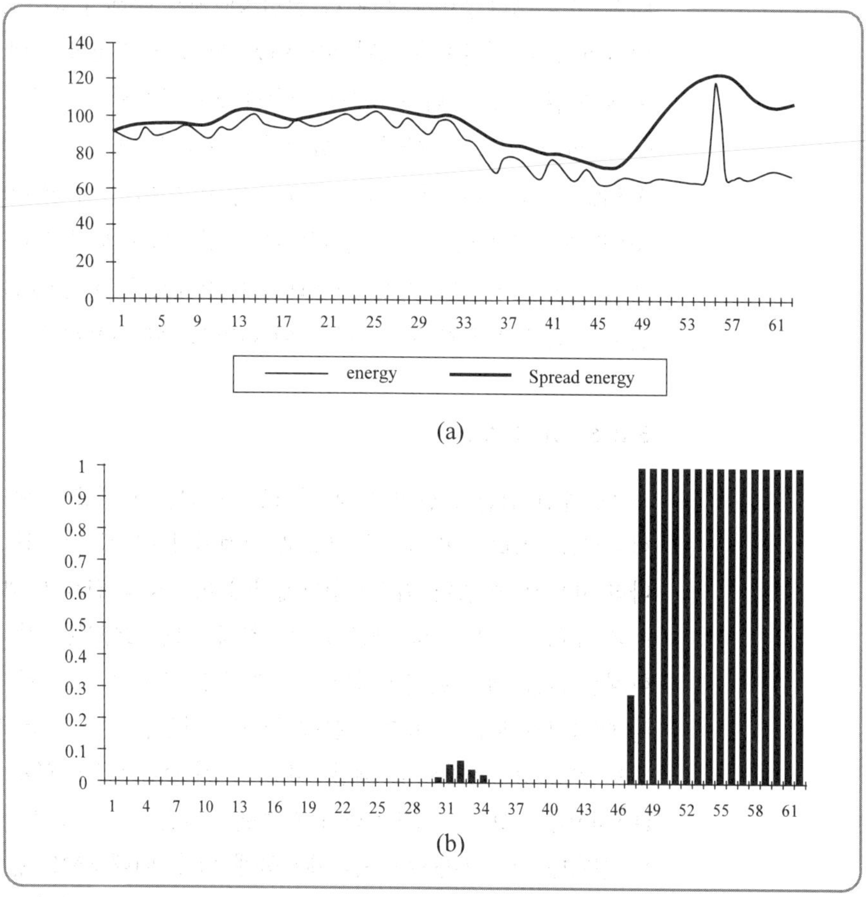

그림 16 MPEG 심리음향 모델 2 처리과정; 가로축은 분할영역 인덱스, 세로축은 dB 단위의 신호 에너지와 확산 에너지(위쪽 그림), 순음성 인덱스(아래쪽 그림)([Pan 95] 1995 IEEE).

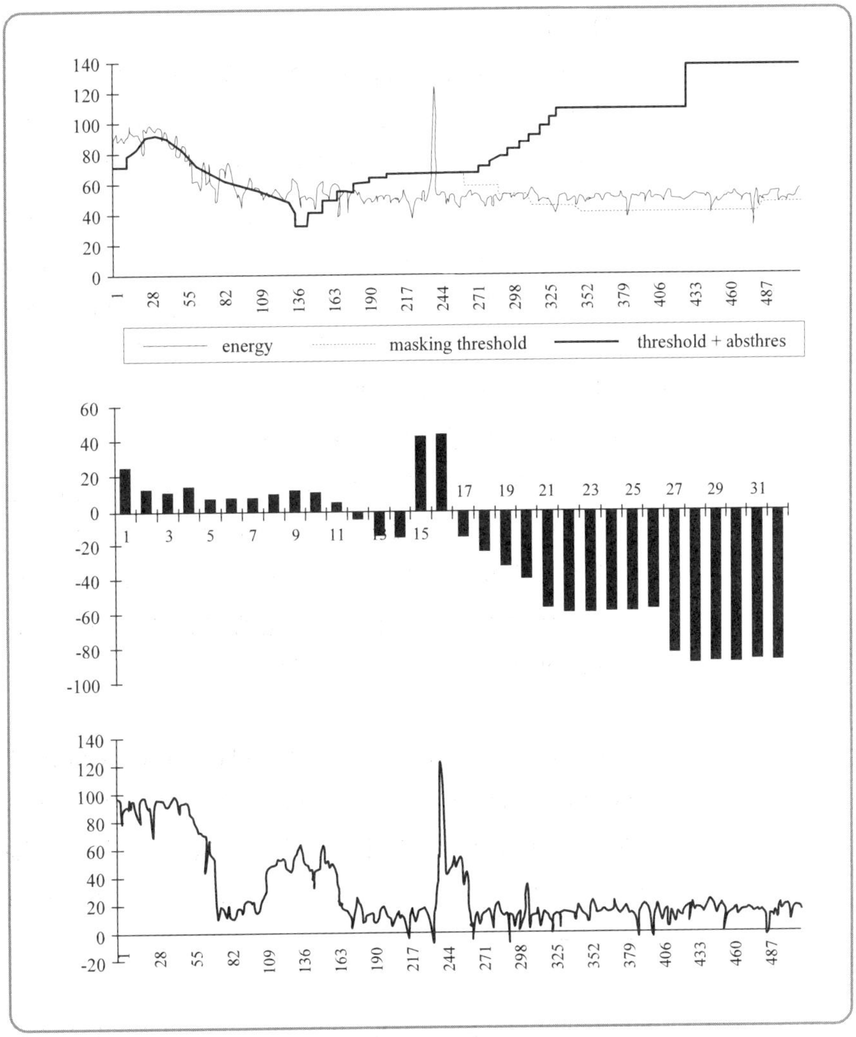

그림 17 MPEG 심리음향 모델 2 처리과정; 원 신호와 계산된 마스킹 한계선(위쪽 그림); SMR 값(중간 그림); 64kb/s 로 코딩된 신호(아래 그림) ([Pan 95] 1995 IEEE).

5.3.8 계층 III에 적용된 심리음향 모델 2

계층 III에 적용된 심리음향 모델 2는 계층 III의 복합 필터뱅크와 블록-스위칭 기능을 포함한 몇 가지 다른 특성으로 인해 약간 변경된 형태를 갖는다. 주요 차이점은 다음과 같다.

- 계층 III 모델은 FFT를 병렬로 두 번 계산한다 – 한 번은 긴 블록 FFT로 다른 한번은 짧은 블록 FFT로 하는데 여기서 짧은 블록은 256 샘플로 구

성된다.

- 두 개 FFT 결과를 결합해 비예측 측정을 계산한다.
- 확산함수(그림 15 참조)가 더 빠르게 감소하는 특성을 갖도록 변경되었다. 확산함수의 $1.05 * dz$ 항이 음수 값의 dz (마스커가 마스키보다 낮은 주파수에 있을 때)에 대해 $1.5 * dz$ 로 대치되고 양수 값의 dz (마스커가 마스키보다 높은 주파수에 있을 때)에 대해서는 $3.0 * dz$ 로 대치된다.
- 음을 마스킹하는 잡음의 경우 하향이동은 5.5dB 에서 6.0dB 로 바뀌었고, 잡음을 마스킹하는 음의 경우에는 주파수에 대한 룩업표(look-up table)에서 상수 29.0dB 로 바뀌었다.
- 마스킹 한계선을 이전 2개 프레임의 마스킹 한계선을 스케일링한 것과 비교해 프리-에코를 감소시킨다. 마스킹 한계선을 최소가청한계선과 비교하기 전에 이 마스킹 한계선과 이전 2개 프레임의 마스킹 한계선 중 적은 것으로 설정한다(바로 전 프레임보다 2배 큰 것이 사용되고 2개 이전 프레임보다는 16배 큰 것을 이용함). 이렇게 함으로써 매우 조용한 신호에 대한 마스킹 한계선을 감소시킬 수 있다.

과도신호는 “심리음향 엔트로피(psychoacoustic entropy)”나 “지각 엔트로피(perceptual entropy)로 불리는 PE(7장 참조)에 기반해 검출할 수 있으며, PE는 전체 블록에 걸쳐 한계값이 가중된 에너지(threshold-weighted energy)의 기하평균에 로그를 취해 구한다. 표준의 정보제공 파트에 다음과 같은 공식이 수록되어 있다.

$$PE = \sum_{partition\ b} n_b \log_2\left(1. + \sqrt{energy_b / threshold_b}\right)$$

여기서 n_b 는 분할영역 b 에 있는 주파수 스펙트럼 개수, $energy_b$ 는 분할영역 b 의 개별 스펙트럼 에너지 합, 그리고 $threshold_b$ 는 분할영역 b 의 마스킹 한계선에 대한 에너지이다. 위 수식의 PE는 마스킹 곡선이 주어져 있을 때 신호의 투명한 코딩(transparent coding, 즉 지각적으로 원음과 거의 동일한 음질)을 달성하는 데 필요한 블록당 최소 비트 수를 말한다. 만약 심리음향 엔트로피가 특정 값 이상이면, 즉 $PE > 1800$ [ISO/IEC 11172]이면 신호는 과도신호로 판정된다. PE는 스펙트럼 에너지(마스킹 한계선으로 정규화됨)의 기하평균을 효과적으로 측정할 수 있기 때문에 주파수 스펙트럼의 지각적인 평탄도

(perceptual flatness)를 측정하는 데 이상적이다. 8장에서 보았듯이 높은 기하평균은 평탄한 스펙트럼을 의미한다는 것을 기억하자. 급격한 신호 변화는 더 넓게 퍼져있는 주파수 성분을 의미하기 때문에 이 모델에서 신호의 날카로운 변화는 평탄한 스펙트럼에 해당한다. 그림 18은 과도신호 검출 여부에 따라 사용할 수 있는 윈도우 순환을 나타낸다. 각 윈도우-형태에 해당하는 신호대 마스크비(SMR)는 PQMF 서브밴드가 아닌 스케일팩터 분할영역에서 계산된다.

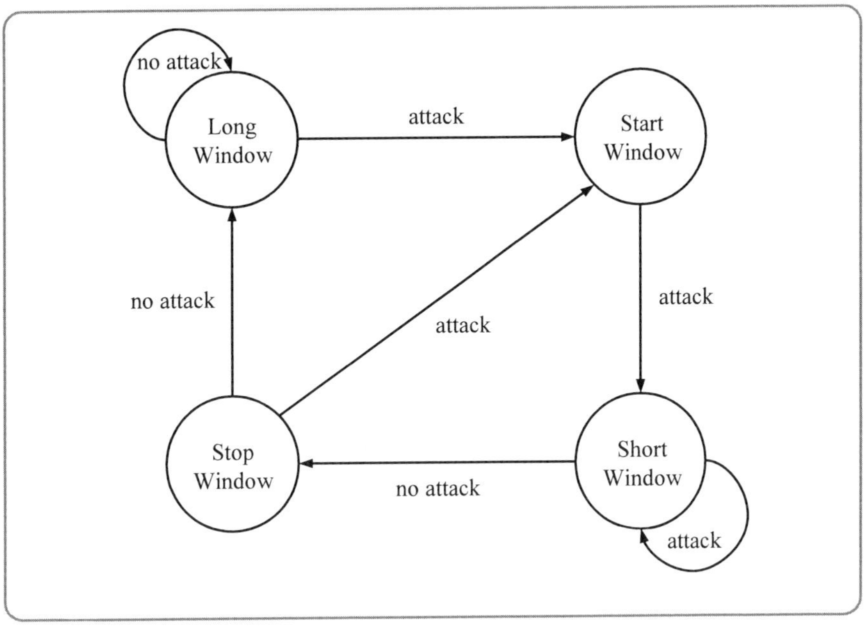

그림 18 계층 III의 블록 스위칭 상태도[ISO/IEC 11172-3]

6 MPEG-1 오디오 구문

MPEG 오디오 비트열은 코딩 데이터를 구분하기 위해 일정 간격으로 떨어져 있는 프레임 헤더(frame header)를 사용한다. 그림 19는 MPEG-1 오디오 계층 Ⅰ, Ⅱ, Ⅲ 모두에 대한 데이터 프레임 구조를 보이고 있다. 계층 Ⅰ의 프레임 크기는 12*32=384 샘플이다. 계층 Ⅱ와 Ⅲ는 서브밴드당 12개 샘플로 구성된 3개의 샘플입자(granule로 불림)를 프레임으로 그룹핑해 총 1,152 샘플이 된다. 그림 20은 32비트 MPEG 오디오 헤더를 보이고 있다. 동기워드(synch word)를 나타내는 12개의 1 다음으로 MPEG ID 비트(1이면 MPEG-1 오디오 비트열)와 계층 식별자(layer identification, 2비트)가 있다. 이후로는 에러방지 비트, 비트율 인덱스(4비트), 샘플링 주파수(2비트), 패딩(padding) 및 사설(private) 비트, 재생모드(스테레오, 결합 스테레오, 이중 채널, 단일채널), 모드 확장 등이 뒤따른다. 그림 21은 3개 계층의 프레임 포맷을 나타낸다. MPEG 오디오의 계층별 구문 구조를 이해하려면 각 계층에 적용된 다양한 코딩 옵션들을 자세히 살펴볼 필요가 있다.

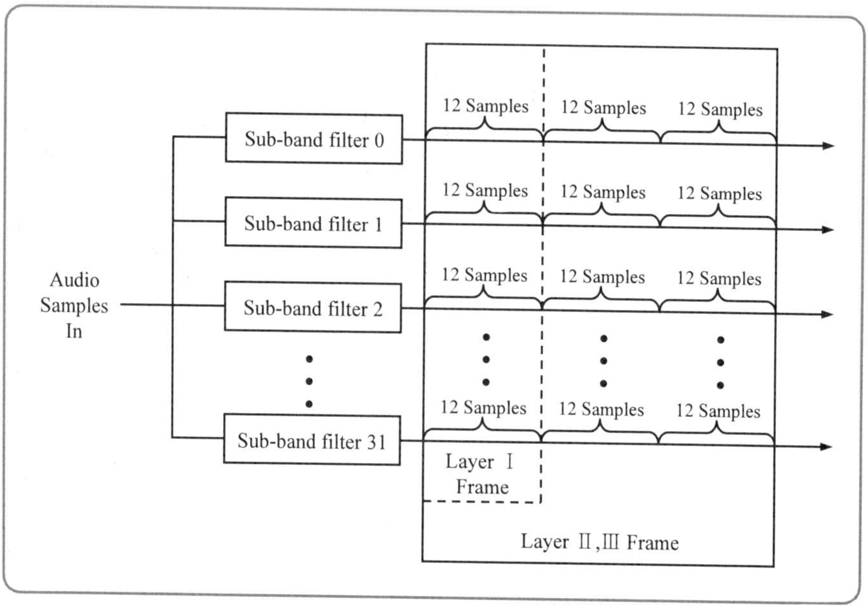

그림 19 MPEG-1 오디오 계층 Ⅰ, Ⅱ, Ⅲ의 데이터 프레임 구조

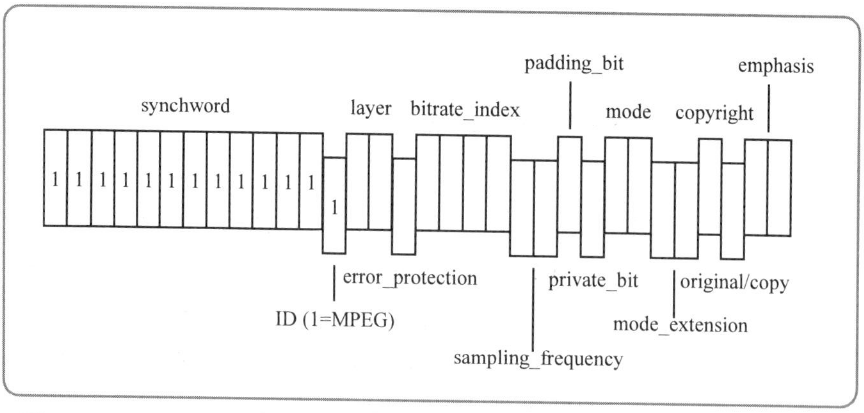

그림 20 MPEG-1 오디오 헤더

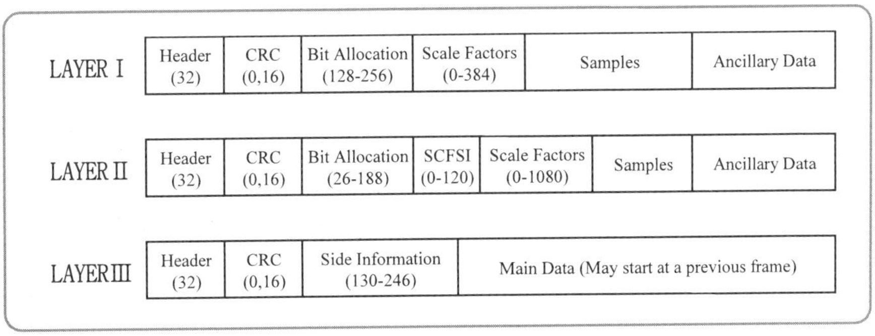

그림 21 MPEG-1 오디오 프레임 포맷

6.1 계층 I

계층 I은 오디오 데이터를 384 샘플그룹 단위로 인코딩한다. 각 프레임의 데이터는 48kHz 샘플링 비율에서 8ms 분량의 오디오 신호에 해당하며, 인코딩 데이터는 비트 할당 정보, 스케일팩터, 양자화된 샘플로 구성된다. 계층 I 프레임은 헤더와 오디오 데이터 이외에도 선택적으로 16-비트 CRC(Cyclic redundancy code) 에러검출 워드와 보조 데이터를 포함할 수 있다(그림 21의 위쪽 참조).

6.1.1 스케일팩터 계산

그림 22는 계층 I과 II의 인코딩 과정을 보이고 있다. 계층 I과 II는 PQMF 분석 필터뱅크를 거쳐 각 서브밴드에서 스케일팩터(scale factor)를 계산한다. 각 서브밴드의 12개 주파수 샘플입자당 하나의 스케일팩터가 계산되고 6비트로 표현된다. 12-샘플 입자에서 가장 큰 절대값을 찾아 이를 표준안과 표 1에 정의된 룩업표를 참조해 스케일팩터로 변환한다. 샘플입자 내 샘플들은 이 스케일팩터로 나누어진 뒤 양자화되며, 이때 스케일팩터의 동적 범위는 120dB에 이른다.

스케일팩터는 해당 대역의 비트 할당이 0이 아닐 때만 전송된다. 계층 I 프레임에서 스케일팩터들을 전송할 때 소용될 수 있는 최대 비트 수는 스테레오 모드에서 6*32*2=384비트이고 모노 모드에서 6*32=192비트이다.

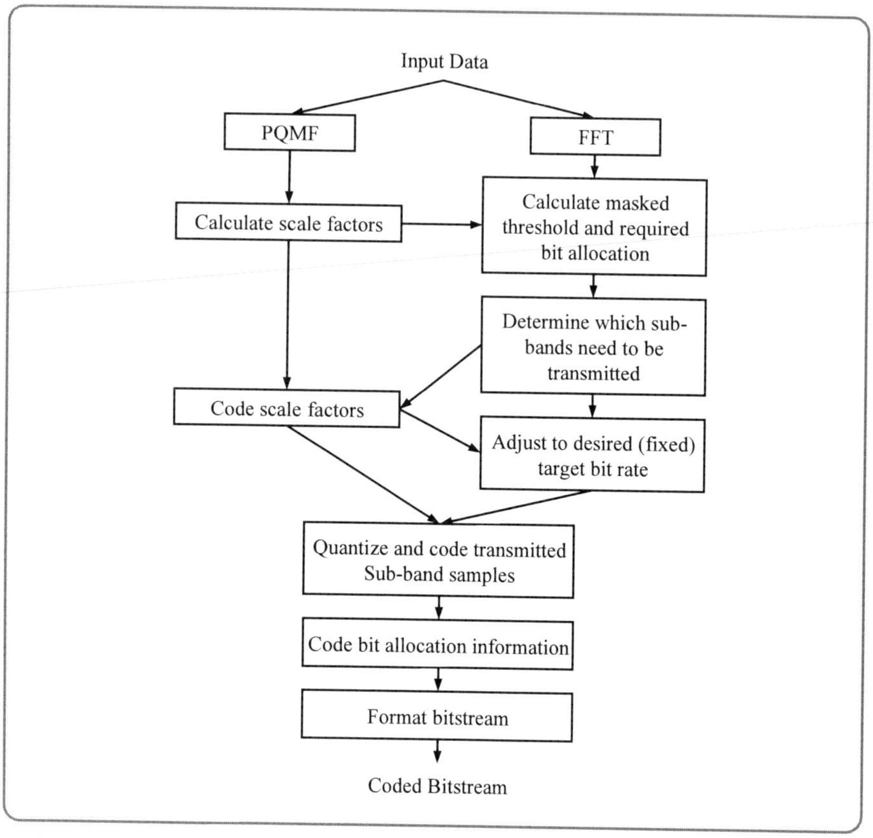

그림 22 MPEG-1 오디오 계층 I과 II 인코더의 기본 구조[ISO/IEC 11172-3]

6.1.2 비트 할당과 양자화

각 프레임에서 오디오 샘플을 양자화할 때 사용될 수 있는 비트 수는 데이터율에서 헤더, CRC, 비트 할당, 스케일팩터, 그리고 보조 데이터를 전송하는 데 필요한 비트 수를 뺀 것과 같다.

계층 I 에서 서브밴드 샘플을 양자화할 때 사용할 수 있는 비트 수는 0 ~ 16비트이며 이때 midtread 양자화기의 고유 특성으로 인해 1비트 할당은 제외한다(2장 참조). 각 채널에서 개별 서브밴드에 대한 비트 할당 정보는 4-비트 코드로 교환하며, 0값은 0비트를 의미하며 4-비트 코드는 실제 할당된 비트 수에서 1을 뺀 값을 나타낸다. 예를 들어, 코드 값이 5라면 실제 서브밴드에 할당된 비트는 6비트가 된다. 코드 값 15는 사용할 수 없다. 비트 할당 정보를 전송하는 데 필요한 비트 수는 단일채널 모드에서 4*32=128비트이고 스테레오 모드에서는 4*32*2=256비트이다.

표 1 MPEG 오디오 계층 I과 II의 스케일팩터[ISO/IEC 11172-3]

Scale Factor Index	Scale Factor Value	Scale Factor Index	Scale Factor Value
0	2.00000000000000	32	0.00123039165029
1	1.58740105196820	33	0.00097656250000
2	1.25992104989487	34	0.00077509816991
3	1.00000000000000	35	0.00061519582514
4	0.79370052598410	36	0.00048828125000
5	0.62996052494744	37	0.00038754908495
6	0.50000000000000	38	0.00030759791257
7	0.39685026299205	39	0.00024414062500
8	0.31498026247372	40	0.00019377454248
9	0.25000000000000	41	0.00015379895629
10	0.19842513149602	42	0.00012207031250
11	0.15749013123686	43	0.00009688727124
12	0.12500000000000	44	0.00007689947814
13	0.09921256574801	45	0.00006103515625
14	0.07874506561843	46	0.00004844363562
15	0.06250000000000	47	0.00003844973907
16	0.04960628287401	48	0.00003051757813
17	0.03937253280921	49	0.00002422181781
18	0.03125000000000	50	0.00001922486954
19	0.02480314143700	51	0.00001525878906
20	0.01968626640461	52	0.00001211090890
21	0.01562500000000	53	0.00000961243477
22	0.01240157071850	54	0.00000762939453
23	0.00984313320230	55	0.00000605545445
24	0.00781250000000	56	0.00000480621738
25	0.00620078535925	57	0.00000381469727
26	0.00492156660115	58	0.00000302772723
27	0.00390625000000	59	0.00000240310869
28	0.00310039267963	60	0.00000190734863
29	0.00246078330058	61	0.00000151386361
30	0.00195312500000	62	0.00000120155435
31	0.00155019633981		

비트 할당 루틴은 반복 처리과정으로 모든 비트 할당 코드와 스케일팩터 전송에 필요한 비트 수를 0으로 초기화한 다음, 각 반복 과정마다 다음 과정에서 할당 가능한 비트 수가 남아있지 않을 때까지 가장 높은 잡음대 마스크비(NMR, Noise-to-Mask Ratio)을 갖는 서브밴드에 추가로 비트를 할당해 나간다.

각 서브밴드의 NMR은 신호대 마스크비(SMR, 심리음향 모델에서 계산됨)와 신호대 잡음비(SNR, 서브밴드에 할당되는 비트 수에 따라 룩업표로부터 구할 수 있음)의 차이로 계산된다. 각 반복과정에서 서브밴드가 추가적인 비트를 할당 받는 데 문제가 없을 때까지(즉, 15비트보다 작을 때까지) 가장 높은 NMR을 가진 서브밴드에 추가적인 양자화 비트를 할당한다. 만약 비트가 전혀 할당되지 않은 서브밴드가 가장 높은 NMR을 가지고 있다면 이 서브밴드에는 2비트가 할당되고 이 서브밴드의 스케일팩터를 전송하기 위한 비트를 따로 준비해야 한다.

일단 비트 할당이 결정되면 각 서브밴드 샘플은 스케일팩터로 나누어지고 midtread 균일 양자화기로 양자화되는데 여기서 양자화 스텝 수는 해당 서브밴드의 비트 할당으로 결정된다.

6.2 계층 II

계층 Ⅱ 알고리즘은 기본적으로 계층 Ⅰ과 같은 구조를 가지고 있다(그림 22 참조). 하지만, 계층 Ⅱ 프레임은 크기가 증가하여 12개 서브밴드 샘플로 구성된 3개의 샘플입자를 가지게 되고, 이는 프레임당 총 12*3*32=1,152 입력샘플에 해당하여 연속된 샘플입자 간의 중복성을 이용할 수 있는 장점을 갖게 된다. 각 프레임에서 코딩된 데이터는 48kHz 샘플링 비율에서 24ms 오디오 데이터에 해당한다.

6.2.1 스케일팩터와 스케일팩터 선택정보

계층 Ⅱ의 스케일팩터는 3개의 연속된 샘플입자 간에 공유될 수 있으며, 계층 Ⅰ과 같은 방법으로 계산된다(표 1 참조). 연속된 샘플입자 간의 스케일팩터 값들이 아주 유사하거나 사후-마스킹(post-masking)으로 인해 왜곡을 마스킹할 수 있을 때 1개나 2개의 스케일팩터만을 전송한다.

스케일팩터 선택정보인 SCFSI(Scale Factor Select Information)(그림 22의 중간 부분 참조)는 2비트로 코딩되고 프레임 내 연속된 3개 샘플입자에 대해 1개 또는 2개나 3개의 스케일팩터를 전송할지 결정한다. 3개의 스케일팩터를 전송해야 할 때는 SCFSI가 0이 되고, 2개의 스케일팩터를 전송할 때는 SCFSI가 1이 되며(처음 2개의 샘플입자에 해당하는 1개의 스케일팩터와 마지막 샘플입자에 대한 1개의 스케일팩터), SCFSI가 2일 때는 1개의 스케일팩터만을 전송한다. 한편, SCFSI가 3일 때는 2개의 스케일팩터를 전송한다(처음 샘플입자에 대한 1개의 스케일팩터, 나중 2개 샘플입자에 대한 1개의 스케일팩터).

SCFSI와 스케일팩터 모두 해당 서브밴드에서 비트 할당이 0이 아닐 때만 전송된다. 각 프레임에서 SCFSI에 사용되는 비트 수는 0 ~ 30*2*2=120비트 사이이며 스케일팩터에 사용되는 비트 수는 0 ~ 6*3*30*2=1,080비트 사이이다(계층 Ⅱ는 가장 높은 주파수 대역의 2개 서브밴드에 비트 할당을 허용하지 않기 때문에 최대 30개의 서브밴드에만 비트가 할당됨). [ISO/IEC 11172-3 참조]).

6.2.2 비트 할당과 양자화

계층 Ⅱ의 심리음향 모델과 비트 할당 과정은 계층 Ⅰ과 유사한 방식을 사용하고 있으나 36 서브밴드 샘플 프레임에 대해 계산된다는 점이 다르다. 또한, 계층 Ⅱ에서는 비트 할당 표들이 표준안에 규정되어 있어 각 서브밴드에서 샘플을 양자화할 때 사용 가능한 양자화 레벨들을 정의하고 있다. 계층 Ⅰ과 마찬가지로 각 서브밴드 샘플을 스케일팩터로 나눈 뒤 표준안에 사전-정의된 양자화 스텝을 갖는 균일 midtread 양자화기로 양자화한다.

비트 할당은 샘플링 비율과 목표 데이터율(target data rate)에 따라 표준안에 규정된 표를 참조해 수행된다. 비트 할당 코드는 서브밴드당 0 ~ 4비트 사이이며, 저주파 서브밴드를 코딩할 때 더 많은 비트를 사용한다. 계층 Ⅱ는 어떠한 경우에도 가장 높은 주파수 대역에 해당하는 2개 서브밴드에 비트를 할당할 수 없다. 이외에 다른 서브밴드는 16비트까지 양자화가 가능하다. 스테레오 신호의 경우 한 프레임의 비트 할당을 표현하기 위한 전체 비트 수는 적용되는 표에 따라 달라지며 26 ~ 188비트 사이이다.

표 2는 계층 Ⅱ 비트 할당 표의 한 예를 보이고 있다. 이 표는 채널당 32kb/s나 48kb/s의 데이터율에서 샘플링 비율이 44.1kHz와 48kHz일 때 만 적용할 수 있다. 표의 첫 번째 열은 서브밴드 번호 그리고 두 번째 열은 해당 서브밴드의 비트 할당을 전송할 때 사용할 수 있는 비트 수를 말한다. 나머지 열들은 해당 프레임의 서브밴드에서 36개 샘플을 양자화하는 데 사용될 수 있는 가능한 양자화 레벨 수를 표현하고 있다. 첫 번째 행의 숫자들은 각 양자화 스텝 수에 해당하는 비트 할당 코드를 말한다. 처음 2개 서브밴드의 비트 할당을 코딩하기 위해 4비트를 사용할 수 있고, 다음 6개 서브밴드의 비트 할당을 코딩할 때는 3비트를 사용할 수 있지만, 나머지 고주파 서브밴드에는 비트가 할당되지 않은 것을 주목하자. 이 표는 총 26비트가 비트 할당에 사용될 수 있다는 것을 보여주고 있다.

표 2 MPEG 오디오 계층 II 비트 할당표[ISO/IEC 11172-3]

B	N	0	1	2	3	4	5	6	7	8	9	10	11	12	13	14	15
0	4	-	3	5	9	15	31	63	127	255	511	1023	2047	4095	8191	16383	32767
1	4	-	3	5	9	15	31	63	127	255	511	1023	2047	4095	8191	16383	32767
2	3	-	3	5	9	15	31	63	127								
3	3	-	3	5	9	15	31	63	127								
4	3	-	3	5	9	15	31	63	127								
5	3	-	3	5	9	15	31	63	127								
6	3	-	3	5	9	15	31	63	127								
7	3	-	3	5	9	15	31	63	127								
8	0	-															
9	0	-															
10	0	-															
11	0	-															
12	0	-															
13	0	-															
14	0	-															
15	0	-															
16	0	-															
17	0	-															
18	0	-															
19	0	-															
20	0	-															
21	0	-															
22	0	-															
23	0	-															
24	0	-															
25	0	-															
26	0	-															
27	0	-															
28	0	-															
29	0	-															
30	0	-															
31	0	-															

표 2의 비트 할당표는 일반적인 midtread 양자화기에서 볼 수 없는 양자화 레벨 수를 가지고 있다. 일반적으로 N 비트 midtread 양자화기가 2^N-1 레벨을 가지고 있음을 기억하자. 예를 들어, 4비트 양자화기는 15개 레벨을 가질 수 있다. 이에 반해, 표 2는 5개와 9개의 레벨을 포함하고 있다. 5-레벨 midtread 양자화기는 샘플 값을 인코딩하는 데 3비트를 요구하는(2비트는 4개 레벨밖에는 처리하지 못함) 반면, 9-레벨 양자화기는 4비트를 필요로 한다(3비트는 8개 레벨밖에는 처리하지 못함). 처음에 보면 이러한 양자화기를 사용하는 것이 비트 낭비로 보일 수도 있지만, 연속된 샘플 값을 그룹핑함으로써 양자화된 데이터를 효율적으로 패킹할 수 있다는 것을 알 수 있다.

3, 5, 9-레벨 양자화 경우 연속된 3개 샘플(벡터)을 다음과 같이 5, 7, 10비트로 구성된 하나의 코드워드 v로 코딩한다.

$$v_3 = 9z + 3y + x$$
$$v_5 = 25z + 5y + x$$
$$v_9 = 81z + 9y + x$$

여기서 x, y, z 는 연속된 3개 서브밴드 샘플의 양자화 레벨 수를 말한다(0 ~ $N_{levels} - 1$ 까지 가능함), 이러한 벡터코딩(vector coding)을 사용함으로써 많은 비트를 낭비하지 않고도 더 적은 수의 양자화 레벨만으로 양자화를 수행할 수 있다.

이러한 벡터코딩은 각각의 양자화된 값에 비트를 할당하는 대신, 연속된 3개의 값을 조합해 비트를 할당함으로써 비트를 절약할 수 있다. 예를 들어, 연속된 3개 샘플 각각에 3-레벨 양자화기를 이용한다면 3*2=6비트를 필요로 하지만, 벡터코딩에서는 오직 5비트만을 이용해 코딩할 수 있다. 이러한 패킹은 3개 연속된 샘플 값의 가능한 조합이 3*3*3=27개이기 때문에 가능하고, 이 조합은 5-비트 코드로 표현될 수 있다(32개 항까지 표현할 수 있음). 이와 유사하게 3개의 연속된 샘플 각각에 5-레벨 양자화기를 적용한다면 3*3=9비트가 필요하지만, 가능한 조합 수가 5*5*5=125개이므로 이들을 7-비트 코드로 표현할 수 있다(128개 항까지 표현할 수 있음). 마지막으로, 3개의 연속된 샘플 각각에 9-레벨 양자화기를 적용한다면 3*4=12비트가 필요하지만, 가능한 조합 수가 9*9*9=729임으로 10-비트 코드로 표현할 수 있다(1,024개 항까지 표현 가능함).

일반적으로 계층 Ⅱ의 비트 할당, 스케일팩터, 양자화된 샘플들은 계층 Ⅰ보다 더욱 간결하게 처리되고 있어 더 많은 비트를 오디오 데이터를 코딩하는 데 사용할 수 있으며, 계층 Ⅱ는 주어진 데이터율에서 계층 Ⅰ보다 더 좋은 음질을 제공한다.

6.3 계층 Ⅲ

계층 Ⅲ는 계층 Ⅰ과 Ⅱ에 비해 필터뱅크와 심리음향 모델 계산과정이 다른 것 외에도(이전 절 참조), 더 복잡한 비트 할당과 양자화 루틴을 사용하고 있다. 또한, 계층 Ⅲ는 까다로운 유형의 신호를 코딩할 때 국부적으로 가변 데이터율(locally variable data rate)을 허용하고 있다. 표준에는 이러한 유형의 신호를 코딩할 때 동적으로 추가적인 비트를 제공할 수 있는 비트 저장소(bit reservoir)라는 것이 정의되어 있다. 계층 Ⅲ의 프레임 크기는 계층 Ⅱ와 마찬가지로 1,152 샘플이나 코딩된 오디오 데이터가 현재 프레임 범위 밖에서 시작될 수 있으며 이 시작 지점은 비트열 내에 후방 포인터(backward pointer)로 지정된다.

6.3.1 스케일팩터

계층 Ⅲ 알고리즘은 복합 필터뱅크의 스펙트럼 출력을 양자화와 코딩 블록에 입력한다(그림 4 참조). 이때 스펙트럼은 긴 블록과 짧은 블록의 경우 각각 21개와 12개 스케일팩터 대역(계층 Ⅰ과 Ⅱ의 32 PQMF 서브밴드 대신)으로 분할되는데 각 대역의 폭은 표준안의 룩업표로 지정된 임계 대역폭(critical bandwidth) 비율에 따른다. 표 3과 4는 48kHz 샘플링 주파수에서 긴 블록과 짧은 블록에 대한 스케일팩터 분할영역 예를 나타내고 있다.

표 3 F_s = 48kHz 샘플링 주파수에서 긴 블록에 대한 MPEG 오디오 계층 Ⅲ의 스케일팩터 분할영역[ISO/IEC 11172-3]

Scale factor band	Width	Start	End
0	4	0	3
1	4	4	7
2	4	8	11
3	4	12	15
4	4	16	19
5	4	20	23
6	6	24	29
7	6	30	35
8	6	36	41
9	8	42	49
10	10	50	59
11	12	60	71
12	16	72	87
13	18	88	105
14	22	106	127
15	28	128	155
16	34	156	189
17	40	190	229
18	46	230	275
19	54	276	329
20	54	330	383

표 4 $F_s = 48\text{kHz}$ 샘플링 주파수에서 짧은 블록에 대한 MPEG 오디오 계층 Ⅲ의 스케일팩터 분할영역[ISO/IEC 11172-3]

Scale factor band	Width	Start	End
0	4	0	3
1	4	4	7
2	4	8	11
3	4	12	15
4	6	16	21
5	6	22	27
6	10	28	37
7	12	38	49
8	14	50	63
9	16	64	79
10	20	80	99
11	26	100	125

계층 Ⅲ의 스케일팩터는 양자화 잡음레벨이 마스킹 한계선 아래에 놓일 수 있도록 양자화 스텝크기를 수정하는 역할을 한다[Brandenburg 87 and Johnston 89]. 즉, 계층 Ⅲ의 스케일팩터는 계층 Ⅰ과 Ⅱ처럼 샘플 값을 정규화하는 것과는 다른 역할을 한다. 계층 Ⅲ에서 샘플입자는 576개 주파수 성분으로 구성되어 있고 몇 개의 스케일팩터 선택 정보들이 매 2개 샘플입자마다 코딩된다. 계층 Ⅲ에서 SCFSI는 각 서브밴드 별로 1비트로 표현되고, 만약 각 샘플입자마다 다른 스케일팩터가 전송된다면 0으로, 만약 전송된 스케일팩터가 첫 번째 샘플입자뿐만이 아니라 두 번째 샘플입자에도 적용될 수 있다면 1이 된다. 하지만, 코더가 짧은 블록모드에서 동작한다면 항상 각 샘플입자마다 다른 스케일팩터를 전송해야 한다. 서브밴드 스케일팩터 외에도 전체 샘플입자를 위한 전역이득 스케일팩터(global gain scale factor)가 전체 양자화 스텝크기를 결정하는 데 사용된다.

6.3.2 비-균일 양자화와 허프만 코딩

계층 Ⅲ는 비-균일 midtread 양자화기를 사용하며 양자화하기 전 입력신호에 3/4 멱승을 취한다(2장 참조). 이와 반대로, 디코더는 역-양자화하기 전 양자화된 값에 4/3 멱승을 취하게 된다. 이러한 방식으로 큰 값들이 작은 값들보다 낮은 정확도로 양자화되지만, 낮은 입력신호 레벨에서의 신호대 잡음비(SNR)를 개선할 수 있다.

이외에도 계층 Ⅲ에는 정적 허프만 코딩(static Huffman coding)이 적용되고 있다. 인코더는 양자화된 스펙트럼 값들을 3가지 영역으로 분할하고, 각 영역은 해당 영역의 통계특성에 맞도록 설계된 허프만 코드표를 이용해 코딩된다. 인코더는 고주파에서 "전부 0값(all zeros)" 영역을 검출한다. 이 영역의 크기는 다른 두 영역의 크기로부터 도출할 수 있지만, 이들을 코딩할 필요가 없으며 유일한 제한점은 다른 두 영역 그룹의 값들이 짝수개이기 때문에 짝수개의 0 값을 포함하고 있어야만 한다는 점이다. "카운트 1(count 1)"으로 불리는 두 번째 영역은 –1, 0, +1로 구성된 연속 값들을 포함하고 있다. 이 영역에서는 연속된 4개 값을 동시에 허프만으로 인코딩하기 때문에, 이 영역의 크기는 4의 배수가 된다. 3번째 마지막 영역은 "큰값(big value)" 영역으로 불리며 스펙트럼 값들이 2개씩 쌍으로 코딩된다. 이 영역은 다시 3개 부분으로 나누어지는데 각 부분은 서로 다른 허프만 표를 이용해 인코딩된다. 전체적으로 16개의 허프만 코드표가 사용되며, 인코딩 과정 중에 각 분할영역의 신호 통계특성에 가장 잘 부합하는 허프만 표를 검색한다. 이러한 동적 검색을 이용해 코딩 효율성을 높일 수 있고 동시에 에러 민감도(error sensitivity)를 낮출 수 있다. 가장 큰 허프만 표는 16×16 개의 성분을 가지고 있다. 이보다 더 큰 값들은 에스케이프(escape) 체계로 사용된다.

인코더는 데이터율에 기초해 반복적으로 스펙트럼 값들을 양자화하고, 양자화된 값들을 표현하는 데 필요한 허프만 코드의 수를 계산하는 동시에 이때의 왜곡잡음(distortion noise)을 유도해 낸다. 만약 특정 스케일팩터 대역에서의 왜곡잡음이 심리음향 모델에서 계산한 마스킹 한계선을 넘게 되면 해당 스케일팩터를 상대적으로 증폭시켜 각 스케일팩터 대역의 양자화 스텝크기를 변화시킨다. 이러한 양자화 과정은 모든 스케일팩터 대역이 허용되는 왜곡 이하로 떨어질 때까지 계속되거나, 특정 대역에 최대 허용 값을 넘는 증폭을 만드는 스케일팩터가 발생하면 종료하게 된다.

6.3.3 비트 저장소

계층 Ⅲ의 비트열 포맷팅 루틴은 특정 프레임을 코딩할 때 평균 비트 수보다 적은 비트 수만이 사용되었다면 남은 비트를 비트 저장소에 기부하고, 나중에 비트를 많이 요구하는 신호를 코딩할 때 비트 저장소에 있는 비트를 사용할 수 있도록 하였다. 이러한 방식으로 계층 Ⅲ는 국부적인 가변 데이터율을 허용한다. 이 방식은 국부적으로 코더의 비트 요구 변화에 적응할 수 있을 뿐만이 아니라 프리-에코 현상을 완화하기 위해서도 사용된다. 비록 오디오 데이터 프레임을 코딩하기 위한 비트 수가 일정하지 않게 되지만 장기적 평균(long-term average)으로 볼 때는 일정한 데이터율이 된다. 목표 데이터율로부터의 편차는 항상 음수다. 이 말은 실제 데이터율이 채널용량을 절대 넘어 갈 수 없다는 것을 뜻한다. 목표 데이터율로부터 최대 편차는 디코더의 최대 허용 가능한 지연으로 제한된다. 표준안은 코드 버퍼(code butter)를 7,680비트로 제안해 고정된 값을 정의하고 있다. 48kHz 샘플링 비율과 320kb/s 데이터율에서 프레임당 평균 비트는 다음과 같다.

$$Number\ of\ bits\ per\ frame = 1152 * 320 / 48 = 7,680$$

이 값은 어떠한 경우에도 변하지 않는 수치이다. 계층 Ⅲ 데이터 비트열의 첫 번째 값은 해당 프레임의 오디오 데이터 시작 바이트 지점을 가리키는 9-비트 포인터(main_data_begin)이다. 그림 23은 계층 Ⅲ의 프레임 구조 예를 보이고 있다.

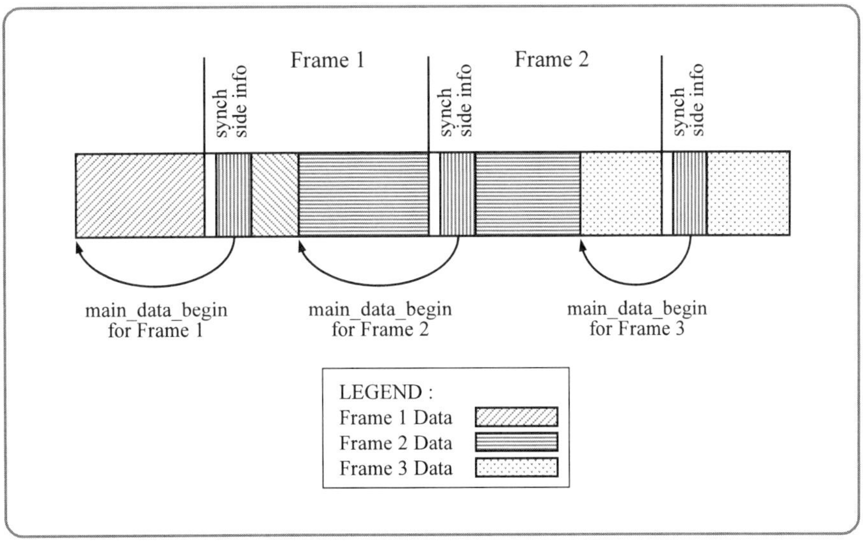

그림 23 계층 Ⅲ의 프레임 구조 예[ISO/IEC 11172-3]

7 스테레오 코딩

결합 스테레오 코딩(joint stereo coding)은 오디오 코딩 시스템의 데이터율을 한층 더 줄이고자 공간 중복성(spatial redundancy)과 무관성(irrelevancy)을 이용한다. 일반 스테레오 신호에서 왼쪽과 오른쪽 채널의 시간-영역 데이터 간에는 거의 상관성이 없지만, 신호의 파워 스펙트럼 상에는 강한 상관성이 존재한다[Brandenburg 98]. 스테레오 무관성은 사람의 청각시스템이 고주파에서 신호의 정확한 위치를 구별하는 능력이 떨어진다는 사실을 이용한다[Blauert 83]. 사람의 청각시스템은 약 2kHz 이상의 임계대역에서 스테레오 이미지를 지각할 때 신호의 세밀한 시간 구조보다는 공간에서의 최대 파워를 이용한다.

일반적으로 왼쪽과 오른쪽 채널의 결합 코딩은 높은 코딩이득(coding gain)을 제공한다. 그러나 스테레오 신호를 코딩할 때는 하나의 모노 신호를 투명하게 코딩(transparent coding)할 때보다 2배 이상의 데이터율을 요구하는 경우도 있다. 즉, 단일채널 코딩에서 마스킹될 수 있었던 잡음이 이중 모노로 인코딩된 스테레오 신호에서는 들릴 수도 있다는 이야기가 된다. 이러한 현상은 단일채널 신호로 표현된 신호의 마스킹 한계선과 스테레오로 표현된 신호의 마스킹 한계선에 차이가 있을 수 있다는 이야기다. 이러한 차이를 바이노럴 마스킹 레벨 차(BLMD, Binaural Masking Level Difference)[Blauert 83]라 부르며 이 현상은 저주파에서 두드러지게 나타난다. 한 예로 "칵테일 파티 효과(cocktail party effect)"를 들 수 있는데, 청취자는 큰 배경잡음 환경에서도 일부 사람들의 대화에 집중할 수 있으나 한쪽 귀를 막게 되면 같은 레벨의 대화라도 갑자기 이해하기 어려워진다는 사실이다. 청취자가 한쪽 귀로 대화를 들을 때에 비해 양쪽 귀로 대화를 들었을 때 대화 내용이 효과적으로 마스킹되지 않는다는 것을 의미한다. 이러한 현상을 스테레오 코딩에 적용해 해석하면 단일채널 모드에서 마스킹 되었던 코딩 인공잡음이 2채널로 동시에 즉, 이중-모노로 재생되었을 때 마스킹되지 않을 수도 있다는 것이다.

결합 스테레오 코딩의 기본 개념은 각 임계대역의 스테레오 평면을 입력 스테레오 신호의 주축 방향으로 적절히 회전시키는 것이다. 이러한 개념을 오디오 코딩에 적용한다는 것은 방향성 파라메터를 사이드 정보로 전송한다는 것과 같은 의미를 갖는다. 때로는 많은 양의 추가적인 사이드 정보가 필요할 때도 있어 코딩이득이 감소할 수도 있다. 학계에는 비교적 간단한 형태인 M/S(Mid/Sum) 스테레오 코딩과 세기 스테레오 코딩(intensity stereo coding)이 잘 알려져 있다[Johnston and Ferreira 92 and van der Waal and Veldhuis

91]. 이들 방법은 약간씩 중복된 개념을 포함하고는 있지만, 이들을 구현하는 핵심 기술은 많은 차이점을 가지고 있다.

M/S 스테레오 코딩은 신호의 중복성 제거에 초점을 맞추고 있으며 양자화 에러와 코딩에러가 없다고 가정한다면 전혀 손실이 없는 투명한 코딩(transparent coding)이다. M/S 코딩에서는 오직 두 가지 측면만이 고려된다. 왼쪽과 오른쪽 신호를 따로 전송하기보다는 정규화된 합(sum)과 차(difference) 신호를 전송한다. 이들은 각각 중간(middle 혹은 합) 신호와 사이드(side 혹은 차) 신호로 불린다. M/S 스테레오 코딩은 신호 유형에 따라 달성할 수 있는 코딩이득이 달라진다. 보통 왼쪽과 오른쪽 채널 신호가 완전히 같을 때나 π 만큼 위상 이동되었을 때 최대 이득을 달성할 수 있다. M/S 스테레오는 무손실 절차이기 때문에 전체 신호 스펙트럼에 적용될 수 있고, 특히 신호의 공간 속성을 유지할 수 있다는 장점이 있다. 그러나 어떤 경우에는 이 방식에 스테레오 무관성 개념 또한 적용될 수도 있다.

세기 스테레오 코딩(intensity stereo coding)은 신호의 무관성을 제거하는 데 초점을 두고 있으며, 신호의 고주파 성분을 축소된 공간 해상도로 코딩할 수 있다. 이 방식은 사람의 청각 시스템이 위상 정보보다는 양쪽 귀에 도달하는 상대적인 음 세기에 기초해 고주파에서 방향성을 탐지한다는 사실에 기반한다. 세기 스테레오 코딩에서는 왼쪽과 오른쪽 채널을 결합한 오직 한 채널만이 임계대역 별로 전송된다. 방향성 정보는 왼쪽과 오른쪽 채널 각각의 독립된 스케일팩터로 전달된다. 이 방식은 신호의 주요 공간 정보(spatial information)를 유지할 수 있는 장점이 있지만 구체적인 신호 정보를 잃어버릴 수 있는 단점도 있다. 세기 스테레오 코딩은 스테레오 신호의 에너지를 보전할 수 있지만 전송되지 않은 신호성분들로 인해 공간 정보 또한 잠재적으로 잃어버릴 수도 있다. 일반적으로 공간 정보를 잃어버린 음은 비트 부족으로 인한 잡음보다는 귀에 거슬리지는 않는다. 이러한 이유로 세기 스테레오 코딩은 주로 낮은 데이터율에서 사용된다. 세기 스테레오 코딩이 오직 고주파에만 적용된다는 것을 기억하자. 이 방식을 저주파에 잘못 적용하면 주요 공간 정보를 잃어버리는 심각한 왜곡을 가져올 수 있다. 세기 스테레오 코딩이 신호 스펙트럼 절반에만 적용된다고 가정할 때 시스템 데이터율의 약 20%를 절약할 수 있다[Brandenburg 98]. 세기 스테레오 코딩 이후 이 기술을 멀티채널 시스템에 확장 적용할 수 있는 기술들이 개발되었고 이들은 커플링 채널(coupling channel)[Davis 93], 동적 누화(dynamic crosstalk)[Stoll et al 94], 일반화된 세기 코딩(generalized intensity coding) 등으로 알려져 있다(더 자세한 사항은 다음 장 참조).

7.1 MPEG 오디오 스테레오 코딩

MPEG-1 오디오 코딩에는 M/S 스테레오 코딩과 세기 스테레오 코딩 기술이 적용된다. M/S 스테레오 코딩은 계층 Ⅲ에만 적용되고 세기 스테레오 코딩은 MPEG-1 오디오 모든 계층에 적용될 수 있다. 결합 스테레오 모드(MPEG 오디오 헤더의 24번째와 25번째 비트로 지정)에서는 왼쪽과 오른쪽 서브밴드 샘플의 합이 해당 서브밴드의 왼쪽과 오른쪽 채널의 스케일팩터와 함께 전송된다. 먼저 왼쪽과 오른쪽 채널에 필요한 데이터율을 계산하는 과정이 수행되며, 만약 이 데이터율이 목표 데이터율을 초과하면 몇 개의 서브밴드가 세기 스테레오 모드로 지정된다. 표준안에는 데이터율에 따라 세기 코딩이 적용될 서브밴드 수가 규정되어 있다(MPEG 오디오 헤더의 26번째와 27번째 비트로 지정). 결합된 서브밴드를 양자화할 때는 왼쪽과 오른쪽 채널 중 높은 비트 할당을 사용하며, 독립 서브밴드와 같은 방식으로 코딩된다. 결합 스테레오 모드에서는 공통 스케일팩터 외에도 해당 서브밴드의 방향성 스케일팩터가 독특하게 사용되며 이를 비트열에 포함해 전송한다.

7.1.1 M/S 스테레오 코딩

계층 Ⅲ는 결합 스테레오 모드에서 다음과 같은 경우에 M/S 스테레오 코딩을 적용할 수 있다.

$$\sum_{k=0}^{511}\left(l_k^2 - r_k^2\right) < 0.8\sum_{k=0}^{511}\left(l_k^2 + r_k^2\right)$$

여기서 l_k와 r_k는 심리음향 모델에서 계산한 FFT 스펙트럼 진폭이다. 왼쪽과 오른쪽 채널 값인 L_i와 R_i 대신 다음과 같이 M_i와 S_i 값이 전송되고 여기서 L_i와 R_i는 복합 필터뱅크의 스펙트럼 진폭 값이다.

$$M_i = \frac{R_i + L_i}{\sqrt{2}} \quad and \quad S_i = \frac{L_i - R_i}{\sqrt{2}}$$

M/S 신호를 코딩하려면 심리음향 모델에서 이를 위한 별도의 마스킹 한계선을 계산하고 이를 비트 할당 루틴에 적용해야 한다.

8 요 약

이 장에서는 MPEG-1 오디오의 주요 특징들을 살펴보았다. MPEG-1은 고음질 오디오를 위한 첫 번째 국제 표준으로 디지털 오디오 방송으로부터 인터넷 음악 유통에 이르기까지 다양한 응용 분야를 창출하였다. MPEG-1 오디오는 3개 계층으로 구성되어 있으며 계층이 높을수록 좀 더 고도화되고 복잡한 설계를 가지고 있으며 핵심 기술들로는 시간-주파수 변환, 심리음향 모델, 양자화 및 코딩, 비트열 포맷팅 등이 있다. MPEG-1은 채널당 32 ~ 448 kb/s 의 오디오 코딩을 이용해 지각적으로 무손실 음질을 재생하는 것을 목표로 한다. 다음 장에서는 MPEG-2와 MPEG-4 같이 더욱 향상된 MPEG 오디오 기술들을 살펴볼 것이다.

9 참고 문헌

[Blauert 83]: J. Blauert, *Spatial Hearing*, MIT Press, Cambridge, MA 1983.

[Bosi, Todd and Holman 93]: M. Bosi, C. Todd and T. Holman, "Aspects of Current Standardization Activities for High-Quality, Low Rate Multichannel Audio Coding,"

Proc. of the 1993 IEEE Workshop on Applications of Signal Processing to Audio and Acoustics, 2a.3, New Paltz, New York, October 1993.

[Brandenburg 87]: K. Brandenburg, "OCF-A New Coding Algorithm for High Quality Sound Signals", in Proc. ICASSP, pp. 141-144, May 1987.

[Brandenburg 98]: K. Brandenburg, "Perceptual Coding of High Quality Digital Audio", in *Applications of Digital Signal Processing to Audio and Acoustics*, M. Kahrs and K. Brandenburg (ed.), pp. 39-83, 1998.

[Brandenburg and Johnston 90]: K. Brandenburg and J. D. Johnston, "Second Generation Perceptual Audio Coding: The Hybrid Coder", presented at the 88th AES Convention, Preprint 2937, Montreux 1990.

[Brandenburg et al. 91]: K. Brandenburg, J. Herre, J. D. Johnston, Y. Mahieux, and E. F. Schroeder, "ASPEC-Adaptive Spectral Perceptual Entropy

Coding of High Quality Music Signals", presented at the 90th AES Convention, Preprint 3011, May 1991.

[Chiariglione 95]: L. Chiariglione, "The development an integrated audio-visual coding standard", Proceedings of the IEEE, Vol. 83 n. 2, pp. 151-157, February 1995.

[Davis 93]: M. Davis, "The AC-3 Multichannel Coder", presented at the 95th AES Convention, Preprint 3774 New York, October 1993.

[Dehéry, Stoll and Kerkhof 91]: Y. F. Dehéry, G. Stoll and L. v.d. Kerkhof, "MUSICAM Source Coding for Digital Sound", In Symp. Rec. Broadcast Sessions of the 17th Int. Television Symp., pp. 612-617, Montreux Switzerland, June 1991.

[Edler 92]: B.Edler, "Aliasing reduction in sub-bands of cascaded filter banks with decimation", Electronics Letters, Vol. 28, pp. 1104-1105, 1992.

[Edler 89]: B. Edler, "Coding of Audio Signals with Overlapping Transform and Adaptive Window Shape" (in German), Frequenz, Vol. 43, No. 9, pp. 252-256, September 1989.

[ETS 300 401 v2]: The European Telecommunications Standards Institute (ETSI), ETS 300 401 v2, "Radio Broadcasting Systems; Digital Audio Broadcasting (DAB) to Mobile, Portable and Fixed Receivers", 1995-1997.

[ETS 300 421]: The European Telecommunications Standards Institute (ETSI), ETS 300 421, "Digital Video Broadcasting (DVB); Framing Structure, Channel Coding and Modulation for 11/12 GHz Satellite Services", August 1997.

[ETS 300 429]: The European Telecommunications Standards Institute (ETSI), ETS 300 429, "Digital Video Broadcasting (DVB); Framing Structure, Channel Coding and Modulation for Cable Systems", August 1997.

[ETS 300 744]: The European Telecommunications Standards Institute (ETSI), ETS 300 744, "Digital Video Broadcasting (DVB); Framing Structure, Channel Coding and Modulation for Digital Terrestrial Television", August 1997.

[Fielder et al. 96]: L. D. Fielder, M. Bosi, G. A. Davidson, M. Davis, C. Todd, and S. Vernon" AC-2 and AC-3: Low Complexity Transform-Based

Audio Coding," in N. Gielchrist and C. Grewin (ed.), *Collected Papers on Digital Audio Bit-Rate Reduction*, pp. 54-72, AES 1996.

[ISO/IEC 11172]: ISO/IEC 11172, Information Technology, "Coding of moving pictures and associated audio for digital storage media at up to about 1.5 Mbit/s", 1993.

[ISO/IEC 11172-3]: ISO/IEC 11172-3, Information Technology, "Coding of moving pictures and associated audio for digital storage media at up to about 1.5 Mbit/s, Part 3: Audio", 1993.

[ISO/IEC 13818]: ISO/IEC 13818, Information Technology, "Generic coding of moving pictures and associated audio", 1994-1997.

[ISO/IEC 13818-7]: ISO/IEC 13818-7, Information Technology, "Generic coding of moving pictures and associated audio, Part 7: Advanced Audio Coding", 1997.

[ISO/IEC 14496]: ISO/IEC 14496, Information Technology, "Coding of audio-visual objects", 1999-2001.

[ISO/IEC 15938]: ISO/IEC 15938, Information Technology. "Multimedia content description interface", 2001.

[ISO/IEC MPEG 91/010]: ISO/IEC JTC 1/SC 29/WG 11 MPEG 91/010, "The MPEG/AUDIO Subjective Listening Test" Stockholm, April/May 1991.

[ISO/IEC MPEG N1229]: ISO/IEC JTC 1/SC 29/WG 11 N1229, "MPEG-2 Backwards Compatible CODECS Layer Ⅱ and Ⅲ: RACE dTTb Listening Test Report" Florence, March 1996.

[ISO/IEC MPEG N1420]: ISO/IEC JTC 1/SC 29/WG 11 N1420, "Overview of the Report on the Formal Subjective Listening Tests of MPEG-2 AAC multichannel audio coding" Maceio', November 1996.

[ISO/IEC MPEG N4318]: ISO/IEC JTC 1/SC 29/WG 11 N4318, "MPEG-21 Overview" Sydney, July 2001.

[ISO/IEC MPEG N271]: ISO/IEC JTC 1/SC 29/WG 11 N271, "New Work Item Proposal for Very-Low Bitrates Audiovisual Coding" London, November 1992.

[ITU-R BS.1151]: International Telecommunication Union BS.1115, "Low

Bitrate Audio Coding", Geneva, 1994.

[Johnston 88]: J. D. Johnston, "Estimation of Perceptual Entropy Using Noise Masking Criteria", in Proc. ICASSP, pp. 2524-2527, May 1988.

[Johnston 89]: J. D. Johnston, "Transform Coding of Audio Using Perceptual Noise Criteria", in IEEE J. Select. Areas Common., vol. 6, pp. 314-323, 1989.

[Johnston and Ferreira 92], J. D. Johnston and A. J. Ferreira, "Sum-Difference Stereo Transform Coding", in Proc. ICASSP pp. 569-571, May 1992.

[MPEG]: MPEG Home Page, http://mpeg.teiecomitaiiaiab.com/.

[Pan 95]: D. Pan, "A Tutorial on MPEG/Audio Compression", in IEEE Multimedia, pp. 60-74, Summer 1995.

[Searing 91]: S. Searing, "Suggested Formulas for Audio Analysis and Synthesis Windows", ISO/IEC JTC 1/SC 29/WG 11 MPEG 91/328, November 1991.

[Sinha, Johnston, Dorward and Quackenbush 98]: D. Sinha, J. D. Johnston, S. Dorward and S. R. Quackenbush, "The perceptual Audio Coder (PAC)", in *The Digital Signal Processing Handbook*, V. Madisetti and D. Williams (ed.), CRC Press, pp. 42.1-42.18, 1998.

[Stoll et al. 94]: G. Stoll, G. Theile, S. Nielsen, A. Silzle, M. Link, R. Sedlmayer and A. Breford, "Extension of ISO/MPEG-Audio Layer Ⅱ to Multi-Channel Coding: The Future Standard for Broadcasting, Telecommunication, and Multimedia Applications", presented at the 94th AES Convention, Preprint 3550, Berlin 1994.

[Thiede et al. 00]: T. Thiede, W. Treurniet, R. Bitto, C. Schmidmer, T. Sporer, J. Beerends, C. Colomes, M. Keyhl, G. Stoll, K. Brandenburg and B. Feiten,, "PEAQ-The ITU Standard for Objective Measurement of Perceived Audio Quality", J. Audio Eng. Soc., Vol. 48, no. 1/2, pp. 3-29, January/February 2000.

MPEG-2 오디오

chapter 12

1 서론

이 장에서는 기존의 MPEG-1 오디오 기능을 더 낮은 데이터율과 멀티채널로 확장하기 위해 개발된 MPEG-2 오디오 코딩을 중심으로 살펴본다. 먼저 MPEG-1 오디오의 데이터율을 줄이는 방법으로 낮은 샘플링 주파수를 사용하는 MPEG-2 LSF와 MPEG-2.5 시스템에 대하여 살펴본다(MP3 오디오 포맷은 보통 MPEG-1 계층 Ⅲ를 MPEG-2.5로 확장해서 구현됨). 다음으로는 기존의 MPEG-1 오디오 코더를 멀티채널로 동작시키는 MPEG-2 BC(Backward Compatible)로 이 시스템은 MPEG-2 BC 데이터를 기존의 MPEG-1 디코더에서도 재생할 수 있는 후방 호환성을 갖는다. 다음 장에서는 개발 당시 가능한 모든 첨단 오디오 코딩기술이 사용된 MPEG-2 AAC를 소개할 것이며 MPEG-2 AAC는 MPEG-1과 호환성을 만족하는 MPEG-2 BC보다 높은 음질의 멀티채널 오디오를 제공할 수 있다.

2 MPEG-2 LSF, MPEG-2.5 그리고 MP3

MPEG-2 LSF는 인터넷 상에서 낮은 데이터율을 요구하는 응용 분야를 수용하고자 개발되었으며 MPEG-2 LSF의 목적은 낮은 데이터율에서 MPEG-1 음질과 유사하거나 더 나은 음질을 제공하는 것이다[ISO/IEC 13818-3]. MPEG-2

LSF는 기존 MPEG-1 시스템에 많은 변화를 주지 않으면서 단순히 오디오 신호의 샘플링 비율을 감소시켜 이 목적을 달성하고 있다. MPEG-2 LSF의 샘플링 비율은 MPEG-1의 48, 44.1, 32kHz 샘플링 비율 대신 24, 22.05, 16kHz를 사용하고 있다. 물론 이렇게 샘플링 비율을 2배 감소시키게 되면 재생되는 오디오 대역폭도 2배로 감소하여 신호의 고주파 성분을 잃어버리게 된다. 그러나 이러한 고주파 성분의 손실은 특정 응용 분야에서는 별다른 문제가 되지 않을 수도 있다.

MPEG-2 LSF 코더와 비트열은 MPEG-1 오디오와 아주 유사한 구조로 되어 있다. MPEG-2 LSF는 MPEG-1 오디오 계층과 거의 동일하게 코더 복잡도에 따른 3개 오디오 계층을 정의하고 있다. 또한, MPEG-1과 마찬가지로 모노, 이중 채널, 스테레오, 결합 스테레오 모드가 MPEG-2 LSF에서도 가능하다. MPEG-2 LSF의 비트열 헤더가 MPEG-1 오디오 헤더와 다른 점은 그림 1과 같이 ID 비트가 0으로 설정된다는 것 밖에는 없다. 그림 1의 비트열 헤더에서 13번째 ID 비트는 MPEG-2 LSF의 경우 0으로 설정되지만 MPEG-1의 경우에는 1로 설정된다. ID 비트가 0으로 설정되었다는 것은 MPEG-2 LSF 코딩을 위해 MPEG-1과는 다른 샘플링 비율과 목표 데이터율(target data rate) 표를 사용하라는 의미이다.

MPEG-2 LSF 구현상의 주된 차이점은 코더 동작에 있어 허용되는 샘플링 비율과 데이터율이 기존의 MPEG-1과 다르다는 것이다. 이외에도 더 낮은 샘플링 주파수에서 동작하는 심리음향 파라메터에도 차이가 있다. MPEG-2 LSF 계층 Ⅲ는 프레임 크기를 MPEG-1의 1,152 샘플에서 576 샘플로 감소시켜 인터넷 응용 분야 등에서 데이터 패킷을 좀 더 쉽게 제어할 수 있도록 하였다(표 1은 MPEG-2 LSF에서 각기 다른 샘플링 비율과 계층에서의 오디오 프레임 시간 길이를 나타낸 것임).

MPEG-2 LSF의 데이터율은 MPEG-1보다 낮다. MPEG-1의 명목상 동작 데이터율은 32 ~ 224kb/s 까지 다양하지만 일반적으로 128kb/s 에서 만족할만한 음질을 얻을 수 있다. 반면, MPEG-2 LSF는 계층 Ⅰ에서 채널당 32 ~ 128kb/s, 계층 Ⅱ와 Ⅲ에서 채널당 8 ~ 80kb/s 범위에서 다양한 응용 분야에 적합한 오디오 음질을 제공할 수 있다.

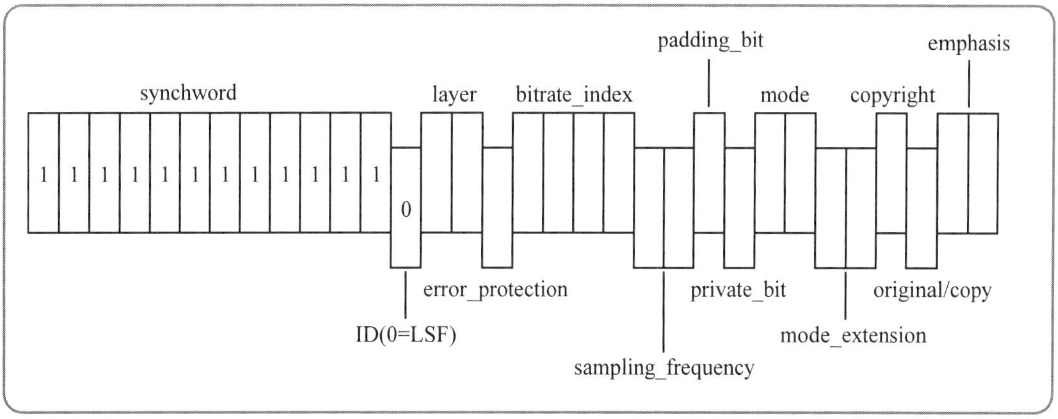

그림 1 MPEG-2 오디오 LSF 헤더

표 1 MPEG-2 LSF의 오디오 프레임 시간 길이

Layer	Sampling Frequency in kHz		
	16	22.05	24
Ⅰ	24ms	17.41ms	16ms
Ⅱ	72ms	52.24ms	48ms
Ⅲ	36ms	26.12ms	24ms

특히, MPEG-2 LSF의 계층 Ⅲ는 데이터율을 감소시켜 비교적 낮은 대역폭을 갖는 인터넷 응용 분야에 유용하게 적용될 수 있다. 독일의 Fraunhofer 회사는 이 점을 이용해 계층 Ⅲ에서 더욱 낮은 샘플링 비율을 제공할 수 있는 MPEG-2.5라는 코더를 만들어 내기도 하였다([Brandenburg 99] 참조). MPEG-2.5는 MPEG-2 LSF 계층 Ⅲ의 샘플링 비율을 2배 더 낮추어 12, 11.025, 8kHz 샘플링 비율을 지원한다. 이에 따라 계층 Ⅲ 코더는 8(MPEG-2.5) ~ 32kb/s (MPEG-1)까지의 다양한 샘플링 비율을 지원할 수 있게 되었다.

MPEG-2.5 디코더는 MPEG-1 오디오와 MPEG-2 LSF 비트열 포맷을 디코딩하기 위해 비트열에서 헤더 동기 워드의 마지막 비트를 제거한 다음 그것을 ID 비트에 병합해 2-비트 ID 코드를 사용하고 있다. 이 결과 MPEG-2.5 디코더는 11비트 동기 워드(12비트 대신)로 동작하게 되었고 비트열 포맷을 식별하기 위한 2비트 필드를 갖게 되었다. MPEG-2.5 ID 코드는 MPEG-2.5 경우 [00], MPEG-1은 [11], MPEG-2 LSF는 [10]이고 [01]은 향후 확장을 위해 남겨 두었다. 이 포맷에서 2비트 ID 코드 중 첫 번째 비트가 [1]이면 MPEG-1, MPEG-2 LSF 포맷과 호환될 수 있다는 것을 의미한다. 따라서 이 경우

MPEG-2.5 비트열은 MPEG-1 오디오와 MPEG-2 LSF 비트열과 동일하다.

계층 Ⅲ는 MPEG-2 LSF와 MPEG-2.5 확장을 사용해 오디오를 광범위한 범위의 샘플링 비율과 데이터율로 인코딩해 좋은 음질을 제공할 수 있기 때문에 인터넷 응용 분야에 주로 사용된다. 일반적으로 소위 "MP3"로 불리는 파일 포맷은 이러한 확장성을 지원하는 MPEG-1 계층 Ⅲ에 의해 인코딩된 것이다. 보통 낮은 대역폭을 사용하는 경우에는 16kHz 샘플링 비율(약 8kHz 대역폭)을 사용해 스테레오 사운드를 32kb/s로 인코딩할 수 있다. 이 포맷은 CD 포맷(16비트/샘플, 44.1kHz 스테레오)과 비교해 약 40배 가까이 데이터율을 줄일 수 있어 약 800MB 분량의 음악을 20MB 이하로 저장할 수 있다. 반면 높은 대역폭을 사용하는 경우에는 44.1kHz 샘플링 비율에서 CD 포맷보다 약 10배 정도 감소한 데이터율인 128kb/s로 "CD급 음질"을 재생할 수 있다.

오늘날 MP3 파일은 인터넷 상에서 오디오 파일 공유를 위한 다양한 응용 분야에 사용되고 있어 인터넷 오디오의 "업계 표준(de facto standard)"이 되었다. 이외에도 오디오와 가정용 디지털 오디오 시스템(CD 재생기나 DVD 재생기) 등에서 광범위하게 사용되고 있는 MP3 재생기와 휴대용 기기들은 MP3 포맷 재생능력을 이들 제품의 주요 특징으로 선전하여 제품을 판매하고 있는 실정이다.

3 멀티채널 오디오 소개

이 장에서는 MPEG-2 오디오의 주목적인 멀티채널 오디오(multichannel audio)가 사운드 공간감을 표현하는 데 있어 어떻게 진화되어 왔는지 간단히 소개한다. 사운드 공간감 표현기술은 모노포닉(monophonic)으로부터 시작해 부분적으로는 영화 산업계 발전으로 인한 스테레오포닉(stereophonic), 4채널 방식(quadraphonic), 그리고 그 이상의 채널 방식으로 발전되어 왔다.

3.1 멀티채널 역사와 채널 설정

영화 산업계는 멀티채널 포맷이 더 좋은 오디오 음질과 유연성을 제공할 수 있다는 장점을 이유로 이 포맷을 기꺼이 수용하게 되었다[Holman 91]. 80년대 CD 포맷이 소개된 이후 스테레오 사운드는 그동안 잘 정착되어온 기술이며 이때는 몇몇 오디오 전문가들만이 4채널 방식을 접할 수 있었을 뿐이며 아주 적은 수의 청취자들만이 2채널 이상의 가정용 오디오 시스템을 소유하고 있었다. 90년대 영화관에서만 사용되던 오디오 기술이 가정용 오디오 시스템으로 이전되기 시작하면서 북미의 고-선명 TV(HDTV, High-Definition TV)[ATSC A/52/10]와 DVD[DVD-Video] 표준화에 맞추어 멀티채널 오디오 표준이 만들어지기 시작했다. 90년대 초 오디오 표준의 주 관심은 모노나 스테레오로부터 멀티채널 오디오 신호로 옮겨졌으며, 오늘날 멀티채널 오디오는 디지털 기술의 발전, 전송 대역폭과 저장공간의 지속적인 성장으로 인해 광범위한 오디오 재생 시스템에 적용될 수 있는 현실적인 대안이 되었다.

MPEG-2 오디오는 5.1 채널을 수용한 첫 번째 오디오 코딩 표준이다. 최근에 광범위하게 사용되고 있는 5.1 멀티채널 포맷은 5개 전-대역폭(full-bandwidth)(20kHz) 채널과 200Hz 이하의 저주파 음을 재생할 수 있는 LFE(Low Frequency Effect)를 포함하고 있다(LFE 채널이 20kHz 대역폭 신호의 10% 이하를 재생하기 때문에 0.1을 더해 전체 5.1채널로 부름). 5.1채널은 1987년 SMPTE에 의해 처음으로 소개되었고[Holman 91] 나중에 ITU-R, MPEG, 미국 HDTV, DVD 등을 포함한 많은 표준화 그룹에 적용되었다.

5.1채널 오디오는 3개의 스피커가 청취자 앞에 놓이고 2개의 스피커가 측면과 뒷면에 놓이게 되므로 종종 3/2/0.1 설정으로 참조된다(그림 2 참조). 이러한 스피커 정렬은 ITU-R 권고안 BS.775-1[ITU-R BS.775-1]에 자세히 설명되어 있다. ITU-R 규정에 따르면 5개 전-대역폭 스피커는 청취자 위치를 중심으로 원의 둘레를 따라 놓이게 된다(그림 2 참조). 3개의 전방 스피커는 청취자 측으로부터 –30도(왼쪽 채널, L), +30도(오른쪽 채널, R), 0도(중심 채널, C) 각도에 위치하고, 2개의 서라운드 스피커는 –100도 ~ –120도 사이(왼쪽 서라운드 채널, LS)와 +100도 ~ +120도 사이(오른쪽 서라운드 채널, RS)의 각도에 놓이게 된다. ITU-R은 LFE 스피커에 대한 정확한 위치를 규정하고 있진 않지만, 사람의 청각 시스템이 단일 저주파 사운드 채널로부터 음원의 위치를 정확히 파악할 수 없기 때문에 보통 정면에 놓이게 된다. LFE 채널의 목적은 주 채널(main channel)에 과부하를 주지 않으면서 200Hz 이하의 주파수 대역에서 높은 레벨의 사운드를 만들어내는 것이다. 실제 영화관에서 LFE 채널은 주 채널보다 약 10dB 이상의 헤드룸(headroom, 역자주: 정격 출력레벨로부터 왜곡되지 않는 최대 출력레벨까지를 말함)을 갖는다고 한다.

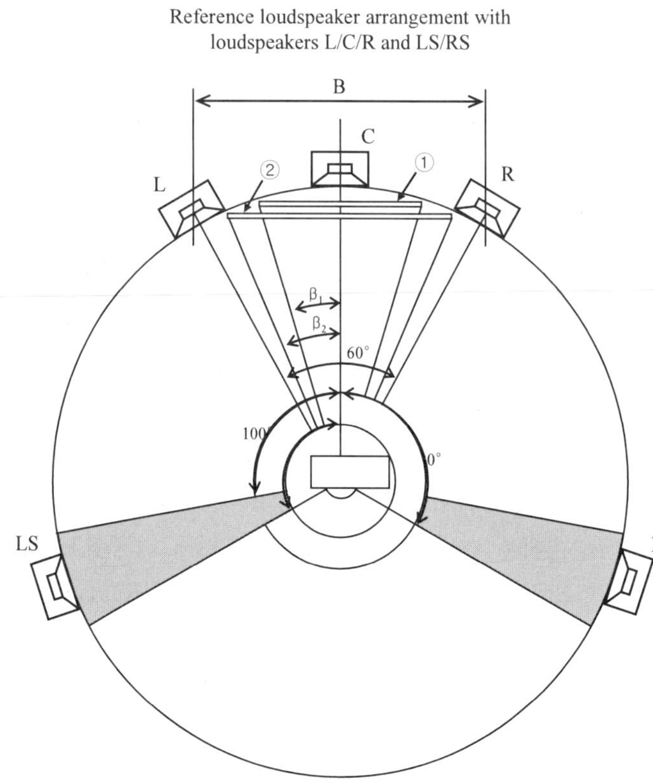

Screen 1 HDTV – Reference distance = 3 H ($2\beta_1 = 33°$
Screen 2 = 2 H ($2\beta_2 = 48°$
H : height of screen
B : loudspeaker base width

Loudspeaker	Horizontal angle from Centre (degrees)	Height (m)	Inclination (degrees)
C	0	1.2	0
L, R	30	1.2	0
LS, RS	100 … 120	≥ 1.2	0 … 15 down

그림 2 3/2 멀티채널 설정[ITU-R BS.775-1]

이 장의 나머지 절에서 따로 설명하지 않는 한 멀티채널 신호는 5.1 채널 설정을 의미한다. 만약 5.1 채널 이상이 사용된다고 하더라도 기본적인 개념과 원리는 여전히 같으며 다만 이 경우 압축률이 더 높은 코딩기술을 사용하는 것이 바람직할 것이다.

3.2 시스템 요구 사항

스테레오 시스템에서 멀티채널 사운드 시스템으로 오디오 기술이 진화하면서 오디오 데이터 저장과 전송 매체에 대한 요구사항이 늘어나게 되었다. 44.1kHz 샘플링 비율과 샘플당 16비트의 균일 양자화기로 샘플링된 PCM인 CD 포맷을 고려할 때, 5.1 멀티채널의 전체 데이터율은 3.598Mb/s 가 된다. 1시간 분량의 5.1 멀티채널 음악은 약 800MB의 저장 공간을 가진 CD보다 많은 1.62GB 저장공간을 필요로 한다. 디지털 방송, 인터넷 오디오, 전자 음악 유통 같은 최근의 멀티채널 응용 분야를 생각해보면 대역폭(bandwidth)과 용량(capacity)이 심각한 문제로 대두하고 있음을 알 수 있다.

모노, 스테레오 경우와 마찬가지로 멀티채널 오디오 코딩의 주목적은 오디오 음질을 저하시키지 않으면서 코딩 데이터율을 줄이는 것이다. 가장 잘 알려진 PCM은 매우 낮은 복잡도로 구현이 가능한 비교적 잘 정립된 코딩 이론이지만, 고음질의 오디오 신호를 위해서는 매우 높은 대역폭과 용량을 필요로 한다. 또한, CD 포맷 오디오 신호도 일정한 음질저하가 있을 수 있다는 것을 주목해야 한다. [Fielder 87] 논문은 CD 신호 해상도 레벨과 일반 16-비트 A/D 변환기의 가청한계선(hearing threshold)을 비교한 결과 가청 양자화 잡음이 중음 주파수(mid-range frequency) 대역에 나타날 수 있다는 것을 밝혀냈다. 이 말은 PCM 샘플 정밀도를 $R = 16$ 비트에서 24비트로 늘려야 한다는 것을 의미하며, 이는 사운드 재생을 위해 고가의 시스템이 필요하다는 것을 뜻한다.

최근에는 샘플 정밀도를 확장하는 것 외에도 $F_s = 44.1\text{kHz}$ 나 48kHz 대신 $F_s = 96\text{kHz}$ 와 192kHz 등의 더 높은 샘플링 비율을 채택하는 새로운 동향을 볼 수 있다. 지금까지 더 높은 샘플링 주파수를 채택함으로써 얻어지는 이점에 대해 명백한 과학적 증거나 관련 실험결과는 없지만 다수의 녹음 기술자와 산업계의 "청각 전문가들(golden ears)"은 멀티채널 오디오에 96kHz 나 그 이상의 샘플링 주파수를 사용하고 24비트 정도의 오디오 샘플 워드를 채택한다면 고음질의 오디오와 기존 한계를 뛰어넘는 진정한 사운드 체험을 제공할 수 있을 것으로 믿고 있다. 이 말은 높은 해상도의 오디오를 요구하는 새로운 수요층과 현존하는 전송 매체의 제한점을 어떻게 조화롭게 극복할지에 대한 서로 다른 선택권이 있을 수 있음을 의미한다. 표 2는 오디오 시장에서 멀티채널고-해상도 오디오를 제공할 수 있는 몇 가지 접근 방법을 보이고 있다.

미디어에 대한 제약은 높은 샘플링 비율에서 더 많아지게 되어 DVD-오디오 같이 새롭게 등장한 고-용량 기술에서조차 멀티채널 오디오가 불가능해진다. 예를 들어, 24-비트 정밀도와 96kHz 로 샘플링된 5개 전-대역폭 채널을 고려한다면 이때 전체 처리량(total throughput)은 11.52Mb/s 가 되어 DVD-오디오의 최대 처리량인 9.6Mb/s 를 초과하게 된다.

표 2 오디오 시장에서 멀티채널 구현을 위한 몇 가지 접근 방법

	MPEG-2 BC	AC-3	MPEG-2 AAC	DVD-Audio
Audio Channels	1-5.1	1-5.1	1-48	1-6
Fs (kHz)	32, 44.1, 48	32, 44.1, 48	8-96	44.1, 48, 88.2
R (bits/sample)	16-24	16-24	16-24	16-20-24
I (kb/s)	32-1,130	32-640	Up to 576 per channel	9600
Frame (samples)	384-1152	1536	1024	

4 MPEG-2 멀티채널 BC

MPEG-2 멀티채널 BC(Backward Compatible) 오디오 코딩은 MPEG-1 오디오를 멀티채널로 확장해 MPEG-1 비트열과 후방 호환성을 가진다. 여기서 후방 호환성은 MPEG-1 오디오 디코더가 MPEG-2로 인코딩된 비트열을 디코딩할 수 있다는 것을 의미한다. 주 채널(main channel)에서의 MPEG-2 BC 오디오 샘플링 비율은 MPEG-1과 같으나 채널 설정은 5개 전-대역폭의 주 채널과 125Hz 미만의 저주파 사운드를 재생하는 LFE 채널을 지원할 수 있다. LFE 채널의 샘플링 주파수는 주 채널의 샘플링 주파수를 96으로 나눈 것과 같다.

MPEG-2 멀티채널 BC 오디오에는 모노, 2-채널 시스템과의 후방 호환성을 만족하기 위한 다양한 전략들이 있을 수 있다. 이 중 하나의 방법은 멀티채널 비트열과 함께 모노와 2-채널 정보를 제공하는 것이다(**역자주**: 이를 동시방송(simulcast)이라 부름). 이 방식의 장점은 멀티채널 기술에 어떠한 제한성도 주지 않으면서 멀티채널 재생 시 단순히 모노와 2-채널 서비스를 중지하면 된다는 것으로, 이 방식의 단점은 데이터 용량이 늘어난다는 것이다. 또 다른 방법

으로는 후방 호환성을 위해 MPEG-2 BC 코더에 매트릭싱(matrixing) 기술을 포함하는 것이다. 이 방식에서 왼쪽과 오른쪽 채널은 다운-믹싱(down-mixing)된 멀티채널 정보를 포함하게 된다. 실제 MPEG-2 BC는 두 번째 방식을 따르고 있다. 일반적으로 이 방식의 장점은 멀티채널 서비스를 위해 오직 소량의 추가적인 데이터만 필요하다는 것이다. 반면에 이 방식의 단점은 멀티채널 코더 설계에 있어 많은 제한점을 주게 된다는 것이고 따라서 주어진 데이터율에서 특정 유형의 신호를 멀티채널로 재생할 때 오디오 음질이 제한될 수 있다는 것이다. 특히 이 방식은 디코더에서 역-매트릭싱(de-matrixing) 후 양자화 잡음을 역마스킹(unmasking)할 수도 있다는 단점을 가지고 있다[Bosi, Todd and Holman 93]. 이 장의 서론에서 이야기한 바와 같이 MPEG-1 비트열에 대한 후방 호환성 요구조건은 MPEG-2 BC 시스템 설계에 많은 제한점을 주게 된다 [ISO/IEC 13818-3]. 이 절에서는 이 방식을 자세히 살펴보도록 하자.

MPEG-2 BC에서는 멀티채널 신호에 대한 모든 정보를 MPEG-1과 호환되는 왼쪽(L), 오른쪽(R) 채널로 전달해야 하므로 5-채널 정보는 다음과 같이 2-채널로 다운-믹싱 되어야 한다[Ten Kate 92 참조].

$$L_0 = c(L + aC + bL_s)$$
$$R_0 = c(R + aC + bR_s)$$

여기서 L은 왼쪽 채널, R은 오른쪽 채널, C는 중심 채널 그리고 L_s와 R_s는 각각 왼쪽 서라운드와 오른쪽 서라운드 채널을 말한다. L_0와 R_0는 MPEG-1과 호환되는 왼쪽, 오른쪽 채널이다(그림 3 참조). 다운-믹싱 계수는 표준안에 주어져 있으며, 가장 일반적으로 사용되는 다운-믹싱 계수 값은 다음과 같다.

$$a = b = \frac{1}{\sqrt{2}} \qquad \text{and} \qquad c = \frac{1}{1+\sqrt{2}}$$

기본적인 MPEG-2 BC 비트열 구조는 MPEG-1과 같지만(그림 4와 5 참조) 부가적인 채널 T3, T4, T5(각각 C, L_s, R_s와 관련됨, 그림 3 참조)와 LFE 채널은 보조 데이터필드(ancillary data field)의 확장 비트열 옵션으로 멀티채널 헤더와 함께 저장된다.

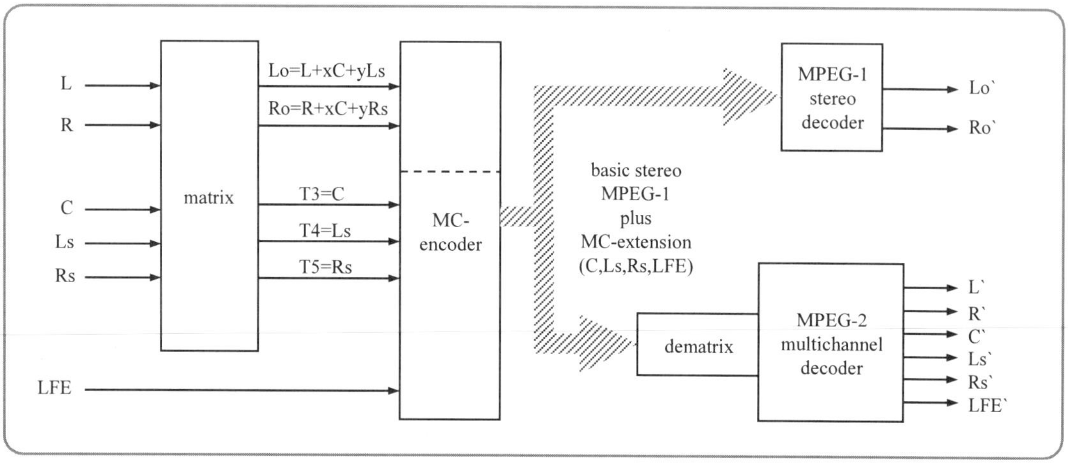

그림 3 MPEG-2 멀티채널 BC [Stoll 96]

MPEG-2 BC 계층 Ⅰ과 Ⅱ에서 LFE 채널은 블록 부동-소수(block floating-point) 형태로 코딩된다. 반면, 계층 Ⅲ의 LFE 채널은 허프만 코딩을 포함한 MPEG-1 계층 Ⅲ 인코딩 절차를 간편화시킨 코더로 인코딩되어 짧은 MDCT 블록 모드에서만 동작한다(11장 참조). MPEG-2 BC의 오디오 샘플 정밀도는 샘플당 24비트까지의 워드 정밀도를 지원하기 때문에 MPEG-1보다 높은 편이다. 전체 데이터율은 MPEG-2로 인코딩된 데이터가 MPEG-1 데이터 규격과 호환될 수 있도록 확장 비트열 필드를 사용하기 때문에 MPEG-1보다 높아질 수 있다. 48kHz 샘플링 비율에서 최대 데이터율은 계층 Ⅰ에서 1.13Mb/s, 계층 Ⅱ에서 1.066Mb/s, 계층 Ⅲ에서는 1.002Mb/s가 된다. 계층 Ⅱ와 Ⅲ에서 멀티채널 확장은 각각 계층 Ⅱ나 Ⅲ 확장으로 인코딩되지만, 계층 Ⅰ에서는 오직 계층 Ⅱ 확장만이 허용된다는 점을 주목하자.

디코더에서의 역-매트릭싱(de-matrixing) 절차는 다음과 같다.

$$L = L_0 / c - aC - bL_s$$
$$R = R_0 / c - aC - bR_s$$

역-매트릭싱 동작 시 특정 채널 인코더에서 마스킹 되었던 양자화 잡음이 디코더 단의 다른 채널에서 들리게 될 수도 있다. 예를 들어, 특정 채널의 신호가 서로 위상반전(out of phase)된 채널로부터 유도되었다면 이 두 채널은 서로 상쇄될 수도 있다는 것이다. 만약 관련 양자화 잡음이 서로 위상반전 되어 있지 않다면, 신호에서 마스킹 되었던 부분이 서로 상쇄되어 양자화 잡음이 들릴 수 있다. 물론 이러한 예는 아주 극단적인 상황에 해당하지만, 양자화 잡음의 부분적인 역마스킹(unmasking)이 역-매트릭싱 후에 자주 발생할 수도 있다. 이때 이러한 잡음을 피해 지각적 무손실 코딩을 유지할 수 있을 때까지 코딩마진(그리고 전역 데이터율)을 높일 수 있다.

MPEG-2는 5.1채널이나 3/2/0.1채널 설정 외에도 3/1, 3/0, 2/2, 2/1, 2/0, 1/0 채널 설정을 지원하고 있으며, 여기서 사선(/) 이전의 숫자는 전방에 놓이게 되는 채널 수 그리고 사선(/) 이후의 숫자는 후방에 놓이게 되는 채널 수를 의미한다([ITU-R BS.775.1] 참조). 또한, MPEG-2는 다양하게 설정된 채널 데이터를 인코딩할 수 있고, 전송할 수도 있다. 그러나 첫 2개 채널은 항상 MPEG-1 규격과 호환되는 기본 채널이어야만 한다. 일반적으로 3개까지의 부가적인 채널이나 이들이 결합된 오디오 데이터를 동적으로 선택해 보조 데이터필드의 전송 채널로 전달할 수 있다.

4.1 비트열 포맷

MPEG-2 BC는 MPEG-1 포맷의 보조 데이터필드를 이용해 부가적인 멀티채널 정보를 저장한다. 그림 4는 MPEG-2 오디오 프레임의 구조를 나타낸다. 프레임의 첫 번째 섹션은 MPEG-1 오디오 프레임과 동일하다. 두 번째 섹션은 MPEG-1 보조 데이터필드로 보조 데이터와 함께 멀티채널 필드를 저장한다.

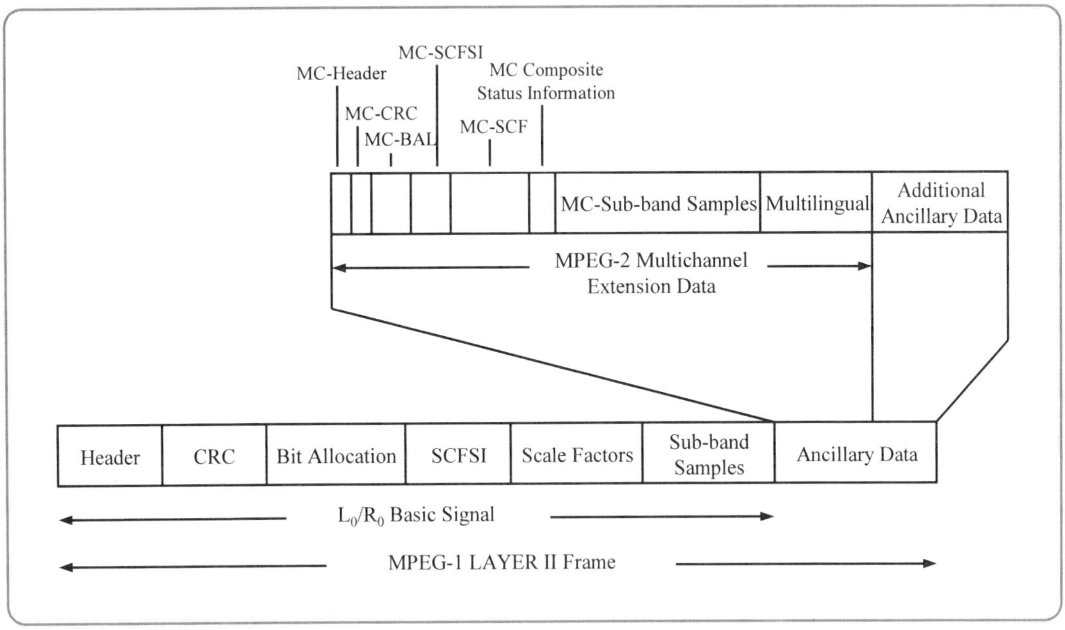

그림 4 MPEG-1 계층 II와 후방 호환성을 만족하는 MPEG-2 멀티채널 비트열[ISO/IEC 13818-3]

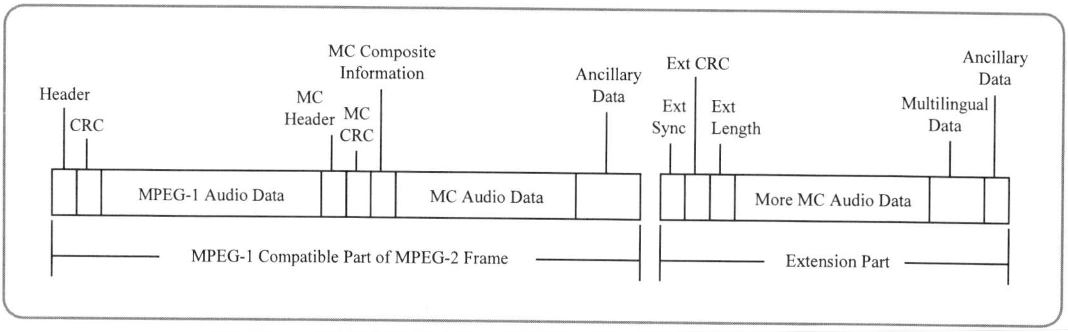

그림 5 MPEG-2 멀티채널 확장[ISO/IEC 13818-3]

보조 데이터필드는 MPEG-1 헤더, CRC, 오디오 데이터 다음에 있으며, 이 필드에는 멀티채널(MC) 헤더(그림 5 참조) MC CRC, MC 복합상태 정보(그림 8 참조), MC 오디오 데이터, 다중언어(다음 절 참조), 보조 데이터가 순서대로 저장된다. 만약 멀티채널 데이터율이 MPEG-1 데이터율을 초과하면 MC 헤더의 확장 비트가 설정된다. 이 경우 오디오 프레임의 MPEG-1 호환영역 외에도 확장(Ext) 헤더(Ext 동기 워드, Ext CRC, Ext 길이, Ext ID 비트로 구성, 그림 7 참조), Ext MC 오디오 데이터, 다중언어, MC 보조 데이터로 구성된 확장영역이 존재하게 된다.

위에 설명한 바와 같이 확장 비트열은 멀티채널과 다중언어 정보가 하나의 MPEG-1 기본 프레임에 맞지 않을 때 사용된다. 멀티채널 헤더의 첫 번째 비트는 MPEG-2 프레임 확장필드의 존재 여부를 가리킨다. 만약 확장 비트열이 존재하면 보조 데이터필드의 길이를 바이트 단위의 8-비트 무부호(un-signed) 값으로 나타낸다. 멀티채널 헤더의 다른 비트들은 역-매트릭싱 절차, 다중언어(다음 절 참조) 등의 멀티채널 정보를 전달한다. 예를 들어, 중간비트(center bit)는 중심 채널의 존재 여부를 나타내며 대역폭이 제한되어 있을 때 중심 채널에 팬텀 코딩(phantom coding, 역자주: 사람의 청각 시스템이 고주파 정보를 이용해 음원 위치를 지각한다는 사실에 기반해 중심 채널을 전송하지 않고 중심 채널의 고주파 신호 성분만을 L과 R 채널로 나누어 전송해서 마치 중심 채널에서 사운드가 재생되는 것처럼 만드는 코딩기법)을 적용한다. 멀티채널 헤더는 또한 다중언어 채널 수와 이들의 샘플링 비율, 다중언어 계층을 규정하고 있다.

복합 상태(composite status) 정보필드는 전송채널 할당, 누화(crosstalk, 역자주: 한 채널의 신호 일부가 다른 채널에 나타나는 현상), 예측 등이 적용되는 멀티채널 코딩을 규정하고 있다. 계층 Ⅲ는 국부적인 가변 데이터율(locally variable data rate) 구조를 가지기 때문에 MDCT 블록 크기와 멀티채널 데이터의 시작 정보 또한 이 필드에 11비트로 지정되어야 한다.

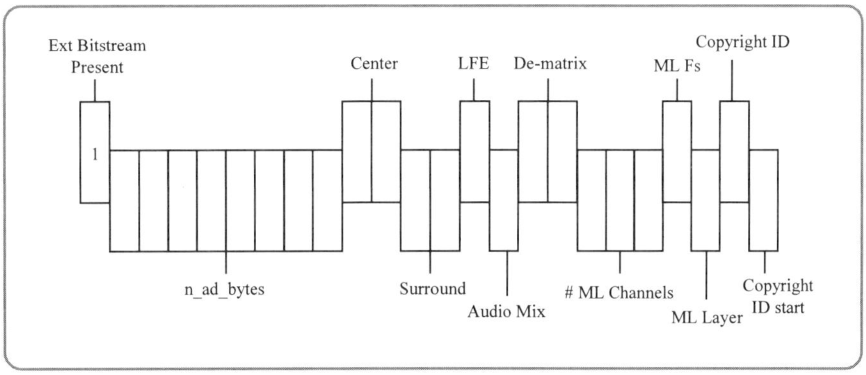

그림 6 MPEG-2 멀티채널 헤더

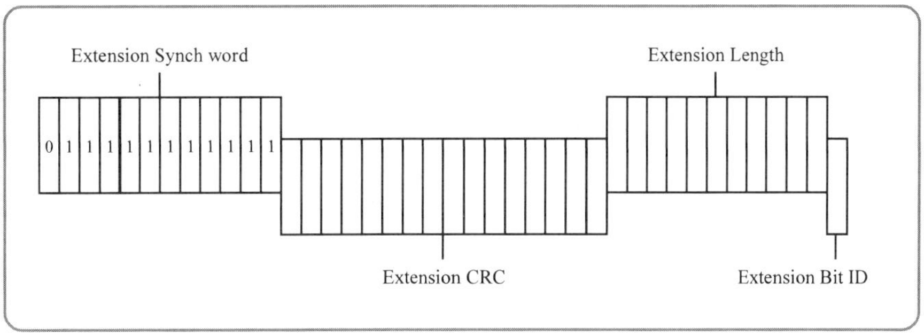

그림 7 MPEG-2 멀티채널 확장 헤더

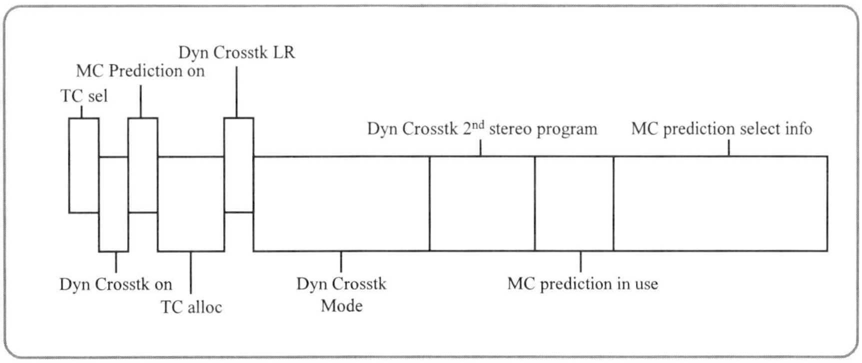

그림 8 MPEG-2 계층 Ⅰ과 Ⅱ의 멀티채널 복합상태 정보

4.2 다중언어 채널

MPEG-2 BC는 주 오디오 채널(main audio channel) 외에도 다중언어(multilingual) 오디오를 지원하며 주 오디오 채널과 함께 7개 다중언어 채널을 전송할 수 있다(그림 9 참조). 다중언어 채널의 샘플링 주파수는 주 채널과 같거나 주 채널 샘플링 비율의 절반이 될 수 있다. 주 채널이 계층 Ⅰ로 코딩되었다면, 다중언어 확장은 항상 계층 Ⅱ 알고리즘으로 코딩되어야 한다. 만약 주 채널이 계층 Ⅱ와 Ⅲ로 코딩되었다면, 멀티채널 헤더의 다중언어 계층 비트를 적절하게 설정해 다중언어 확장을 계층 Ⅱ나 Ⅲ로 코딩할 수 있다.

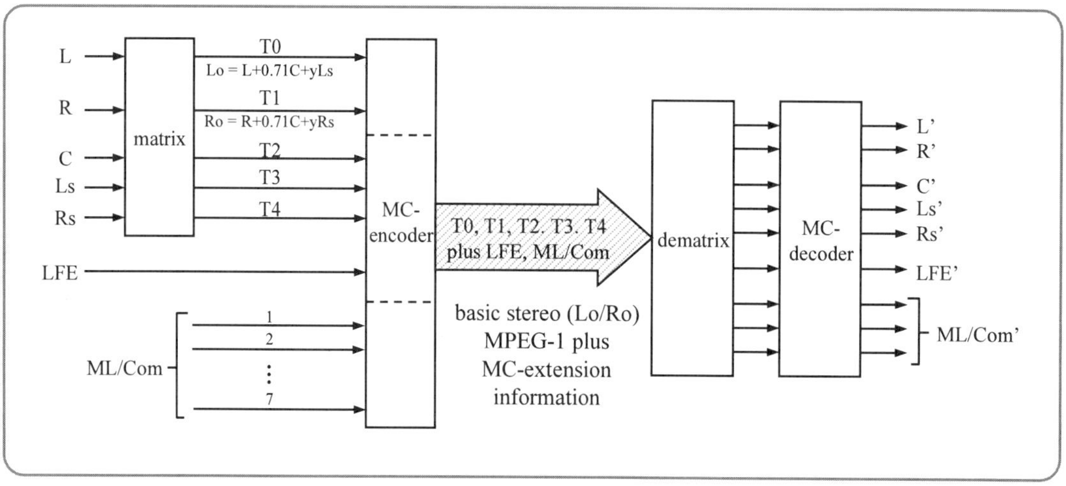

그림 9 다중언어 채널을 위한 MPEG-2 멀티채널 BC[Stoll 96]

4.3 인코딩 절차

그림 10은 MPEG-2 멀티채널 계층 Ⅱ의 인코딩 블록도를 나타낸 것이다. 그림 3과 11장 그림 22의 MPEG-1 인코딩 절차와 비교해보면 서브밴드 필터 분석(subband filter analysis), 스케일팩터(scale factor) 연산, 심리음향(psychoacoustic) 모델링, 양자화와 코딩 같은 기본 구조가 여전히 같은 것을 알 수 있다. 하지만, MPEG-1과의 주된 차이점은 MPEG-2가 모노나 스테레오 채널 대신 멀티채널을 고려하고 있다는 것이며, 복합 채널코딩(composite channel coding) 기술이 적용될 수 있다는 사실이다.

각 채널의 입력신호는 먼저 PQMF 서브밴드 필터로 입력되고, 이때 매트릭싱이 적용된다. 다음으로는 스케일팩터 연산, 전송채널 할당, 동적 누화와 멀티채널 예측 기술이 적용된다. 또한, 이들과 병렬로 심리음향 모델 1(11장 참조)이 계산되며, 관련 SMR 값은 서브밴드 샘플의 예측 값을 감안해 수정된다. 이때 예측 계수가 양자화되고, 예측 에러신호가 계산된다. 최종적으로는 양자화된 서브밴드 샘플, 스케일팩터, 비트 할당, 멀티채널 제어 파라메터 등이 다중화되고 MPEG-2 비트열로 포맷된다.

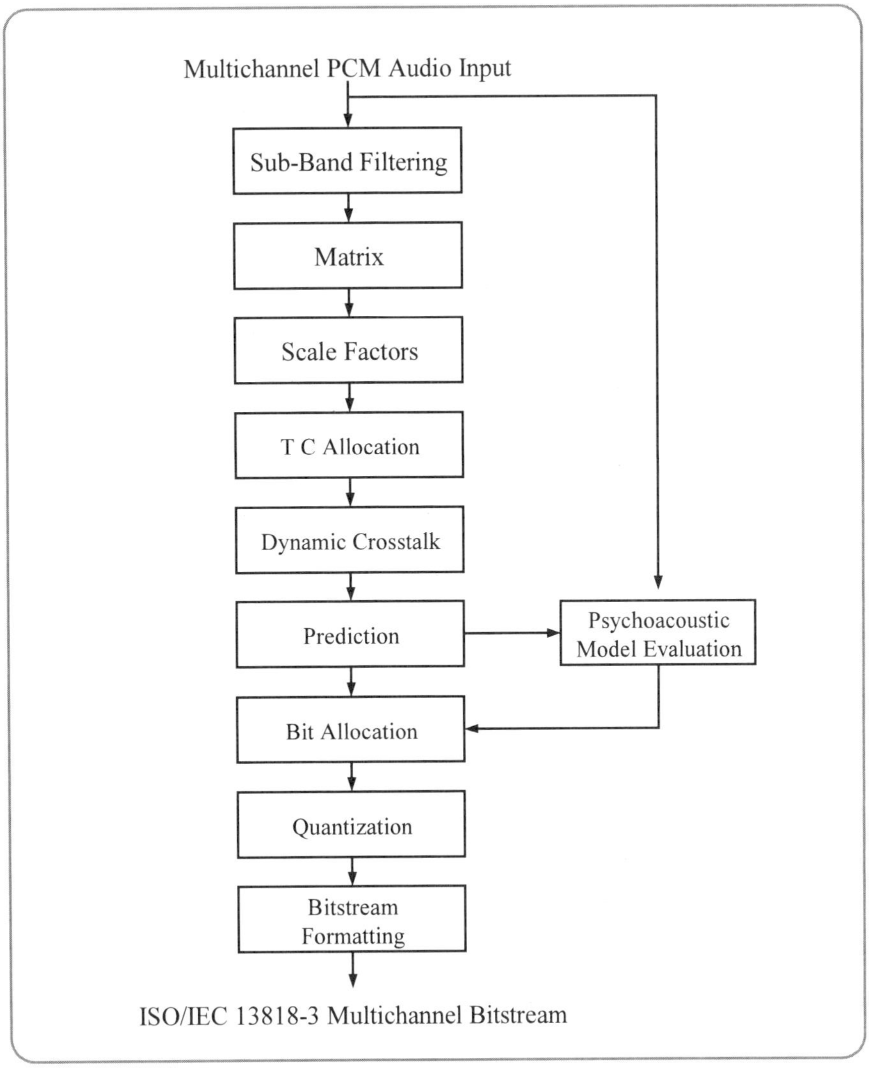

그림 10 MPEG-2 계층 II 멀티채널 인코딩 블록도

MPEG-2 BC는 동적 누화, 적응 멀티채널 예측, 팬텀 코딩 등의 복합 채널코딩 기술을 채택하고 있다([Stoll 96] 참조). 동적 누화(dynamic crosstalk) 기술

은 세기 스테레오 코딩(intensity stereo coding)과 같은 원리를 이용해 2-채널 스테레오의 고주파 신호 성분을 단일 오디오 신호와 신호 세기가 2개 채널 간에 어떻게 분리되어 있는지 나타내는 스케일링 정보로 전송한다. 따라서 동적 누화 모드에서는 단일 오디오 신호의 고주파 영역과 이 고주파 신호를 각 채널에 어떻게 분할할지를 정의하는 스케일링 계수가 전송된다. 이러한 동적 누화 인코딩은 여러 개의 상이한 주파수 영역에 독립적으로 적용될 수 있다. 적응 멀티채널 예측(adaptive multichannel prediction) 기술은 채널 간의 통계적인 상관성을 이용해 데이터 중복성을 감소시킬 수 있는 기술이다. 각 채널의 실제 오디오 신호를 전송하는 대신 적응 예측기의 예측 오차만을 중심 채널과 서라운드 채널로 전송한다. MPEG-2 BC의 예측기는 2차이며 지연보상(delay compensation)이 포함되어 있다[Fuchs 93]. 한편, 특정 주파수 대역 이상에서는 중심 채널신호를 전송하는 대신 중심 채널신호를 분리해 왼쪽, 오른쪽 주 채널에 더해 2개 측면 스피커로 마치 중심에서 나는 듯한 사운드를 재생할 수 있는 팬텀 이미지를 만들어낼 수 있다.

만약 MPEG-2 비트열의 다중언어 섹션이 주 채널과 같은 샘플링 주파수를 사용한다면 다중언어 섹션을 MPEG-1 비트열로 인코딩할 수 있다. 그러나 이 경우 세기 코딩(intensity coding) 모드는 허용될 수 없다. 만약 샘플링 비율이 주 채널 샘플링 비율의 절반이라면 다중언어 채널의 인코딩은 MPEG-2 LSF 규격에 따르게 되고, 이 경우 채널 대역폭이 감소되기는 하지만 높은 코딩 효율을 얻을 수 있다. 보통 음성 신호는 10kHz 이하의 대역폭을 갖기 때문에 이러한 제한점으로 인한 심각한 음질저하는 발생하지 않는다.

4.4 응용 분야와 음질 평가

MPEG-2 멀티채널 BC는 대부분의 응용 분야에서 계층 Ⅱ로 구현된다. MPEG-2 계층 Ⅱ는 ITU-R 표준 권고안으로 채택되어 디지털 라디오, 디지털 TV 등의 디지털 방송 응용 분야에 사용되고 있다. 현재 MPEG-2 BC는 디지털 오디오 방송 (DAB) 표준[ETS 300 401 V2]과 디지털 비디오 방송(DVB) 표준[ETS 300 421]으로 채택되어 전 세계적으로 사용되고 있다. 또한, 계층 Ⅱ는 몇몇 국가에서 DVD-비디오 응용 분야에 적용되고 있다.

MPEG-2 계층 Ⅱ의 성능평가를 위해 몇 가지 주관적 음질테스트가 ITU-R BS.1116 규격(13장 참조)에 따라 수행되었다[ISO/IEC MPEG N1229]. 그 결과 MPEG-2 계층 Ⅱ는 평균 640kb/s 데이터율의 5.1채널 설정에서 매우 좋은 음질을 달성할 수 있는 것으로 알려졌다.

5 요 약

이 장에서는 MPEG-2 오디오 표준의 주요 특징들을 살펴보았다. MPEG-2 오디오의 초기 목적은 낮은 샘플링 주파수와 MPEG-1 오디오의 멀티채널 확장이었다. MPEG-2 LSF는 매우 낮은 데이터율을 요구하는 응용 분야를 위한 것으로 MP3 포맷 등에 광범위하게 적용되어 사용되고 있다. MPEG-2 멀티채널 BC는 기존의 모노, 스테레오 시스템과 호환성을 갖도록 개발되었다. 따라서 MPEG-2 BC는 이러한 요구조건으로 인해 멀티채널 음질에 한계를 가질 수밖에 없었고 이로 인해 비-후방 호환성(NBC, Non-Backward Compatible)을 가진 멀티채널 시스템을 개발하게 되었으며 이는 MPEG-2 AAC로 불리게 되었다. 다음 장에서는 MPEG-2 AAC의 주요 특징들을 살펴보자.

6 참고 문헌

[ATSC A/52/10]: United States Advanced Television Systems Committee Digital Audio Compression (AC-3) Standard, Doc. A/52/10, December 1995.

[Bosi et al. 97]: M Bosi, K. Brandenburg, S. Quackenbush, L. Fielder, K. Akagiri, H. Fuchs, M. Dietz, J. Herre, G. Davidson and Y. Oikawa, "ISO/IEC MPEG-2 Advanced Audio Coding," J. Audio Eng. Soc., vol. 45, pp. 789 – 812, October 1997.

[Bosi, Todd and Holman 93]: M. Bosi, C. Todd, and T. Holman, "Aspects of Current Standardization Activities for High-Quality, Low Rate Multichannel Audio Coding," Proc. of the 1993 IEEE Workshop on Applications of Signal Processing to Audio and Acoustics, 2a.3, New Paltz, New York, October 1993.

[Brandenburg 99]: K. Brandenburg, "MP3 and AAC Explained", from the Proceedings of the AES 17th International Conference, High-Quality

Audio Coding, pp. 99-111, Florence, Italy, September 1999.

[Damaske and Ando 72]: P. Damaske and Y. Ando, "Interaural Crosscorrelation for Multichannel Loudspeaker Reproduction," Acustica, vol. 27, pp. 232-238, October 1972.

[Davis 93]: M. Davis, "The AC-3 Multichannel Coder," presented at the 95th AES Convention, New York, pre-print 377, October 1993.

[DVD-Audio]: DVD Specifications for Read-Only Disc, Part 4: AUDIO SPECIFICATIONS Ver. 1.2, Tokyo 1999-2001.

[DVD-Video]: DVD Specifications for Read-Only Disc, Part 3: VIDEO SPECIFICATIONS Ver. 1.1, Tokyo 1997-2001.

[ETS 300 401 v2]: The European Telecommunications Standards Institute (ETSI), ETS 300 401 v2, "Radio Broadcasting Systems; Digital Audio Broadcasting (DAB) to Mobile, Portable and Fixed Receivers", 1995-1997.

[ETS 300 421]: The European Telecommunications Standards Institute (ETSI), ETS 300 421, "Digital Video Broadcasting (DVB); Framing Structure, Channel Coding and Modulation for 11/12 GHz Satellite Services", August 1997.

[Fielder 87]: L. Fielder, "Evaluation the Audible Distortion and Noise Produced by Digital Audio Converters," J. Audio Eng. Soc., vol. 35, pp. 517-535, July/August 1987.

[Fuchs 93]: H. Fuchs, "Improving Joint Stereo Audio Coding by Adaptive Interchannel Prediction", Proc. of the 1993 IEEE Workshop on Applications of Signal Processing to Audio and Acoustics, New Paltz, New York, October 1993.

[Holman 91]: T. Holman, "New Factors in Sound for Cinema and Television," J. Audio Eng. Soc., vol. 39, pp. 529-539, July/August 1991.

[ISO/IEC 13818-3]: ISO/IEC 13818-3, "Information Technology - Generic Coding of Moving Pictures and Associated Audio, Part 3: Audio," 1994-1997.

[ISO/IEC MPEG N1229]: ISO/IEC JTC 1/SC 29/WG 11 N1229, "MPEG-2 Backwards Compatible CODECS Layer Ⅱ and Ⅲ: RACE dTTb

Listening Test Report," Florence, March 1996.

[ITU-R BS.775-1]: International Telecommunications Union BS.775-1, "Multichannel Stereophonic Sound System with and without Accompanying Picture", Geneva, Switzerland, 1992-1994.

[Stoll 96]: G. Stoll, "ISO-MPEG-2 Audio: A Generic Standard for the Coding of Two-Channel and Multichannel Sound", in N. Gielchrist and C. Grewin (ed.), *Collected Papers on Digital Audio Bit-Rate Reduction,* pp. 43-53, AES 1996.

[Stoll et al. 94]: G. Stoll, G. Theile, S. Nielsen, A. Silzle, M. Link, R. Sedlmayer and A. Breford, "Extension of ISO/MPEG-Audio Layer Ⅱ to Multi-Channel Coding: The Future Standard for Broadcasting, Telecommunication, and Multimedia Applications", presented at the 94th AES Convention, Preprint 3550, Berlin 1994.

[Ten Kate 92]: W. ten Kate, P. Boers, A. Maekivirta, J. Kuusama, K. E. Christensen, and E. Soerensen, "Matrixing of Bit-Rate Reduced Signals", in Proc. ICASSP, vol. 2, pp.205-208, May 1992.

[Van der Waal and Veldhuis 91]: R. G. v.d. Waal and R. N. J. Veldhuis, "Subband Coding of Stereophonic Digital Audio Signals", Proc. ICASSP, pp. 3601-3604, 1991.

MPEG-2 AAC

chapter 13

1 서론

이 장에서는 MPEG-2 AAC 시스템[5]을 자세히 살펴보자. 1994년 이후 MPEG-2 오디오 위원회는 MPEG-1 오디오와 후방 호환성(BC, Backward Compatibility)을 만족하는 MPEG-2 BC보다 더 좋은 음질을 달성할 수 있는 멀티채널 표준을 만들기 시작했다. 그 결과로 나온 표준은 MPEG-2 비-후방 호환성(NBC, Non-Backward Compatibility) 오디오로 불렸고 나중에 MPEG-2 AAC (Advanced Audio Coding)[ISO/IEC 13818-7]라는 이름으로 바뀌어 1997년 최종적으로 표준화되었다. AAC는 개발 당시 가능한 모든 첨단 오디오 코딩기술을 적용함으로써 매우 높은 음질의 멀티채널 오디오를 제공할 수 있게 되었다.

2 개요

MPEG-2 AAC의 목적은 ITU-R TG10-2[ITU-R TG10-2/3]에 규정한 바와 같이 5개 전-대역폭(full-bandwidth) 채널 오디오 신호를 384kb/s (또는 그 이하)의 데이터율로 인코딩했을 때 "원음과 거의 차이가 없는 오디오 음질

[5] 이 장의 내용은 상당 부분 [Bosi et al. 1997] 논문으로부터 인용되었다. 저자는 이 논문의 공동 저자인 K. Brandenburg, S. Quackenbush, L. Fielder, H. Fuchs, M. Dietz, J. Herre, G. Davidson, Y. Oikawa의 기여에 감사를 표시하는 바이다.

(indistinguishable audio quality)"을 제공하는 것이다. 1996년 영국의 BBC와 일본의 NHK가 수행한 실험결과 MPEG-2 AAC가 5개 전-대역폭 채널당 320kb/s 비트율(NHK 데이터에 따르면 그 이하에서도 가능하다고 함)에서 ITU-R의 요구 음질을 만족하는 것으로 나타났다[ISO/IEC MPEG N1420] (MPEG-2 AAC 툴은 MPEG-4 Main, Scalable, 고음질 오디오, 저-지연, 자연 오디오 및 모바일 오디오 인터네트워킹 프로파일(internetworking profile)의 기본 커널을 구성하고 있음. 15장 참조[ISO/IEC 14496-3]). MPEG-2 AAC는 그동안 오디오 코딩기술 발전에 이바지한 전 세계 여러 기업의 공동 노력으로 탄생한 오디오 코더이다. AAC는 고-분해능 필터뱅크(high-resolution filter bank), 예측기술(prediction technique), 허프만 코딩(Huffman coding)의 코딩 효율성 등을 모두 결합해 매우 낮은 데이터율에서도 높은 음질을 달성할 수 있다. AAC 표준은 1994년 11월 첫 제안서가 제출된 뒤 몇 차례의 개정을 거쳐왔다.

MPEG 오디오 위원회는 표준화 당시 모듈방식을 채택해 전체 AAC 시스템을 독립적으로 동작할 수 있는 몇 개의 모듈(module)이나 툴(tool)로 쪼개 정의하였다. AAC 참조모델(RM, Reference Model)은 각 툴의 특성과 이들이 어떻게 사용될 수 있는지를 서술하고 있으며, RM의 각 툴은 1995년 1월부터 1996년 7월까지 ITU-R BS.1116(10장 참조) 규격에 따라 비공식 청취테스트로 평가되었다.

이 장에서는 다음의 AAC 툴(그림 1과 2 참조)들을 자세히 살펴보기로 하자.

- 이득제어(Gain control)(그림 1의 전-처리 단계에 포함되어 있음)
- 필터뱅크(Filter bank)
- 예측(Prediction)
- 양자화와 코딩(Quantization and coding)
- 무잡음 코딩(Noiseless coding)
- 비트열 다중화(Bitstream multiplexing)
- 순시 잡음 쉐이핑(TNS, Temporal Noise Shaping)
- M/S 스테레오 코딩(Mid/Side stereo coding)
- 세기 스테레오 코딩(Intensity stereo coding)

MPEG-2 AAC 시스템은 음질과 메모리/연산능력 간의 요건을 절충해 Main 프로파일, LC(Low Complexity) 프로파일, SSR(Scalable Sampling Rate) 프로파일 등 3개의 프로파일을 제공한다. AAC Main 프로파일은 주어진 데이터율에서 최상의 오디오 음질을 제공할 수 있으며 전-처리(pre-processing) 툴을 제외한 모든 AAC 툴이 사용된다. Main 프로파일에서 요구되는 메모리와 연산능력은 LC 프로파일보다 높지만, Main 프로파일 AAC 디코더가 LC 프로파일로 인코딩된 비트열을 디코딩할 수 있음을 기억하자(다음 절 참조).

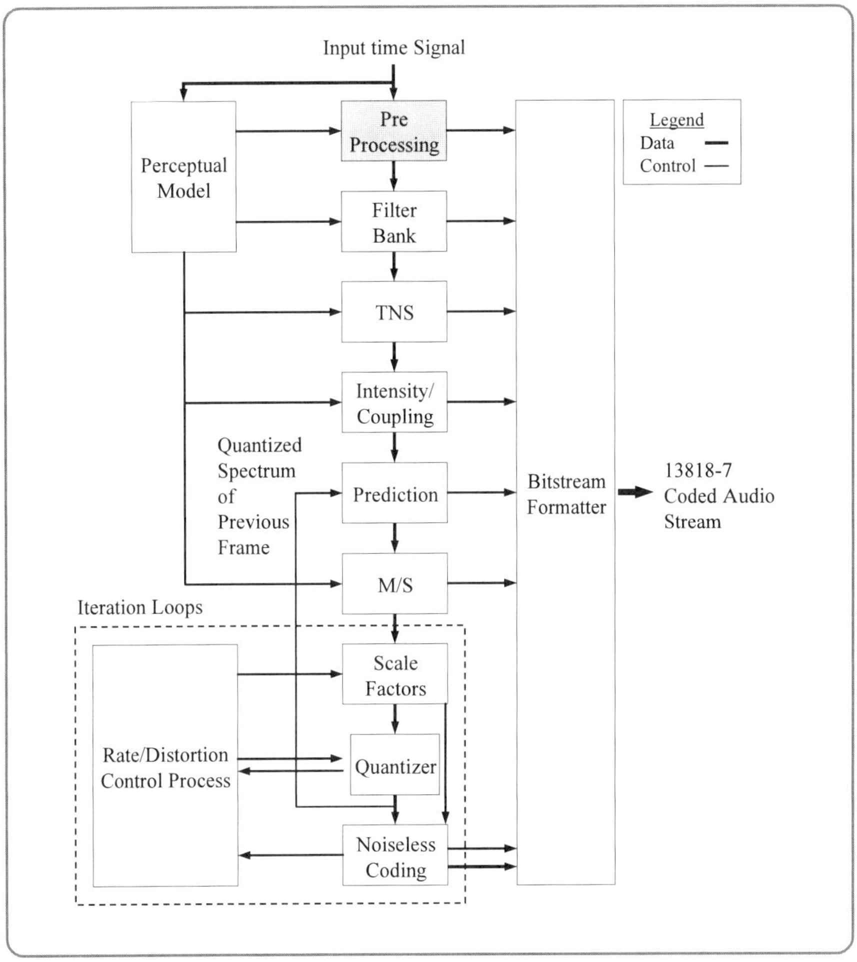

그림 1 MPEG-2 AAC 인코더 블록도[Bosi et al. 97]

AAC LC 프로파일은 예측 툴과 전-처리 툴을 사용하지 않으며 TNS 차수도 제한된다. LC 프로파일은 비교적 높은 음질을 제공하면서도 필요한 메모리와 연산능력을 현저하게 줄일 수 있다(다음 절 참조).

SSR 프로파일에는 이득제어 툴이 필요하며, 이득제어 툴의 전-처리기는 PQMF(Pseudo-QMF(Quadrature Mirror Filter), 4장 참조), 이득 검출기(gain detector), 이득 변경자(gain modifier)로 구성된다. SSR 프로파일은 예측 툴을 사용하지 않으며 TSN 차수와 대역폭이 제한된다. SSR 프로파일은 Main과 LC 프로파일에 비해 낮은 복잡도를 가지며 주파수상에서 확장 가능한 오디오 신호를 제공할 수 있다.

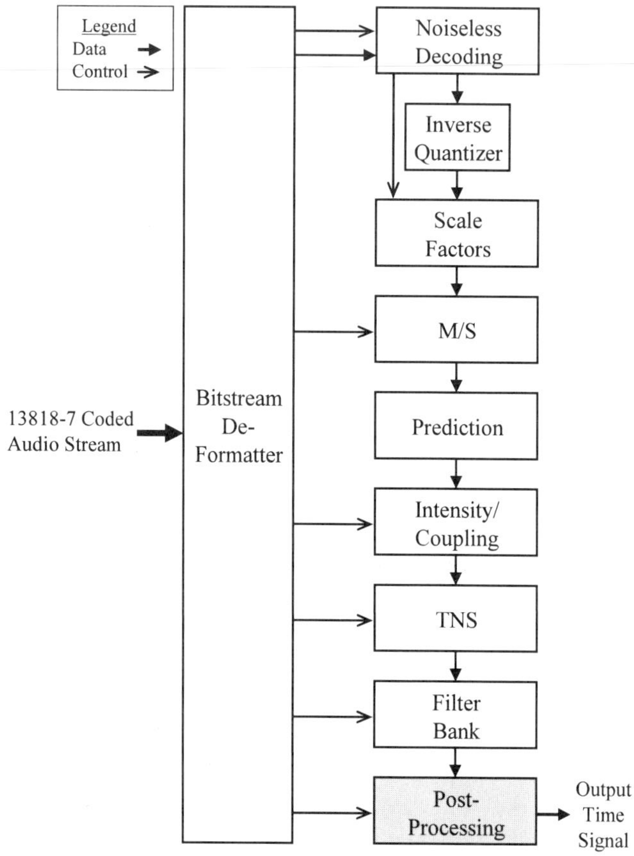

그림 2 MPEG-2 AAC 디코더 블록도[Bosi et al. 97]

AAC 인코더는 다음 설명과 같이 동작한다(그림 1 참조). 먼저 MDCT-기반 필터뱅크를 사용해 입력신호를 다운샘플링(down-sampling)된 스펙트럼 성분으로 분해한다. AAC 필터뱅크는 48kHz 샘플링 비율에서 23Hz 의 주파수 해상도와 2.6ms 의 시간 해상도를 갖는다. 이때 입력신호에 따라 시간에 따른 마스킹 한계선(masking threshold)을 계산한다(7장 참조). AAC 시스템은 MPEG

심리음향 모델 2(11장 참조)와 유사한 지각 모델(perceptual model)을 사용한다. 이 모델은 양자화 단계에서 SMR 값에 기반해 주어진 데이터율로 양자화된 신호의 음 왜곡(audible distortion)을 최소화할 수 있다.

순시 잡음 쉐이핑(TNS, Temporal Noise Shaping)은 분석 필터뱅크 이후 스펙트럼 상에 직접 동작하는 필터링 연산을 수행해 스펙트럼 계수 값들을 그들의 예측 잔여(prediction residual) 성분으로 대체할 수 있다. 인코더는 TNS 기술을 이용해 필터뱅크의 단일 윈도우 내에서 시간상의 양자화 잡음(quantization noise)을 좀 더 세밀하게 제어할 수 있다.

멀티채널 신호에 대해 세기 스테레오 코딩(11장 참조)이 적용될 수 있으며 이 코딩에서는 에너지 엔벨롭(energy envelop)만이 전송한다. 세기 스테레오 코딩은 전송되어야 하는 공간 정보(spatial information)를 줄일 수 있어 낮은 데이터율에서 가장 효과적으로 사용될 수 있다.

시간-영역 예측(time-domain prediction) 툴은 정상신호(stationary signal)에 적용되는 기술로 연속된 프레임의 스펙트럼 성분 간의 상관성을 이용해 신호의 중복성을 한층 더 줄일 수 있는 장점이 있다.

M/S(Mid/Side) 스테레오 코딩은 왼쪽(Left)과 오른쪽(Right) 채널 신호를 전송하는 대신 정규화된 합(Mid의 M) 신호와 차 신호(Side의 S)만을 전송한다. 멀티채널 AAC 인코더는 낮은 데이터율에서 향상된 성능의 M/S 스테레오 코딩을 제공한다.

AAC 인코더는 스펙트럼 성분들을 양자화할 때 양자화 잡음이 마스킹 한계선 아래에 놓이도록 코딩한다. 이때 합성에 의한 분석(analysis by synthesis) 기법과 무잡음 압축(Noiseless compression) 툴을 사용한다. 또한, AAC 인코더는 MPEG-1 계층 Ⅲ(11장 참조)에 적용된 것과 유사한 “비트 저장소(bit reservoir)”라는 것을 이용해 프레임 단위의 신호 요구조건을 만족하는 국부적인 가변 데이터율(locally variable data rate)을 허용한다. AAC 인코더의 최종 단계는 비트열 포맷터(bitstream formatter)를 이용해 코딩된 스펙트럼 계수들과 제어 변수들을 비트열로 조합하는 것이다.

MPEG-2 AAC 시스템은 총 48개 오디오 채널까지 수용할 수 있으며 모노, 2-채널, 5-채널 + LFE 채널을 기본으로 설정하고 있다. 5-채널 + LFE 채널은 3/2 스피커를 [ITU-R BS. 775] 규정에 따라 배치한 것이다. 이러한 설정 외에도 16개의 채널 설정이 인코더에 정의되어 있으며 다운-믹싱(down-mixing) 기능 또한 지원된다[ISO/IEC MPEG N1623].

AAC 시스템은 표 1과 같이 8 ~ 96kHz 의 샘플링 비율을 지원할 수 있다.

표 1에서 채널당 최대 데이터율은 샘플링 비율과 채널당 6,144비트의 크기를 갖는 비트 저장소의 버퍼 크기에 의존한다.

표 1 MPEG-2 AAC 샘플링 주파수와 데이터율[Bois et al. 97]

Sampling Frequency(Hz)	Maximum Bit Rate per Channel(kb/s)
96000	576
88200	329.2
64000	384
48000	288
44100	264.6
32000	192
24000	144
22050	132.3
16000	96
12000	72
11025	66.25
8000	48

3 이득제어

SSR 프로파일에서는 인코더 입력단에 이득제어(gain control) 블록이 추가되며, 이 모듈은 PQMF 필터뱅크, 이득 검출기, 이득 변경자로 구성된다. PQMF 필터뱅크는 임계 샘플링(critically sampling) 시스템으로 입력 오디오 신호를 4개의 동일한 폭을 갖는 주파수 대역으로 분할한다. 각 필터뱅크의 출력은 필요한 만큼 수정된 이득을 얻을 수 있고, MDCT 툴을 이용해 256개 스펙트럼 계수를 갖게 되므로 총 1,024 계수를 갖게 된다. 이득제어는 각 4개 주파수 대역에 독립적으로 적용될 수 있다.

디코더의 SSR 이득제어 모듈은 인코더와 같은 구성 요소들을 갖지만 이들이 역으로 정렬되어 있다는 점만이 다르다. SSR 프로파일의 특징은 PQMF의 상위 주파수 대역 신호를 무시함으로써 낮은 대역폭의 출력신호, 즉, 낮은 샘플링 비율의 출력신호를 얻을 수 있다는 점이다. 이러한 방식으로 1개, 2개 또는 3개의 PQMF 출력을 무시함으로써 대역폭이 각각 18kHz, 12kHz, 6kHz 인 출력신호를 얻을 수 있다. 이러한 신호 스케일러빌러티(signal scalability, **역자**

주: 코딩 환경에 따라 신호 품질을 가변할 수 있는 수단을 말함)의 장점은 출력 신호의 대역폭이 감소함에 따라 디코더 복잡도도 감소된다는 점이다. 인코더의 이득제어 모듈은 시간-영역 신호를 입력 받아 이득제어 데이터와 MDCT 윈도우와 같은 길이의 이득 수정된 신호를 출력한다(다음 장 참조). 그림 3은 이득제어 툴의 블록도를 나타내고 있다.

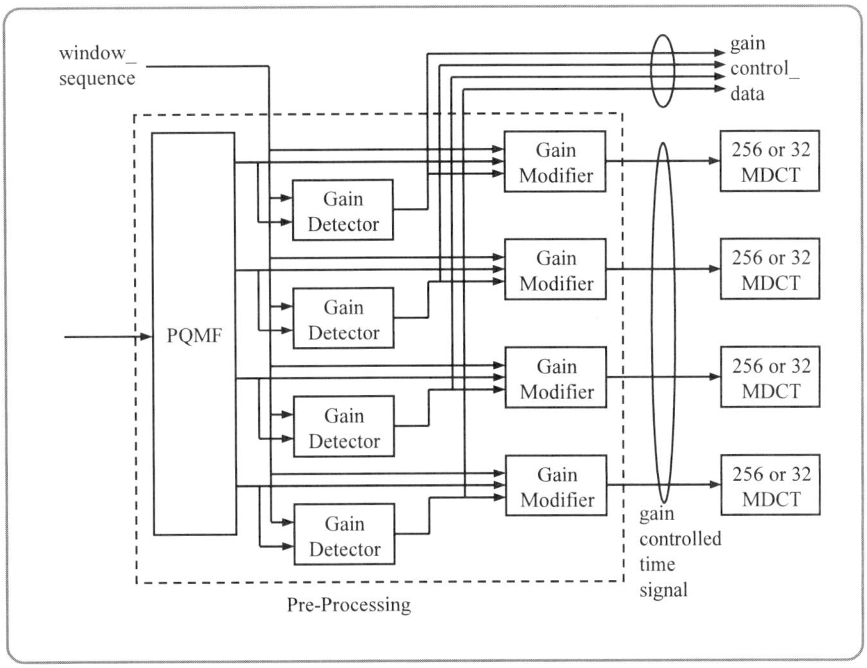

그림 3 MPEG-2 AAC 인코더 이득제어 모듈[Bosi et al. 97]

PQMF 분석 및 합성필터는 다음과 같이 주어진다.

$$h_k[n] = \frac{1}{4}Q[n]\cos\left((k+\tfrac{1}{2})(n+\tfrac{5}{2})\frac{\pi}{4}\right)$$
$$g_k[n] = Q[n]\cos\left((k+\tfrac{1}{2})(n-\tfrac{3}{2})\frac{\pi}{4}\right) \qquad 0 \le n \le 95,\ 0 \le k \le 3$$

여기서 96-탭 원형필터(prototype filter) $Q[n]$ 의 계수는 [ISO/IEC 13818-7]에 정의되어 있다. PQMF 필터뱅크 이후에는 이득 검출기와 이득 변경자 단계를 거치게 된다. 이득 검출기는 이득 수정된 주파수 대역, 수정된 신호 세그먼트 수, 각 세그먼트의 이득수정 레벨과 그 위치를 가리키는 인덱스 등의 정보를 포함한 이득제어 데이터를 출력한다. 여기서 주목해야 할 사실은 출력된 이득제어 데이터가 이전 프레임 신호에 대한 값으로 이득 검출기가 1 프레임 지연된다는 것이다. 48kHz 샘플링 비율에서 이득제어의 시간 해상도는 약 0.7ms 에 해당한다. 이득제어의 스텝크기(step size)는 2^n 으로 여기서 n 은 4 ~ 11 사이의 정수이며, 이득제어 툴로 신호를 증폭시키거나 감소시킬 수 있다. 이득 변경자는 이득제어 함수를 신호에 적용함으로써 각 PQMF 주파수 대역 신호에 이득제어를 적용할 수 있다.

디코더의 이득제어 모듈은 SSR 프로파일 디코더의 맨 마지막 단계에 있다. 이득제어 툴에 의한 후-처리(post-processing) 과정은 각 4개 IMDCT 블록에서 얻어진 값들에 이득보상을 적용해 적절히 시간-정렬시킨 다음 연속된 값들을 중첩-가산(overlap-add)해 그 결과를 IPQMF(Inverse PQMF)에서 합성한다. 그림 4는 디코더의 이득제어 블록도를 나타낸다. 디코더에서의 이득보상은 각 PQMF 주파수 대역에서 다음의 3단계를 필요로 한다.

① 이득제어 데이터의 디코딩
② 이득제어 함수의 계산
③ 윈도윙(windowing)과 중첩-가산

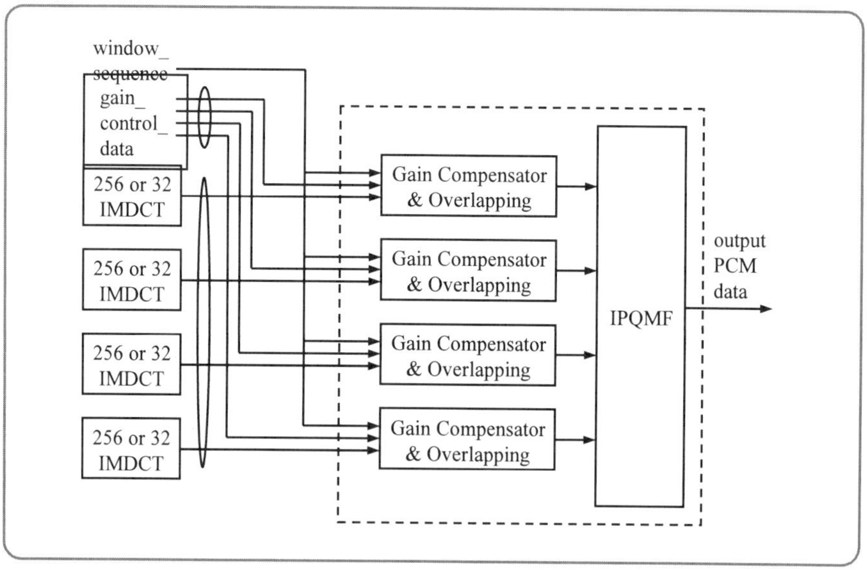

그림 4 MPEG-2 AAC 디코더 이득제어 모듈[Bosi et al. 97]

이득제어 데이터를 디코딩할 때는 비트열로부터 이득변경 정보를 추출해 이득제어 함수를 계산하고 이를 IMDCT 출력에 곱한다. 이때 연속된 결과값들을 적절히 시간-정렬시켜 중첩-가산한다. 최종적으로 IPQMF(Inverse PQMF)는 독립된 4개의 주파수 대역을 결합해 출력신호를 합성한다.

4 필터뱅크

MPEG-2 AAC 시스템의 핵심 신호처리 기술은 인코더 입력인 시간-영역 신호를 주파수-영역으로 변환하는 것과 디코더에서의 역-변환 과정이다. 이러한 변환은 시-가변(time-varying) MDCT와 IMDCT(Inverse MDCT)에 의해 이루어진다(5장 참조). AAC에서 변환블록(transform block) 길이 N 은 2,048이나 256 시간-샘플이다. 보통 윈도우 함수에 따라 필터뱅크 주파수 응답이 심각한 영향을 받기 때문에, MPEG-2 AAC 필터뱅크는 입력신호 특성을 가장 잘 감안할 수 있는 방식으로 윈도우 모양을 변경하게 된다.

일반적으로 복잡한 스펙트럼 구조의 신호나 강한 순음 성분의 신호에는 N =2,048 샘플 변환이 사용되지만, 이 변환블록 길이는 과도신호를 코딩할 때 문제를 일으킬 수 있다. 우리는 이 책의 6장으로부터 과도신호가 일어난 지점에서 몇 ms 이전 시간으로 확장된 양자화 에러를 과도신호 자체만으로는 효과적으로 마스킹할 수 없음을 알고 있다. 이러한 현상은 소위 프리-에코(pre-echo)로 알려졌으며 해당 변환블록의 양자화 에러가 시간상에 널리 퍼지게 되어 이를 사람이 지각할 수 있다는 것을 말한다. MPEG-2 AAC 시스템은 [Edler 89]에 기반한 블록 스위칭 체계를 이용해 입력신호의 특성에 따라 변환블록의 길이를 변경함으로써 이 문제를 해결하고 있다(5장 참조). 준-정상(quasi-stationary) 신호에는 길이가 긴 블록변환(block transform)을 사용하고, 과도신호에는 짧은 블록변환을 사용한다. 이때 긴 변환과 짧은 변환 간의 전이는 양자화 과정이 없다고 가정할 때 필터뱅크의 완전복원 조건에 아무런 영향을 미치지 않는다.

4.1.1 필터뱅크 해상도와 윈도우 설계

5장에서 설명한 바와 같이 MDCT 필터뱅크의 주파수 해상도는 윈도우 함수에 의존한다. 완전복원(PR, Perfect Reconstruction) 조건을 만족하는 MDCT 윈도우 함수의 자연스러운 선택은 아마도 사인 윈도우(sine window)일 것이다. 사인 윈도우는 주파수 해상도가 좋은 필터뱅크를 제공할 수 있기 때문에 밀집된 하모닉 성분을 가진 신호에 대해 높은 코딩 효율을 얻을 수 있다. 그러나 어떤 경우에는 저지대역(stopband)에서 좋은 억제특성을 가진 윈도우가 더 높은 코딩 효율을 제공할 수도 있을 것이다. KBD 윈도우([Fielder et al. 96], 5장 참조)는 이러한 상충조건을 비교적 잘 만족하게 하고 있는 윈도우이다. AAC에서 윈도우 모양은 입력신호의 특성에 대한 함수로 입력신호에 따라 동적으로 바뀔 수 있다. AAC 시스템은 그림 5와 같이 KBD 윈도우와 사인 윈도우 간에 윈도우 스위칭을 제공해 완전복원과 임계 샘플링 특성을 유지할 수 있다(5장 참조). 보통 프레임당 1비트를 비트열로 전송해 윈도우 모양을 가리키며, 윈도우 모양은 2,048 변환블록에 대해서만 바뀌어질 수 있다. 인코더에서 결정된 윈도우 모양은 윈도우 함수의 후반부(second half)에만 적용되는데 이는 윈도우 전반부(first half)가 이전 프레임과 같은 윈도우로 제한되기 때문이다.

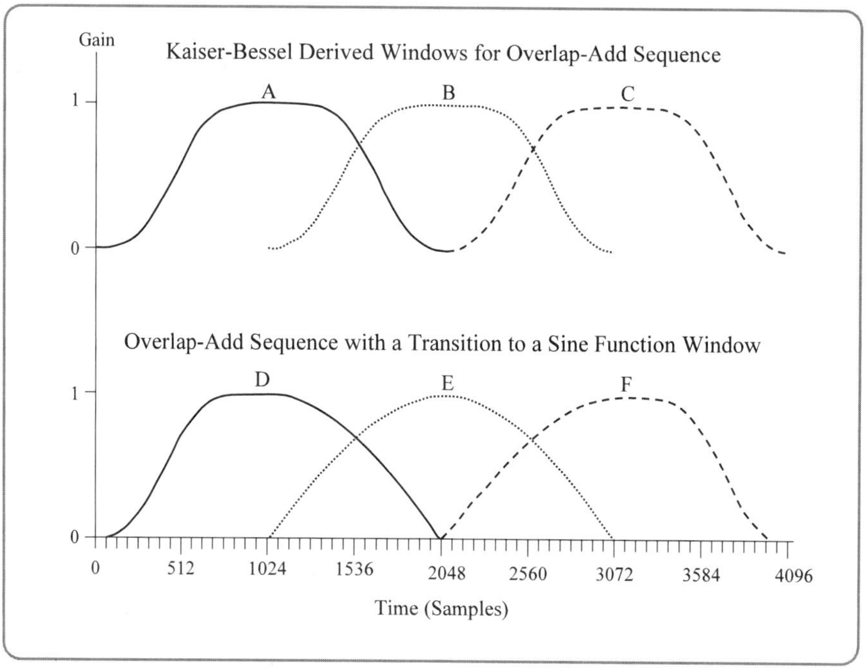

그림 5 MPEG-2 AAC 윈도우 스위칭 과정[Bosi et al. 97]

입력신호 특성에 따른 필터뱅크의 시간-주파수 해상도 적응은 2,048 입력샘플 변환과 256 입력샘플 변환을 스위칭해 사용함으로써 가능하다. 과도신호를 변환할 때 사용하는 256 샘플 블록은 채널당 약 64kb/s 데이터율에서 주파수 해상도와 프리-에코 억제를 동시에 가장 잘 달성할 수 있는 것으로 알려져 있다. 변환블록 스위칭은 필터뱅크의 시간/주파수 해상도에 적응할 수 있는 효과적인 툴이지만 서로 다른 채널 간에 블록 동기(block synchrony) 등의 잠재적인 문제를 일으킬 수도 있다. 예를 들어, 한 채널이 2,048 샘플 변환을 사용하고 같은 시간 동안 다른 채널이 3개의 256 샘플 변환을 사용한다면 블록 스위칭 이후의 긴 블록은 더 이상 시간상에 정렬될 수 없게 된다. 이러한 채널정렬 문제는 인코더에서 채널 데이터를 결합할 때와 비트열 포맷팅/역-포맷팅할 때 문제를 일으킬 수 있기 때문에 바람직하지 않은 현상이다. MPEG-2 AAC 시스템은 채널 간의 블록정렬 문제를 다음과 같이 해결하고 있다. 긴 변환과 짧은 변환 간의 전이는 스타트 윈도우(start window)와 스톱 윈도우(stop window)를 사용해 MDCT와 IMDCT의 시간-영역 에일리어싱(time-domain aliasing)을 제거하는 동시에 블록정렬 또한 유지할 수 있다. 이러한 연결변환은 각각 "스타트"와 "스톱" 수열로 지정된다. 일반적으로 2,048 샘플 길이를 갖는 긴 변환은 "긴(long)" 수열로, 그룹단위로 사용되는 짧은 길이의 변환은 "짧은(short)" 수열로 주어진다. 짧은 수열은 8개 짧은 길이의 블록변환으로 구성되며, 이웃한 윈도우는 50% 중복된다. 스타트, 스톱 윈도우와 중첩되는 수열 경계선에서는 신호의 절반 부분에만 윈도우가 취해지는 절반변환(half transform)을 갖게 된다. 그림 6은 스타트와 스톱 윈도우 그리고 긴 윈도우와 짧은 윈도우의 중복 영역과 변환블록 그룹을 나타내며, 정상상태(steady state)와 과도상태(transient state) 신호에 대한 윈도우 스위칭 과정을 보여준다.

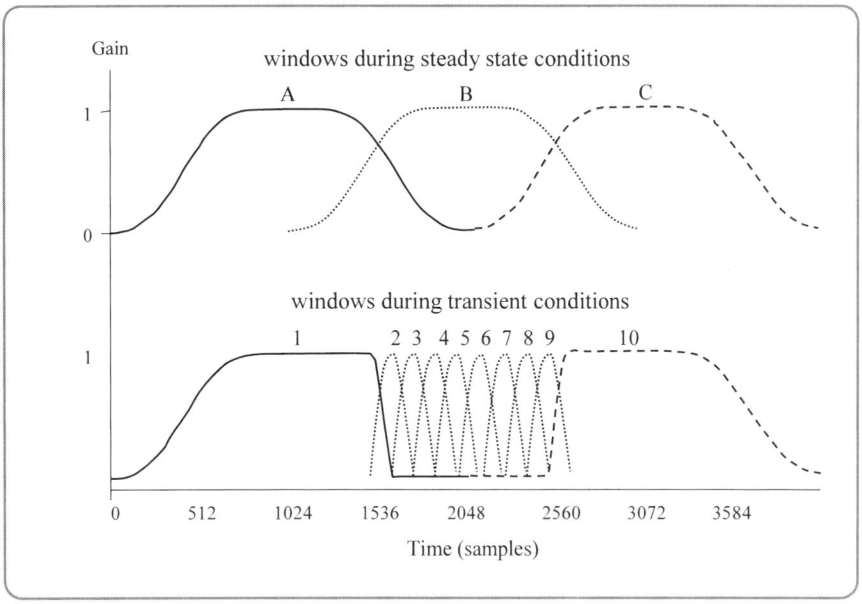

그림 6 MPEG-2 AAC 블록 스위칭 과정[Bosi et al. 97]

그림 6의 위쪽 그림은 정상신호에 대한 것으로 A, B, C 윈도우는 블록 스위칭을 사용하지 않고 모든 변환이 2,048 샘플의 긴 수열만을 갖는 윈도우로 50% 중복되어 변환 순서에 따라 조합된다. 반면 그림 6의 아래쪽 그림은 과도신호에 대한 경우로 샘플 번호 1,600 ~ 2,496 사이에 블록 스위칭을 적용해 긴 변환에서 $N = 256$ 짧은 변환으로 또는 그 역으로 매끄럽게 전이하는 것을 볼 수 있다. 그림에서 8개의 짧은 변환(2번 - 9번)은 사인 윈도우이며 각 8개의 256 변환 수열이 50% 중복된 수열로 그룹핑된다. 이때 스타트(1번)와 스톱(10번) 수열은 짧은 변환과 긴 변환 간의 부드러운 전이를 가능하게 한다. 시간-영역에서 0 ~ 1,023 샘플에 해당하는 스타트 수열의 전반부는 KBD 윈도우의 전반부이거나 이전의 긴 수열 윈도우 유형과 일치하는 사인 윈도우이다. 시간-영역에서 1,024 ~ 1,471 샘플에 해당하는 윈도우 부분은 1의 값을 갖고 그 이후에는 사인 윈도우 형태를 갖는다. 시간-영역 1,472 ~ 1,599 샘플 범위의 사인 윈도우는 다음과 같이 주어진다.

$$w[n] = \sin\left[\frac{\pi}{256} * (n - 1{,}343.5)\right] \qquad where \quad 1{,}472 \le n < 1{,}600$$

이후 이 윈도우는 2,047 샘플까지 0값으로 연장된다. 스톱 윈도우는 스타트 윈도우가 시간-반전(time-reverse)된 것이며, 스타트와 스톱 윈도우는 길이가 다른 변환 간에 매끄러운 전이와 신호 변환 시 시간-영역 에일리어싱을 제거할 수 있도록 고안된 것이다. 시간상 가까이에 인접한 2개 이상의 과도신호가 있는 경우 8개의 짧은 윈도우를 확장해 더 많은 개수의 연속된 짧은 윈도우를 사용할 수 있지만, 짧은 윈도우는 반드시 8개 그룹단위로 확장되어야만 한다.

5 예측

AAC 코딩은 데이터 간의 중복성을 감소시키기 위해 보다 향상된 예측기술(Prediction technique)을 사용하고 있다. 예측기술은 강한 정상(stationary) 성분을 포함하고 있는 신호와 비트를 많이 요구하는 신호에 매우 효율적으로 적용될 수 있다. MDCT 필터뱅크에서 길이가 짧은(short) 윈도우는 과도신호에만 적용되기 때문에 예측기술은 길이가 긴(long) 윈도우에만 적용된다.

예측기술은 각 채널에서 필터뱅크의 스펙트럼 계수들에 적용된다. 예측기는 연속된 프레임의 스펙트럼 성분 간에 자기상관(autocorrelation)을 적용하며 16kHz 까지 각 스펙트럼 성분에 대해 하나의 예측기를 사용하고 있어 예측기 뱅크(bank of predictor)를 이루고 있다. 예측기술이 활성화된 경우 양자화기는 원 스펙트럼 성분 대신 예측에러(prediction error)를 양자화하기 때문에 더 높은 코딩 효율을 달성할 수 있다. 그림 7은 예측기 뱅크로 구성된 단일 예측 유닛에 대한 블록도를 나타내며, 단일 스케일팩터(scale factor) 대역 상의 모든 예측기에 예측제어가 동작한다. 그림 7에서 REC는 최종 양자화된 값을 복원하는 과정을 가리키며 Q 는 양자화기를 나타낸다(그림에서 모든 예측과정은 예측기 P_i 로 나타냈음).

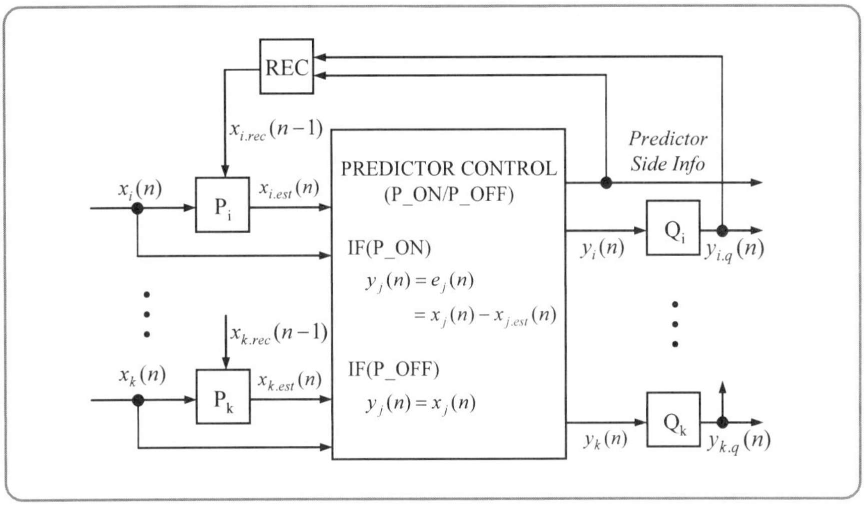

그림 7 단일 스케일팩터 대역 상의 MPEG-2 AAC 예측 유닛[Bosi et al. 97]

각 예측기는 이전 프레임에서 복원된 값인 $x_{rec}[n-1]$ 과 $x_{rec}[n-2]$ 을 이용해 스펙트럼 성분 $x[n]$ 의 현재 값 추정치인 $x_{est}[n]$ 을 계산한다. 이때 이 추정값과 실제 스펙트럼 성분 $x[n]$ 간의 차이로 예측에러 $e[n]$ 을 구하고 이를 양자화하여 전송한다. 디코더에서는 $x_{est}[n]$ 을 복원하고 이 값을 전송된 예측에러를 역-양자화한 값에 더해 현재 스펙트럼 성분 $x[n]$ 의 복원 값인 $x_{rec}[n]$ 을 만들어 낸다. 인코더와 디코더의 예측기 계수는 이전에 복원된 스펙트럼 성분으로부터 계산할 수 있다. 이러한 후방-적응(backward-adaptive) 방식은 전방-적응(forward-adaptive) 방식과 다르게 예측기 계수를 전송할 때 추가적인 사이드 정보를 필요로 하지 않는다는 장점을 가지고 있다. 예측기는 기본 요소들이 병렬로 연결된 격자구조(lattice structure)로 구현된다. 예측기 파라메터는

LMS(Least Mean Square)-기반 적응 알고리즘을 이용해 프레임단위로 신호의 통계적 특성에 맞추어 구해진다. 예측기 동작원리에 대한 더 자세한 사항은 [Fuchs 95]를 참조하고 구현 수식은 표준 [ISO/IEC 13818-7]을 참조하라.

예측기를 사용했을 때 코딩이득(coding gain)이 높아지는 경우에만 예측기 사용을 허용하는 등의 예측기 사용제한을 위해서는 적절한 예측제어가 필요하고 소량의 예측제어 정보가 디코더에 전송되어야 한다. 먼저 예측제어를 위해 예측기들을 스케일팩터 대역 별로 그룹핑한다. 각 프레임에서의 예측제어 정보는 다음과 같이 두 단계로 결정된다. 첫째, 각 스케일팩터 대역에서 예측기가 코딩이득을 높일 수 있는지 판단하고 이에 따라 각 스케일팩터 대역에 있는 모든 예측기 스위치를 on/off 시킨다. 그 다음으로는 예측기 사이드 정보를 위한 추가적인 비트 할당 여부를 결정하기 위해 현재 프레임의 예측기술이 충분한 코딩이득을 달성하는지 판단한다. 오직 이 경우에만 예측기술이 활성화되고 사이드 정보가 전송된다. 만약 그렇지 않다면 현재 프레임에서는 예측기술을 사용하지 않으며 1비트 사이드 정보만 전송해 이러한 결정 사항을 디코더에 알려준다.

인코더와 디코더는 예측기를 안정화시키는 동시에 정의된 예측정보를 비트열에 차례대로 삽입하고자 순환 리셋(reset) 체계를 이용해 모든 예측기를 번갈아 가며 일정 시간-구간 동안 다시 초기화시킨다. 모든 예측기는 30개의 리셋 그룹(그룹 1: P_1, P_{31}, P_{61},...; 그룹 2: P_2, P_{32}, P_{62},...; 그룹 30: P_{30}, P_{60},...)으로 나누어지고 각 그룹은 하나의 그룹이 리셋되면 일정시간 뒤에 다른 그룹이 리셋되는 방식으로 주기적으로 리셋된다. 예를 들어, 하나의 예측기 그룹이 매 8번째 프레임마다 리셋된다면 모든 예측기가 리셋되는 데는 $8 \times 30 = 240$ 프레임 구간이 걸리게 된다. 이러한 리셋 체계는 리셋 on/off 비트로 제어되고, 이 비트는 예측기술이 활성화되거나 예측기 그룹을 나타내는 조건부 5비트 인덱스가 리셋되었을 때 곧바로 전송되어야 한다. 한편, 짧은(short) 윈도우 경우에는 예측기가 적용되지 않음으로 모든 예측기를 리셋시켜야 한다.

AAC 표준 개발 당시 다양한 청취테스트 실험결과 현악기나 하프시코드(Harpsichord) 같은 정상신호에 예측기를 적용했을 때 ITU-R 5-등급 손실척도(five-grade impairment scale)가 1등급 정도 높아진 상당한 수준의 음질향상을 가져올 수 있다는 것이 밝혀졌다.

6 양자화와 코딩

양자화와 코딩의 주목적은 양자화 잡음이 심리음향 모델의 요구조건에 따를 수 있도록 스펙트럼 데이터를 양자화하는 것이다. 이때 양자화된 신호를 코딩하는 데 필요한 비트 수는 하나의 오디오 데이터 블록을 코딩할 때 사용 가능한 평균 비트 수보다 작아야 한다. 평균 비트 수는 샘플링 주파수(sampling frequency)와 목표 데이터율(target data rate)에 따라 달라진다. 한편, AAC의 비트 저장소(bit reservoir)는 국부적인 가변 데이터율로 인해 연속된 오디오 블록 간의 비트 분배에 영향을 미칠 수 있다. 이러한 두 가지 제한점은 양자화 과정에서 해결해야 할 중요할 문제로 한편으로는 심리음향 모델의 요구사항을 수행하는 동시에 또 다른 한편에서는 할당된 비트 수를 일정수준 이하로 유지하는 방식으로 이 문제를 해결할 수 있다. 만약 할당 가능한 비트 수 내에서 심리음향 모델의 요구사항을 처리할 수 없다면 이를 어떻게 해결할 수 있을까? 만약 심리음향 모델의 요구조건을 만족시키는 데 모든 비트를 사용할 필요가 없다면, 즉, 여분의 비트가 있다면 어떻게 해야 할까?

AAC는 양자화를 최적으로 수행할 수 있는 어떠한 전략도 표준화하지 않고 있으며 다만 AAC 규격에 맞는 결과 비트열만을 규정하고 있다. 사용 가능한 양자화 전략 중 하나는 이 절의 후반부에 설명하는 중첩 반복루프(nested iteration loop)를 사용하는 것으로 이 방법은 AAC 공식 청취테스트 실험으로 평가되기도 하였다(평가절차 또한 이 장의 후반부에서 설명함). 이외에 다른 방법들도 가능하다. 그러나 한 가지 중요하게 고려해야 할 점은 심리음향 모델과 양자화 과정 간의 미세한 조정으로 이는 많은 경험과 전문 지식을 요하기 때문에 "오디오 코딩의 비법(secrets of audio coding)" 중 하나로 간주되기도 한다.

AAC 양자화 과정의 주요 특징은 다음과 같다.

- 비-균일 양자화(non-uniform quantization)
- 스펙트럼 값을 허프만 코딩할 때 서로 다른 표를 사용함
- 스펙트럼 그룹(소위 스케일팩터 대역)을 증폭함으로써 잡음 쉐이핑을 함. 증폭에 대한 정보는 스케일팩터 값에 저장되어 있음.
- 차분 스케일팩터의 허프만 코딩

AAC에서 사용하는 비-균일 양자화기는 다음과 같다(11장의 MPEG 계층 Ⅲ 참조).

$$ix(i) = sign(xr(i)) \cdot n\text{int}\left(\left(\frac{|xr(i)|}{\sqrt[4]{2}^{\text{quantizer\_stepsize}}} \right)^{0.75} - 0.0946 \right)$$

비-균일 양자화기의 주된 장점은 계수 진폭에 따른 잡음 쉐이핑 기능이 내장되어 있다는 것이다. 균일 양자화기(uniform quantizer)에 비해 비-균일 양자화기의 신호대 잡음비(SNR, Signal to Noise Ratio)는 광범위한 신호 에너지 값에 대해 일정하게 유지될 수 있다. 양자화된 값의 범위는 ±8,191로 제한된다. 위 수식에서 양자화기의 스텝크기는 전역 양자화기(global quantizer)의 스텝크기를 말한다. 여기서 양자화기는 1.5dB 단위로 변하게 되며 양자화된 계수는 허프만 코딩을 이용해 인코딩된다. 이때 주어진 스펙트럼 데이터 값에 대해 몇 개의 허프만 테이블을 사용함으로써 아주 유연한 코딩방법을 제공할 수 있다. 2차원이나 4차원 코드표(부호가 있거나, 없는 경우 모두 포함)를 이용할 수 있으며, 허프만 코딩과정은 다음 절에서 설명하기로 한다. 양자화된 데이터를 인코딩하는 데 필요한 비트 수를 계산하려면 실제 코딩과정을 수행해 스펙트럼 데이터에 필요한 비트 수와 사이드 정보를 계산해야 한다.

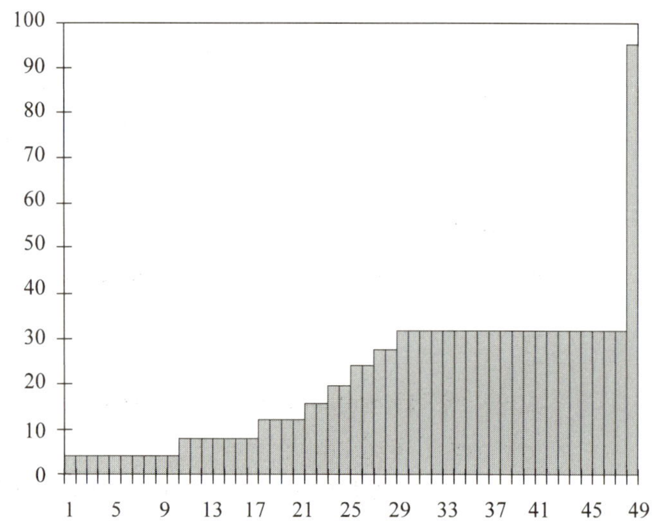

그림 8 48kHz 샘플링 비율에서 MPEG-2 AAC 각 스케일팩터 대역의 MDCT 계수 개수 [Bosi et al. 97]

비-균일 양자화기 하나만을 이용해 심리음향 모델의 모든 요구조건을 만족시킬 수는 없다. 심리음향 모델의 요구조건을 효율적으로 달성하려면 사람 청각 시스템의 임계대역(CB, Critical Band)과 유사한 단위로 양자화 잡음을 형상화하는 것이 바람직하다. AAC 시스템은 48kHz 샘플링 주파수에서 길이가 긴(long) 블록에 대해 23.43Hz 의 높은 주파수 해상도를 제공할 수 있기 때문에 임계대역의 대역폭과 매우 유사하게 스펙트럼 그룹들을 배치할 수 있다. 그림 8은 긴 블록에 대한 각 스케일팩터 대역의 폭(MDCT 계수 개수)을 나타낸다(스케일팩터 대역의 폭은 마지막 스케일팩터 대역만 제외하고 32개 MDCT 계수로 제한되어 있음). 48kHz 샘플링 주파수에서 긴 블록에 대한 전체 스케일팩터 대역 수는 49개이다.

디코더에서는 스케일팩터를 역-증폭해야 하기 때문에 인코더는 1.5dB 단위로 스케일팩터에 저장된 증폭 정보를 디코더에 전송해야 한다. 첫 번째 스케일팩터는 전역 양자화기의 스텝크기를 말하고 global_gain으로 불리는 PCM 값으로 인코딩된다. 이후의 모든 스케일팩터는 해당 허프만 코드를 이용해 차분 인코딩(differential encoding)된다.

증폭해야 할 스케일팩터 대역을 결정하는 문제는 전적으로 인코더에 달렸다. 가장 중요한 기준은 심리음향 모델에 의해 계산되는 마스킹 한계선이지만 오직 한정된 비트 수만을 사용할 수 있기 때문에 전적으로 마스킹 한계선에만 의존할 수는 없다. 위에서 언급한 적이 있는 양자화를 위한 중첩 반복 처리과정은 잡음 쉐이핑을 구현하기 위한 한 가지 방법으로 매우 좋은 음질의 오디오를 재생하는 것으로 알려졌다. 중첩 반복루프, 즉 내부(inner)와 외부(outer) 반복루프는 최적의 양자화를 결정하는 데 사용된다. 여기서는 이러한 과정을 쉽게 이해할 수 있도록 단순화하여 설명한다. 내부 반복루프(inner iteration loop)의 역할은 주어진 스펙트럼 데이터가 할당 가능한 비트 수로 인코딩될 수 있을 때까지 양자화기 스텝크기를 변화시키는 것이다. 내부 반복루프는 이러한 목적으로 양자화 스텝크기의 초기값을 설정해 스펙트럼 데이터를 양자화하고 양자화된 데이터를 인코딩하는 데 필요한 비트 수를 계산한다. 만약 이 비트 수가 할당 가능한 비트 수보다 크다면 양자화 스텝크기를 증가시켜 전체과정을 다시 반복한다. 내부 반복루프를 그림 9에 나타냈다.

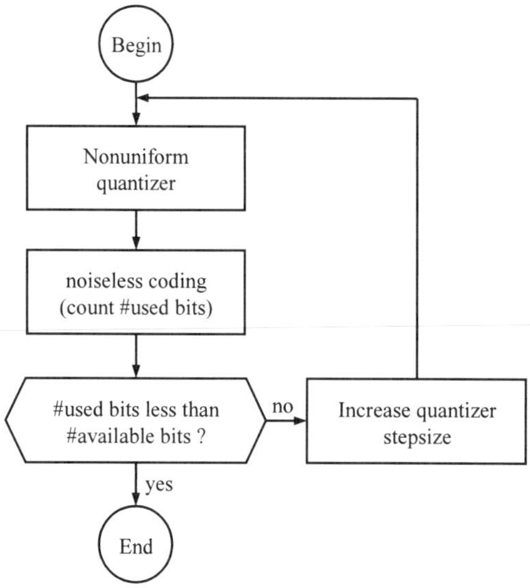

그림 9 MPEG-2 AAC 내부 반복루프 블록도[Bosi et al. 97]

외부 반복루프(outer iteration loop)의 역할은 심리음향 모델의 요구사항이 가능한 한 만족될 수 있도록 스케일팩터 대역(sfbs)을 증폭하는 것이다.

① 초기에는 어떠한 스케일팩터 대역도 증폭시키지 않는다.
② 내부 반복루프를 호출한다.
③ 각 스케일팩터 대역에서 양자화로 인한 왜곡을 계산한다(합성에 의한 분석기법을 사용함).
④ 실제 왜곡을 심리음향 모델에서 계산한 허용 가능한 왜곡과 비교한다.
⑤ 만약 이 결과가 여태까지 얻어진 것 중 가장 좋은 결과이면 이 결과를 저장한다. 이 값을 저장하는 이유는 반복절차가 꼭 수렴하는 것만은 아니기 때문이다.
⑥ 실제 왜곡이 허용 가능한 왜곡보다 큰 스케일팩터 대역을 증폭한다. 이때 증폭될 스케일팩터 대역을 결정하는 데는 다른 방법을 사용할 수도 있다.
⑦ 만약 모든 스케일팩터 대역이 증폭되었다면 반복절차를 중지한다. 그리고 이때까지의 가장 좋은 결과를 복구한다.
⑧ 만약 허용된 왜곡보다 큰 왜곡을 갖는 스케일팩터 대역이 더 이상 없다면, 이 때에도 반복 절차를 중지한다.
⑨ 그렇지 않다면 단계 ②로 돌아가 새로운 증폭 값을 사용해 전체과정을 반복한다.

외부 반복루프를 중단시키는 몇 가지 다른 조건도 있지만 여기서는 언급하지 않기로 한다. 외부 반복루프에서 증폭된 스펙트럼 영역은 인코딩할 때 더 많은 비트를 필요로 한다. 하지만, 할당 가능한 비트 수가 한정되어 있기 때문에 내부 반복루프는 할당되는 비트 수를 감소시키는 방향으로 양자화 스텝크기를 조절해야 한다. 이런 방식으로 비트가 필요하지 않는 스펙트럼 영역에서 비트를 요구하는 스펙트럼 영역으로 할당 가능한 비트를 이동시킬 수 있다. 또한, 외부 반복루프에서 증폭된 결과는 이전보다 더 나빠질 수 있기 때문에 매 반복절차가 끝난 이후에는 항상 가장 좋은 결과를 저장하고 있어야만 한다. 그림 10은 외부 반복루프를 보이고 있다. 길이가 짧은(short) 블록에 대한 양자화와 인코딩 과정은 긴(long) 블록과 유사하나 그룹핑(grouping)과 인터리빙(interleaving)을 반드시 고려해야 한다. 이러한 절차를 다음 절에 자세히 설명한다.

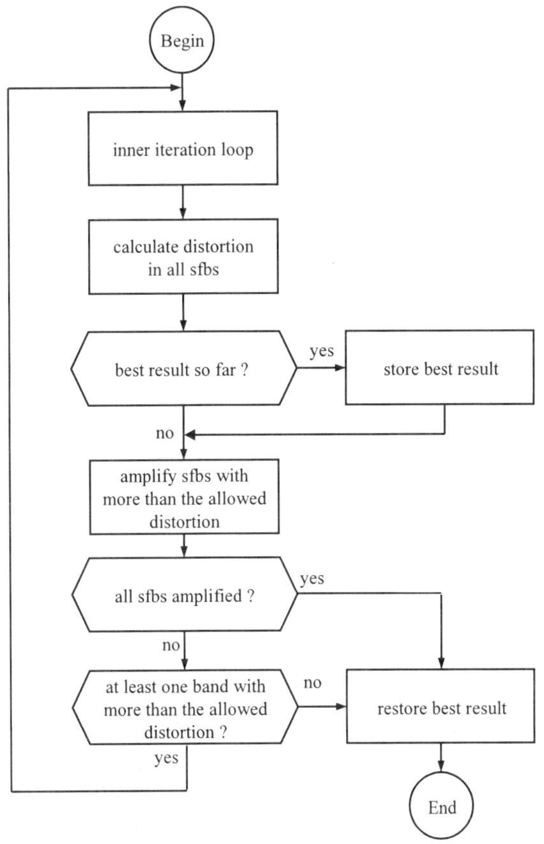

그림 10 MPEG-2 AAC 외부 반복루프 블록도[Bosi et al. 97]

7 무잡음 코딩

무잡음 코딩(Noiseless coding) 모듈의 입력은 1,024개의 양자화된 스펙트럼 계수들이다. 무잡음 코딩의 첫 단계로 무잡음 동적범위 압축(noiseless dynamic range compression)이 스펙트럼에 적용될 수 있다. 4개 스펙트럼 계수까지 1이상 되는 크기로 코딩할 수 있으며 양자화된 계수 배열에 이들의 부호를 나타내는 ±1 값을 저장할 수 있다. 이들 계수는 이들의 정수 값 크기와 이들 계수의 위치를 나타내는 양자화 계수 배열 시작 지점으로부터의 오프셋(offset)으로 코딩된다. 이들 계수를 사이드 정보로 전송할 때는 여분의 비트가 필요하기 때문에 무잡음 동적범위 압축은 전체적인 비트 수를 감소시킬 수 있을 때에만 적용된다.

무잡음 코딩은 1,024개 양자화된 스펙트럼 계수를 몇 개 섹션(section)으로 분할하고 각 섹션을 단일 허프만 코드북(codebook)을 이용해 코딩한다. 각 섹션 경계는 코딩 효율성을 감안해 스케일팩터 대역 경계에만 놓이기 때문에 각 섹션의 길이를 섹션이 포함하고 있는 스케일팩터 대역 수로 전송하고, 이때 각 섹션에서 사용된 허프만 코드북도 같이 전송한다. 섹션 분할은 전체 양자화된 스펙트럼 계수를 표현하는 데 필요한 비트 수를 최소화할 수 있도록 동적으로 이루어지며 블록마다 달라진다. 이러한 동적 섹션 분할은 탐욕병합(greedy merge) 알고리즘을 이용해 가능한 한 최대 섹션 수를 가지면서도 각 섹션이 최소 인덱스의 허프만 코드북을 가질 수 있도록 초기화된다. 병합된 섹션이 더 낮은 전체 비트 수 결과를 가져올 때만 섹션을 병합하며 가장 큰 비트 절감을 가져오는 섹션부터 병합한다. 만약 병합될 섹션이 같은 허프만 코드북을 사용하지 않는다면 더 높은 인덱스를 가진 코드북이 사용된다.

어떤 섹션은 0값의 계수만을 포함하는 때도 있다. 예를 들어, 오디오 입력이 20kHz 나 그 이하로 대역-제한되어 있을 때 가장 높은 주파수 계수들은 0이 된다. 이러한 섹션은 모든 계수 값이 0이라는 것을 가리키는 에스케이프(escape) 체계인 허프만 코드북 0으로 코딩되고 이 섹션에 대해서는 어떠한 허프만 코드워드도 전송할 필요가 없다.

만약 윈도우 수열이 8개 연속된 짧은(short) 윈도우라면, 주파수 계수는 $8 \times 128 = 1{,}024$ 개의 값으로 구성되며, 이 값들은 해당 구간 동안 신호의 시간-주파수 변화를 표현한다. 비록 이러한 섹션 분할 방법이 8개의 0 섹션을 효율적으로 표현할 수 있을 만큼 유연하지만 그룹핑과 인터리빙 기술을 추가로 적용해 더 높은 코딩효율을 달성할 수도 있다. 이전에 설명한 바와 같이 연속된 짧은 윈도우에 해당하는 계수 값들을 그룹핑해 그룹 내 모든 스케일팩터 대역에 걸쳐 스케일팩터를 공유할 수 있다. 이외에도 그룹 내 계수들은 스케일팩터 대역과 윈도우 순서를 서로 교환하는 방식으로 인터리빙될 수 있다. 이를 좀 더 구체적으로 알아보기 위해 인터리빙 전 1,024개 스펙트럼 계수가 다음과 같이 인덱스 되었다고 가정하자.

$$c[g][w][b][k]$$

여기서

g 는 그룹 인덱스

w 는 그룹 내 윈도우 인덱스

b 는 윈도우 내 스케일팩터 대역 인덱스

k 는 스케일팩터 대역 내 계수 인덱스이며 가장 오른쪽 인덱스가 가장 빠르게 변함.

인터리빙 후 계수들은 다음과 같이 인덱싱될 수 있으며

$$c[g][b][w][k]$$

이러한 인덱스 교환은 각 그룹 내 대역제한 특성으로 인한 모든 0 섹션을 결합할 수 있는 장점이 있다.

코딩된 스펙트럼은 하나의 스케일팩터 대역당 하나의 양자화기를 사용한다. 각 양자화기의 스텝크기는 스케일팩터와 이 스케일팩터를 정규화하는 전역이득(global gain)으로 결정된다. 데이터 압축 효율을 높이기 위해 계수 값 0을 갖는 스케일팩터 대역의 스케일팩터는 전송하지 않는다. 전역이득과 스케일팩터 모두 1.5dB 단위로 양자화된다. 전역이득은 8-비트 무-부호 정수(unsigned integer)로 코딩되고, 스케일팩터는 이전 주파수 대역 스케일팩터 값(또는, 첫 번째 스케일팩터의 전역이득 값)에 비례해 차분 인코딩된 후 허프만 코딩된다. 이때 전역이득의 동적 범위는 24-비트 PCM 오디오 사운드 전체를 표현할 수 있을 정도로 충분하다.

허프만 코딩(Huffman coding)은 12개 코드북 중에서 선정된 하나의 허프만 코드로 n-튜플(tuples, 역자주: n개로 정렬된 값들의 세트) 양자화 계수를 표현한다. n-튜플 내의 스펙트럼 계수는 낮은 것으로부터 높은 순으로 정렬되고,

이때 n-튜플의 크기는 2개나 4개이다. 표 2는 허프만 코드북으로 표현할 수 있는 양자화된 계수의 최대 절대값과 각 코드북에서 n- 튜플 계수의 수를 나타낸다. 표에서 보듯이 각 최대 절대값에 대해 해당 확률분포 함수(probability distribution function)를 나타내는 2개의 코드북이 있고, 항상 이 중 가장 잘 맞는 코드북을 선정해 사용한다. 대부분의 코드북은 저장공간(디코더를 대량으로 사용하는 응용 분야에서는 중요한 고려 사항임)을 절약하기 위해 무부호 값으로 표현된다. 이때 코드북의 계수 크기를 허프만 코딩하고 0이 아닌 각 계수의 부호 비트를 코드워드에 추가한다.

표 2 MPEG-2 AAC 허프만 코드북[Bosi et al. 97]

Codebook Index	n-Tuple size	Maximum Absolute Value	Signed Values
0		0	
1	4	1	Yes
2	4	1	Yes
3	4	2	No
4	4	2	No
5	2	4	Yes
6	2	4	Yes
7	2	7	No
8	2	7	No
9	2	12	No
10	2	12	No
11	2	16(ESC)	No

표 2에서는 2개의 코드북, 즉 코드북 0과 코드북 11을 특별히 주목할 필요가 있다. 이전에 언급한 바와 같이 코드북 0은 섹션 내 모든 계수들이 0이라는 것을 의미한다. 코드북 11은 절대값이 16보다 크거나 같은 양자화 계수를 표현할 수 있다. 만약 2개 계수 중 하나나 두 개 계수 모두 크기가 16보다 크거나 같으면 고유한 에스케이프 코딩(escape coding) 체계를 이용해 이 값들을 표현한다. 만약 2개 계수 모두 크기가 16 이하라면 해당 2-튜플이 허프만 코딩된다. 부호 비트는 필요할 때마다 코드워드에 추가된다. 크기가 16보다 크거나 같은 계수에 대해서는 다음과 같은 에스케이프 코드가 추가된다.

escape code=<escape_prefix><escape_separator><escape_word>

여기서

<escape_prefix>는 N 개 이진 “1”의 열이다.

<escape_separator>는 이진 “0”이다.

<escape_word>는 $N+4$ 무부호 정수이고 최상위비트(MSB, Most Significant Bit)가 먼저 처리되며 N 은 양자화된 계수의 크기가 $2^{(N+4)}+$ <escape_word>와 같아질 때의 값이다.

8 비트열 다중화

MPEG-2 AAC 시스템은 매우 유연한 비트열 구문(bitstream syntax)을 가지고 있다. 낮은 계층(lower layer)과 높은 계층(higher layer) 2개 계층이 정의되어 있고, 낮은 계층은 원 오디오 정보를 규정하며 높은 계층은 특정 오디오 전송 체계를 규정하고 있다. 특정 전송체계가 모든 응용 분야에 다 맞지는 않기 때문에 원 오디오 데이터 계층(낮은 계층)은 그 자체로 분석될 수 있게 고안되어 있어 사실상 이 계층은 컴퓨터 저장장치에서 데이터 압축 같은 응용 분야에 직접 사용될 수 있을 정도이다. MPEG-2 AAC의 비트열은 다음의 표 3과 같이 구성되어 있다.

표 3 MPEG-2 AAC 비트열의 일반 구조[Bosi et al. 97]

<stream>	{<transport>}<block>{<transport>}<block>…
<block>	[<prog_config_ele>]<audio_ele>[<audio_ele>][<coupling>_ele>] [<data_ele>][<fill_ele>]<term_ele>

비트열 내의 토큰(token, 역자주: 인코딩 비트열에서 특정 문자 단위를 구분할 수 있는 단위)은 꺾음 괄호(<>)로 나타낸다. 비트열은 토큰 <stream>으로 시작되고 연속적인 <block> 토큰을 포함하고 있으며 각 블록은 1,024 오디오 주파수 샘플을 디코딩하는 데 필요한 모든 정보를 포함하고 있다. 또한, 각 <block> 토큰은 비트열의 첫 번째 <block> 시작 지점에 비례하는 바이트(byte) 경계에서 시작한다. <block> 토큰 사이에는 전송정보를 나타내는 <transport> 토큰이 있을 수 있으며 이 토큰은 순간적으로 삽입된 정보의 동기와 에러제어를 위해 필요하다. 중괄호({})는 옵션 토큰을 나타내며 각괄호([])는

토큰이 한 번도 안 나타나거나 더 자주 나타날 수 있다는 것을 가리킨다.

AAC 시스템은 필요할 때마다 순간 데이터율을 변화시킬 수 있는 데이터 버퍼를 가지고 있기 때문에 각 <block>의 길이는 일정하지 않다. 이러한 점에서 AAC 비트열은 가변율(variable rate) 헤더(<transport> 토큰이 되는 헤더)를 사용한다고 말할 수 있다. 가변율 헤더는 바이트 단위로 정렬되어 있어 어떠한 블록 경계선에서도 비트열을 편집하는 것이 가능하다. 표 2는 <block> 내에서의 토큰 사용 예를 보여주고 있다.

표 4 MPEG-2 AAC 〈block〉에서 토큰 예[Bosi et al. 97]

Token	Meaning
prog_config_ele	program configuration element
audio_ele	audio element, one of :
single_channel_ele	single channel
channel_pair_ele	stereo pair
low_freq_effects_ele	low frequency effects channel
coupling_ele	multichannel coupling
data_ele	data element, segment of data stream
fill_ele	fill element, adjusts data rate for constant rate channels
term_ele	terminator, signals end of block

Prog_config_ele는 멀티채널 코딩을 가능한 한 유연하게 유지할 수 있도록 오디오 채널을 출력 스피커로 할당하는 설정요소이다. 이 요소는 다중언어 프로그램의 음성 트랙(voice track)을 정확하게 규정할 수 있고, 샘플링 비율을 지정할 수도 있다.

MPEG-2 AAC <block> 토큰은 모노포닉(monophonic) 채널을 위한 single_channel_ele, 스테레오 쌍을 위한 channel_pair_ele, 서브-우퍼(sub-woofer) 채널을 위한 low_freq_effects_ele 등 3가지 오디오 요소(audio element, audio_ele)를 가진다. 각 오디오 요소는 4-비트 태그(tag)로 표현되어 비트열에 16개 오디오 요소까지 표현할 수 있고 이들을 특정 출력채널에 할당할 수도 있다. 비트열에는 적어도 하나의 오디오 요소가 존재해야만 한다.

토큰 coupling_ele는 오디오 신호를 2개나 그 이상의 공통 오디오 채널로 코딩할 수 있는 방법을 제공한다(다음절 참조).

토큰 data_ele는 몇 개의 오디오 블록에 거쳐 지속될 수 있도록 태그가 부착된 데이터 열이다. 데이터 요소(data element)는 다른 요소와는 다르게 비트열 길이를 셀 수 있는 카운터를 가지고 있어 오디오 디코더가 해당 비트의 의미를 모르더라도 비트열로부터 데이터 요소를 정확히 추출할 수 있다. 오디오 요소와 마찬가지로 16개까지의 고유한 데이터열을 지원할 수 있다.

토큰 fill_ele는 인코더가 압축된 오디오 신호의 데이터율을 순간마다 증가시켜 채널 데이터율을 일정하게 유지할 수 있게 하는 비트-스터핑(bit-stuffing, 역자주: 기존 비트열에 추가적인 비트를 채우는 방식) 방법을 제공한다. 비트-스터핑 기술이 필요한 이유는 첫째, 인코더가 목표 비트율에 수렴하는 특성이 있어 사용된 비트 수가 사용 가능한 비트 수보다 작을 수 있기 때문이며, 둘째는 인코더에서 이진 0 수열을 표현하는 데 필요한 비트 수가 코딩 가능한 평균 비트 수보다 훨씬 작을 수 있기 때문이다.

토큰 term_ele는 오디오 블록의 끝을 나타내며 동시에 비트열을 분석할 수 있게 하는 필수요소이다. 토큰 term_ele 이후에는 다음 <block>이 정확히 바이트 경계선에서 시작될 수 있도록 패딩-비트(padding-bit)를 삽입할 수도 있다.

다음은 5.1채널 비트열(0.1은 LEF 채널을 의미)의 한 예를 나타낸다.

<block> <single_channel_ele> <channel_pair_ele> <channel_pair_ele> <low_freq_effects_ele><term_ele>

이 절에서는 각 구문요소에 대한 구체적인 세부 설명은 생략하고 대략적인 의미만을 알아보았다. 이외에도 한 가지 주목할 만한 사항은 모든 요소들이 조건부 요소를 자주 사용한다는 것이다. 조건부 요소를 사용하는 이유는 비트열의 오버헤드를 최소화하는 동시에 비트열 구문의 유연성을 높일 수 있기 때문이다. 예를 들어, 비트열에서 1비트 필드를 이용해 주어진 오디오 채널 블록에서의 예측기술 사용 여부를 나타낼 수 있다. 만약 이 필드가 1로 지정되었다면 어떤 스케일팩터 대역이 예측기술을 사용하는지를 나타내는 몇 개 비트가 후속적으로 따라야 하고, 만약 0으로 지정되었다면 이러한 비트를 전송하지 않아도 된다. 이러한 구문요소에 대한 더 자세한 정보는 [ISO/IEC 13818-7]를 참조하기 바란다.

9 순시 잡음 쉐이핑

MPEG-2 AAC 시스템의 순시 잡음 쉐이핑(TNS, Temporal Noise Shaping)은 지각 오디오 코딩에 독창적인 기반 기술을 제공하였다[Herre and Johnston 96].

TNS 툴은 길이가 긴(long) 블록 필터뱅크에서 과도신호를 처리할 때 발생하는 문제점을 극복하고자 개발되었다. 과도신호를 코딩할 때는 마스킹 한계선과 양자화 잡음 사이의 시간상 불일치로 인해 많은 어려움을 겪게 된다.

TNS 기술은 코더가 필터뱅크 블록 내부에서도 시간상의 양자화 잡음을 더욱 세밀하게 제어할 수 있게 한다. TNS의 개념은 시간-영역과 주파수-영역 간의 쌍대성 원리(duality principle, 역자주: 일대일로 매칭되는 개념이나 원리)를 이용해 예측 코딩기술을 확장한 것이다. "평탄하지 않은" 신호 스펙트럼(정상신호에 해당)은 스펙트럼 값을 직접 코딩하거나 시간-영역 신호에 예측 코딩기술을 직접 적용해 효율적으로 코딩할 수 있다. 따라서 이와 대비되는 쌍대성 원리에 따라 시간상에서 "평탄하지 않은" 구조를 가진 신호, 즉 과도신호를 효과적으로 코딩하는 방법은 시간-영역 신호를 직접적으로 코딩하거나 신호의 스펙트럼 값에 예측 코딩기술을 적용하는 것이라고 말할 수 있다. 주파수 스펙트럼 계수에 대한 예측코딩은 5절에서 설명한 시간상의 채널내(intra-channel) 예측 툴과 쌍대적인 개념을 이루고 있다. 즉, 시간상의 채널내 예측 툴은 코더의 스펙트럼 해상도를 높일 수 있지만 주파수상에서의 예측기술은 시간 해상도를 향상시킬 수 있다.

만약 주파수 스펙트럼 데이터에 전방 예측코딩(forward predictive coding)을 적용하면 입력신호 형태에 따라 시간상의 양자화 에러 모양이나 형태가 디코더 출력단에 다르게 나타난다. 이러한 전방 예측 코딩기술은 시간상의 양자화 잡음을 실제 신호 아래에 놓이게 함으로써 순시 마스킹(temporal masking) 문제를 해결할 수 있기 때문에 과도신호나 피치를 포함한 신호에 효율적으로 적용될 수 있다. 따라서 스펙트럼 데이터에 대한 이러한 형태의 예측코딩 기술을 순시 잡음 쉐이핑(TNS)이라 부른다.

TNS 기술은 스펙트럼 전체나 스펙트럼 일부에 적용될 수 있다. 더군다나 몇 개의 주파수 영역에만 선택적으로 예측기술을 적용할 수도 있다.

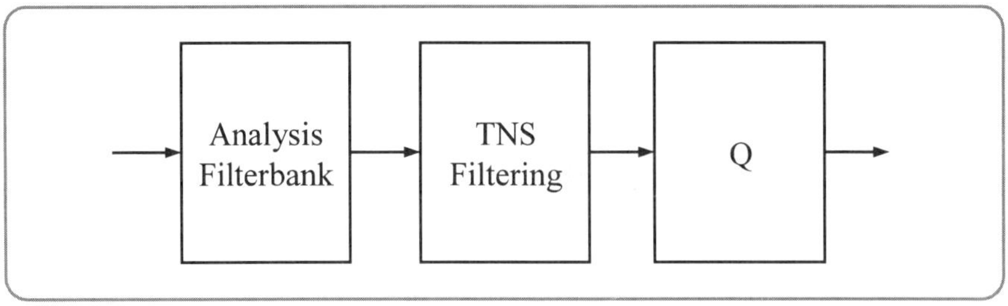

그림 11 MPEG-2 AAC 인코더 TNS[Bosi et al. 97]

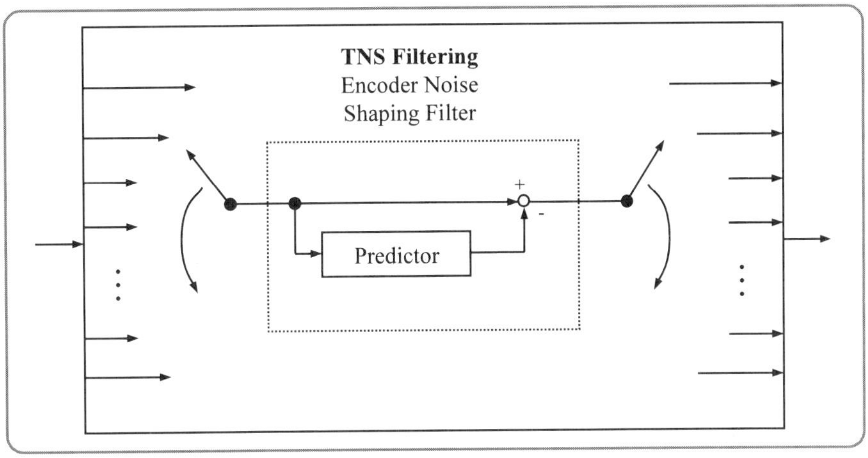

그림 12 MPEG-2 AAC 인코더의 TNS 필터링 블록도[Bosi et al. 97]

주파수상에서 동작하는 예측 인코딩/디코딩은 일반적인 지각 인코더와 디코더 표준 구조에 단지 하나의 블록만을 더함으로써 쉽게 구현될 수 있다. 그림 11과 12는 MPEG-2 AAC 인코더에서 이러한 TNS 구현을 나타내고 있다. 그림 11과 같이 분석 필터뱅크 뒤에 "TNS 필터링" 블록을 삽입하여 스펙트럼상에서 직접 TNS 필터링을 수행해 스펙트럼 계수들(TNS가 적용되는 스펙트럼 계수들)을 예측 잔여(prediction residual) 값으로 대치할 수 있다. 이러한 TNS 동작은 그림 12와 같이 스펙트럼 계수 값에 스위칭 회로를 회전시켜 적용하는 것으로도 설명할 수 있으며 주파수를 증가하거나 감소시키는 방향으로 스위칭 회로를 적용할 수 있다. 이와 유사하게 TNS 디코딩 과정에서는 역-TNS 필터링을 합성 필터뱅크 바로 전에 삽입한다(그림 13과 14). 이 경우 역-TNS 필터링을 잔여 스펙트럼 값에 직접 적용해 스펙트럼 계수를 역-예측 필터(전극 필터(all-pole filter))에 의해 디코딩된 스펙트럼 계수로 대치한다. 디코더의 TNS는 TNS on/off 플래그, 각 변환 윈도우에 적용되는 TNS 필터 개수와 주파수 범위, 예측 필터의 차수(프로파일에 따라 최대 12나 20), 자체 필터 데이터 등의 정보를 이용해 동작한다.

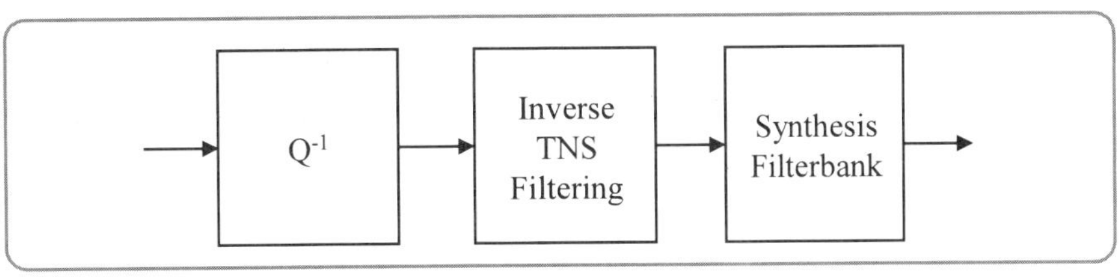

그림 13 MPEG-2 AAC 디코더 TNS[Bosi et al. 97]

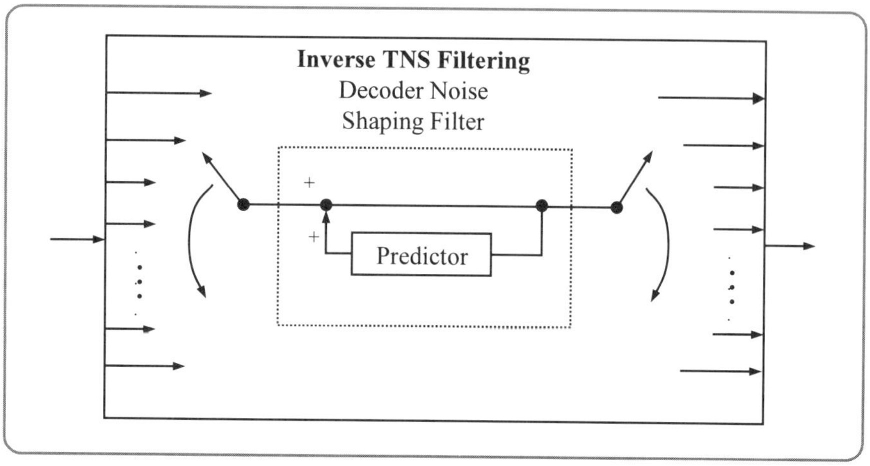

그림 14 MPEG-2 AAC 디코더의 TNS 역-필터링 블록도[Bosi et al. 97]

TNS 기술의 특징은 다음과 같이 설명될 수 있다. 첫째, 인코더에서 필터뱅크와 적응 예측필터를 결합한 것을 지속적으로 입력신호에 적응해나가는 필터뱅크로 해석할 수 있다. 사실상 이러한 형태의 적응 필터뱅크는 높은 주파수 분해능의 필터뱅크(정상신호의 경우)와 낮은 주파수 분해능의 필터뱅크(과도신호의 경우) 간의 블록 스위칭에 동적인 연속성을 제공한다. 둘째, TNS 기술은 마스커(masker) 신호 형태에 따라 시간-영역 상의 양자화 잡음을 세밀하게 적응해 나감으로써 마스킹 현상(masking effect)을 보다 효과적으로 적용할 수 있게 한다. 특히 TNS 기술은 피치를 가진 음성 신호같이 임펄스 형태의 수열로 구성되어 전통적인 변환블록 스위칭이 효율적으로 적용되지 못하는 경우에 더 좋은 인코딩 방법을 제공할 수 있다. 셋째, TNS 기술은 신호의 무관성(irrelevancy) 특성을 이용해 과도신호에 대한 코더의 최대 비트 수요(peak bit demand)를 감소시킬 수 있다. 마지막으로 TNS 기술은 다른 방법과 결합되어 변환블록 스위칭과 프리-에코 제어 같은 순시 잡음 쉐이핑에 적용될 수 있다.

TNS 툴은 MPEG-2 AAC 시스템의 표준화 작업 중 시행된 주관적 청취테스트에서 음성 신호에 대해 성능이 매우 우수한 것으로 입증되었다. TNS 툴은 특히 "독일 남성음성(German Male Speech)" 같은 대부분의 주요 음성에 대해 ITU-R 5등급 손실척도에서 약 0.9 등급 정도의 음질 향상을 가져오는 것으로 알려졌으며, 과도신호(예를 들어, "철금(Glockenspiel)"류의 음악)의 코딩에서도 상당한 장점을 가진 것으로 밝혀졌다.

10 결합 스테레오 코딩

MPEG-2 AAC 시스템은 스테레오 코딩을 위해 M/S 스테레오 코딩(M/S stereo coding)과 세기 스테레오 코딩(Intensity stereo coding) 등 2가지 코딩기술을 제공하고 있다. 이들 스테레오 코딩 기술은 개별 주파수 대역에 선택적으로 적용될 수 있다. MPEG-2 AAC 시스템의 결합 스테레오 코딩(joint stereo coding)에 대한 더 자세한 사항은 [Johnston et al. 96]을 참조하기 바란다.

10.1 M/S 스테레오 코딩

MPEG-2 AAC의 M/S 스테레오 코딩(M/S stereo coding)은 멀티채널 신호의 채널 쌍(channel pair), 즉 청취자 중심으로 왼쪽과 오른쪽에 대칭적으로 정렬된 2개 채널에 적용될 수 있다. M/S 스테레오 코딩은 공간 역마스킹(spatial unmasking)으로 인한 음상 정위 문제를 해결하는 데 상당부분 기여하고 있다.

M/S 스테레오 코딩은 시간상에서 오디오 블록 단위로 또는 주파수상에서 스케일팩터 단위로 선택적인 스위칭을 적용해 유연하게 사용될 수 있다 [Johnston and Ferreira 92]. 스위칭 상태(on/off)는 시그널링 비트(signaling bit)("ms_used")의 배열로 디코더에 전송된다. 이런 방식을 이용함으로써 *L*과 *R* 채널 사이의 짧은 지연을 보상할 수 있으며 동시에 음상 제어와 일정한 신호처리 이득을 달성할 수 있다. M/S 스테레오 코딩이 허용할 수 있는 시간 지연은 제한되어 있으나 이 지연은 양이 시간차(interaural time delay, **역자주:** 양쪽 귀에 도달하는 음의 도착 시간차)보다 크며 대부분의 주요 음상 문제점을 제어할 수 있다[Johnston and Ferreira 92].

10.2 세기 스테레오 코딩

MPEG-2 AAC는 세기 스테레오 코딩(intensity stereo coding)을 2가지 방법으로 적용할 수 있다. 첫째 방법은 M/S 스테레오 코딩같이 채널 쌍에 적용하는 것으로 비트열에 오버헤드를 적게 주면서도 대부분의 응용 목적에 사용될 수 있다. 이 방법은 "세기 스테레오 코딩" 툴로 불리며, 각 채널 쌍에만 결합 코딩을 제공하지만 2-채널 신호나 멀티채널 신호 코딩 모두에 적용될 수 있다.

두 번째 방법은 채널 쌍에 제한되지 않으면서도 코딩 파라메터를 더욱 세밀하게 제어할 수 있는 정교한 기법을 제공한다. 이 기법은 "커플링 채널

(coupling channel)”로 불리고 2가지 기능을 제공한다. 첫째로 채널 커플링은 채널 스펙트럼이 다른 2개 채널 쌍의 공유도 포함해 채널 경계에서 공유될 수 있는 일반적인 세기 스테레오 코딩을 구현할 수 있다. 커플링 채널의 두 번째 기능은 스테레오 음상에 부가적인 사운드 객체를 다운-믹싱 하는 것으로, 예를 들어, 기존의 멀티채널 프로그램에 주석 채널(commentary channel)을 더할 수 있다. 보통 AAC 프로파일에 따라 커플링 채널(coupling channel)과 목표 채널(target channel) 간의 일관성을 유지하기 위해 윈도우 수열과 윈도우 모양 파라메터에 일정한 제한을 두게 된다[ISO/IEC 13818-7]. MPEG-2 AAC 시스템은 전통적인 2-채널부터 5.1채널이나 그 이상의 멀티채널까지 다양한 형태의 오디오 프로그램을 위한 코딩 툴을 제공하고 있다.

11 청취테스트 결과

1994년 AAC 제안서가 처음 제출된 이후 몇 가지 주요 실험들이 구상되었고 AAC 참조모델(RM)에 포함될 가장 성능이 뛰어난 툴(tool)을 선정하기 위한 실험들이 수행되었다. 최종 MPEG-2 AAC 표준 시스템은 1996년 9월 ITU-R BS.1116 규정에 따라 5-채널 전-대역 설정에서 MPEG-2 BC 계층 Ⅱ와 비교되었다[ISO/IEC MPEG N1420]. 공식적인 주관 청취평가가 영국 BBC와 일본 NHK에 의해 수행되었고 청취실험을 위해 BBC에서 23명, NHK의 16명으로 신뢰성(reliable)[6] 있는 전문 청취자 그룹을 구성하였다. 청취실험은 ITU-R BS.1116에 규정되어 있는 삼중-자극/은닉-참조신호/이중-블라인드 방법으로 ITU-R 5-등급 손실척도(five-grade impairment scale) 측정에 따라 수행되었다(10장 참조). 이 실험에서는 제출된 94개의 평가 항목에서 전문가 패널에 의해 선정된 가장 중요한 10개 평가 항목을 사용하였다(표 5 참조).

---

6 신뢰성(reliable) : 청취실험은 매우 엄격한 평가기법이 적용되기 때문에 통계적으로 신뢰성 있는 평가결과를 내는 전문 청취자만을 선정해 이들의 결과만으로 최종 데이터 분석을 수행한다. 처음에는 BBC의 32명과 NHK의 24명이 청취실험에 참가했었으나 주관적 사후심사(post-screening) 결과 BBC에서 9명 그리고 NHK의 8명의 청취자가 최종 실험에서 탈락하였다.

표 5 MPEG-2 AAC 주관 청취실험의 주요 항목[Bosi et al. 97]

No.	Name	Description
1	Cast	Castanets panned across the front, noise in surround
2	Clarinet	Clarinet in front, theatre foyer ambience, rain in surround
3	Eliot	Female and male speech in a restaurant, chamber music
4	Glock	Glockenspiel and timpani
5	Harp	Harpsichord
6	Manc	Orchestra – strings, cymbals, drums, horns
7	Pipe	Pitch Pipe
8	Station	Male voice with stream-locomotive effects
9	Thal	Piano front left, sax in front right, female voice in center
10	Tria	Triangle

그림 15 ~ 그림 17은 ITU-R BS. 1116 청취실험에서 구해진 평가결과를 주관적 차분등급(SDG, Subjective Difference Grade)으로 표현한 것이며 여기서 SDG는 비-중복 95% 신뢰구간(confidence interval)을 갖는다. 그림 15 ~ 그림 17은 다음의 MPEG-2 AAC 설정 환경에서 얻어진 평가 결과이다.

① 5개 전-대역 채널당 320kb/s 데이터율의 MPEG-2 AAC Main 프로파일
② 5개 전-대역 채널당 320kb/s 데이터율의 MPEG-2 AAC LC 프로파일
③ 5개 전-대역 채널당 640kb/s 데이터율의 MPEG-2 BC 계층 Ⅱ

그림 15와 16에서 수직축은 SDG 값을 나타낸다. 반면 그림 17의 수직축은 MPEG-2 AAC의 SDG 값에서 MPEG-2 BC 계층 Ⅱ의 SDG 값을 뺀 결과를 나타낸다. 이 차이 값이 양수이면 MPEG-2 AAC가 MPEG-2 BC 계층 Ⅱ보다 더 좋은 주관등급으로 평가되었다는 의미이고, 음수인 경우에는 그 반대를 말한다. 실험 결과에서 보듯이 5개 전-대역 채널당 320kb/s 데이터율에서 MPEG-2 AAC 시스템은 ITU-R의 요구 음질인 "원음과 거의 구별되지 않는 오디오 음질 [ITU-R TG2/3]"을 잘 만족하고 있는 것을 볼 수 있다.

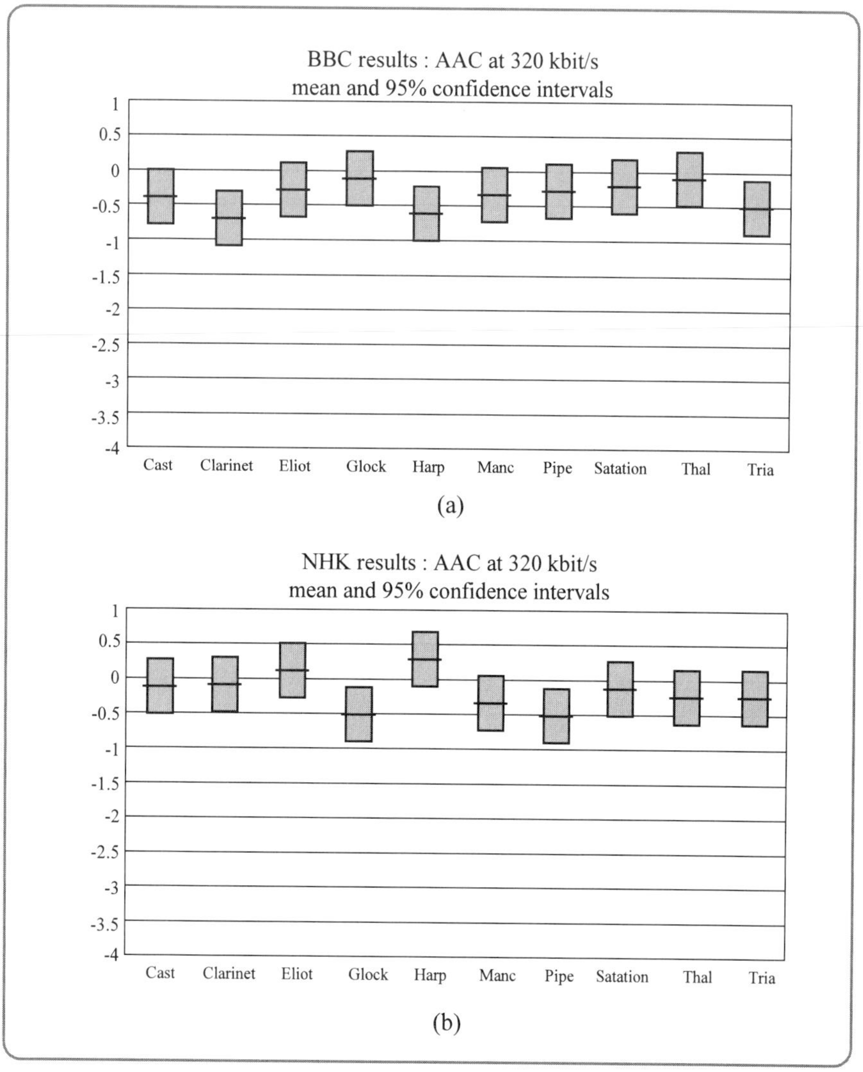

그림 15 5개 전-대역 채널당 320kb/s 데이터율에서 MPEG-2 AAC Main 프로파일의 공식 청취테스트 결과[ISO/IEC MPEG N1420] (a) BBC, (b) NHK

320kb/s 데이터율의 AAC 멀티채널 시스템은 640kb/s 데이터율의 MPEG-2 BC 계층 Ⅱ 보다 전체적으로 좋은 음질을 가지고 있다(그림 17 참조). 특히 BBC는 현악기 소리에 대한 MPEG-2 AAC와 MPEG-2 BC 계층 Ⅱ 시스템의 ITU-R 5-등급 손실척도 실험결과 이 둘의 평균등급 차이가 1.5 이상이라고 보고하고 있다. 그림 17에서 640kb/s 데이터율 MPEG-2 BC 계층 Ⅱ 의 평가결과가 이전에 [ISO/IEC MPEG N1229]에서 수행된 주관적 청취테스트 결과와 일치한다는 사실을 주목하자.

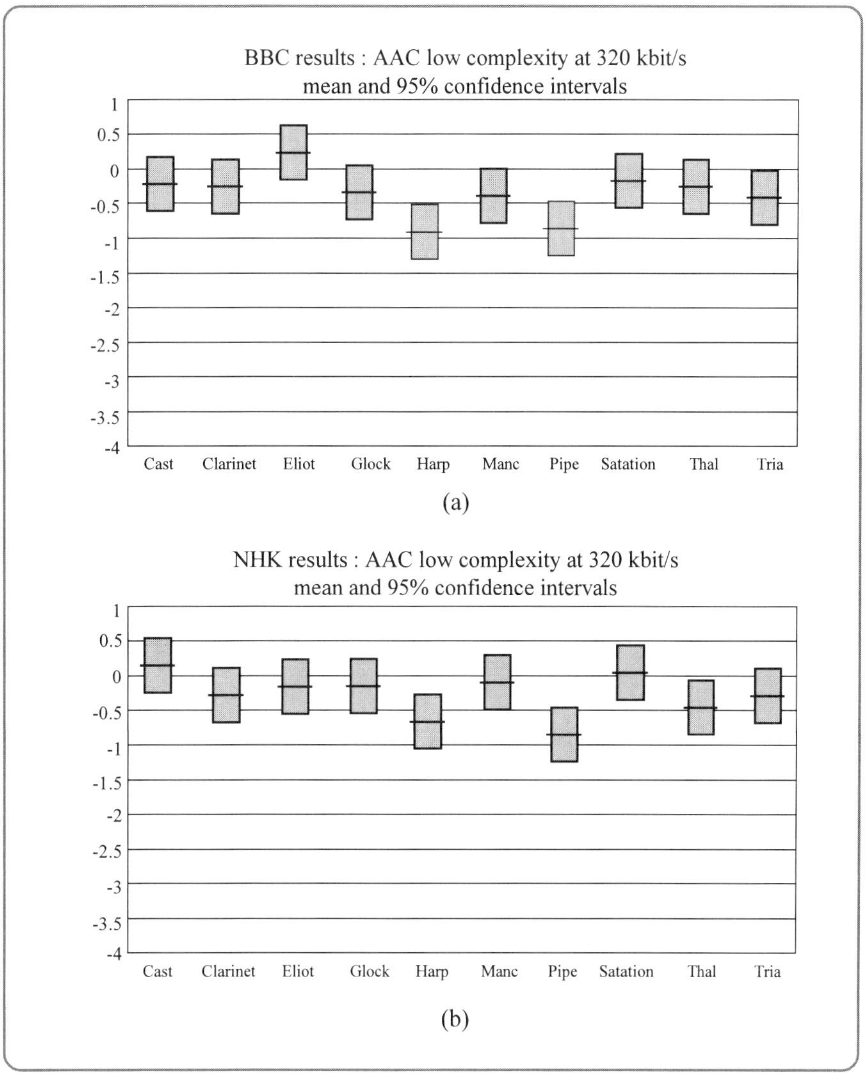

그림 16 5개 전-대역 채널당 320kb/s 데이터율에서 MPEG-2 AAC LC 프로파일의 공식 청취테스트 결과[ISO/IEC MPEG N1420] (a) BBC, (b) NHK

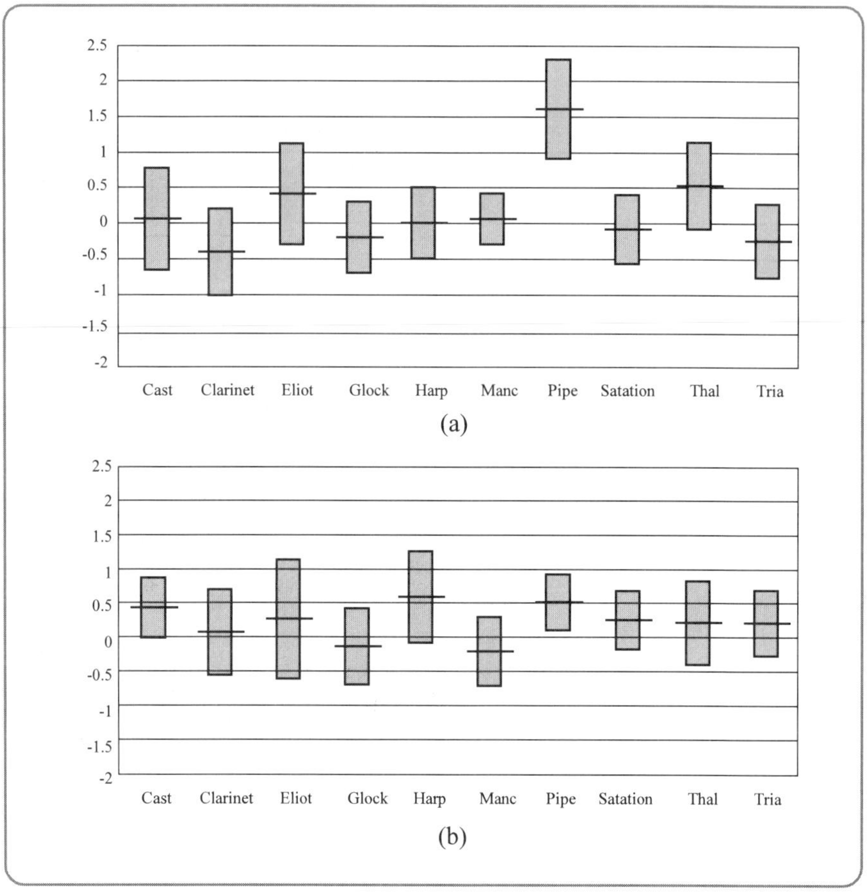

그림 17 5개 전-대역 채널당 320kb/s MPEG-2 AAC와 640kb/s MPEG-2 BC 계층 II의 비교[ISO/IEC MPEG N1420] (a) BBC, (b) NHK

12 디코더 복잡도 평가

이 절에서는 MPEG-2 AAC Main과 LC 프로파일의 디코딩 연산과정에 대한 복잡도 평가결과(complexity evaluation)를 살펴본다. MPEG-2 AAC 디코더의 복잡도를 정량적으로 측정하기 위해 각 디코더 모듈이 동작하는 데 필요한 기계어 명령(machine instruction) 수와 읽기/쓰기 저장공간(RAM), 읽기전용 저장공간(ROM)을 계산하였다[ISO/IEC MPEG N1712]. 본 평가에서는 48kHz, 16비트로 샘플링된 오디오 신호와 채널당 64kb/s 데이터율, 하나의 오디오 블록당 1,024 주파수 계수 값이 있다는 것을 가정하였다.

여기서는 2가지 유형의 AAC 디코더, 즉 범용 프로세서(general-purpose processor)에서 동작하는 소프트웨어 디코더와 단일-칩 ASIC에서 동작하는 하드웨어 디코더를 고려하였다. 표 6은 이 두 가지 AAC 디코더에 대한 복잡도를 요약한 것이다.

표 6 MPEG-2 AAC 디코더 복잡도[Bois et al. 97]

MPEG-2 AAC Configuration	Complexity
2-channel Main Profile software decoder	40% of 133MHz Pentium
2-channel LC Profile software decoder	25% of 133MHz Pentium
5-channel Main Profile hardware decoder	90 sq. mm die, 0.5 micron CMOS
5-channel LC Profile hardware decoder	60 sq. mm die, 0.5 micron CMOS

12. 1 입력/출력 버퍼

비트 저장소를 가진 인코더와 채널당 최대 데이터율을 감안하면 디코더 입력 버퍼의 최소 크기는 6,144비트가 된다. 16-비트 PCM 이중-버퍼 시스템을 가정할 때 디코더 출력은 1,024개의 16-비트 워드 버퍼를 필요로 한다. 따라서 디코더 입력/출력 버퍼(RAM)를 위한 전체 16-비트 워드 수는 다음과 같다.

$$384 + 1,024 = 1,408$$

12.2 허프만 코딩

허프만 코드워드를 디코딩하려면 반드시 허프만 코드트리(code tree)의 루트노드(root node)에서부터 리프노드(leaf node)까지를 횡단해야 한다. 허프만 디코딩에서 비트당 약 10개의 명령어가 필요함으로 블록당 평균 1,365비트를 가정할 때 블록당 명령어 개수는 13,650이 된다. 이외에도 허프만 디코딩은 허프만 트리와 코드워드에 관련된 값을 저장하기 위한 공간이 필요하다. 따라서 허프만 디코딩은 전체 995개의 16-비트 워드 버퍼(ROM)를 필요로 한다.

12.3 역-양자화

역-양자화(inverse-quantization)는 테이블 룩업(table look-up) 방식으로 수행될 수 있다. 854개의 스펙트럼 계수(20kHz 대역폭 경우)만이 역-양자화되고 스케일팩터에 의해 스케일된다고 가정하면 필요한 16-비트 워드 버퍼(ROM)는 256 워드이고 전체 명령어 개수는 1,708이다.

12.4 예측

처음 672개의 스펙트럼 계수만이 예측에 사용되고 이때 2차 예측기를 가정하면 예측에 사용되는 명령어 개수는 66이 되고 블록당 전체 명령어 개수는 44,352이 된다. 연산은 IEEE 부동-소수점 형식이나 고정 연산을 이용할 수 있으며 변수는 저장되기 전 16비트로 변환된다([ISO.IEC MPEG N1628] 참조). 따라서 예측에 필요한 저장 버퍼는 4,032개의 16-비트 워드이다.

12.5 TNS

TNS는 Main 프로파일 설정에서 672개 스펙트럼 계수에 동작하는 20차 필터를 사용한다. 따라서 블록당 명령어 개수는 13,630이 된다. 반면 TNS는 LC 프로파일 설정에서 12차 필터를 사용하기 때문에 이 경우 블록당 전체 명령어 개수는 8,130이 된다. TNS는 거의 무시할 만한 저장 버퍼를 사용한다.

12.6 M/S 스테레오

M/S 스테레오는 스테레오 쌍을 이루는 2개 채널에 매트릭싱(matrixing)을 수행하는 아주 간단한 모듈이다. 연산은 그 자리에서 바로 이루어짐으로 부가적인 저장공간이 필요 없다. 만약 20kHz 대역폭까지만 M/S 스테레오 코딩이 적용된다고 가정하면 스테레오 쌍당 전체 명령어 개수는 854개이다.

12.7 세기 스테레오

세기 스테레오 코딩은 읽기-전용이나 읽기/쓰기 저장공간 등의 어떠한 추가적인 공간도 필요로 하지 않는다. 순수하게 세기 스테레오 코딩에 해당하는 복잡도는 대략 세기 스테레오 코딩된 계수당 하나의 역-양자화 과정에 필요한 복잡도를 제외한 것이 된다.

12.8 역 필터뱅크

1,024 길이의 IMDCT는 블록당 약 20,000개의 명령어가 있어야 한다. 반면

128 IMDCT를 이용하는 8개 짧은(short) 블록당 전체 명령어는 24,576개가 된다. 필터뱅크를 위한 전체 RAM은 1,536 워드이고 윈도우 계수를 포함한 전체 ROM은 2,270 워드이다. 필요한 저장 공간은 필터뱅크 유형에 따라 16 ~ 24비트의 워드 길이를 사용한다.

12.9 복잡도 요약

표 7 ~ 표 9까지는 블록당 명령어 개수(표 7), 16-비트 워드 단위의 RAM 저장공간(표 8)과 ROM 저장공간(표 9)에 근거한 각 디코더 모듈의 복잡도를 요약한 것이다. 이 표들은 단일 채널과 5-채널 코더에 대한 복잡도를 비교하고 있다. 표 10은 MPEG-2 AAC Main과 LC 프로파일 간의 복잡도를 비교한 것이다.

표 7 MPEG-2 AAC Main 프로파일에서 블록당 명령어 개수[Bosi et al. 97]

AAC Tool	Single Channel	Five Channels
Huffman Coding	13,657	68,285
Inverse Quantization	1,708	8,540
Prediction	44,352	221,760
TNS	13,850	69,250
M/S		1,708
IMDCT	24,576	122,880
TOTAL	98,143	492,423

표 8 MPEG-2 AAC Main 프로파일에서 디코더 RAM[Bosi et al. 97]

	Single Channel	Five Channels
Input Buffer	384	1,920
Output buffer	1,024	5,120
Working buffer	2,048	10,240
Prediction	4,032	20,160
IMDCT	1,024	5,120
TOTAL	8,512	42,560

표 9 MPEG-2 AAC Main 프로파일에서 디코더 ROM[Bosi et al. 97]

	Single Channel	Five Channels
Huffman Coding		995
Inverse Quantization		256
TNS		24
Prediction		0
IMDCT		2,270
TOTAL		3,545

표 10 MPEG-2 AAC Main 프로파일과 LC 프로파일(5-채널 설정) [Bosi et al. 97]

	Main Profile	Low Complexity Profile
Instructions per Block	492,423	242,063
RAM	42,560	22,400
ROM	3,545	3,545

13 요 약

이 장에서는 MPEG-2 AAC 표준의 주요 특징들을 살펴보았다. MPEG-2 BC 계층 II 코더의 목적이 낮은 샘플링 주파수와 MPEG-1(ISO/IEC 13818-3)의 멀티채널 확장이라면, MPEG-2 AAC는 멀티채널을 위한 자신만의 독특한 구조를 가지고 있다. MPEG-2 AAC(ISO/IEC 13818-7)는 MPEG-1과의 후방-호환 제한이 없어 가장 좋은 멀티채널 오디오 음질을 제공할 수 있는 MPEG-2 오디오 코더이다. MPEG-2 AAC 툴은 고-분해능의 필터뱅크, 예측기술, 무잡음 코딩, 그리고 몇 가지 다른 추가적인 기능들을 가지고 있어 매우 높은 코딩 효율성을 제공한다. ITU-R BS.1116 청취테스트 결과 5개 전-대역 채널당 320kb/s 데이터율의 AAC 시스템은 640kb/s 데이터율의 MPEG-2 BC 계층 II와 유사하거나 이보다 좋은 음질을 재생함으로써 "원음과 거의 구별되지 않는 오디오 음질"을 제공할 수 있다는 것이 밝혀졌다. 향후 MPEG-2 AAC는 낮은 데이터율에서 높은 성능을 요구하는 응용 분야에 가장 많이 사용될 수 있는 오디오 코딩 시스템이 될 것이다. 15장에 소개하는 MPEG-4 오디오 코딩은 광대역 오디오 코딩

외에도 음성 코딩과 몇 가지 부가적인 기능을 제공하며 MPEG-2 AAC는 MPEG-4 오디오 코딩 시스템에서 핵심적인 역할을 하고 있다. MPEG-4 오디오를 살펴보기 전에 다음 장에서는 최근 고-선명 TV(HDTV)와 DVD 응용 분야에 널리 사용되고 있는 코딩 표준인 Dolby AC-3를 소개한다.

14 참고 문헌

[ATSC A/52/10]: United States Advanced Television Systems Committee Digital Audio Compression (AC-3) Standard, Doc. A/52/10, December 1995.

[Bosi et al. 97]: M Bosi, K. Brandenburg, S. Quackenbush, L. Fielder, K. Akagiri, H. Fuchs, M. Dietz, J. Herre, G. Davidson and Y. Oikawa, "ISO/IEC MPEG-2 Advanced Audio Coding," J. Audio Eng. Soc., vol. 45, pp. 789 – 812, October 1997.

[Davis 93]: M. Davis, "The AC-3 Multichannel Coder," presented at the 95th AES Convention, New York, Preprint 377, October 1993.

[DVD-Video]: DVD Specifications for Read-Only Disc, Part 3: VIDEO SPECIFICATIONS Ver. 1.1, Tokyo 1997-2001.

[Fielder 87]: L. Fielder, "Evaluation of the Audible Distortion and Noise Produced by Digital Audio Converters," J. Audio Eng. Soc., vol. 35, pp. 517-535, July/August 1987.

[Fielder et al. 96]: L. Fielder, M. Bosi, G. Davidson, M. Davis, C. Todd, and S. Vernon, "AC-2 and AC-3: Low-Complexity Transform-Based Audio Coding," *Collected Papers on Digital Audio Bit-Rate Reduction*, Neil Gilchrist and Christer Grewin (ed.), pp. 54-72, AES 1996.

[Fuchs 93]: H. Fuchs, "Improving Joint Stereo Audio Coding by Adaptive Interchannel Prediction", Proc. of the 1993 IEEE Workshop on Applications of Signal Processing to Audio and Acoustics, New Paltz, New York, October 1993.

[Fuchs 95]: H. Fuchs, "Improving MPEG Audio Coding by Backward Adaptive Linear Stereo Prediction", Preprint 4086 (J-1), presented at the 99th AES Convention, New York, October 1995.

[Herre and Johnston 96]: J. Herre, J. D. Johnston, "Enhancing the Performance of Perceptual Audio Coders by Using Temporal Noise Shaping (TNS)", presented at the 101st AES Convention, Preprint 4384, Los Angeles 1996.

[ISO/IEC 13818-3]: ISO/IEC 13818-3, "Information Technology - Generic Coding of Moving Pictures and Associated Audio, Part 3: Audio," 1994-1997.

[ISO/IEC 13818-7]: ISO/IEC 13818-7, "Information Technology - Generic Coding of Moving Pictures and Associated Audio, Part 7: Advanced Audio Coding", 1997.

[ISO/IEC 14496-3]: ISO/IEC 14496-3, "Information Technology – Coding of Audio Visual Objects, Part 3: Audio", 1999-2001.

[ISO/IEC MPEG N1229]: ISO/IEC JTC 1/SC 29/WG 11 N1229, "MPEG-2 Backwards Compatible CODECS Layer Ⅱ and Ⅲ: RACE dTTb Listening Test Report," Florence, March 1996.

[ISO/IEC MPEG N1420]: ISO/IEC JTC 1/SC 29/WG 11 N 1420, "Overview of the Report on the Formal Subjective Listening Tests of MPEG-2 AAC Multichannel Audio Coding" Maceio', November 1996.

[ISO/IEC MPEG N1623]: ISO/IEC JTC 1/SC 29/WG 11 N1623, "Informal Assessment of AAC Downmix Stereo Performance" Bristol, April 1997.

[ISO/IEC MPEG N1628]: ISO/IEC JTC 1/SC 29/WG 11 N1628, "Report on Reduction of Complexity in the AAC Prediction Tool" Bristol, April 1997.

[ISO/IEC MPEG N1629]: ISO/IEC JTC 1/SC 29/WG Ⅱ N1629, "Results of the brief assessments on AAC reduction of prediction complexity" Bristol, April 1997.

[ISO/IEC MPEG N1712]: ISO/IEC JTC 1/SC 29/WG 11 N1712, "Report on Complexity of MPEG-2 AAC Tools" Bristol, April 1997.

[ITU-R BS.775-1]: International Telecommunications Union, Radiocommunication Sector BS.775-1, "Multichannel Stereophonic Sound System with and without Accompanying Picture", Geneva, Switzerland, 1992-1994.

[ITU-R TG10-2/3]: International Telecommunications Union, Radiocommunication Sector Document TGI O-2/3- E only, " Basic Audio Quality Requirements for Digital Audio Bit-Rate Reduction Systems for Broadcast Emission and Primary Distribution", 28 October 1991.

[Johnston and Ferreira 92]: J. D. Johnston and A. J. Ferreira, "Sum-Difference Stereo Transform Coding", Proc. ICASSP, pp. 569-571, 1992.

[Johnston et al. 96]: J. D. Johnston, J. Herre, M. Davis and U. Gbur, "MPEG-2 NBC Audio - Stereo and Multichannel Coding Methods," Presented at the 101st AES Convention, Preprint 4383, Los Angeles, November 1996.

[Van der Waal and Veldhuis 91]: R. G. v.d. Waal and R. N. J. Veldhuis, "Subband Coding of Stereophonic Digital Audio Signals", Proc. ICASSP, pp. 3601 – 3604, 1991.

introduction to digital audio coding and standard

DOLBY AC-3

14 chapter

1 서론

우리는 11장에서 13장까지 ISO/IEC MPEG-1과 MPEG-2 오디오 코더의 목적과 주요 특징들을 살펴보았다. MPEG 뿐만이 아니라 다른 표준화 단체에서도 자신들의 응용 목적에 맞는 오디오 코딩을 채택해오고 있다. 예를 들어, 북미 HDTV 표준[ATSC A/52/10], DVD-비디오 표준[DVD-Video], DVB[ETS 300 421] 표준들 모두는 돌비 디지털(Dolby Digital)이라고 알려진 Dolby AC-3 오디오 코딩을 채택하고 있다.

Dolby AC-3 알고리즘은 지각 코딩(perceptual coding) 원리에 기초한 것으로 이전 장들에서 설명한 MPEG-1, 2 같은 지각 오디오 코더(perceptual audio coder)와 여러 면에서 유사한 점을 가진다. 그러나 AC-3는 처음부터 멀티채널(multichannel) 시스템용으로 개발되었다는 것이 다른 점이다. 처음부터 영화 산업계의 필요성에 의해 설계되었으며 원래 목적 또한 디지털 멀티채널 오디오를 영화 필름에 저장하는 것이었다. AC-3는 1991년 영화 "Batman Returns"에 처음으로 사용된 이후 극장의 멀티채널 오디오 시스템이 가정용 홈 시어터 시스템(home theatre system)으로 확장되면서 영화 산업으로부터 가전제품에 이르기까지 그 응용 분야가 확대되었다. AC-3는 이전 버전 알고리즘인 AC-2[Davidson, Fielder, and Antil 90]와 TDAC(Time Domain Aliasing Cancellation) 채널 코딩기술로부터 잉태되었고, 이후 여러 단계의 수정과 개선을 거쳐 오늘날에 이르게 되었다. 그 결과 AC-3 알고리즘은 현재 북미 HDTV, DVD-Video, 지역 DVB 방송 등을 포함한 몇 개의 응용 분야에 오디오 표준으로 사용되고 있다.

이 장에서는 AC-3 알고리즘의 기본 기능, 특징과 동작원리를 살펴보고 낮은 비트율에서 다른 오디오 코딩 표준과 성능을 비교한다.

2 주요 특징

AC-3 알고리즘은 데이터율과 [ATSC A/52/10]에 규정된 세부 기능들에 대해 높은 수준의 유연성을 제공한다. AC-3의 주요 특징 중 하나는 여러 채널을 단일 조합(single ensemble)으로 처리한다는 점이다. AC-3는 여러 개의 오디오 채널을 32 ~ 640kb/s 범위의 비트열로 인코딩할 수 있다. 반면에 디코더는 공통 비트열로부터 1개 채널에서 5.1채널까지 재생할 수 있는 다양한 오디오 환경을 설정할 수 있다(12장 참조). AC-3 코딩 알고리즘은 [ITU-R BS.775.1] 표준에 규정되어 있는 옵션인 LFE 채널과 함께 3/2, 3/1, 3/0, 2/2, 2/1, 2/0, 1/0 채널 설정을 지원한다. LFE 채널은 위의 채널 설정에 구체적으로 포함되어 있지는 않지만 언제든지 옵션으로 선택 가능하다. AC-3는 32kHz, 44.1kHz, 48 kHz 의 샘플링 비율(sampling rate)을 지원한다. AC-3에서 1프레임은 6개의 512 시간-샘플(time sample)이나 1,536 주파수-샘플(frequency sample)에 해당하며, 48 kHz 샘플링 비율에서 약 32ms 에 해당한다.

표 1은 AC-3가 지원하는 데이터율을 나열한 것이다. 6비트로 표현되는 변수 frmsizecod를 이용해 디코더에 인코딩 데이터율을 알려줄 수 있다. 비록 각 데

표 1 AC-3 데이터율[ATSC A/52/10]

frmsizecod	Data Rate (kb/s)	frmsizecod	Data Rate (kb/s)
2	32	20	160
4	40	22	192
6	48	24	224
8	56	26	256
10	64	28	320
12	80	30	384
14	96	32	448
16	112	34	512
18	128	36	640

이터율을 모든 채널 설정에 적용할 수 있지만, 2-채널과 5-채널 환경에서 가장 많이 사용되는 전형적인 데이터율은 각각 192kb/s 와 384kb/s 이다.

표 2의 acmod는 AC-3 비트열의 3-비트 변수로서 다양한 채널 설정을 지원한다. 예를 들어, acmod가 000이면 2개의 독립된 채널(이중-모노(dual mono))를 말하며, 만약 acmod≥100 이면 이는 채널 설정이 하나나 그 이상의 서라운드 채널(surround channel)을 포함하고 있음을 말한다. LFE 채널 옵션은 변수 lfeon(lfeon=1은 LFE 채널이 동작함을 말함)에 의해 작동한다.

표 2 AC-3 채널 설정 환경[ATSC A/52/10]

acmod	Configuration	Number of Channels	Channel Order
000	1+1	2	Channel 1, Channel 2
001	1/0	1	C
010	2/0	2	L, R
011	3/0	3	L,C, R
100	2/1	3	L, R, S
101	3/1	4	L, C, R, S
110	2/2	4	L, R, S_L, S_R
111	3/2	5	L, C, R, S_L, S_R

AC-3는 보조 비트열(auxiliary bit stream), 언어 식별자(language identifier), 저작권 보호(copyright protection), 타임스탬프(time stamp, 역자주: 오디오 데이터 기록 날짜 · 시간을 말하는 코드), 제어 정보(control information) 등의 데이터들을 보낼 수 있는 전송 장치를 포함하고 있다. 청취자를 위한 주요 특징들로는 오디오 비트열에 있는 채널 수보다 더 작은 개수의 채널로 다운-믹싱(down-mixing)할 수 있는 기능, 대화음성 정규화(dialog normalization, 역자주: 대사의 평균레벨을 일정하게 유지하는 기술), Dolby 서라운드와의 호환성, 시청각 장애인을 위한 비트열, 동적범위 제어(dynamic range control) 등이 있다.

예를 들어, 사용자들에게 가장 흥미 있을 만한 특색 있는 기능은 동적범위 제어로서 이 기능은 프로그램 공급자들이 제어 변수 값을 미리 AC-3 비트열에 삽입해 놓음으로써 사용자들이 AC-3 비트열에서 원하는 오디오 부분만을 발췌해 재생되는 오디오의 동적범위를 적절하게 조절할 수 있게 하였다. 이런 방식으로 AC-3로 인코딩된 오디오 비트열은 항상 전체 동적범위 정보를 가지고 있어 최종 사용자들이 오디오 신호 일부분만을 발췌해 동적범위를 늘리거나 줄일 수 있도록 하였다. 디코더는 이러한 동적범위 조절 변수를 이용해 블록단위로(48kHz 에서 매 5.3ms 마다)[7] 디코딩되는 오디오 신호 레벨을 조정할 수 있다. 동적범위 제어 변수는 AC-3 인코더나 비트열 프로세서(bitstream processor)에 있는 동적레벨 압축(dynamic level compression) 알고리즘에 의해 만들어지며 디코더 이득(decoder gain)을 높이거나 낮출 수 있다. 동적범위 제어 변수 값은 0.25dB 보다 작은 크기의 해상도를 가지며 한 블록에 해당하는 5.3ms 시간마다 중첩-가산(overlap-add)을 적용해 이득 변화를 부드럽게 처리함으로써(다음 절의 필터뱅크와 중첩-가산 알고리즘에 대한 설명 참조) 블록 간의 갑작스런 이득 변화로 인한 인위적인 음 변화를 방지할 수 있다. 동적범위 제어의 기본 동작은 제어변수를 만들어 내는 알고리즘에 의해 결정된다. 일반적으로 동적범위 제어가 적용되면 음압 헤드룸(headroom)이 낮아지기 때문에 큰 소리는 대화 음 레벨로 낮추고 조용한 소리는 대화 음 레벨로 올려서 더 뚜렷이 들릴 수 있도록 하는 것이 필요하다. 만약 동적범위 압축 기능이 사용되지 않도록 설정되어 있다면, 프로그램 공급자가 설정한 디폴트(default) 값에 따라 원 신호에 해당하는 동적범위가 재생된다. 청취자를 위한 AC-3 주요 특징들에 대한 보다 구체적인 내용은 이 책의 범위를 벗어나기 때문에 자세한 내용은 [ASC A/52/10]를 참조하기 바란다.

3 인코딩 과정

AC-3는 MPEG-1, 2 오디오와 유사하게 주파수-영역에서 오디오 신호를 코딩함으로써 PCM에 비해 높은 코딩이득(coding gain)을 달성할 수 있다. 그림 1은 인코딩 처리과정의 블록도를 나타낸다.

AC-3에서 오디오 입력신호는 512 PCM 시간-샘플을 하나의 그룹으로 묶어 블록단위로 구성된다. AC-3의 내부 동적범위는 24비트의 입력샘플 정밀도를 허용한다. 인코더 첫 단계는 현재 입력되고 있는 신호가 과도상태(transient state)인지 아닌지를 결정하는 것으로 입력신호의 특성에 따라 동적으로 필터뱅크(Filter bank)의 블록크기를 조절해 적절한 필터뱅크 해상도를 선택한다. 과도부분이 없는 정상상태(steady state) 신호는 512 시간-샘플 단위로 윈도우를 씌

---

[7] 위에서 설명한 것과 같은 정밀한 해상도의 동적범위 조절 외에, 특정 변수를 설정해 정밀도가 떨어지는 동적범위 조절 또한 프레임단위로 설정 가능하다.

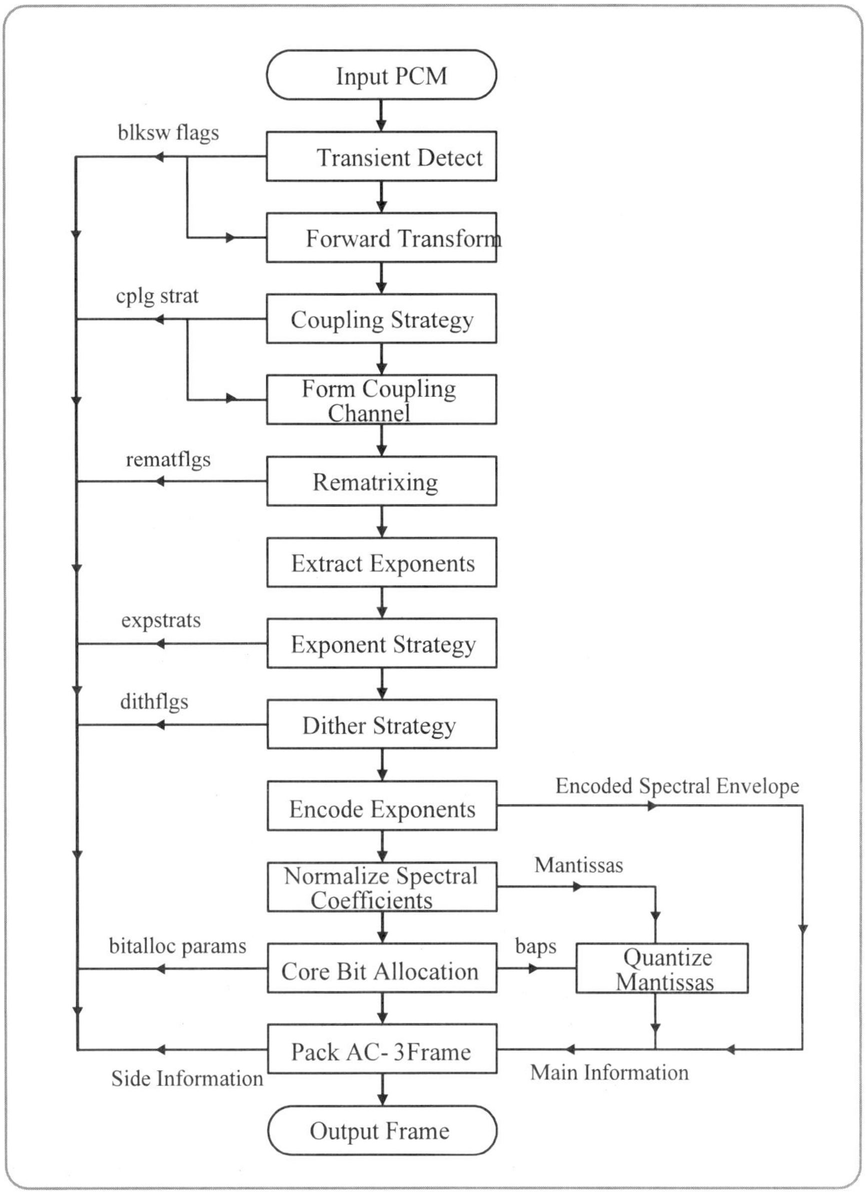

그림 1 AC-3 인코더 블록도 [ATSC A/52/10]

씌우고 MDCT(Modified Discrete Cosine Transform)를 이용해 주파수-영역으로 변환한다. 이는 48kHz 샘플링 비율에서 93.75Hz 의 주파수 해상도에 해당한다. 만약 입력신호가 과도부분을 포함하고 있다면 시간 해상도를 높이기 위해 MDCT 블록크기를 256 시간-샘플로 낮추어 준다.

다음으로는 채널 커플링 전략(channel coupling strategy)을 계산한 후 커플링 채널(coupling channel)을 구성하고 신호의 주파수 계수를 재배열(rematrixing)해 멀티채널 코딩을 수행한다(다음 절 참조).

AC-3는 하나의 MDCT 주파수 계수를 지수(exponent)와 가수(mantissa)로 표현되는 부동-소수(floating-point) 형태로 변환한다. 지수 값은 지수 코딩전략(exponent coding strategy)에 따라 코딩되며, 이때 코딩된 지수 값들은 입력신호의 스펙트럼 엔벨롭(spectral envelop)을 나타낸다. 지수 값을 코딩한 후에는 비트 할당(bit allocation) 결과에 따라 가수를 양자화한다.

비트 할당 루틴은 신호의 스펙트럼 엔벨롭을 이용해 마스킹 곡선(masking curve)을 계산하며 파라메트릭 모델(parametric model)을 이용해 가수가 가질 수 있는 진폭 정밀도를 정의한다. AC-3 디코더는 인코딩 비트열에 포함된 제어변수 값에 따라 비트 할당 값이 0일 때 디더(dither, **역자주:** 양자화 왜곡을 감소시키기 위하여 가하는 잡음)를 이용해 가수를 디코딩할 수 있다. 디더를 사용하는 이유는 비트가 할당되어 있지 않더라도 디코더에서 최소한의 신호 에너지가 재생되어야 하기 때문이다. 이러한 디더 전략은 각 채널 별로 적용되며 지수의 정확도나 다른 코딩 여건에 따라 적용되지 않을 수도 있다. 실제 오디오 코딩에 디더를 적용하면 부수적인 음 왜곡이 일어날 수도 있기 때문에 결과 비트열을 주의 깊게 살펴보아야 한다.

마지막으로는 블록 스위칭(block switching, blksw) 플래그, 커플링 전략(cplg strat), 재배열(remt) 플래그, 지수 전략(exps strat), 디더 플래그(dith flag), 비트 할당 파라메터(bitalloc params) 등의 제어 변수들을 코딩된 스펙트럼 엔벨롭, 가수들과 함께 다중화시켜 AC-3 비트열을 구성하게 되며, 이때 1개의 AC-3 프레임은 6개의 256 주파수-샘플 블록에 해당한다.

그림 2는 AC-3 디코더의 블록도를 나타낸다. 일반적으로 AC-3 비트열은 바이트(byte) 단위로 또는 16-비트 워드 단위로 정렬된다. 디코더는 인코딩 비트열을 동기(synchronization)시킨 후 에러가 있는지 검출하고, 비트열에 있는 제어 변수, 코딩된 스펙트럼 엔벨롭과 가수 등 여러 종류의 데이터 값들을 추출해 낸다. 이때 지수 값은 스펙트럼 엔벨롭을 디코딩해 복원한다.

비트 할당 루틴은 지수 값과 전송된 비트 할당 변수 값을 이용해 가수의 표현 정밀도를 다시 계산해내고, 이 정밀도를 이용해 가수 값을 추출한 후 역-양자화(de-quantization)시킨다.

그 다음으로는 멀티채널 역-할당(multichannel inverse allocation)(역-커플링(de-coupling)과 재배열)을 수행하고 동적범위 조절 변수를 적용시킨다.

최종 신호의 주파수 계수 값은 256 주파수-샘플단위로 IMDCT(Inverse

MDCT)를 이용해 시간-샘플로 변환되며, 결과 샘플 값에 윈도우를 취한 다음 중첩-가산을 이용해 디코딩된 PCM 시간-샘플을 얻게 된다. 이때 최종 출력 PCM 샘플을 얻기 전에 필요에 따라 다운-믹싱을 적용할 수도 있다.

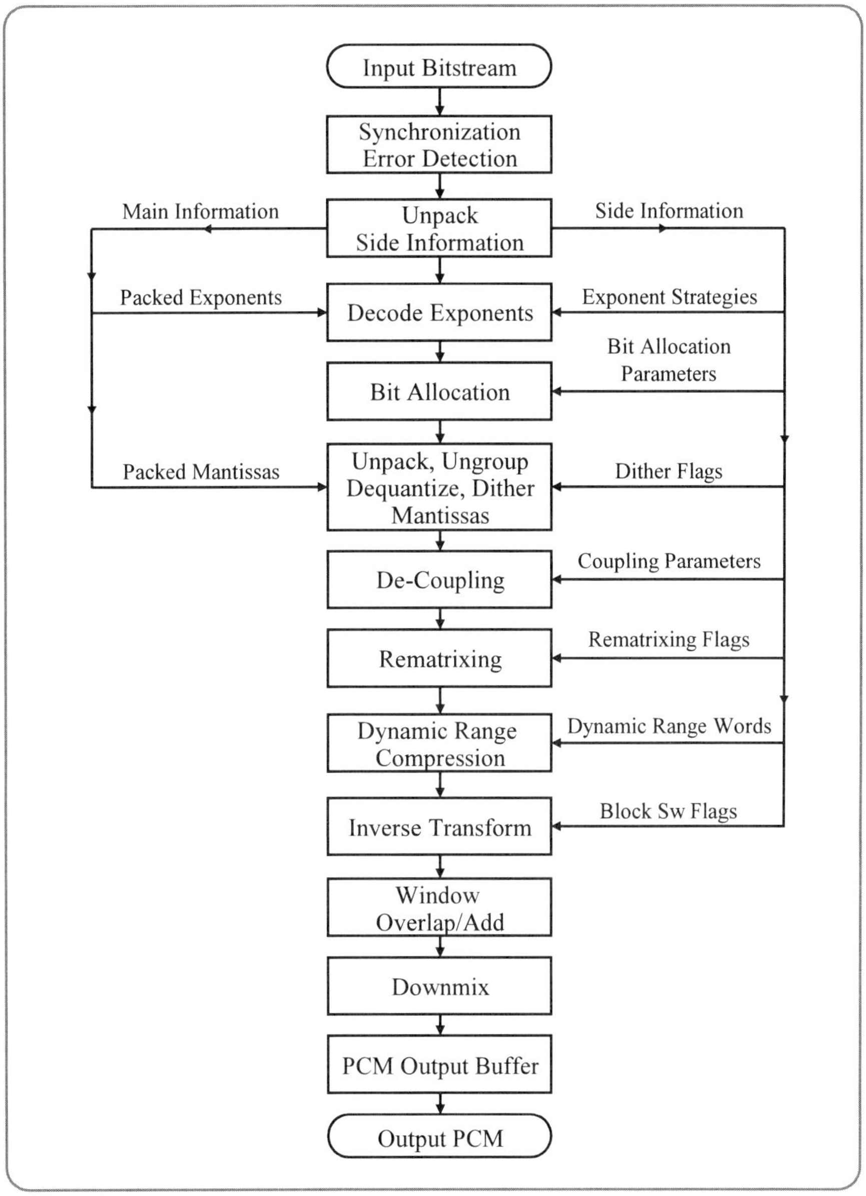

그림 2 AC-3 디코더 블록도[ATSC A/52/10]

4 필터뱅크

AC-3에 적용된 필터뱅크(Filter bank)는 512 시간-샘플 블록단위로 동작하는 MDCT이다[Princen, Johnson and Bradley 87]. 5장에서 보았듯이 필터뱅크는 입력신호가 정상상태 신호일 때 이웃한 블록과 50% 중복을 허용하는 TDAC를 이용함으로, AC-3 입력 버퍼는 매번 새롭게 입력되는 256 시간-샘플과 이전 블록의 256 시간-샘플을 연결한 것으로 채워진다. 다음으로는 이 PCM 샘플 값에 Kaiser-Bessel 윈도우[Fielder et al. 96]로부터 유도된 정규화된 윈도우를 씌우게 된다. 이 장의 나머지에 걸쳐 다음과 같은 KBD(Kaiser-Bessel Derived) 윈도우 공식이 공통으로 사용된다.

$$W_{KBD-Left}[n] = \sqrt{\frac{\sum_{p=0}^{n} w[p,\alpha]}{\sum_{p=0}^{N/2} w[p,\alpha]}} \qquad 0 \le n < \frac{N}{2}$$

여기서 $w(p,\alpha)$는 길이가 N/2+1인 Kaiser-Bessel 윈도우 커널이고, 이 수식에서 N=512이다. 나머지 N/2개 윈도우 계수는 KBD 윈도우의 대칭성을 이용해 KBD 윈도우의 처음 N/2개 계수를 시간-반전(time-reverse)시켜 시간 N/2에 위치시킴으로써 구할 수 있다. 이 장에서 공통으로 사용하게 되는 대칭적 구조의 Kaiser-Bessel 윈도우 커널은 다음과 같이 주어진다.

$$w[n,\alpha] = \frac{I_0\left[\pi\alpha\sqrt{1.0-\left(\frac{n-N/4}{N/4}\right)^2}\right]}{I_0[\pi\alpha]} \qquad 0 \le n \le \frac{N}{2}$$

여기서

$$I_0[x] = \sum_{k=0}^{\infty}\left[\frac{(x/2)^k}{k!}\right]^2$$

그리고 α는 윈도우의 주엽(main-lobe) 폭과 측엽(side-lobe) 레벨 간의 상충관계를 고려하기 위한 Kaiser-Bessel 윈도우 커널의 변수이다. 5장에서 보았듯이 작은 값의 α 는 좁은 주엽 폭을 가지며 이로 인해 높은 윈도우 해상도를 갖게 되며 큰 값의 α 는 낮은 측엽 레벨을 갖게 되어 신호 간섭을 감쇠시키는 능력이 좋아진다는 것을 의미한다. KBD 윈도우는 MPEG AAC 오디오 코더에도 적용되어 정상상태(stationary state)일 때 $\alpha = 4$ 값을, 과도상태(transient state)에서는 $\alpha = 6$ 값을 사용한다. 반면 AC-3에서는 KBD 윈도우의 α 값을 5로 설정해 사용하고 있다. 일반적으로 윈도우 특성을 나타내는 α 값은 모든 신호 마스커(masker) 성분으로 인한 개별 마스킹 곡선을 결합한 전역 마스킹 곡선(global masking threshold)의 모양을 고려해 선택된다[Fielder 87]. 특히 윈도우 주파수 응답은 최악-조건(worst case-condition)에서 구한 전역 마스킹 한계선 아래에 놓여야만 한다. 만약 필터뱅크 응답이 이러한 조건을 만족해 전역 마스킹 한계선 아래에 놓이거나 일치한다면 이 한계선 정보를 이용해 신호를 표현하는 데 필요한 비트 수를 줄일 수 있다. 그림 3은 512-점 사인 윈도우(sine window)와 AC-3에 적용되고 있는 512-점 KBD 윈도우를 비교한 것이다. 그림에서 윈도우 설계시 기준으로 삼게 되는 목표 곡선(target curve)은 20Hz, 50Hz, 1kHz 에 위치한 각 마스커가 협대역 잡음을 마스킹할 때의 개별 마스킹 데이터를 최악-조건에서 결합해 구한 전역 마스킹 곡선을 나타낸다[Fielder et al. 96]. 그림에서 보듯이 512-점 사인 윈도우와 AC-3 512-점 KBD 윈도우 모두 목표 곡선 아래에 놓여있지는 않지만 AC-3 KBD 윈도우가 더 목표 곡선에 근접함을 볼 수 있다.

MDCT는 신호가 정상상태일 때 중복된 512 시간-샘플 블록단위(긴(long) 블록)로 동작하며, 과도-유형 신호에서는 256 시간-샘플 블록단위(짧은(short) 블록)로 동작한다. 이미 5장에서 보았듯이 MDCT와 IMDCT 수식은 다음과 같이 주어진다.

$$X[k] = \sum_{n=0}^{N-1} x[n]w[n]\cos\left(\frac{2\pi}{N}(n+n_0)(k+\frac{1}{2})\right) \qquad for\ k = 0,\ldots,N/2-1$$

그리고

$$X[k] = -X[N-k-1] \qquad for\ k = N/2,\ldots,N-1$$

$$x'[n] = \frac{2}{N}\sum_{k=0}^{N-1} X[k]\cos\left(\frac{2\pi}{N}(n+n_0)(k+\frac{1}{2})\right) \qquad for\ n = 0,\ldots,N-1$$

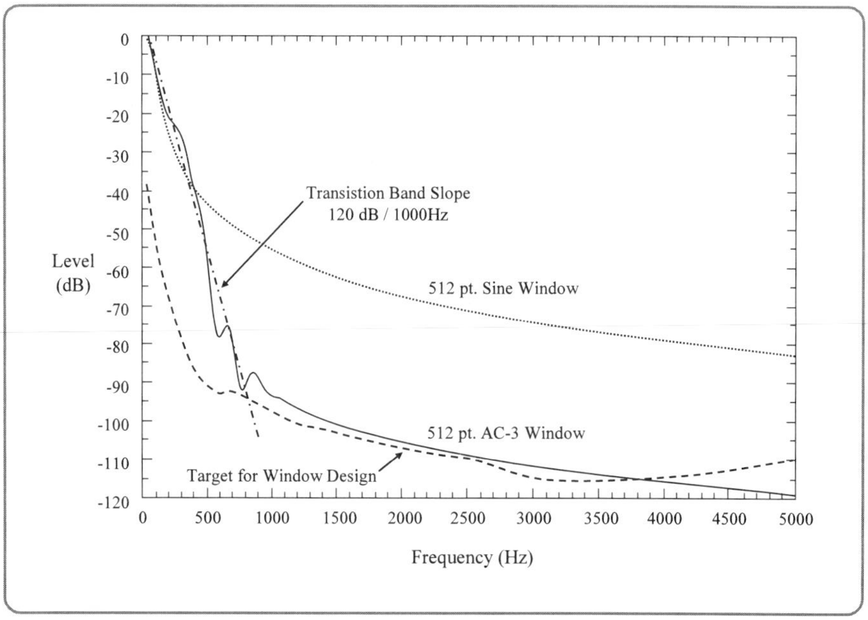

그림 3 필터뱅크 해상도 비교[Fielder et al. 96]

수식에서 신호가 정상상태일 때 N=512이고, n_0는 시간-영역 에일리어싱 제거를 위한 위상을 나타낸다.

시간 해상도와 주파수 해상도 간의 상충관계는 MPEG 계층 Ⅲ([ISO/IEC 11172-3], [ISO/IEC 13818-3])와 AAC[ISO/IEC 13818-7](11장과 13장 참조) 알고리즘에서와 마찬가지로 블록 스위칭(block switching)을 이용해 해결한다. 그러나 AC-3는 Edler[Edler 89]의 방법(5장 참조)보다는 AC-2A 블록 스위칭 알고리즘[Bosi and Davidson 92]에 더 가깝다. AC-3에서 위상 항인 n_0는 항상 (1+N)/2 (N은 블록길이)과 같지 않으며 현재 블록 m과 다음 블록 $(m+1)$의 중복 영역에 따라 달라진다. 길이가 긴(long) 블록이 적용되는 정상상태 신호의 경우 중복 영역은 블록길이의 50%에 해당한다. 반면 짧은(short) 블록이 적용되는 과도신호의 경우 중복 영역은 2개 짧은 윈도우가 겹치지 않고 연달아 있는 경우인 0이나 긴 블록의 50%인 경우가 번갈아 가며 나타난다. 위상 항 n_0는 항상 현재 블록과 다음 블록의 중복량 절반에 1/2를 더한 것과 같다.

그림 4는 전형적인 AC-3 윈도우를 나타낸다. 신호가 정상상태일 때인 위쪽 그림과 과도상태일 때인 아래 그림의 첫 번째 짧은 윈도우 경우에는 $n_0 = 257/2$가 되고, 아래 그림의 두 번째 짧은 윈도우 경우에는 $n_0 = 1/2$이 된다. 과도신호의 경우에는 필터뱅크에 짧은 블록을 적용함으로써 시간 해상도를 향

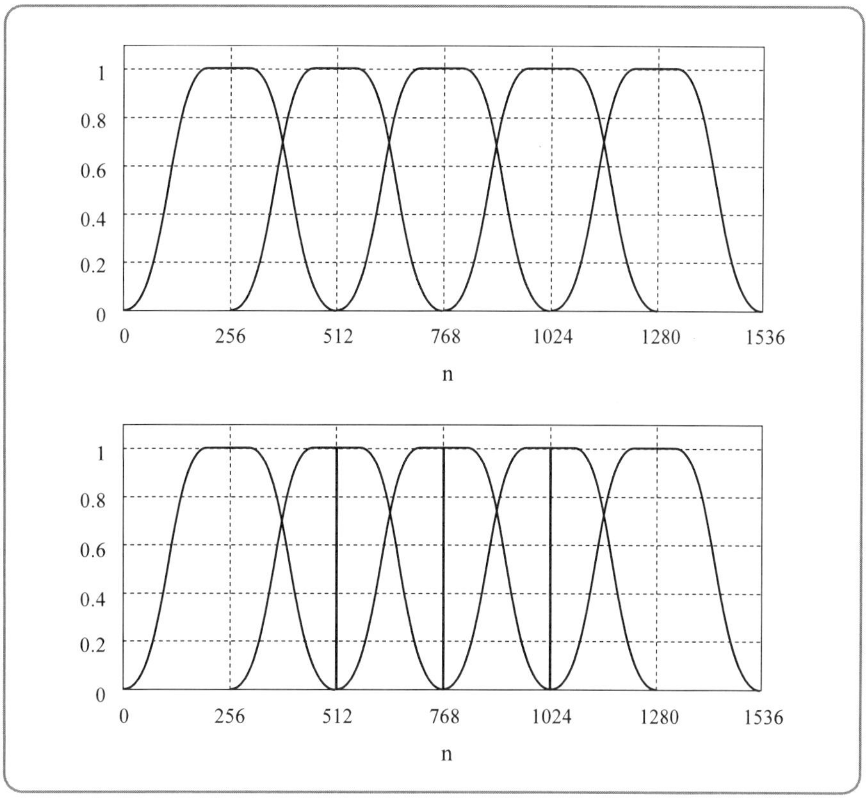

그림 4 AC-3의 전형적인 윈도우; n=256 ~ 1024 범위까지 정상상태 신호일 때의 윈도우(위 그림)와 과도-유형 신호일 때의 윈도우(아래 그림)

향상시킬 수 있다. 긴 블록에서 짧은 블록으로의 전이는 윈도우의 전반부가 긴 윈도우와 같고 나머지 후반부는 0인 비대칭 윈도우를 사용해 해결한다. 그림에서 짧은 윈도우는 0 샘플 중복과 256 샘플 중복을 갖는 비대칭 윈도우를 번갈아 가며 사용한다. 비록 이러한 윈도우들이 최적의 주파수 응답을 가지고 있지는 않지만, 이들로 인해 AC-3 알고리즘 구조가 간편하게 유지될 수 있고 동시에 시간 해상도도 개선할 수 있는 장점이 있다. 또한, 긴 윈도우는 짧은 윈도우 2개와 정확히 일치하기 때문에 필터뱅크 기본구조와 패킹(packing) 루틴, 전체 코딩작업 등을 간편하게 유지할 수 있다.

AC-2A 코더 또한 AC-3와 유사하게 이웃한 블록 간의 중복영역을 변화시키는 기술을 적용해 주파수 해상도와 시간 해상도의 상충관계를 유동적으로 해결한다(5장 참조). 그러나 AC-2A는 항상 중복성을 갖는 비대칭 윈도우를 사용한다는 점이 AC-3와 다르다. AC-2A 윈도우는 AC-3에서 사용하는 윈도우보다 좋은 주파수 응답 특성을 갖지만, 전반적으로 필터뱅크와 패킹, 그리고 다른 코딩작업의 복잡도를 증가시킨다. 그림 5는 AC-2A에 적용된 것과 유사한 윈도우들을 보여준다. 그림에서 긴 윈도우는 $\alpha = 4$ 인 512-점 윈도우이고, 짧은 윈도우는 $\alpha = 6$ 인 128-점 윈도우이다. AC-2A의 시간 해상도는 AC-3보다 높아 48kHz 샘플링 비율에서 AC-2A는 1.33ms 이고 AC-3는 2.67ms 이다.

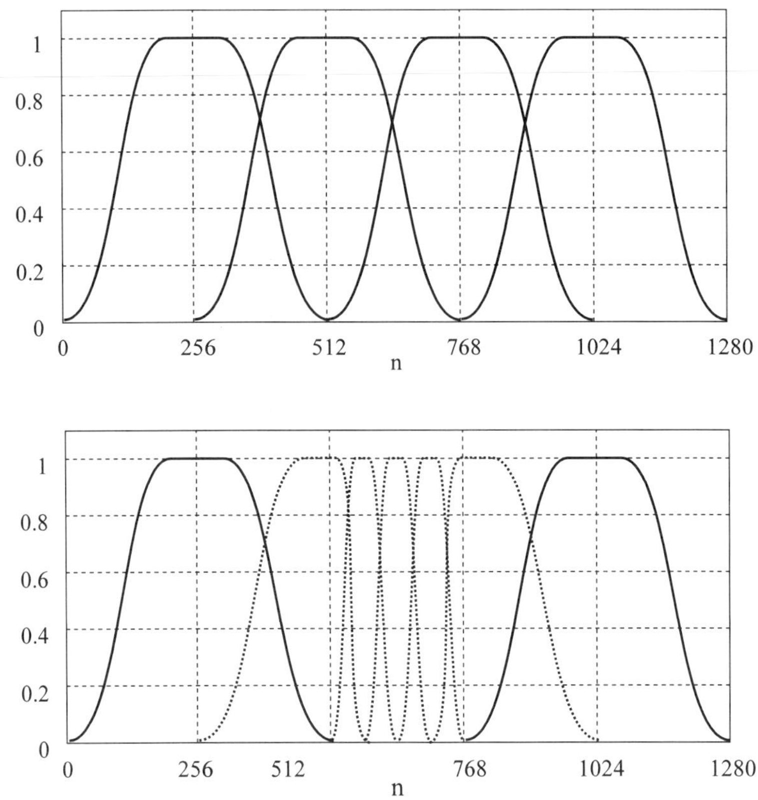

그림 5 AC-2A 윈도우 예; n=512 와 n=768 범위에서 정상상태 신호일 때의 윈도우(위 그림)와 과도-유형 신호일 때의 윈도우(아래 그림)

그렇기 때문에 AC-2A 알고리즘은 과도신호 처리에 높은 유연성을 지닌다. 긴 블록에서 짧은 블록으로 또는 그 반대로 전이할 때 사용되는 전이 윈도우(transition window)는 모두 비대칭 구조를 가지며 길이는 320 시간-샘플이다. AC-2A에서 사용되는 변환은 MDCT와 MDST(Modified Discrete Sine Transform)를 번갈아 가며 사용하는 ETDAC(Evenly-stacked TDAC) [Princen and Bradley 86]이다. 위상 값은 짧은 윈도우와 스톱(stop) 윈도우 경우 $n_0 = 257/2$ 이고 짧은 윈도우와 스타트(Start) 윈도우 경우 $n_0 = 65/2$ 이다. AC-2A의 전이 윈도우와 짧은 윈도우 모두 AC-3의 짧은 윈도우보다 좋은 주파수 응답을 갖지만, AC-2A 전이 윈도우의 길이가 2의 멱승이 아니기 때문에 필터뱅크의 복잡도를 증가시킬 수 있다. 더군다나 이러한 문제는 서로 상관관계에 있는 멀티채널을 코딩할 때 멀티채널 데이터 정렬에 문제를 일으킬 수도 있다.

4.1 과도 검출

AC-3 인코더는 별도의 과도 검출(transient detection) 체계를 이용해 입력신호의 특성을 결정하고, 이 결정에 따라 필터뱅크와 AC-3 알고리즘이 긴(long) 블록에서 동작할지 또는 짧은(short) 블록에서 동작할지를 결정한다. AC-3에서는 전-대역(full-bandwidth) 채널 신호에 고역통과 필터(HPF, High-Pass Filter)를 적용한 후 결과 신호를 분석해 신호 에너지의 급격한 변화를 검출한다.

일반적으로 고주파 신호 에너지의 급격한 변화는 신호에 어택(attack)이 있다는 것을 말한다. 만약 과도신호의 시작부분이 특정 채널 긴 블록의 후반부에서 검출되면, 그 채널을 짧은 블록으로 전환한다. AC-3의 과도신호 검출기는 512 시간-샘플 블록단위의 입력신호를 두 부분으로 나누어 256 샘플 단위로 동작한다. 각 전-대역 채널에 대한 과도신호 검출기의 출력은 1비트 플래그인 blksw[n]으로 표시되고 이 플래그 값이 1이면 해당 채널의 512-점 블록 후반부에 과도신호가 있다는 것을 의미한다.

AC-3의 과도신호 검출기는 고역통과 필터, 시간-샘플 분할(segmentation), 각 분할영역에서의 피크 진폭 검출 그리고 진폭 값에서 의미 있는 변화만을 검출하기 위한 한계값과의 피크 비교 등 4개 신호처리 과정으로 구성된다. 고역통과 필터는 차단 주파수(cut-off frequency)가 8kHz 인 IIR(Infinite Impulse Response) 필터로 구현된다. 고역 통과된 256 샘플단위 블록은 다시 64 샘플 단위로 세분화되어 계층적인 트리 구조(hierarchical tree)를 구성하게 된다. 세분화된 각 64 샘플 분할영역에서 가장 큰 진폭을 가지는 샘플을 검출하고, 현재 블록에서 의미 있는 신호 레벨 변화가 있는지를 판단하기 위해 이 값을 미리 설정된 한계값과 비교한다. 먼저 전체 분할영역에 걸쳐 가장 높은 피크 값을 휴지 한계값(silence threshold)과 비교한다. 만약 이 피크 값이 한계값보다 작다면, 신호가 정상상태에 있다고 판단하고 긴 블록을 사용한다. 만약 이웃한 분할영역의 피크비(ratio of peak)가 미리 설정된 한계값을 초과한다면, 플래그를 1로 설정해 현재 256 블록에 과도신호가 있음을 알린다. 두 번째 256-점 블록에 대해서도 위와 똑같은 과정을 거쳐 입력블록 후반부에서 과도신호 존재 여부를 결정할 수 있다.

5 스펙트럼 엔벨롭 코딩

전 절의 필터뱅크로 오디오 신호를 주파수-영역으로 변환한 다음, 주파수-샘플들은 스케일팩터(scalefactor)라 불리는 지수(exponent)와 가수(mantissa)로 구성되는 부동-소수 형태로 코딩된다. 2장에서 설명한 바와 같이 지수는 멱승을 나타내는 부분으로 계수 값을 이진 형태로 표현할 때 앞에 오는 0의 개수(leading zero)를 말한다. 실제 각 오디오 블록의 지수 값들은 전체 신호 스펙트럼을 측정한 값이며 이 값을 신호의 스펙트럼 엔벨롭(spectral envelop)이라 부른다. AC-3는 신호의 스펙트럼 엔벨롭을 코딩할 때 지수 부분을 5비트로 표현해서 0(이진 표현에서 앞에 오는 0이 없는 경우인 최대 계수 값) ~ 24까지의 값을 갖는다. AC-3 비트열은 각 독립 채널과 모든 커플된 채널(coupled channel), 커플링 채널(coupling channel), LFE 채널(적용될 때)을 코딩한 지수 값을 포함하고 있다.

AC-3는 스펙트럼 엔벨롭 코딩에 의해 시간과 주파수에서 다양한 해상도를 가질 수 있다[Todd et al. 94]. 시간-영역에서 한 프레임 내 2개 또는 그 이상의 연속된 블록들은 공통된 지수 값을 공유할 수 있다. 그러나 AC-3는 프레임 간의 오디오 정보를 공유할 수 없기 때문에, 각 채널에서의 새로운 지수 값들을 매 프레임의 0번째 블록에 저장하게 된다. 또한, 주파수-영역에서 지정된 모드에 따라 1개(D15 모드), 2개(D25 모드), 혹은 4개(D45 모드) 가수가 같은 지수 값을 공유할 수 있다. 이러한 시간과 주파수-영역 지수 공유는 인코더에서 이루어지고 입력신호의 유형에 따라 달라진다. 항상 최대 주파수 해상도(D15 모드)가 바람직한 정상상태 신호의 경우에는 블록과 블록 간에 급격한 신호 스펙트럼 변화가 없을 것으로 기대할 수 있다. 이 경우에는 프레임 내 0번째 블록에만 지수 값을 전송하고 나머지 블록에서는 같은 값들을 사용할 수 있다. 이렇게 함으로써 지수 표현에서 상당한 비트를 절약할 수 있고, 이 여분의 비트를 가수 양자화에 사용할 수 있다. 한편, 과도신호인 경우에는 블록과 블록 간에 급격한 신호 스펙트럼 변화가 있을 것으로 예상할 수 있다. 이 경우 AC-3

는 프레임 내 모든 블록에 대한 지수 값들을 모두 전송해 코딩된 스펙트럼 엔벨롭이 입력신호의 변화를 가능한 한 근접하게 추적할 수 있도록 한다. 그러나 이 경우에는 지수 값들을 아주 세밀한 주파수 해상도(예를 들어, D15 모드)로 표현할 필요가 없음으로 낮은 주파수 해상도(예를 들어, D25나 D45 모드)로 표현해 비트 수를 줄일 수 있다. 이러한 지수 전략(exponent strategy)의 목표는 지정된 데이터율에서 어떠한 신호가 입력될지라도 프레임 내의 양자화 잡음 영향을 최소화하는 것이다.

지수 값을 코딩할 때는 첫 번째 주파수 항에 해당하는 값을 제외하고, 나머지 지수 값들을 전체 주파수에 걸쳐 차분 코딩(differentially coding)한다. 전-대역 채널이나 LFE 채널의 첫 번째 지수 값은 DC 값을 나타내고 항상 4비트 절대값으로 코딩되며 0 ~ 15 사이의 값을 갖는다. 한편, 차분 지수(differential exponent) 값들은 그룹핑되어 오디오 블록에 포함된다. 이러한 그룹핑은 D15, D25, D45 3개 방법 중 하나를 사용하게 되는데, D15 모드는 가장 정밀한 주파수 해상도를 제공하는 반면, D45 모드는 가장 저급한 해상도를 제공하기 때문에 신호를 적은 양의 데이터로 표현할 때 유리하다. 특정 채널에서 오디오 블록을 표현할 때 그룹핑된 차분 지수 값들의 개수는 지수 전략과 그 채널의 주파수 대역폭 정보에 따라 달라지며, 각 그룹의 지수 개수는 지수 전략에만 의존한다.

AC-3 오디오 블록은 지수 정보를 위한 2개의 필드(filed)를 포함한다. 첫 번째 필드는 각 채널의 지수 코딩전략을 정의하고, 두 번째 필드는 새로운 지수 정보를 요구하는 채널을 위해 실제 코딩된 지수 값들을 가지고 있다. 각 독립된 채널에 대한 주파수 대역폭 정보는 지수 코딩전략 필드에 포함되어 있으며, 커플된 채널과 커플링 채널(다음절 참조)에 대한 주파수 정보는 커플링 전략 필드에 포함된다.

차분 지수 값은 −2, −1, 0, +1, +2 등 5개 값 중 1개를 가질 수 있어 지수 간에 ±12dB 에 이르는 차이를 허용한다. 이 값에 오프셋(offset) +2를 더해 변환한 다음 아래 수식과 같이 조합해 지수 값을 7비트 무-부호 정수로 표현할 수 있다.

$$7-bit\ Value = (25 \times M_1) + (5 \times M_2) + M_3$$

여기서 M1, M2, M3는 주파수상에 인접한 3개 차분 지수 값을 변환한 것이다. 이런 방식으로 지수를 표현하면 지수의 평균 비트 수는 약 7/3=2.33비트가 된다.

표 3은 각 지수 전략에 따른 데이터율을 보여주고 있다. D25나 D45 모드는 2개나 4개의 가수가 단일 지수 값을 효율적으로 공유하고 있기 때문에, 인코더는 각 쌍이나 4개 그룹당 할당된 지수가 모든 가수를 표현하는 데 필요한 최소 절대값(가장 큰 지수 값에 해당)임을 확인해야 한다. 일반적으로 AC-3 오디오 블록에서 주어진 채널에 대한 지수 필드는 단일 절대 지수 값과 표에서 지정된 방식으로 그룹핑된 값들로 구성된다.

표 3 각 지수 전략에 따른 데이터율을 주파수 계수당 필요 비트 수로 표현한 결과

Exponent Strategy	Shared Time Interval in Terms of Number of Audio Blocks					
	1	2	3	4	5	6
D15	2.33	1.17	0.78	0.58	0.47	0.39
D25	1.17	0.58	0.39	0.29	0.23	0.19
D45	0.58	0.29	0.19	0.15	0.12	0.10

AC-3의 스펙트럼 엔벨롭 코딩은 이전 버전인 AC-2에 비해 매우 다른 코딩 방식을 이용한다. AC-2에서 신호 스펙트럼을 위한 부동-소수 표현은 그룹 선형 A-법칙 압신과 매우 유사하며(2장 참조), 스펙트럼 계수 값들은 임계 대역폭

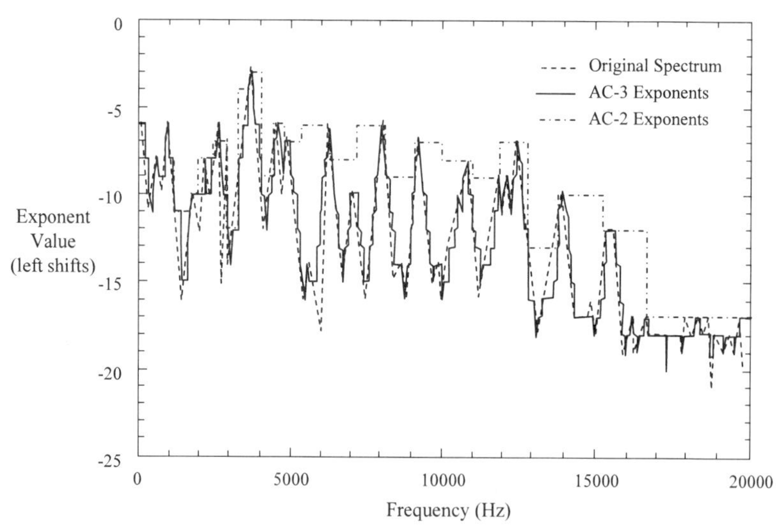

그림 6 AC-2와 AC-3의 스펙트럼 엔벨롭 표현 비교[Fielder et al. 96]

(critical bandwidth) 단위로 그룹핑된다. 각 임계대역(CB, Critical Band)에서 최대값이 결정되면, 이 계수의 지수 값을 해당 임계대역의 지수 값으로 결정한다. 결과적으로 이러한 설정은 신호 양자화 최저레벨(floor level)이 국부 스펙트럼 최대값(local spectral maxima)에 따라 증가할 수 있음을 말한다. 그림 6은 스펙트럼 엔벨롭 표현에 있어 AC-2와 AC-3의 차이점을 비교하고 있다[Fielder et al. 96].

6 멀티채널 코딩

12장과 13장에서 보았듯이 멀티채널 코딩(multichannel coding)의 주목적은 멀티채널 오디오 신호의 원 공간 속성(spatial attribute)과 기본 음질을 유지하는 동시에 채널 간의 중복성(redundancy)과 신호 공간 표현상의 무관성(irrelevancy)을 제거해 데이터율을 줄이는 것이다. 지각 오디오 코딩은 사람의 청각 방향성(directionality of hearing)[Blauert 83]에 영향을 미치는 청각 단서들을 코딩함으로써 이러한 목표를 달성할 수 있다. AC-3 멀티채널 코딩은 이 목적을 위해 두 가지 핵심 기술을 사용하고 있다. 첫째는 채널 간의 높은 상관성에 의한 데이터 중복성을 이용하는 것으로 재배열(rematrixing)이라 부른다. 재배열 기술은 원 채널 신호를 코딩하는 대신 상관성이 높은 2개 채널 스펙트럼의 차와 합을 코딩하는 M/S 스테레오 코딩(11장 참조)과 유사한 방법을 사용한다[Jhonston and Forreira 92]. AC-3에서 사용되는 두 번째 멀티채널 기술은 채널 커플링(channel coupling)(12장, 13장 참조)으로 2개나 그 이상의 상관성이 높은 채널 스펙트럼들을 결합한 다음 결합된(또는 커플된) 채널을 코딩해 사이드 정보(side information)와 함께 전송하는 방법이다[Davis 93].

6.1 재배열

AC-3의 재배열(rematrixing)은 오직 2/0모드, 즉 acmod=010에서만 가능하다. 이 모드에서 재배열 기술이 적용되면 상관성이 높은 2개 채널 신호를 따로 코딩하는 대신 왼쪽 L 채널과 오른쪽 R 채널을 조합해 다음과 같이 새로운 채널 신호 L', R'을 만들어 낸다.

$$L' = (L + R)/2 \qquad R' = (L - R)/2$$

이후 L', R'를 양자화하고 패킹한다. 디코더에서는 원 L, R 신호를 다음과 같이 복원해 낼 수 있다.

$$L = L' + R' \qquad\qquad R = L' - R'$$

만약 2개 채널이 같은 신호라면, 즉 2개 채널 간에 완벽한 상관성이 있다면, 이때 L'은 L이나 R과 같아지고 R'은 0이 된다. 이 경우에는 R'에 비트를 할당할 필요가 없으며, L'과 같은 L이나 R 신호를 좀 더 정밀하게 표현할 수 있다.

재배열은 주파수 대역마다 독립적으로 적용될 수 있으며, AC-3는 커플링 정보에 따라 경계선이 다른 4개의 주파수 대역을 정의하고 있다. 커플링 채널에서는 재배열 기술을 이용하지 않는다. 만약 커플링과 재배열이 동시에 사용되면 재배열의 가장 높은 주파수 대역이 커플링 영역의 시작점에서 끝나게 된다. 표 4는 각 샘플링 비율에서 커플링을 사용하지 않을 때 4개 주파수 대역의 경계를 나타낸다.

표 4 AC-3에서 kHz 단위의 재배열 주파수 영역 경계[ATSC A/52/10]

Frequency Region	Lower Bound Fs = 48kHz	Upper Bound Fs = 48kHz	Lower Bound Fs = 44.1kHz	Upper Bound Fs = 44.1kHz
1	1.17	2.3	1.08	2.11
2	2.3	3.42	2.11	3.14
3	3.42	5.67	3.14	5.21
4	5.67	23.67	5.21	21.75

6.2 커플링

채널 커플링(channel coupling)은 음원의 방향감이 신호의 세밀한 공간 구조보다는 신호의 에너지 엔벨롭에 대부분 의존한다는 실험적 사실을 이용한다. 채널 커플링은 11장에서 설명한 세기 스테레오 코딩[Van der Waal and Veldhuis 91]의 확장으로 볼 수 있다. AC-3에서는 2개나 그 이상의 상관성을 가진 채널 스펙트럼(커플링 채널, coupling channel)을 조합해 특정 주파수 대역(커플링 주파수, coupling frequency)에 단일 채널(커플된 채널, coupled channel)을 만들어 낸다. 이때 커플된 채널은 커플링 관계에 있는 모든 채널의 스펙트럼 값을 벡터로 합산한 결과이다. 디코더에는 커플된 채널과 관련 사이드 정보가 전송되어 원 채널 신호들을 복원할 수 있다. 여기서 사이드 정보는 원 신호와 커플된 채널 간의 파워 스펙트럼 비율을 양자화한 값으로, 이를 커플링 좌표(coupling coordinates)라 부른다. 커플링 좌표는 부동-소수 형식으로 양자화된 것으로 지수와 가수를 표현하고 원 신호의 단-구간(short-term) 에너지 엔벨롭을 보존할 수 있도록 계산된다.

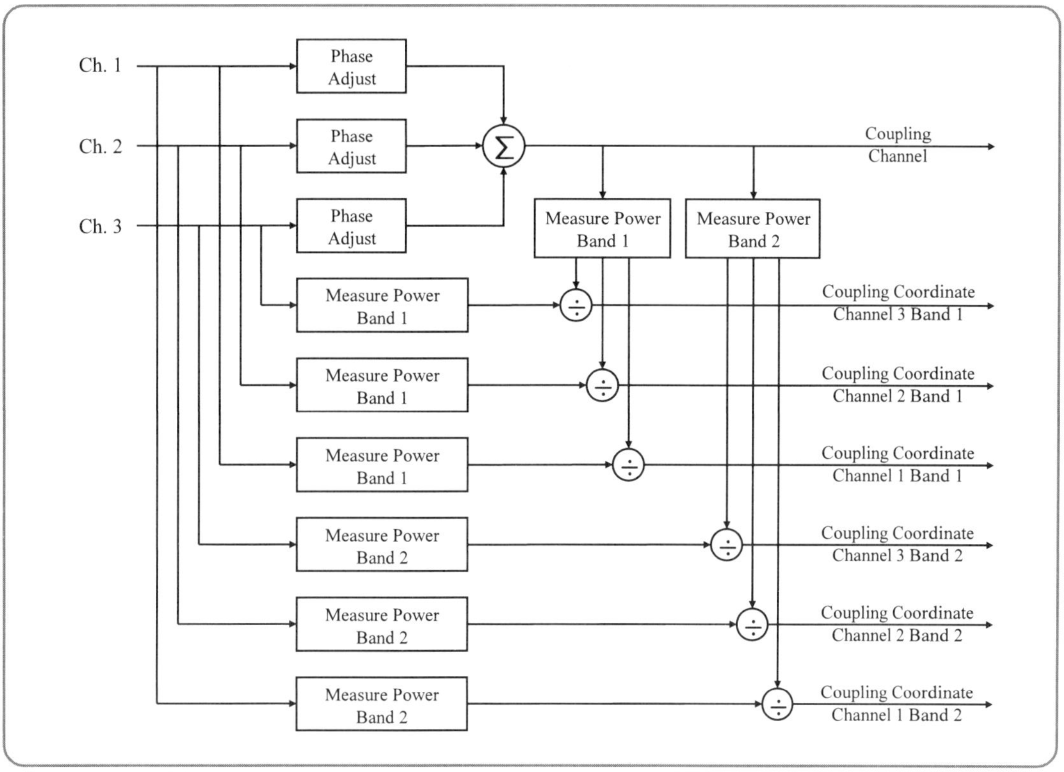

그림 7 AC-3 커플링 예: 3개 입력 채널에 대한 블록도[Fielder et al. 96]

그림 7은 3개의 입력채널이 커플링 채널을 이루는 예를 보이고 있다. 각 입력채널에 위상 조정(phase adjustment)을 선택적으로 적용해 각 채널 스펙트럼을 더하는 과정 중에 발생할 수 있는 위상 소거를 방지한다. 다음으로는 커플링 주파수 대역에서 모든 주파수 계수를 더해 커플된 채널을 만들어내며, 원 채널의 파워와 커플된 채널의 파워를 계산한다. 그림 7은 2개의 커플링 대역만을 가정한 간편화된 경우의 블록도이다. 일반적으로 커플링 대역 수는 1 ~ 18 사이이며 가장 많이 사용되는 대역 수는 14이다. 표 5는 48kHz 샘플링 비율

에서 사용되는 커플링 대역을 보이고 있다. 채널 커플링의 최종 단계에서는 원 채널 신호와 커플된 채널의 파워비(power ratio)을 이용해 커플링 좌표를 유도해내는 것이다. 이전에 설명한 것처럼 커플링은 커플링 주파수 이상의 대역에서만 작동되며 이 주파수는 블록마다 달라진다.

표 5　48kHz 샘플링 비율에서 AC-3 커플링 대역[ATSC A/52/10]

Coupling Band	Lower Bound (kHz)	Upper Bound (kHz)
0	3.42	4.55
1	4.55	5.67
2	5.67	6.80
3	6.80	7.92
4	7.92	9.05
5	9.05	10.17
6	10.17	11.30
7	11.30	12.42
8	12.42	13.55
9	13.55	14.67
10	14.67	15.80
11	15.80	16.92
12	16.92	18.05
13	18.05	19.17
14	19.17	20.30
15	20.30	21.42
16	21.42	22.55
17	22.55	23.67

커플링 주파수, 커플된 채널, 커플링 채널 등과 관련한 커플링 변수는 항상 각 프레임의 0번째 블록에 포함되어 전송된다. 이들 변수 값은 블록 1에서 블록 5까지의 제어정보 부분에 포함될 수도 있다. 커플링 좌표는 0.28 ~ 0.53dB 범위의 해상도와 −132 ~ +18dB 사이의 동적범위를 갖는다. 디코더에서는 그림 8과 같이 커플된 채널 계수 값에 커플링 좌표 값을 곱해 커플링 채널에 해당하는 스펙트럼 계수들을 복원할 수 있다.

커플링은 특정 데이터율의 오디오 코딩에서만 적용 가능하며, 오디오 신호를 코딩할 때 할당 가능한 비트가 모자라 음 왜곡을 초래할 가능성이 있는 경우에만 한정되어 사용된다는 점을 주목하자. 이런 경우에는 원 신호에 심각한 변화를 주지 않도록 커플링에 코딩 제한을 줄 수 있다.

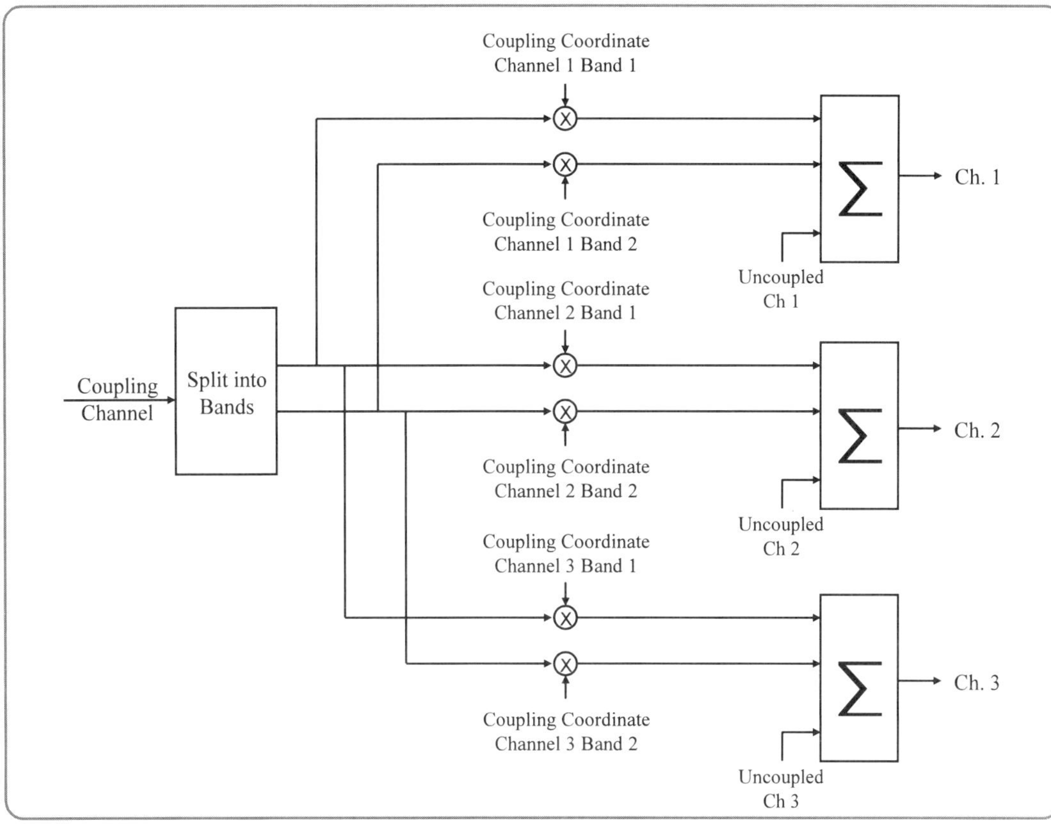

그림 8 3개 입력채널에 대한 AC-3 역-커플링(de-coupling) 예[Fielder et al. 96]

7 비트 할당

AC-3의 파라메트릭 비트 할당(parametric bit allocation)은 주어진 데이터율에서 각 블록 주파수 계수의 가수(mantissa)에 비트를 할당하는 역할을 한다. AC-3의 파라메트릭 비트 할당은 전방과 후방-적응 전략[Davidson, Fielder and Link 94]을 결합해 사용한다. MPEG 오디오에도 적용된 전방-적응 비트 할당전략은 인코더에서 비트 할당을 계산하고 이를 디코더에 전송하는 방법이다. 이 방법의 장점은 디코더 구조를 변경하지 않고도 비트 할당에 높은 유연성을 제공할 수 있다는 점이다. 반면에 후방-적응 전략에서는 인코더와 디코더 모두에서 비트 할당을 계산해야 한다. 이 방법은 AC-3의 이전 버전인 AC-2 비트 할당전략에 사용된 것이다. 이 방법은 비트 할당 시 어느 정도의 유연성을 잃어버리게 되지만 제어 변수를 표현할 때 비트를 절약할 수 있는 장점이 있으며 이때 발생하는 여분의 비트를 주파수 계수의 가수를 인코딩할 때 사용할 수 있다.

AC-3의 인코더와 디코더 비트 할당 알고리즘 모두는 자체적인 비트 할당 모델을 만들어 실제 비트를 할당하는 핵심 심리음향 모델을 포함하고 있음으로 인코딩 비트열에 구체적인 비트 할당 정보를 전송할 필요가 없다. 대신에 인코더는 마스킹 곡선을 조절할 수 있는 필수적인 매개변수들, 즉 심리음향 변수와 델타 비트 할당(delta bit allocation)만을 디코더에 전송한다. 이러한 방식은 매개변수들을 인코더에서만 계산하면 되기 때문에 디코더 구조에 전혀 영향을 미치지 않으며, 디코더에 전송되는 제어 데이터 양을 최소화할 수 있는 장점이 있다.

비트 할당 변수는 항상 블록 0에 포함되어 전송되고 선택적으로 블록 1에서 블록 5까지를 이용할 수 있다. 인코더와 디코더 비트 할당 루틴의 입력은 현재 블록의 신호 스펙트럼 엔벨롭을 정밀하게 표현한 지수 값들이다. 디코더 비트 할당 루틴의 또 다른 입력은 선택적인 델타 비트 할당이다. 반면에 인코더와 디코더 비트 할당 루틴의 주요 출력은 비트 할당 배열이고 추가적으로 디코더에 전송되는 인코더 제어 변수들이 있다.

비트 할당을 계산하려면 먼저 여기패턴(excitation pattern)을 계산해야 한다. 먼저 각 블록의 지수 값들을 이들의 파워 스펙트럼 밀도(PSD, Power Spectral Density)에 로그를 취한 값으로 변환한다. 다음으로는 Fletcher[Fletcher 40]와 Zwicker[Zwicker 61]의 임계 대역율(critical band rate)에 정의된 주파수 대역 상에서 파워 스펙트럼 밀도의 로그 덧셈을 계산한다(6장 참조). 그림 9는 AC-2와 AC-3의 비트 할당에 적용된 주파수 대역 분할구조를 비교하고 있다. AC-2의 주파수 대역 분할구조가 임계대역폭과 유사한 반면, AC-3는 임계 대역폭의 절반 정도만을 사용함으로써 주파수 해상도를 높이고 있음을 알 수 있다.

여기패턴은 임계대역 단위로 신호 에너지 레벨에 확산함수(spreading function)를 적용해 계산할 수 있다. AC-3에 적용된 확산함수는 그림 10에 있는 것과 같이 협대역 잡음을 마스킹하는 500Hz, 1kHz, 2kHz, 4kHz 마스커에 대한 마스킹 데이터로부터 유도된 것이다[Fielder et al. 96]. 저주파 쪽을 향한 마스킹 곡선의 기울기는 대역당 10dB 정도인 단일 선-성분에 의해 근사 되지만, 고주파 쪽을 향한 마스킹 곡선의 기울기는 2개 선-성분으로 근사되었다. 이러한 선-성분들의 기울기와 마스킹 오프셋(masking offset, 마스커 레벨과 마스킹 곡선 피크 치의 차이)은 마스커 주파수에 따라 해당 마스킹 데이터를 더 잘 근사시킬 수 있는 방향으로 수정될 수 있다. AC-3에서는 4가지 변수 값(마스킹 오프셋과 확산함수의 2개 선-성분의 기울기 등)들이 디코더에 전송되어 확산함수의 모양을 결정한다.

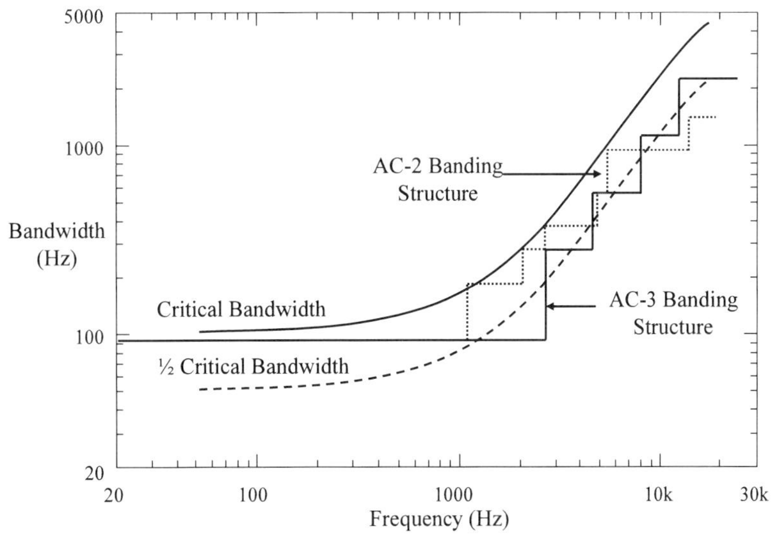

그림 9 임계대역과 AC-3, AC-2 비트 할당 스펙트럼 대역폭 비교[Fielder et al 96]

현재 처리되는 블록 데이터의 모든 마스킹 성분을 감안하기 위해서는 모든 마스킹 성분들이 확산함수로 가중되고 결합되어야 한다. 이 단계는 주로 콘볼루션([Schroeder, Atal and Hall 79], MPEG 심리음향 모델 2[ISO/IEC 11172-3]의 예 참조)으로 구현된다. 신호의 마스킹 성분과 확산함수의 콘볼루션 출력은 각 마스킹 성분을 확산함수로 가중해 더한 것이기 때문에 선형 재귀필터(linear recursive filter 혹은 IIR 필터)로 계산될 수 있다. 이 경우 필터의 차수와 계수는 확산함수에 의해 결정된다. AC-3의 선형 재귀필터는 로그 스펙트럼 샘플 값을 처리할 수 있는 같은 기능의 필터로 대치된다. 이 필터는 마스킹 성분과 2개 선-성분 기울기를 가진 확산함수를 콘볼루션하기 위해 2개 필터를 병렬로 연결한다. 여기서 콘볼루션 대신에 IIR 필터를 이용해 여기패턴을 계산하면 알고리즘 연산량을 극적으로 감소시킬 수 있어 매우 효율적으로 알고리즘을 구현할 수 있다.

여기패턴을 구하고 나면 적절한 마스킹 오프셋(25dB) 만큼 마스킹 곡선을 마스커 레벨 아래로 하향 이동시켜야 한다. 이때 각 주파수 위치에서 전역 마스킹 곡선과 최소가청한계선(threshold in quiet) 값 중 최대값을 선택해 신호 마스킹 곡선(signal masking curve)을 구한다.

마스킹 곡선은 인코더와 디코더 모두에서 계산되며, 마스킹 모델을 설명하기 위한 몇 개의 변수 값들이 디코더에 전송된다. 예를 들어, 확산함수의 모양은 AC-3 비트열에 4개 변수 값으로 포함되며, 델타 비트 할당을 디코더에 전송해 마스킹 모델을 선택적으로 개선할 수도 있다. 여기서 델타 비트 할당은 인코더에서 병렬로 계산된 2개 마스킹 곡선의 차로부터 유도될 수 있는데, 이중 하나의 마스킹 곡선은 인코더에서 핵심 마스킹 모델로 사용되는 것으로 디코더에서도 재계산되며, 다른 하나의 마스킹 곡선은 이전 마스킹 곡선의 개선된 모델을 나타낸다.

비트 할당 루틴의 마지막 단계는 각 주파수 계수의 가수 값에 할당될 비트 수를 계산하는 것이다. 정밀한 해상도의 로그 스펙트럼 엔벨롭으로부터 마스킹 곡선을 뺀 다음 그 차이(신호대 마스크비(SMR))를 오른쪽으로 5비트만큼 이동시키고 벡터 값 baptab으로 변환해 최종 비트 할당을 구한다. 표 6은 5비트 이동한 차분 값을 최종 비트 할당으로 변환하는 표를 보여준다.

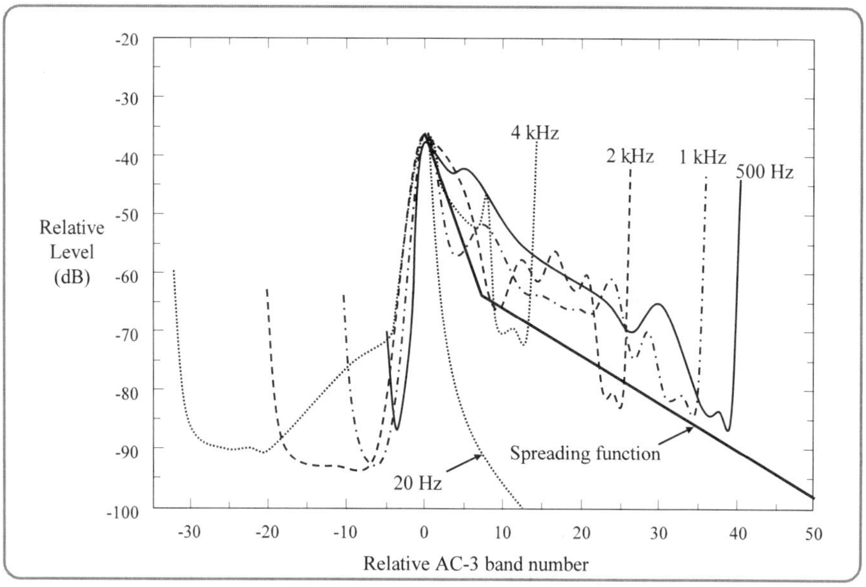

그림 10 500Hz, 1kHz, 2kHz, 4kHz 음 마스커에 대한 마스킹 곡선과 AC-3 확산함수의 비교[Fielder et al. 96]

일반적으로 비트 할당전략은 특정 대역의 양자화 잡음이 이웃한 대역의 비트 할당과 독립이라는 가정에 기반을 둔다. 이러한 가정은 높은 시간-주파수 해상도와 에일리어싱이 없는 필터뱅크 환경에는 합리적으로 적용될 수 있지만, 그렇지 않은 경우에는 문제가 발생할 수도 있다. 이러한 문제는 주로 마스킹 곡선의 기울기가 필터뱅크의 민감도를 초과하는 저주파 대역에서 두드러지게 나타난다. 예를 들어, 500Hz ~ 2.5kHz 의 주파수 대역에서 음 성분(tonal component)에 의한 주파수 마스킹 영역 아래 지점에서의 비트 할당 계산은 전적으로 신호 스펙트럼 레벨과 마스킹 레벨의 차이에 의존하기 때문에 사람이 지각할 수 있는 양자화 잡음을 초래할 수도 있다. AC-3는 제한된 주파수 해상도로 인해 저주파 대역에서 사람이 지각할 수도 있는 양자화 잡음을 상쇄하기 위해 "Low Comp"라 불리는 방법을 이용한다. 이 방법은 반복적인 처리과정을 통해 각 변환 계수로부터 잡음이 기여하는 정도를 조사한 다음, 양자화 잡음을 마스킹 곡선 아래에 위치할 수 있도록 적절히 워드길이(word length)를 조절한다. 그러나 Low Comp 방법을 적용하면, 저주파 대역이나 중음 대역에 있는 음 마스커(tonal masker)의 마스킹 곡선에서 가파른 양의 기울기(positive slope) 영역에 있는 주파수-샘플들에 샘플당 약 1~3비트 정도의 추가적인 비트를 요

표 6 5비트 이동된 SMR 값으로부터 계산된 AC-3 비트 할당[ATSC A/52/10]

Shifted SMR	Baptab	Shifted SMR	Baptab	Shifted SMR	Baptab
0	0	22	7	44	13
1	1	23	8	45	13
2	1	24	8	46	13
3	1	25	8	47	14
4	1	26	8	48	14
5	1	27	9	49	14
6	2	28	9	50	14
7	2	29	9	51	14
8	3	30	9	52	14
9	3	31	10	53	14
10	3	32	10	54	14
11	4	33	10	55	15
12	4	34	10	56	15
13	5	35	11	57	15
14	5	36	11	58	15
15	6	37	11	59	15
16	6	38	11	60	15
17	6	39	12	61	15
18	6	40	12	62	15
19	7	41	12	63	15
20	7	42	12		
21	7	43	13		

구하는 경우가 종종 발생한다. Low Comp 대한 더 자세한 내용은 [Davidson, Fielder and Link 94]를 참조하기 바란다.

8 양자화

AC-3는 표 7에 따라 가수(mantissa)를 양자화한다. 표에서 비트 할당 식별자 bap에 해당하는 baptab은 양자화 레벨 수를 말한다. AC-3에 사용되는 양자화기는 양자화 레벨 수에 따라 대칭적일 수도 있고 비대칭일 수도 있다. 15레벨까지는 midtread 양자화기(2장 참조)를 사용하지만, 양자화 레벨이 15 이상이면, 즉 32, 64, … , 65536 레벨에서는 2의 보수(two's complement) 양자화기를 사용한다. 또한, 몇 개의 양자화된 가수들이 단일 코드워드(codeword)로 그룹핑된다(11장의 MPEG-1 계층 Ⅱ 양자화 참조). 비트 할당 식별자가 bap=1, bap=2일 때, 즉 양자화 레벨이 각각 3, 5인 경우에는 다음과 같이 3개의 양자화된 가수들을 각각 5비트와 7비트 코드워드로 그룹핑한다.

$$bap = 1 \qquad \text{codeword} = 9\ \text{mantissa[a]} + 3\ \text{mantissa[b]} + \text{mantissa[c]}$$

$$bap = 2 \qquad \text{codeword} = 25\ \text{mantissa[a]} + 5\ \text{mantissa[b]} + \text{mantissa[c]}$$

양자화 레벨이 11일 때는, 2개 양자화된 가수들을 그룹핑해 다음과 같이 7비트 코드워드로 표현한다.

$$bap = 4 \qquad \text{codeword} = 11\ \text{mantissa[a]} + \text{mantissa[b]}$$

표 7은 bap과 양자화 레벨 수, 단일 가수를 표현하는 비트 수 간의 관계를 나타낸다.

AC-3 디코더는 가수 비트 수가 0일 때, 즉 bap=0일 때 선택적으로 디더 기능을 적용할 수 있다. 전송된 AC-3 비트열의 1비트 제어 변수인 dithflag에 따라 디코더는 bap 값이 0일 때 가수부에 임의의 값을 채워 넣을 수 있으며, 만약 dithflag 값이 0이면 가수부에 0값을 채운다.

표 7 AC-3 양자화 레벨[ATSC A/52/10]

bap	Quantizer levels	Mantissa bits
0	0	0
1	3	1.67(5/3)
2	5	2.33(7/3)
3	7	3
4	11	3.5(7/2)
5	15	4
6	32	5
7	64	6
8	128	7
9	256	8
10	512	9
11	1,024	10
12	2,048	11
13	4,096	12
14	16,384	14
15	65,536	16

9 비트열 구문

AC-3 비트열은 연속된 프레임으로 구성되며, 각 프레임은 6개의 코딩된 오디오 블록을 포함한다(그림 11 참조). 각 블록이 256 주파수-샘플에 해당하기 때문에, 1개 프레임은 1,536 주파수-샘플에 해당한다. 각 프레임의 시작 부분에 있는 동기정보 헤더(header)는 동기를 취하고 유지하는 데 필요한 정보를 포함한다. 먼저 동기 워드인 0000 1011 0111 0111이 전송되고 선택적으로 CRC(Cyclic Redundancy Code)가 비트열에 포함될 수 있다. 16-비트 CRC는 각 프레임의 시작 지점부터 5/8 부분까지의 데이터에 적용된다. 그 다음으로 8-비트 동기 정보(SI, Synchronization Information)는 샘플링 비율 코드(2비트)와 프레임 사이즈 코드(6비트)을 전달한다. SI는 다음 프레임의 동기 워드가 오기 전에 현재 프레임 내 2바이트 워드 개수를 결정하는 데 이용된다. 위에서 언급했던 동기 워드, CRC, SI 정보의 길이는 프레임 내에서 고정된 길이를 가지고 있으며 프레임마다 전송된다.

비트열 정보(BSI, Bit Stream Information) 헤더는 SI 다음에 오고 코딩된 오

디오 서비스를 설명하는 변수들을 포함하고 있다. BSI 헤더 다음으로는 실제 오디오 신호를 코딩한 오디오 블록들이 전송되고, 이어 보조 데이터(Aux, Auxiliary data) 필드가 뒤따른다. 각 프레임의 끝에는 에러검출을 위한 CRC 워드를 포함한 에러검출 부가 있으며, 만약 CRC가 없다면 이 필드는 인코딩된 채널 수, 오디오 코딩 모드, 청취자를 위한 프로그램 수 등의 프로그래밍 변수에 따라 프레임마다 변할 수 있다.

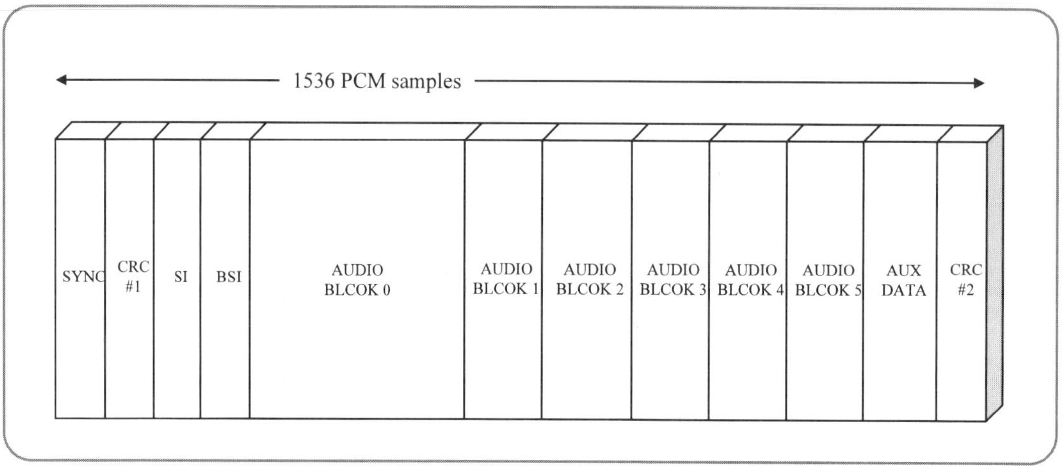

그림 11 AC-3 프레임 구조

BSI 필드는 비트열 식별자, 비트열 모드, 오디오 코딩 모드, 믹스 레벨, 동적 범위 압축제어 워드, 언어 코드, 시간 코드 등의 코딩된 오디오 서비스를 설명하는 가변 필드이다.

한 프레임 내 각 오디오 블록의 상대적인 크기는 신호를 코딩하는 데 필요한 비트 수에 따라 달라진다. 높은 비트 할당을 요구하는 오디오 블록은 프레임당 허용되는 비트 분배에서 다른 블록보다 더 높은 가중치를 갖는다. 한편, AC-3 프레임 비율은 신호를 코딩하는 데 필요한 프레임 수에 따라 SI 필드에 있는 프레임 사이즈 코드 변수를 변화시켜 조절될 수 있다. 이러한 방법으로 AC-3는 신호의 단-구간(Short-term)과 장-구간(Long-term) 분석에 따라 가변 비트율을 구현할 수 있다. 이러한 가변 비트율은 저장 응용 분야에 매우 유용하게 사용될 수 있는 것으로 알려졌다.

10 성능 평가

그 동안 학계에서는 AC-3 성능을 측정하고자 다양한 청취테스트 실험을 수행하였다. 가장 최근에 수행된 성능평가 실험으로는 Canada Ottawa에 있는 Communication Research Center에서 수행한 AC-3와 다른 2-채널 코더와의 성능 비교로서 아주 흥미로운 실험 결과를 보이고 있다[Soulodre, Grusec, Lavoie, and Thibault 98](그림 12 참조). 이 실험에서 AC-3의 성능 비교를 위해 사용된 코덱은 128kb/s 데이터율의 MPEG-2 AAC(Main 프로파일), 192kb/s MPEG-2 계층 Ⅱ, 128kb/s MPEG-2 계층 Ⅲ, 160kb/s Lucent PAC

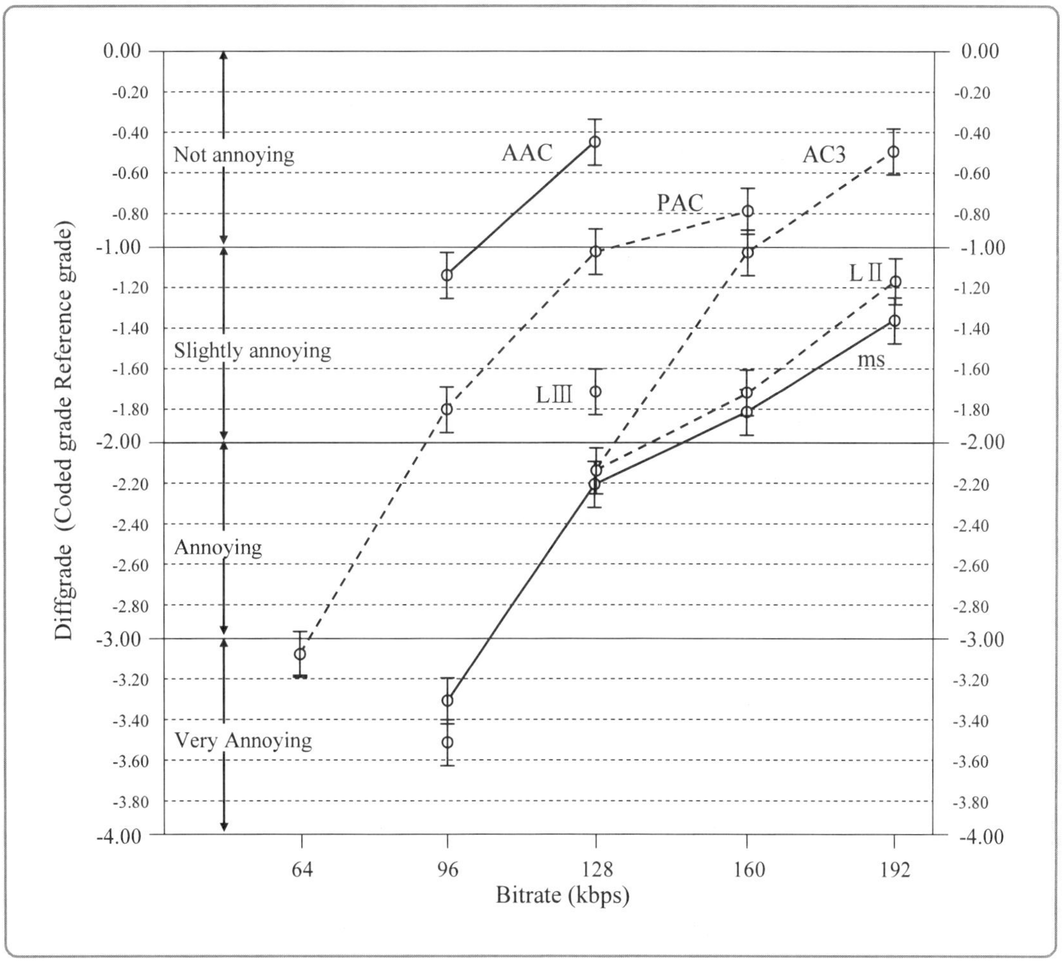

그림 12 AC-3와 MPEG-2AAC, MPEG-2 계층 II, MPEG-2 계층 III의 음질 비교[Soulodre, Grusec, Lavoie, and Thibault 98].

등이다[Sinha, Johnston, Dorward and Quackenbush 98]. 청각 전문가가 잡음이 없는 환경에서 원음과 AC-3로 코딩된 음을 듣고 그 차이를 기록하는 ITU-R 5-등급 손실척도 실험결과 AC-3는 192kb/s 의 데이터율에서 평균 4.5등급을 기록하였다. 이 실험에서 평가된 코덱 중 192kb/s AC-3와 128kb/s MPEG-2 AAC가 가장 음질이 뛰어난 것으로 밝혀졌다.

11 요 약

이 장에서는 Dolby AC-3 오디오 시스템의 주요 특징들을 살펴보았다. AC-3는 처음부터 멀티채널 오디오를 영화 필름으로 코딩하고자 개발되었고, 나중에는 가전용 제품으로까지 확대되어 사용되고 있다. Dolby AC-3는 현재 북미 HDTV, DVD-Video, 지역 DVB 방송 표준으로 사용되고 있다.
AC-3는 다양한 오디오 포맷을 인코딩할 수 있는 지각 오디오 코딩 시스템이다. AC-3 알고리즘은 이전 버전인 AC-2나 MPEG-1, MPEG-2 오디오와 상당히 유사한 점을 많이 가지고 있지만 몇 가지 자신만의 독특한 코딩 기법을 가지고 있다. AC-3의 데이터율은 통상 32 ~ 640 kb/s 범위이고, 2-채널 코딩에서는 192 kb/s를 그리고 5-채널 코딩에서는 384 kb/s의 데이터율을 주로 사용한다. AC-3에는 다운-믹싱 기능, 동적범위 제어, 다중언어 서비스, 시청각 장애 서비스 등의 청취자를 위한 주요 기능들이 있다.
Canada CRC 연구소에서 수행한 2-채널 설정에서의 ITU-R 5-등급 주관 평가실험결과 AC-3는 192 kb/s 데이터율에서 4.5등급을 기록하여 다른 코덱보다 음질이 뛰어난 것으로 평가 받았다

12 참고 문헌

[ATSC A/52/l0]: United States Advanced Television Systems Committee Digital Audio Compression (AC-3) Standard, Doc. A152110, December 1995.

[Blauert 83]: J. Blauert, *Spatial Hearing*. MIT Press, Cambridge, MA 1983.

[Bosi and Davidson 92]: M. Bosi and G. A. Davidson, "High-Quality, Low-Rate

Audio Transform Coding for Transmission and Multimedia Applications", presented at the 93rd AES Convention, J. Audio Eng. Soc. (Abstracts), vol. 40, P. 1041, Preprint 3365. December 1992.

[Bosi et al. 97]: M Bosi, K. Brandenburg, S. Quackenbush, L. Fielder, K. Akagiri, H. Fuchs, M. Dietz, J. Herre, G. Davidson, and Y. Oikawa, "ISO/IEC MPEG-2 Advanced Audio Coding," J. Audio Eng. Soc., vol. 45, pp. 789 - 812, October 1997.

[Davidson, Fielder and Link 94]: G. A. Davidson. L. D. Fielder, and B. D. Link, "Parametric Bit Allocation in a Perceptual Audio Coder ", presented at the 97th AES convention. San Francisco, Preprint 3921, November 1994.

[Davidson, Fielder, and Antill 90]: G. A. Davidson, L. D. Fielder, and M. Antill. "Low-Complexity Transform Coder for Satellite Link Applications," presented at the 89th Convention of the Audio Engineering Society, pre-print 2966, New York, September 1990.

[Davis 93]: M. Davis, "The AC-3 Multichannel Coder," presented at the 95th AES Convention, New York, pre-print 3774, October 1993.

[DVD-Video]: DVD Specifications for Read-Only Disc, Part 3: VIDEO SPECIFICATIONS Ver. 1.1, Tokyo 1997-2001.

[Edler 89]: B. Edler, "Coding of Audio Signals with Overlapping Transform and Adaptive Window Shape" (in German), Frequenz, Vol. 43, No. 9, pp. 252-256, September 1989.

[ETS 300 421]: The European Telecommunications Standards Institute (ETSI), ETS 300 421, "Digital Video Broadcasting (DVB); Framing Structure, Channel Coding and Modulation for 11/12 GHz Satellite Services", August 1997.

[Fielder 87]: L. Fielder, "Evaluation of the Audible Distortion and Noise Produced by Digital Audio Converters," J. Audio Eng. Soc., vol. 35, pp. 517-535, July/August 1987.

[Fielder et al. 96]: L. Fielder, M. Bosi, G. Davidson, M. Davis, C. Todd, and S. Vernon, "AC-2 and AC-3: Low-Complexity Transform-Based Audio Coding," *Collected Papers on Digital Audio Bit-Rate Reduction*, Neil Gilchrist and Christer Grewin, Eds.. pp. 54-72, AES 1996,.

[Fletcher 40]: H. Fletcher. "Auditory Patterns," Reviews of Modem Physics, Vol. 12, pp. 47-65, January 1940.

[ISO/IEC 11172-3]: ISO/IEC 11172, Information Technology, "Coding of moving pictures and associated audio for digital storage media at up to about 1.5 Mbit/s. Part 3: Audio". 1991

[ISO/IEC 13818-3]: ISO/IEC 13818-3. "Information Technology - Generic Coding of Moving Pictures and Associated Audio, Part 3: Audio." 1994-1997.

[ISO/IEC 13818-7]: ISO/IEC 13818-7, "Information Technology - Generic Coding of Moving Pictures and Associated Audio, Part 7: Advanced Audio Coding", 1997.

[ITU-R BS.775-1]: International Telecommunications Union BS.775-1, "Multichannel Stereophonic Sound System with and without Accompanying Picture". Geneva. Switzerland. 1992-1994.

[Johnston and Ferreira 92]: J. D. Johnston, A. J. Ferreira. "Sum-Difference Stereo Transform Coding", Proc. ICASSP pp. 569-571. 1992.

[Princen and Bradley 86]: J. P. Princen and A. B. Bradley, "Analysis/Synthesis Filter Bank Design Based on Time Domain Aliasing Cancellation," IEEE Transactions on Acoustics, Speech, and Signal Processing, vol. ASSP-34, no. 5, pp. 1153 - 1161, October 1986.

[Princen. Johnson and Bradley 87]: J. P. Princen, A. Johnson and A. B. Bradley, "Subband/Transform Coding Using Filter Bank Designs Based on Time Domain Aliasing Cancellation", Proc. of the ICASSP 1987, pp. 2161-2164, 1987.

[Schroeder, Atal and Hall 79]: M. R. Schroeder, B. S. Atal and J. L. Hall, "Optimizing Digital Speech Coders by Exploiting Masking Properties of the Human Ear", J. Acoust. Soc. Am., Vol. 66 no. 6, pp. 1647-1652, December 1979.

[Sinha, Johnston, Dorward and Quackenbush 98]: D. Sinha, J. D. Johnston, S. Dorward and S. R. Quackenbush, "The Perceptual Audio Coder (PAC)", in *The Digital Signal Processing Handbook*, V. Madisetti and D. Williams (ed.), CRC Press, pp. 42.1-42.18, 1998.

[Soulodre, Grusec, Lavoie and Thibault 98]: G. A. Soulodre, T. Grusec, M.

Lavoie, and L. Thibault, "Subjective Evaluation of State-of-the-Art Two-Channel Audio Coders", J. Audio Eng. Soc., Vol. 46, no. 3, pp. 164-177, March 1998.

[Todd et al. 94]: C. Todd, G. A. Davidson, M. F. Davis, L. D. Fielder, B. D. Link and S. Vernon, "AC-3: Flexible Perceptual Coding for Audio Transmission and Storage," presented at the 96th Convention of the Audio Engineering Society, Preprint 3796, February 1994.

[Van der Waal and Veldhuis 91]: R. G. v.d. Vaal and R. N. J. Veldhuis, "Subband Coding of Stereophonic Digital Audio Signals", Proc. ICASSP, pp. 3601 - 3604. 1991.

[Zwicker 61]: E. Zwicker, "Subdivision of the Audible Frequency Range into Critical Bands (Frequenzgruppen)," J. Acoust. Soc. of Am., Vol. 33, p. 248, February 1961.

MPEG-4 오디오

15 chapter

1 서론

우리는 11, 12, 13장에 걸쳐 MPEG-1, MPEG-2 등 MPEG 오디오 표준의 주요 목적과 특징들을 살펴보았다. MPEG-4는 1992년부터 표준화 작업이 착수된 ISO/IEC의 또 다른 표준이다[ISO/IEC MPEG N271]. MPEG-4 표준은 매우 낮은 비트율에서의 오디오-비주얼 코딩뿐만이 아니라 스케일러빌러티(scalability, 역자주: 코더 응용 분야에 따라 신호의 인코딩 비트열을 자유롭게 확장할 수 있는 정도를 나타냄), 3-D, 합성/자연 복합코딩(synthesis/natural hybrid coding) 같은 여러 기능을 제시하고 있다. MPEG-4는 1998년 10월 [ISO/IEC MPEG N2501, N2506, N2502, N2503] 등의 기술 보고서를 통합해 ISO/IEC 14496 버전 1이라는 이름으로 ISO/IEC 국제 표준 FDIS(Final Draft International Standard)가 되었고, 1999년 12월 ISO/IEC 14496의 두 번째 버전이 완성되었다[ISO/IEC 14996]. 이후 MPEG-4는 새로이 등장하는 첨단 응용 분야들을 수용하고자 최근의 개정안으로 확장되었고 현재까지도 몇 가지 새로운 기술들이 개발되고 있다. 새로 도입되는 기술들은 기존의 MPEG-4와 호환될 수 있도록 MPEG-4를 확장하여 더해질 것이다.

MPEG-4 표준은 유선(wired), 무선(wireless), 스트리밍(streaming), 디지털 방송(digital broadcasting), 쌍방향 멀티미디어(interactive multimedia), 고 품질 오디오/비디오 등 다양한 응용 분야를 목표로 한다. MPEG-1, MPEG-2와 같이 전체 알고리즘과 비트열을 표준화하는 대신 MPEG-4는 여러 개 툴(tool)의 집합을 규정하는데, 여기서 툴은 다양한 코딩 알고리즘에서 하나의 구성요소로 사용될 수 있는 코딩모듈(coding module)로 정의된다. 또한, MPEG-4 표준은 특정 응용 분야에 적용될 수 있는 툴들의 집합을 의미하는 프로파일(profile)이라는 개념을 정의하고 있다.

MPEG-4 오디오는 MPEG-1, 2와 같이 일반 오디오를 코딩할 수 있는 기술뿐만이 아니라 음성, 합성 오디오(synthetic audio), 텍스트-음성 변환(TTS, Text To Speech) 인터페이스 기술 등을 포함하고 있다. 이외에도 스케일러빌러티, 특수 효과, 사운드 조작, 3D 합성 등과 같은 특색 있는 기술들이 MPEG-4 표준에 포함되어 있다. 일반적으로 MPEG-1과 MPEG-2 오디오가 인코딩 과정에서 데이터율을 결정하는 데 반해, MPEG-4는 스케일러빌러티(scalability) 기술을 이용해 채널 수용력(channel capacity)에 맞추어 시스템 데이터율을 한정된 범위에서 적응적으로 조절할 수 있다. 이러한 스케일러빌러티 기술은 인터넷이나 모바일 채널 등과 같이 가변 수용력(variable capacity)을 요구하는 전송 채널에 매우 유용하게 사용될 수 있다.

이 장에서는 MPEG-4 표준을 소개하고 MPEG-4의 목적과 기능들을 살펴본다. 먼저 MPEG-4 오디오의 개발 과정을 살펴보고 MPEG-4 오디오의 기본 툴과 프로파일을 소개한다. 마지막으로는 MPEG-4 오디오 코딩 툴의 성능 평가 결과를 알아보고 지적 재산권 관리에 대한 내용을 소개한다.

2 MPEG-4란?

MPEG-4 표준은 소위 "미디어 객체(media objects)"라 불리는 오디오(audio), 비주얼(visual), 오디오-비주얼(audiovisual) 정보의 코딩 파라메터를 규정한다. 이러한 객체들은 마이크로폰과 비디오 리코더를 통해 현장 그대로를 녹음한 것이거나 컴퓨터로 만들어진 다차원(multidimensional)의 자연적 또는 인공적인 정보이다[Chiariglione 98].

예를 들어, 그림 1과 같이 말을 하는 사람을 배경 이미지(정지 이미지 객체)나 배경이 없는 화자(비디오 객체), 배경잡음이 있는 사람의 목소리(오디오 객체) 등과 같은 기본 미디어 객체의 조합으로 표현할 수 있다.

이외에도 MPEG-4 표준은 이러한 객체들을 조합해 특정한 시청각 장면을 표현할 수 있는 미디어 객체 그룹을 만들 수 있다. 예를 들어, 사람의 목소리에 해당하는 오디오 객체와 말하는 사람을 표현하는 비디오 객체를 조합해 말하는 사람에 대한 오디오와 비디오 성분을 포함하는 새로운 미디어 객체를 만들어 낼 수 있으며 이러한 방식으로 더 많은 객체를 결합해 더욱 복잡한 시청각 장면을 만들어 낼 수 있다.

또한, MPEG-4는 각 미디어 객체에 해당하는 데이터들 간에 다중화(multiplexing)와 동기(synchronization)를 정의해 이들 미디어 객체들을 미디어 채널을 통해 전송한 후 수신 단에서 재생되는 시청각 장면과 상호 연동하는 방법을 제공한다. MPEG-4 표준 일부분인 [ISO/IEC 14996-1, ISO/IEC MPEG N2614]의 IPMP(Management and Protection of Intellectual Property)는 지적 재산권을 확인하는 방법과 지적 재산권에 대한 제한적 접근 방법을 구체화하여 포함하고 있다.

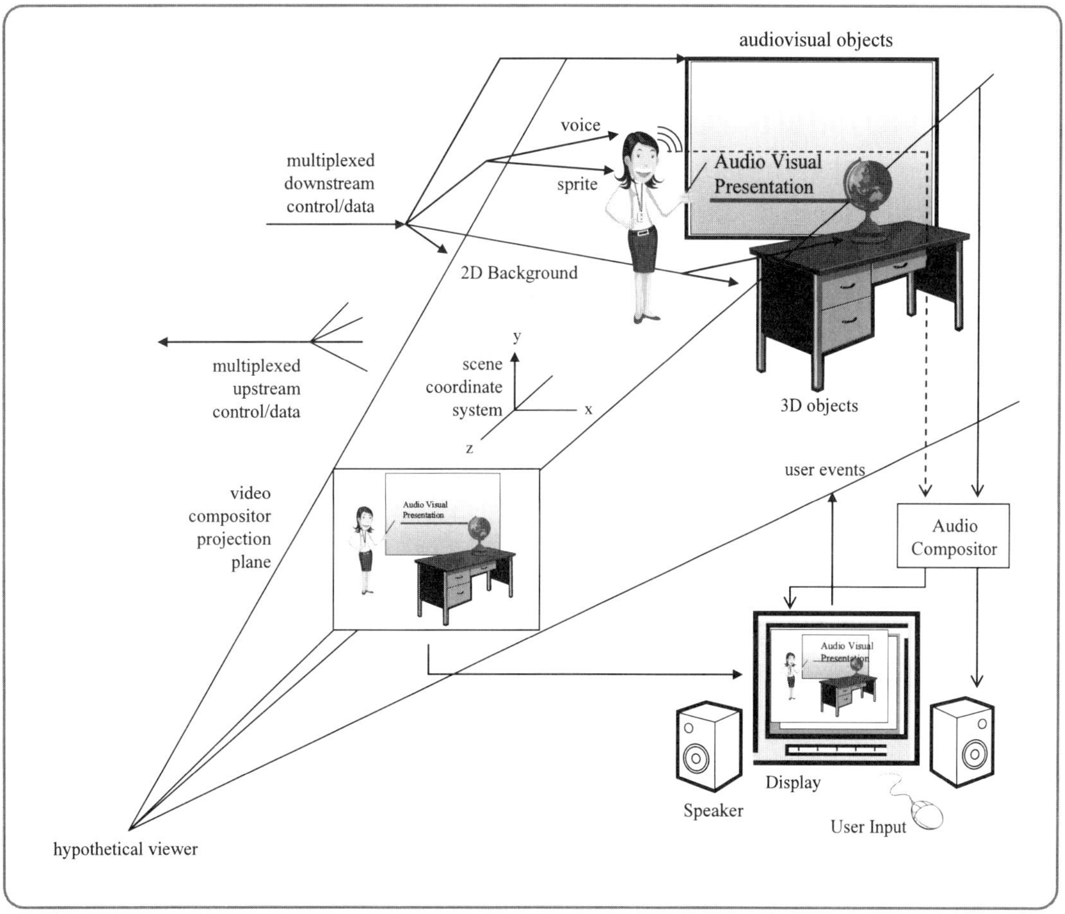

그림 1 MPEG-4 시청각 장면 예[ISO/IEC MPEG N4668]

2.1 MPEG-4 표준 문서 구조

"오디오-비주얼 객체 코딩(coding of audio-visual objects)"으로 불리는 ISO/IEC 14496 문서는 다른 MPEG 문서와 유사한 방식으로 디코딩 절차와 비트열 포맷을 규정하고 있다. MPEG-4 표준 문서는 몇 가지 part로 나누어지며, 각 part는 다음과 같은 기술들을 규정하고 있다.

ISO/IEC 14496-1: 시스템(System)
ISO/IEC 14496-2: 비주얼(Visual)
ISO/IEC 14496-3: 오디오(Audio)
ISO/IEC 14496-6: DMIF(Delivery Multimedia Integration Framework)
ISO/IEC 14496-10: 고급 비디오 코딩(AVC, Advanced Video Coding)

표준의 part 1은 MPEG-4 시스템에 대한 세부규격을 기술한다. MPEG-4 시스템 표준은 한 장면 내 오디오-비주얼 객체 간의 시-공간(temporal-spatial) 관계를 기술할 수 있는 툴을 규정한다. 실제 장면은 BIFS(Binary Format For Scenes) 포맷을 이용해 만들어지며 이보다 낮은 수준에서는 객체 서술자(object descriptors)를 이용해 오디오-비주얼 요소 비트열 간의 관계를 정의함으로써 장면을 만들어낼 수 있다. 이외에도 MPEG-4 시스템 표준은 MPEG-4(MP4) 파일 포맷과 이 기종 단말기 간의 인터페이스, Java 응용 엔진(MPEG-J)을 통한 네트워크 등을 규정하고 있다.

표준의 part 2와 3은 비주얼 객체와 오디오 객체를 위한 고급 압축 툴을 정의한다. 표준의 part 2와 3에 기술된 절차에 따라 코딩된 각 요소 데이터열을 별도로 전송하고 저장할 수도 있지만, 궁극적으로는 최종 멀티미디어 장면을 연출하도록 조합된다.

Part 2 비주얼 표준은 약 5kb/s ~ 1Gb/s 의 데이터율 범위에서 합성장면과 함께 자연 이미지와 비디오를 코딩할 수 있다. 이외에도 에러가 발생하기 쉬운 환경에서 데이터 강인성(robustness)과 복잡도, 화질, 시-공간 스케일러빌러티 등을 지원한다. 비주얼 표준에는 얼굴 안면과 몸통 애니메이션 그리고 2-D와 3-D 비디오를 다각형 그물구조(polygonal meshes)로 코딩하는 방법도 기술되어 있다.

Part 3 오디오 표준은 일반 오디오(GA, General Audio), 음성, 합성 오디오, 텍스트-음성 변환(TTS) 인터페이스 등을 코딩할 수 있는 방법을 제시하고 있으며, 이외에도 스케일러빌러티, 시간/피치(pitch) 이동, 3-D, 에러 강인성 등의 부가적인 기능이 있다. 오디오 툴(tool)들에 관해서는 이 장의 나머지 부분에서 좀 더 자세히 설명할 것이다.

Part 6 표준은 DMIF(Delivery Multimedia Integration Framework)를 정의한다. 표준의 FlexMux 툴은 인터리빙(interleaving) 방식으로 여러 요소 열(elementary stream)을 단일 비트열로 조합할 수 있다. 반면, 요소 비트열을 RTP(Real time Transport Protocol, 역자주: 실시간으로 음성이나 동영상을 전송하기 위한 규약)나 MPEG-2 전송 열(transport stream) 같은 전송 열로 변환할 때는 TransMux 툴을 이용한다.

최근에는 새로운 비디오 포맷을 MPEG-4 표준의 part 10으로 지정해 최종 위원회 안인 FCD(Final Committee Draft)에 이르렀다[ISO/IEC MPEG N4920]. Part 10 표준인 AVC(Advanced Video Coding)는 ITU-T SG16 팀과 공동으로 개발되었으며, 이와 관련된 새로운 비주얼 압축 툴들이 [ISO/IEC MPEG N4400]에 정의되어 있다. Part 10 표준의 FCD는 part 2에 비해 복잡도는 높아졌지만 최상의 화질을 보장할 수 있는 비디오 코딩을 규정하고 있다. AVC는 2002년 ISO/IEC 14496-10이라는 이름으로 최종 표준안에 포함될 예정이다(역자주: 실제 AVC는 2003년 최종 표준화되었고 최근에는 H.264 비디오 코딩이라는 이름으로 더 알려졌다).

최근 MPEG-4 오디오 표준 위원회는 다음과 같은 새로운 기술들을 고려하고 있다[ISO/IEC N4764].

- 대역폭 확장(Bandwidth extension) - 수신 단에서 오디오 신호의 고주파 성분을 복원할 수 있는 기술이다. 이 기술은 일반 오디오 코더의 압축 효율을 상당 부분 향상시킬 수 있다[Dietz, Liljeryd, Kjoerling and Kunz 02](역자주: 2003년 독일 Coding Technology사의 SBR(Spectral Band Replication) 기술이 ISO/IEC 14496-3의 개정안 1[ISO/IEC 14496-3/Amd.1:2003]로 표준에 포함되었고, AAC+, aacplus(버전 1)등으로 불리기도 하지만 공식 명칭은 MPEG-4 HE(Highly Efficient) AAC임).
- 높은 데이터율에서의 파라메트릭 코딩(parametric coding) - 표준안의 HILN(Harmonic Individual Lines and Noise) 파라메트릭 코딩 성능을 확장시킬 수 있는 툴이다[den Brinker, Schuijers, and Oomen 02].

이외에도 MPEG 위원회는 무손실 오디오 코딩(lossless audio coding) 기술에 대한 표준을 제정하는 중이며[ISO/IEC MPEG N5040], 이는 MPEG-4의 일반 오디오 코딩기술을 무손실 코딩으로 확장하기 위한 것이다.

3 MPEG-4 오디오의 목적과 기능

MPEG-4 오디오는 MPEG-1과 2보다 훨씬 광범위한 응용 범위를 가지고 있다. MPEG-4가 MPEG-1, 2와 다른 점은 높은 코딩효율과 코딩된 데이터의 일부만을 접근할 수 있는 능력(코딩 비트열의 스케일러빌러티), 즉 코딩 데이터를 유연하게 접근할 수 있는 능력과 전송 에러방지 등이 필요한 음성 통신, 모바일 통신, 디지털 방송, 인터넷 네트워크, 쌍방향 멀티미디어 등의 다양한 응용 분야를 지원한다는 사실이다. MPEG-4는 이러한 점을 감안해 고효율 오디오 코딩뿐만이 아니라 음성 통신 응용 분야를 위한 음성 코딩, 다양한 전송 채널 환경을 고려해 코딩 데이터의 스케일러빌러티를 이용한 자유로운 데이터 접속(universal access) 능력, 에러가 발생할 수 있는 환경에서의 데이터 강인성 등을 포함하고 있다. 또한, 이외에도 코딩 데이터의 유연한 접근과 조작을 통한 내용-기반(content-based) 상호연동, 구조화된 오디오(SA, Structured Audio), TTS 인터페이스를 통한 합성 오디오와 음성 지원 등이 표준에 포함되어 있다.

서로 다른 환경과 목적에 맞는 다양한 기술들이 MPEG-4 오디오 표준 문서 내부 곳곳에 기술되어 있다. 그림 2는 MPEG-4 오디오 표준이 적용될 수 있는 각 응용 분야에서 요구되는 데이터율과 코딩된 신호의 대역폭을 비교하고 있다. 또한, 이 그림은 MPEG-4 오디오 표준의 어떤 기술이 해당 응용 분야에 적용될 수 있는지를 보여주고 있다. 명목상 MPEG-4는 합성 오디오(TTS 와 SA)[Vercoe, Gardner and Scheirer 98, Scheirer, Lee and Yang 00]와 자연 오디오(파라메트릭, CELP(Code Excited Linear Predictive), 일반 오디오(GA), 스케일러블 코더)[Edler, Purnhagen and Ferekidis 96, Purnhagen and Meine 00, Jhonston, Quackenbush, Herre and Grill 00] 등 2가지 기본 유형의 오디오를 다루고 있다. 한편, 자연 오디오를 합성 오디오와 복합해 동기를 맞추는 것을 SNHC(Synthetic/Natural Hybrid Coding) 코딩이라 한다. 이외에도 MPEG-4 시스템 표준의 BIFS 부분에 있는 AudioBIFS[Scheirer, Väänänen and Huopaniemi 99] 기능은 수신 단에서 믹싱(mixing), 편집, 3-D 재생 등을 가능하게 한다.

MPEG-4 오디오의 텍스트-음성 변환(TTS) 인터페이스는 합성 음성의 전송 규약을 표준화하고 있으며, TTS 시스템은 텍스트 정보를 음성으로 변환해 전화선 같은 음성 채널을 통해 전송될 수 있게 한다. 이외에도 TTS 시스템은 시각 장애용이나 자동 응답 시스템 등의 서비스를 제공할 수 있다. TTS 시스템의 데이터율은 약 200 ~ 1.2kb/s 정도이다.

MPEG-4 오디오 표준의 SA(Structured Audio)는 합성 오디오를 전송하는 방법을 기술하고 있다. SA는 초-저속 데이터율(ultra-low data rate)(그림 2의 200b/s) 전송과 수신 단에서의 상호연동을 제공한다. SA의 비트열 포맷은 사운드를 어떻게 만들어 낼지에 대한 몇 가지 합성 알고리즘과 어떤 사운드를 만들어 낼지에 대한 몇 개의 합성 제어변수들을 규정하고 있다. "악기(instrument)(플루트, 바이올린 등의 악기나 파도 소리 등이 반영된 악기 또는 합성-복합(synthetic-hybrid) 악기 등)" 음을 만들어 낼 수 있는 합성 알고리즘은 SA의 오케스트라 언어인 SAOL(Structured Audio Orchestra Language)로 서술되어 있다. 반면, 특정 사운드를 만들어 내는데 사용되는 제어 변수들은 SA의 악보언어인 SASL(Structured Audio Score Language)로 규정된다. 웨이브테이블(wavetable)을 표현할 수 있도록 고안된 포맷인 SASBF(Structured Audio Sample Bank Format)는 MIDI 협회와 공동으로 개발되어 표준에 포함되어 있다. 웨이브테이블 합성은 상호연동이 필요 없고 낮은 복잡도의 구조만을 요구하는 가라오케(karaoke) 같은 응용 분야에 이상적으로 적용될 수 있다. 웨이브테이블 합성기술은 특정 파형이 저장된 룩업표(look-up table)를 참조해 원하는 사운드를 합성해낼 수 있고 이러한 합성은 초-저속 데이터율에서도 가능하다.

음성 신호는 파라메트릭 음성 툴과 CELP 툴을 이용해 MPEG-4로 코딩될 수 있다[Nishiguchi and Edler 02]. HVXC(Harmonic Vector Excitation Coding)로 불리는 파라메트릭 음성 코더는 2 ~ 4kb/s 에서 비교적 좋은 음질을 달성할 수 있다. 가변율 코딩(variable rate coding) 기술을 이용하면 평균 1.2kb/s 정도의 낮은 데이터율도 가능하다. 4 ~ 24kb/s 의 데이터율에서는 CELP 코더가 이용된다. CELP 코더는 8kHz , 16kHz 2개의 샘플링 비율을 지원하며 이중 8kHz 는 협대역 음성을, 16kHz 는 광대역 음성을 코딩하기 위한 것이다.

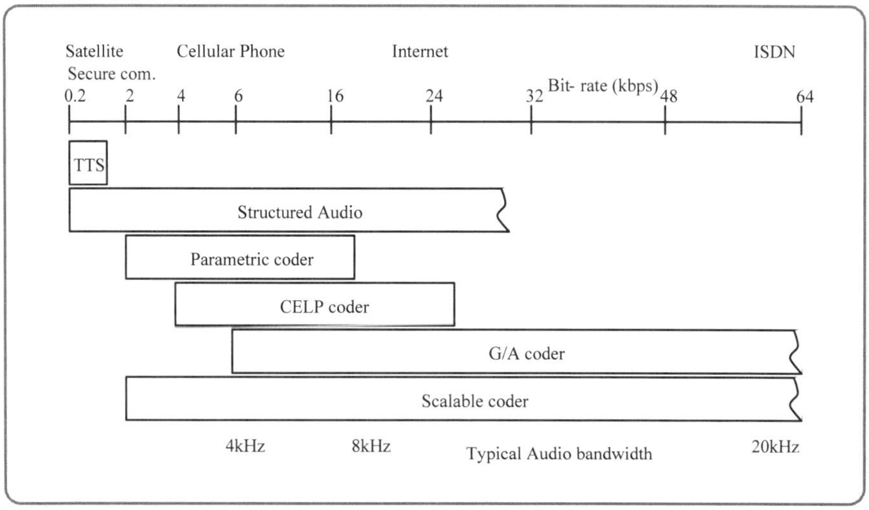

그림 2 MPEG-4 오디오 데이터율과 목표 응용 분야[Edler 97]

일반 오디오의 데이터율은 약 6 ~ 300kb/s 로서, 6kb/s 는 4kHz 대역폭의 오디오 신호를 코딩하는 데 사용되고 300kb/s (또는 그 이상)는 채널당 20kHz 이상의 대역폭을 가진 모노나 스테레오, 멀티채널 오디오 신호를 코딩할 때 사용된다. 이러한 측면에서 MPEG-4는 MPEG-1과 MPEG-2의 후속 버전으로 자연 오디오를 코딩할 수 있는 몇 가지 추가적인 코딩 툴을 가지고 있다고 볼 수 있다.

데이터율 스케일러빌러티는 데이터를 여전히 의미 있는 신호로 디코딩될 수 있는 더 낮은 데이터율의 비트열로 만들 수 있게 한다. 반면 인코더/디코더 복잡도 스케일러빌러티는 더 낮은 복잡도의 인코더/디코더를 사용해 의미 있는 비트열을 만들 수 있게 한다. 이러한 스케일러빌러티 기능은 HVXC 같은 단일 MPEG-4 오디오 툴이나 복합 오디오 툴, 예를 들어 CELP를 기본 코더로 사용하고 AAC나 TwinVQ 같은 일반 오디오 코더를 향상계층(enhancement layer)으로 사용하는 복합 툴에도 적용될 수 있다.

그림 3은 몇 가지 오디오 객체와 각 요소 비트열이 복합기(compositor)를 통해 결합되는 과정을 보여 준다. 그림의 모든 오디오 요소 데이터가 함께 다중화될 수 있고, 이때 인코딩된 비디오 데이터 또한 같은 MPEG-4 비트열로 다중화될 수 있다. 이 비트열은 디코더단에서 역-다중화되고, 각 요소 비트열이 디코딩된다. 디코딩된 오디오는 바로 재생할 수 있거나 AudioBIFS 정보를 통해 특정 장면을 구성할 수도 있다. 오디오 복합 툴(audio composition tool)은 표준안의 시스템 part에 규정되어 있다. 복합기는 여러 개의 오디오 비트열을

혼합해 단일 트랙을 구성할 수 있다. 예를 들어, 배경 음악이 있는 상황에서 말을 하는 사람의 음성이 있다고 가정해 보자. 이 신호를 고음질로 코딩할 수 있는 방법 중 하나는 채널당 64kb/s 에서 일반 오디오 코딩 툴을 이용하는 것이다. 또 다른 방법은 사람의 음성을 채널당 16kb/s 로 CELP 코딩하고, 배경 음악은 SA 툴을 이용해 채널당 2kb/s 로 코딩해서 복합기를 통해 2개의 오디오 객체를 동기화시키는 것이다. 첫 번째 경우에는 채널당 64kb/s 의 데이터율이 되고, 두 번째 경우는 채널당 18kb/s 로 더 낮은 데이터율을 달성할 수 있다. 이러한 방법이 다양한 유형의 신호에 효율적으로 적용되려면 인코더가 신호의 각 요소 성분들을 적절히 분리할 수 있어야 한다. 그러나 MPEG-4 표준은 인코더에 이러한 음원 분리(source separation) 기술을 따로 기술하지 않고 있다. 이 분야에는 [Bergman 90]의 이론적 연구가 향후의 실무적인 지침이 될 수 있을 것이다.

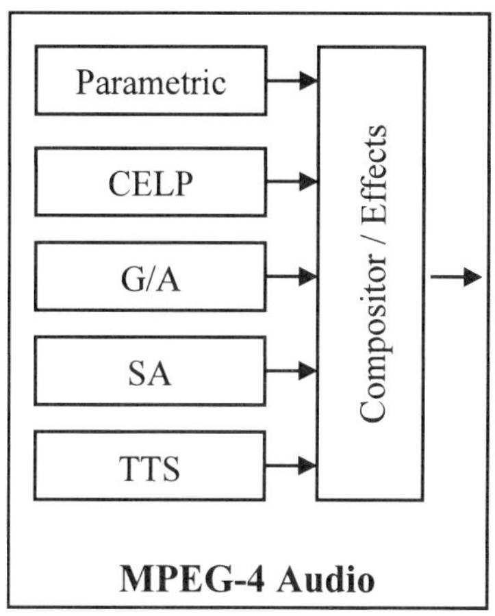

그림 3 MPEG-4 오디오의 구조[Grill 97a]

4 MPEG-4 오디오 툴과 프로파일

MPEG-4 오디오 프로파일(profile)은 특정 응용 분야에 적합한 일부 MPEG-4 오디오 기능들의 집합을 정의한다. 오디오 프로파일은 "객체유형(object type)"과 "레벨(level)"로 기술된다. 오디오 객체유형은 주어진 응용 분야에 사용될 수 있는 특정 코딩 툴(tool)들의 집합을 의미한다. 반면, 오디오 레벨은 코딩 툴이 오디오 채널 수, 동시에 지원되는 오디오 객체 수, 최대 샘플링 비율, 구현 복잡도, 에러방지 사용 등의 측면에서 어떻게 주어진 응용 분야에 사용될 수 있는지를 규정한다. MPEG-2 AAC가 계층적인 구조(MPEG-2 AAC Main 프로파일이 MPEG-2 AAC SSR과 LC 프로파일을 포함하는 상위 집합)의 프로파일을 갖는데 반해 MPEG-4의 프로파일은 비-계층 구조이고 논리적으로 구성되었다기보다는 특정 응용 분야에 적합한 유용한 툴들을 모아 놓은 그룹으로 정의된다.

4.1 MPEG-4 오디오 코딩 툴

MPEG-4 오디오에 사용되는 툴은 다음 유형으로 분류될 수 있다.

- 음성 툴(Speech tools)
- 일반 오디오 툴(General Audio tools)
- 스케일러빌러티 툴(Scalability tools)
- 합성 툴(Synthesis tools)
- 복합 툴(Composition tools)
- 스트리밍 툴(Streaming tools)
- 에러방지 툴(Error Protection tools)

음성 툴은 음성 코딩만을 위한 툴들을 정의한다. 예를 들어, MPEG-4 음성 툴은 선형 예측 코딩(CELP)과 파라메트릭 코딩(HVCX)을 지원한다.

일반 오디오 툴은 MPEG-2 AAC와 TwinVQ(Transform-domain weighted interleave vector quantization) 같은 기본적인 오디오 코더를 포함한다. 또한, 이 툴은 기존의 MPEG-2 AAC를 좀 더 효율적으로 개선할 수 있는 PNS (Perceptual Noise Substitution)와 LTP(Long Term Prediction) 알고리즘을 제공한다. 이외에도 일반 오디오 신호를 파라메트릭 코딩할 수 있는 HILN (Harmonic and Individual Lines plus Noise)도 일반 오디오 툴에 포함되어 있다.

스케일러빌러티 툴은 다양한 데이터율에서 디코딩될 수 있는 비트열을 만들 수 있고 이를 조작할 수 있게 한다. 이 툴을 이용해 하나의 비트열을 다양한 대역폭 환경에서 안정적으로 디코딩할 수 있다. 예를 들어, 느린 컴퓨터 모뎀을 이용한 음악 전송과 광대역 음악 전송에 똑같은 비트열을 사용할 수 있다.

SA, SASBF, MIDI 툴 같은 합성 툴은 합성 오디오(일반 오디오 툴을 이용해 만들어진 자연 오디오와 반대되는 개념)를 만드는 데 사용된다.

복합 툴은 시-청각 장면을 만드는 데 사용할 수 있고 일반적으로 하나나 그 이상의 오디오와 비디오 신호를 단일 장면으로 융합할 때 그리고 이 융합을 제어할 때 사용된다. 예를 들어, 복합 툴을 이용해 여러 배경 악기 음에 성악을 포개어 놓을 수 있다. 스트리밍 툴은 원격지의 사용자가 오디오 신호를 실시간으로 재생하는 방법을 제어할 수 있다. 이들 복합 툴과 스트리밍 툴은 MPEG-4 시스템 표준(part 1)에 규정되어 있지만, 이들은 MPEG-4 오디오 표준(part 3)에서도 자주 거론되고 있다.

마지막으로 에러방지(EP, Error Protection) 툴은 잡음에 매우 민감하거나 잡음이 많은 전송 채널상의 신호에 대해 높은 수준의 에러방지 대책을 부여할 수 있다. EP 툴은 오디오 툴[ISO/IEC 14496-3]에 FEC(Forward Error Protection Code)나 CRC(Cyclic Redundancy Code)를 적용해 차별화된 에러방지를 제공할 수 있다.

표 1은 오디오 프로파일을 정의하는 툴들을 유형별로 정리한 것이다.

표 1 핵심 MPEG-4 오디오 코딩 툴

Category	Audio Tools
Speech	Code Excited Linear Prediction (CELP)
	Harmonic Vector Excitation Coding (HVXC)
	Text to Speech Interface (TTS)
	Variable Bitrate HVXC
	Silence Compression
General Audio	MPEG-2 AAC Main
	MPEG-2 AAC Low Complexity (LC)
	MPEG-2 AAC Scalable Sampling Rate (SSR)
	Low Delay (LD) AAC
	Perceptual Noise Substitution (PNS)
	Long Term Prediction (LTP)
	Harmonic and Individual Lines plus Noise (HILN)
	TwinVQ
Scalability	Bit-Sliced Arithmetic Coding (BSAC)
Synthesis	Tools for Large Step Scalability (TLSS)
	Synthetic Audio (SA) Tools
	Structured Audio Sample Bank Format (SASBF)
	MIDI
Error Protection	Error Robustness Tools

4.1.1 음성

CELP 방식의 음성 코더는 사람의 음성발성 과정을 모델링한 소스모델(source model)을 사용한다. CELP 코더는 유성음과 무성음을 구별하며 선형예측(linear prediction) 필터를 이용해 사람의 성도(vocal tract)를 모델링 한다. CELP 코더의 지각 모델(perceptual model)은 매우 간단하게 구성되어 있으며, 스펙트럼 가중 필터(spectral weighting filter)를 이용해 양자화 잡음 스펙트럼을 입력신호와 유사한 모양을 갖도록 형상화한다. MPEG-4 CELP는 광대역 음성과 협대역 음성 등 2개 모드에서 동작할 수 있다. CELP 코더는 8kHz 와 16kHz 의 샘플링 비율을 지원하고 채널당 4 ~ 24kb/s 의 데이터율에서 동작한다. CELP의 코딩지연은 데이터율에 따라 다르고 채널당 4kb/s 데이터율에서 최대지연은 50ms 이하이며, 4kb/s 이상의 데이터율에서의 최소지연은 15ms 이하이다. CELP 코더는 계층적인 스케일러블 코딩(layered scalable coding)을 허용하며, 음성전용 응용 분야와 낮은 데이터율에서 작은 배경잡음을 가진 음성의 경우에 최상의 성능을 보여준다. 예를 들어, CELP 툴은 ITU-R 5-등급 손실척도(10장 참조) 실험결과 6kb/s 이상의 데이터율에서 평균 2등급 이상을 받았다[ISO/IEC MPEG N2424]. 일반적으로 MPEG-4 음성 코딩은 [ITU-T G.722, G.723.1, G.729] 등의 다른 음성 코딩 표준에 비해 뛰어난 유연성과 기능들을 가지고 있다. MPEG-4 버전 2 표준에는 CELP 무음압축(silence compression) 툴이 더해져 있다. 무음압축 툴은 음성에서 무음이나 배경잡음만이 검출될 때 SID(Silence Insertion Description)를 전송해 평균 데이터율을 줄일 수 있는 방법을 제공한다.

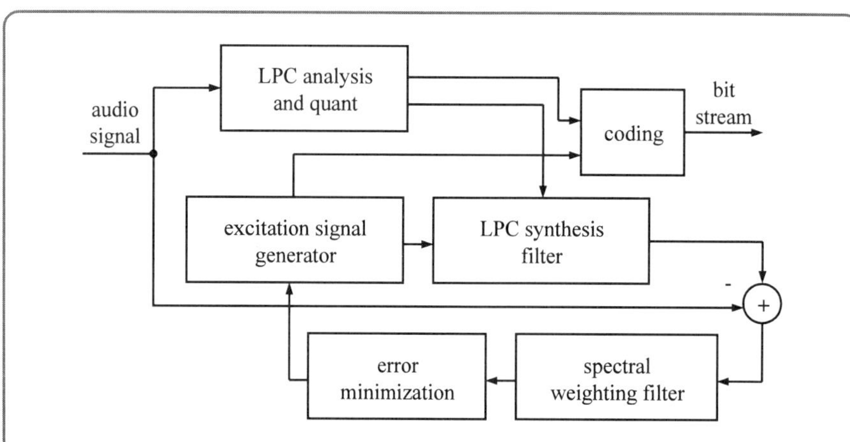

그림 4 MPEG-4 CELP 음성 코더 구조[Edler 97]

파라메트릭 코딩의 핵심은 오디오 신호를 정현파 성분(sinusoidal components), 하모닉 성분(harmonic sound), 잡음 성분으로 분리하는 소스모델을 이용한다는 것이다(그림 7 참조). HVXC는 음성 신호에만 적용될 수 있는 파라메트릭 코딩 기술이다. HVXC는 채널당 1.2 ~ 4kb/s 데이터율과 8kHz 샘플링 비율에서 동작한다. HVXC의 최소 코딩지연은 40ms 이하이며, 특별히 계층적인 스케일러블 코딩 선택권을 가지고 있다. 반면, HILN(다음 절 참조)의 주 기능은 속도/피치를 변조하는 것이다. HVXC 코더는 채널당 2kb/s 데이터율에서 음성과 작은 배경잡음을 가진 음성에 대해 좋은 성능을 나타낸다[ISO/IEC MPEG N2424].

MPEG-4 표준은 또한 TTS 인터페이스를 규정하고 있다. TTS 인터페이스는 말하는 사람의 연령, 성별 등을 고려할 수 있는 기능들을 지원하며, 안면 애니메이션 기술과 상호 연결될 수 있다.

4.1.2 일반 오디오

일반 오디오(GA, General Audio) 코딩 툴은 채널당 6kb/s 에서 수백 kb/s 까지의 데이터율을 지원한다[Herre and Purnhagen 02]. MPEG-4 오디오는 (MPEG-2 AAC와 유사하게) 모노나 멀티채널 환경 설정이 가능하다. MPEG-4 오디오는 MPEG-2 AAC를 핵심 코딩 툴로 사용하고 기본 AAC 성능을 개선할 수 있는 PNS와 LTP 툴을 더해 고음질 오디오 코딩을 가능하게 하였다.

PNS(Perceptual Noise Substitution) 툴은 주로 잡음으로 구성된 스케일팩터(scalefactor) 대역을 분석해 그 대역의 스펙트럼 대신 전체 잡음파워(noise power)를 계산해 전송하는 방법으로 MPEG-2 AAC와 연동한다[Schulz 96, Herre and Schulz 98]. PNS는 잡음-유형의 신호성분을 매개변수 형태로 표현할 수 있다. 전송된 잡음파워를 디코딩할 때는 각 스케일팩터 대역의 원 잡음-유형 스펙트럼을 적절한 신호파워를 갖는 의사 랜덤잡음(pseudo-random noise)으로 대치한다. PNS 툴은 스테레오 채널당 48kb/s 이하의 데이터율에서 잡음-유형 스펙트럼을 가진 신호를 MPEG-2 AAC로 코딩할 때 기본 음질을 향상시킬 수 있다.

LTP(Long Term Prediction) 툴은 MPEG-2 AAC Main 프로파일에 정의된 예측(prediction) 툴을 더 낮은 복잡도의 툴로 대체한 것이다. 일반적으로 LTP 툴은 기존 MPEG-2 AAC의 메모리 용량과 연산량을 약 50% 절약할 수 있다[Ojanpera and Vaananen 99].

이외에도 MPEG-4 오디오는 MPEG-2 AAC의 양자화/무잡음 코딩 알고리즘을 TwinVQ[Iwakami, Moriya and Miki 95]나 BSAC(Bit Sliced Arithmetic Coding) 알고리즘[Park and Kim 97]으로 대체할 수 있다. TwinVQ는 MPEG-2 AAC와 같은 방식의 스펙트럼 표현을 사용하는 VQ(Vector Quantization) 기반 양자화 알고리즘이지만, MPEG-4 오디오가 지원할 수 있는 가장 낮은 데이터율(채널당 16kb/s 이하)에서는 기존 MPEG-2 TwinVQ 보다 더 효율적인 알고리즘이다.

TwinVQ는 스펙트럼 평탄화 과정을 거쳐 2개 VQ 코드북을 이용해 지각 왜곡(perceptual distortion)을 측정하고, 이에 기반해 평탄화된 스펙트럼을 양자화한다. TwinVQ 양자화를 적용한 AAC 코더는 MPEG-4 스케일러블 코딩에서 사용할 수 있는 핵심 알고리즘 중의 하나이다. BSAC는 허프만 코딩(Huffman coding) 대신에 산술 코딩(arithmetic coding)을 사용한다. 다음 절에 설명한 바와 같이 BSAC는 일반 오디오 코더가 좀 더 세밀한 스케일러빌러티를 갖도록 할 수 있다.

그림 5와 6은 MPEG-4 일반 오디오 인코더와 디코더 구조를 나타낸다. MPEG-4 오디오는 MPEG-2 AAC와 유사한 블록 구성도(13장의 그림 1과 2 참조)를 가지고 있지만, MPEG-4 코딩 과정에는 PNS와 LTP 툴이 포함되어 있고 인코더 마지막 단계(그리고 디코더 첫 단계)에 MPEG-2 AAC 양자화와 무잡음 코딩 대신에 TwinVQ나 BSAC를 사용할 수 있는 선택권이 있음을 주목하자.

그림 5와 6에 있는 툴 외에도 MPEG-4 표준 버전 2는 에러 강인성(error robustness) 툴과 AAC의 저-지연(LD, Low Delay) 버전[ISO/IEC 14496-3]을 포함하고 있다. AAC LD(Low Delay)의 주목적은 낮은 데이터율과 낮은 지연(30ms 나 그 이하) 환경에서 일정한 음성 품질을 유지하는 것이다. AAC LD는 AAC 기본 구조에서 프레임 길이를 줄여 필터뱅크 지연을 480 샘플(1,024 샘플 대신)로 줄이는 동시에 블록 스위칭(block switching) 구조를 없애 룩-어헤드 버퍼(look-ahead buffer, AAC에서 576 샘플 사용)를 사용하지 않으며, 또한 비트 저장소(bit reservoir) 사용을 최소화시켜 추가적인 지연(48kHz 에서 74.7ms 지연)을 제거함으로써 전반적인 코딩지연을 줄일 수 있는 툴이다. 48kHz 샘플링 비율에서 AAC LD에 의한 전체 알고리즘 지연은 20ms(AAC는 129.4ms) 정도이다. MPEG-4 성능 테스트결과 30ms 지연, 32kb/s 데이터율의 AAC LD와 20ms 지연, 64kb/s 데이터율의 AAC LD가 각각 24kb/s 와 56kb/s 데이터율의 MPEG-2 AAC Main 프로파일과 거의 대등한 성능을 갖는 것으로 밝혀졌다[ISO/IEC MPEG N3075].

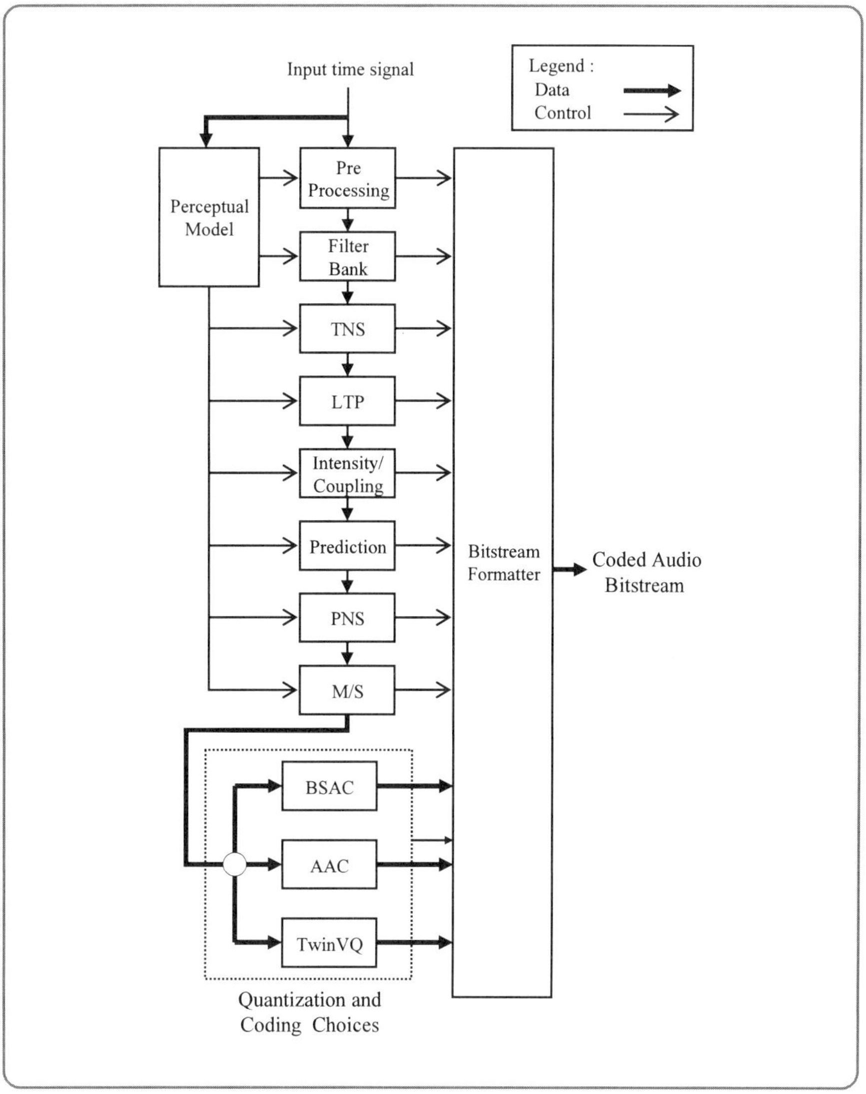

그림 5 일반 오디오(GA)의 비-스케일러블(non-scalable) 인코더 블록도[ISO/IEC 14496-3]

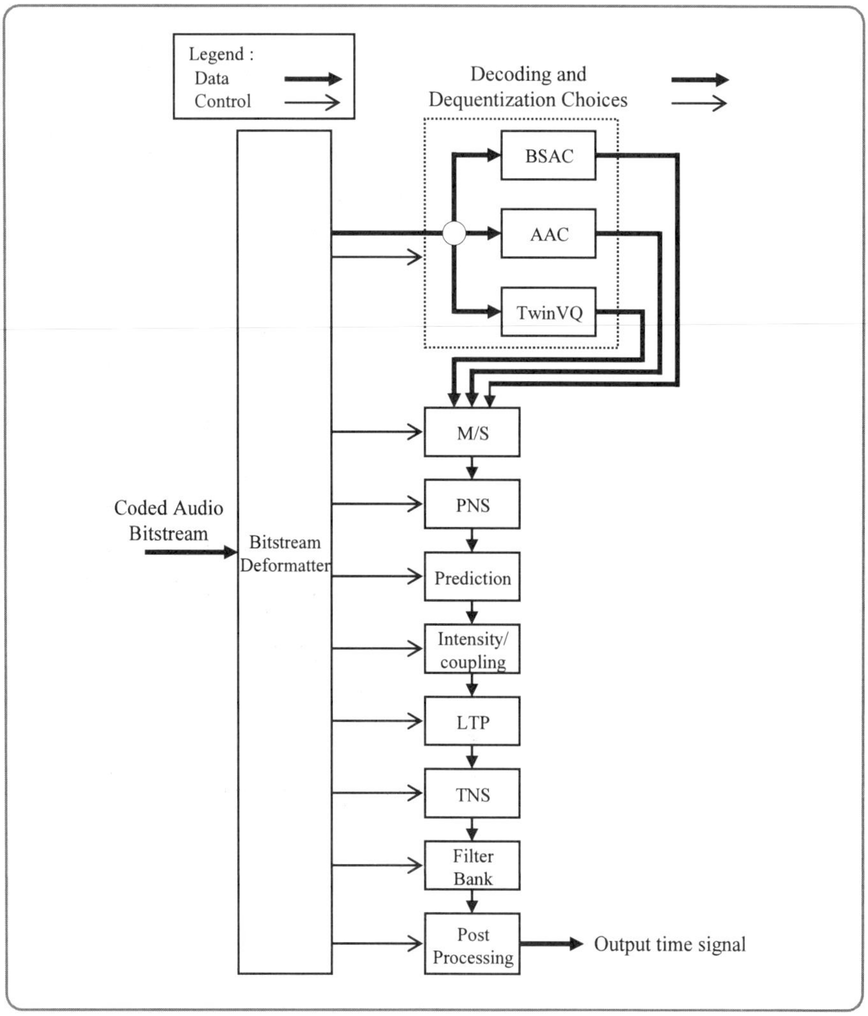

그림 6 일반 오디오(GA)의 비-스케일러블(non-scalable) 디코더 블록도[ISO/IEC 14496-3]

HILN(Harmonic Individual Lines and Noise)은 MPEG-4 표준 버전 2에 새롭게 더해진 툴이다. HILN 툴은 파라메트릭 오디오 코딩기술에 기반한다. 즉, 이전의 MPEG-1, 2와 같이 오디오 파형 자체를 코딩하는 대신 선택된 모델 파라메터를 이용해 오디오 신호를 표현한다. HILN의 소스모델은 오디오 신호가 준-정상상태(quasi-stationary)이며 신호가 순음(pure tone), 과도(transient), 잡음(noise)으로 구성되어 있다는 것을 가정한다. 또한, 소스모델은 스펙트럼 샘플, 정현파 주파수와 진폭, 진폭 엔벨롭, 잡음 스펙트럼 등의 파라메터로 기술된다. 그림 7은 HILN 파라메트릭 오디오 코딩 툴의 기본 구조를 보이고 있다. 먼저 오디오 신호를 각각의 정현파 성분, 하모닉 성분, 잡음 성분으로 분해한 후 지각모델을 이용해 오디오 신호의 스펙트럼 성분과 하모닉 성분의 파라메터들을 양자화한다. 파라메터를 양자화할 때는 양자화 스텝크기가 음의 변별 한계(JND, Just Noticeable Difference, 역자주: 사람의 귀가 지각할 수 있는 음의 최소 변화량)보다 커야 한다. 이외에도 엔트로피 코딩(entropy coding)을 적용해 계층적인 스케일러블 코딩을 선택할 수 있고, 이를 이용해 HILN 코딩 툴을 채널당 4 ~ 16kb/s 데이터율 범위에서 동작하게 할 수 있다. HILN 코딩 툴의 고유한 기능 중 하나는 속도/피치 조절이다. HILN 툴은 자연 오디오 코딩 툴을 확장해 매우 낮은 데이터율에서도 일반 오디오를 코딩할 수 있도록 하였다. HILN 툴은 단순한 구조의 모노 음악신호를 4 ~ 8kb/s 데이터율로 코딩할 수 있는 응용 분야에 최적으로 사용될 수 있다. 한편, HILN과 HVXC를 통합한 파라메트릭 디코더를 이용해 음성과 음악을 매우 낮은 데이터율로 코딩할 수 있다. 예를 들어, 배경 음악이 있는 음성의 경우에 HVXC 툴을 이용해 음성을 2kb/s 로 코딩하고, HILN 툴을 이용해 배경 음악을 4kb/s 로 코딩하면 전체 오디오 신호를 총 6kb/s 로 코딩할 수 있다.

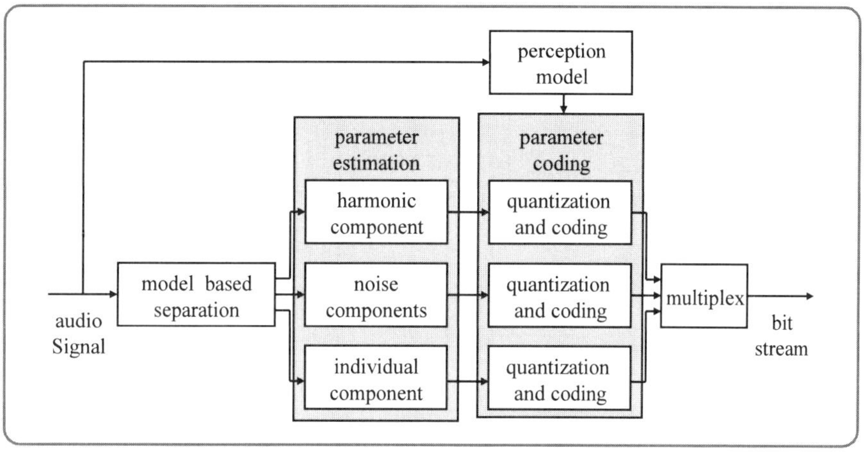

그림 7 MPEG-4 파라메트릭 오디오 코딩(HILN) 툴 구조[Edler 97]

4.1.3 스케일러빌러티

MPEG-4 오디오의 주요 기능 중 하나는 스케일러빌러티(scalability)이다. 스케일러빌러티 툴은 디코더가 전송된 비트열의 일부분만을 추출해 또 다른 의미있는 오디오 신호를 만들어 낼 수 있게 한다. MPEG-4는 "저분해능 스케일러빌러티(large step scalability)"와 "고분해능 스케일러빌러티(fine grain step scalability)" 등 2가지 형태의 스케일러빌러티를 제공한다. 저분해능 스케일러빌러티는 MPEG-4 오디오 버전 1에 구현되어 있으며 단일 오디오 비트열을 다양한 데이터율을 가진 몇 개 부분 비트열로 재구성할 수 있다. 저분해능 스케일러빌러티는 먼저 오디오 신호를 바람직한 가장 낮은 데이터율로 인코딩하고, 그다음 단계에서 여분의 비트를 이용해 코딩된 신호와 원 신호의 차이를 코딩하는 직렬 인코딩 방식으로 구현된다(그림 8 참조). 이때 디코더는 얼마나 많은 단계를 거쳐야 할지 결정할 수 있고 전체 비트열 중 원하는 부분만을 추출해 디코딩할 수 있다. 스케일러빌러티를 가진 인코더는 AAC와 TwinVQ 둘 중 하나나 둘 모두를 결합한 형태를 가질 수 있다. 일반적으로 저분해능 스케일러빌러티는 8kb/s 나 그 이상의 데이터율 단위로 스케일러빌러티를 조절할 수 있다. ITU-R 5-등급 손실척도 실험결과 4.0이 조금 넘는 등급을 받은 채널당 24kb/s 의 AAC에 비해, 18kb/s AAC에 채널당 6kb/s 의 CELP나 TwinVQ를 결합한 스케일러빌러티 코더는 약 4.0이 조금 못 미치는 점수를 받아 만족할 만한 음질결과를 얻을 수 있었다[ISO/IEC MPEG N2276].

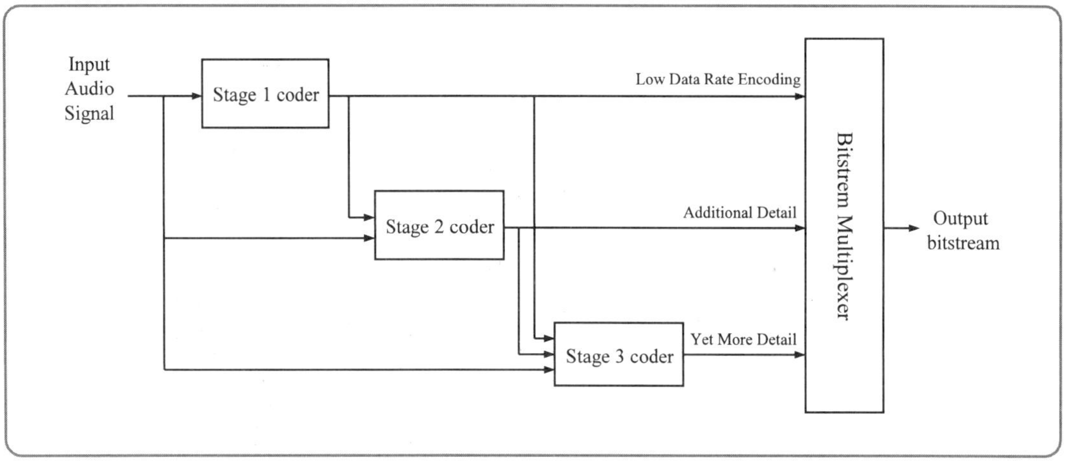

그림 8 MPEG-4 오디오의 저분해능 스케일러빌러티 인코딩

저분해능 스케일러빌러티 코더에서 분해능은 얼마나 많은 추가 코딩 단계를 거치는가에 의존하며 이 분해능은 미리 사전에 정의되어 있어야 한다. 이는 MPEG-4 오디오 버전 2에 BSAC로 구현된 고분해능 스케일러빌러티와 대비되는 방식이다. BSAC 툴은 양자화된 주파수-영역 오디오 샘플을 비트의 중요도에 따라 계층화시킬 수 있으며, 디코더 단에서는 스펙트럼 샘플들의 비트 중 일부분만을 디코딩해 원 오디오 신호보다 낮은 해상도를 갖는 오디오 신호를 만들어 낼 수 있다. BSAC 툴은 이러한 방법으로 양자화된 스펙트럼의 특정 계

층만을 포함하거나 제외함으로써 채널당 1kb/s 단계로 스케일러빌러티를 조절할 수 있다. ITU-R 5-등급 손실척도 실험결과 BSAC 성능은 스테레오 채널당 64 ~ 96kb/s 데이터율에서 3.0 ~ 4.4의 등급을 갖는 것으로 알려졌다(표 10 참조)[ISO/IEC MPEG N3075].

4.2 MPEG-4 오디오 객체유형

MPEG-4 오디오는 함께 사용될 수 있는 몇 가지 기능들의 집합을 사전-정의한 "객체유형(object types)" 에 기반해 오디오 신호를 코딩한다. 표 2는 일반 오디오(GA) 코더에 포함된 객체유형들과 각 유형에서 사용할 수 있는 툴들을 나타내고 있다.

표 2 MPEG-4 오디오 툴과 객체유형[ISO/IEC 14496-3, ISO/IEC MPEG N4979]

Object Type \ Tools	MPEG-2 AAC Main	MPEG-2 AAC LC	MPEG-2 AAC SSR	PNS	LTP	TLSS	Twin VQ	CELP	HVXC	TTSI	SA Tools	SASBF	MIDI	BSAC	HILN	AAC LD	HVXC 4 kb/s VR	Silence Compression	Error Robust	SBR
Null																				
AAC main	X			X																X
AAC LC		X		X																X
AAC SSR			X	X																X
AAC LTP		X		X	X															X
SBR																				X
AAC Scalable		X		X	X	X														
Twin VQ					X		X													
CELP								X												
HVXC									X											
TTSI										X										
Main Synthetic											X	X	X							
Wavetable Synth.												X	X							
General MIDI													X							
AlgSynth/AudFX											X									
ER AAC LC		X		X															X	X
ER AAC LTP		X		X	X														X	X
ER AAC Scale.		X		X		X													X	
ER TwinVQ							X												X	
ER BSAC				X										X					X	
ER AAC LD				X	X											X			X	
ER CELP								X										X	X	
ER HVXC									X								X		X	
ER HILN															X				X	
ER Parametric									X						X		X		X	

MPEG-4 AAC Main, MPEG-4 AAC LC(Low Complexity), MPEG-4 AAC SSR(Scalable Sampling Rate) 객체유형 모두 해당 MPEG-2 AAC Main, LC, SSR 프로파일에 PNS 툴이 더해진 객체유형이다. MPEG-4 AAC LTP 객체유형은 MPEG-4 AAC LC 객체유형에 LTP 툴을 더한 것이다. TwinVQ 객체유형은 TwinVQ와 LTP 툴을 포함하며, AAC와 연동해 기존 AAC 보다 낮은 데이터율에서 동작할 수 있고 모노와 스테레오 사운드를 지원한다.

에러 내성(ER, Error Resilient)을 위한 비트열 재배치 기술은 차별화된 에러 방지책을 제공할 수 있다. 위에서 언급한 객체유형 외에도 ER AAC LC, ER AAC LTP, ER BSAC, ER TwinVQ, ER AAC LD 등의 에러 내성 객체유형들이 일반 오디오(GA)에 포함된다.

AAC Scalable 객체유형은 TwinVQ와 CELP 코더 툴을 결합한 핵심 코더뿐만 아니라 다양한 형태의 코더 결합을 가능하게 한다. AAC Scalable은 모노와 스테레오 사운드를 지원하며, AAC LTP 객체와 저분해능 스케일러빌러티 툴(TLSS, Tools for Large Step Scalability)을 포함한다. 반면, ER AAC Scalable 객체유형은 ER 툴들을 포함하고 있다.

CELP 객체유형은 4 ~ 24kb/s 데이터율에서 8kHz 와 16kHz 샘플링 비율을 지원한다. CELP 비트열은 비트율 스케일러빌러티와 대역폭 스케일러빌러티를 이용해 코딩될 수 있다. 반면, ER CELP 객체유형은 ER 툴과 무음압축 툴을 포함하고 있다.

HVXC 객체유형은 2 ~ 4kb/s 사이의 고정된 데이터율이나 2kb/s 이하의 가변 데이터율 등 두 가지 방식으로 모노 음성을 8kHz 로 표현할 수 있는 파라메트릭 코딩을 제공하며, 피치와 속도 조절 기능을 지원한다. 반면, ER HVXC 객체유형은 ER 툴들을 포함하고 있다.

파라메트릭 음성 코딩을 위한 HVXC 기술 외에 HILN 파라메트릭 코딩 툴이 MPEG-4 표준 버전 2에 새롭게 더해졌고, ER HILN 객체유형은 ER 툴들을 포함하고 있다. ER Parametric 객체유형은 ER HILN과 ER HVXC 객체 기능을 결합한 것이며, 모노 채널과 8 kHz 샘플링 비율만 지원한다.

TTS 인터페이스 객체유형은 초-저속 데이터율로 음성을 음소단위로 표현할 수 있다. TTS 인터페이스가 구체적인 TTS 기술을 규정하지는 않지만, 표준은 TTS 인터페이스를 완전하게 정의하고 있다. TTS 인터페이스의 데이터율은 0.2 ~ 1.2kb/s 이다.

이외에도 표준에는 합성 사운드를 위한 몇 가지 객체유형이 정의되어 있다. Main Synthetic 객체유형은 SAOL, SASBF 등의 모든 구조화된 오디오(SA)

툴들을 포함하고 있으며, 별도의 입력 없이도 구체적인 정지 명령어가 내려질 때까지 3 ~ 4kb/s 데이터율로 사운드를 합성해 낼 수 있다. Wavetable Synthesis 객체유형은 Main Synthetic 객체유형의 일부분으로 SASBF 포맷과 MIDI 툴을 이용한다. General MIDI 객체유형은 기존 오디오 콘텐츠와 상호 운용성을 제공한다. Algorithm Synthesis와 AudioFx 객체유형은 매우 낮은 데이터율의 단말기에서 SAOL에 기반한 합성 사운드를 제공한다.

마지막으로 NULL 객체유형은 MPEG-4 오디오 복합기에 PCM 그대로의 데이터를 입력한 후 디코더에서 특정 부분의 사운드와 혼합될 수 있게 한다. 이 말은 이 객체유형을 지원하는 방법이 복합기에 있다는 것을 의미한다.

SBR 툴은 아직 공식 표준안에 포함되어 있진 않지만 이와 관련된 객체유형을 표 2에 기술하였다(**역자주**: 이미 SBR 툴은 2003년 MPEG-4 표준의 개정안 1로 포함되었음)[ISO/IEC MPEG N4764]. 대역폭 스케일러빌러티 기술인 SBR은 인코더 제어변수에 기반해 대역-제한된 신호로부터 하모닉 성분을 찾아 고주파 영역에 복사한다[Dietz, Lijeryd, Kjoerling, Kunz 02]. SBR은 적응역-필터링(adaptive inverse filtering)을 이용해 음 성분과 잡음-유형 성분의 비율을 유지할 수 있을 뿐만 아니라 원 신호에 잡음과 정현파 성분을 더할 수도 있다. SBR 툴은 AAC Main, LC, SSR, LTP와 ER AAC LC와 LTP 객체유형에 포함되어 있으며 기존 툴들과 호환이 가능하다.

4.3 프로파일

MPEG-4 표준에는 다음의 8개 오디오 프로파일(profile)이 규정되어 있다(표 3 참조).

- Main – 에러정정(error correction) 객체들을 제외한 모든 MPEG-4 자연과 합성 객체를 포함한다.
- Scalable – MPEG-2 AAC Main, SSR, SA를 제외한 Main 프로파일의 모든 오디오 객체를 포함한다. 음성과 음악의 스케일러블 코딩을 허용하며 인터넷과 디지털 오디오 방송 등과 같은 응용 분야에서의 데이터 전송 방법을 제시한다.
- Speech – CELP, HVXC, TTS 인터페이스 객체를 포함한다.
- Synthesis – SA와 TTS 인터페이스 객체를 포함하고 매우 낮은 데이터율로 합성 오디오와 음성을 만들어낼 수 있다.

- Natural – 모든 자연 오디오 코딩 객체를 포함하고 TTS 인터페이스와 에러정정 툴을 포함한다.
- High Quality – AAC LC 객체뿐만 아니라 LTP, AAC scalable, CELP 객체를 포함한다. 이 프로파일은 위 객체들에 에러 내성(ER) 툴들을 사용할 수 있는 선택권을 부여한다.
- Low Delay – AAC LD와 CELP, HVXC를 포함하며, ER 툴과 TTS 인터페이스 객체를 이용할 수 있는 선택권이 있다.
- Mobile Audio Internetworking(MAUI) – ER AAC LC, ER AAC scalable, ER TwinVQ, ER BSAC, ER AAC LD를 포함한다. 이 프로파일은 음성 코딩 알고리즘과 고음질 오디오 코딩을 요구하는 이동통신 응용 분야에 적합하다.

표 3 MPEG-4 오디오 프로파일
[ISO/IEC MPEG 14496-3, ISO/IEC MPEG N4979, ISO/IEC MPEG N4764]

Object Type \ Profile	Main	Scalable	Speech	Synthetic	High Quality	Low Delay	Natural	MAUI	Simple	Simple SBR
Null										
AAC main	X						X			
AAC LC	X	X			X		X		X	X
AAC SSR	X						X			
AAC LTP	X	X			X		X			
SBR										X
AAC Scalable	X	X			X		X			
Twin VQ	X	X					X			
CELP	X	X	X		X	X	X			
HVXC	X	X	X			X	X			
TTSI	X	X	X	X		X	X			
Main Synthetic	X			X						
Wavetable Synth.										
General MIDI										
AlgSynth/AudFX										
ER AAC LC					X		X	X		
ER AAC LTP					X		X			
ER AAC Scale.					X		X	X		
ER TwinVQ							X	X		
ER BSAC							X	X		
ER AAC LD						X	X	X		
ER CELP					X	X	X			
ER HVXC						X	X			
ER HILN							X			
ER Parametric							X			

이외에도 96kHz 샘플링 비율까지 동작할 수 있는 MPEG-4 AAC LC 툴을 포함한 Simple 오디오 프로파일과 Simple SBR 오디오 프로파일이 있다 [ISO/IEC MPEG N4764 and N4979]. Simple SBR 프로파일은 Simple 프로파일에 SBR 객체를 더한 것이다. MPEG-4 표준은 지속적으로 새로운 프로파일을 추가하고 있다.

4.3.1 레벨

프로파일은 채널 수, 샘플링 비율, 동시에 지원되는 오디오 객체, 구현 복잡도, 에러방지(EP, Error Protection) 툴 사용 여부 등에 따라 상이한 레벨(level)을 규정할 수 있다. 표 4 ~ 표 7은 일반 오디오 코딩과 관련된 몇몇 프로파일에 해당하는 주요 레벨 특성을 정리한 것이다. 이들 표에는 MOPS(Millions of Operation per Second) 단위의 PCU(Processor Complexity Unit)로 필요 연산량을 나타내었고, 메모리 용량은 k 워드 단위의 RCU(RAM Complexity Unit)로 나타내었다.

표 4 High Quality 오디오 프로파일 레벨[ISO/IEC 14496-3]

Level	Maximum number of channels/object	Maximum Sampling Rate (kHz)	Maximum PCU	Maximum RCU	EP Tool Present
1	2	22.05	5	8	No
2	2	48	10	8	No
3	5.1	48	25	12	No
4	5.1	48	100	42	No
5	2	22.05	5	8	Yes
6	2	48	10	8	Yes
7	5.1	48	25	12	Yes
8	5.1	48	100	42	Yes

표 5 Low Delay 오디오 프로파일 레벨[ISO/IEC 14496-3]

Level	Maximum number of channels/object	Maximum Sampling Rate (kHz)	Maximum PCU	Maximum RCU	EP Tool Present
1	1	8	2	1	No
2	1	16	3	1	No
3	1	48	3	2	No
4	2	48	24	12	No
5	1	8	2	1	Yes
6	1	16	3	1	Yes
7	1	48	3	2	Yes
8	2	48	24	12	Yes

표 6 Natural 오디오 프로파일 레벨[ISO/IEC 14496-3]

Level	Maximum Sampling Rate (kHz)	Maximum PCU	EP Tool Present
1	48	20	No
2	96	100	No
3	48	20	Yes
4	96	100	Yes

표 7 MAUI 오디오 프로파일 레벨[ISO/IEC 14496-3]

Level	Maximum number of channels	Maximum number of object	Maximum Sampling Rate (kHz)	Maximum PCU	Maximum RCU	EP Tool Present
1	1	1	24	2.5	4	No
2	2	2	48	10	8	No
3	5.1	-	48	25	12	No
4	1	1	24	2.5	4	Yes
5	2	2	48	10	8	Yes
6	5.1	-	48	25	12	Yes

이외에도 Simple과 Simple SBR 프로파일에 해당하는 레벨을 표 8과 표 9에 수록하였다.

표 8 Simple 오디오 프로파일 레벨[ISO/IEC MPEG N4764]

Level	Maximum number of channels/object	Maximum Sampling Rate (kHz)	Maximum PCU	Maximum RCU
1	2	24	3	5
2	2	48	6	5
3	5	48	19	15
4	5	96	38	15

표 9 Simple SBR 오디오 프로파일 레벨[ISO/IEC MPEG N4979]

Level	Maximum number of Channels/object	Maximum AAC Sampling Rate (kHz)	Maximum SBR Sampling Rate (kHz)
1	2	24	24
2	2	48	48
3	5	48	48
4	5	96	48

5 MPEG-1, 2 오디오와 MPEG-4 오디오의 비교

우리는 이 책의 11장, 12장, 13장을 통해 MPEG-1과 MPEG-2가 어떻게 신호의 중복성(redundancy)과 무관성(irrelevancy)을 제거해 오디오를 코딩하는지 살펴보았다. 오디오 신호가 준-정상상태일 때는 신호의 PCM 표현보다 신호의 주파수 표현에서 중복성을 제거하는 것이 더욱 효율적이며, 사람의 청각과 유사한 모델, 즉 심리음향 마스킹 모델을 이용해 중복성을 제거할 수 있다. 이런 방식으로 신호의 중복성을 제거하고, 신호의 실제 정보와 무관한 부분을 제거하게 되면 낮은 데이터율에서 고음질의 오디오 코딩이 가능해진다. MPEG-1과 2 같은 범용 오디오 코덱은 128kb/s 나 그 이하의 데이터율에서 다양한 유형의 오디오 신호를 고음질로 코딩할 수 있다.

지각 오디오 코딩기술이 무르익기 전에는 신호의 중복성 제거에만 초점을 맞춘 몇 가지 예측 코딩 알고리즘이 개발되어 있었다. 이러한 코더는 신호로부터 가능한 한 많은 중복성을 추출하고자 신호를 단순하게 모델링 할 수 있는 소스 모델에만 주력하였다. 예를 들어, 음성 신호를 코딩하기 위한 CELP 코더는 사람의 성도를 모델링 한 것으로 32kb/s 나 그 이하의 데이터율에서 잘 동작한다.

그러나 이러한 기술들은 소스모델에 잘 맞지 않는 신호인 음악의 경우에는 심각한 문제를 일으킬 수 있다. MPEG-1, 2 오디오가 음성 신호에 대해 차선책으로 적용될 수 있는 코더인데 반해 CELP 코더는 음악신호를 적절하게 코딩할 수 없다. 이러한 문제를 해결할 수 있는 한 가지 방법은 특정 코덱에 입력되는 신호의 유형을 제한하는 것이고 또 다른 방법은 각 유형의 코덱을 결합해 사용할 수 있도록 정의하는 것이다. MPEG-4는 바로 이 두 번째 방법을 쓰고 있으며, 이러한 방법으로 다양한 응용 분야에 MPEG-4를 적용할 수 있다.

그림 9는 MPEG-4 오디오 인코더의 구조를 나타낸다. 전 절에서 보았듯이 인코더에는 3가지 형태의 코딩 알고리즘이 존재한다.

- 첫째는 MPEG-1, MPEG-2와 같이 시간-주파수 변환(T/F)에 기반한 코딩이다. 핵심 알고리즘은 MPEG-2 AAC이며, 일반 오디오(GA) 툴의 기본 구조를 이루고 있다. 전 절에서 보았듯이 코덱 성능을 향상시키고 낮은 데이터율에서 코딩 효율성을 개선할 수 있는 추가적인 툴들이 포함되어 있다.
- 둘째는 ITU-T G.722, G.723.1, G.729 코더와 같이 CELP에 기반한 코딩이다. MPEG-4 CELP 코덱은 기본적으로 ITU-T 음성 코덱과 같이 사람의 성도를 모델링한 소스모델을 이용하고 있으나, 간단한 지각 모델을 적용해 양자화 잡음 스펙트럼 엔벨롭을 입력신호의 스펙트럼 엔벨롭 아래에 위치시킬 수 있다.
- 셋째는 파라메트릭 표현에 기반한 코딩(PARA) 기술이다. 파라메트릭 코딩과 피치/시간 변환, 크기 수정 등의 부가적인 기능들은 매우 낮은 비트율로 음성 신호를 코딩할 때 CELP(HVXC)보다 뛰어난 성능을 보인다. 또한, 이 코딩 방식은 여러 개 하모닉 성분을 가진 단일 악기 음악 신호를 매우 낮은 데이터율로 코딩할 때 T/F 알고리즘(HILN) 보다 우수한 경향이 있다.

만약 인코더단에서 입력신호의 특성에 따라 별도의 코딩 알고리즘을 수동이나 자동으로 선택할 수 있다면 전체 코덱 성능을 향상시킬 수 있을 것이다. 그러나 불행히도 MPEG-4는 표준안의 정보제공 파트에서만 이러한 인코더 동작을 설명하고 있다. 향후 이러한 자동화된 신호 분석과 신호 분리기술을 적용할 수 있다면 MPEG-4 인코더를 좀 더 최적화시킬 수 있을 것이다.

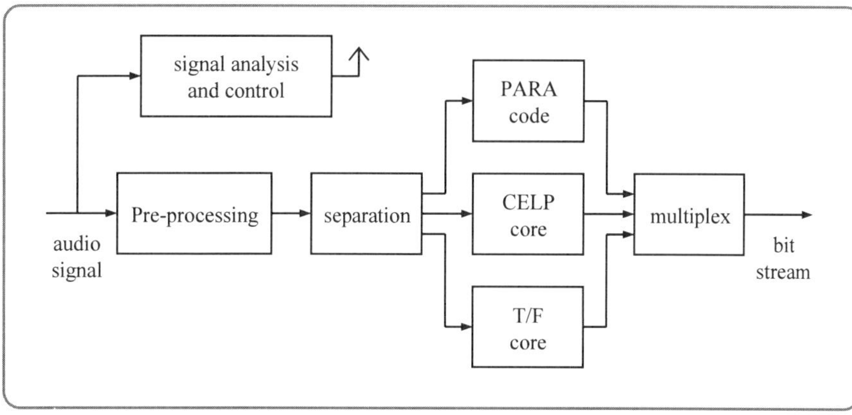

그림 9 MPEG-4 오디오 인코더 구조[Edler 97]

MPEG-4 오디오 비트열은 압축된 신호를 표현하는 방법에 있어 기존의 MPEG-1이나 MPEG-2 방식과 다른 새로운 방법을 적용한 시발점이 되었다. 즉, MPEG-4에는 다중화나 동기 워드 같은 것이 없으며, 오직 각 코더의 구성 정보를 담은 패킷(packet)과 페이로드(payload)만을 정의한다. 예를 들어, MPEG-4 시스템은 스케일러빌러티와 같은 MPEG-4 기능을 다중화할 수 있는 "Flex-Mux" 툴을 규정하고 있다. MPEG-4 파일(.MP4) 포맷 또한 MPEG-4 시스템 표준에 기술되어 있다.

6 MPEG-4 오디오 코딩 툴의 성능

MPEG-4 성능평가 실험의 주목적은 주어진 데이터율에서 동작하는 특정 코딩 툴(tool)들의 주관적 음질 성능을 평가하는 것이다. 이 절의 실험 결과는 MPEG-4와 MPEG-2 그리고 ITU-T의 몇 가지 코덱을 비교한 것이다. 표 10에 몇 가지 MPEG-4 오디오 툴에 대한 주관적 평가결과를 MPEG-2, ITU-T G.722, ITU-T G.723등과 비교해 ITU-R 5-등급 손실척도로 정리하였다[ISO/IEC MPEG N4668]. 더 자세한 내용은 [Coutin 02]을 참조하기 바란다.

표 10 MPEG-4 오디오 코딩 툴의 주관적 평가[ISO/IEC MPEG N4668]

Coding Tool	Number of Channels	Data Rate	Grading Scale	Typical Quality
AAC	5	320kb/s	Impairment	4.6
95 MPEG-2 LII BC	5	640kb/s	Impairment	4.6
AAC	2	128kb/s	Impairment	4.8
AAC	2	96kb/s	Impairment	4.4
MPEG-1 LII	2	192kb/s	Impairment	4.3
MPEG-1 LIII	2	128kb/s	Impairment	4.1
AAC	1	24kb/s	Quality	4.2
CELP/AAC scal.	1	6kb/s+18kb/s	Quality	3.7
TwinVQ/AAC scal.	1	6kb/s+18kb/s	Quality	3.6
AAC	1	18kb/s	Quality	3.2
G.723	1	6.3kb/s	Quality	2.8
Wideband CELP[1]	1	18.2kb/s	Quality	2.3
BSAC	2	96kb/s	Quality	4.4
BSAC	2	80kb/s	Quality	3.7
BSAC	2	64kb/s	Quality	3.0
AAC-LD (20ms)	1	64kb/s	Quality	4.4
G.722	1	32kb/s	Quality	4.2
AAC-LD (30ms)	1	32kb/s	Quality	3.4
Narroband CELP	1	6kb/s	Quality	2.5
Twin VQ	1	6kb/s	Quality	1.8
HILN	1	16kb/s	Quality	2.8
HILN	1	6kb/s	Quality	1.8

7 지적 재산권과 MPEG-4

초기 개발단계에서 광범위한 MPEG-4 표준을 만드는데 가장 큰 방해물은 지적 재산권(Intellectual Property)에 관련된 것이었다. MPEG-4 시스템 표준(part-1)은 MPEG-4 구현상에 발생할 수 있는 몇 가지 지적 재산권 관련 사항들을 기술하고 있다. MPEG-4는 MPEG-4 미디어 객체에 대한 지적 재산권을 파악해 이를 관리하고 보호할 수 있는 IPMP(Intellectual Property Management and Protection)를 개발하였다[ISO/IEC MPEG N2614]. MPEG-4는 낮은 데이

[1] 음성과 음악 신호 모두에 대한 테스트 결과를 반영하였음.

터율의 인터넷 전화로부터 고품질의 비디오와 오디오 등에 이르는 광범위한 응용 분야를 목표로 하고 있으며, 어떤 사람이라도 MPEG-4 프로파일의 일부를 이용해 특정 응용제품을 개발할 수 있다. 지적 재산권을 보호하는 수준과 형태는 그 내용물과 복잡도 그리고 비즈니스 모델에 따라 극적으로 달라질 수 있다. 또한, MPEG-4 소프트웨어 구현 회사들은 기존의 전통적인 비즈니스 모델, 즉 하드웨어 제조회사가 특정 장치에 대해 로열티를 한 번만 지불하면 이후 발생하는 관련 로열티를 가질 수 있는 방식을 더 이상 선호하지도 않는다. MPEG-4는 IPMP 시스템을 표준화하지 않는 대신 몇 가지 서술자(descriptor)와 요소 비트열(IPMP 와 IMPM-ES)을 통해 MPEG-4 시스템 구조로 쉽게 확장할 수 있는 IPMP 인터페이스를 표준화하였다.

MPEG-4를 표준화한 ISO/IEC WG11과 더불어 MPEG-4 산업 포럼(industry Forum)인 M4IF는 "MPEG-4가 응용 개발자, 서비스 제공자, 콘텐츠 생산자와 사용자들에게 표준으로 받아들여져 광범위하게 사용될 수 있게 하자는 취지로" 설립되었다[M4IF]. 현재 MPEG-4의 사용 승인 방침은 AAC 오디오는 Dolby Lab.으로부터, MPEG-4 비주얼과 시스템은 MPEG LA, LLC[M4 Visual and Systems]로부터 받게 되어 있다.

8 요 약

이 장에서는 MPEG-4 오디오 표준의 주요 특징들을 살펴보았다. MPEG-4는 MPEG에서 오디오-비주얼 신호를 직접적으로 코딩할 수 있는 방법을 기술한 마지막 표준이다.

MPEG-4는 MPEG-1과 2보다는 훨씬 넓은 범위의 응용 목적을 가지고 있다. MPEG-4는 오디오 코딩뿐만이 아니라 음성 코딩, 합성 오디오, 텍스트-음성 인터페이스, 스케일러빌러티, 3D 등과 몇 가지 부가적인 기능들을 포함한다. MPEG-4 표준은 1998년 말 확정되었고 이후 매우 낮은 데이터율에서의 오디오 코딩을 위한 HILN과 MPEG-4 AAC에 낮은 코딩지연과 에러 강인성을 추가한 두 번째 개정을 통해 오늘날의 MPEG-4 오디오 표준에 이르게 되었다. MPEG-4는 무선, 디지털 방송, 상호 연동 멀티미디어(스트리밍, 인터넷, 콘텐츠 분배 및 접근) 등의 응용 분야를 목표로 한다.

이 장은 최근에 사용되는 주요 오디오 코딩 표준의 기술 동향에 대하여 논하는 이 책의 마지막 장이다. 독자들이 이 책을 통해 주요 오디오 코딩 표준을 살펴봄으로써 어떻게 코딩 기본이론이 실제 코더에 적용될 수 있는지 이해하고, 또한 표준 문서에 따라 오디오 코더를 구현할 수 있는 능력을 갖추게 된다면 저자로서는 더 이상 바람이 없을 것이다. 그러나 이 책의 진정한 목표는 이 책을 학습한 독자들이 오디오 코딩에 대한 충분한 지식을 바탕으로 새로운 차세대 오디오 코더를 개발할 수 있는 능력을 배양하는 것이다.

9 참고 문헌

[AAC Audio]: http://www.aac-audio.com/, "Dolby Laboratories Announces MPEG-4 AAC Licensing Program," March 2002.

[Bregman 90]: A. S. Bregman, *Auditory Scene Analysis: The Perceptual Organization of Sound*, Cambridge, Mass.: Bradford Books, MIT Press 1990.

[Chiariglione 98]: L. Chiariglione, "The MPEG-4 standard," Journal of the China Institute of Communications. September 1998.

[Contin 02]: L. Contin, "Audio Testing for Validation," in *The MPEG-4 Book*, pp. 709 - 751, F. Pereira and T. Ebrahimi (ed.), Prentice Hall 2002,

[den Brinker, Schuijers and Oomen 02]: A. C. den Brinker, E. G. P. Schuijers and A. W. J. Oomen, "Parametric Coding for High-Quality Audio," presented at the 112th AES Convention, Munich, pre-print 5553, May 2002.

[Dietz, Liljeryd, Kjoerling and Kunz 02]: M. Dietz, L. Liljeryd, K. Kjoerling and O. Kunz, "Spectral Band Replication, a novel approach in audio coding," presented at the 112th AES Convention, Munich, Preprint 5553, May 2002.

[Edler 97] B. Edler, Powerpoint slides shared with the authors, 1997. Used with permission.

[Edler and Purnhagen 98]: B. Edler and H. Purnhagen, "Concepts for Hybrid Audio Coding Schemes Based on Parametric Techniques," presented at the 105th AES Convention, San Francisco, Preprint 4808, October

1998.

[Grill 97]: B. Grill, "A Bit Rate Scalable Perceptual Coder for MPEG-4 Audio." presented at the 103rd AES Convention, New York, Preprint 4620, October 1997.

[Grill 97a]: B. Grill, Powerpoint slides shared with the authors, 1997. Used with permission.

[Herre and Purnhagen 02]: J. Herre and H. Purnhagen, "General Audio Coding," in *The MPEG-4 Book*, pp. 487 - 544. F. Pereira and T. Ebrahimi (ed.), Prentice Hall 2002.

[Herre and Schulz 98]: J. Herre and D. Schulz, "Extending the MPEG-4 AAC Codec by Perceptual Noise Substitution." presented at the 112th AES Convention. Amsterdam, Preprint 4720, May 1998.

[ISOiIEC 14496-1]: ISO/IEC 14496-1, "Information Technology - Coding of Audio Visual Objects, Part 1: Systems", 1999-2001.

[ISO/IEC 14496-2]: ISO/IEC 14496-2. "Information Technology - Coding of Audio Visual Objects, Part 2: Visual", 1999-2001.

[ISO/IEC 14496-3]: ISO/IEC 14496-3, "Information Technology - Coding of Audio Visual Objects. Part 3: Audio", 1999-2001.

[ISO/IEC 14496-6]: ISO/IEC 14496-6. "Information Technology - Coding of Audio Visual Objects, Part 6: Delivery Multimedia Integration Framework (DMIF)", 1999-2000.

[ISO/IEC MPEG N2276]: 1SO/IEC JTC 1/SC 29/WG 11 N2276, "Report on the MPEG-4 Audio NADIB Verification Tests" Dublin, July 1998.

[ISO/IEC MPEG N2424]: ISO/IEC JTC I/SC 29/WG 11 N2424, "Report on the MPEG-4 speech codec verification tests" Atlantic City, October 1998.

[ISO/IEC MPEG N2501]: ISO/IEC JTC 1/SC 29/WG 11 N2501, "FDIS of ISO/IEC 144496-1" Atlantic City, October 1998.

[ISO/IEC MPEG N2502]: ISO/IEC JTC 1/SC 29/WG 11 N2502, "FDIS of ISO/IEC 144496-2" Atlantic City, October 1998.

[ISO/IEC MPEG N2503]: ISO/IEC JTC 1/SC 29/WG 11 N2503, "FDIS of

ISO/IEC 144496-3" Atlantic City, October 1998.

[ISO/IEC MPEG N2614]: ISO/EC JTC 11SC 29/WG 11 N2614, "MPEG-4 Intellectual Property Management and Protection (IPMP) Overview and Applications Document" Rome, December 1998.

[ISO/IEC MPEG N271]: ISO/IEC JTC 1/SC 29/WG 11 N271, "New Work Item Proposal for Very-Low Bitrates Audiovisual Coding" London, November 1992.

[ISO/IEC MPEG N3075]: ISO/IEC JTC 11SC 29AVG 11 N3075, "Report on the MPEG-4 Audio Version 2 Verification Tests" Maui, December 1999.

[ISO/IEC MPEG N4400]: ISO/IEC JTC 1/SC 29/WG 11 N4400. "JVT Terms of Reference" Pattaya, December 2001.

[ISO/IEC MPEG N4668]: ISO/IEC JTC I/SC 29/WG 11 N4668. "MPEG-4 Overview" Jeju, March 2002.

[ISO/IEC MPEG N4764]: ISO/IEC JTC 1/SC 29/WG 11 N4764, "Text of ISO/IEC 14496-3:2001 PDAM 1" Fairfax, May 2002.

[1SO/IEC MPEG N4920]: ISO/IEC JTC 1/SC 29/WG 11 N4920, "Text of ISO/IEC 14496-10 FCD Advanced Video Coding" Klagenfurt, July 2002.

[ISO/IEC MPEG N4979]: ISO/IEC JTC 1/SC 29/WG 11 N4979, "MPEG-4 Profiles Under Consideration" Klagenfurt, July 2002.

[ISO/IEC MPEG N5040]: ISO/IEC JTC 1/SC 29/WG 11 N5040. "Call for Proposals on MPEG-4 Lossless Audio Coding" Klagenfurt, July 2002.

[ITU-T G.722]: International Telecommunications Union Telecommunications Sector G.722, "7 kHz Audio Coding Within 64 kb/s", Geneva 1998.

[ITU-T G.723.1]: International Telecommunications Union Telecommunications Sector G.723.1, "Dual Rate Speech Coder for Multimedia Communications Transmitting at 5.3 and 6.3 kb/s", Geneva 1996.

[ITU-T G.729]: International Telecommunications Union Telecommunications Sector G.729, "Coding of Speech at 8 kb/s Using Conjugate Structure Algebraic Code Exited Linear Prediction", Geneva 1996.

[Iwakami, Moriya and Miki 95]: N. Iwakami, T. Moriya, and S. Miki, "High-Quality Audio Coding at Less Than 64 kb/s by Using Transform-Domain Weighted Interleaved Vector Quantization (TwinVQ)," Proc. IEEE ICASSP, pp. 3095-3098, Detroit, May 1995.

[Johnston, Quackenbush, Herre and Grill 00]: J. D. Johnston. S. R. Quackenbush, J. Herre and B. Grill, "Review of MPEG-4 General Audio Coding" in *Multimedia Systems, Standards, and Networks*, pp. 131-155, A. Puri and T. Chen (ed.), Marcel Dekker, Inc. 2000.

[M4 Visual and Systems]: http://www.mpegla.com/. "Final Terms of MPEG-4 Visual and Systems Patent Portfolio Licenses Decided, License Agreements to Issue in September," July 2002.

[M4IF]: MPEG-4 Industry Forum Home Page, http://www.m4if.org/index.html

[MIDI]: MIDI Manufactures Association Home Page http://www.midi.org/.

[Nishiguchi and Edler 02]: M. Nishiguchi and B. Edler, "Speech Coding," in *The MPEG-4 Book*, pp. 451 - 485, F. Pereira and T. Ebrahimi (ed.), Prentice Hall 2002.

[Ojanperä and Väänänen 99]: J. Ojanperä and M. Väänänen, "Long Term Predictor for Transform Domain Perceptual Audio Coding," presented at the 107th AES Convention, New York, pre-print 5036, September 1999.

[Park and Kim 97]: S. H. Park and Y. B. Kim 97, "Multi-Layered Bit-Sliced Bit-Rate Scalable Audio Coding," presented at the 103rd AES Convention, New York, pre-print 4520, October 1997.

[Pumhagen and Meine 00]: H. Purnhagen and N. Meine, "HILN: The MPEG-4 Parametric Audio Coding Tools," Proc. Intl. Symposium On Circuit and Systems, Geneva, 2000.

[Rubinstein and Kahn 01]: K. Rubinstein and E. Kahn, Powerpoint slides. shared with the authors, 2001. Used with permission.

[Scheirer. Lee and Yang 00]: E. D. Scheirer. Y. Lee and Y. J. W. Yang, "Synthetic Audio and SNHC Audio in MPEG-4" in *Multimedia Systems, Standards, and Networks*, pp. 157 - 177, A. Puri and T. Chen (ed.), Marcel Dekker, Inc. 2000.

[Scheirer, Väänänen and Huopaniemi 99]: E. D. Scheirer and R. Väänänen, J. Huopaniemi, "Describing Audio Scenes with the MPEG-4 Multimedia Standard" IEEE Trans. On Multimedia, Vol. 1 no. 3 pp. 237-250, September 1999.

[Schulz 96]: D. Schulz, "Improving Audio Codecs by Noise Substitution," J. Audio Eng. Soc., vol. 44, pp. 593 -- 598. July/August 1996.

[Vercoe. Garnder and Scheirer 98]: B. L. Vercoe, W. G. Garnder and E. D. Scheirer. "Structured Audio: The Creation, Transmission, and Rendering of Parametric Sound Representations," Proc. IEEE, Vol. 85 No. 5. pp. 922-940, May 1998.

부 록

약어집
용어집
Index

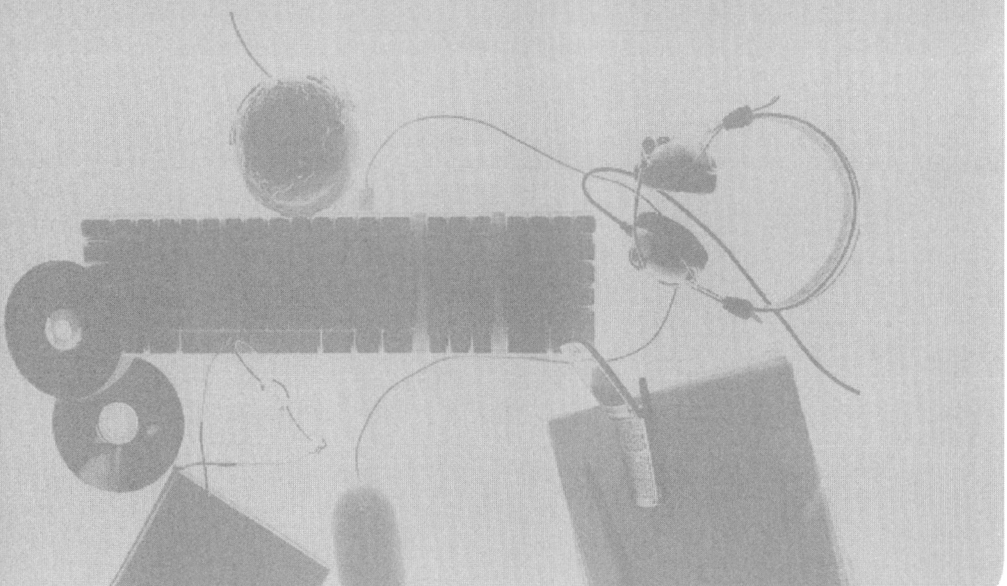

PART 01

PART 02

APPENDIX

약어집

Appendix I

A

AAC	Advanced Audio Coding
ADPCM	Adaptive Differential Pulse Code Modulation
AES	Audio Engineering Society
ANOVA	Analysis Of Variance
ASPEC	Audio Spectral Perceptual Entropy Coding
ATSC	Advanced Television Systems Committee
AVC	Advanced Video Coding

B

BC	Backward Compatible
BLMD	Binaural Masking Level Difference
BPF	Band-Pass Filter
BSAC	Bit Sliced Arithmetic Coding
BSI	Bit Stream Information

C

CB	Critical Band
CCITT	Telephone and Telegraphy Consultative Committee on Internatinal
CD	Compact Disk
CELP	Code Excited Linear Prediction
CODEC	enCOder-DECoder
CQF	Conjugate Quadrature Filter
CRC	Cyclic Redundancy Code

D

DAB	Digital Audio Broadcasting
DAT	Digital Audio Tape
DCC	Digital Compact Cassette

DCT	Discrete Cosine Transform
DFT	Discrete Fourier Transform
DMIF	Delivery Multimedia Integration Framework
Dolby AC-3	Dolby Audio Coding-3
DPCM	Differential Pulse Code Modulation
DTFT	Discrete Time Fourier Transform
DVB	Digital Video Broadcasting
DVD	Digital Video Disk

E

ERB	Equivalent Rectangular Bandwidth
ETDAC	Evenly-stacked TDAC

F

FCD	Final Committee Draft
FDIS	Final Draft International Standard
FEC	Forward Error protection Code
FFT	Fast Fourier Transform
FIR	Finite Impulse Response
FS	Fourier Series
FT	Fourier Transform

G

GA	General Audio

H

HDTV	High-Definition TV
HE AAC	Highly Efficient Advanced Audio Coding
HILN	Harmonic Individual Lines and Noise
HPF	High-Pass Filter
HVXC	Harmonic Vector Excitation Coding

I

IDFT	Inverse Discrete Fourier Transform
IEC	International Electrotechnical Commission
IEEE	Institute of Electrical and Electronics Engineers
IFFT	Inverse Fast Fourier Transform
IFT	Inverse Fourier Transform
IIR	Infinite Impulse Response
IMDCT	Inverse MDCT
IPMP	Intellectual Property Management and Protection

IPQMF	Inverse PQMF
IS	International Standard
ISO	International Standard Organization
ITU	International Telecommunication Union
ITU-R	International Telecommunication Union-Radiocommunications
ITU-T	International Telecommunication Union-Telecommunications

J

JND	Just Noticeable Difference
JTC	Joint Technical Committee

K

KBD	Kaiser-Bessel Derived

L

LC	Low Complexity
LFE	Low Frequency Effect
LMS	Least Mean Square
LPC	Linear Predictive Coding
LPF	Low-Pass Filter
LTI	Linear Time-Invariant
LTP	Long Term Prediction

M

M/S Coding	Mid/Side Coding
M4IF	MPEG-4 Industrial Forum
MAUI	Mobile AUdio Internetworking
MDCT	Modified Discrete Cosine Transform
MDST	Modified Discrete Sine Transform
MELP	Model Excited Linear Prediction
MIDI	Musical Instrument Digital Interface
MKS	Meter-Kilogram-Second
MOPS	Millions of Operations Per Second
MP3	MPEG-1 Audio Layer 3
MP4	MPEG-4 Audio
MPEG	Moving Pictures Expert Group
MPEG-J	MPEG-Java
MSB	Most Significant Bit
MUSHRA	MUltiple Stimulus with Hidden Reference and Anchors
MUSICAM	Masking pattern adapted Universal Sub-band Integrated Coding And Multiplexing

N

NBC	Non-Backward Compatible
NC	Noise Criterion
NMR	Noise to Mask Ratio
NR	Noise Rating

O

ODG	Objective Difference Grade
OTDAC	Oddly-stacked TDAC

P

PAC	Perceptual Audio Coder
PCM	Pulse Code Modulation
PCU	Processor Complexity Unit
PE	Perceptual Entropy
PEAQ	Perceptual Evaluation of Audio Quality
PNS	Perceptual Noise Substitution
PQMF	Pseudo Quadrature Mirror Filter
PR	Perfect Reconstruction
PSD	Power Spectrum Density
PSFM	Perceptual Spectral Flatness Measure
PSNR	Peak Signal to Noise Ratio

Q

QMF	Quadrature Mirror Filter

R

RCU	RAM Complexity Unit
RM	Reference Model
RTP	Real-time Transport Protocol

S

SA	Structured Audio
SASBF	Structured Audio Sample Bank Format
SASL	Structured Audio Score Language
SBR	Spectral Band Replication
SDG	Subjective Difference Grade
SFM	Spectral Flatness Measure
SMR	Signal to Mask Ratio
SNHC	Synthetic/Natural Hybrid Coding
SNR	Signal to Noise Ratio
SPL	Sound Pressure Level

	SSR	Scalable Sampling Rate
T	TDAC	Time Domain Aliasing Cancellation
	TNS	Temporal Noise Shaping
	TTS	Text-To-Speech
	TwinVQ	Transform-domain weighted interleave Vector Quantization
V	VQ	Vector Quantization
	VRC	Variable Rate Coding
W	WG	Working Group

용어집

► 13 dB 의 기적(13 dB miracle)

1980년대 후반 Bell Lab의 Jhonston이 청각 실험을 통해 단순한 객관적 음질 측정이 잘 맞지 않는다는 것을 증명한 실험을 말함. 이 실험에서는 13dB 의 SNR을 갖는 두 개의 신호를 – 하나는 원 신호에 백색 잡음을 더한 신호, 또 하나는 지각적으로 형태화한 잡음을 삽입한 신호 – 인공적으로 만들어내 청취자에게 들려주어 음질을 평가하게 하였고, 실험 결과 잡음을 지각적으로 형태화시켜 삽입한 신호가 훨씬 좋은 음질을 갖는 것으로 밝혀졌음.

ㄱ

► 가변 비트율(VBR, Variable Bit Rate)

오디오 신호 코딩 시 프레임당 코딩되는 비트 수가 다른 것을 말하며, 복잡한 구조의 신호를 코딩할 때는 높은 비트율을 허용하고, 단순한 구조의 신호를 코딩할 때는 낮은 비트율을 사용하는 방법으로 비트율을 가변 할 수 있음. MPEG-1, MPEG-2, MPEG AAC, OGG, WMA 등의 오디오 코더들은 국부적으로(locally) 또는 선택적으로 가변 비트율을 허용하고 있음.

► 가청 범위(hearing range)

보통 사람이 귀로 들을 수 있는 음의 주파수 범위인 20 ~ 20,000Hz 를 말함.

► 객관적 오디오 음질평가(PEAQ, Perceptual Evaluation of Audio Quality)

ITU-R BS.1387 표준으로 지정된 객관적 음질평가 방법으로 심리음향 원리에 기반해 음질을 예측하며, 고급 모델(advanced model)과 기본 모델(basic model) 2가지가 있음.

► 객관적 음질측정(perceptual objective measurement)

특정 지각 모델(perceptual model)에 기반해 오디오 코더의 음질을 객관적으로 측정하는 방법.

► 결합 스테레오 코딩(joint stereo coding)

스테레오 오디오 코딩 시 데이터율을 줄이기 위해 신호의 공간 중복성과 무관성을 이용한 코딩 기법. 대표적으로 M/S 스테레오 코딩과 세기 스테레오 코딩이 있음.

► 계층 방식(layer approach)

계층에 따라 시스템 복잡도와 재생 음질을 달리할 수 있는 오디오 코딩 방법을 말함. MPEG-1, MPEG-2 오디오의 경우 3개 계층(계층 Ⅰ, Ⅱ, Ⅲ)으로 구성되어 있고, 계층이 높아질수록 시스템 복잡도는 높아지지만 더 좋은 음질을 제공할 수 있음.

► 고속 푸리에 변환(FFT, Fast Fourier Transform)

이산 푸리에 변환(DFT)을 고속으로 계산할 수 있는 알고리즘으로 [Cooley and Turkey 65]에 의해 제안되었음. 길이 N 의 이산-시간 신호에 대해 DFT는 N^2 의 복소 곱셈과 덧셈을 요구하는 반면, FFT는 $N \cdot \log_2(N)$ 의 연산만으로도 가능하며 길이 N 이 커질수록 DFT에 비해 훨씬 더 많은 연산량을 절감할 수 있음.

► 고역통과 필터(HPF, High-Pass Filter)

입력신호의 고주파 성분만을 통과시키고 저주파 성분은 차단하는 필터.

► 고정 비트율(CBR, Constant Bit Rate)

가변 비트율에 대비되는 것으로 프레임당 코딩되는 비트 수가 일정한 것을 말함.

► 공식 청취테스트(formal listening test)

공식적으로 청각 전문가에게 음을 들려주어 오디오 음질을 평가하게 하는 주관적 음질 측정방법. 대표적인 국제 표준으로는 ITU-R BS.1116과 ITU-R BS.562-3, ITU-R BS.1284 등이 있음.

► **과도 검출기(transient detector)**

오디오 코딩 알고리즘에서 과도신호를 검출하기 위한 것으로, 과도신호가 검출되면 시간-주파수 변환을 위한 필터뱅크의 블록길이를 줄여 시간-해상도를 높일 수 있음.

► **과도신호(transient signal)**

신호가 천천히 변하다가 급격하게 변하는 형태의 신호를 말함. 예를 들어, 캐스터네츠(castanets), 철금(glockenspiel)등의 날카로운 악기 음 등이 이에 해당함.

► **과부하 에러(overload error)**

신호를 양자화할 때 입력신호가 양자화기의 최대 허용 범위를 넘어갈 때 발생하는 양자화 에러.

► **구조화된 오디오(SA, Structured Audio)**

사운드의 파형 정보 대신 피치(pitch), 노트(note) 등의 구조적인 정보를 가진 오디오 형식을 말하며, MIDI 등이 이에 해당함. MPEG-4 오디오는 구조화된 오디오를 SAOL이라는 프로그래밍 언어로 기술하고 있음.

► **균일 양자화(uniform quantization)**

입력신호 진폭을 동일한 크기의 양자화 스텝으로 나누어 코드로 변환하는 양자화 기법. 크게 midtread와 midrise 양자화 기법이 있음.

► **그라마폰(gramophone)**

에디슨의 축음기 발명 이후 그라마폰 회사에 의해 개선된 것으로, 축음기의 실린더 음반 대신에 5인치 디스크 음반을 턴테이블에 얹어 사운드를 재생하는 장치.

► **근접-완전복원(near-perfect reconstruction) 필터뱅크**

완전복원을 만족하지는 않지만 완전복원에 거의 근접한 결과를 얻을 수 있는 필터뱅크. MPEG-1 오디오의 PQMF 필터뱅크가 이에 해당함.

► **기하평균(geometric mean)**

샘플 데이터를 모두 곱한 후 그 결과에 샘플 수만큼의 제곱 근을 취한 결과.

ㄴ

► **노치 필터(notch filter)**

특정 주파수 주위의 매우 좁은 주파수 대역의 성분만을 제거하는 필터.

► **누화(crosstalk)**

한 채널의 신호 일부가 다른 채널에 나타나는 현상을 말함.

ㄷ

► **다운-믹싱(down-mixing)**

매트릭싱 기술을 이용해 멀티채널 신호를 2채널로 인코딩하는 절차를 특별히 지칭함. MPEG-2 BC 오디오에서 MPEG-1과 후방 호환성을 만족시키기 위해 사용되는 멀티채널 코딩 기술.

► **다운샘플링(down-sampling)**

인수 K의 다운샘플링은 매 일정한 K개 샘플마다 1개 샘플만을 남겨두고 나머지는 버리게 되는 과정으로 샘플링 주파수를 K배만큼 줄일 수 있음. 보통 서브밴드 분석 단에서 분석 필터뱅크 이후에 적용됨. 일반적으로 다운샘플링으로 인한 신호 에일리어싱을 방지하기 위해 다운샘플링 전 대역통과 필터를 사용함.

► **대역-제한(band-limited) 신호**

주파수-영역상에 유한한 범위의 주파수 성분을 갖는 신호.

► **대역통과 필터(BPF, Band-Pass Filter)**

입력신호의 특정 주파수 범위만을 통과시키고 나머지 주파수 대역은 차단하는 필터.

▶ 대화 음성 정규화(dialog normalization)

프로그램이 바뀔 때마다 오디오 신호가 균일하지 않거나 지나치게 큰 경우 불편함을 초래하기 때문에 비트열에 평상적인 대화레벨 값을 포함해 전송하고, 디코더에서 음 재생 시 이 값을 이용해 출력신호를 정규화 함.

▶ 데이터율(data rate)

초당 전송하거나 처리해야 할 비트 수로, 비트율(bitrate) 이라고도 부름. bit per second (b/s) 단위를 사용함.

▶ 델타 변조기(DM, Delta Modulator)

아날로그 신호를 디지털로 변환하는 기법 중 하나로 보통 선형 PCM보다 높은 샘플링 주파수를 사용해 아날로그 신호를 샘플링한 다음 1비트만을 이용해 0과 1의 2진수로 양자화하는 기법.

▶ 동등직각 대역폭(ERB, Equivalent Rectangular Bandwidth)

[Zwicker and Fastl 90]의 임계대역 측정 공식이 500Hz 이하의 주파수 대역에서 잘 맞지 않는다는 문제점을 보완하기 위해 [Moore and Glasberg]이 제안한 공식으로 구해진 임계 대역폭을 말함.

▶ 동적 누화 기술(dynamic crosstalk technique)

MPEG-2 BC 오디오에 사용되는 복합 채널 코딩기술로 세기 스테레오 코딩과 같은 원리를 이용해 2-채널 스테레오의 고주파 신호 성분을 단일 오디오 신호와 신호 세기가 2개 채널 간에 어떻게 분리되어 있는지 나타내는 스케일링 정보로 코딩하는 기술.

▶ 동적범위(dynamic range)

특정 음향기기가 재생해 낼 수 있는 오디오 신호의 최소 값과 최대 값의 레벨 차를 말함. 보통 16비트로 양자화된 음악은 약 90dB 정도의 동적 범위를 가짐.

► **동적범위 제어(dynamic range control)**

오디오 프로그램에 따라 오디오 신호의 동적범위를 조절하는 방법으로 디코더에서 오디오 재생 레벨을 바꿀 때 사용되며, MPEG-2, MPEG AAC, Dolby AC-3 등에 적용되고 있음. Dolby AC-3에서는 최종 사용자들이 원하는 오디오 신호 일부분만을 발췌해 자유로이 동적범위를 조절할 수 있음.

► **등라우드니스 곡선(equal loudness curve)**

음의 세기와 스펙트럼 특성에 따른 음의 라우드니스(크기)를 곡선으로 표현한 것.

► **디더(dither)**

비트 할당이 0일 때 양자화로 인한 음 왜곡을 완화하기 위해 양자화하기 전 신호에 가하는 잡음으로 AC-3 오디오에 사용되고 있음.

► **디락 델타 함수(Dirac delta function)**

한 순간에서만 무한한 값을 갖고 나머지는 모두 0인 일반화된 함수.

► **디지털 오디오 코더(digital audio coder)**

디지털 오디오 코덱(CODEC)으로도 불리며 아날로그 오디오 신호를 디지털로 압축·복원할 수 있는 하드웨어나 소프트웨어를 말함.

► **디코더(decoder)**

압축된 디지털 오디오 신호를 복원하는 하드웨어나 소프트웨어를 말함.

ㄹ

► **라우드니스 레벨(loudness level)**

사람이 정면에서 발생된 1kHz 톤(tone)을 지각할 때의 음의 크기를 수치화한 것으로, 라우드니스의 단위는 phon을 사용함.

► **라운드-오프 에러(round-off error)**

샘플링된 신호를 양자화할 때 한정된 비트 수로 표현함으로써 발생하는 에러로 원 신호 샘플 값과 양자화된 결과 값과의 차이를 말함. 일반적으로 양자화 에러(잡음)라 하면 이 에러를 말함.

▶ **로그 압신**(logarithmic companding)

낮은 입력신호가 입력될 때 균일 양자화기의 성능을 개선하기 위해 사용하는 압신 기법 중 하나로 로그 함수를 이용해 낮은 입력신호에 대한 SNR을 크게 개선할 수 있음. 로그 압신에는 ITU-T 표준으로 지정된 μ-법칙 압신과 A-법칙 압신이 있으며 주로 음성 코딩에서 많이 사용됨.

▶ **로우앵커**(low anchor)

사람이 쉽게 구별할 수 있는 인공 잡음을 포함한 오디오 신호를 말하며, 오디오 코덱의 음질 평가 시 청취자가 이 로우앵커를 학습함으로써 더욱 쉽게 음 손실을 검출할 수 있도록 도와줄 수 있음..

▶ **마스커 간축**(masker decimation)

MPEG-1 오디오 심리음향 모델 1에서 전역 마스킹 한계선을 구하기 전 연산량을 줄이기 위해 마스커 성분들 일부를 제거하는 절차를 말함. 먼저 음 마스커와 비-음 마스커 중 음압 레벨이 가청한계선 아래에 있는 마스커들을 제거한 후, 0.5Bark이내 존재하는 마스커 중 가장 높은 파워의 마스커 성분만을 남기고 나머지는 제거하게 됨. 간축된 주파수 성분의 수는 계층과 샘플링 비율에 따라 다르고 계층 Ⅰ에서는 102 ~ 108개 주파수 성분을, 계층 Ⅱ에서는 126 ~ 132개까지의 간축된 주파수 성분을 가질 수 있음.

▶ **마스커**(masker)

주변의 작은 소리를 마스킹해 들리지 않게 하는 큰 음을 말함.

▶ **마스키**(maskee)

마스킹되어 들리지 않는 음을 말함.

▶ **마스킹 오프셋**(masking offset)

큰 음 성분에 의한 마스커 레벨과 마스킹 한계선 피크치의 차이를 말함. 일반적으로 잡음(noise) 마스커가 음(tone) 마스커 보다 더 강한 마스킹 현상을 일으키기 때문에 잡음 마스커가 더 큰 오프셋을 가짐. MPEG-1 오디오의 경우 잡음 마스커의 오프셋은 약 3 ~ 6dB 이고, 음 마스커는 임계대역에 따라 약간씩 차이가 있음..

► **마스킹 한계선(masking threshold)**

마스커 신호성분이 존재할 때의 신호 가청한계선을 말함. 마스커 주변의 신호성분들이 비록 최소가청한계 곡선 위에 놓여있더라도 이 마스킹 한계선 아래에 놓여 있다면 사람 귀에 들리지 않게 됨. 대부분의 지각 오디오 코더는 마스킹 한계선 아래에 있는 신호성분을 코딩하지 않을 뿐 아니라 신호 코딩 시 발생하는 양자화 잡음을 이 마스킹 한계선 아래에 위치시켜 데이터 압축을 수행하고 있음.

► **마스킹 현상(masking phenomenon)**

심리음향 이론 중 하나로 정상적으로는 들을 수 있는 음이지만 주변의 큰 음에 의해 블로킹 되어 들리지 않게 되는 현상. 마스킹에는 주파수(동시적) 마스킹과 순시 마스킹이 있음.

► **매트릭싱(matrixing)**

MPEG-2 BC 오디오에서 멀티채널 신호를 MPEG-1과 호환될 수 있는 2채널 신호로 인코딩할 때 사용되는 기술로 디코딩할 때는 역-매트릭싱을 적용해 원 신호를 복원할 수 있음.

► **멀티레이트 시스템(multirate system)**

일반적인 디지털 신호처리 시스템이 단일 샘플링 주파수로 동작하는 반면, 멀티레이트 시스템은 여러 개의 가변 샘플링 주파수로 동작하는 시스템을 말하며 주로 데이터 압축, 연산복잡도 감소 등의 응용분야에 많이 사용됨. 서브밴드 코딩 등이 이에 해당함.

► **멀티채널 오디오(multichannel audio)**

모노와 스테레오 오디오에 대비되는 용어로 더욱 풍부하고 생동감 있는 공간 음 재생 환경을 위하여 2개 이상의 4, 5, 5.1, 6.1, 7.1 음원 채널을 사용하는 오디오를 말함. 1991년 영화에 처음으로 사용된 이후 가정용 홈 시어터 시스템과 DVD 시스템에 적용되기 시작했음. MPEG-2, MPEG AAC, Dolby 서라운드, AC-3 등이 이에 해당함.

► 멀티채널 인공잡음(multi-channel artifacts)

멀티채널 오디오 코딩 시 발생하는 잡음을 말하며, 스테레오 이미지 이동과 상실, 고주파에서 신호 엔벨롭의 변화, 바이노럴 마스킹 등이 이에 해당함.

► 멀티채널(multichannel) 필터뱅크

서브밴드나 MDCT 필터뱅크에서 2개 이상의 채널 구조를 가진 필터뱅크를 말함.

► 무관성(irrelevancy)

신호의 무관성은 오디오 신호에 실제 존재하긴 하나 사람의 청감에 기여하지 않는 신호 부분의 정도를 말하며, 이러한 신호 부분을 코딩하지 않음으로써 데이터율을 줄일 수 있음. 보통 심리음향 마스킹 현상을 이용해 사람 귀에 들리지 않는 신호 성분을 분리해 낼 수 있음.

► 무손실 오디오 코딩(lossless audio coding)

MPEG-1, MPEG-2, MPEG AAC 등의 손실 오디오 코딩에 반해, 손실 없이 오디오 신호를 1/2 ~ 1/3 정도로 압축할 수 있는 코딩 기법. MPEG-4 오디오는 ALAC 무손실 오디오 코딩을 제공하며, 이외에도 WMA-LL, OGG FLAG, Monkey's 오디오 등의 코딩 알고리즘이 있음.

► 무음압축(silence compression) 툴

음성에서 무음이나 배경잡음만이 검출될 때 SID를 전송해 평균 데이터율을 줄일 수 있는 MPEG-4 오디오 툴(tool)을 말함.

► 무잡음 코딩(noiseless coding)

엔트로피 코딩같이 손실 없는 코딩기법을 말하며, 보통 MPEG-1, MPEG-2, MPEG AAC에서 사용되는 허프만 코딩(Huffman coding)을 일컬음.

ㅂ

▶ **바이노럴 마스킹(binaural masking)**

단일 오디오 채널에서 마스킹되던 인공잡음이 스테레오 오디오에서 다시 들리게 되는 현상을 말함.

▶ **바이노럴 마스킹 레벨 차(BLMD, Binaural Masking Level Difference)**

모노로 인코딩된 신호에서 마스킹 되었던 잡음이 스테레오로 인코딩된 신호에서는 들릴 수도 있다는 것으로, 이 현상은 모노 신호의 마스킹 한계선과 스테레오 신호의 마스킹 한계선 차이로 인해 발생하며, BLMD는 이 차이를 말함. 주로 저주파 신호에서 두드러지게 나타남.

▶ **백색 잡음(white noise)**

모든 주파수 대역에 걸쳐 평탄한 스펙트럼을 가지는 랜덤신호를 말함. 백색 빛이 모든 주파수 성분을 포함하고 있다는 것으로부터 유래함. 시간상의 신호 분포가 주로 가우시안(Gaussian) 형태를 갖기 때문에 가우시안 잡음(WGN, White Gaussian Noise)이라고도 함. 보통 특정 환경의 랜덤 잡음을 모델링 하거나, 모의 잡음을 만들어 낼 때 그리고 다른 유형의 잡음이나 신호를 필터를 이용해 유도할 때 사용됨.

▶ **벡터 양자화(VQ, Vector Quantization)**

연속적인 신호 진폭 값들을 그룹핑해 이 그룹 단위를 단일 코드로 양자화하는 코딩기법으로, 연속된 신호 진폭 값들 사이에 강한 상관성이 존재할 때 효율적임. VQ 코딩은 사전에 입력 패턴에 대한 훈련 과정을 거쳐 코드북을 만들어 내고, 인코더에 신호가 입력될 때 해당하는 코드북만을 전송하기 때문에 매우 낮은 데이터율로 신호를 코딩할 수 있음. MPEG-4 오디오의 TwinVQ는 VQ 기반 오디오 코딩 알고리즘임.

▶ **벡터 허프만 코딩(vector Huffman coding)**

허프만 코드를 만들어 내기 전 연속적인 심볼들을 몇 개 심볼 그룹 단위로 그룹핑한 후 이 그룹 단위로 허프만 코딩하는 것으로 MPEG-1 오디오 계층 Ⅲ와 MPEG-2, MPEG AAC 등에서 무손실 코딩으로 사용되며, 양자화된 스펙트럼 값들을 몇 개 영역으로 분할한 다음, 각 영역의 통계적 특성에 맞는 허프만 코드표를 이용해 인코딩함.

▶ 변형 이산 코사인 변환(MDCT, Modified Discrete Cosine Transform)

[Princen and Bradley 86]에 의해 제안된 시간-주파수 변환 기법으로 MDCT의 장점은 데이터율을 증가시키지 않으면서도 이웃한 블록 간에 50% 중복을 허용할 수 있어 블록 변환에서 발생하는 에지 에러(edge error)나 에일리어싱(aliasing)을 효율적으로 제거하는 동시에 코더의 완전복원 조건을 만족할 수 있음. 현재 MPEG-1 계층 Ⅲ, MPEG-2, MPEG AAC, Dolby AC-3등 거의 모든 지각 오디오 코더에 사용되고 있음.

▶ 변환 코딩(TC, Transform Coding)

직교(Orthogonal) 특성을 가진 유니타리 행렬(unitary matrix)을 이용해 입력신호를 변환함으로써 입력신호를 비-상관화(de-correlation) 시킬 수 있으며, 신호 에너지를 몇 개의 소수 저주파 대역 계수에 집중시켜 에너지 비율에 따라 비트를 할당함으로써 데이터를 압축할 수 있는 코딩 기법. 변환 행렬에는 DCT, FFT, Hadamad, Binormial 등의 행렬을 사용할 수 있으며 이중 DCT가 가장 많이 쓰이고 있음.

▶ 보간(interpolation)

이산 샘플 값들 사이에 새로운 값을 추정하여 삽입하는 과정. 내삽법이라고도 부름.

▶ 부동-소수 양자화(floating-point quantization)

신호를 지수(exponent)(또는, 스케일팩터(scalefactor))와 가수(mantissa) 부분으로 나누어 양자화하며 작은 입력신호를 양자화할 때 신호대 잡음비(SNR)를 개선할 수 있는 비-균일 양자화 기법을 말함.

▶ 분석 윈도우(analysis window)

오디오 코더의 인코더 단에서 신호분석을 위해 블록 변환(필터뱅크)을 하기 전 입력 데이터에 씌우게 되는 윈도우를 말함. 입력신호의 통계적 특성에 따라 정상신호는 긴 길이의 윈도우를, 과도신호의 경우에는 짧은 길이의 윈도우를 사용해 블록 변환의 시간-주파수 해상도를 조절할 수 있음. 반면, 디코더 합성 단에서 역-블록 변환을 취하기 전 사용되는 윈도우는 합성 윈도우라고 함.

▸ **분석 필터뱅크(analysis filter bank)**

인코더 단에서 신호 분석을 위해 시간-주파수 변환을 수행하는 서브밴드(subband) 코딩이나, MDCT 필터뱅크 등을 일컬음. 반면, 디코더 단에서 신호 합성을 위해 역-변환을 수행하는 것을 합성 필터뱅크라고 함.

▸ **블록 부동-소수 양자화(block floating-point quantization)**

부동-소수 양자화에서 하나의 스케일팩터 비트를 여러 개의 가수 값에 걸쳐 공유할 수 있는 블록 양자화 기법. 입력신호의 진폭에 따라 양자화 스텝크기가 변할 수 있는 양자화기로 낮은 진폭의 입력신호에 대한 SNR을 개선할 수 있으며 적응 양자화 기법이나 압신 기법을 이용해 구현할 수 있음.

▸ **비대칭 마스킹(asymmetry of masking)**

잡음(noise) 마스커와 음(tone) 마스커의 마스킹 능력에 차이가 있음을 말하는 것으로 보통 잡음이 음보다 더 강한 마스킹 영향을 미침.

▸ **비트 저장소(bit reservoir)**

MPEG-1, MPEG-2, MPEG AAC 등에서 사용되며 국부적인 가변 데이터율을 허용하기 위한 버퍼. 특정 신호 프레임을 코딩할 때 평균 비트 수보다 낮은 비트만을 요구하면, 남은 비트를 비트 저장소에 저장해서 이를 나중에 비트를 많이 요구하는 신호나 과도신호를 코딩할 때 사용할 수 있음.

▸ **비트-스터핑(bit-stuffing)**

기존 비트열의 용도에 따라 추가적인 비트를 채우는 것을 말함.

▸ **비트 풀(bit pool)**

오디오 코더에서 주파수-샘플에 할당 가능한 비트들의 집합을 말함.

ㅅ

► **비팅 현상(beating effect)**

주파수가 다른 2개의 순음(pure tone)을 동시에 재생했을 때 두 음의 주파수 합이나 차에 해당하는 음이 같이 들리는 현상.

► **비-후방 호환성(NBC, Non-Backward Compatible)**

후방 호환성과 대비되는 용어로 비교적 최신의 코더로 인코딩된 데이터를 기존 오디오 코더로 디코딩할 수 없는 것을 말함. 예를 들어, MPEG-2 NBC(AAC) 오디오 코더는 MPEG-1 오디오와 호환되지 않음.

► **사운드(sound)**

파동의 형태로 대기 중에 전달되는 모든 소리를 총칭함.

► **사전-마스킹(pre-masking)**

순시 마스킹의 일종으로 마스커 바로 전 시간의 작은 소리가 마스킹되어 정상적으로 들리지 않게 되는 현상을 말함.

► **사후-마스킹(post-masking)**

순시 마스킹의 일종으로 마스커 바로 뒤의 작은 소리가 마스킹되어 정상적으로 들리지 않게 되는 현상을 말함.

► **산술 코딩(arithmetic coding)**

엔트로피 코딩 중 하나로 각 소스 심볼 대신 전체 메시지를 0과 1 사이의 단일 숫자로 변환하여 코딩하는 방법. 보통 허프만 코딩보다 압축률은 좋으나 일부 코드에 에러가 있을 때 전체 메시지가 영향을 받는다는 단점이 있음. MPEG-4 오디오의 BSAC 코딩에 사용되고 있음.

► **산술평균(arithmetic mean)**

샘플 데이터를 모두 더한 결과를 샘플 수로 나눈 것. 일반적인 의미에서의 평균을 나타냄.

► **상호운영성(interoperability)**

이종 시스템 간에 특별한 고려 없이도 함께 잘 동작될 수 있는 호환 능력을 말함.

► **샘플링 이론(Sampling Theorem)**

아날로그 신호의 최고 주파수 성분이 F_{max} 일 때 이 신호를 F_{max} 의 2배 이상으로 샘플링하면, 샘플된 이산 신호로부터 원 아날로그 신호를 완전하게 복원해낼 수 있다는 이론. 샘플링 비율이 $2F_{max}$ 일 때를 나이퀴스트 샘플링 주파수, 그 이하일 때는 언더샘플링(under-sampling), 그 이상일 때는 오버샘플링(over-sampling)이라고 함. 특히 언더샘플링의 경우 신호 샘플링 과정 중 에일리어싱이 발생해 심각한 음 손실을 가져올 수 있음.

► **샘플링(sampling)**

아날로그 신호를 디지털 신호로 변환하는 PCM 과정 중 하나로, 아날로그 신호의 값을 일정 간격(샘플링 주기)마다 취하는 것을 말함.

► **서브밴드 코딩(Subband Coding)**

신호의 중복성을 제거해 데이터를 압축할 수 있는 주파수-영역 코딩 방법으로 입력신호를 분석 필터뱅크를 이용해 여러 주파수 대역으로 분할한 후, 에너지 비율에 따라 비트를 할당함으로써 데이터 전송률을 낮출 수 있는 코딩 기법. MPEG-1 오디오 계층 Ⅰ, Ⅱ, Ⅲ 모두에 사용되고 있음.

► **선형 시-불변(LTI, Linear Time-Invariant) 시스템**

선형성(linearity)과 시-불변(time-invariance) 성질을 만족하는 시스템을 말함. LTI 시스템은 임펄스 응답이나 주파수 응답으로 완벽하게 정의할 수 있음. 신호처리에서 다루는 시스템 대부분이 이에 해당함.

► **선형 외삽법(linear extrapolation)**

과거 샘플 값을 선형적으로 조합해 현재나 미래의 미지 값을 예측하는 기법. 보통 선형 외삽법으로 신호의 현재 값을 예측한 다음, 이 값과 실제 값과의 차이인 예측에러만을 코딩해 비트를 절약할 수 있는 예측기술로 DPCM, ADPCM 코딩 기술 등에서 사용되며 MPEG AAC 오디오 코딩에서도 사용되고 있음.

▸ 세기 스테레오 코딩(intensity stereo coding)

스테레오 신호의 왼쪽(L)과 오른쪽(R) 채널 신호를 따로 코딩하는 대신, 왼쪽과 오른쪽 채널을 결합한 오직 한 채널 신호만을 각 임계대역 별로 인코딩하고 방향성 정보는 독립된 스케일팩터로 인코딩해 전송하는 스테레오 코딩 방식. MPEG-1, MPEG-2, MPEG AAC 등에서 사용되고 있음.

▸ 순시 마스킹(temporal masking)

마스커의 앞과 뒤 시간에서 마스커로 인해 작은 음이 정상적으로 들리지 않게 되는 현상을 말하며, 비-동시 마스킹이라고도 함.

▸ 순시 잡음 쉐이핑(TNS, Temporal Noise Shaping)

주파수상에서 예측기술을 사용해 시간상의 잡음 스펙트럼 모양을 원하는 형태로 변형하는 기술. MPEG AAC 필터뱅크에서 과도신호를 처리할 때의 문제점을 해결하기 위한 기법으로 필터뱅크 내부에서 시간상의 양자화 잡음을 더욱 세밀하게 제어할 수 있음.

▸ 순음(pure tone)

단일 주파수 성분만을 가진 신호로 정현파(사인이나 코사인) 신호가 이에 해당함.

▸ 순음성 인덱스(tonality index)

MPEG-1 오디오 심리음향 모델 2에서 마스커의 순음성 정도를 측정하는 인덱스로 이전 2개 프레임에 해당하는 주파수 성분들로부터 비예측 측정(unpredictable measure)을 구한 후 확장함수와 콘볼루션하여 구할 수 있음. 순음성 인덱스는 0 ~ 1 사이의 값으로 계산되며, 1에 가까울수록 순음일 가능성이 크다는 것을 말함.

▸ 스칼라 양자화(scalar quantization)

특정 신호 진폭 값을 양자화할 때 이 양자화 과정이 이전이나 다음 신호 진폭 값에 영향을 받지 않는 양자화 기법.

► **스케일팩터(scale factor)**

MPEG-1 오디오 계층별로 다른 의미로 사용됨. 계층 Ⅰ, Ⅱ에서는 서브밴드 신호를 스케일링할 때 사용되는 실제 인수를 의미하며, 계층 Ⅲ에서는 양자화 잡음레벨이 마스킹 한계선 아래에 놓일 수 있도록 양자화 스텝크기를 수정하는 역할을 함.

► **스케일러빌러티(scalability)**

코더의 응용 분야에 따라 인코딩 비트열을 자유롭게 확장해 신호의 품질을 가변할 수 있는 정도를 나타냄. 보통 대역폭등의 환경 제약에 따라 적응적으로 데이터율을 조절할 수 있는 능력을 말하며 MPEG-4 오디오는 저분해능과 고분해능 등 2개의 스케일러블 코딩을 지원하고 있음.

► **스타트 윈도우(start window)**

MDCT 블록 변환에서 과도신호가 발생함에 따라 긴 길이의 윈도우에서 짧은 길이의 윈도우로 스위칭할 때 사용되는 전이 윈도우를 말함.

► **스톱 윈도우(stop window)**

MDCT 블록 변환에서 과도신호를 다 처리한 후 짧은 길이의 윈도우에서 긴 길이의 윈도우로 스위칭할 때 사용되는 전이 윈도우를 말함.

► **스펙트럼 누설(spectrum leakage)**

인코더 단에서 블록 변환 전 입력신호에 씌우게 되는 윈도우 함수의 측엽(side-lobe)으로 인해 발생하는 스펙트럼 손실을 말함. 윈도우 함수의 저지대역(stopband)에서 높은 측엽 에너지로 인해 발생하며 인접한 주파수 성분에 손실 영향을 미칠 수 있는 현상을 말함.

► **스펙트럼 엔벨롭(spectral envelop)**

Dolby AC-3 코딩에서 필터뱅크 출력 신호인 스펙트럼 샘플 값들을 지수 부분과 가수 부분으로 나누어 부동-소수 형태로 코딩할 때 지수 값들을 스펙트럼 엔벨롭이라 부름.

► **스펙트럼 평탄도**(SFM, Spectral Flatness Measure)

신호 파워 스펙트럼 밀도의 기하평균과 산술평균의 비로 구하며 0과 1사이의 값을 가짐. 0에 가까울수록 높은 코딩이득을 가질 수 있음을 의미함.

► **시간-영역 코딩**(time-domain coding)

시간-영역에서 신호의 중복성을 제거해 신호를 압축하는 코딩. DPCM, ADPCM등이 이에 해당함.

► **시간-제한**(time-limited) **신호**

시간-영역상에 유한한 범위를 갖는 신호를 말함.

► **시간-주파수 변환**(time to frequency mapping)

시간-영역 신호를 주파수-영역으로 변환하는 것으로 오디오 신호를 몇 개의 주파수 성분으로 세분화하고 이들 주파수 성분에 에너지 비율에 따라 비트를 적절히 할당하여 신호의 중복성을 줄이는 방법. 대표적으로 서브밴드 코딩(subband coding)과 MDCT 등이 이에 해당함.

► **신호 스케일러빌러티**(signal scalability)

코딩 환경에 따라 신호 품질을 가변할 수 있는 능력을 말함.

► **신호대 마스크비**(SMR, Signal to Mask Ratio)

특정 주파수 대역에서 신호의 주파수 성분과 마스킹 한계선의 레벨 차이를 말하는 것으로 대부분의 지각 오디오 코더는 심리음향 모델에서 계산된 SMR 값에 기반해 비트 할당을 함.

► **신호대 잡음비**(SNR, Signal to Noise Ratio)

신호 에너지와 잡음 에너지 비를 데시벨(dB)로 표현한 것으로 보통 디지털 시스템의 음질을 측정할 때 사용함. 신호 정밀도가 1비트 증가할 때마다 SNR은 6dB 높아짐. CD의 경우 SNR은 약 90dB 정도임.

▸ **신호피크치대 잡음비**(PSNR, Peak Signal to Noise Ratio)

신호의 최대 에너지와 잡음 에너지 비를 데시벨(dB)로 표현한 것을 말함.

▸ **심리음향 모델**(PM, Psychoacoustic Model)

사람의 청각 심리음향 원리를 모델링한 것으로 최근의 MPEG-1, MPEG-2, MPEG AAC, Dolby AC-3 등 거의 모든 지각 오디오 코더에 사용되고 있음. MPEG-1 오디오의 경우 계층 Ⅰ, Ⅱ에는 PM1 모델이, 계층 Ⅲ에는 PM2 모델이 사용되고 있음.

▸ **심리음향 모델** 1(PM1, Psychoacoustic Model 1)

MPEG-1 오디오 계층 Ⅰ과 Ⅱ에 사용되는 모델로, 심리음향 모델의 입력은 오디오 샘플이며 출력은 각 코더 주파수 분할영역에서의 신호대 마스크비(SMR)가 됨. MPEG-1 오디오 계층 Ⅰ과 Ⅱ는 이 SMR에 기반해 주파수-샘플에 비트 할당을 함.

▸ **심리음향 모델** 2(PM2, Psychoacoustic Model 2)

MPEG-1 오디오 계층 Ⅲ에 사용되는 모델로, 심리음향 모델 1의 임계 주파수 대역 분할의 단점을 극복해 계층 Ⅲ 구조에 맞도록 설계되어 있음. MPEG-1 계층 Ⅲ는 신호대 마스크비(SMR)와 중첩 반복루프를 이용해 잡음 할당을 함.

▸ **심리음향 엔트로피**(PE, Psychoacoustic Entropy)

MPEG 오디오에서 과도신호를 검출할 때 사용하는 기준 값으로 심리음향 엔트로피가 1,800 이상이면 과도신호로 판정함. 지각 엔트로피(Perceptual Entropy)라고도 불림.

▸ **심리음향**(psychoacoustic)

음향 자극과 사람의 청감(hearing sensation) 간의 통계적 연관성을 연구하는 학문.

▸ **쌍대성 원리**(duality principle)

일대일로 대칭되는 개념이나 원리를 말함. 오디오 코딩에서는 주로 시간과 주파수 해상도간에 대칭되는 개념을 설명할 때 사용함.

▸ 쌍방향 멀티미디어(interactive multimedia)

멀티미디어 정보를 일방적으로 수신하는 것이 아니라 사용자가 멀티미디어 정보를 요구할 수도 있는 양방향 멀티미디어 통신 환경을 말함.

▸ 압신(companding)

비-균일 양자화 기법 중 하나로 보통 파워가 낮은 입력신호가 입력될 때 균일 양자화기의 성능이 현저히 떨어지는 단점을 극복하기 위해 사용됨. 압신 함수를 이용해 양자화 잡음을 낮은 입력 진폭에서 높은 입력 진폭 쪽으로 이동할 수 있으며 이로 인해 낮은 입력신호에 대한 SNR을 크게 개선할 수 있음. 사용되는 압신 함수의 형태에 따라 파워-법칙 압신과 로그 압신 2가지 형태로 나누어짐. 음성 코딩에는 로그 압신이, 오디오 코딩에는 주로 파워-법칙 압신이 사용되고 있음.

▸ 양이 시간차(interaural time delay)

양쪽 귀에 도달하는 음의 도착 시간차를 말함.

▸ 양자화(quantization)

PCM 코더에서 샘플된 신호 진폭 값을 한정된 비트 수의 코드로 변환하는 과정을 말함.

▸ 양자화 스텝(quantization step)

신호를 양자화할 때 양자화 레벨 간의 간격을 말함. 양자화 스텝크기가 일정한지 아닌지에 따라 균일 양자화기와 비-균일 양자화기로 구분할 수 있음. 양자화 스텝 크기가 작을수록 세밀한 양자화를 할 수 있는 장점이 있으나 비트 수가 늘어나는 단점이 있음.

▸ 양자화 에러(quantization error)

샘플된 신호를 양자화할 때 발생하는 에러로 크게 과부하 에러와 라운드-오프 에러 등 2가지 유형의 에러가 있음. 양자화 잡음(quantization noise) 이라고도 불림.

► **업계 표준(de facto)**

특별한 법적 표준 없이 많은 사람이 자연스럽게 사용하게 되어 그 분야의 사실상의 표준으로 정착된 경우. 예를 들어, 멀티채널 코딩의 AC-3 코더가 이에 해당함.

► **업샘플링(up-sampling)**

인수 K 업샘플링은 각 샘플 사이마다 K-1개의 0값을 삽입하는 과정으로 샘플링 주파수를 K배만큼 늘리게 되며, 보통 업샘플링으로 인해 발생하는 허상현상을 제거하기 위해 업샘플링 이후 대역통과 필터를 적용하는 것이 일반적임. 보통 서브밴드 합성 단에서 합성 필터뱅크 이전에 적용됨.

► **에일리어싱(aliasing)**

아날로그 신호를 샘플링할 때 아날로그 신호의 최대 주파수 2배 이하로 샘플링할 때(즉, 샘플링 이론을 만족하지 못할 때) 발생하는 에러 유형으로 샘플링 주파수 절반 이상의 높은 주파수 성분이 저주파 대역으로 중첩되어 심각한 음 왜곡을 초래하게 됨. 보통 에일리어싱을 제거하기 위해 저역통과 필터를 사용하는 것이 일반적임.

► **에지현상(edge effect)**

오디오 코더의 블록 변환에서 신호에 윈도우를 씌어 블록 단위로 처리할 때 이웃한 블록간에 윈도우 중복과 불연속성으로 인해 발생하는 에러 현상. 에지 현상으로 인해 주파수 성분 왜곡이 일어나며 이를 방지하기 위해 가능한 한 매끄러운 윈도우를 사용하는 것이 바람직함. 블로킹 현상(blocking effect) 이라고도 부름.

► **엔트로피(entropy)**

코드나 심볼의 확률 분포에 따라 계산되며 신호를 코딩할 때 필요한 샘플당 최소 비트 수를 말함.

► **엔트로피 코딩(entropy coding)**

무손실 코딩 기법의 하나로 코드나 심볼의 발생확률을 이용해 신호의 중복성을 제거해서 신호를 압축하는 코딩 기법. 허프만 코딩, 산술 코딩 등이 이에 해당함.

▸ 여기 패턴(excitation pattern)

사람이 음을 지각할 때 기저막 상에서 일어나는 여기(excitation) 변화 패턴을 말함. 여기 패턴은 각 임계대역에서 구한 마스킹 곡선을 마스커 SPL 수준으로 상승시켜 구할 수 있음.

▸ 역마스킹 현상(unmasking effect)

마스킹 되었던 신호가 다시 들리게 되는 현상을 말함.

▸ 연합 코딩표준(joint coding standard)

전 세계 여러 회사의 공동 노력으로 만들어진 국제 코딩표준. MPEG 오디오와 비디오 코딩이 이에 해당함.

▸ 예측기술(prediction technique)

선형 외삽법을 이용해 현재나 미래의 미지 값을 예측하는 기술로 원 신호 대신 예측에러 신호만을 코딩함으로써 신호에 할당되는 비트 수를 절약할 수 있는 방법. 예측기술의 구현 방법에 따라 후방 예측기와 전방 예측기로 분류할 수 있음. 이전에는 신호의 중복성 제거에만 초점을 맞추어 주로 DPCM, ADPCM, CELP 등의 음성 코딩에만 적용되었으나, 최근에는 MPEG AAC 오디오 코더에도 사용되고 있음. MPEG-2 AAC는 시간-영역에서의 예측기술(정상신호의 경우)과 주파수-영역에서의 예측기술(과도신호의 경우, 순시 잡음 쉐이핑(TNS)에서 사용)을 둘 다 사용하고 있음.

▸ 오디오(audio)

사운드 중에서 사람이 들을 수 있는 가청 주파수 20Hz ~ 20,000Hz 범위 내의 소리만을 일컬음. 크게 음성과 음악으로 나누어짐.

▸ 오디오 복합 툴(audio composition tool)

MPEG-4 표준의 시스템 part에 규정되어 있으며 여러 개의 오디오 신호를 복합해서 단일 트랙 오디오를 구성할 수 있는 툴을 말함.

▶ **오디오-비주얼 객체 코딩(coding of audio-visual objects)**

ISO/IEC 14496 국제표준으로 지정된 MPEG-4의 공식 명칭으로 비디오와 오디오를 객체 단위로 인코딩할 수 있는 기술을 말함.

▶ **완전복원(PR, Perfect Reconstruction)**

양자화 잡음이 없다는 가정하에 서브밴드나 MDCT 필터뱅크 분석-합성 절차를 거친 출력 단에서 원 입력신호를 완전하게 복원할 수 있는 것을 말함(일정한 시간 지연은 허용됨).

▶ **웨이브테이블 합성(Wavetable synthesis)**

특정 오디오 파형이 디지털 PCM으로 저장된 룩업표(look-up table)를 참조해 원하는 사운드를 합성하는 방식. 사운드 합성에는 크게 FM 방식과 웨이브테이블 방식으로 나누어지며 최근의 디지털 사운드 합성에는 주로 웨이브 테이블 방식을 이용하고 있음.

▶ **윈도우 스위칭(window switching)**

MDCT 블록 변환에서 입력신호의 특성에 따라 시간-주파수 해상도를 조절하기 위해 윈도우 길이를 변화시키는 것을 말함. 입력이 과도신호일 때는 짧은 길이의 윈도우를 정상신호일 때는 길이가 긴 윈도우를 사용하며, 코더의 완전복원 조건을 유지하기 위해 윈도우 스위칭 중간 단계에서 스타트(start) 윈도우와 스톱(stop) 윈도우 등의 전이 윈도우를 사용함. 대부분의 지각 오디오 코더에서 사용되는 방법이며, MPEG-1의 경우 긴 윈도우는 1,152 샘플, 짧은 윈도우는 384 샘플로 구성됨.

▶ **윈도우 함수(window function)**

MDCT 같은 주파수-영역 코딩에서 블록 변환 전 프레임 단위의 시간-제한(time-limit)된 신호를 얻기 위해 입력신호에 씌우게 되는 윈도우를 말함. 직각 윈도우, 사인 윈도우, KBD 윈도우, 해닝 윈도우등 다양한 윈도우가 있으나 윈도우 함수를 선정할 때는 시간과 주파수 해상도 간의 상충관계를 고려해야 함. 보통 오디오 코더에서는 KBD, 사인, 해닝 윈도우를 주로 사용함.

▶ 윈도윙 현상(windowing effect)

MDCT 블록 변환에서 신호에 윈도우를 씌어 블록 단위로 처리할 때 양자화/역-양자화 과정에서 신호에 작은 에러를 초래하는 현상. 이 문제를 해결하기 위해 디코더에서 이웃한 블록 간에 중복을 허용하고 출력신호에 중첩-가산을 적용함.

▶ 유니타리 변환(unitary transform)

직교(Orthogonal) 특성을 가진 행렬 변환을 말하며 입력신호를 비-상관화(de-correlation)시켜 신호 에너지를 몇 개의 변환된 소수 계수에 집중(energy compaction)시킬 수 있는 장점이 있음. 변환 코딩(TC, Transform Coding)에 주로 사용됨.

▶ 유색 신호(colored signal)

백색 신호와 달리 통계적 특성을 가진 랜덤 신호를 말하며 평탄하지 않은 스펙트럼을 가짐.

▶ 톤, 음(tone)

오디오 특성을 대표하는 피치(pitch)에 의해 실제 사람이 지각하게 되는 주파수음. 배음(harmonic)이 없을 때 순음(pure tone)이라 하고 배음 성분이 있거나 여러 주파수 성분을 가지고 있을 때는 복합음(complex tone)이라 함.

▶ 음상 정위(sound localization)

사람이 두 귀를 이용하여 음원의 위치나 방향을 지각할 수 있는 능력을 말함. 이외에도 3차원 공간상에 가상의 음원을 만들어 내는 방법을 말하는 경우도 있음.

▶ 음압 레벨(SPL, Sound Pressure Level)

광범위한 범위의 음압을 표현하기 위해 로그 대수 단위를 사용하는 dB 단위의 음압 측정 단위.

▶ 음영(shadowing)

음이 사람 머리, 어깨 등에 의해 흡수되거나 차단되는 것으로 주로 고주파 신호

성분이 감쇠되는 현상을 말함.

▶ **음의 변별 한계**(JND, Just Noticeable Difference)

사람의 귀가 지각할 수 있는 음의 최소 변화량을 말함.

▶ **음장**(sound field)

음이 형성된 공간이나 퍼져 나가는 공간을 말하며, 전체 공간 분포에 대해 음압이나 음파가 존재하는 특정한 영역만을 지칭함.

▶ **이득 제어**(gain control)

MPEG-2 AAC SSR 프로파일에서 PQMF 필터뱅크의 상위 대역 신호를 무시함으로써 적은 대역폭의 출력 신호, 즉 낮은 샘플링 비율의 신호를 얻을 수 있는 방법. 18kHz, 12kHz, 6kHz 등 3개 출력 신호가 가능함.

▶ **이산 코사인 변환**(DCT, Discrete Cosine Transform)

손실 압축 기법의 하나로 실수 연산이 가능한 블록 변환(block transform)의 일종. 빠른 연산속도를 가지고 있어 이미지, 동영상, 오디오 압축 응용분야에서 핵심 압축 알고리즘으로 사용됨. 지각 오디오 코딩에서는 DCT를 수정한 MDCT 블록 변환을 사용하고 있음.

▶ **이산 푸리에 변환**(DFT, Discrete Fourier Transform)

이산-시간 신호에 대한 이산 주파수 스펙트럼을 구할 수 있는 푸리에 변환. 길이 N의 이산-시간 신호에 대해 N^2의 복소 곱셈과 덧셈 연산을 필요로 함. 실제 응용분야에서는 DFT를 $N \cdot \log_2(N)$으로 고속 처리할 수 있는 고속 푸리에 변환(FFT)을 주로 사용함.

▶ **이산-시간 푸리에 변환**(DTFT, Discrete-Time Fourier Transform)

이산-시간 신호에 대한 연속 함수 형태의 주파수 스펙트럼을 구할 수 있는 푸리에 변환으로, 이산 스펙트럼을 얻고자 할 때는 DFT를 사용하는 것이 일반적임.

▸ 이중 어택(double attack)

음이 뚜렷하게 들리기 시작하는 부분을 말함. MDCT 같은 변환 코딩에서 입력 블록 내 마스커 신호 성분 바로 전에 양자화 잡음의 일부가 마스킹되지 않고 이중 어택으로 인식될 수 있으며 이를 프리-에코(pre-echo)라 부름.

▸ 이중-블라인드/은닉-참조신호/삼중-자극(double-blind triple-stimulus with hidden reference) 음질 측정

공식 청취테스트를 통해 주관적으로 음질을 평가할 수 있는 방법 중 하나로 주로 음 손실이 적은 오디오 코딩 시스템을 평가할 때 많이 사용됨. 이 방법은 청취자에게 1개의 참조 신호와 2개의 테스트 신호 등 3개의 자극 신호(2개의 테스트 신호 중 하나는 참조신호와 같고 다른 하나는 코딩된 신호)을 들려주어 참조신호에 대한 테스트 신호의 음 손실을 ITU-R 5-등급 손실척도(BS.1116)에 따라 평가하게 됨. 이때 평가자나 실험 관리자 모두 어떤 것이 참조신호이고 어떤 것이 테스트 신호라는 것을 알 수 없는 상태로 이를 은닉-참조신호, 이중-블라인드 방식이라고 말함.

▸ 인공 신경망(artificial neural network)

인간의 뇌 구조를 모델링 한 알고리즘으로 패턴인식 등 다양한 응용분야에 사용되고 있음.

▸ 인코더(encoder)

디지털 오디오 신호를 압축할 수 있는 하드웨어나 소프트웨어를 말함.

▸ 인터리빙(interleaving)

2채널 이상의 오디오 신호를 저장할 때 각 채널 데이터를 번갈아 가며 기록하는 방식을 말함.

▸ 일반 오디오(GA, General Audio)

일반적으로 약 6 ~ 300kbp/s 범위의 데이터율을 갖는 모노, 스테레오, 멀티채널 오디오를 말하며, MPEG-4는 오디오를 음성, 일반 오디오, 구조화된 오디오, 합성 오디오 등으로 구분하고 있음.

► **일반화된 세기 코딩**(generalized intensity coding)

세기 스테레오 코딩을 멀티채널로 확장한 코딩 방식.

► **임계 샘플링**(critically sampling) **시스템**

서브밴드 코딩에서 채널 수와 다운샘플링 인수가 같아 분석-합성 필터뱅크 전후에 전체 샘플링 비율이 같게 유지될 수 있는 시스템.

► **임계 테스트신호**(critical material)

오디오 코덱의 음질평가를 위해 선정된 테스트 신호를 말함. 참조신호와 코딩 시스템의 음질 차이를 명백히 밝힐 수 있는 테스트 신호를 선정하는 것이 중요함.

► **임계대역**(CB, Critical Band)

1940년 Harvey Fletcher에 의해 처음으로 소개된 개념으로 사람의 청각 시스템을 연속적인 대역통과 필터의 배열로 모델링할 때 각 대역통과 필터의 통과대역을 임계대역이라고 함. 같은 임계대역 내의 주파수 성분들 간에는 주파수 마스킹이 적용되어 작은 주파수 성분은 들리지 않게 됨. [Zwicker and Fastl 90]는 25개의 임계대역을 제안하였음.

► **임계대역율** (critical band rate)

임의 주파수에서 기저막 상의 단위 길이에 대한 임계 대역폭의 변화량을 말함.

► **임펄스 응답**(impulse response)

선형 시-불변(LTI) 시스템의 특성을 설명하는 함수로, 임펄스 함수(디락 델타 함수) 입력에 대한 시스템 출력으로 정의됨.

ㅈ

► **자기상관 함수**(autocorrelation function)

특정 시간에서 신호 값과 다른 시간에서의 신호 값(시간-이동된 신호)과의 상관성을 나타내는 것으로 주로 한 신호에 포함된 반복된 패턴을 찾을 때(잡음환경에서의 주기적 패턴)나 신호의 하모닉 성분을 찾을 때 사용됨. 반면, 서로 다른 두 신호의 상관성을 추정하는 함수를 상호상관 함수(crosscorrelation function)라 부름.

► **잡음대 마스크비(NMR, Noise to Mask Ratio)**

심리음향 모델에서 신호대 마스크비(SMR)와 신호대 잡음비(SNR)의 차이를 말하며 신호 마스킹 한계선에 대한 왜곡률을 나타냄.

► **재생음 충실도(fidelity)**

오디오 코덱 출력신호의 음질 정도를 말함. 즉, 코덱의 출력신호가 원 입력신호와 얼마나 지각적으로 동등한지 측정함.

► **저역통과 필터(LPF, Low-Pass Filter)**

입력신호의 저주파 성분만을 통과시키고 높은 주파수 성분은 차단하는 필터.

► **적응 멀티채널 예측(adaptive multichannel prediction)**

MPEG-2 BC의 멀티채널 코딩기술로 채널 간의 통계적인 상관성을 이용해 데이터 중복성을 줄일 수 있는 기술. 각 채널 오디오 신호를 전송하는 대신 적응 예측기의 예측 오차만을 중심 채널과 서라운드 채널로 전송함.

► **적응 필터뱅크(adaptive filter bank)**

과도신호나 정상신호 등 입력신호의 특성에 따라 시간-주파수 해상도를 조절하기 위해 블록 길이를 적응적으로 제어할 수 있는 필터뱅크를 말함. 오디오 코더에서는 주로 MDCT 적응 필터뱅크를 사용함.

► **전극 필터(all-pole filter)**

영점(zero)은 없고 극점(pole)만을 가진 필터. 보통 예측 필터들은 전극 필터 형태로 구현됨.

► **전역 마스킹 한계선(global masking threshold)**

(심리음향 모델에서) 신호의 다양한 마스커 성분에 의한 개별 마스킹 곡선을 다

결합한 전체 마스킹 한계선을 말함.

▸ 전이 윈도우(transition window)

MDCT 블록 변환에서 윈도우 스위칭 시 시스템의 완전복원 조건을 유지하기 위해 전이 구간에서 사용되는 윈도우. 스타트 윈도우(start window)와 스톱 윈도우(stop window)가 있음. 오디오 코더에 정상상태의 신호가 입력되다가 과도신호가 나타나면 스타트 윈도우를 사용해 짧은 윈도우로 전이하고, 반대로 과도신호에서 정상상태의 신호가 입력되면 스톱 윈도우를 사용해 다시 보통의 긴 길이 윈도우로 전이함.

▸ 절대 사운드 음압레벨(absolute SPL)

사운드를 재생할 때 초기에 설정되는 음압 레벨로 사전에 이 음압 레벨을 알 수 있는 방법은 없음. 보통 입력 PCM 데이터를 녹음해 양자화할 때 양자화 에러가 가청한계선 바닥에 위치하고 있다는 것을 가정하고 구함.

▸ 정보 마스킹(informational masking)

청취 훈련과정을 통해 복합 마스커(complex masker)에 의해 마스킹되는 복합 마스키(complex maskee)의 한계 값을 감소시킬 수 있는데, 이때 감소된 마스킹 한계 값을 말함. 보통 음질평가 시 적은 양의 음 손실을 구별해야 하기 때문에 청취 훈련과정을 거쳐 이러한 능력을 갖출 수 있게 됨.

▸ 정상신호(stationary signal)

신호의 통계적 특성이 시간에 따라 변하지 않고 오직 시간차에만 의지하는 랜덤 신호를 말함. 오디오 코딩에서는 정상상태(steady state) 신호와 같은 의미로 쓰이고 있음. 보통 정상신호는 급격한 변화(transient)가 없는 신호를 말하며 신호 정보 대부분이 이 신호에 포함되어 있기 때문에 오디오 코딩 시 가장 중요하게 고려되고 있음.

▸ 정현파 신호(sinusoidal signal)

보통 사인(sine) 과 코사인(cosine) 신호 모두를 일컬어 말함.

▸ 주관적 차분등급(SDG, Subjective Difference Grade)

오디오 코더의 음질을 주관적 청취테스트로 평가할 때 참조신호와 코딩된 신호의 지각된 음질 등급차이를 말함. 음 손실이 없을 때인 0부터 매우 거슬리는 음질인 -4까지의 범위로 표현됨.

▸ 주파수 마스킹(frequency masking)

심리음향 현상 중 하나로 큰 소리와 작은 소리가 동시에 발생했을 때 작은 소리가 큰 소리에 마스킹되어 정상적으로 들을 수 없는 현상을 말함. 이러한 마스킹 현상을 이용해 사람의 음 지각과 무관한 신호 성분을 파악해 코딩하지 않음으로써 코딩 비트를 절약할 수 있음. 동시 마스킹(simultaneous masking)이라고도 함. MPEG-1, MPEG-2, MPEG AAC, Dolby AC-3 등 최근의 모든 지각 오디오 코더는 이 원리를 이용해 오디오 신호를 코딩하고 있음.

▸ 주파수 분해능(frequency selectivity)

신호를 필터링할 때 통과대역(passband)과 저지대역(stopband)을 분리할 수 있는 필터의 능력 정도를 말함. 주파수 분해능을 높이기 위해서는 가능한 한 날카로운 필터특성이 요구됨.

▸ 주파수 해상도(frequency resolution)

인접한 주파수 성분을 구분할 수 있는 최소한의 주파수 폭을 말함. 해상도가 높을수록 더욱 세밀한 주파수 성분들의 제어가 가능함. 불확실성의 원리(uncertainty principle)에 의해 주파수 해상도가 높으면 시간 해상도가 낮아지며, 반대로 주파수 해상도가 낮으면 시간 해상도가 높아짐. 오디오 코딩에서는 입력신호가 정상신호일 때 주파수 해상도가 높은 필터뱅크를 사용하는 것이 바람직하기 때문에 상대적으로 긴 길이의 분석 윈도우를 사용하는 반면, 과도신호일 때는 짧은 길이의 분석 윈도우를 사용해 시간 해상도를 높이고 있음.

▸ 주파수-영역 코딩(frequency-domain coding)

주파수-영역에서 신호의 중복성을 제거해 신호를 압축할 수 있는 코딩을 말함. 시간-영역 신호를 주파수-영역으로 변환하여 각 주파수 성분을 독립적으로 코딩해 양자화 잡음 영향을 각 대역에 한정시켜 제어할 수 있는 장점이 있음. 서브밴드 코딩이나 MDCT 필터뱅크가 이에 해당함.

► **준-정상 신호(quasi-stationary signal)**

신호의 통계적 특성이 시간에 따라 아주 느리게 변하는 거의 규칙적인 형태의 랜덤 신호

► **준-주기 신호(quasi-periodic signal)**

완벽한 주기 신호는 아니지만 주기 신호와 유사한 형태를 가진 신호를 말함

► **중복성(redundancy)**

신호에 포함된 정보의 중복성 정도를 말함. 대부분의 코딩 알고리즘은 신호의 중복성과 무관성을 제거하거나 줄임으로써 데이터를 압축할 수 있음. 오디오 신호의 중복성을 줄일 수 있는 대표적인 방법으로는 시간-영역에서 DPCM. ADPCM 등이 있으며, 주파수-영역에서는 서브밴드 코딩과 MDCT 필터뱅크 등이 있음.

► **중첩-가산(overlap-add)**

MDCT 블록 변환에서 윈도윙 현상으로 인한 에러를 제거하기 위해 디코더에서 윈도우된 이웃 블록 간에 50% 중복을 허용해 더한 다음, 원 입력신호를 정확하게 복원할 수 있는 절차를 말함.

► **지각 비트 할당(perceptual bit allocation)**

심리음향 원리를 이용한 비트 할당 방법을 말하며, 심리음향 모델에서 계산된 신호대 마스크비(SMR)에 기반해 오디오 주파수-샘플에 비트를 할당함.

► **지각 스펙트럼 평탄도(PSFM, Perceptual Spectral Flatness Measure)**

스펙트럼 평탄도(SFM)에서 신호 에너지를 마스킹 에너지로 가중한 형태의 공식으로, 지각 오디오 코더에서 코딩 이득을 측정할 때 사용되며 0과 1사이의 값을 가짐. 작은 값을 가질수록 높은 코딩이득을 의미함.

▸ 지각 엔트로피(PE, Perceptual Entropy)

원음과 유사한 음질로 신호를 코딩하는 데 필요한 오디오 주파수 샘플당 최소 평균 비트 수를 정의하는 것으로, [Johnston 88]에 의해 제안됨.

▸ 지각 오디오 코더(perceptual audio coder)

심리음향 이론을 이용해 신호의 중복성과 무관성을 제거하여 오디오 신호를 압축하는 코더를 총칭함. MPEG-1, MPEG-2, MPEG AAC, Dolby AC-3 등 대부분의 오디오 코더가 이에 해당함.

ㅊ

▸ 차단 주파수(cut-off frequency)

필터에서 통과대역(passband)과 저지대역(stopband)을 구분하는 기준 주파수를 말함.

▸ 청각 전문가(golden ears)

일반인 이상의 청각 능력을 소유한 청각 전문가들로 오디오 코딩 알고리즘의 주관적 음질평가에 중요한 역할을 함.

▸ 최대가청한계(threshold of pain)

사람이 음을 들었을 때 통증을 느끼기 시작하는 음압 레벨 한계를 말함.

▸ 최소가청한계(threshold in quiet)

잡음이 없는 조용한 환경에서 사람이 순음(pure tone)을 감지할 수 있는 최소 음압 레벨을 가청 주파수 범위 내의 주파수 함수로 표현한 것을 말함. 간단히 가청한계라고도 부름.

ㅋ

▸ 칵테일 파티 효과(cocktail party effect)

많은 사람이 모여있는 칵테일 파티 같은 환경, 즉 2개 이상의 음원이 동시에 존재하는 환경에서도 청취자가 주목하고자 하는 대화만 집중해서 들을 수 있다는 사람의 청각 능력을 말함.

► **커플링 채널(coupling channel)**

MPEG-2, MPEG AAC, Dolby AC-3 등의 지각 오디오 코더에서 2개나 그 이상의 채널 스펙트럼을 공유해 단일 채널 신호로 코딩될 수 있는 채널들을 일컬음. 세기 스테레오 코딩의 확장으로 해석할 수 있음.

► **코덱(CODEC)**

enCOder-DECoder의 약어. 인코더와 디코더 전체를 일컬음

► **코딩 손실(coding impairment)**

일반적으로 주관적 음질 측정 시 참조신호와 코딩 시스템 출력신호 간에 지각되는 음질 차이를 말함.

► **코딩 에러(coding error)**

신호를 코딩할 때 발생할 수 있는 에러로 대표적으로 에일리어싱, 양자화 에러, 저장 및 전송 에러 등이 있음.

► **코딩 인공잡음(coding artifacts)**

오디오 코딩상에 발생하는 인공적인 잡음을 말하며 코더의 데이터율이 감소함에 따라 더욱 심각하게 들리게 됨. 보통 주관적 음질 평가 시 주목해서 들어야 할 잡음들을 말하며, 프리-에코(pre-echo), 버디(birdies), 에일리어싱(aliasing), 음성반향(speech reverberation)등이 있음.

► **코딩마진(coding margin)**

오디오 코더의 음 손실이 들리는 순간까지 얼마나 많은 데이터율 여유가 있는지를 말함. 보통 사람이 청취테스트를 통해 통계적으로 매우 정확히 코딩된 신호를 검출할 수 있는 바로 그 순간까지(즉, 음 손실이 거의 들리지 않는 순간까지) 코더의 데이터율을 얼마나 줄일 수 있는지로 측정할 수 있음.

► **코딩이득(coding gain)**

신호를 지각 코딩함으로써 얻게 되는 비트 절감 이득을 말하며, 보통 최적 비트

할당으로 인한 평균 제곱에러와 균일 양자화로 인한 평균 제곱에러의 비율인 지각 스펙트럼 평탄도(PSFM)로 계산함. PSFM이 0에 가까울수록 코딩이득이 높은 것을 말하고, 1에 가까울수록 코딩이득이 낮은 것을 의미함.

► **콘볼루션 정리**(convolution theorem)

시간-영역에서 두 신호의 콘볼루션 결과가 주파수-영역에서 두 신호의 푸리에 변환을 곱한 것과 동일한 의미를 갖는다는 정리. 이와 대비해 시간-영역에서 두 신호의 곱은 주파수-영역에서 두 신호를 콘볼루션한 것과 같은 의미가 됨.

► **텍스트-음성 변환**(TTS, Text To speech)

텍스트를 음성으로 자동 변환할 수 있는 소프트웨어나 하드웨어.

► **토큰**(token)

인코딩된 비트열에서 특정 문자 단위를 구분할 수 있는 단위로 보통 꺾은 괄호(< >)로 나타냄.

► **통합효과**(Integrative effects)

사람 귀가 소리를 들을 때 이웃한 개별 주파수 성분에 의한 마스킹 현상을 통합해서 지각한다는 현상. 즉, 사람의 귀가 여러 개의 음을 동시에 들을지라도 임계 대역폭보다 작게 분리되어 있는 음 들을 개별 마스커로 인식할 수 없다는 것을 말함.

► **투명한 코딩**(transparent coding)

청각 전문가조차 원 신호와 코딩된 신호의 차이를 구별할 수 없을 정도로 코딩 손실을 검출할 수 없을 때의 오디오 코딩을 말함.

► **트리 구조**(tree structure) **필터뱅크**

필터 쌍을 직렬 연결해 신호 스펙트럼을 2채널 이상으로 재-분할할 수 있는 필터뱅크. 트리 구조 필터뱅크는 임펄스 응답이 너무 길다는 점과 연산 복잡도가 높다는 단점을 가지고 있음.

► 파라메트릭 비트 할당(parametric bit allocation)

Dolby AC-3 코딩에서 사용하는 비트할당 알고리즘으로 심리음향 모델의 파라메터를 이용해 각 블록 주파수 계수의 가수 부분에 비트를 할당하는 절차를 말함. AC-3는 인코더와 디코더에 개별 비트 할당 알고리즘(전방-적응과 후방-적응 전략을 결합한 방식)을 적용해 제어변수에 대한 비트를 절감하고 있지만 상대적으로 디코더 복잡도가 증가하는 단점도 있음. MPEG 오디오는 전방-적응 비트할당 전략만을 사용하고 있음.

► 파라메트릭 코딩(parametric coding)

음성이나 오디오 신호를 특정 소스모델(source model)에 기반해 압축하는 코딩 방식으로 신호를 매우 낮은 데이터율로 코딩할 수 있으나 파형 코딩(waveform coding) 방식보다 전반적으로 음질이 떨어지는 경향이 있음. 음성신호의 경우 사람의 음성 발성과정을 모델링 한 소스모델을 사용하며 CELP, VSELP, AMR, MELP, HXVC 코딩 등이 있음. 반면, 오디오 신호를 파라메트릭 코딩할 수 있는 기법으로는 HILN 코딩이 있음. MPEG-4 오디오는 CELP와 HXVC 등의 파라메트릭 음성 코딩과 HILN 파라메트릭 오디오 코딩 툴을 제공하고 있음.

► 파워 상보성(PC, Power Complementarity)

2채널 서브밴드 필터뱅크에서 CQF 필터뱅크의 저역통과 필터와 고역통과 필터 각각을 제곱한 후 더하면 상수가 되어야 한다는 조건을 말함. 시간-영역에서 CQF 완전복원 조건은 주파수-영역에서 파워 상보성 조건과 동일한 의미를 가짐.

► 파워 스펙트럼 밀도(PSD, Power Spectral Density)

신호 주파수 성분의 파워를 나타낸 것으로 신호의 크기 스펙트럼(magnitude spectrum)에 제곱을 취하여 구할 수 있음.

► 파워-법칙 압신(power-law companding)

입력신호에 멱승을 취하는 형태의 압신 기법을 말함. 주로 낮은 입력신호 레벨에 대한 신호대 잡음비를 개선하기 위해 사용됨. MPEG-1 계층 Ⅲ과 MPEG-2 AAC 오디오 코더에 사용되고 있음.

▸ **파형 코딩**(waveform coding)

음성이나 오디오 파형을 기반으로 코딩하는 방법. PCM, ADPCM, DM, MPEG 오디오 코딩 등이 이에 해당함. 파라메트릭 코딩에 대비되는 코딩 방식임.

▸ **팬텀 코딩**(phantom coding)

사람의 청각 시스템이 고주파 정보를 이용해 음원 위치를 지각한다는 사실에 기반해 중심 채널을 전송하지 않고 중심 채널의 고주파 신호 성분만을 L 과 R 채널로 나누어 전송해서 마치 중심 채널에서 사운드가 재생되는 것처럼 만드는 코딩기법. MPEG-2(AAC) 오디오에서 사용하는 코딩 기법임.

▸ **포아송 합법칙**(poisson sum rule)

디락 델타 함수의 무한 합을 이산 정현파의 합으로 구할 수 있는 법칙을 말함.

▸ **푸리에 급수**(FS, Fourier Series)

주기 신호에 대한 주파수-영역 표현(주파수 스펙트럼)을 구할 때 사용하는 푸리에 변환 기법.

▸ **푸리에 변환**(FT, Fourier Transform)

비-주기 연속 신호에 대한 주파수 스펙트럼을 구할 때 사용하는 변환으로 시간-영역 연속 신호를 주파수-영역으로 변환할 수 있으며 역-푸리에 변환을 이용해 다시 시간-영역 신호를 복원할 수 있음.

▸ **프리-에코**(pre-echo)

MDCT 코딩에서 과도신호가 입력될 때 양자화 잡음의 일부가 마스킹되지 않고 입력 블록의 마스커 바로 전에 널리 퍼지게 되어 발생하는 잡음을 말함.

▸ **피치**(pitch)

실제 인간이 지각하게 되는 음의 주파수, 즉 음의 높이를 말함.

▸ 필터뱅크(filter bank)

시간-주파수 변환을 구현하는 기법 중 하나로 몇 개의 필터가 병렬로 연결된 구조를 말함. 신호의 중복성을 제거해 데이터를 압축할 수 있으며, 대표적인 필터뱅크로는 서브밴드 코딩과 MDCT 필터뱅크가 있음.

▸ 하모닉(harmonic)

복합음을 구성하는 음 중 주파수가 기본 주파수(fundamental frequency)의 정수배인 음 성분들을 말함. 배음이라고 도 함.

▸ 한계선 연산 분할영역(threshold calculation partition)

MPEG-1 오디오 심리음향 모델 2에서 신호의 주파수 성분들을 그룹핑한 분할영역으로 심리음향 모델 1의 임계대역보다 더 세밀하게 분할되어 있음. 분할영역의 폭은 해당 주파수 위치에서 임계대역의 1/3이나 하나의 FFT 성분 중 큰 것이 됨.

▸ 합성 오디오(synthetic audio)

인공적으로 합성된 오디오, 즉 TTS(Text-to-Speech)나 구조화된 오디오 등을 말함. MPEG-4 오디오는 합성 오디오를 200b/s ~ 1.2kb/s 정도의 매우 낮은 비트율로 코딩할 수 있는 툴을 제공하고 있음.

▸ 합성 윈도우(synthesis window)

오디오 디코더 단에서 MDCT 블록 변환의 역-양자화된 데이터에 씌우게 되는 윈도우를 말함. 주로 분석 윈도우와 같은 유형의 윈도우 함수를 사용함.

▸ 합성 필터뱅크(synthesis filter bank)

서브밴드 코딩이나, MDCT 코딩 같은 주파수-영역 코딩에서 디코더 단의 신호 합성을 위한 필터뱅크를 말함.

▸ 합성/자연 복합코딩(SNHC, Synthesis/Natural Hybrid Coding)

자연 오디오와 합성 오디오를 복합해 동기를 맞추어 코딩할 수 있는 MPEG-4 오디오 코딩 툴을 말함.

▶ **허상 현상(imaging effect)**

서브밴드 필터뱅크에서 업샘플링된 신호 스펙트럼의 주기적 특성에 의해 원 신호 스펙트럼과 같은 허상들이 매 샘플링 주파수의 배수되는 주파수 위치에 나타나는 현상. 이러한 허상들을 제거하기 위해 업샘플링 이후 대역통과 필터를 적용하는 것이 일반적임.

▶ **허프만 코딩(Huffman coding)**

엔트로피 코딩 중 하나로 소스 심볼의 발생확률에 기반해 가변 길이의 허프만 표를 유도한 다음, 이에 따라 소스 심볼을 코딩하는 기법. 현재 벡터 허프만 코딩이 MPEG-1 오디오 계층 Ⅲ와 MPEG-2, MPEG AAC 오디오에 사용되고 있음.

▶ **헤드룸(headroom)**

정격 출력레벨로부터 왜곡되지 않는 최대 출력레벨까지를 말함.

▶ **홈 시어터 시스템(home theatre system)**

극장의 영화급 화질과 음질을 제공할 수 있는 가정용 시스템으로 DVD-오디오 표준인 AC-3 멀티채널 오디오와 비디오 표준인 MPEG-2 비디오 기술이 사용되고 있음.

▶ **확률밀도함수(PDF, Probability Density Function)**

데이터 샘플 값들의 상대적인 빈도수를 나타내는 함수로, 확률 분포 함수의 미분으로 정의됨.

▶ **확산함수(spreading function)**

사람이 음을 지각할 때 기저막에서 발생하는 여기 패턴을 수학적으로 모델링 한 함수를 말함.

▶ **후방 호환성(BC, Backward Compatibility)**

최신의 코더로 인코딩된 데이터를 기존의 오디오 코더에서도 디코딩할 수 있는 호환성을 말함. 예를 들어, MPEG-2 BC로 인코딩된 데이터는 MPEG-1 오디오 디코더로 재생할 수 있음.

A

► ADPCM(Adaptive Differential Pulse Code Modulation)

시간-영역에서 예측기술을 적용해 신호의 중복성을 제거함으로써 신호를 압축할 수 있는 코딩 기법. 기본적으로 DPCM과 유사하게 동작하지만 입력신호의 특성에 따라 양자화 스텝크기를 조절할 수 있는 적응 양자화기를 사용한다는 점이 다름.

► ANOVA(Analysis Of Variance)

전체적으로 관측된 분산(variance)을 여러 부분으로 나누어 평균을 비교하는 통계적 데이터 분석 방법을 말함.

► ASPEC(Audio Spectral Perceptual Entropy Coding)

Brandenburg에 의해 개발된 오디오 코딩으로 채널당 64kb/s 의 FM부터 128kb/s 의 CD 코딩을 목표로 하며, MPEG-1 오디오 계층 Ⅲ 알고리즘의 기반이 되었음.

B

► Bark 척도(Bark scale)

사람 청각 시스템의 임계 대역폭이 기저막 상의 거리와 관련 있다고 가정했을 때, 기저막 상의 단위 길이를 Bark라고 함. Bark 단위로 마스킹 한계선 등의 마스킹 데이터를 표현할 때 훨씬 더 간결하게 표현할 수 있는 장점이 있음.

► BSAC(Bit Sliced Arithmetic Coding) 코딩

MPEG-4 오디오의 스케일러블 코딩 기술로 다양한 해상도(데이터율)의 오디오 신호를 계층적으로 만들어 낼 수 있음. 채널당 1kb/s 의 고해상도 스케일러빌러티를 제공할 수 있음.

C

► CD 포맷(Compact Disk Format)

44.1kHz 샘플링 주파수와 16-비트 양자화로 디지털화된 CD 오디오를 말함.

► CELP(Code Excited Linear Prediction) 코딩

사람의 음성발성 과정을 모델링 한 소스모델을 이용해 음성신호를 코딩할 수 있

는 파라메트릭 코딩 기법으로 4 ~ 24kb/s 의 데이터율로 음성을 코딩할 수 있음. MPEG-4 오디오의 대표적인 음성코딩 툴임.

▸ CQF(Conjugate Qaudrature Filter) 필터뱅크

[Smith and Barnwell 86]에 의해 제안된 필터뱅크로 필터-탭(tap)이 2 이상이면서 완전복원 조건을 만족하는 FIR 필터를 설계할 수 있음.

D

▸ Dolby AC-3

Dolby AC-3는 원래 극장용 멀티채널 오디오용으로 개발되었으나 최근에는 가정용 DVD 등 다양한 응용 분야에서 사용되며, 현재 북미 HDTV, DVD, DVB 표준 등으로 채택되어 있음. Dolby AC-3는 멀티채널 오디오를 32 ~ 640kb/s 데이터율로 인코딩 할 수 있으며 32kHz, 44.1kHz, 48kHz 의 샘플링 비율을 지원함. 또한, AC-3는 다운-믹싱, 대화음성 정규화, Dolby 서라운드와의 호환성, 동적범위 제어 등 다양한 사용자 기능들을 제공하고 있음.

▸ DPCM(Differential Pulse Code Modulation)

원 신호 값과 예측된 신호 값의 차이인 예측에러가 원 신호보다 훨씬 작은 진폭을 갖는다는 사실을 이용해 원 신호 대신 예측에러를 코딩함으로써 데이터를 압축할 수 있는 예측 코딩기법.

H

▸ HILN(Harmonic Individual Lines and Noise) 코딩

오디오 신호를 파라메트릭 방식으로 코딩할 수 있는 MPEG-4 오디오 코딩 툴을 말함. 오디오 파형 자체를 코딩하는 대신 소스모델을 이용해 오디오 신호를 표현하며, 소스모델은 오디오 신호가 준-정상상태(quasi-stationary)이며 신호가 순음(pure tone), 과도(transient), 잡음(noise)으로 구성되어 있다는 것을 가정함. HILN 코딩은 단순한 구조의 모노 음악신호를 4 ~ 8kb/s 데이터율로 코딩할 수 있는 응용 분야에 최적으로 사용될 수 있음.

▸ HVXC(Harmonic Vector Excitation Coding) 코딩

MPEG-4 오디오에서 사용되는 파라메트릭 음성코딩 툴로 채널당 2kb/s 데이터율에서 음성과 작은 배경잡음을 가지고 있는 음성의 경우에 좋은 성능을 나타냄.

I

► IPMP(Intellectual Property Management and Protection)

MPEG-4 표준으로 지적 재산권을 확인하는 방법과 지적 재산권에 대한 제한적인 접근 방법을 기술하고 있음.

► ITU-R 5-등급 손실척도(five-grade impairment scale)

ITU-R BS.562-3 표준에 따라 음 손실을 참조신호와 테스트 시스템 출력 간에 지각되는 음질 차이로 해석하고 이 손실 정도를 1.0 ~ 5.0까지 5-등급으로 표현한 척도. 등급 5.0은 원음과 차이가 없다는 것을 나타내며, 1.0은 매우 귀에 거슬리는 손실을 말함. 주로 음 손실 정도가 작을 때 사용됨.

► ITU-R 7-등급 비교척도(7-grade comparison scale)

투명도 범위를 많이 벗어난 2개 오디오 코딩 시스템의 상대적인 등급을 채점할 때 사용되는 비교척도로 ITU-R BS.1284 국제표준에서 사용되고 있음.

L

► LTP(Long Term Prediction)

기존 MPEG-2 AAC Main 프로파일에 정의된 예측 툴을 더 낮은 복잡도의 툴로 대치할 수 있는 기술로 MPEG-2 AAC의 메모리 용량과 연산량을 약 50% 절감할 수 있음. MPEG-4에서 사용되고 있음.

M

► M/S 스테레오 코딩(Mid/Side stereo coding)

무손실 스테레오 코딩 기법으로 스테레오 신호의 왼쪽(L)과 오른쪽(R)을 따로 코딩하는 대신 그 합(Mid 신호)과 차(Side 신호)를 인코딩해 전송함. 보통 왼쪽과 오른쪽 신호가 완전히 같을 때나 180도 위상 차가 있을 때 최대 이득을 달성할 수 있음.

► MPEG(Moving Picture Expert Group)

동영상과 관련 오디오 그리고 동영상과 오디오가 결합된 매체를 코딩할 수 있는 국제표준을 제정하는 단체로 1980년대 후반 설립되었음. 현재까지 오디오와 관련된 표준으로는 MPEG-1, MPEG-2, MPEG AAC 등이 있으며 멀티미디어 검색을 위한 MPEG-7, 그리고 멀티미디어 활용을 위한 하부구조 요소들을 표준화하는

MPEG-21이 있음.

▶ MPEG-1 오디오

MPEG-1은 총 1.5Mb/s 의 데이터율로 동기화된 비디오와 오디오를 압축할 수 있는 표준으로 1992년 [ISO/IEC 11172] 국제표준으로 최종 승인되었음. MPEG-1 오디오는 ISO/IEC 11172-3에 규정되어 있으며 저장매체에서의 활용을 위해 고음질 오디오를 코딩하는 것을 목적으로 모노와 스테레오 코딩을 지원하며 32kHz, 44.1kHz, 48kHz 의 샘플링 주파수를 지원함. MPEG-1 오디오 표준은 MUSCAM과 ASPEC에 기반한 3개의 계층화된 코딩 알고리즘을 제공하고 있으며 현재 MP3라 불리는 오디오 파일 포맷은 MPEG-1 계층 Ⅲ로 인코딩된 파일 포맷을 말함.

▶ MPEG-2 오디오

MPEG-2는 총 10Mb/s 의 데이터율로 동기화된 비디오와 오디오를 코딩할 수 있는 표준으로 1994년 ISO/IEC 13818로 승인되었음. MPEG-2 오디오는 ISO/IEC 13818-3에 규정되어 있으며 MPEG-1 오디오를 멀티채널로 확장하는 것과 동시에 MPEG-1보다 낮은 샘플링 비율인 16kHz, 22.5kHz, 24kHz 에서 코딩 시스템을 정의하는 것을 목적으로 하고 있음. MPEG-1 오디오를 멀티채널로 확장한 것을 MPEG-2 BC(후방 호환성)라 부르며, 낮은 샘플링 비율을 지원하는 코덱을 MPEG-2 LSF라 함. MPEG-2 BC는 후방 호환성이라는 제한조건 때문에 멀티채널 음질에 제한이 있어 나중에 MPEG-2 NBC(AAC)로 발전하였음.

▶ MPEG-2 AAC

MPEG-2 BC의 후방 호환성 제한을 없애 멀티채널 음질을 개선한 오디오 코더로 1997년 ISO/IEC 13818-7로 최종 승인되었음. MPEG-2 AAC의 목적은 5개 전-대역 채널 오디오 신호를 384kb/s 의 데이터율로 인코딩했을 때 원음과 거의 차이가 없는 오디오 음질을 제공하는 것으로 48개 오디오 채널을 수용할 수 있으며 8 ~ 96kHz 까지의 샘플링 비율을 지원함. MPEG-2 AAC 알고리즘은 응용 분야에 따라 알고리즘 복잡도를 달리해 구현될 수 있고 이를 Main, LC, SSR 등 3개의 프로파일로 규정하고 있음.

▸ MPEG-2 AAC 프로파일

각 응용 분야마다 요구되는 음질과 메모리/연산능력 요건들을 고려해 MPEG-2 AAC 시스템이 제공할 수 있는 3개의 서로 다른 복잡도의 알고리즘 레벨을 프로파일이라 말하며, Main 프로파일, LC 프로파일, SSR 프로파일이 있음.

▸ MPEG-4 오디오 객체유형(object types)

MPEG-4 오디오에서 특정 응용분야에 함께 사용될 수 있는 코딩 툴들의 집합을 정의한 것으로 NULL, AAC Main, AAC LC, AAC SSR, AAC LTP, SBR, AAC Scalable 등 총 25가지의 객체 유형이 정의되어 있음.

▸ MPEG-4 오디오 레벨(level)

MPEG-4 오디오 코딩 툴이 오디오 채널 수, 동시에 지원되는 오디오 객체 수, 최대 샘플링 비율, 구현 복잡도, 에러방지 사용 등의 측면에서 어떻게 주어진 응용분야에 사용될 수 있는지를 규정한 것.

▸ MPEG-4 오디오 코딩 툴(coding tool)

MPEG-4에서 오디오 코딩에 사용될 수 있는 툴들을 정의한 것으로 음성 툴, 일반 오디오 툴, 스케일러빌러티 툴, 합성 툴, 복합 툴, 스트리밍 툴, 에러방지 툴 등 총 8가지의 오디오 툴이 있음.

▸ MPEG-4 오디오 프로파일(profile)

특정 응용 분야에 적합한 MPEG-4 오디오 기능들의 집합을 정의한 것으로 객체 유형과 레벨로 기술됨. 현재까지 총 10개의 프로파일이 정의되어 있으며 지속적으로 새로운 프로파일이 만들어지고 있음.

▸ MPEG-4(MP4) 오디오

1992년 표준화 작업이 시작된 이래 1999년 ISO/IEC 14496으로 MPEG-4 버전 2가 완성되었으며 현재까지도 표준안이 확장되는 중임. MPEG-4 오디오(ISO/IEC 1196-3)는 유선, 무선, 스트리밍, 디지털 방송, 쌍방향 멀티미디어, 고품질 오디오 등 다양한 응용 분야를 목표로 하고 있으며 이를 위해 오디오 코딩뿐만이 아니라 스케일러빌러티, 3-D, 합성/자연 복합 코딩, 전송 에러 방지 등 여러 기능을 포함하고 있음. MPEG-4는 MPEG-2 ACC를 기본 오디오 코딩 툴로 사용하고 있으며 각 응용 분야에 적용될 수 있는 다양한 오디오 프로파일을 정의하고 있음(이러한 이유로 MPEG-2 AAC와 MPEG-4를 MPEG AAC로 부르기도 함). 최근에는 오디오 대역폭 확장 기술인 SBR과 무손실 오디오 코딩기법인 ALAC이 추가되었으며 현재까지도 지속적으로 개정되고 있음.

▸ MUSHRA(Multiple Stimulus with Hidden Reference and Anchors)

중간 정도의 음질을 내는 시스템을 평가할 때 사용되는 주관적 음질평가 방법으로 인터넷과 이동 멀티미디어 같이 사전에 시스템 한계를 알고 있는 경우에 주로 사용됨. ITU-R BS.1534 표준으로 지정되어 있음.

▸ MUSICAM(Masking pattern adapted Universal Sub-band Integrated Coding And Multiplexing)

독일의 방송기술 연구소(IBT, Institute of Broadcasting Technology)에서 개발한 오디오 코딩 알고리즘으로 192kb/s 에서 CD 음질을 목표로 하며, MPEG-1 오디오 계층 Ⅰ, Ⅱ의 기본 인코딩 알고리즘으로 사용되고 있음. MP2 라고도 불리며 현재 DAB와 DVB의 표준으로 사용되고 있음.

P

▸ Parseval 의 정리(Parseval's theorem)

신호 에너지를 시간-영역에서뿐만 아니라 주파수-영역의 푸리에 변환 값을 제곱한 다음 해 적분을 취해 구할 수 있다는 것으로, 주파수-영역에서 신호 에너지 분포를 측정할 수 있다는 것을 의미함.

▸ PCM(Pulse Code Modulation) 코더

샘플링과 양자화 2개 과정을 거쳐 아날로그 신호를 디지털화하는 코더를 말함.

▸ PNS(Perceptual Noise Substitution)

MPEG-4 오디오에서 잡음으로 구성된 스케일팩터 대역을 분석해 해당 대역의 스펙트럼 계수 대신 잡음파워를 계산해 전송하는 방법으로 주로 스테레오 채널당 48kb/s 이하의 데이터율에서 사용됨. 낮은 데이터율에서 MPEG-2 AAC의 오디

오 음질을 개선하기 위해 추가로 사용되는 기법.

▸ PQMF(Pseudo-QMF) 필터뱅크

2-채널 CQF 필터뱅크를 멀티채널로 확장한 필터뱅크를 말함. 먼저 원형(prototype) 저역통과 필터를 설계한 후 이 필터를 변조해 나머지 필터를 만들어 내 전체 신호 주파수 대역을 커버하는 방법을 사용함. MPEG-1 오디오에서는 32-채널 PQMF 필터뱅크를 사용하고 있음.

Q

▸ QMF(Quadrature Mirror Filter) 필터뱅크

[Croiser, Esteban and Galand 76]에 의해 제안된 서브밴드 필터뱅크로 완전복원 조건을 만족하기는 하지만 필터-탭이 2 이상인 의미 있는 FIR 필터를 설계할 수 없다는 단점이 있음.

S

▸ SBR(Spectral Band Replication)

독일 Coding Technology사에서 개발한 오디오 대역폭 확장 기술로 코더의 압축 효율을 높일 수 있으며, 오디오 신호의 고주파 음질을 개선할 수 있음. ISO/IEC 13396-3으로 MPEG-4 표준안에 포함되어 있음. MPEG AAC에 SBR 기술이 더해진 코더를 MPEG-4 HE(Highly Efficient) AAC라 부르며 AAC+라고도 알려져 있음.

T

▸ TDAC(Time Domain Aliasing Cancellation) 변환

[Princen and Bradley 86]에 의해 제안된 블록 변환으로 시간-영역 에일리어싱을 제거해 완전복원을 달성할 수 있는 변환으로 홀수-스택 TDAC(OTDAC)와 짝수-스택 TDAC(ETDAC)가 있음. 홀수-스택 TDAC(OTDAC)는 MDCT와 똑같은 블록 변환으로 현재 대부분의 지각 오디오 코더에 사용되고 있음.

▸ TwinVQ(Transform-domain weighted interleave Vector Quantization) 코딩

벡터 양자화(VQ, Vector Quantization) 기반 코딩 알고리즘으로 2개 코드북을 이용해 오디오 신호의 지각 왜곡을 측정한 다음 이에 기반해 스펙트럼 샘플들을 양자화하는 코딩방식.

Z

▸ z-변환(z-transform)

이산-시간 푸리에 변환(DTFT)의 일반화된 변환으로 시스템의 입출력 관계를 간결하게 표현할 수 있으며. 시스템의 주파수 응답, 시스템의 안정도 판별 등에 유용하게 사용됨.

Appendix

찾아보기

ㅂ

ㅅ

ㅇ

ㅈ

역자약력

박 규 식

1986년 (미) Polytechnic University - 공학사
1988년 (미) Polytechnic University - 공학석사
1994년 (미) Polytechnic University - 공학박사
1995년 삼성전자 마이크로 사업부, DSP팀 선임연구원

현재: 단국대학교 죽전 캠퍼스, 공과대학 컴퓨터학부 교수

주요 연구분야
음성 및 음향 신호처리

정가 35,000원

디지털 오디오 코딩과 표준 소개

2008년 3월 24일 초판 인쇄
2008년 3월 31일 초판 발행
저 자 : Marina Bosi, Richard E. Goldberg.
역 자 : 박 규 식
발행자 : 우 명 찬 · 송 준

저자와 협의하여 인지생략

발행처 : 홍 릉 과 학 출 판 사
주 소 : 서울시 강북구 수유5동 455-60
142-885
등 록 : 1976년 10월 21일 제5-66호
전 화 : 999-2274 ~ 5, 996-8341, 903-7037
팩 스 : 905-6729
e-mail : hongpub@hongpub.co.kr
http://www.hongpub.co.kr